교유서가

H. R. 맥매스터 지음 우진하 옮김

교유서가

한국어판 서문

한국의 독자들에게 이 책을 선보이게 되어 대단히 기쁘다. 2017년 2월 나는 국가안보보좌관 부임 첫날부터 한미동맹이 그 어느 때보다 중요하다는 사실을 분명히 했다. 북한의 직접적인 위협은 물론 국제평화와 안정에 대한 원칙과 가치와 관련된 보다 치명적인 위협, 즉 방해공작이나 협박, 혹은 은폐와 같은 중국 공산당의 위협 때문이었다. 청와대와 백악관의 정책적 연계는 내게 늘 우선순위로 남아 있었다. 이 책이 평화를 지키고 번영을 도모하며 더 나은 미래를 건설하기 위한 양국의 동맹을 더 공고히 하는 데 기여하기를 바란다.

공교롭게도 이 책의 주제라 할 수 있는 수많은 도전과 어려움을 더욱 자극하는 코로나 사태 한가운데에서 이 책을 마쳤다. 한국과 미국을 비롯한 민주주의 세계의 국가들은 코로나바이러스 창궐과 경기침체, 물류 공급망 붕괴, 에너지 위기, 그리고 사이버공격 등 잇따른 사건들 속에서 상호 간의 신뢰가 흔들리는 위기를 겪었다. 극단적인 콘텐츠로 더 많은 "클릭"을 유도하는 소셜미디어 알고리즘으로 인해 신랄한 당파 싸움과 가짜 정보가 기승을 부리는 환경이 조성됐고, 그 결과 민주주의 사회 내의 양극화가 두드러지게 나타났다. 민주적인 제도와 절차에 대한 신뢰 역시 추락한 실정이다.

민주주의의 대척점에서 우리와 경쟁하고 있는 권위주의 국가들 역시 고통받긴 마찬가지였다. 그리고 이 과정에서 중국의 시진핑, 러시아의 블라디미르 푸틴, 북한의 김정은, 그리고 이란의 아야톨라 하메네이 등과 같은 권력자들은 그들의 체제를 비판하는 목소리들을 억압하는 한편 가짜 정보를 뿌리며 국제적으로 더 공격적인 양상으로 변했다. 일례로 2021년 미국이 굴욕적인 아프가니스탄 철수를 단행하자 중국은 그 즉시 대만에 대한 위협을 강화했고, 러시아는 우크라이나 국경지대에 군대를 집결시켰다. 내가 이 책을 쓰면서 내린 결론이 너무나 자명하고 시급해 보였다. 한국과 미국을 비롯한 자유민주주의 세계의 모든 국가들은 평화를 유지하고 권위주의적인 경쟁자들과 효과적으로 경쟁하기 위해 전략적 역량을 강화하며 다시 자신감을 찾을 필요가 있었다.

중국에서 시작된 세계적인 전염병은 중국 공산당과의 경쟁을 심화시켰다. 유례없는 전염병이 대유행하는 와중에 중국 공산당은 내부적으로 권력 장악력을 강화하는 한편, 외부적으로는 다른 국가들을 희생시킴으로써 "국가 부흥"을 이루려 하고 있는데, 공산당 지도부의 이러한 의지는 의심할 여지 없이 명백하다 하겠다. 그런데 이러한 중국 공산당과의 경쟁을 둘러싼 관점에는 해소되지 않고 있는 두 가지 오해가 있다. 이를테면 중국 공산당의 행동이 야망을 실현하기 위한 적극적인 국력 과시가 아니라 그저 다른 국가들의 행동에 대한 대응일 뿐이라는 것인데, 중국 공산당은 자신들의 공격성을 감추기 위해 이 오해들을 이용하는 상황이다. 내가 강조하고 싶은 것은 이 두 가지 오해가 모두 우리의 자아도취적 자만심에 그 뿌리를 두고 있다는 것이다.

첫번째 오해는 중국의 침략적 행위가 미 · 중 긴장의 결과라는 것이다. 이러한 오해는 중국 공산당에게는 어떠한 의지나 의도가 없으며 그저 미국의 행동에 대해 대응이나 반응을 할 뿐이라는 오만하면서도 자기지시적인 시각에서 비롯된다. 그렇지만 이것은 사실이 아니다. 코로나바이러스의 대유행 기간 동안 중국 공산당이 벌인 행동들에 대한 가장 엉성한 연구조차 미국이 중국 공산당의 침략적 행동을 유발하지 않았고, 오히려 중국이 펼치고 있는 권위주의적인 중상주의 정책들이 국제안보와 번영에 큰 위협이 된다는 사실을 적나라하게 드러내고 있다.

중국 공산당은 COVID-19 발생과 관련된 정보들을 통제했을 뿐만 아니라 전 세계에 이 사실을 경고하려고 했던 의사들과 언론인들을 탄압했으며 타이완의 세계보건기구 연례회의 참석을 방해하는 등 세계보건기구까지 쥐락펴락했다. 거기에 이른바 "늑대 전사 외교戰狼外交"를 통해 다른 국가들을 모욕하고 코로나바이러스에 대한 중국의 책임을 회피했으며, 그러면서 중국의 전염병 대응이 더 우월하고 뛰어났다고 자화자찬했다. 또한 북한의 침략을 막기 위해 한국이 미국의 방어용 미사일을 배치하자 한국을 압박했고, 신종코로나바이러스의 기원을 밝히자고 제안한 오스트레일리아에 대해서도 똑같은 방식으로 강력한 경제적 제재를 가했다. 여기에 중국의 해커들은 코로나바이러스로 인한 혼란을 틈타 기술적으로 더욱 강화된 경찰국가를 만들어갔고, 홍콩을 탄압하는 한편 신장의 위구르족에 대한 민족 말살 정책도 계속 진행했다. 뿐만 아니라 전 세계 의학 연구 시설을 표적으로 한 대규모 사이버공격 역시 빠지지 않고 감행되었다. 중국 공산당이 많은 국제 언론인들과 인권운동가들을 추방하고 투옥하는 동안 중국의 지도자인 시진핑은 뻔뻔스럽게도 비판 세력들을 침묵시키고 어떤 세력에게도 정치적 참여의 여지를 주지 않는 중국 공산당만의 일당독재 행위를 계속 지켜나가기 위해 이런 압제를 계속해나가겠다고 선언했다.

분주하기는 중국인민해방군 역시 마찬가지였다. 공군은 러시아와 함께 타이완의 방공식별구역뿐 아니라 한국의 영공까지 침범했고, 육군은 히말라야 국경지대에서 인도 병사들과 유혈 충돌을 일으켰다. 해군과 민병대는 남중국해에서 다른 나라 어선을 고의로 들이받아 격침시키며 중국이 이 전략적 해역을 장악하고 있다는 억지스러운 주장을 인정하지 않는 사람들을 향해 발포도 서슴지 않겠다고 위협했다. 그런데 미국이 그러한 무수한 침략적 행위의 원인으로 지목될 타당한 이유가 없음에도 불구하고 인도 태평양 지역과 그 너머의 일부 지도자들은 "미국과 중국 중 어느 한쪽을 선택하라고 강요하지 말라"고 외치고 있는 상황이다. 그렇지만 한국을 비롯한 자유세계의 국민들은 한 가지 분명한 사실을 깨달아야 하는데, 그것은 그들이 주권의 수호냐, 노예로의 전락이냐의 사이에서 선택의 기로에 서 있다는 것이다.

중국이 이용하고 있는 두번째 오해는 중국과의 경쟁이 위험하거나 심지어 무책임한 행동이라는 것이다. 이것은 신흥 강대국인 중국과 기존 패권국가인 미국 사이의 갈등 상황을 설명하기 위해 쓰이는 용어인 "투키디데스 함정"과 관련이 있다. 중국 공산당 지도자들은 투키디데스 함정이라는 비유가 우유부단한 합의와 결단 사이에서 잘못된 딜레마를 조장하기 때문에 이 표현을 자주 들먹인다. 어쨌든 중국과의 합의나 협상을 미리부터 배제하는 것은 좋지 않다. 분명한 기준을 가지고 확실하게 경쟁하는 편이 오히려 불필요한 갈등이 일어나거나 확대되는 것을 막아주는 최선의 방법이 될 것이다. 중국 공산당이 자유민주주의 사회의 약점으로 치부하는 것들을 경쟁 우위로 바꾸고 중국의 교묘한 협박이나 강요, 혹은 은폐 행위들을 막아내기 위해 필요한 집단적 행동을 제대로 시작하고 싶다면 반드시 이 두 가지 오해를 바로잡아야 한다.

그러나 이것을 바로잡기 위한 최선의 노력에도 불구하고, 일부에서는 단기적 이익과 투자 수익을 내는 데 유용한 핑곗거리가 돼준다는 이유로 이러한 오해들을 고수하고 있다. 중국 공산당의 민간 부문 개입 확대와 기술 산업 단속, 민간 교육 같은 일부 사업들의 전면적인 철폐에도 굴하지 않고 외국인 투자자들이 중국의 주식과 채권에 돈을 쏟아부었다는 사실이 그 예가 될 것이다. 2021년 중국이 미국을 제치고 새롭게 외국인 직접 투자의 최우선 지역으로 떠오르게 됐을 때, 누군가는 중국 공산당 지도자들이 블라디미르 레닌이 했다고 하는 말—"자본주의자들은 자신들 목이 매달릴 줄도 모르고 우리에게 밧줄까지 팔고 있다"—을 떠올리는 장면을 상상했을지 모른다.

많은 자유세계의 재계와 정치 지도자들이 중국의 빤한 속임수에 넘어가고 있다. 이들은 시진핑이나 중국 공산당의 직접적인 행동이 아니라 시진핑의 말 한마디에 더 신경을 곤두세우고 있다. 가령 이것을 보자. 인도주의를 부르짖는 시진핑 주석은 국제적인 협력과 단결,

그리고 법치주의의 가치를 찬양하지만, 중국은 국제기구를 위협하고 인간의 자유를 억압하며 위구르족에 대한 박해와 학살을 쉬지 않고 저지르고 있다. 환경운동가이기도 한 시진핑 주석은 2060년까지 탄소중립을 이루겠다고 약속했지만, 중국은 국민의 약 80퍼센트가 기준을 한참 초과하는 오염 물질에 노출되도록 내버려두고 있다. 그리고 남중국해의 생태계를 파괴해가며 인공섬 위에 군사기지를 건설하고 또 매년 국내·외에 수십 개가 넘는 대규모 석탄 화력발전소를 세우고 있다. 시진핑 주석은 스위스 다보스에서 무역과 투자의 자유화에 대한 자신의 지지 의사를 밝혔지만, 중국은 후진국들을 상대로 차관을 강요하고 노동력을 착취하며 경제를 압박할뿐더러 산업 스파이 활동까지 하고 있다. 꿈과 희망으로 가득찬 시진핑 주석은 "같은 운명을 따르는 운명 공동체"를 꿈꾸지만, 중국이 원하는 건 군사적, 경제적으로 무조건 중국이 우위에 서는 굴욕적인 관계뿐이다. 사람들이 시진핑 주석의 이런 빤한 속임수에 넘어가는 바람에 중국 공산당은 인민들의 자유를 짓밟는 동시에 순진한 자본주의자들의 목을 "매달" 밧줄인 새로운 국제 질서와 규칙들을 만들어내겠다는 거대한 야망을 착착 실행해나갈 수 있었던 것이다.

그렇다면 한국과 미국을 비롯한 여러 민주주의 국가들에게 필요한 건 무엇일까. 우리는 중국 공산당 지도자들이 아래의 "세 가지 핵심 문제"라고 부르는 민감한 세 가지 사항들에 대해 결코 중국에 유리한 행동을 하거나 도움을 주지 않겠다고 서로 단단히 다짐을 해야만 한다.

- 새로운 디지털 중심의 세계 경제 체제 안에서 중국에 민감한 기술을 이전하고 또 군사적으로 도움을 주거나 혹은 부당하게 이득을 안겨

주는 무역이나 투자 행위를 금지해야 한다.

- 중국 공산당이 인간의 자유를 억압하고 기술적으로 완벽한 경찰국가를 완성해가는 데 도움이 되는 모든 투자 행위를 금지해야 한다.
- 중국 시장 진출과 관련하여 단기적 이익을 대가로 지적 재산권을 이전하거나 기업의 장기적 생존 가능성을 훼손하는 행위를 금지해야 한다.

이제 자유민주주의 국가의 기업들이나 주주들은 중국 공산당과의 경쟁에서 무엇이 문제인지를 제대로 인식하고 윤리적, 신뢰적 문제들을 고려하여 장기적으로 이익이 되는 결정을 내려야 할 때다.

COVID-19의 대유행을 통해 한국과 미국을 비롯한 다른 국가들은 신중함보다 효율성을 우선시하며 경쟁을 포기함으로 인해 중국이 주도하는 물류 공급망에 그동안 얼마나 크게 의존하고 있었는지를 확실하게 깨닫게 되었다. 그리고 이런 교훈은 희토류 금속과 반도체와 관련된 공급망에 대한 재평가로도 이어졌다. 그렇지만 중국이 물류와 디지털 자료의 표준화, 그리고 디지털 통화 및 결제에 대한 우월한 영향력을 추구함에 따라 이런 또다른 고위험 분야에서의 적절한 대응이 계속해서 늦어지고 있는 형편이다. 또한 중국이 중앙은행의 디지털 통화를 홍보하고 그 통화로 중요한 디지털 자료들을 사들이고, 또 국제적 기준 통화인 달러화에 대한 의존도를 줄이려 노력함에 따라 기술과 금융 분야에서 중국과 그다음으로 가장 중요한 경쟁이 벌어지게 될 것이다.

코로나바이러스 대유행을 통해 경제적 경쟁의 강도뿐 아니라 인민해방군과의 군사적 대결 가능성도 높아진 것으로 판단된다. 시진핑 주석과 중국 공산당 지도부는 인도 태평양 지역에 걸쳐 중국의 우위를 확립하고 전 세계적으로 미국에 도전하기 위해 지금의 순간이 절호의 기회라고 이미 믿고 있다. 타이완은 여전히 군사적 갈등이 일어날 수 있는 가장 위험한 지역으로 남아 있다.

중국은 경제력을 이용해 한국과 오스트레일리아를 압박하고 있지만 북한은 여기에 해당되지 않는다. 중국 공산당은 김정은의 비핵화를 독려하기보다는 오히려 북한의 위협을 앞세워 한국과 미국, 일본을 분열시키고 있다. 그렇기 때문에 세 나라로서는 지역 안보에 대한 협력과 방위력 증강뿐 아니라 북한의 모든 도발이 그들을 더욱 가깝게 만들어줄 것이라는 사실을 보여주는 것이 중요하다. 아울러 내가 이 책의 4부에서 주장한 바와 같이 북한의 비핵화를 이끌어내기 위해 했던 노력과 실패의 경험들이 다시 되풀이되지 않도록 단단히 마음을 먹어야 한다.

러시아와 이란 이슬람공화국의 독재, 그리고 이슬람원리주의 과격단체 등 동북아시아 지역을 넘어서는 경쟁에서 우위를 점하기 위해서도 한국은 반드시 필요한 존재다. 한국은 이러한 경쟁의 기술적, 경제적, 그리고 재정적인 차원에서 수행해온 중요한 역할 외에도 전 세계 민주주의 통치 방식에 대한 신뢰 회복에 도움이 될 수 있는 사례를 제공할 수 있다. 민주적 제도와 과정, 그리고 모든 국민에게 주어져야 하는 누구도 빼앗을 수 없는 권리에 대한 지지는 단지 무슨 이타주의를 실천하자는 것이 아니며, 민주적 통치, 법치, 표현의 자유는 권위주의에 대한 최고의 방어 수단이기 때문에 경쟁에서 활용할 수 있는 실용적인 수단이 되는 것이다.

한국과 미국은 역사를 통해 자신감을 회복해야 한다. 오늘날 우리가 겪고 있는 정신적 충격이 처음이 아니라는 사실을 명심해야 한다. 우리의 사회는 충격을 극복하고 그 충격을 통해 더 강하게 변신할 수 있는 역량을 보여주지 않았던가. 1970년대와 1980년대에 걸쳐 미국과 한국은 극심한 분열에 시달렸다. 당시는 불만과 저항, 그리고 불안의 시기였다. 미국에서는 1974년 리처드 닉슨 대통령이 워터게이트 사건으로 사임했고, 한국에서는 1979년 박정희 대통령이 피살되었다. 한편 소비에트연방은 흔들림이 없어 보였다. 오늘날의 시진핑과 블라디미르 푸틴처럼 1970년대 소비에트연방의 지도자들도 민주주의 국가들의 시민적, 정치적 자유에 대한 관용을 약점으로 보았다.

그렇지만 1980년대가 시작되면서 미국은 베트남전쟁과 스태그플레이션, 석유위기, 그리고 이란혁명 이후 벌어졌던 여러 위기 상황들로부터 회복될 수 있었다. 한국 또한 1970년대와 1980년대에 걸쳐 전례가 없는 경제적 성장을 이루었다. 1987년 한국은 개헌 요구 수용을 통해 대통령 직선제로 다시 돌아섰고 이듬해에는 하계올림픽 대회까지 개최했다. 물론 1970년대와 1980년대 미국과 한국이 겪었던 갈등과 분열은 민주주의의 힘과 자유시장의 활력에 대한 불신을 심어주기에 충분했던 것도 사실이다.

민주주의는 스스로 회복할 수 있는 능력이 있다. 반면에 전체주의는 아주 쉽게 무너져내릴 수 있다. 시진핑 주석이 2021년 중국 공산당 창건 100주년 기념식에서 했던 연설에는 훈계와 경고, 협박이 가득했지만 9,500만 명이 넘는 중국 공산당원에 대한 찬사도 빠지지 않았다. 시진핑과 그의 친구 블라디미르 푸틴은 2021년이 소비에트연방의 공산당 서기장 미하일 고르바초프가 자리에서 물러나며 공산주의 국가들의 수장이었던 소비에트연방이 붕괴된 지 정확히 30년이 되는 해라는 사실 또한 대단히 잘 인식하고 있었을 것이다.

나는 안보와 자유, 번영에 대한 가장 심각한 도전들에 대한 이해를 일깨우며 더 나은 미래를 만들고 함께 노력하기 위해 이 책을 썼다. 한국은 자유민주주의와 시장경제 제도에 있어 가장 크게 성공한 대표적인 사례로서 권위주의 국가들과의 경쟁에서 필수적인 역할을 수행하고 있다. 오늘날의 도전을 도저히 극복할 수 없다고 두려워하는 사람들로서는 수십 년에 걸친 잔혹한 식민 지배와 전쟁의 상흔을 극복하고 "한강의 기적"을 이루어낸 한국 국민들의 경험에 기대를 걸게 될지도 모르겠다. 그리고 과거를 조작하고 지금의 독재정권을 합리화하려는 권위주의자들에게 잠시 무릎을 꿇은 사람들도 한국의 활기찬 모습을 목도하고 난 후 휴전선 위의 암흑 속에 휩싸인 북한 쪽을 바라보며 무엇인가를 깨닫게 될지도 모른다. 이 극명한 대조를 통해 우리는 한국과 미국을 비롯한 자유세계가 함께 이룬 것들을 분명히 이해하는 한편, 그러한 성과를 바탕으로 오늘날 전장에서 우위를 점하는 일의 중요성을 다시 한번 깨닫게 될 것이다.

2021년 12월

캘리포니아 스탠퍼드에서

H. R. 맥매스터

차례

한국어판 서문 … 004
서문 … 016

들어가는 글 … 019

1부 러시아 … 049

1장 두려움과 명예, 그리고 야심
_서방측의 목줄을 움켜쥐려는 푸틴의 작전 … 053
2장 푸틴의 각본에 대한 대응 … 109

2부 중국 … 139

3장 통제에 대한 집착
_자유와 안보에 대한 중국 공산당의 위협 … 143
4장 약점을 강점으로 … 191

3부 남아시아 … 223

5장 20년째 반복되고 있는 전쟁
_남아시아 지역에 대한 미국의 환상 … 227
6장 평화를 위한 싸움 … 268

4부 중동 … 319

7장 쉽게 끝날 거라고 말한 사람은 누구인가?
중동 지역에 대한 낙관과 체념 … 323
8장 악순환을 끊다 … 372

5부 이란 … 409

9장 잘못된 거래
_이란의 40년 대리전쟁, 그리고 합의 실패 … 413

10장 선택에의 강요 … 448

6부 북한 … 479

11장 광기란 무엇인가 … 483

12장 정권 유지의 길 … 513

7부 경기장 … 547

13장 경기장으로 들어서다 … 551

결론 … 586

감사의 글 … 614
주 … 620
참고문헌 … 684
추천도서 … 690
찾아보기 … 693

서문

이 책은 나와 알고 지내는 사람들이 바라던 그런 책은 아니다. 친구들과 편집자를 비롯한 출판 관계자들, 그리고 심지어 가족들까지도 그저 도널드 트럼프Donald Trump 대통령에 대한 자신들의 생각을 확인해 보기 위해 내가 백악관에서 겪었던 일들을 시시콜콜히 적은 그런 책을 쓰기를 바랐다. 트럼프 대통령을 지지했던 사람들은 그의 경솔한 언행에도 불구하고 그가 미국의 이익에 도움이 되는 결정을 내리고 그런 정책을 실행한 파격적인 지도자로 묘사되기를 바랐을 것이다. 반대로 대통령을 지지하지 않는 쪽에서는 그가 그런 공직에 적합하지 않은 편협한 자아도취자라는 자신들의 판단을 확인할 수 있는 그런 증언을 원했을지도 모른다. 뿐만 아니라 사람들은 내가 빨리 이 책을 완성해 2020년 미국 대통령 선거전의 결과에 영향을 미칠 수 있기를 바라기도 했다. 그런 책을 썼더라면 상업적인 성공을 거두었을지는 모르지만, 나로서는 그렇게 한다고 해서 많은 독자들이 만족하고 유용하게 여길 만한 책이 될 거라는 생각은 들지 않았다. 미국의 정치체제 안에서, 그리고 다른 자유롭고 개방된 국가들에서 찾아볼 수 있는 지금의 양극화 현상은 대단히 치명적인 결과를 초래할 수 있다. 그리고 나는 당파에 따른 정치적 담론의 해악을 넘어서는 안보와 자유,

그리고 번영과 관련된 가장 중요한 도전들에 대해 독자들이 더 잘 이해하도록 도울 수 있는 그런 책을 쓰고 싶었다. 아울러 이를 통해 세계의 여러 난제를 극복하는 데 필요한 의미 있는 토론과 단호한 행동을 끌어낼 수 있기를 바란다.

들어가는 글

"환상이 절실히 필요하게 되는 순간 그 어떤 지식이나 지성도 다 무용지물이 된다."

—솔 벨로Saul Bellow

2017년 2월 17일 금요일, 나는 고향 필라델피아에 있는 정책연구소인 외교정책연구원Foreign Policy Research Institute으로 향하고 있었다. 2014년 러시아의 크림반도 합병과 우크라이나 침공에 대해 내가 의뢰했던 연구 결과 논의가 이날 방문의 목적이었다. 육군 현역 중장으로서 왠지 어설프게 이름이 붙여지긴 했지만 미 육군전력통합부Army Capabilities Integration Center라는 곳의 소장을 맡고 있던 나의 임무는 미래의 새로운 미군 조직을 구상하는 것이었고, 이를 위해 나는 러시아가 어떻게 재래식 전력과 새로운 전력을 통합해 운용하고 있는지를 이해할 필요가 있었다. 그리고 그 새로운 군사전력에는 우리가 러시아의 차세대전쟁작전Russia new-generation warfare, RNGW이라고 부르는 인터넷을 통한 사이버공격과 정보전도 포함되어 있었다. 내가 의뢰한 연구의 결과에 따르면 미국이나 미국의 동맹국들은 유사한 전력을 사용하는 어떤 군대라도 사전에 저지하고 또 필요하다면 싸워서 물리칠 수 있는 그런 새로운 미래형 군대의 전력을 향상시킬 수 있는 방법이 필요하다고 했다. 우리는 1973년 아랍과 이스라엘 사이의 제4차 중동전쟁에 대한 돈 스태리Donn Starry 장군의 연구를 모범사례로 삼았다. 스태리 장군의 연구는 전투 교리와 훈련, 그리고 장교 양성의 변화를 바탕으로 베트남전쟁 이후 미군이 새로운 부활을 추진하는 데 큰 도움이 되었다. 미군은 1991년 걸프전쟁Gulf War에서 사담 후세인Saddam Hussein에게 일방적으로 승리를 거두었고, 2001년 아프가니스탄과 2003년 이라크를 침공할 때도 초기에는 상당한 전과를 거두었다. 따라서 그 이후에 러시아나 중국을 비롯한 다른 국가들이 미군에 대해 연구를 했던 건 어쩌면 당연한 일이었다. 직업군인이면서 정식으로 교육을 받은 역사학자인 나는 "군은 언제든 마지막으로 치렀던 전쟁으로부터 배워야 한다"라는 오래된 속담은 이제 맞지 않는다고 생각했다. 전쟁이 시작되고 나서야 가장 최근에 있었던 일들을 대강 살펴보는 군대는 결국 감당할 수 없는 어려움에 직면하게 된다.[1] 나는 미군이 잠재적인 적들에 대한 경쟁우위를 유지하려면 그보다 훨씬 더 오래된 역사로부터 배우는 것이 필수적이라고 믿었다.

나는 연구원에서 RNGW가 어떻게 거짓정보와 부인, 그리고 정신과 육체에 아울러 영향을 미치는 파괴적인 기술을 결합하고 있는지 설명하며 논의를 시작하려 했다. 러시아의 대통령인 블라디미르 푸틴Vladimir Putin과 군 장성들은 미국을 비롯한 북대서양조약기구North Atlantic Treaty Organization, NATO 동맹국들이 군사적 대응을 하기 바로 직전까지 도발을 하며 자신들이 원하는 목적을 이루어내려 했는데,

이에 대해 RNGW는 아무래도 제 역할을 다 해내고 있는 듯 보이며 개인적인 생각으로는 앞으로 더한 일들도 벌어지게 될 것 같았다. 위험이 고조되고 있었다. 러시아는 지난 10년 동안 인터넷을 통한 사이버공격에서 정치적 개입과 암살, 그리고 2008년 조지아Georgia 침공 같은 군사력 과시까지 다양한 형태로 그 공격성을 드러내왔다. 제2차세계대전 이후 처음으로 군사력을 동원해 유럽의 국경선을 뒤집은 것도 바로 러시아였다. 이런 성공으로 더욱 대담해진 푸틴은 앞으로 더욱 공격적인 성향을 보일 것이다.

2월치고는 날이 따뜻했다. 월넛 거리Walnut Street를 기분 좋게 걸어가고 있는데 휴대전화가 울렸다. 화면에 뜬 건 일부가 차단된 워싱턴 DC의 지역번호였고 전화를 걸어온 사람은 백악관의 부비서실장 케이티 월시Katie Walsh였다. 그녀는 내가 이번 주말에 플로리다로 와서 국가안보보좌관 자리를 맡는 문제를 의논하기 위해 트럼프 대통령과 면담할 수 있을지를 물어왔다. 나는 멈추지 않고 계속 걸어가면서 알겠다고 대답하고는 공교롭게도 역시 케이티라는 애칭으로 부르는 내 아내에게 전화를 걸었다. 아내는 우리의 삶을 갑자기 뒤바꿔버리는 소식에는 이미 익숙해져 있었고, 이번 전화도 그런 소식들 중 하나였다.

그리고 나는 예정돼 있던 일정대로 〈필라델피아 인콰이어러Philadelphia Inquirer〉의 기자인 트루디 루빈Trudy Rubin과 만남을 가졌다. 루빈은 중동 지역의 복잡한 상황에 대해 언제나 다른 전문가들보다도 더 정확하게 판단을 내리곤 했다. 나는 루빈과의 만남을 통해 해당 지역에 대해 많은 지식을 얻을 수 있었다. 루빈은 미국이 제2차 이라크전쟁에서 맞닥뜨려야 했던 많은 어려움들에 대해 미리 예측했고, 그런 어려움들에 대한 우리가 미처 대비하지 못했던 상황을 "의

도적으로 현실을 회피했던 결과"라고 정의내리기도 했다.[2] 다른 많은 사람들은 미국의 이라크 침공 결정 자체를 문제삼았지만 우리 두 사람은 모두 그 침공이 어렵지 않다고 판단했던 이유를 생각해보는 것이 더 중요하다는 데 동의했다. 루빈은 곧 시리아로 돌아가 시리아 내전과 이라크와 시리아의 이슬람원리주의 무장국가Islamic State in Iraq and Syria, ISIS라는 테러 조직의 등장으로 인해 일어난 인도주의적 재난을 취재할 예정이었다. 이번 중동 지역 사태에서 가장 어려운 부분은 시리아와 이라크에서 지속 가능한 정치적 성과를 이루어낼 수 있는가 하는 것이었고, 그렇게 해야만 결국 ISIS를 완전히 몰아내고 중동 지역에서 벌어지고 있는 인도주의적 재난을 끝낼 수 있다는 것이 우리 두 사람의 공통된 의견이었다. 나는 루빈에게 방금 받았던 예상치 못했던 연락에 대해 조심스럽게 이야기를 했고 그녀는 내가 그 자리에 발탁되기를 바란다고 대답했다. 트루디 루빈은 도널드 트럼프 대통령을 지지하지는 않았지만, 어쨌든 트럼프는 합법적으로 선출된 대통령이었으므로 대통령으로서 해야 할 일들이 있었다. 루빈과 나는 둘 다 최근 몇 년 사이 전 세계의 세력이나 신념의 무게중심이 미국을 비롯한 다른 개방되고 자유로운 국가들에 맞서는 형태로 변화하고 있다고 생각했다. 그리고 우리는 그러한 변화의 대부분은 미국이 지향하고 있는 안보와 번영, 그리고 영향력에 대한 여러 새로운 저항들에 대해 우리가 완전히 이해하지 못했기 때문에 자초한 결과라고 믿었다.

나는 미국에서 직업군인으로 복무하며 군을 비롯해 정보 및 외교 기관 등에서 영민하면서도 대담한 많은 사람들과 함께 일을 할 수 있는 기회를 누렸다. 우리는 그렇게 워싱턴에서 만든 정책과 전략 들을 함께 실행에 옮기려 했다. 군에 들어온 지 곧 34년째를 맞이하게 되는 나는 당시 전역 문제를 고심하던 중이었다. 나는 특히 그동안 지휘관으로 복무할 수 있었던 것에 대해 큰 특권을 누려왔다고 생각했다. 복무 기간 중 거의 절반 가까이를 미국 밖에서 보냈으며 실제로 전쟁터를 누볐던 기간도 다 합치면 5년이 넘었다. 나는 군 복무를 통해 내가 얻었던 뭐라 말로 설명할 수 없는 엄청난 보상에 대해 다시 한번 천천히 되짚어보았다. 무엇보다 나는 나 자신보다 훨씬 더 큰 집단적 노력의 일부가 될 수 있었고, 또 서로를 위해 심지어 자신의 생명까지 포함해 갖고 있는 모든 걸 기꺼이 내어줄 수 있는, 그야말로 가족 같은 집단의 일원이기도 했다. 내가 전역을 망설였던 건 이들을 포함해 여전히 미국 밖 전쟁터에 나가 있는 수많은 남녀 동료 군인들에 대한 일종의 의무감 때문이었다.

전쟁터로 나가 전투에 참여하는 일은 물론 보람도 있었지만 그만큼 힘들고 고통스러운 경험이기도 했다. 전쟁에 대한 공포도 그렇거니와 조국과 전우들을 위해 스스로를 희생하며 용감하게 싸우는 젊은 병사들의 모습을 지켜보는 건 정말 어려운 일이었다. 또한 여러 가정들을 바탕으로 정책이나 전략을 세웠음에도 이라크와 아프가니스탄 같은 현장에서의 실제 상황과 크게 차이가 날 때는 여간 고통스럽지 않았다. 국가안보보좌관으로 국가에 봉사할 수 있다면 누가 봐도 완전히 파격적인 새 대통령이 여러 가정이나 예상을 확인하고 미국 밖의 현실과 워싱턴 정가의 환상 사이의 격차를 줄이는 데 도움을 주는 그런 기회를 갖게 되지 않을까. 루빈은 내가 정치에는 아무런 관심이 없다는 사실을 잘 알고 있었다. "제2차세계대전 승리의 설계자architect"라고도 일컬어지는 조지 C. 마셜George C. Marshall 장군의 전례에 따라 나는 심지어 단 한 번도 투표조차 해본 적이 없었다. 만일 내가 국가안보보좌관으로 발탁이 된다면 나는 다른 다섯 명의 대통령에게 그랬던 것처럼 트럼프 대통령을 위해서도 나에게 맡겨진 책임을 완수하기 위해 최선을 다할 생각이었다.

* * *

나는 우리가 이제 "새로운" 시대의 시작 부분이 마무리되는 지점에 서 있다고 생각했다. "지난" 시대가 끝나갈 무렵 미국과 다른 자유롭고 개방된 국가들에게는 자신감을 가질 만한 이유가 있었다. 공산주의자들의 전체주의에 맞서 싸웠던 냉전은 서방측의 승리로 마무리되었다. 소비에트연방은 붕괴되었고 그후 1991년 일어났던 걸프전쟁에서 미국은 광범위한 국제적인 협력을 이끌어내 압도적인 군사력을 과시하며 사담 후세인의 이라크군을 격파하고 쿠웨이트를 해방시켰다. 그렇지만 냉전이 완전히 마무리되자 미국과 다른 자유롭고 개방된 국가들은 "이제부터 자신들의 자유와 안보, 그리고 번영을 지키기 위해 다시 계속 싸워나가야만 한다는 사실"을 망각하고 말았다. 미국과 자유진영 국가들은 지나치게 자신감이 충만했고 이런 오만은 결국 현실에 대한 안주로 이어졌다. 그리고 나는 그렇게 자신감이 지나치게 차오르는 모습을 현장에서 목도했다.

1989년 11월, 내가 복무하던 기갑연대는 당시 서독의 코부르크Coburg라는 작은 도시 근처를 순찰중이었다. 코부르크는 16세기 독일의 종교개혁가인 마르틴 루터Martin Luther가 성경을 독일어로 번역했던 곳이기도 하다. 제2기갑수색연대 소속 대위였던 나는 싸움은 계속되어야 한다는 사실을 분명하게 확인할 수 있었다. 우리 연대는 유럽의 민주주의와 전체주의를 가르고 있는 이른바 철의 장막Iron Curtain을 따라 순찰 활동을 계속했다.[3] 그리고 그곳에는 정말 말 그대로 철책이 덧대어진 어떤 "시설complex" 한 곳이 자리하고 있었다. 사람들의 자유를 빼앗고 억압하기 위해 만들어진 곳이었다. 이 요새화된 시설은 서독과 동독 사이에 있는 실제 국경선보다 훨씬 더 동쪽에서부터 시작돼 주변은 대략 3미터 높이의 강철로 보강된 담장이 둘러싸고 있었는데 그 위로는 전기 철조망까지 둘러쳐져 있었다. 그리고 도로도 하나 나 있었다. 동독 측 국경수비대는 도로를 따라 차를 몰고 다니며 근처에 발자국이 찍혀 있는지를 감시했다. 도로 옆에는 깊고 가파른 도랑이 따라 나 있어서 혹시라도 차량을 타고 탈출하려는 시도를 막는 역할을 했다. 도랑 너머에는 다시 울타리가 두 줄 서 있고 그 사이에는 폭이 30미터쯤 되는 지뢰밭이 있었다. 누군가 지뢰밭을 무사히 통과했다 하더라도 그 앞에는 다시 100미터가량의 아무것도 없는 공터가 펼쳐진다. 우리 병사들 중에는 동독 수비대가 비무장 민간인에게 총격을 가하는 모습을 직접 본 사람도 있었다. 그야말로 어마어마한 시설이었지만 인간이 세운 이 시설과 장벽들도 1989년 11월 9일 결국 무너져내리고 만다. 대혼란에 빠진 동독의 어느 정치위원이 동독 국민들은 모든 국경 시설을 통해 동독에서 "영원히" 떠날 수 있다고 발표하자 코부르크 국경선 근처에도 사람들이 몰려들었고 수비대는 출입문을 개방했다. 처음에는 수백, 수천 명이 모여들더니 급기야 수만 명이 넘는 동독 국민들이 물밀듯이 국경선을 넘기 시작했다. 그날 순찰을 돌고 있던 부대원들은 수없이 많은 꽃다발에 술병, 그리고 포옹을 선사받았다. 물론 기쁨의 눈물도 있었다. 베를린에서는 수많은 시민들이 1961년 이후 동쪽과 서쪽을 갈라놓았던 장벽을 무너뜨리며 기쁨을 만끽했다. 베를린장벽은 무너졌고 동독 정부는 베를린을 떠났다. 소비에트연방은 무너져내렸고 우리는 냉전에서 승리를 거두었다.

그렇지만 무너지는 철의 장막에서 아주 멀리 떨어진 곳에서는 냉전이 아닌 새로운 열전熱戰이 시작되고 있었다. 1989년, 집권 10년 차를 마무리하던 이라크의 독재자 사담 후세인에게는 많은 피로가 쌓였을 것이 분명했다. 1980년에 후세인은 이란과 8년에 걸쳐 이어질 끔찍한 전쟁을 시작했고, 그 기간 동안 60만 명 이상이 희생되었다. 1979년 처음 이라크의 권좌에 오른 후세인은 스탈린과 비슷한 통치 방식을 도입해 국민들을 탄압하며 인구 2,200만 명 중 100만 명 이상을 학살했다. 거기에는 1만8,000명 이상의 쿠르드Kurd족도 포함되어 있었는데, 후세인은 아무 죄도 없는 쿠르드족 마을에 독가스를 살포하며 남녀노소를 가리지 않는 인종청소를 저지르기도 했다. 하지만 1990년이 되자 사담 후세인은 피로감보다는 자신이 과소평가를 받고 있다는 느낌이 더 강하게 들기 시작했다. 지금까지 이란이 주도하는 시아Shia파 이슬람혁명으로부터 수니Sunni파 이슬람교도들과 아랍 세계를 지켜온 건 누구였던가? 쿠웨이트를 비롯해 사우디아라비아와 다른 아랍 세계 국가들은 내게 은혜를 갚아야 하지 않는가? 최소한 전쟁 비용이라도 지원을 해야 하지 않는가 말이다.

1990년 7월, 이라크의 전차부대가 남쪽 국경을 향해 진격을 시작했다. 그리고 8월 2일, 이라크 주재 미국 대사가 런던에 가 있는 사이 30만 명이 넘는 이라크 병력의 제1군이 쿠웨이트로 쏟아져 들어갔다. 국가의 규모는 작지만 엄청난 부국인 쿠웨이트가 사담 후세인이 지배하는 이라크의 아홉번째 주로 합병이 되는 건 시간문제였다. 당시 미국의 대통령이었던 조지 H. W. 부시George H. W. Bush와 보좌관들은 전 세계 35개국의 지지를 이끌어내며 그런 합병은 "있을 수 없다"는 데 의견을 같이했다.

1989년 서독과 동독의 국경지대를 지키던 바로 그 부대들은 철의 장막이 무너지는 현장을 목도한 지 정확히 1년 뒤 이번에는 사우디아라비아로 향했다. 3개월 후, 내가 속해 있는 제2기갑수색연대는 이른바 좌측 측면 포위전이라는 대규모 공격 작전의 선두에 서서 사담 후세인의 공화국수비대를 무찌르고 서쪽 사막으로부터 일격을 가하며 쿠웨이트로 들어가는 관문을 열어젖혔다.

우리 연대가 진격을 시작한 2월 26일이 되자 아침부터 짙게 끼어 있던 안개가 사라지고 대신 모래가 섞인 강한 바람이 불어오기 시작했다. 시야 확보는 어려웠고 헬리콥터부대도 정찰에 나설 수 없었다. 오후 4시가 조금 지난 시각, 우리는 진형을 갖추어나갔다. 여섯 대의 브래들리Bradley 장갑차로 이루어진 제1소대가 마이크 펫셰크Mike Petschek 중위의 지휘 아래 선두에 나섰다. 선발 정찰대의 임무를 맡은 이 소대는 25밀리 기관포와 대전차 TOW 미사일로 무장하고 있었다. 또다른 정찰대인 팀 고티에Tim Gauthier 중위의 제3소대도 연대의 남쪽에서 먼저 이동했다. 내가 이끄는 중대는 이 선발대를 따라 아홉 대의 전차를 이끌고 쐐기꼴 형태로 진격을 했고 내가 탄 전차는 그 한가운데 자리하고 있었다. 마이크 해밀턴Mike Hamilton 중위의 제2소대는 내 옆에, 그리고 제프 드스테파노Jeff DeStefano 중위의 제4소대는 내 오른쪽에 있었다. 132명에 달하는 중대 병력은 모두 잘 훈련되어 있었을뿐더러 사기도 충천했다. 장비는 물론이거니와 또 서로 간의 신의와 존경심, 그리고 전우애도 문제될 것은 없었다. 당시 28세의 대위였던 나는 이런 특별한 부대를 이끌고 있다는 자부심에 가득 차 있었다.

지금 21세기의 기준으로 보면 당시 우리 중대의 무장이 최첨단이었던 건 아니었다. 당시에는 이른바 전지구위치파악장치Global Positioning Systems, 그러니까 GPS라고 부르는 새로운 장비가 장착된 전차는 세 대뿐이었고 그나마 늘 제대로 작동하는 것도 아니었다. 따라서 우리는 표지판 하나 없이 그저 사방에 펼쳐져 있는 사막 위를 주로 추측항법에 의지해 이동했다. 정확한 지도가 없었기 때문에 버려진 작은 마을을 관통하는 도로 하나를 따라가면서도 그 도로가 쿠웨이트로 이어지는지를 알지 못했다. 또한 우리가 방금 진입한 지역이 과거에는 이라크군의 훈련장이었고 최근에 이라크 공화국수비대의 한 여단과 기갑사단이 다시 자리를 잡고 있다는 사실도 알지 못했다. 이들 부대의 임무는 연합군의 진격을 막아내는 것이었다.

이라크 여단의 지휘관인 무함마드Mohammed 소령은 이 근방의 지리를 잘 알고 있었다. 소령은 1980년대 미국 조지아주 포트 베닝Fort Benning에서 고급보병장교과정Infantry Officer Advanced Course을 수료하기도 했었다. 미국이 중동 지역에서 이란을 견제하기 위해 다소 미심쩍은 상황에서도 이라크와의 협력관계를 구축해나가던 시절이었다. 무함마드 소령의 방어선은 견고했다. 그는 앞서 언급했던 버려진 마을에 대공포를 배치했고 보병들은 안전한 위치에 자리를 잡게 했다. 소령은 마을의 동서를 가로지르는 도로와 직각을 이루는 곳에서 멀리서는 잘 보이지 않는 솟아오른 지형을 십분 활용해 이른바 "반사면反斜面" 방어진을 구축했다. 또한 적군을 적절하게 "타격"할 수 있는 교전 지역 두 곳도 미리 마련해놓았다. 산등성이 동쪽 면에는 지뢰밭을 만들어놓았고 또 그 뒤쪽에 대략 마흔 대의 전차와 열여섯 대의 러시아제 보병 장갑차량 BMP를 배치해놓았던 것이다. 무함마드 소령은 우리가 산등성이를 지나갈 때 완전히 괴멸시킨다는 작전 계획을 세웠다. 전차와 장갑차 사이의 참호와 진지 들 속에는 수백 명의 이라크 보병들도 있었다. 소령은 동쪽으로 더 멀리 떨어진 잘 보이지 않는 비탈길을 따라 18대의 예비 T-72 전차를 배치하고 그곳에 지휘본부도 차려놓았다.

오후 4시 7분, 존 맥레이놀즈John McReynolds 하사가 지휘하는 브래들리 장갑차가 이라크군 진지 위로 제일 먼저 올라갔고 곧 이라크군 병사 둘이 나와 항복을 했다. 장갑차 조종수인 모리스 해리스Maurice Harris 병장이 불어오는 모래바람 속에서 아래쪽으로 보이는 마을을 살펴보고 있는데 적군의 공격이 시작되었다. 해리스 병장도 25밀리 기관포로 응수했고 고티에 중위가 앞으로 나서며 TOW 대전차 미사일을 발사했다. 양측은 이후 약 23분 간에 걸쳐 치열하게 공격을 주고받았다.

우리 전차 아홉 대가 거의 동시에 마을을 향해 주포를 발사한 순간 지도상으로 북쪽과 남쪽을 가로지르는 선인 70이스팅Easting 지역으로 진격하라는 명령이 떨어졌다. 우리는 전차들의 진형을 바꾸었다. 나는 제2소대와 제4소대에게 "내 뒤를 따르라"고 알렸고 우리는 선발대로 나가 있던 브래들리 장갑차들을 지나쳐 진격했다. 내가 탄 전차가 멀리서 보이지 않았던 그 솟아오른 지형을 넘어섰을 때 포수인 크레이그 코크Craig Koch 병장과 나는 동시에 적군이 있는 걸 확인할 수 있었다. 코크 병장이 이렇게 알렸다. "정면에 적 전차 출현!" 전차

안 승무원들은 마치 한몸처럼 일사분란하게 움직였다. 다시 한번 주포가 발사되었고 적의 전차 한 대가 엄청난 화염 속에 폭발했다. 제프리 테일러Jeffrey Taylor 일병이 초당 2킬로미터의 속도로 발사되어 적 전차의 장갑을 꿰뚫을 수 있는 14파운드 열화우라늄 포탄을 장전했다. 테일러 일병은 장전 후 포신의 반동을 피해 몸을 포탑 반대편으로 숙이며 "장전 완료!"라고 소리쳤다. 우리는 결국 대략 10초 안에 적 전차 석 대를 파괴할 수 있었다. 다른 아홉 대의 아군 전차들도 우리 뒤를 따라 올라와 공격에 합세했다. 그리고 1분가량이 지나자 사정거리 안에 있던 모든 적들은 다 불길에 휩싸였다. 내가 탄 전차의 조종수인 크리스 헤덴스코그Chris Hedenskog 상병이 내게 이렇게 보고했다. "대위님, 지금 막 지뢰밭을 통과하고 있습니다." 상병은 적의 전차들이 화력을 집중해 우리를 타격하기 위해 만들어놓은 지역 한복판에 그대로 멈춰서는 것이 얼마나 위험한 일인지 잘 알고 있었다. 우리에게는 적들을 충격에 빠뜨리면서 우리가 가한 선제공격의 위력을 십분 이용할 수 있는 기회가 있었다. 물리적 이점이 이제 심리적 이점으로 바뀌기 시작했다. 우리는 대전차 지뢰밭을 돌아서 이동했고 다른 장갑차와 전차 들도 우리 뒤를 따라왔다. 우리는 대인 지뢰밭을 그대로 돌파했고 거의 아무런 피해도 입지 않았다. 그동안의 훈련이 빛을 발하는 순간이었다. 맥레이놀즈는 훗날 이렇게 회고했다. "우리는 굳이 일일이 명령에 따르지 않아도 괜찮았다. 모든 상황이 그저 물이 흐르듯 자연스럽게 진행되었다."

우리가 적군의 서쪽 방어선을 돌파하고 나니 부중대장인 존 기포드John Gifford에게 이런 무전이 왔다. "달갑지 않은 소식인 건 알지만 지금 거기서 진격을 멈춰야 합니다. 이미 70이스팅 지역에 도착했습니다." 나는 이렇게 대답했다. "진격은 멈출 수 없다고 전하게. 공격을 계속 진행할 수밖에 없다고. 이런 소식을 전하게 되어 나도 달갑지는 않네만." 여기서 공격을 중단하면 적군이 다시 정신을 차릴 여유를 주게 된다. 나는 우리가 승기를 잡았고 여기서 빨리 승부를 내야만 한다고 직감했다. 육군 기갑부대에는 선제공격을 중시하는 문화가 있다. 그리고 우리가 방금 해낸 이런 공격의 성과를 이용하지 않는 건 너무나도 위험천만한 일이었다.

두번째 솟아오른 지형 위로 올라서자 적의 예비전차부대가 사정거리 안에 들어왔다. 이라크 전차 지휘관들은 우리에게 대항해 전차들을 산개하려 했지만 이미 너무 늦었다. 우리는 근거리에서 18대의 T-72 전차를 모두 격파한 후에야 비로소 진격을 멈췄다. 더이상 아무것도 공격할 대상이 남아 있지 않았다. 화력지원장교인 댄 데이비스Dan Davis 대위가 저멀리 동쪽에 있는 연료와 탄약저장고에 대한 대규모 포격 지원을 요청했다. 전투는 조금 더 이어졌지만 대부분의 공격이 23분 안에 마무리된 것이다.

우리 연대는 단 한 명의 사상자도 없이 방어와 관련된 모든 유리한 점을 다 갖추고 있던 훨씬 우세한 적군의 병력을 모두 다 격파했다. 이후 벌어진 더 큰 전투와 걸프전쟁 전체에서 우리는 마찬가지로 일방적인 승리를 거두었다. 걸프전쟁에서의 이런 승리를 바탕으로 자신감이 넘쳐흐르기 시작하자 여러 전문가들과 분석가들은 미국 군사력의 양적 우위와 쿠웨이트를 쿠웨이트 국민에게 돌려준다는 단순하지만 어려웠던 정치적 목표에 대해 과소평가하기 시작했다. 이들은 미래의 적들도 사담 후세인이 저질렀던 실수를 되풀이할 것이라고 가정했다. 비대칭 전략을 이용하기보다는 미국과 연합국의 군사력에 대항해 비슷한 방식으로 싸우려 들 것이라고 생각했던 것이다. 그리고 냉전에서 소비에트연방에 대해 거두었던 승리만을 되새기며 많은 사람들은 미국과 동맹국, 그리고 우방국들이 무엇을 바탕으로 어떻게 싸워왔는지에 대해서도 잊어버렸다. 그동안 우리는 우리의 실상과 위험의 실체를 정확하게 파악하고 장기적인 전략을 세워 안보를 확실하게 다져왔으며 또 번영을 추구하며 끊임없이 그 영향력을 확대해왔었다.

* * *

돌이켜보면, 독일 코부르크와 이라크 사막의 73이스팅전투에서 우리 부대가 겪었던 경험들은 한 시대의 종말을 의미하는 것이나 다름없었다.[4] 1990년대가 되자 냉전, 그리고 걸프전쟁에서의 승리에 도취된 미국의 지도자들은 미국이 외교 문제에 있어 끊임없이 계속 싸워가야 한다는 사실을 그만 잊어버리게 된다. 코부르크는 마르틴 루터뿐 아니라 한스 모겐소Hans Morgenthau의 고향으로도 유명하다. 모겐소는 1937년 나치의 독일 지배를 피해 미국으로 망명했고 이후 국제정치학의 개념을 정립한 선구자들 중 하나로 명성을 얻는다. 1978년 모겐소는 에설 퍼슨Ethel Person과 공저한 그의 마지막 논문 「자아도취의 기원The Roots of Narcissism」을 통해 외교 정책에 있어서 지나치게 자신의 입장만을 고수하는 현상에 대해 통탄한다. 그렇게 되면 결국 국제사회에서 고립을 면치 못하게 될뿐더러 스스로의 역량을 벗어나는 잘못된 야심만 품게 되기 때문이다. 모겐소의 고향인 코부르크에서 나는 미국의 자신감이 지나치게 끓어오르는 현장을 목격했다. 냉전은 끝났고 세계는 정치분석가인 찰스 크라우트해머Charles Krauthammer가 "단극화의 순간the unipolar moment"이라고 부르는 시대로 접어들고 있었다. 미국은 유일한 초강대국의 위치에 올라섬으로써 자아도취에 빠져들 수밖에 없었고, 자신의 입장만을 고수하며 앞으로 일어날 사건들에 대해 다른 국가들이 갖고 있는 영향력을 자연스럽게 무시하게 되었다. 미국 국민들은 이 세상을 오직 스스로의 열망과 야심과 관련해서만 재단하기 시작했다.[5]

지나친 낙관주의와 스스로에 대한 집착은 냉전 이후의 새로운 시대에 대한 세 가지 잘못된 가정으로 이어졌다. 우선, 많은 사람들은 냉전에서의 서방측의 승리가 곧 "역사의 종말"을 의미한다는 주장을 받아들이게 된다. 정치철학자 프랜시스 후쿠야마Francis Fukuyama는 "서구 자유민주주의의 보편화야말로 결국 인간의 정치체제가 최종적으로 진화한 형태"라고 설명했다.[6] 물론 그런 후쿠야마도 민주주의를 선호하는 이념적 합의가 곧 필연적인 결론은 아니라고 경고하기는 했다. 그렇지만 많은 사람들은 역사의 전체적인 흐름이 독재국가나 폐쇄된 국가들에 대한 자유롭고 개방된 국가들의, 그리고 폐쇄경제체제에 대한 자유시장자본주의의 우위를 보장한다고 편을 들어준다고 생각하기 시작했다. 이념을 둘러싼 경쟁과 싸움은 이제 막을 내렸다는 것이다.

두번째로, 많은 사람들은 국제관계나 경쟁과 관련된 오랜 관습들은 조지 부시 대통령이 바랐던 "새로운 세계 질서, 그러니까 약육강식의 냉혹한 법칙이 아닌 합법적 질서가 각 국가들을 이끄는 세상"과는 더이상 아무런 관련이 없다고 생각했다. 냉전 이후의 세계에서 유일한 초강대국은 미국뿐이었다. 러시아는 소비에트연방이 붕괴된 이후 대혼란에 빠져들었다. 중국의 경제 기적은 이제 막 시작되었을 뿐이었고 중국 공산당 지도부는 힘을 잠시 감추고 다가올 때를 기다리라는 최고지도자 덩샤오핑鄧小平의 가르침을 충실히 따랐다. 국가들의 새로운 연대는 경쟁의 필요성을 퇴색시킬 뿐이었다. 모두들 전 세계가 맞닥뜨리고 있는 가장 시급한 문제들을 해결하기 위해 국제적인 기구를 통해 힘을 합치기 시작했다.[7] 강대국들의 패권경쟁은 이제 모두 다 옛말이 되어버렸다.

마지막으로, 1991년 걸프전쟁 기간 동안 미국이 보여주었던 군사적 역량에 대해서 많은 사람들은 일종의 군사적 혁명revolution in military affairs, RMA이 일어났다고 생각했다. 이제 미군은 그 어떤 잠재적 경쟁자에 대해서도 "압도적인 우위"를 보일 수 있다는 것이었다. 누구든 기술적으로 압도적 우위를 차지하고 있는 미군에 감히 도전을 한다 해도 결국 미군의 완벽하고도 빠른 승리로 결판이 날 터였다.[8] 군사력 경쟁의 시대도 이제는 막을 내렸다.

그렇지만 미국의 정책을 뒷받침하는 이런 세 가지 가정들은 지나치게 낙관적이었을 뿐 아니라 동시에 안일함과 자만심으로도 이어졌다. 자만심을 뜻하는 영어 단어 "휴브리스hubris"는 고대 그리스어에서 유래되었는데, 극단적인 자긍심이 결국 지나친 자기과신으로 이어지며 종종 불행한 결과를 초래한다는 뜻으로 사용되던 말이었다. 고대 그리스비극에서 영웅은 인간의 한계를 뛰어넘으려는 헛된 시도를 하곤 하며 대부분의 경우 비참한 운명을 예견하는 경고를 무시한다. 냉전 이후의 새로운 시대로 접어들면서, 내가 방금 언급했던 세 가지 가정과 관련해서 제시된 경고들은 미국의 정책 및 정치, 그리고 군사기구들 안에서 너무나도 많은 사람들에게 무시를 당하고 말았다.

무엇보다 먼저 독재정치가 부활할 조짐이 보였다. 1990년대가 저물 무렵, 시장 중심의 개혁이 실패로 돌아간 러시아에서는 블라디미르 푸틴이 대통령에 당선되었다. 푸틴은 이전까지는 그리 널리 알려지지 않았던 KGB의 후신인 러시아연방보안국FSB 국장 출신이었다. 의회 전략고문이었던 데이비드 윈스턴David Winston은 2000년 4월, 계간지 〈후버 다이제스트Hoover Digest〉에 실린 글을 통해 새롭게 러시아의 대통령에 당선된 푸틴이 "국가주의와 독재정치라는 전통으로 회귀하고 싶은 강한 유혹을 느낄 것"이며 "군사력의 과시와 침략 전쟁이라는 전통적인 방식을 통해 러시아와 푸틴 자신의 운명 모두가 판가름나게 될 수도 있다"고 경고를 하기도 했다. 그렇지만 그 무렵에도 독재정치는 결코 완전히 사라지지 않은 채 남아 있었다. 예컨대 포악한 북한의 독재정권의 경우 그 붕괴나 몰락이 임박했다는 수많은 예측이 있었지만, 소비에트연방의 붕괴로 인한 지원 중단의 고통을 감수하고 처참한 기근을 견뎌내며 의심스러운 핵무기 관련 협정을 대가로 한국과 서방측으로부터 돈과 물자를 강탈해서 정권을 유지하고 있었다. 1948년부터 "위대한 지도자"가 된 김일성이 자신의 아들인 "친애하는 지도자" 김정일에게 권력을 고스란히 물려주었던 것이다. 한편, 이슬람 세계의 혁명가들이 신정 정치 독재체제를 더욱 강화하면서 이란에서 잠시 불었던 개혁의 바람은 이내 큰 억압을 당하게 된다.

그리고 새로운 강대국들 사이의 또다른 패권경쟁이 시작되었다. 중국은 1991년 걸프전쟁을 예의 주시했으며 1996년 타이완해협위기Taiwan Strait Crisis가 일어났을 때는 정말로 당혹감을 감추지 못했다. 당시 미국은 타이완을 겨냥한 중국의 미사일 위협에 대응해 대규모 무력시위를 벌인 바 있다. 두 개의 미 해군 소속 항공모함 전단이 타이완해협에 나타나자 중국 인민해방군中國人民解放軍의 열세가 확연하게 드러났던 것이다. 그렇지만 중국의 경제력이 급성장하면서 인민해방군의 전력도 점점 강화되었다. 또한 그렇게 군사력이 늘어나자 중국은 은근히 그런 자신감을 과시하기 시작했는데, 지난 2001년 4월 1일에는 인민해방군 해군비행단 소속 전투기 조종사 왕웨이王偉가 J-8 전투기를 몰고 남중국해 상공에서 미 해군 소속 EP-3 정찰기를 위협하며 비행하는 사건이 있었다. 왕웨이의 J-8 전투기는 EP-3 정찰기를 두 번이나 스쳐지나갔고 그러다가 거리를 잘못 판단하는 바람에 충돌이 일어나고 말았다. J-8 전투기는 그 자리에서 크게 부서지며 조종사 왕웨이가 실종되었고 미군 정찰기는 하이난섬海南島에 비상착륙을 했다. 왕웨이의 시신은 끝끝내 발견되지 않았으며 중국 측은 조난당한 미군 승무원 24명을 11일 동안 억류했다.[9] 걸프전쟁과 타이완해협위기를 통해 미국은 계속해서 군사력을 과시했고, 거기에 남중국해의 긴장이 고조되면서 자극을 받은 중국은 결국 평화시기라고는 상상할 수 없을 정도로 역사상 최대 규모의 군사력 증강을 단행하고 말았다.

마지막으로 중국이 이른바 미국의 군사적 우위에 도전하기 시작하면서 강력한 이슬람원리주의 무장 단체들과 이란의 지원을 받는 테러 조직들도 군사력 대결을 피하고 상대방의 약점을 파고드는 비대칭 방식의 공격을 점점 더 늘려갔다. 이슬람원리주의를 따르는 테러 조직 운동은 1980년대 아프간전쟁Afghan War과 걸프전쟁 이후 계속해서 세력을 키워나갔다. 이런 조직들의 지도자들은 미국이나 유럽 같은 "멀리 있는 적"과 이스라엘과 아랍 왕국들 같은 "가까이 있는 적"

들에게 휘두르는 폭력을 정당화하고 또 새로운 조직원들을 끌어모으기 위해 수니파 이슬람 교리를 교묘하게 왜곡해 해석하고 있다. 저항하지 못하는 비무장 민간인에 대한 대량학살은 이들이 특히 선호하는 전술인데, 예컨대 1993년 2월 26일에는 아프가니스탄에 위치한 알카에다Al-Qaeda 훈련소에서 훈련을 받은 쿠웨이트 출신의 파키스탄 국적 테러 조직원 람지 유세프Ramzi Yousef가 미국으로 건너와 요르단 출신 동료와 함께 뉴욕시 세계무역센터World Trade Center의 북쪽 타워North Tower 지하 주차장으로 차를 몰고 돌진했다. 이들이 탄 노란색 라이더Ryder 승합차에는 저지 시티Jersey City의 한 주택에서 설치한 1,200파운드의 폭발물이 실려 있었다. 이들의 폭탄 공격으로 여섯 명이 사망했고 1,000명 이상이 부상을 입었다. 유세프는 이 공격으로 흔히 1번 타워Tower 1라고 부르는 북쪽 건물이 무너지면서 2번 타워를 함께 무너뜨려 두 건물 주변에 있는 약 25만 명에 달하는 사람들이 전부 다 죽기를 바랐다고 한다. 그로부터 3년 후인 1996년에는 이란의 후원을 받는 헤즈볼라Hezbollah의 테러 조직원들이 사우디아라비아의 다흐란Dhahran에 있는 코바르 타워Khobar Tower의 미군들을 공격해 사망자 19명, 그리고 부상자는 372명이 발생했다. 1998년 4월, 이번에는 아프가니스탄에 있는 은신처에 숨어 있던 알카에다가 직접 이슬람 율법에 따른 명령, 즉 파트와fatwa를 앞세워 모든 미국인과 유대인들을 무차별 참살하라는 명령을 내린다. 그러자 그해 8월, 한 테러 조직이 이 명령을 그대로 실행에 옮겨 아프리카 케냐와 탄자니아에 있는 미국대사관에 동시에 자살폭탄 공격을 감행해 224명이 사망하고 5,000명 이상이 부상을 당했다. 케냐 사망자 중 12명이 미국 국적이었다. 그렇지만 알카에다의 공격은 거기에서 그치지 않았다. 2000년 10월 12일 미 해군의 이지스 구축함 USS 콜Cole이 예멘의 아덴Aden 항구에 연료 보급을 위해 정박해 있다가 공격을 받았는데, 오전 11시 18분쯤, C4 폭발물을 실은 유리섬유로 만든 작은 배 한 척이 구축함 좌현으로 돌진해 충돌과 함께 폭발을 일으켰고 가로 18미터, 세로 12미터 정도의 구멍이 뚫리며 수병 17명이 사망했다.[10] 21세기가 시작되자 사람들은 미 중앙정보국 CIA의 국장인 제임스 울지Japme Woolsey 제독이 1993년에 했던 말을 떠올리지 않을 수 없었다. "그래, 우리는 커다란 용을 한 마리 쓰러뜨렸다. 그렇지만 지금 우리는 엄청나게 많은 독사들이 가득한 밀림 속에서 살고 있는 것이나 마찬가지다."[11] 하지만 이 새로운 세기에 세계의 자유롭고 개방된 국가들은 용과 독사 모두를 상대하게 될 것 같았다.[12]

이상적으로 그려진 새로운 세계 질서와는 크게 다른 새로운 지정학적 풍경의 이런저런 징후들은 미국의 외교 정책과 국가안보 전략에 관한 근본적인 재평가에 영향을 주거나 냉전 이후 세계에 대한 낙관적 관점만을 강조하는 의견에 의문을 제기할 수도 있었을 것이다. 하지만 실제로는 그렇지 못했다. 실제로 빌 클린턴Bill Clinton 대통령은 2000년 12월 국가안보 전략 보고서 서문에 다음과 같이 썼다.

> "새로운 21세기로 접어들면서 우리는 국내의 깊은 분열이나 외세의 위협도 없고, 또 역사상 가장 강력한 군사력을 보유한 기록적인 번영을 누리는 국가의 국민이 될 수 있는 큰 축복을 누리고 있다. 이전 시대의 미국 국민들은 이런 축복들 중 단 하나만이라도 누릴 수 있는 그런 국가에서 살기를 바랐을지도 모른다. 이런 모든 일들을 다 경험하게 될 것이라고 예상한 사람은 아마도 거의 없을 것이다. 더

군다나 그걸 동시에 모두 경험할 수 있을 거라고 예상한 사람은 더욱 찾아보기 힘들 것이다."[13]

그렇게 세기가 바뀌면서 미국은 갑작스럽게 고대 그리스비극을 연상시키는 상황 속에 내던져지게 된다. 고대 그리스의 전설에 나오는 이카로스Icaros처럼 미국의 지도자들도 과도한 낙관주의와 무사안일주의에 빠지지 말라는 경고를 무시한다. 이카로스의 아버지는 아들에게 날개를 만들어 어깨에 달아주며 너무 낮게도, 또 너무 높게도 날지 말라고 경고를 했다. 너무 낮게 날면 바다에서 올라오는 습기로, 또 너무 높게 날면 태양의 열기로 인해 밀랍으로 이어붙인 날개가 떨어져나갈 수 있기 때문이었다. 그렇지만 이카로스는 결국 태양에 너무 가까이 다가갔고 그로 인해 날개가 녹아떨어지면서 바다에 빠져죽고 말았다. 2001년 9월 11일 그 엄청난 공격이 있기 전까지 미국은 너무 높이 날아오른 이카로스였다.

새로운 세기에 접어들면서 세 차례의 충격과 실망이 미국의 자신감을 무너뜨렸다. 먼저, 2001년 9월 11일 마치 갑작스럽게 일어난 자연재해처럼 알카에다가 뉴욕과 워싱턴, 그리고 펜실베이니아를 덮치면서 수많은 사상자가 발생했다. 거의 3,000명에 달하는 무고한 시민들의 생명이 사라졌고 그보다 훨씬 더 많은 사람들이 육체적, 정신적 상처를 입고 고통을 받았다. 테러 공격으로 인해 발생한 금전적인 손실만 해도 대략 360억 달러에 달했으며 미국과 세계 경제에 미친 광범위한 영향을 생각하면 그 손실의 규모는 더 크게 늘어난다.[14] 두번째, 이라크와 아프가니스탄에서의 전쟁이 예상치 못하게 길고 어렵게 이어졌고, 그로 인한 인명 피해와 비용의 손실이 9/11 이후 마치 지진의 여진처럼 천천히 미국을 뒤흔들었다. 마지막으로 세번째, 2008년의 금융위기가 해일로 인한 대지진처럼 미국을 강타했다. 금융위기는 이른바 서브프라임 모기지 상품과 제멋대로 판매된 부실한 부동산 관련 파생 상품들로 인해 시작됐는데, 본격적인 위기가 해일처럼 밀어닥치자 1929년 대공황 시절 이후 최악의 경제난이 일어났다. 미국의 주택 가격은 31퍼센트나 폭락했으며 그 수치는 대공황 시절보다 더 컸다. 미국 재무부는 경기 부양을 위해 거의 4,500억 달러에 달하는 자금을 금융권에 지원했고, 그중 약 3,600억 달러가 프레디 맥Freddie Mac과 패니 메이Fannie Mae, 그리고 AIG 같은 부동산 대출 관련 업체로 들어갔다.[15] 위기는 지나갔지만 2년이 흐른 뒤에도 실업률은 여전히 9퍼센트를 웃돌았고 셀 수 없이 많은 실업자들이 절망한 채 일거리를 찾아 헤매고 있었다.

* * *

9/11 공격 이후 7년 동안 미국에서는 낙관주의와 자신감은 천천히 사라져갔고, 2008년 이후에는 반대로 비관주의와 체념의 풍조가 퍼지기 시작했다. 2009년, 새로운 미국 대통령은 주로 이라크전쟁에 대한 자신의 반대 의견에 기초해 외교 정책을 펼쳐나갔다. 그를 자극한 건 미국의 국제 문제 개입과 활동에 대한 전 세계적인 회의론이었다. 2013년 6월, 버락 오바마Barack Obama 대통령은 연설 도중에 아프가니스탄에서 3만3,000명의 병력을 철수시킬 것이라고 발표한다. 그러면서 전쟁 비용과 금융위기 이후 "늘어난 부채와 경제적 어려움"에 대해서도 언급을 했다. 그는 "미국은 전쟁을 지속할 이유가 없으

며" 따라서 지금은 "국내 문제를 해결하는 데 집중할 때"라고도 말했다.[16] 오바마 대통령은 이라크전쟁을 역사적으로 미국이 국제 문제에 개입했던 방식의 연장선상으로 보았다. 두번째 임기를 마무리하며 지난 시간을 회고하는 대담을 가진 후, 시사전문지 〈애틀랜틱Atlantic〉의 제프리 골드버그Jeffrey Goldberg 기자는 오바마 대통령이 "미국의 독선을 견제하는 수단으로써 과거 해외 정책 실패와 관련된 자신의 깨달음을 끊임없이 사람들에게 알리고 있다"고 평가했다. 대통령과 그를 보좌한 많은 사람들은 외교 문제에 대해서 소위 서구의 자본가들의 제국주의를 세계 문제의 주요 원인으로 보는 신좌파의 해석에 동의하는 편이었다. "우리에게는 전례가 있다." 오바마 대통령의 말이다. "이란에서도, 인도네시아에서도, 그리고 중앙아메리카에서도 우리에게는 전례가 있다. 따라서 우리는 미국의 개입에 대해 이야기하기 시작하고 다른 국가들이 품는 의심의 근원을 이해하려 할 때 지난 역사와 사례들을 반드시 되새길 필요가 있다."[17] 신좌파 역사관의 근본적인 전제는 지나치게 강력한 미국이야말로 세계에서 발생하는 여러 가지 문제들에 대한 해결책의 일부라기보다는 오히려 원인일 경우가 더 많다는 것이다. 이카로스의 전설로 다시 돌아가보면 오바마 행정부의 미국은 이때부터 오히려 지나치게 낮게 날기 시작했다고도 볼 수 있다.

여러 행정부를 거치면서 미국의 외교 정책과 국가안보 전략은 모겐소의 「자아도취의 기원」에 나오는 "전략적 자아도취Strategic Narcissism"와 비슷한 관점에 크게 영향을 받아왔다. 즉, 이 세상을 오직 미국과 관련해서만 바라보고 또 앞으로 일어날 일들이 주로 미국의 결단이나 계획에 따라 이루어진다고 가정하려는 관점이다. 사실

전략적 자아도취에서 비롯된 두 가지 사고방식, 즉 지나친 자신감과 체념 모두에는 발생한 여러 결과들이 주로 미국의 결정 때문에 비롯되었다고 생각하거나 혹은 미래에 미치는 다른 국가들의 영향력을 과소평가하는 자만심이 공통적으로 드러나 있다. 조지 W. 부시George W. Bush 행정부의 외교 정책을 이끈 지나친 자신감은 2003년 이라크 침공과 같은 위험한 행동을 과소평가하는 데 영향을 주었고, 버락 오바마 행정부의 외교 정책을 이끈 미국 국제 문제 개입의 효과에 대한 비관론은 또 미국의 소극적 행동으로 인한 위험을 과소평가하는 데 영향을 준 것이다. 예컨대 미국은 2011년 이라크에서 미군을 완전히 철수시켰고, 2013년에는 시리아의 아사드Assad 정권이 저지른 민간인들에 대한 화학무기 공격에 대해 군사적 보복을 포기하는 결정을 내리기도 했다. 이런 두 가지 형태의 전략적 자아도취는 모두 대개는 더 엄혹한 현실을 회피하기 위한 하나의 방편으로 선택하게 되는 막연한 희망이나 문제에 대한 새로운 정의를 바탕으로 하고 있다. 나는 그런 전략적 자아도취의 결과를 아주 가까이에서 경험했다. 나는 표면적으로는 문제를 해결해보려고 애쓰는 듯하지만 실제로는 전혀 관련이 없는 잘못된 계획을 종종 받아보는 쪽에 있곤 했다. 이런 일이 벌어지는 건 전략적 자아도취가 결국 실제 상황과는 관련 없이 행정을 하는 사람들이 원하는 내용을 바탕으로 하는 정책이나 전략으로만 이어지기 때문이다. 이런 정책이나 전략을 뒷받침하는 가정들은 그 자체로 어리석은 결정에 대한 엉터리 근거들을 제공하기 때문에 대부분 아무런 문제도 없이 그대로 진행이 된다.

한 번도 만나본 적이 없는 사람과 면담을 하기 위해 플로리다의 팜비치Palm Beach로 향하는 비행기에 올라탄 나는 만일 내게 기회가 주어진다면 미국의 전략적 능력을 회복하는 일을 돕기 위해 노력하겠다는 다짐을 했다. 그리고 그 첫걸음은 아마도 역사가 재커리 쇼어 Zachary Shore가 말했던 전략적 공감의 개념에서부터 시작될 것이라고 생각했다. 쇼어는 전략적 자아도취를 바로잡을 수 있는 방법인 이 개념을 "무엇이 상대방을 자극하고 얽매는지 이해하는 기술"이라고 설명했다.[18] 평상시에는 고급 휴양지로 이용되는 마르-아-라고Mar-a-Lago에서 만난 트럼프 대통령은 미국은 최근 들어 효율적으로 경쟁을 하지 못하고 있으며 따라서 우리의 위세와 영향력은 떨어져가지만 경쟁국들은 점점 더 강해지고 있다는 내 주장에 공감하는 듯했다. 국방 문제 전문가인 나디아 섀들로Nadia Schadlow는 2013년 발표한 「경쟁력의 강화Competitive Engagement」라는 글에서 "경쟁력을 높이기 위해서는 적을 알고 나 자신을 알아야 한다"고 말했었다.[19] 필라델피아에서 전화를 받은 지 불과 사흘 만에 나는 국가안보보좌관으로 발탁되어 이런 임무를 맡아 시작하게 되었다. 나는 나디아 섀들로에게 연락을 해 국가안보 전략을 세우는 선임국장으로 나와 함께 일을 하자고 요청을 했다. 함께 미국의 경쟁력을 좀더 효율적으로 강화하며 미국과 자유롭고 개방된 다른 국가들에게 유리하게 세력 균형을 바로잡을 수 있는 방안들을 강구해보자는 것이었다.

해야 할 일은 무척이나 많았다. 워싱턴에 도착한 지 이틀 후 나는 "관계자 전원"과 회의를 갖고 국가안전보장회의 직원들과 함께 우리의 전략적 능력이 약화되었다는 나의 생각을 함께 공유했다. 상황이 이렇게 된 건 외교 정책과 국가안보 전략에 대해 우리가 지금껏 자기중심적으로 접근해온 것도 어느 정도 이유가 된다는 것이 내 주장이었다. 우리가 할 일은 분명하게 정해진 목표를 향해 나아가기 위해 뜻을 같이하는 우방국들의 노력과 우리의 장점들을 함께 결합한 다양한 선택지와 통합된 전략을 대통령에게 제공하는 것이었다. 그렇지만 그런 우리의 임무는 우선 "상대방"의 관점으로부터 그들 자신의 방식에 따라 그들을 이해하고 그들이 겪고 있는 어려움들을 파악하는 것으로부터 시작되어야 했다. 나는 관련 직원들에게 경쟁국이나 적국의 관심사만 파악하는 것이 아니라 동시에 그들을 자극하거나 얽매는 감정과 열망, 그리고 이념들에 대해서도 숙고해야 한다고 주문했다. 가능하다면 우리는 모든 상황들을 정리해 하나의 통합된 전략들을 만들어내야 했다. 나는 이런 전략들이 우리가 지향하는 목표들뿐 아니라 동시에 우리가 세운 가정들의 내용을 명확하게 밝혀줄 수 있어야 한다고 주장했다. 특히 미국과 우방국들이 세운 목표를 달성하기 위해 우리가 어느 정도 수준의 역량과 통제력을 기대할 수 있는지에 대한 가정이 중요했다. 또한 전략은 사용하는 수단과 원하는 목표와 관련해 논리적이어야 할 필요가 있었다. 우리는 또한 어떤 위험 요소들이 있는지, 그리고 원하는 목표들을 달성하기 위해서 왜 그러한 위험과 비용, 특히 희생을 감수해야 하는지 설명하기 위해 많은 노력을 기울여야 했다. 그러면서 나는 30년 이상의 군복무 경력과 역사학자로서 국가안보에 대해 공부한 내용들과 관련해 내가 목도한 내용들을 네 가지 범주의 국가 및 국제안보 위협 요소로 정리해 제시했다. 앞으로 우리가 대통령에게 통합된 전략을 개발해 제공할 때 이 범주들이 우선순위가 될 것이었다.

우선, 미국을 적대시하는 강대국들의 패권경쟁이 다시 시작되었으며 그 중심에는 크림반도를 합병하고 우크라이나를 침공했으며 시리아 문제에 개입하고 또 미국을 비롯한 서방세계의 정치적 전복을 끊임없이 노리는 러시아가 있었다. 그리고 시진핑習近平 국가주석이 이끄는 중국 역시 더이상 자신들의 역량을 감추고 그저 때만 기다리지 않는다는 사실이 분명해졌다. 중국은 인민해방군을 동원해 남중국해에서 인공섬 건설에 박차를 가했고, 내부적으로는 중국 인민들을 더욱 옭아매었으며 국제적으로는 외교적, 경제적, 그리고 군사적 영향력을 더욱 확대시켜나갔다.

두번째로 정리한 위험 요소는 2001년 9월 10일 이후 훨씬 더 세력이 커진 국경을 초월한 테러 조직들이었다. 이 테러 조직들은 더 정교한 기술로 무장을 하고 더 치명적인 위협을 가해왔다. 이들의 세력을 키워주고 있는 건 교묘한 조직원 모집 전술과 아프가니스탄과 시리아라는 두 곳의 주요 분쟁 지역에서 벌어지고 있는 끊임없는 전쟁과 충돌이었다.

세번째, 북한과 이란의 상황이 이전보다 더욱 위험해지고 있었다. 평양의 새로운 독재자는 핵무기와 장거리 미사일의 개발을 적극적으로 독려했다. 테헤란의 오래된 독재자는 중동뿐 아니라 다른 지역까지 테러 집단과 민병대에 대한 지원을 계속해서 늘려갔고, 그 때문에 절망적인 전쟁이 계속되었으며 중동 지역의 이해관계와 얽혀 있는 이스라엘과 미국, 그리고 다른 아랍 국가들에 대한 위협도 가중되었다.

마지막으로, 인터넷 공간과 사이버정보전을 비롯해 치명적인 기술개발에 이르기까지 새롭고 복잡한 영역에서 또다른 안보의 위협 요소가 자라나고 있었다. 게다가 이제 환경과 기후변화, 에너지, 그리고 식량과 수자원 안보를 포함한 국경을 가리지 않는 상호연결된 광범위한 문제들은 서로 힘을 합친 통합된 노력을 요구하고 있는 상황이었다.

통합된 전력을 개발하기 위한 첫걸음으로 다양한 위험 요소들을 이렇게 구분해 정리하기 시작하면서 우리는 특별히 우리의 역량을 개선하는 일에 주의를 기울였다. 우리는 역사의 중요성을 특히 강조했는데, 역사를 잘 모르거나 잘못 이해하는 경우, 어렵게 얻은 교훈을 무시하게 되거나 혹은 정책이나 전략의 결함을 감추기 위해 그저 지나치게 단순한 추론만 하게 된다. 우리를 위협하는 어려움들이 어떻게 진화해가는지에 대한 역사를 이해하게 되면 똑같은 실수를 반복하지 않고 올바른 질문을 던지며, "상대방"이 어떻게 대응하게 될지 예측하는 데 도움이 된다.

미래에 대한 가정은 과거가 어떻게 현재를 만들어냈는지 이해하는 일에서부터 시작되어야 한다. 정책과 전략은 경쟁자와 적이 미래에 벌어질 사건들에 미칠 영향을 먼저 인지한 후 이를 바탕으로 수립되어야 한다. "상대방"이 보이는 반응은 어느 정도는 역사에 대한 그들 자신의 해석에 따라 좌우되기도 한다. 미국의 국무부 장관과 국가안보보좌관을 역임했던 헨리 키신저Henry Kissinger는 이렇게 말했다. "모든 국가는 스스로를 역사의 중심에 놓고 생각하곤 한다…… 이들에게는 실제 일어났던 사건보다는 일어났을지도 모른다고 생각하는 사건이 더 중요하다."[20] 지금으로부터 2500년 전, 중국의 전략가인 손자孫子는 또 이렇게 말했다. "적을 알고 나를 안다면 백 번 싸워도 두려움을 느낄 이유가 없다."[21] 따라서 전략적 자아도취에 빠지지 않으려면 우리는 우리 자신은 물론 경쟁자들의 역사관에 대해서도 반드시 이해할 수 있도록 노력해야만 하는 것이다.

그렇지만 미국과 우방국들이 우리 자유진영에 대한 새롭고도 치명적인 위협들을 극복할 만한 자신감을 갖추고 있지 못하다면 전략적 능력을 개선하려는 노력 자체가 무용지물이 될 수도 있다. 그러한 자신감을 새롭게 정립하고 유지하기 위해서는 어떤 위험 요소들이 있는지 먼저 분명하게 밝히고 또 감당할 수 있는 비용으로 지속 가능한 결과를 유지하기 위해 어떤 식으로 전략을 세웠는지도 설명할 수 있어야 한다. 제2차세계대전을 승리로 이끈 영국의 윈스턴 처칠Winston Churchill 수상이 말한 것처럼 "시작과 끝, 각 부분과 전체를 하나로 연결해 머릿속에 잘 담아둘 수 있도록 해주는 포괄적인 관점"이 바로 그것이다.[22] 이 책에서 논의할 모든 문제들 중에서 당장 해결될 수 있는 건 하나도 없다. 따라서 전략은 유연함을 유지한 채 어떤 상황의 변화에도 적용이 가능하며 또 시간의 흐름과 상관없이 일관되게 지속되어야만 한다. 일관성과 의지야말로 전략적 능력의 또다른 중요한 측면인 것이다.

그렇지만 우리의 의지는 약해졌다. 우리의 외교 정책이 지나친 낙관주의에서 체념으로 변해가면서 정체성의 정치는 새로운 형태의 선동주의와 상호작용을 하고 있다. 이런 상호작용은 우리를 분열시켰으며 우리의 민주주의 원칙과 제도, 그리고 과정에 대한 자신감을 약화시켰다. 우리는 상대방뿐 아니라 우리 스스로에게도 공감을 적용하며, 또 우리가 직면한 문제들에 대해 토론하면서 공통의 이해를 찾고 미래 세대를 위한 자유와 번영을 확보하기 위해 함께 일할 수 있다. 나는 이 책이 그런 건설적인 논의에 도움이 될 수 있기를 바란다.

1부 러시아

마스키로프카, 거짓된 모습……나는 그의 영혼을 느낄 수 있다. 자신의 조국을 위해 전력을 다하는 사람의 영혼을……*체첸전쟁을 비판한 러시아 언론인이 살해당하다*……**러시아와 조지아 갈등의 새로운 전쟁터가 된 인터넷**……러시아 전차 150대가 조지아 영토를 침공하고 공격을 시작한 후에야 우리는 겨우 대응에 나섰다……과중한 부담……**러시아 측 장성, 새로운 형태의 전쟁으로 "정보전쟁"을 독려**…… 블라디미르 푸틴은 우리 머리 위에서 놀고 있다……**크림반도의 위기**……지금은 21세기다. 19세기 방식으로 행동하며 다른 나라를 그렇게 침공해서는 안 된다……**MH17 여객기, 러시아 미사일 공격으로 격추**……*푸틴은 러시아가 이 "색깔혁명"을 반드시 막아야 한다고 말하고 있다* ……**미국, 시리아에서의 러시아 측 군사행동을 가로막고 나서**……끝없이 이어지는 거짓말……**러시아, 정부를 비판해온 나발니의 신병 확보**……그렇지만 나는 그에게 다시 한번 되물었고 그는 절대로 우리 측 선거에 개입한 적이 없다고 대답했다……**트럼프 대통령, 스크리팔 부녀에 대한 독극물 공격으로 러시아에 제재조치**……*보스토크 합동군사훈련 실시*……독일이 러시아와 천연가스 공급 계약 체결하면 그 대가로 수십억 달러를 러시아에 제공하게 된다……**러시아, 미국의 뒤를 이어 주요 핵무기조약 탈퇴**……**뮬러 특검 보고서 공개**……우리는 G.R.U.를 포함한 러시아 정보기관으로부터 지속적인 위협이 가해지고 있다고 판단한다……**러시아 경찰, 모스크바에서 시위대 수백 명 체포**……블라디미르 푸틴 이후의 러시아가 바로 오늘 탄생했다……*푸틴이 러시아 헌법에 대한 전면적인 개정을 제안하다*……러시아 경제가 침체되면서 푸틴에 대한 지지도도 떨어져……**트럼프, 러시아의 선거개입 문제로 정보기관 수장 질책**……

1. 에스토니아
2. 라트비아
3. 리투아니아
4. 몰도바공화국
5. 조지아
6. 아르메니아
7. 아제르바이잔
0 400 800 1200 1600 km
0 200 400 600 800 1000 mi
러시아
북극해
스발바르
제믈랴 프란차 이오시파
세베르나야 제믈랴
노보시비르스키야 오스트로
오스트로프 브란겔랴
미국령 세인트로런스섬
추크치 해
동시베리아 해
라프테프
바렌츠 해
베링 해
오호츠크해
아나드리
체르스키
마가단
페트로파블롭스크-캄차스키
야쿠츠크
노릴스크
니즈네바르톱스크
노보시비르스크
이르쿠츠
울란바토르
몽골
중국
베이징
북한
평양
한국
일본
카자흐스탄
아스타나
우즈베키스탄
투르크메니스탄
아슈가바트
아랄해
카스피해
이란
테헤란
이라크
시리아
터키
앙카라
트빌리시
예레반
바쿠
흑해
크라스노다르
로스토프-나-도누
볼고그라드
사마라
보로네시
니즈니 노브고로드
페름
예카테린부르크
첼랴빈스크
모스크바
스몰렌스크
노브고로드
상트페테르부르크
무르만스크
노르웨이
오슬로
스웨덴
스톡홀름
핀란드
헬싱키
탈린
리가
빌뉴스
덴마크
코펜하겐
칼리닌그라드
폴란드
바르샤바
벨라루스
우크라이나
키예프
키시나우
오데사
루마니아

1장

두려움과 명예, 그리고 야심

: 서방측의 목줄을 움켜쥐려는 푸틴의 작전

"더 강력한 적이 있다면 최대한의 노력을 기울여야만 무너뜨릴 수 있다. 가장 철저하면서도 용의주도한, 그리고 세심하고 능숙한 솜씨로 적들 사이에 나 있는 아주 보잘것없는 '빈틈'이라 할지도 놓치지 말고 하고 이용해야 하는 것이다."

—V.I. 레닌Lenin

스위스의 제네바Geneva는 비밀스러운 외교 회담을 진행하기에 이상적인 도시다. 매년 20만 명 이상의 각국 대표단이 참석해 3,000여 건 이상의 공식적인 회담이나 회의를 진행하는 곳이기 때문에 외부인들이 슬쩍 섞여들어가기가 쉬운 것이다. 각국 정부의 전용기가 공항을 드나들며 검은색 고급 승용차나 묵직한 방탄 차량의 행렬이 끊임없이 도시를 가로지른다. 서로 우호적인, 혹은 별반 우호적이지 못한 관계에 있는 관료들이 상대측 영사관에 도착해 서로 인사를 나누고 긴 회의용 탁자를 마주보고 자리에 앉는다. 유엔 주재 미국 대표부나 다른 여러 국제기구에서도 그랬지만, 2018년 2월 나와 니콜라이 파트루셰프Nikolai Patrushev 러시아 연방안보회의 서기장과의 만남은 그다지 우호적이지 못한 범주에 속한다고 할 수 있었다.

파트루셰프가 회담을 요청해온 건 내가 2017년 국가안보보좌관에 임명이 된 직후였다. 블라디미르 푸틴 대통령과 도널드 트럼프 대통령 말고도 백악관과 크렘린궁 사이에 정기적인 대화의 통로를 열어두는 것이 중요하다고 생각했던 나는 흔쾌히 그의 요청을 수락했다. 핵무기를 보유하고 있는 러시아와의 전쟁 가능성을 높일 수도 있는 그런 오해를 막기 위해서라면 긴장된 관계라도 아예 없는 것보다는 나았다. 두 국가 사이에는 의논할 내용들이 많았다.

2017년 무렵까지 러시아가 미국과 다른 서방측 민주주의 국가들을 전복시키기 위해 공격적인 전략을 추진하고 있는 것은 누가 봐도 분명했다. 유럽의 여러 선거와 2016년 미국 대통령 선거를 겨냥한 사이버공격과 정보전 등은 선동과 거짓정보, 그리고 정치적 전복 등을 통해 유럽과 미국 사회의 분열을 이용하려는 다양한 시도의 일부에 불과했다. 소셜미디어를 통해 미국과 다른 서방국가들의 사회와 공동체 사이에서 분열과 갈등의 골이 깊어지기 시작하자 러시아의 공작원들은 민감한 정보들을 공개하며 사이버공격을 감행했다. 러시아 지도자들은 늘 그렇듯 이런 사실들을 부인했지만, 이런 복잡한 작전을 진두지휘한 건 역시 러시아 정부라고 한다.[1] 러시아는 또한 사이버공격과 악의적인 컴퓨터 전산망 침입을 통해 에너지 분야 같은 중요한 사회 기반 시설과 관련된 불안감을 가중시켰다. 예컨대 미국은 2018년 초까지 러시아가 우크라이나의 정부기관과 에너지 관련 기업, 그리고 지하철 운행 체계 및 은행 전산망 침투를 시작으로 이른바 낫페트야NotPetya라는 악성 바이러스를 이용한 사이버공격을 수행했음을 알고 있었다.[2] 낫페트야는 이후 계속해서 유럽과 아시아, 그리고 북미와 남미 대륙까지 퍼져 전 세계적으로 100억 달러에 달

하는 손실과 피해를 입혔다.[3]

오랫동안 러시아의 차세대전쟁작전, 즉 RNGW의 발전 과정을 연구해온 나는 파트루셰프와의 대화를 통해 군사력과 정치력, 경제력, 그리고 정보력과 컴퓨터 기술력을 결합한 이런 치명적인 형태의 공격의 배후에 있는 동기를 더 잘 파악할 수 있게 되기를 고대했다. 파트루셰프와의 회담이 있은 다음날, 나는 뮌헨안보회의Munich Security Conference에 참석해 "앞으로 미국은 사이버공간과 소셜미디어 그리고 그 밖의 다른 수단들을 동원해 거짓정보를 흘리며 첩보 및 파괴 활동을 전개하려는 대상을 확인하고 대처해나갈 것"을 약속하는 연설을 하기도 했다. 내가 국가안보보좌관으로 일했던 1년 남짓한 기간 동안 우리는 러시아에게 응분의 대가를 치르게 하기 위해 최선을 다했다. 나는 또한 양국의 관계를 악화시키면서 잠재적인 갈등까지 야기하는 러시아의 지속적인 전략 수행과 관련된 위험성들에 대해 파트루셰프가 이해하게 되기를 바랐다.

그렇지만 러시아와의 갈등의 가능성은 점점 커져만 갔다. 시리아에서 벌어진 내전이 특히 문제였다. 2019년 3월, 러시아의 발레리 게라시모프Valery Gerasimov 장군은 "러시아의 국경 밖에서 러시아의 국익을 수호하고 발전시키기 위해" 러시아가 개입한 대단히 성공적인 사례로 시리아 내전을 꼽기도 했다.[4] 시리아 내전은 인도주의적 측면에서 볼 때 참혹한 재앙이나 다름없었다. 러시아는 2011년 내전 초기부터 시리아의 바샤르 알-아사드Bashar al-Assad 정권을 지원해왔다. 2013년 8월, 시리아 정권은 독가스를 살포해 수백 명의 어린이를 포함한 1,400명 이상의 무고한 민간인을 살해하려 했는데, 화학무기가 사용된 것은 그때가 처음이 아니었고 물론 마지막도 아니었다. 2012년

12월부터 2014년 8월까지, 시리아 정권은 최소 14차례 이상 민간인들을 상대로 독가스 공격을 감행했다. 2012년 미국의 버락 오바마 대통령이 민간인들에 대한 이런 극악무도한 무기의 사용은 선을 넘는 일이라고 선언했었지만 결국 미국은 아무런 대응도 하지 않았다. 러시아의 푸틴 대통령은 미국이 이런 식의 도발에 대응하지 않을 것이라는 결론을 내린 것 같았다. 2014년 봄이 끝나갈 무렵, 더욱 대담해진 푸틴은 크림반도를 합병하고 우크라이나 동부지대를 침공한다. 그리고 2015년 9월이 되자 러시아는 잔혹한 아사드 정권을 구하기 위해 시리아 내전에 직접 개입을 했다. 2017년 4월 칸 샤이쿤Khan Shaykhun 지역에서 신경에 작용하는 화학무기를 통해 또다시 대량학살이 일어나자 트럼프 대통령은 순항 미사일 59발을 발사해 시리아의 화학무기 제조 시설과 항공기를 공격하라고 명령했다.[5] 2018년까지 아사드 정권을 지지하는 러시아 지원군과 테러 조직인 ISIS에 맞서 싸우는 미국 지원군이 부딪히는 일이 계속되었고 내가 파트루셰프를 만났을 때는 시리아 영토 안에서 러시아와 미국이 직접적인 충돌을 일으킬 위험이 더욱 커졌을 뿐 아니라 이미 일부는 일어난 후였다.[6]

제네바 회담이 있기 일주일 전인 2018년 2월 7일, 전차와 포병 부대의 지원을 받은 러시아 용병들과 다른 아사드 정권파 병력이 시리아 북동부 지역에서 미군과 미군의 지휘를 받는 쿠르드족 및 아랍 민병대를 공격했다. 러시아 용병들은 이른바 "푸틴의 요리사Putin's cook"로 알려진 러시아의 신흥 재벌 예브게니 프리고진Yevgeny Prigozhin 소유 회사 소속이었으며 프리고진 자신은 2016년 미국 대통령 선거 기간 동안 거짓정보를 퍼뜨린 혐의로 특별검사 로버트 뮬러Robert

Mueller에게 기소되어 트럼프 행정부의 제재를 받은 전력이 있었다.[7] 그 공격은 그야말로 잘못된 작전을 바탕으로 형편없이 진행이 되었고 시리아민주군Syrian Democratic Forces의 도움을 받은 미군이 사상자를 전혀 내지 않는 동안 러시아 용병은 200명 이상이 전사했다.[8] 다가오는 대통령 선거를 앞두고 부정적인 소식을 차단하는 데 열심이었던 러시아 정부는 러시아 측의 피해에 대해 거짓말로 일관했다. 푸틴은 가능한 한 큰 표 차이로 선거에서 이기기를 원했고, 필요에 의해 시리아를 무너뜨리는 과정에 개입을 했었다가 다시 재건을 위한 자금을 지원해야 하는 러시아 입장에서 이런 값비싼 희생을 치렀다는 소식은 푸틴의 소망을 달성하는 데 아무런 도움이 되지 않을 터였다. 러시아의 주도로 진행된 이번 공격의 궁극적인 목적은 전쟁과 재건 비용의 충당 및 추가 수익을 보장해줄 수 있는 오랜 역사의 코노코Conoco 정유 시설을 장악하는 것이었다. 냉전이 절정에 치닫던 시절에도 러시아와 미국이 그렇게 직접적으로 충돌한 일은 한 번도 없었다.

파트루셰프가 회담을 제안해온 지 1년이 지나는 동안 나는 미국 국무부 장관 렉스 틸러슨Rex Tillerson을 존중하던 마음을 잠시 접어두게 되었다. 틸러슨 장관은 러시아 측의 의도에 대해 먼저 개인적인 판단을 하기를 원했다. 그는 자신이 석유 회사인 엑손모빌ExxonMobil의 최고경영자 시절 닦아두었던 푸틴 대통령이나 세르게이 라브로프Sergey Lavrov 외무부 장관과의 관계가 미국과 러시아의 관계개선에 어느 정도 도움이 될 것으로 기대했던 것 같다. 그는 러시아에 가해진 미국과 유럽의 경제 제재를 포함한 여러 가지 개입과 중재를 통해 궁극적으로는 라브로프를 러시아군 철수 협상의 자리로 이끌어낼 수 있다고 가정했고, 이 가정을 바탕으로 푸틴에게 우크라이나와 시리아에서의 "노선 변경"을 제안할 수 있게 되기를 원했다. 그렇지만 라브로프의 경우, 설사 관계개선의 가능성이 존재한다 할지라도 그가 그런 가능성을 받아들일 수 있을지조차 분명하지 않았다.

외교 정책에 있어 라브로프의 접근 방식은 옛 소비에트연방과 비슷해 그는 당연한 듯 서방측을 적대시하고 뭐든 새로운 시도는 다 의심했다. 라브로프는 미국과 서방측이 2003년 조지아의 장미혁명, 2004년 우크라이나의 오렌지혁명, 그리고 2005년 키르기스스탄의 튤립혁명 같은 "색깔혁명color revolution"뿐 아니라 2011년에는 러시아에서 대규모 시위를 선동했다며 쉬지 않고 비난했다. 또한 라브로프에게는 해결책을 생각해낼 독립적인 의지나 기본적인 결정을 내릴 자유조차 없는 것처럼 보였다. 2018년 초가 되었지만 러시아와의 협력 지점을 찾고자 하는 틸러슨의 비장했던 노력은 무산된 것이 분명했다. 트럼프와 푸틴 사이에서 간간이 이루어지는 전화통화나 만남 외에, 지금 당장이라도 백악관과 크렘린궁 사이에 직접적인 대화의 통로를 열어야 했다. 길고 긴 권위주의의 역사를 자랑하는 러시아이긴 했지만 그중에서도 푸틴은 전례가 없는 방식으로 권력을 자신에게 집중시켰기 때문에 푸틴 자신과 가까운 누군가와 관계를 맺는 것이 중요했다. 푸틴의 오른팔인 파트루셰프 서기장은 말하자면 러시아의 국가안보보좌관으로 그 이상적인 후보라고 할 수 있었다.[9]

우리 측 인사들 중 어느 누구도 제네바 회담이 러시아와 겪고 있는 문제들을 해결해줄 것이라고 믿지는 않았다. 그리고 회담 다음달에 일어난 사건들은 그런 우리의 믿음을 확인시켜주었다. 회담이 있은 지 얼마 지나지 않아 러시아 측에서는 영국 남부 솔즈베리Salisbury

에서 사용을 금지하고 있는 신경계통의 독성물질을 사용해 전직 정보부 요원의 암살을 시도했다. 그리고 푸틴은 어느 기세등등한 연설을 통해 새로운 핵무기에 대해서 언급을 했다. 그렇지만 우리는 백악관과 크렘린궁 사이의 이 새로운 대화의 통로가 어쩌면 미국과 러시아 사이의 새로운 외교, 군사, 그리고 정보와 관련된 합의의 기반이 되어줄 수 있을 거라는 기대를 품고 있었다. 이전 행정부 시절에도 미 국가안전보장회의U.S. National Security Council와 러시아 연방안보회의 사무국 사이에는 이와 비슷한 교류가 있었고, 우리는 각 국가의 이익에 대한 공통의 이해와 그 이해관계가 달라지거나 일치하는 지점에 대한 인식을 이끌어낼 수도 있었다. 그렇게 되면 미국과 러시아 양측은 서로의 차이점을 조정하고 또 협력할 수 있는 몇 가지 분야들을 찾아낼 수 있을 것이다. 서로의 관심사를 파악하는 일은 최근에 있었던 시리아에서의 충돌과 같은 값비싼 경쟁이나 위험한 대립을 피하기 위한 첫걸음이 될 수 있다. 적어도 최소한 우리는 좋은 결과를 얻기 위해 양국 대통령들의 만남에 대한 준비를 좀더 철저히 할 수도 있을 것이다.

나는 국가안전보장회의에서 유럽과 러시아를 담당하는 선임국장인 피오나 힐Fiona Hill 박사, 그리고 러시아 담당국장 조 왕Joe Wang과 함께 길을 떠났다. 미 공군 소속 보잉 757기, 속칭 "빅 블루big blue"를 타고 긴 시간을 비행하면서 블라디미르 푸틴과 러시아의 정책, 그리고 내가 곧 만나게 될 니콜라이 파트루셰프 등에 대해 이야기를 나누었다. 피오나 힐 박사는 푸틴이 지배하는 러시아에 대해서는 몇 손가락 안에 들어가는 전문가였다. 그녀는 클리퍼드 개디Clifford Gaddy와 공저한 책 『미스터 푸틴*Mr. Putin*』에서 "블라디미르 푸틴은 전략적으로 생각하고 계획을 세우며 또 행동한다"고 적었다. 그렇지만 그녀는 또 "푸틴에게 전략적 계획 세우기란 만일의 사태를 대비하는 것이며, 순서대로 정해진 계획표 같은 건 아예 존재하지 않는다"고 설명하기도 했다. 국무부에서 10년째를 보내고 있는 젊고 영민한 행정 관료인 또다른 동승자 조 왕은 푸틴으로서는 내부의 반대 세력을 막기 위해서 외부의 적이 필요하기 때문에 가까운 시일 내에 미국과 러시아 사이의 관계가 호전되기를 바라기는 힘들다고 판단했다. 러시아 국민들의 관심을 국내 문제들로부터 돌리기 위해서 러시아 정부는 계속해서 공격적인 외교 정책을 펼쳐나갔으며, 또 그러는 동안 이런 외교 정책에 대한 지지를 이끌어내기 위해 외부의 적을 러시아에 대한 위협으로 만들려는 여러 표현들도 더욱 과장되고 거칠어졌다. 푸틴은 2018년 3월 있었던 연설에서 새로운 핵무기에 대해 언급하며 심지어 러시아 측 핵탄두가 미국 플로리다주 위로 떨어지는 광경을 묘사한 동영상을 만들어 보여주기도 했다.

비행기 안에서 나는 파트루셰프에 대해 내가 알고 있는 것들을 떠올려보았다. 파트루셰프와 푸틴은 공통점이 아주 많았다. 우선 두 사람은 모두 1970년대에 KGB에 들어갔고, 파트루셰프는 푸틴의 뒤를 이어 1999년에서 2008년까지 FSB 국장을 역임한다. 푸틴과 파트루셰프, 그리고 또다른 KGB 출신의 주요 인물들이 러시아 권력의 중추세력이 된 건 2000년 치러진 러시아 대통령 선거 이후부터다. 이들은 스스로 진정한 애국자라고 믿어 의심치 않았다. 푸틴은 파트루셰프를 믿고 또 의지했다. 두 사람은 특히 러시아에서는 정보가 곧 권력이라는 사실을 잘 이해하고 있었다. 두 사람은 정보를 바탕으로 주변 사람들을 위협했고 결국 푸틴을 권력의 정점까지 밀어올리며

20년 이상을 집권할 수 있도록 만들었다. 미래의 러시아 대통령이 권력을 향해 질주하기 시작한 건 1990년대 후반부터다. 당시 그는 정부 각 기관의 부정부패를 찾아내는 임무를 맡은 기관인 GKU의 수장이었다. 그는 자신의 지위를 이용해 1990년대 러시아의 민영화가 진행되던 시기 막대한 부를 축적했던 강력한 신흥 재벌들, 즉 이른바 올리가르히Олигархи들에 대한 정보를 수집했다. 그리고 그들의 재정 상태와 사업 내용을 면밀하게 살펴보았다. 푸틴의 정보망이 미치지 않는 곳은 없었고, 러시아는 법치가 무너진 혼란한 상황이었기 때문에 올리가르히들의 입장에서 푸틴은 자신들의 약점을 잡고 권력을 휘두를 수 있는 숨은 결정권자나 마찬가지였다. 그런 와중에 푸틴은 부패한 권력 구조를 무너뜨리며 모두를 파멸로 이끌 수도 있었던 러시아의 내전을 막아냈다. 1998년 7월 FSB의 수장이 된 푸틴은 파트루셰프를 신설된 경제안보국 국장으로 임명한다. 푸틴과 파트루셰프는 KGB 정보원 시절의 기술을 십분 활용하며 중요한 정보를 수집하고 독점했다. 올리가르히들은 재산을 축적하고 보호를 받는 대신 푸틴의 대리인 역할을 종용받게 되었다. 자신들의 사업 활동을 이용해 해외에서의 러시아의 이익을 증대시키고 또 자신들의 감시자이자 보호자인 푸틴의 지시를 따르게 된 것이다.[10]

피오나 힐과 조 왕, 그리고 내가 제네바에 도착한 건 2018년 2월 16일 이른 아침이었다. 노련한 외교관으로 제네바 주재 미국총영사관에서 임시로 영사대리를 맞고 있는 테드 알레그라Ted Allegra가 우리를 반갑게 맞이해주었다. 우리는 러시아 주재 미국 대사인 존 헌츠먼Jon Huntsman과 영상통화 회의로 중요한 정보를 나누었다. 헌츠먼은 노련한 정치가이자 사업가로 전에는 유타주 주지사와 싱가포르 주재 미국 대사를 역임했었고 최근에는 중국 주재 대사로서 어렵고 난감한 상황 속에서 자신의 임무를 충실하게 수행했었다. 헌츠먼 대사는 파트루셰프와의 회담은 물론 러시아 연방안보회의와 우리 안전보장회의 사이에 대화의 물꼬를 트는 일에도 적극적으로 도움을 주었다. 그는 최근 몇 개월 사이 러시아 측의 태도가 얼마나 강경해졌는지를 설명해주었지만 미국과 러시아의 관계에 대해 장기적인 전망을 갖고 있었으며 그만큼 우리가 개선된 관계를 위한 기반을 다져야 한다고 생각하고 있었다. 나는 미국영사관 밖으로 나가 파트루셰프를 맞이했다. 차에서 내린 그의 모습에서는 노련한 KGB 출신의 자긍심이 고스란히 드러나 있었다. 그를 수행하는 두 사람, 즉 연방안보회의의 부서기장과 이번 회담 성사의 책임을 맡은 수석보좌관이 보였고 그 뒤로 또 기록을 위해 따라온 또다른 비서가 보였다.

서로에 대한 소개를 마친 후 나는 파트루셰프 일행에게 커피를 권했지만 러시아 측에서 우리가 내놓은 가벼운 간식거리에 손을 대는 사람은 아무도 없었다. 우리는 서로를 마주보며 자리를 잡고 앉았고 나는 우선 환영의 인사를 전했다. 그리고 러시아의 역사와 문학에 대해 내가 알고 있는 것들을 가볍게 언급한 뒤 이번 회담의 목적과 그 목적을 위해 나눠야 할 대화 내용에 대해 다시 한번 확인을 했다. 우리는 서로의 이해관계에 대한 상호이해를 증진하기 위해 여기 모인 것이었다. 나는 파트루셰프에게 먼저 이야기를 시작하도록 권했다. 그는 족히 한 시간가량 이야기를 풀어냈다. 그가 대신해 전하는 러시아 정부의 세계관에는 대략 세 가지 중요한 요점이 있었다. 먼저, 그는 러시아의 크림반도 합병과 우크라이나 침공을 러시아계 주민들을 보호하기 위한 방어 조치의 일환으로 보고 있었다. 그의 표현에 따르면 우크라이나의 극단적인 극우 세력은 물론, 유럽연합 편을 들고 러시아를 반대하는 정부를 우크라이나에 세우려는 미국과 유럽의 시도 자체가 큰 위험이었다. 둘째, 파트루셰프는 NATO 동맹국들의 세력 확장과 러시아가 전통적으로 자신들의 영향권으로 생각해온 지역에서의 NATO 병력 순환 배치 역시 일종의 위협으로 여겼다. 셋째로 그는 미국과 그 동맹국들, 그리고 우방국들이 아프가니스탄과 이라크, 그리고 리비아 등지에서 불필요한 개입을 했기 때문에 중동 지역에서 테러 조직에 의한 위협이 더 크게 늘어나게 된 것이라고 주장했다.[11] 마지막으로 그는 내가 무슨 말을 할지 예상이라도 한 듯 2016년 미국 대통령 선거에 대한 개입이나 서구 민주주의에 대한 전복 시도를 한 적이 없다고 강하게 부인했다. 파트루셰프의 이야기들은 하나도 새로울 것이 없었고 나는 그의 그런 주장이나 부인을 반박하는 데 시간을 낭비하고 싶지 않았다. 그 대신 나는 네 가지 영역에서 우리의 중요한 관심사에 대한 상호이해를 이끌어내기 위한 논의를 시작하려고 노력했다.

첫째로 나는 미국과 러시아 모두 직접적인 군사적 충돌을 원하지 않는다는 사실을 언급했다. 러시아의 크림반도 합병과 우크라이나 동부지대 침공은 특히 평화를 위협하는 행위였다. 단지 그 사건이 제2차세계대전 이후 처음으로 군사력에 의해 유럽 국경선이 바뀌는 계기가 되어서 그런 것이 아니라 우크라이나를 비롯한 유럽 다른 지역에서 러시아의 지속적인 비정규 병력 활용이 계속 늘어날 수 있기 때문이었다.[12] 이번 러시아의 우크라이나 침공과 역사적으로 유사한 사례가 바로 1914년 오스트리아-헝가리 제국의 세르비아 침공이었으며 이 침공으로 발생한 사건이 바로 제1차세계대전이다. 이 제1차세계대전은 참전국들이 자신들이 치러야만 했던 비용, 그리고 무엇보다 희생의 규모에 대해 미리 알았더라면 아무도 시작하지 않았을 것이기 때문에 강력한 교훈이 된다. 많은 사람들이 전쟁을 원했지만 그중 어느 누구도 자신들이 원하는 방향으로만 전쟁을 끌고 가지는 못했다. 모스크바와 워싱턴 모두는 그다음 러시아 측의 행보가 어쩌면 군사적인 충돌을 불러일으킬 위험이 있다는 사실을 깨달아야 할 필요가 있었다. 설사 러시아가 NATO의 군사적 반응이 나오기 직전까지만 도발을 하다 멈추려 한다고 해도 말이다. 나는 파트루셰프가 우크라이나 침공과 크림반도 합병에 대해 미국과 유럽연합이 취한 제재 조치를 단순한 제재 그 이상으로 봐주기를 원했다. 그것은 실제 전쟁으로 이어질 수 있는 러시아의 또다른 행보를 미리 막기 위한 조치였다. 나는 파트루셰프가 우리가 현재 위험천만한 일종의 과도기를 지나가고 있다는 사실에 동의할지 모른다고 생각했다. 미국의 극히 중요한 이익 문제와 러시아의 압박을 맞받아치려는 단호한 의지를 전달할 수 있다면 크렘린궁의 지도자들도 미국의 안이한 태도를 악용해 아무런 위험부담 없이 새로운 시대의 전쟁을 치러낼 수 있다는 생각을 버릴 수 있을지도 몰랐다.

나는 또한 파트루셰프가 미국도 푸틴의 각본이 갖고 있는 위험성, 특히 RNGW에 대해서 잘 이해하고 있음을 알아주기를 바랐다. 크림반도와 우크라이나에서의 러시아의 행위는 이른바 "마스키로프카 маскировка"로 알려진 러시아의 오래된 군사적 전략과 아주 흡사하다. 마스키로프카는 가면이나 거짓된 모습이라는 뜻으로 일종의 위장전술을 의미하며, 이런 마스키로프카와 마찬가지로 푸틴이 세운 각본에도 역시 거짓된 정보와 사실에 대한 부정이 함께 들어 있다. 또한 푸틴의 새로운 각본에는 정규군과 비정규군 모두에서 활용될 수 있는 파괴적 기술이며 사이버정보전 수행 방법 등도 포함되어 있다. 그리고 가능한 경우 크렘린궁에서는 약한 국가들을 억압하고 공격에 대한 대응을 차단하기 위해 러시아에 대한 경제적 의존을 조장하곤 하는데, 19세기뿐 아니라 특히 20세기에도 놀라울 정도로 이와 유사한 위험한 시기들이 있었다. 최근 들어서 러시아는 미국이 강대국들의 패권경쟁이 그저 과거의 유물이라는 착각에 빠져 안이하게 대처하기를 기대하며 공격적인 행보를 보였었다. 국무부 장관이었던 존 케리John Kerry가 했던 말을 떠올려보자. "지금은 21세기다. 19세기 방식으로 행동하며 터무니없는 이유로 다른 나라를 그렇게 침공해서는 안 된다."[13] 나는 우리가 언제든 싸울 준비가 되어 있으며 더이상 전장이나 경기장에서 등을 돌리는 모습을 보이지 않을 거라는 사실을 파트루셰프에게 알리는 것이 중요하다고 생각했다.

둘째, 미국과 러시아 양국은 모두 국내에서는 올바른 정치를 펼치고 국외에서는 주권이나 관계를 유지할 수 있는 역량을 보존하는 길을 찾고 있었다. 러시아가 계속해서 펼치고 있는 거짓정보 살포와 선전 활동, 그리고 정치적 전복 시도는 미국을 비롯한 동맹국들의 주권에 직접적인 위협이 되었다. 나는 러시아의 그러한 행보가 결국 미국과 서방국가들을 서로 뭉치게 만들어 러시아에 대항하게 만들 뿐이기 때문에 당장 중단하는 것이 크렘린궁의 이익에 부합한다고 주장했다. 실제로 각국의 선거 결과에 영향을 미치려던 러시아의 최근 노력은 모두 수포로 돌아갔거나 오히려 역풍을 맞았다. 예를 들어 2017년 프랑스 대통령 선거전 당시 러시아는 에마뉘엘 마크롱Emmanuel Macron 후보를 겨냥해 거짓정보를 퍼뜨렸지만 오히려 지지율은 더 뛰어올라 마크롱이 대통령에 당선되는 데 더 도움을 주고 말았다. 힘을 앞세운 러시아의 전술이 역풍을 맞은 또다른 사례는 2016년 10월에 있었던 몬테네그로Montenegro에서의 군사정변 시도다. 당시 러시아는 몬테네그로의 NATO 가입을 막기 위해 정변을 뒤에서 조종했지만 오히려 NATO와 유럽연합 회원가입을 위한 행보는 더욱 가속화되었다. 가장 최근에는 트럼프 행정부를 설득해 2017년 내려진 경제 제재 조치를 끝내려는 시도가 있었는데, 이 역시도 크림반도 합병과 우크라이나 동부지대 침공에 대한 대응의 일환으로 러시아의 많은 개인과 기업 들에게 또다른 제재 조치가 취해지는 역효과를 불러일으켰을 뿐이었다. 또한 글로벌 마그니츠키 인권책임 법안Global Magnitsky Human Rights Accountability Act에 따라 앞으로도 더 많은 제재 조치들이 취해질 예정이다.[14] 나는 파트루셰프와 대화하는 도중에 미국의 국론을 분열시키고 선거에 개입하려는 러시아의 시도는 미국 의회를 하나로 뭉치게 만들어 오직 더 강력한 제재 조치를 이끌어내게 될 뿐이라고 농담 아닌 농담을 던졌다. 실제로 트럼프가 대통령에 당선된 후 하원에서 제일 먼저 나온 중요한 외교 정책 관련 법안이 바로 러시아에 대한 제재 조치였고, 이 적대국 관련 제재 법안Countering America's Adversaries Through Sanctions Act은 하원에서 찬성 419표에 반대 3표로 통과된 후 상원에서도 역시 찬성 98표에 반대 2표라는 압도적인 표 차이로 통과가 되었다.[15] 내 말을 들은 파트루셰프는 웃음 아닌 웃음으로 화답했는데, 그것은 아마도 우리 둘 다 러시아의 이런 파괴 공작들에 대해서는 이미 충분히 알고 있지 않느냐는 뜻인 것 같았다.

셋째, 미국과 러시아는 이슬람원리주의를 따르는 테러 조직들로부터 반드시 자국 국민들을 보호해야만 했다. 바로 그런 이유 때문에 아프가니스탄의 탈레반Taliban에게 무기를 제공하거나 혹은 미국이 테러 조직을 지원하고 있다는 거짓정보를 퍼뜨리는 일은 장기적으로 볼 때 러시아의 이익에도 부합하지 않는 것처럼 보였다. 러시아가 그런 일들을 벌여봐야 테러 조직들은 더욱 힘을 얻어 미국과 러시아에 모두 더 큰 위협이 될 뿐이었다. 게다가 러시아가 이란과 이란의 지시를 받는 민병대, 그리고 시리아에서 잔혹한 일들을 저지르고 있는 바샤르 알-아사드 정권의 군대를 계속 지원하면서 단지 인권과 난민 관련 위기만 지속되었을 뿐 아니라, ISIS나 알카에다 같은 이슬람 원리주의 테러 조직에 힘을 실어주는 종교 계파 갈등이 더 광범위하게 퍼져나가고 있었다. 이런 테러 집단이나 조직 들이 세력을 키워나갈 수 있었던 건 수니파 공동체 사이에서 이란의 지원을 받는 시아파 민병대가 나타나 활개를 칠 수 있다는 두려움 때문이었다. 그 때문에 테러 집단이나 조직 들은 스스로를 일종의 보호자로 자처할 수 있었고, 따라서 나는 파트루셰프도 러시아가 이란을 지원하면 수니파 이슬람교도들이 테러 조직에 가담하는 일만 더 늘어날 뿐이라는 사실을 깨달을 수 있기를 바랐던 것이다.

마지막으로 나는 미국과 러시아가 협력을 하는 것이 서로의 이해관계에 부합을 할 때조차 러시아는 본능적으로 미국과 반대되는 행동을 하는 것처럼 보인다고 말했다. 북한에 대한 국제연합의 제재 조치를 러시아가 제대로 지키지 않았던 경우가 그 좋은 사례였다. 북한의 핵미사일 개발은 러시아에게도 직접적인 위협이 될뿐더러, 북한이 핵무기로 무장을 하면 일본 같은 이웃 국가들도 여기에 자극을 받아 자국의 핵무장을 고려하지 않을 수 없게 된다. 게다가 북한이 개발하는 무기들은 언제나 다른 국가에 판매할 수 있었다. 북한은 이미 시리아가 이란의 재정 지원을 통해 핵무기 개발을 시작할 때 도움을 주려 한 적이 있었다. 하지만 이 계획은 2017년 9월 이스라엘 측이 시리아의 데이르 알-조르Dayr al-Zawr에 있는 원자로를 공격함으로써 무산되었고 이 과정에서 북한의 과학자 10명이 사망한 것으로 알려졌다.[16] 그런데 만일 북한이 핵무기를 테러 조직에 팔아버렸다면 어떻게 되었을까? 과연 그런 위협에서 어떤 국가가 안전할 수 있단 말인가?

파트루셰프는 내 이야기를 묵묵히 들으면서 어떤 특별한 반응도 보이지 않았다. 잠시 숨을 고른 후에 우리는 전담 부서를 꾸려 우리의 이해관계를 정리하고 또 트럼프와 푸틴 대통령이 다음 회담을 갖기 전에 두 정상에게 제출할 보고서를 준비하기로 합의했다. 나는 우리가 해야 할 일의 중요성을 실감한 채 제네바를 떠났다. 그렇지만 나는 푸틴을 자극하는 동기와 목표, 그리고 그가 추구하는 전략 때문에라도 양국의 관계가 그리 크게 개선될 것 같지 않다는 사실을 이미 깨닫고 있었다.

세기가 바뀌면서 대통령 자리에 오른 블라디미르 푸틴은 자신을 그 자리까지 끌어올려준 그 체제를 강화하기 위해 노력했다. 푸틴의 가장 중요한 목표는 강대국으로서의 러시아의 위상을 다시 되찾는 것이었다. 러시아가 또다시 서방과 동등한 힘을 구축하는 데는 족히 15년은 더 걸릴 것이기에, 그는 더 참고 기다려야 했다.[17] 정말로 약 15년이 흐른 뒤에 푸틴은 크림반도를 합병하고 우크라이나를 침공했으며 시리아 내전에도 개입을 하게 된다.

* * *

양국의 관계를 개선하기 위한 한 가지 방법으로 서로의 이해관계를 정리하려는 우리의 노력은 우리 앞에 놓인 도전의 첫번째 단계에 불과했다. 푸틴과 파트루셰프, 그리고 크렘린궁의 다른 정권 실세들은 이해관계에 대한 계산 못지않게 개인적인 감정이나 정서에 따라 움직이는 경우가 많았다. 2,500년 전 고대 그리스의 장군이자 역사가였던 투키디데스Thucydides는 다툼이란 이익 문제뿐 아니라 두려움과 명예 때문에도 일어난다고 설파한 바 있다.[18] 푸틴 대통령, 그리고 파트루셰프를 비롯해 그가 크렘린궁으로 끌어들인 정권의 실세들은 과거 소비에트사회주의공화국연방Union of Soviet Socialist Republics, USSR의 붕괴에 이미 큰 충격을 맛본 사람들이며 지금의 러시아에서도 색깔혁명이 일어나지 않을까 두려워하고 있었다. 소비에트 사회주의 방식으로만 살아왔던 이들의 한때 드높았던 자긍심과 명예는 냉전에서 서방측이 승리하면서 크게 상처를 입었다. 푸틴은 소비에트연방이 붕괴되고 사회주의가 끝장이 난 러시아의 상황을 "20세기의 중요한 지정학적 재앙"이라고 묘사했다. 갑작스럽게 러시아를 잃어버리게 된 사람들에게 "극적인 대사건"이었을 뿐 아니라 "러시아 그 자체를 무너뜨리는" 문제들을 야기하게 되었다는 것이었다.[19] 소비에트연방은 사실상 거의 러시아가 지배하는 것이나 마찬가지였는데 그 연방이 무너지면서 인구는 절반으로 줄어들었고 영토도 4분의 1가량이 떨어져나갔다. 소비에트연방의 최전성기 시절 그 영향력은 서쪽으로는 동베를린까지 미칠 정도였지만 연방이 무너지자 러시아는 동유럽에서의 영향력을 거의 대부분 상실하게 된다. 러시아계 주민들은 연방의 붕괴 이후 새롭게 등장한 우크라이나와 조지아, 그리고 에스토니아 같은 각각의 독립된 공화국들 사이에 흩어져 살게 되었다. 소비에트연방 시절의 위세를 기억하고 있는 푸틴과 파트루셰프, 그리고 KGB 시절의 동료들은 러시아의 속국이나 다름없었던 국가들이 공산주의 독재체제를 벗어나 유럽연합과 NATO의 영향력 하에 다른 자유롭고 개방된 국가들과 기꺼이 하나가 되는 모습을 지켜보아야 했다.

과거 소비에트연방의 세력은 아시아와 아프리카, 그리고 남아메리카 등 사실상 전 세계에 미치지 않는 곳이 없었다. 공산주의 국가들 사이에서 러시아는 이념 전쟁을 이끄는 큰 형님으로 존경을 받았다. 아니, 최소한 러시아 국민들은 다른 공산주의 추종자들이 자신들을 그렇게 보고 있다고 생각했었다. 그렇지만 푸틴과 파트루셰프 같은 사람들은 그 거대했던 공산주의 제국이 무너지는 것을 목도했다. 미국과 어깨를 나란히 하던 세계 초강대국이 그저 특정 지역의 강력한 세력 정도로 몰락하는 모습을 지켜보는 건 크나큰 상처였다. 푸틴은 대통령의 자리에 오르자마자 러시아의 잃어버린 위엄을 되찾기 위해 나섰고, 그 과정은 지금도 진행중이다. 무엇보다도 푸틴은 그동안 자신이 올리가르히들, 그리고 KGB 시절의 동료들과 함께 쌓아올린 폭압적인 정치 질서를 위협하는 내부의 위험 요소들을 두려워하고 있다. 두려움을 가라앉히고 명예를 회복하기 위해 푸틴은 내부적으로는 권력의 기반을 공고히 하며 유럽과 미국에 대해서는 더욱 공격적인 태도를 취해왔다.

푸틴이 막 대통령에 당선되었을 때만 해도 소비에트연방 이후의 러시아를 경제성장과 더불어 다시 강대국으로 탈바꿈시키겠다는 전망은 그저 어둡기만 했었다. 1990년대 들어 러시아는 시장경제를 도입하기 위해 애를 썼지만 공산주의체제가 완전히 몰락한 결과를 도저히 극복할 수가 없었다. 연방이 무너지기 시작할 무렵 여전히 권력을 장악하고 있었던 건 예전의 부패하고 탐욕스러운 공산주의 관료들이었고, 시장경제로의 개혁은 이들의 권력에 위협이 되었기 때문에 공산주의 관료 출신의 러시아 정치가들은 자유시장경제를 앞장서서 방해하고 가로막았다. 소비에트 시절의 관료주의 청산도, 또 제대로 된 법치주의 건설도 수포로 돌아가자 시장경제로의 전환은 더욱 어려워졌다. 러시아 경제를 무너뜨린 마지막 결정타는 1998년의 금융위기였다. 러시아의 루블화는 3분의 1로 그 가치가 폭락했다. 시장경제 개혁의 실패와 올리가르히들의 등장으로 만들어진 새로운 체제는 그 자체만으로 보면 대단히 취약했지만 동시에 소비에트연방 붕괴 이후의 과도기를 지나며 거머쥔 권력 기반을 공고히 하려던 푸틴과 정치 세력들에게는 아주 이상적인 상황이기도 했다. 언론인 출신으로 훗날 캐나다의 외무부 장관을 역임하게 되는 크리스티아 프릴랜드Chrystia Freeland는 러시아가 "KGB 요원 출신들의 새로운 천국"이 되었다고 말했다. 푸틴 이전인 보리스 옐친Boris Yeltsin이 대통령이던 시절만 해도 이른바 "실로비크силовик", 즉 소비에트연방 시절의 고관이나 강경파 군 출신, 그리고 KGB 출신들이 정부 요직에서 차지하는 비율은 4퍼센트에 불과했었다. 그러던 것이 푸틴이 대통령이 되자 58.3퍼센트까지 치솟았다. 새로운 경제체제와 사회구조가 무너지기 시작하면서 권력을 잃을지 모른다는 두려움에 빠진 이들 실로비크들은 더욱 권력을 탐했다. 그리고 푸틴과 파트루셰프, 실로비크 동료들은 러시아가 다시 한번 두려움의 대상이 되기를 바랐다.[20]

푸틴과 파트루셰프, 그리고 실로비크들은 소비에트연방 붕괴 이후 있었던 미국의 지원을 액면 그대로 받아들이지 않았다. 당시 미국은 러시아를 도와 충격적인 과도기를 견뎌내고 위험과 혼란이 확산되지 않기를 바랐다. 자유지원법Freedom Support Act에 따라 미국은 핵무기를 폐기하며 안보를 강화하는 것을 목표로 삼았는데, 이를 위해 협력적위협감축조치Cooperative Threat Reduction 계획을 바탕으로 러시아에 식량을 제공하고 또 자금 및 기술 지원 명목으로 27억 달러를 지원하며 어려운 과도기를 견뎌나가도록 러시아를 도우려 했다. 그렇지만 푸틴과 실로비크들은 미국의 이런 지원을 러시아 주권에 대한 모욕이자 러시아의 약점을 이용하려는 시도의 또다른 일환으로 보았다. 이들의 말을 빌리면, 러시아 지도부를 상대로 냉전에서 승리를 거두었던 과거의 적이 이제는 러시아 경제를 완전히 무너뜨릴 수 있는 그런 개혁을 강요하고 있다는 것이었다. 지난 2015년 FSB 수뇌부가 모인 자리에서 푸틴은 연설을 통해 이렇게 언급을 한다. "서방측 정보기관들은 공익 단체나 비정부기구, 그리고 정치 조직들을 동원해 자신들의 목표를 달성하려고 한다. 그렇다면 그 목표란 무엇인가. 바로 러시아의 권위를 추락시키고 러시아 국내 정세를 불안하게 만드는 것이다."[21]

푸틴은 대통령이 되자마자 강렬한 인상을 심어준다. 그는 외교 정책과 국내 인기 사이의 관계를 깨닫고 러시아 민간인들을 수시로 공격해온 분리주의자들과 테러 집단이 있는 체첸공화국을 상대로 치열한 전쟁을 시작했다. 1999년에서 2002년 사이에만 2만5,000명의 민간인 사망자가 발생한 이 체첸전쟁은 러시아에서는 열렬한 환호를 불러일으켰으며 서방측은 미미하게 반대 의사를 밝혔을 뿐이었다.

푸틴은 2003년 조지아, 2003년과 2004년 우크라이나, 그리고 2005년 키르기스스탄에서 이른바 색깔혁명이 일어나 독재정권이 무너지고 새로운 대통령들이 당선되는 모습을 보았고, 반대 세력과 불안한 정세에 대한 그의 의심과 두려움은 점점 커져만 갔다. 그는 그런 식의 저항운동이 러시아에 절대로 발을 붙이지 못하게 하겠다고 다짐한다. "우리에게 지금의 상황은 교훈이자 경고다. 그리고 우리는 러시아에서 그런 일이 절대로 일어나지 않도록 무슨 일이든 다할 것이다." 하지만 러시아도 이런 상황을 피해갈 수는 없었다. 러시아 언론에 따르면 푸틴은 부정으로 얼룩진 대통령 선거에서 63.3퍼센트의 지지율로 "승리"를 거두었지만 그로 인해 촉발된 전국적인 시위로 2012년에서 2013년 사이 아마도 그런 불안이 최고조에 달했을지도 모른다.[22] 2017년과 2018년에도 정부의 부패와 퇴직 연령 연장과 관련해 시위가 다시 일어났다. 그리고 2019년 여름에는 모스크바 시 당국이 앞장서서 시의회 선거에서 야당 후보들의 출마를 방해하자 대규모의 시위가 발생하기도 했다.

색깔혁명과 모스크바의 시위는 자유와 개선된 정치를 바라는 국민들의 열망을 바탕으로 하고 있었지만 푸틴은 미국과 유럽이 뒤에서 이런 움직임들을 조종하고 있다고 믿었다.[23] 두려움과 실추된 명예에 대한 굴욕이 함께 작용하며 푸틴은 계속해서 자신의 대외 정책을 밀어붙인다. 내부의 반대 세력으로부터 스스로를 보호하고 러시아를 다시 위대하게 일으켜 세우기 위해 푸틴은 러시아의 민족주의적 사명을 다시 불러일으켰다. 그는 러시아를 두려움을 모르는 그런 국가로 내세우며 서구 민주주의를 무너뜨리고 이웃 국가들을 위협하기 위한 외교 정책들을 짜내기 시작했다.

* * *

푸틴이 경쟁자들을 약화시키고 스스로 생존하기 위해 내세운 각본이 바로 RNGW다. 러시아에게는 미국을 비롯해 유럽과 아시아의 동맹국들과 직접적으로 대결할 만한 힘이 없다. 어떻게 계산을 해도, 미국과 유럽의 경제력이 합쳐지면 러시아는 거인 앞에 선 어린아이가 될 뿐이다. 유럽연합과 미국의 국내총생산GDP을 합치면 2017년 기준으로 36조5,000억 달러가 되지만 러시아의 GDP는 고작해야 1조 5,000억 달러에 불과하다. 러시아의 국민 1인당 GDP는 2017년 기준으로 대략 1만750달러 정도이며, 이는 미국의 6분의 1로 남아메리카의 칠레나 우루과이, 그리고 동유럽의 헝가리 같은 약소국들보다도 훨씬 더 뒤처지는 수준이다. 러시아의 경제 역시 지나치게 한쪽으로만 편중되어 있어 석유와 천연가스 수출이 전체 수출의 59퍼센트 이상을 차지하며 그런 이유 때문에 원유 가격이 48.1퍼센트 하락했던 2014년에는 경제가 크게 흔들리는 모습을 보이기도 했다. 그해 2014년 러시아의 루블화 가치는 미국 달러화 기준으로 45.2퍼센트나 떨어졌다. 푸틴이 대통령이 된 후 러시아 경제가 많이 나아졌고 주로 원유 가격 상승에 힘입어 1999년에서 2006년 사이 국민들의 실질 소득도 두 배 가까이 늘어났다고는 하지만 푸틴이 자신의 독재 권력을 강화하기 위해 여러 새로운 제도와 체제를 도입함으로서 경제성장과 현대화의 과정이 더뎌지고 말았다. 거기에 러시아의 침략 행위에 대한 서방측의 제재 역시 경제에 악재로 작용했다. 그렇지만 러시아의 경제성장과 투자의 가장 큰 걸림돌은 다름 아닌 부정부패다. 러시아의 국가별 부패인식지수Corruption Perceptions Index 순위는

세계 135위에 불과하다.[24]

인구통계 흐름도 러시아에게 별로 유리하지 않다. 지난 30년 동안 출생률이 떨어지면서 러시아의 인구는 1991년 1억4,800만 명에서 2018년에는 1억4,400만 명까지 줄어들었다. 정부가 출산과 육아를 지원하는 등 장려책을 펼치고 있음에도 불구하고 이렇게 출생률이 떨어지고 있는데다가, 이민자들의 숫자가 줄어드는 것도 인구감소의 중요한 원인이 되고 있다. 이제 2050년이면 러시아 인구는 1억3,270만 명까지 줄어들 것으로 예상이 된다. 과도한 음주나 흡연 같은 자극적인 습관들로 인해 러시아 국민들의 건강 상태도 그리 좋지는 못한데, 2019년 러시아 국민들의 평균 기대수명은 72세였지만 러시아 남성들의 경우 4분의 1가량이 55세 이전에 사망한다고 한다. 이는 네팔이나 부탄 같은 개발도상국들의 평균 기대수명과 비슷한 수준이다.[25]

그렇지만 KGB 요원 시절에 그랬던 것처럼 푸틴과 파트루셰프는 러시아의 상황을 개선하는 것보다 다른 국가들을 뒤흔드는 일에 더 많은 관심이 있는 것처럼 보인다. 오래된 러시아 농담 중에 소 한 마리를 갖고 있는 농부가 소 두 마리를 갖고 있는 이웃 농부를 증오하는 이야기가 있다. 마을을 지나가던 어느 마법사가 소 한 마리를 갖고 있는 농부에게 소원 한 가지를 들어주겠다고 하니 이 농부는 이웃 농부의 소를 한 마리 죽여달라고 부탁했다는 것이다.[26] 우리는 푸틴이야말로 이 농부와 같다고 생각하지 않을 수 없다. 그렇게 이웃 농부의 소를 죽이기 위해 푸틴은 목표로 삼고 있는 이웃 국가들은 물론 NATO 동맹국들까지 더이상 참지 못하고 일치단결해 대응을 해오도록 상대방을 자극하는 아주 복잡한 전략을 구사한다.

이렇게 푸틴은 러시아를 더 높은 위치로 끌어올리려 하기보다는 주변 국가들을 끌어내리고 경쟁 상대들을 약화시키며 이런 국가들에게 전략적 유익을 주는 동맹관계를 뒤흔드는 쪽을 택했다. 2013년 나온 어느 기사를 보면 러시아의 합동참모본부장인 발레리 게라시모프 장군은 "'전쟁의 규칙' 자체가 변하고 있다"고 주장한다. 그는 또 이렇게 덧붙였다. "정치적, 그리고 전략적 목표를 달성하기 위한 군사력 이외의 수단이 점점 늘어가고 있으며, 대부분의 경우 그 효과가 일반 무기의 위력을 훨씬 더 능가하고 있다."[27] 이런 언급들은 서방측에는 이른바 "게라시모프 독트린Gerasimov Doctrine"으로 알려져 있다. 게라시모프 독트린이건, RNGW건, 혹은 새로운 하이브리드전쟁이건 그 명칭에 상관없이 푸틴의 각본은 거짓정보와 부인을 파괴적 기술과 하나로 합쳐 상대방의 강점을 공략하고 약점을 파고들도록 권장하고 있다. 거기에는 또 러시아가 공급하는 에너지 자원을 중심으로 러시아에 대한 경제적 의존도를 높이도록 만들며 핵무기를 포함해 구식이나 신형 가릴 것 없이 갖고 있는 군사적 역량을 있는 대로 활용하라는 내용도 포함되어 있다. 푸틴은 이런 자신의 각본을 통해 이웃의 소를 죽이는 방식으로 러시아의 위용을 상대적으로 드높이려는 목표를 지향하고 있는 것이다.

* * *

크렘린궁이 펼치고 있는 복잡한 전략을 이해하기 위해서는 내가 파트루셰프에게 제시했던 문제들 중 하나를 좀더 자세히 살펴보는 게 좋을 것 같다. 러시아는 다른 국가들의 국내 정치 문제에 적극적으로 개입을 하고 있다. 우크라이나와 몬테네그로, 그리고 미국의 민주주의를 뒤흔들려고 했던 2016년의 시도들을 보면 푸틴의 각본에 담겨 있는 조치들의 범위가 어느 정도인지 대강 짐작할 수 있다.

러시아의 선동이나 선전 활동은 빠르고 지속적이며 또 반복적으로 거짓정보를 퍼뜨리는 이른바 "끝없이 이어지는 거짓말" 방식으로 설명할 수 있다.[28] 보통 이렇게 거짓정보를 퍼뜨리는 선전 활동이 제대로 이루어지려면 그 지속성이 가장 중요하다. 그런데 푸틴이 이끄는 러시아는 그런 지속성을 포기한다. 왜냐하면 러시아의 목표는 사람들로 하여금 자신들이 전하는 새로운 소식을 믿게 만드는 것이 아니라 그저 귀에 들리는 모든 내용들에 대해 의심을 품도록 만드는 것이기 때문이다. 다시 말해 푸틴이 경쟁자로 인식하고 있는 상대방 국가를 흔들고 분열시켜 무너뜨리는 것이 최종 목표이다. 크렘린궁에서는 이런 목표를 달성하기 위해 다양한 방법들을 사용하는데, 예컨대 정치적으로 완전히 견해가 주변의 다른 군소 정당들에게 직접적인 재정 지원을 하기도 한다. 러시아가 퍼뜨리는 거짓정보들은 주로 공통의 정체성과 민주주의 원칙, 그리고 제도와 과정 등에 대한 사람들의 믿음을 뒤흔드는 내용으로 구성이 되어 있으며 소셜미디어 조작과 가짜 이야기 전달, 그리고 가공의 인물을 만들어내는 식으로 진행이 된다. 러시아는 또한 러시아의 국영 텔레비전 방송망이나 스푸트니크Sputnik 같은 언론사 등 이렇게 주로 매체들을 이용해 거짓정보들을 천천히 조금씩 퍼뜨린다. 러시아 국영 텔레비전 방송망인 RT는 매년 이런 거짓 선전 방송을 위해 3억 달러의 예산을 편성해 마치 진짜처럼 보이는 소식들을 여러 다양한 언어로 전달하고 있다. RT의 유튜브 방송의 경우 그 구독자 수가 미국의 폭스 뉴스나 CBS, 그리고 NBC 뉴스의 유튜브 구독자 숫자보다도 더 많다.[29] RT와 크렘린궁의 지원을 받는 그 밖의 다른 매체들은 진짜 정보에 대한 신뢰성, 그리고 민주적 통치 방식의 가치와 효율성에 의심을 품도록 조작된 음모론들을 특히 강조해 퍼뜨린다. 게다가 "적극적인 조치active measures"로 알려진 여러 방식의 일환으로 심지어 러시아의 정치지도자들조차 이런 거짓정보들의 효과를 더욱 크게 만들기 위해 자주 전혀 잘못된 내용들을 언급하며 전달하기까지 한다. 이렇게 잘못된 정보나 이야기들을 반복해서 전달하는 건 특정한 관점을 사람들의 인식 속에 심어주기 위해서이다. 또한 이런 공작의 대상은 더이상 러시아 국내나 서방측 국민들에게만 국한되어 있지 않으며 아프리카 같은 먼 지역까지 확대되고 있다. 모두 다 더 광범위하게 영향력을 키워나감으로써 러시아를 전 세계적인 초강대국으로 만들기 위한 노력의 일부다.[30]

선거 부정을 획책하는 건 민주적 과정과 제도에 대한 신뢰라는 이웃집 소를 죽여 이웃집 농부의 목줄을 움켜쥐려는 광범위한 노력의 그저 한 부분일 뿐이다. 대략 10여 년에 걸쳐 여러 차례 선거 공작을 진행했던 크렘린궁과 정보기관인 러시아연방군 총참모부정보총국GRU, 그리고 해외정보국SVR은 자신들의 목적과 접근 방식을 더욱 개선하고 수정했다. 러시아는 지난 2004년 우크라이나 대통령 선거에서 3억 달러의 선거 자금 제공에, 가장 강력한 상대 후보였던 빅토르 유셴코Viktor Yushchenko를 독살하려 했다는 의심까지 받으면서 빅토르 야누코비치Viktor Yanukovych를 지원했다. 하지만 선거가 결선 투표까지 이어지자 이번에는 부정 투표를 기획하고 한 유권자가 여러 곳에서 투표를 하게 만드는 방법까지 동원해가며 끝까지 야누코비치를 도왔다. 그렇게 GRU와 SVR는 결국 야누코비치에게 승리를 안겨 주었지만 이런 뻔뻔스러운 행위로 말미암아 오렌지혁명이 일어나게 된다. 우크라이나 국민들은 부정선거에 대항해 들고일어났고, 우크라이나 대법원은 대통령 선거를 무효로 선언했다. 독에 중독되어 얼굴 모습까지 변형된 채 여전히 고통에 신음하던 유셴코는 새로 실시된 선거를 통해 결국 대통령에 당선되었다. 이번에는 1만3,000명 이상의 외국 감시단이 선거 과정에 함께 참여를 했다.[31]

그로부터 5년이 지난 2009년, 크렘린궁은 이번에는 몰도바에서 유럽연합에 반대하는 정당을 지원하며 또다른 상처뿐인 승리를 거두는 데 성공한다.[32] 그렇지만 이 정당은 결국 정권을 잡지는 못했고 그로부터 1년 뒤에 열린 또다른 선거에서 유럽연합을 지지하는 정당이 승리를 거둔다. GRU는 계속해서 자신들의 방식을 다듬어나갔으며 다시 우크라이나로 눈을 돌린 러시아는 마침내 2010년, 우크라이나 대통령 선거에서 빅토르 야누코비치를 대통령 자리에 올리는 데 성공한다. 그렇지만 2014년 야누코비치는 인터넷을 통한 사이버공격에서 투표 집계 장비 공격, 그리고 가짜 투표 등 다양한 사이버작전 등 러시아의 엄청난 노력에도 불구하고 재선에 실패하고 말았다.[33] 대규모 시위가 발생하고 내전 발발 직전까지 가는 상황이 되자 야누코비치는 결국 축출되었고, 크렘린궁에서는 이런 상황을 "불법 정변"이라며 비난했다. 이후 다시 특별 선거를 통해 친유럽연합 성향의 페트로 포로셴코Petro Poroshenko가 우크라이나의 대통령에 당선되었다. 2015년 이후 러시아는 NATO와 유럽연합 회원국들의 민주적 선거 절차에 대한 공격을 더 확대했으며 2016년에는 미국 대통령 선거전에도 개입을 한다. 크렘린궁의 시도가 늘 원했던 결과를 만들어낸 것은 아니다. 그렇지만 영국과 독일, 네덜란드, 몬테네그로, 이탈리아, 불가리아, 오스트리아, 스페인, 몰타, 프랑스, 그리고 체코 민주공화국에서 민주적 절차를 뒤흔들려 했던 러시아의 노력은 이런 국가들의 국론을 분열시키고 정부에 대한 국민들의 신뢰도를 약화시킨다는 원래의 목표를 달성하는 데 어느 정도 기여를 한 것이다.[34]

크렘린궁은 목표 대상으로 삼은 국가에 맞춤형 거짓정보를 흘리는 방법을 배워나갔다. 러시아에 저항하기 힘든 작은 국가들, 예컨대 아드리아해 연안의 인구 64만 명에 불과한 몬테네그로 같은 곳에서는 선거 결과에 영향을 미칠 수 있는 직접적이고 뻔뻔한 공작이 진행된다. 반면에 미국처럼 멀리 위치해 있는 강대국들이라면 우선 민주적 제도와 절차에 대한 신뢰도를 떨어뜨리는 작전을 실시한다. 2016년에 있었던 몬테네그로와 미국에서의 거짓정보 전달 및 방해 활동 등은 크렘린궁이 주어진 기회와 위험, 그리고 저항과 반격을 할 수 있는 상대방 국가의 역량에 따라 어떤 식으로 맞춤형 공작과 작전을 실시하는지를 잘 보여준 사례라고 할 수 있다.

"작은 국가일수록 더 큰 위험에 노출되어 있다." 몬테네그로의 대통령 밀로 두카노비치Milo Dukanovic의 말이다. 크렘린궁은 2016년에 몬테네그로가 NATO와 유럽연합에 가입하는 것을 막기 위해 차세대 전쟁작전 역량을 광범위하게 동원했다. 몬테네그로는 아드리아 연안에서의 NATO의 장악력을 확실히 나타내는 그림을 완성하는 마지막 한 조각이 될 수도 있었다. 10월에 있을 의회 총선을 대비해 러시아의 국영 기업들은 두카노비치의 대통령 출마를 가로막을 수 있는 정당들에 자금을 지원했다. 러시아는 또한 소셜미디어를 통해 거짓정보를 퍼뜨리고 정부와 방송 웹사이트에 대해 인터넷을 통한 사이버공격을 진행했다. 러시아의 요원들이 몬테네그로에서 특히 대담하게 활동할 수 있었던 건 러시아계 주민들에게 친밀감을 느끼는 슬라브계 소수민족이 꽤 많이 자리를 잡고 있기 때문이었다. 만일 선거의 결과가 크렘린궁이 의도하는 바대로 흘러가지 않는다면 이 러시아 요원들은 언제든 두카노비치를 암살하고 군사정변을 일으킨 후 친러시아 성향의 정부를 세울 준비가 되어 있었다. 선거 당일이 되자 두카노비치 측의 승리가 점쳐졌다.[35]

하지만 그런 러시아의 군사정변 시도는 실패로 돌아갔다. 그 전날 밤 몬테네그로 정부는 20명의 세르비아와 몬테네그로 국적의 인사들을 체포했는데 체포 이후 세르비아의 총리인 알렉산다르 부치치 Aleksandar Vucic는 세르비아의 사법 당국이 이번 정변 음모를 밝혀내 관련 정보를 몬테네그로 정부 측에 전달했다고 발표했다.[36] 분노한 파트루셰프는 곧 부치치 총리를 찾아간다. 세르비아는 원래 발칸반도에서 러시아의 편을 들도록 되어 있었다. 2017년 몬테네그로 고등법원은 두 명의 GRU 요원을 포함해 14명의 용의자들에 대한 궐석재판을 진행하려 했고 러시아의 과도했던 개입은 선거 결과에 영향을 미치지도 못했으며 몬테네그로의 NATO 가입 신청을 저지하는 일에도 실패했다. 반대 정당들은 NATO의 깃발을 불태우며 러시아의 편을 들고 나섰지만 몬테네그로 의회는 만장일치로 NATO 가입에 찬성을 해 몬테네그로는 2017년 공식적으로 NATO의 29번째 회원국이 되는 데 성공했다. 또 몬테네그로는 얼마 지나지 않아 유럽연합에도 가입 신청을 한다. 2019년 5월 9일, 고등법원은 두 명의 GRU 요원을 포함한 14명 용의자 전원에게 정변 음모를 모의한 죄를 물어 유죄를 선고했다.[37]

러시아의 이런 간섭과 개입은 계속해서 서쪽으로 향했다. 러시아 요원들이 소셜미디어를 이용해 2016년 6월에 치러질 영국의 유럽연합 탈퇴 결정 국민투표에 영향을 미치려 한다는 보도가 흘러나왔다. 대부분의 분석가들은 러시아가 미국의 2016년 대통령 선거 결과에도 영향을 미치려 했지만 그렇게 할 수 없는 역량의 한계를 깨닫고 주로 국론의 분열과 민주적 원칙 및 제도, 그리고 과정에 대한 신뢰도 훼손에 초점을 맞추었다고 결론을 내렸다. 러시아의 시도는 결국 성공을 거두었다.

미국의 상황은 분열과 대립을 꾀하기에 적절하게 무르익었다. 많은 미국 국민들은 자신들이 직면하고 있는 어려움을 도무지 이해하지 못하는 것처럼 보이는 정치가들에게 좌절감을 느꼈다. 세계 경제의 변화로 인해 많은 국민들이 일자리를 잃었다. 미국에서는 2007년에 비해 2016년에 거의 900만 개의 일자리가 더 늘어났지만 그로 인한 이득이 모든 국민에게 공평하게 분배되지 않았다. 지난 9년 동안 70만 명 이상이 일자리를 잃은 대부분의 백인들은 자신들의 경제적 상황에 대해 대단히 화가 나 있었다. 게다가 2008년에서 2009년 사이 일어났던 부동산과 금융위기 당시 빈곤층으로 전락했던 사람들 중 일부는 여전히 그런 상황에서 헤어나오지를 못했다. 또한 학자금 대출의 부담에 허덕이는 사람들도 있었다. 많은 유권자들이 지루하게 계속되고만 있는 미국 밖에서의 전쟁을 지겹게 느끼고 있었고, 또 의료 지원 같은 문제에 대한 정부의 지원책이 홍보된 것만큼 제대로 이루어지지 않는 것에 실망감도 느꼈다. 제조업 일자리가 줄어들면서 사람들이 떠난 지역에서는 범죄와 약물 중독이 활개를 쳤고, 특히 마약 계통의 진통제 남용이 크게 늘어났다. 또 일부 지역에서는 일자리가 사라지고 영양가 높은 음식을 저렴하게 구할 수 없게 되면서 이른바 "식료품 사막food deserts" 현상이 일어났다.[38] (2010년 조사에서 미국 농무부는 미국 전체 인구의 4.1퍼센트에 해당하는 1,150만 명의 가난한 미국 국민들이 그런 식료품 사막 지역에 살고 있다고 추정했다.)

이렇게 뒤로 밀려나게 된 사람들은 늘어나는 소득 불균형과 교육 같은 사회적 지원의 불평등에 대해 몹시 분개했다. 미국에서는 신뢰도에 대한 위기가 일어났고 러시아는 그 틈을 놓치지 않았다.

공화당의 도널드 트럼프와 민주당의 버니 샌더스Bernie Sanders가 새롭고 파격적인 대통령 후보를 찾는 좌절한 유권자들의 마음을 사로잡기 위해 나섰다. 민주 사회주의자라고 자처하는 샌더스는 전통과는 거리가 먼 생각을 갖고 있었다. 민주당 경선에서 가장 진보적인 모습을 보인 샌더스는 전 국민을 대상으로 하는 단일 건강보험과 부유층에 대한 세금 인상, 무상 대학 교육, 그리고 기후 문제에 대한 법 제정 등을 주장했다. 그런 그의 주장은 학자금 대출의 부담에 시달리며 일자리에 대한 불안감을 느끼는 젊은 유권자들의 마음을 사로잡았다. 2016년 경선 과정에서 샌더스는 30세 이하 유권자들에게서 도널드 트럼프나 힐러리 클린턴보다 29퍼센트나 많은 지지를 받았다.[39]

그런 샌더스가 민주당 기득권층에게 그랬듯 트럼프는 공화당 기득권층에게는 큰 위협이었다. 그의 개인적인 행동이나 언사에 대해서는 많은 사람들이 충격을 받았지만, 트럼프를 미국이 필요로 하는 지도자로 생각하고 지지를 보내는 유권자들이 있었다. 트럼프는 기득권층과 전혀 무관하게 완전히 다른 파격적인 생각을 가지고 모든 걸 직설적으로 이야기하는 그런 후보였다. 유권자들은 트럼프가 "언제

어디서든 누구에게나 무엇이든 거침없이 말할 수 있는 사람"이라면서 그를 좋아했다.[40] 수사학을 가르치는 콜린 켈리Colleen Kelley 교수는 버몬트 출신의 민주 사회주의자와 뉴욕 출신의 억만장자 모두가 민생에는 관심이 없는 부패하고 무능력한 기득권 정치인들에게 지친, 그동안 정치에 제대로 참여할 권리를 박탈당했던 유권자들의 마음을 파고들었다고 말했다.

민주당과 공화당의 기득권층은 모두 이 두 파격적인 후보를 반대하고 나섰다. 대통령 선거와 함께 의원 선거가 시작되자 많은 공화당원들은 트럼프가 공화당의 대통령 후보에 지명된 것에 큰 충격을 받고 "도널드 트럼프는 절대 안 된다"는 편지를 써서 의원들에게 보내기도 했다. 공화당 전당대회에서 트럼프 반대운동 대표단이 나서 전당대회 규정을 바꿔서라도 트럼프의 후보 지명을 막으려고 했지만 그 시도는 실패로 돌아갔다. 민주당의 사정도 이와 비슷해서, 민주당 전국위원회Democratic National Committee, DNC 소속 당 지도부는 대통령 영부인이자 상원의원, 그리고 국무부 장관을 역임했던 힐러리 클린턴을 민주당 대통령 후보로 지명하기 위해 샌더스에게 불리한 상황을 만들기도 했다. 당 지도부는 종교와 사회주의 정책과의 관련성, 그리고 공산당 독재자들에 대한 호감 같은 샌더스의 불편한 약점들을 크게 부각시켰다. 공화당과 민주당만 서로 대립한 것이 아니라 각 당 내부에서도 분열과 대립의 양상이 뚜렷하게 불거졌다. 그리고 크렘린궁은 재빠르게 이런 약점을 파고들었다.

2년 전, 크렘린궁에서는 인터넷을 적극 활용하며 미국의 정치적, 그리고 사회적 갈등을 더욱 부추겼다. 과거의 경험으로부터 더 많은 것들을 배운 후 시간이 흘러 2016년이 되자 새로운 사이버공격을 감행하는 데 더욱 유리하게 상황이 전개되어갔다. GRU 휘하의 비밀조직인 인터넷연구기관The Internet Research Agency, IRA은 원래는 미국에서 만들어진 소셜네트워크 생태계를 미국 국민과 민주주의, 그리고 공통의 정체성을 공격하는 도구로 바꿔버렸다. IRA는 페이스북과 인스타그램, 트위터, 그리고 구글에 속해 있는 유튜브며 G+, 지메일, 구글 보이스, 그 밖에도 레딧Reddit이나 텀블러Tumblr, 미디엄Medium, 바인Vine, 혹은 미트업Meetup 등을 이용해 게시물을 올리거나 엉뚱한 인물들에 대한 지지를 표명한다. 러시아 요원들은 심지어 음악 관련 애플리케이션과 〈포켓몬 고Pokemon Go〉 같은 게임들을 통해서도 거짓된 주제와 이야기들을 퍼뜨렸다. IRA는 페이스북의 여러 가지 기능들, 즉 광고와 소식 알림, 연락처, 심지어 그림이나 특수문자까지 총동원해 그 효과를 최대한 이용하려 한다. 이런 식으로 IRA는 모두 합쳐 페이스북에서는 1억2,600만 명의 회원들과 접촉을 했고 트위터에는 1,040만개의 게시물을 올렸으며 유튜브에는 1,000개 이상의 동영상을 게시하고 인스타그램을 통해 2,000만 명 이상과 연결을 맺었다.[41]

IRA의 활동은 지속적이면서도 정교했다. IRA는 미국 정보 생태계의 취약점을 파고들어 사회의 갈등과 균열을 이용했다. 페이스북과 인스타그램은 계속해서 관련된 문제들을 퍼뜨리는 데 아주 완벽한 도구 역할을 했다. 요원들은 사람들의 호응을 얻을 만한 내용들을 가지고 여러 소셜미디어 안에서 차근차근 끈끈한 관계를 쌓아갔다. 요원들은 또한 사람들을 극단적으로 몰고 가기 위한 조작된 내용들을 슬며시 끼워넣곤 했는데, 이 때문에 때로는 소셜미디어 안에서 의견을 달리하는 사람들끼리 대립하기도 했으며 또 의견이 같다고 생각하는 사람들끼리조차 대립하는 일이 생겼다. IRA에서 퍼뜨리는 일부 내용들 중에는 시리아나 아프가니스탄에서의 미군 철수처럼 러시아에 유리한 미국의 정책을 지지하는 그런 내용들도 들어 있었다. 러시아 측 요원들은 미국 안에서 동조자들을 모집했는데 이런 전후 사정을 아는 사람들도 있었고 아무것도 모르는 채 선동을 당하는 사람들도 있었다. IRA와 동조자들은 트위터 안에서 사기 행각에 가까운 방식으로 현재 일어나는 일들에 대한 반응을 왜곡하고 조작했다. 바로 극단적인 의견에 대한 관심과 인기도를 인위적으로 끌어올리는 "조회수 조작" 조직 등을 이용하는 것이다. 어떤 민감하고 중요한 주제가 있으면 IRA는 상호연결된 인터넷 생태계 안에서 일종의 "거짓 신기루media mirages"를 만들어내는데, 앞뒤가 맞지 않는 조작된 게시물이나 내용들로 사람들을 둘러싸 혼동을 주는 것이다. GRU는 인터넷 영업의 모범사례들을 십분 활용해 계속해서 화면상으로 보이는 표시나 상징, 활자체 등을 다듬는 일에도 많은 노력을 기울이고 있다.[42]

러시아 측의 이런 조작 활동이 효과를 발휘할 수 있었던 건 소셜미디어 사업이 어떻게 악의적인 목적으로 사용될 수 있는지에 대한 충분한 고려 없이 탐욕에 눈이 먼 채 그저 기능적인 측면에만 초점을 맞춰 운영되고 있기 때문이다. 정보 통신 기술 관련 기업들은 더 많은 광고를 사람들에게 노출하기 위해 그저 사람들의 관심을 사로잡는 일에만 몰두한다. 소셜미디어의 내용 노출 방식은 진실이나 정확성과는 무관하며 사람들의 관심만 끌 수 있다면 가짜 정보나 소식을 전달하는 일도 개의치 않는다. 때문에 더 극단적이고 자극적인 내용이 올라오도록 기술적으로 허용을 하는 것이다. 예를 들어 유튜브에서 다음에 볼 동영상을 권유하는 방식을 보면 사용자를 더 극단적이고 자극적인 동영상들로 유도한다. 그러다보면 인터넷 안에서도 총기 규제나 기후변화, 혹은 이민자 문제 같은 중요한 문제들에 대해서 서로 의견을 같이하는 사람들끼리만 자연스럽게 따로따로 모이게 된다. 진보주의자들은 진보주의자들과, 그리고 보수주의자들은 보수주의자들과만 서로 상호작용을 하게 되는 것이다. 가장 논쟁적이고 감정적인 주제들은 공통된 의견을 도출하는 것이 아니라 오히려 갈등만 더 부추긴다. GRU 입장에서는 이런 인터넷과 소셜미디어 덕분에 저렴한 비용으로 손쉽게 미국을 내부로부터 분열시키고 약화시킬 수 있게 된 셈이다.[43]

클린턴 후보에 대한 거짓정보를 퍼뜨려 같은 민주당 경쟁자 샌더스와 공화당의 트럼프를 더 유리하게 만들려는 러시아의 노력은 인종과 종교, 그리고 정치적 양극화를 통해 미국 사회를 무너뜨리겠다는 최종 목표와 연결되어 있다.

러시아의 거짓정보 공작은 러시아가 트럼프의 편을 들고 클린턴에 대해 흠집을 내려 한다는 사실을 분명하게 보여주었지만 그런 공작 내용의 대부분은 사실 이민이나 총기 규제, 혹은 인종 같은 사회적인 갈등 문제에 초점을 맞춰져 있다. IRA의 주된 목표는 미국 안에서 인종 간의 갈등을 조장하는 것이었는데, 백인 민병대의 활동을 드러내고 동시에 아프리카계 미국 국민들에 대한 경찰의 부당한 대우를 부각시키는 등 아프리카계 미국인들이 솔깃할 만한 내용들을 퍼뜨려 그러한 목표를 달성했다. 2015년 9월 말부터 IRA에서 만들어 뿌린 동영상들을 보면 17개 채널에서 1,107개가 넘는데, 그중 10개 채널의 1,063개 동영상은 "블랙라이브스매터Black Lives Matter" 운동 등 미국 경찰의 학대 행위와 관련이 있다.[44]

IRA는 심지어 인종과 반이민 정서 문제를 이용해 텍사스와 캘리포니아주의 미합중국 탈퇴를 지지하는 주변의 소규모 조직이나 단체들까지 지원하려고 했었고, 여기에 사용된 방법은 2020년 영국의 유럽연합 탈퇴로 정점에 이르렀던 브렉시트, 즉 영국의 유럽연합 탈퇴 운동을 지지하기 위해 사용했던 것과 같은 방법이었다. GRU는 KGB의 자료실에서 이와 관련된 전략 자료를 꺼내와 참고했을 가능성이 아주 높은데, 예를 들어 1928년 공산주의혁명을 전 세계에 확산시키기 위해 설립된 단체인 국제공산당기구 코민테른Comintern은 "남부 흑인들의 자결권"을 지지하기 위해 미국 남부의 흑인들을 끌어들일 계획을 세웠었다. 1930년에는 공산주의혁명을 미국 북부까지 퍼뜨리기 위해 남부 흑인 국가 독립을 지지하기 위한 작전을 시도하기도 했다.[45]

IRA는 정체를 감추기 위해 기존의 조직 이름들을 이용해 만든 가짜 조직들을 실제로 존재하는 조직의 외곽 지부로 등록했다. 여기에는 미국이슬람교도연합United Muslims of America이나 블랙건즈매터Black Guns Matter 같은 단체나 조직들이 포함되어 있다. 크렘린궁에서는 자신들이 원하는 목표를 달성하기 위해 러시아에서 후원하는 소셜미디어 내용들을 퍼뜨리고 실제로 미국 정치 집회에 참여하기 위한 미국인들을 포섭하는 등 많은 노력을 기울였다. DNC의 전산망이 해킹을 당했다는 발표가 나오자 IRA에서는 인터넷상의 가공의 인물 구시퍼Guccifer 2.0을 만들었다. "고독한 루마니아인 해커"라는 가공의 인물이 자신이 훔친 비밀문서를 어느 워드프레스WordPress 블로그에 게시한 것처럼 꾸며낸 것이다. IRA는 신분을 감추기 위해 미국을 포함한 러시아 영토 밖에 위치한 컴퓨터 연결망을 이용했으며 이용 비용은 암호화폐로 지불했다. 문제가 되는 블로그 내용의 식별을 어렵게 하기 위해서 기존의 유행어나 혹은 지역 소식의 일부를 덧붙이고 목적에 맞게 내용을 수정하기도 했다.[46]

미국 주류 언론과 같은 권위 있는 정보 출처에 대한 신뢰가 떨어진 것도 GRU가 인터넷상에서 조작을 더 쉽게 할 수 있도록 만들어주었다. IRA는 익명의 정보원을 통해 얻은 소식들을 퍼뜨리는 위키리크스WikiLeaks를 긍정적으로 묘사하면서 접촉할 수 있는 모든 단체와 사람들에게 기존의 언론인들의 전문성과 진실성을 공격했다. 공화당의 트럼프 후보가 "가짜 뉴스"라는 말을 계속 입에 올리고 주류 언론에 대한 신뢰도가 더욱 떨어지는 사이, 러시아 측에서는 실제로 그런 소식들을 전하는 가짜 인터넷 사이트를 개설했다. 예를 들어 최소 109개에 달하는 IRA의 트위터 계정들은 언론 관련 조직으로 포장되었다. 거기에 더해 IRA는 정보에 대한 신뢰도를 더 떨어뜨리기 위해 음모론까지 이용한다. 페이스북과 인스타그램의 음모론들은 힐러리 클린턴 후보의 건강과 DNC 해킹과 같은 주제들을 다루었는데, 그런 음모론들 중 한 가지 극단적인 사례가 바로 피자게이트Pizzagate다. 클린턴과 선거대책본부장이었던 존 포데스타John Podesta가 워싱턴 DC의 한 피자 가게 지하에서 이루어지는 아동 인신매매 및 성착취와 관련이 있다는 것이었다. 음모론자들이 소셜미디어에 게시하면서 확대된 이 터무니없는 이야기를 사람들은 곧 믿기 시작했고, 〈뉴욕 타임스New York Times〉와 〈워싱턴 포스트Washington Post〉 같은 대형 주류 언론들까지 나서서 이 소문이 거짓임을 밝혀야 했다. GRU는 또다른 터무니없는 거짓말들을 좌파와 우파 인터넷 사이트를 가리지 않고 퍼뜨렸다. 그렇지만 주류 언론들이 이런 음모론들의 실체를 밝히기 위해 언급을 하는 것 자체가 종종 러시아의 공작에 도움을 주는 경우가 있었다. 대부분의 사람들은 거짓말이라 할지라도 일단 언론에 한번 보도가 되고 나면 그대로 믿는 경향이 있기 때문이었다.[47]

분열과 갈등에 대한 조장과 정보 출처에 대한 신뢰도 감소 공작은 미국 선거 과정의 진실성을 공격하는 GRU를 옆에서 보완해주었다. IRA의 공격을 통해 미국의 정치체제는 감정적인 양극화만큼이나 물리적인 조작에 취약하다는 것이 입증되었다. 2016년 3월과 4월, 12명의 GRU 요원들이 클린턴 선거본부와 DNC, 민주당 하원의원 선거위원회Democratic Congressional Campaign Committee, DCCC의 전산망에 아주 손쉽게 침입을 했다. GRU는 DCCC 및 DNC 직원의 컴퓨터를 감시하다 악성 컴퓨터 바이러스 프로그램, 즉 "멀웨어malware"를 심어놓은 후 이메일 기록과 여러 문서들을 뽑아갔다. 이 악성 프로그램을 통해 러시아 요원들은 직원들의 컴퓨터 사용 기록을 추적하고, 암호를 도용하며, 전산망에 대한 접속을 유지할 수 있었다. DCCC와 DNC가 2016년 5월에 이런 공격을 확인하고 나자, GRU는 다시 추적을 피하고 전산망에 계속 남아 있을 수 있는 또다른 대응책을 사용했다.[48]

2016년 7월 민주당 전당대회를 일주일 앞두고 GRU는 DC리크스DCLeaks와 위키리크스라는 자신들의 정체를 감출 수 있는 두 개의 통로를 이용해 1만9,254개의 이메일과 8,034개의 첨부 문서들을 공개했다. 대부분이 몹시 당혹스러운 내용들이었고, 클린턴을 지지하고 샌더스를 가로막으려는 DNC의 시도가 폭로되면서 데비 와서먼 슐츠Debbie Wasserman Schultz 위원장을 비롯한 DNC의 고위 임원들이 자리에서 물러났다. IRA가 만든 페이스북과 인스타그램의 게시물들은 일부 지역 선거구에서 클린턴이 민주당 대통령 후보로 선출되도록 돕고 있다고 주장하며 부정선거에 대한 유권자들의 우려를 증폭시켰다. 어떤 인터넷 사이트는 내전이 불공정한 선거보다 더 낫다고까지 말할 정도였다. 민병대가 부정선거를 막기 위해 투표소에 배치되고 있다는 거짓말을 전하며 다른 사람들에게 함께 합류할 것을 요청하는 사람들까지 나왔다. 이런 잘못된 거짓 선동 중에는 텍사스를 비롯한 미국 각지의 투표소에 "가짜" 대의원들이 등장했거나 이들이 민주당의 원조를 받아 중복 투표를 했다는 주장들도 있었다. 애국자Being Patriotic라는 이름의 한 인터넷 사이트에는 부정선거 사례에 대해 알려주는 전화번호가 게시되기도 했다. 대부분의 미국 국민들과 마찬가지로 GRU 역시 트럼프가 대통령에 당선되리라는 예상은 하지 못했던 것 같지만 민주당 후보 선출 과정에서부터 클린턴 후보에게 유리하게 돌아가고 있는 선거라는 주장을 통해 비난과 갈등을 불러일으킬 준비는 충분히 되어 있었다. 선거 당일 놀라운 결과가 나온 후에는 우파들을 겨냥한 부정선거 주장은 이런 부정행위가 없었더라면 트럼프가 더 확실한 승리를 거두었을 거라는 내용으로 슬며시 바뀌었다. 트럼프 자신도 수백만 명이 부정선거에 가담했다고 주장하며 이런 주장을 거들고 나섰다.[49]

대통령 선거는 막을 내렸지만 우파와 좌파 모두를 목표로 하는 IRA의 거짓정보 활동은 더욱 강화되었다. 선거인단을 통한 간접선거의 철폐를 주장하는 게시물과 트윗이 넘쳐났고 수많은 사람들이 선거 결과에 항의하기 위해 가두행진과 시위를 벌이자고 주장했다. 이런 실력 행사는 휴스턴에서의 선거 전에 그랬던 것처럼 러시아 측으로서는 자신들의 공작이 인터넷을 통한 사이버공간에서 실제 세계까지 확대되는 계기가 될 수 있었다. IRA가 소셜미디어를 무기로 삼아 실제 시위를 이끌어낼 수 있게 된 것이다. 선거가 끝난 후에는 유럽과 중동에서 벌어진 러시아의 침략과 미국에서의 인터넷 정보전쟁에 강력히 대응하자고 주장하는 개인과 기관들의 신뢰도를 떨어뜨리려고 시도가 계속되었다. 보수적 성향의 정책연구소들과 그 직원들에 대한 공격, 그리고 나와 국가안전보장회의 직원들에 대한 러시아 측의 인신공격은 2017년 늦여름에 최고조에 달하게 된다. 이런 선거 후 공격에는 2016년에 클린턴을 공격할 때와 비슷한 전술들이 많이 사용되었다. GRU는 또한 로버트 뮬러 특별검사가 2016년 선거와 관련된 러시아의 공격에 대해 조사하는 거의 모든 기간에 걸쳐 그의 평판을 떨어뜨리기 위해 노력했다.

선거 과정에서 민주당과 공화당 모두 부족한 판단력을 드러내는 바람에 크렘린궁으로서는 미국의 선거 절차에 대한 신뢰도를 공격하는 게 어렵지 않았다. 예를 들어 러시아 측 정보기관이 도널드 트럼프 및 주변 인사들과 장차 수익성이 높아질 일련의 부동산 거래를 통해 어떤 협상을 시도하려고 했을 때, 트럼프 측에서는 모스크바에 있는 트럼프 타워와 관련해 푸틴에게 5,000만 달러 상당의 고급 주택을 제공하겠다고 제안하면서 이 협상에 응하려 했다. 크렘린궁에서는 그런 제안이 미국의 해외부패방지법Foreign Corrupt Practices Act과 관련해 트럼프를 엮어넣을 수 있다는 사실을 분명하게 알고 있었다. 러시아 요원들이 클린턴의 범죄 행위를 입증할 수 있는 증거를 갖고 있다고 주장하며 트럼프 선거 진영에 접근했을 때는 트럼프의 맏아들인 트럼프 주니어Trump Jr.가 나서서 아주 좋은 제안이라고 대답하기도 했다.[50] 그렇지만 러시아 요원들은 그런 "증거" 같은 건 전혀 갖고 있지 않았다. 그리고 트럼프 선거 진영이 정치 자문 회사인 케임브리지 애널리티카Cambridge Analytica를 통해 8,700만 명 이상의 페이스북 사용자들의 자료를 바탕으로 잠재적 지지자들을 골라 특정한 소식을 전달하려 한 일은 사람들에게 소셜미디어를 기반으로 하는 전략이 선거 결과에 왜곡된 영향을 미칠 수 있다는 인식을 심어주게 되었다.[51]

클린턴 측 역시 GRU의 공작 활동에 도움을 주었을 뿐이다. 이들은 러시아 정보요원들을 통해 트럼프의 범죄 행위에 대한 정보를 비밀리에 손에 넣으려 했다. 클린턴 측 변호사인 마크 엘리아스Marc Elias는 정치인들의 뒤를 캐는 조사 기업인 퓨전 GPSFusion GPS를 통해 이른바 "스틸 문건Steele dossier"을 작성했다. 스틸은 퓨전 GPS의 의뢰로 트럼프의 위법 행위를 조사했던 전직 영국 정보부 요원인 크리스토퍼 스틸Christopher Steele의 이름에서 따왔다. 스틸은 러시아 정보부에서 나온 알려지지 않은 자료를 인용해 트럼프 대통령 취임식 열흘 전에 깜짝 놀랄 만한 보고서를 만들어 세상에 공개했다.

따라서 미국의 대통령 선거 결과에 상관없이 크렘린궁은 미국의 민주적 절차 및 제도에 대한 미국 국민들의 믿음을 뒤흔들고 또 그게 누구든 선거에서 승리한 사람에 대한 대중의 신뢰도를 떨어뜨릴 수 있는 아주 좋은 위치에 서 있었던 셈이다. 당리당략만 따지는 파벌 정치는 크렘린궁의 이런 공작 효과를 더 크게 만들어주었으며 미국은 계속해서 푸틴의 각본에 제대로 대처하지 못하는 취약한 모습을 보여줄 수밖에 없었다. 그렇지만 GRU는 사실 민주당과 공화당 모두의 발밑에 콤프로마트компромат 전략으로 만든 함정을 똑같이 파놓고 기다린 것이다. 콤프로마트란 유명 인사를 곤경에 빠트리거나 협박하기 위해 치명적인 자료들을 이용하는 러시아식 정치 전략을 뜻하지만 이 경우는 미국의 지도자들과 민주적 절차 및 제도에 대한 미국 국민들의 신뢰도를 떨어뜨리는 데 이용이 되었다고 볼 수 있다.

미국 정부와 민주당 및 공화당 선거본부는 후보자들과 민주적 과정을 뒤흔들려는 러시아 측의 시도에 전혀 준비가 되어 있지 않았다. 하지만 그런 준비가 반드시 되어 있어야만 했다. 미국 중앙정보국 부국장을 역임했던 데이비드 코헨David Cohen은 이렇게 회고한다. “지난 10년 동안 우리는 러시아가 유럽에 개입하는 모습을 목격했다. 그리고 우리는 똑같은 기술이 적용되는 것을 보았다. 여러 국가에서 정보를 훔치고 거짓정보를 흘리는 등…… 그런데 우리가 꼭 했어야 했지만 하지 않았던 일 중 하나가 바로 거기에 대한 경각심을 일깨우는 일이었다…… 우리는 ‘러시아가 다른 곳에서 그런 일들을 했기 때문에 여기에서도 똑같은 일을 하지 않을 것이라고 생각할 이유가 없다’라고 말은 하면서도 우리 스스로 더 잘 대비를 하는 일은 게을리했던 것이다.”[52]

* * *

러시아가 거짓정보를 흘리고 상대편 국가의 전복을 꾀할 때 그런 사실들을 겉으로 부인하는 건 대단히 중요한 일이다. 푸틴은 미국 선거에 대한 개입과 미국 사회를 분열시키려는 지속적인 시도와 관련된 증거가 계속해서 드러나자 이렇게 발뺌을 한다. “러시아는 국가적 차원에서 선거 과정을 포함한 미국 국내 문제에 간섭을 한 적이 없으며 앞으로도 그런 일은 절대로 없을 것이다.”[53] 사실 러시아의 이런 부인은 종종 러시아에게 맞서기를 꺼리는 사람들이 일부러 진실을 모른 척할 수 있는 좋은 핑계가 되어주기도 한다. 클린턴과 트럼프의 선거본부 역시 러시아의 이런 개입 시도를 아예 외면하는 편이 자신들에게 더 유리하다는 사실을 알게 되었다. DNC는 민주당 경선 기간 동안 클린턴 후보에게 더 유리하게 상황을 끌고 가려 했던 의도가 밝혀지자 크게 당황했고, 따라서 더이상의 관심과 주목을 끌고 싶지 않았다. 그리고 트럼프 측은 클린턴이 국무부 장관 시절 개인 이메일 계정을 통해 극비로 분류된 자료에 접속하고 이용했다는 사실을 클린턴을 공격하는 주요 무기로 이용하려 했다. 따라서 트럼프 측은 러시아가 클린턴의 비밀을 밝혀내는 걸 오히려 지지한 측면이 있다. 2016년 7월 플로리다의 도랄Doral에서 열린 어느 집회에서 당시 트럼프 후보는 클린턴이 국무부 장관에 있을 때 삭제해 사라진 3만여 개의 개인 이메일의 내용을 밝혀달라고 러시아에 요청하기까지 했다. 오바마 행정부의 경우 러시아의 해킹을 인지한 후에도 일관되게 어떤 대응도 하지 않았다. 트럼프는 대통령이 되고 난 후에는 선거 과정에서 러시아의 공격이 있었더라도 그 결과에 대해서는 정당하다고 인정을 받아야 할 필요가 있었기 때문에 푸틴이 관련 사실들을 부인하자 그 주장을 그대로 받아들이려는 것처럼 보였다. 2018년 7월 말까지 트럼프 대통령은 러시아가 실제로 2016년 미국 대통령 선거전에 개입을 했다는 모든 미국 정보 및 법 집행기관의 사실 확인에 대해 계속 의문을 제기하는 듯한 발언을 한다. 2018년 7월 16일 트럼프 대통령은 핀란드 헬싱키에서 푸틴 대통령을 만난 후 기자회견을 갖고 이렇게 말했다. “러시아가 범인이라는 생각이 든다고 말하는 사람들이 있다. 푸틴 대통령을 만나보니 그는 러시아는 관련이 없다고 말했다. 그러니 나로서는 러시아가 관련이 있다고 생각할 이유가 전혀 없다고 말할 수밖에 없다."[54]

어쩌면 모든 것이 다 거짓정보이기 때문에 러시아가 그렇게 사실을 부인하는 것이 가능할지도 모른다. 크렘린궁은 거짓 소식을 퍼뜨려 혼란을 조장하고 의심을 심어준다. 러시아 텔레비전에서 방송제작자로 일했던 피터 포메란츠세프Peter Pomerantsev는 "사람들이 진실에 대해 알고자 하는 노력을 포기하기 시작하는" 그런 환경을 조성하는 것이 목표라고 밝혔다.[55] 특히 영국 정보부가 세르게이 스크리팔Sergei Skripal과 그의 딸 율리아Yulia를 살해하려고 시도한 두 러시아 요원의 신분을 확인한 이후 상황은 대단히 심각해졌다. 러시아는 영국 솔즈베리에서 신경계통에 작용하는 독성물질로 두 사람을 살해하려 했는데 당시 이 위험했던 현장에는 어린이를 포함한 민간인 140명 이상이 함께 물질에 노출되었으며, 나중에 이 물질이 든 용기 주변에 있었던 한 영국 여성이 사망하기도 했다. 러시아는 두 명의 요원이 솔즈베리대성당을 방문하려 했던 것뿐이며 그들은 영국을 관광차 방문했던 동성애자들이었다고 주장했다. 러시아 관리들은 스키리팔 부녀에 대한 살해 시도와 관련해 언론과 트위터 계정을 통해 수많은 거짓말과 음모 이론을 퍼뜨렸다. 실제로 〈워싱턴 포스트〉는 크렘린궁의 이런 시도를 "범죄 흔적을 지우기 위한 정교한 현장 위조"와 같다고 비유하기도 했다. 러시아는 이런 거짓말 등을 통해 독성물질의 유출에서 우크라이나 활동가, CIA 요원, 영국 총리 테레사 메이Theresa May, 그리고 스크리팔 본인까지 닥치는 대로 비난을 했다.[56]

트럼프 대통령은 스키리팔 부녀 독살 시도에 대한 대응으로 신분을 정확하게 신고하지 않은 러시아 정보요원 60명의 추방과 캘리포니아주 샌프란시스코에 있는 러시아영사관 폐쇄를 포함한 강력한 조치를 승인했다.[57] 그 이후에도 행정부를 통해 사실을 파악하고 또 영국 및 기타 동맹국들과 다 함께 대응을 하기 위한 조정에 나서는 등의 노력을 기울였다. 나는 몇 시간 동안 전화통화를 하며 미온적인 태도를 보이는 동맹국들과 우방국들이 미국과 함께 단호한 행동을 취할 수 있도록 설득했다. 약 20여 개국이 미국과 영국에 동조해 이번 사태를 비난했고 전 세계적으로 최소한 153명에 달하는 러시아 정보요원들이 자국으로 추방되기도 했지만 일부 동맹국들의 행동은 대단히 실망스러웠다. 거짓정보를 퍼뜨리려는 크렘린궁의 노력은 적어도 어느 정도는 성공을 거둔 것이다. 스크리팔 부녀 독살 미수 사건에 대한 대응을 보면 러시아의 크림반도 합병과 우크라이나 침공의 충격 이후 유럽에서 공감대 형성이 늦어지고 있다는 사실을 알 수 있다. NATO 동맹국 안에서 수백 명의 사상자가 발생할 수도 있는 금지된 신경계통 독성물질을 사용한 끔찍한 공격이 일어났음에도 불구하고 일부 미국의 유럽 동맹국들은 푸틴에 대한 강력한 조치를 취하기를 꺼렸다. 그들은 이번 공격을 조국을 배신한 자에 대한 응징으로 합리화하려 했고 푸틴의 각본대로 이들의 단호한 의지는 크게 약해졌다. 내가 트럼프 대통령에게 독일과 프랑스에서 추방된 러시아 요원들의 숫자가 생각보다 적다고 말하자 그는 몹시 화를 냈다. 그는 유럽 국가들이 자신들의 안보 문제에 대해 스스로 더 많은 책임을 져야 한다고 생각했고 그런 대통령의 생각은 틀리지 않았다.

거짓정보를 통해 사실을 부인함으로써 푸틴은 말 그대로 뭐든 내키는 대로 행동할 수 있게 되었다. 러시아는 개인에 대한 살인 미수 및 살인과 대량학살에 이르기까지 다양한 범죄들과 관련된 러시아의 역할에 대해 계속해서 납득할 수 없는 부인만을 하고 있다. 2006년 러시아 요원들은 천천히 고통스러운 죽음을 가져오는 방사능 물질 폴로늄polonium으로 런던에서 변절자 알렉산드르 리트비넨코Alexander Litvinenko를 살해했다. 2009년에는 푸틴 대통령과 그를 둘러싸고 있는 올리가르히들에 대해 너무 많이 알고 있었던 세무사 세르게이 마그니츠키Sergei Magnitsky가 모스크바의 한 감옥에서 살해당했다. 2015년 야당 정치인 보리스 넴초프Boris Nemtsov는 크렘린궁 근처 어느 다리 위에서 살해를 당한다. 그리고 2017년에는 푸틴을 비판하다 추방당한 러시아연방 하원의원 데니스 보로넨코프Denis Voronenkov가 우크라이나 키예프에서 총격을 당해 죽고 말았다. 크렘린궁은 정치인들뿐 아니라 언론인들도 용서하지 않았다. 특히 2006년 체첸전쟁에 대한 취재로 유명했던 기자 안나 폴리코브스카야Anna Politkovskaya도 그 희생양이 되었다.[58]

크렘린궁은 화학무기 사용과 무차별 폭격으로 무고한 국민들을 살해했던 시리아 아사드 정권의 명명백백한 범죄 행위조차 부인을 한다. 아니, 크렘린궁은 그저 부인을 하는 것에 그치지 않고 아예 이 사건들과 관련해 거짓정보를 만들어 퍼뜨렸다. 2018년 4월 7일 아사드의 군대가 신경가스로 70명 이상의 무고한 사람들을 살해했을 때 러시아는 사건이 일어나기도 전에 이슬람 무장 단체들이 화학무기 공격을 계획하고 있다는 정보가 있다고 주장하고 나서기 시작했다. 그리고 나중에 크렘린궁은 아사드 정권이 공격이 러시아를 비난하기 위해 조작된 허위 사건이라는 주장까지 한다.[59]

러시아는 2014년 7월 17일 우크라이나 상공에서 말레이시아 항공 17편이 격추당해 298명이 사망한 사건에 대해서도 어떠한 책임을 진 바가 없다. 소셜미디어에 올라온 미사일 발사 장면 및 궤적에 대한 사진과 동영상, 그리고 여객기가 추락한 현장에 대한 모든 증거들은 모두 다 논란의 여지가 없는 것으로 판명되었지만 러시아의 책임에 대한 질문이 나오자 푸틴은 그저 "무슨 비행기에 대해 말하는 것인가?"라고 대꾸했을 뿐이었다.[60]

거짓정보는 아무것도 믿을 수 없는 혼란을 야기한다. 크렘린궁의 끊임없는 부인은 무력감을 불러일으킬뿐더러 러시아가 미국과 다른 자유롭고 개방된 국가들을 표적으로 하여 무슨 짓을 벌일 수 있는지에 대한 두려움마저 불러일으킨다. 영국의 철학자이자 수학자였던 버트런드 러셀Bertrand Russell은 이렇게 말했다. "두려움 속에 사는 사람들은 이미 거의 죽어 있는 것이나 다름없다." 푸틴의 각본은 파괴의 악순환만을 만들어낸다. 두려움 속에서 사람들은 공감력을 잃어가고 그런 사람들이 살아가는 사회에서는 그저 분열과 약화만 일어나게 된다.

* * *

RNGW는 심각한 무력 충돌 없이 크렘린궁이 목표를 달성할 수 있도록 고안되었다. 그렇지만 이 RNGW는 기존의 일반적인 군사력 역시 약한 이웃 국가들을 위협하고 미군과 NATO군이 러시아의 침략에 대응하지 못하도록 하는 데에도 중요한 역할을 하고 있다. 그런데 여기서 푸틴은 또다른 어려움에 직면하게 된다. 러시아는 진보된 재래식 무기 개발이나 지상전, 공중전, 해전, 그리고 인터넷 공간 속 작전 수행 능력에 이르기까지 미국을 비롯한 NATO 동맹국들과 경쟁을 할 수 있는 예산을 확보하지 못했다. 미군은 이 모든 것들을 통합전쟁수행 능력joint warfighting이라고 부른다. 그런데 인터넷과 소셜미디어를 통해 기존의 마스키로프카, 즉 기만과 위장 전술을 계속 수행할 수 있게 되면서 러시아는 이런 파괴적인 신기술을 기존의 군사력과 합쳐 자신들이 확인한 미국 및 NATO의 약점을 파고들었다.

대통령에 취임한 이후 푸틴은 새로운 기술과 개선된 규율, 그리고 군대 재편성 등이 포함된 야심 찬 군사개혁에 착수했다. 갈 길은 멀었다. 체첸 지역 영토에 대한 러시아의 지배권을 회복하기 위해 단시간에 간단하게 끝내려고 했던 전쟁은 1994년 12월부터 1996년 8월까지 계속되었고 러시아군의 굴욕적인 철수로 끝이 났다. 체첸전쟁은 훈련과 물자, 그리고 장비마저 부족했던 러시아군에게는 악몽과도 같았다. 이들은 때로 제대로 된 전투도 없이 항복을 하거나 심지어 식량이나 마약, 그리고 술을 얻기 위해 체첸 측에 무기를 팔기도 했다.[61]

2000년대 들어 대규모 개혁이 진행되면서 러시아 군대는 미국과 NATO의 역량에 자신들을 맞추려 하지 않았다. 정교하고 값비싼 장비나 방어 체계 대신 러시아는 더 저렴한 방공망과 사이버공격, 전자전, 무인항공기, 그리고 장거리 미사일과 기존의 화력 증강에 투자했다. 이런 접근 방식은 효과가 있는 것 같았다. 2014년 크림반도 합병과 우크라이나 침공 당시 러시아군은 값비싼 스텔스 전투기가 아닌 정교한 방공망을 이용해 지상으로부터 절대적인 제공권을 장악했다.

새롭게 바뀐 러시아군은 푸틴의 지휘 아래 더욱 대담해졌다. 우크라이나 침공 이후 몇 년 동안 러시아는 발트해와 서쪽 끝 국경지대에서 NATO를 겨냥한 대규모 군사훈련을 정기적으로 실시했으며 극동 지역에서는 중국과 합동훈련을 실시했다. 러시아 해군 함선들과 항공기들은 스칸디나비아와 발트해 지역을 포함해 미국 및 동맹국들의 항공기 및 선박에 대한 위험천만한 요격 연습을 시행하기도 했다. 자파드ЗАПАД, 즉 러시아어로 "서부"라는 뜻의 이름을 붙인 대규모 연례 훈련은 원래 지난 냉전 기간 동안 소비에트연방의 "서부 전선Western Front"을 따라 바르샤바조약Warsaw Pact 동맹국들의 군사력을 과시하기 위한 훈련에서 유래된 것이다. RNGW와 마찬가지로 러시아의 재래식 군사력 역시 이러한 기동력과 핵공격이 가능한 미사일의 배치를 통해 보여줄 수 있는 심리적 효과를 갖고 있어야 했다.

하지만 미국의 재래식 군사전술과 러시아의 제한된 국방 예산을 감안했을 때 기존 방식의 군사개혁은 상대방에게 두려움을 불러일으키고 러시아의 국가적 위상을 회복하기에는 충분하지 않았다. 푸틴은 NATO 동맹국들을 위협하고 동맹 자체를 약화시키기 위해 만든 새로운 핵무기 관련 정책을 발표하면서 러시아의 핵무기 배치를 늘리기로 결심한다. "단계적 확대를 통한 통제escalation control"라는 이 정책은 미국에게 난감한 과제를 던져주기 위해 유럽에 대해 핵무기 선제 타격이라는 위협을 가하겠다는 것인데, 그 과제란 핵무기 공격이라는 대학살을 감수하든지 아니면 러시아의 입맛에 맞는 방식으로 평화를 선택하든지 양자택일을 하라는 것이었다. 이런 정책을 실행에 옮길 만한 역량을 확보하기 위해 러시아는 1988년에 맺은 중거리 핵전략조약Intermediate-Range Nuclear Forces Treaty을 위반한다.

이렇게 핵전쟁이 발발할 수도 있다고 위협을 하는 동시에 러시아는 공격적인 사이버전쟁 수행 능력이 미국과 동맹국을 어떻게 위협할 수 있는지를 아울러 과시했다. 2016년 미국 대통령 선거개입에 앞서 러시아는 미국의 중요한 사회 기반 시설들을 대상으로 악의적인 사이버공격을 실시했다.[62] 크렘린궁은 이미 해외 각국에서 이와 관련된 역량을 공개한 적이 있다. 2015년 크리스마스 전날 우크라이나 동부에서는 전력이 차단되면서 20만 명이 넘는 사람들이 큰 곤란을 겪었다. 인터넷을 통한 사이버공격이 국가 단위의 전력 공급망을 위협한 건 이번 경우가 처음이었다. 러시아는 우크라이나에서 전력을 차단하고 미국에서는 DNC 전산망에 침입을 하면서 또 예전에 미국의 원자력발전소에 그렇게 했던 것처럼 미국의 수도 및 전기 관리 시설에 악성 컴퓨터 코드를 심어놓았다.[63] 핵무기의 단계적 확대를 통한 통제 전략처럼 러시아가 이렇게 사회 기반 시설에 대해 위협을 가하는 건 미국을 비롯한 다른 NATO 동맹국들이 러시아가 NATO 동맹국을 공격할 때 거기에 대응하고 나서는 걸 저지하기 위해서이다.

* * *

러시아의 에너지 자원을 통한 경제적 압박은 푸틴의 또다른 강력한 도구이다. 이를 통해 러시아는 재래식무기와 핵무기, 그리고 사이버무기를 통한 위협을 더 강화할 수 있기 때문이다. 바르샤바조약이 폐기되고 소비에트연방이 해체된 후 연방에서 새롭게 독립을 한 국가들의 교통 및 에너지 관련 기반 시설들은 모두 예전 그대로 러시아에 의존하고 있었기 때문에 특히 취약할 수밖에 없었다. 러시아는 벨라루스와 우크라이나, 아르메니아, 타지키스탄, 그리고 키르기스스탄에서 에너지 공급을 제한하거나 에너지 가격 책정 전술을 사용하는 식으로 상대방 국가들을 압박할 수 있음을 보여주었다. 2010년 러시아는 우크라이나에 대해 크림반도에 있는 흑해 함대 기지에 대한 임대 기간을 25년 연장하도록 강요한다. 이 해군 기지는 러시아가 몇 년 후 크림반도를 강제로 합병하는 데 요긴하게 이용된 기지들 중 하나이다. 러시아는 경제적 압박을 통해 키르기스스탄과 아르메니아에 과거 소비에트연방 지역에 대한 러시아의 영향력을 확대하고 유럽연합과 경쟁하기 위해 고안된 조직인 유라시아경제연합Eurasian Economic Union에 가입하도록 강요했다.[64]

심지어 독일조차도 러시아 천연가스를 대체할 수 있는 에너지 자원 공급을 포기하는 정책적 선택을 취함으로써 자기들 스스로 약점을 만들고 말았다. 여기에는 뻔뻔스러운 부정부패도 한몫을 했는데, 총리로서 마지막 임기를 보내던 2005년 게르하르트 슈뢰더Gerhard Schröder 독일 총리는 러시아 국영 가스 회사인 가즈프롬Gazprom과 함께 수십억 달러 규모의 노르트 스트림Nord Stream 가스관 건설 계획에 대한 승인을 독일 정부로부터 얻어 독일에 러시아의 천연가스가 공급될 수 있도록 조치를 취했다. 그리고 총리에서 퇴임한 후에는 가스관주주위원회의 의장으로 취임한다. 2017년 4월 가스관 건설 업체인 노르트 스트림 2 AGNord Stream II AG는 발트해를 통해 러시아에서 독일로 공급되는 천연가스의 양을 두 배로 늘릴 수 있도록 노르트 스트림 2라는 두번째 가스관 계약을 체결했다. 이 가스관 덕분에 독일은 러시아 천연가스에 대한 의존도가 더 심화되었고, 우크라이나는 전체 국가 GDP의 1.5퍼센트에 해당하는 20억 달러의 통관 수수료를 잃게 되는 타격을 입었다. 또한 폴란드와 슬로바키아, 그리고 헝가리를 포함한 다른 NATO 및 유럽연합 회원국들 역시 자국 영토를 지나가지 않는 이 새로운 가스관 때문에 수수료 수입을 포기할 수밖에 없게 되었는데, 폴란드 정부는 이 가스관 건설 계획을 러시아가 유럽연합과 NATO를 분열시킬 의도로 만들어낸 새로운 "하이브리드무기"로 규정했다.[65] 2020년 초, 미국 의회는 "건설 중단"을 위해 노르트스트림 2를 시공하는 기업에 대해 제재 조치를 가했다. 그렇지만 가스관 시설의 완공이 거의 끝나가고 있었기 때문에 이런 조치는 너무 늦었고 결국 아무런 효과를 거두지 못했다. 제재 조치는 결국 미국과 독일 사이의 관계를 어색하게 만드는 효과만 가져왔을 뿐이다.

* * *

독일은 유럽에서 가장 풍요롭고 강력한 국가로 푸틴에게는 특히 매력적인 목표이다. 냉전 이후의 세계 질서를 해체하고 러시아를 강대국으로 다시 재건하려는 푸틴에게 유럽의 약화는 최우선 과제가 아닐 수 없다. 실제로 RNGW를 통한 거짓정보와 부인, 파괴적인 기술, 그리고 에너지 자원 공격으로 여러 유럽 국가와 유럽연합 및 NATO의 분열을 획책하고 의지를 소진시키려는 러시아에게 유럽 대륙은 여전히 중요한 전쟁터가 아닐 수 없다.

외교관이자 역사가인 조지 케넌George Kennan은 제1차세계대전과 2차세계대전 사이의 이른바 전간기에 대해 연구하며 소비에트연방의 외교는 "그들 공산주의 이념의 강점"이 아닌 "서방 공동체 자체의 약점, 즉 서방측 사람들의 정신적 소진"에 따라 좌우된다는 사실을 알아차렸다.[66] 2000년대 들어 유럽이 직면하게 된 어려움들은 제1차세계대전의 충격에 비하면 아무것도 아니었지만 정신적인 소진까지는 아니더라도 어느 정도의 정신적 피로감을 일으키기에는 충분했다. 냉전이 끝나갈 무렵 유럽은 소비에트연방의 지배와 공산주의자들의 전체주의로부터 자유를 얻게 된 걸 축하했지만 그런 해방을 맛본 사람들은 비효율적인 농업과 낙후된 산업과 같은 실질적인 문제에 직면하게 되었고, 새로 찾은 자유를 바탕으로 했던 연대는 경제적인 우려와 자신들의 권리를 당연한 듯 여기는 각국의 이기적인 성향에 따라 천천히 함몰되어갔다.[67]

유럽연합에 대한 신뢰를 약화시키기 위해 크렘린궁은 여러 가지 사건들을 이용하여 2008년 발생했던 전 세계적 금융위기, 유로화 가치를 위협했던 2015년 유럽 금융위기, 시리아 내전 및 아프가니스탄과 북아프리카를 비롯한 그 밖의 아프리카 북서부 지역의 폭력 사태와 관련된 난민 위기, 2016년 영국의 유럽연합 탈퇴 국민투표 위기, 2019년 프랑스에서 발생했던 대규모의 노란조끼gilets jaunes 시위, 그리고 스페인과 헝가리, 이탈리아, 폴란드에서 등장한 이민 반대주의자, 분리주의자 및 유럽연합 회의주의 정당 같은 여러 위기들을 뒤에서 더욱 부추기고 있다.[68] 그렇지만 사실 유럽의 기세는 이번 세기가 시작되기 이미 훨씬 전부터 약화되기 시작했다. 1990년대 등장한 이른바 국제화나 세계화는 미국뿐 아니라 유럽에도 큰 영향을 미쳤다. 공장은 값싼 노동 시장을 찾아 옮겨갔고, 많은 사람들이 변화하는 세계 경제와 증가하는 소득 불평등으로 인해 점점 뒤로 밀려났다.[69] 냉전이 끝나갈 무렵 자유시장자본주의에 대한 희망이 일자리 상실과 소득 격차, 유럽연합 성장에 대한 회의감이라는 현실에 직면하게 되었다. 유럽연합은 1995년에서 2013년 사이에 회원국 숫자가 12개국에서 28개국으로 빠르게 성장했고 유로화의 도입으로 각국의 통화정책은 사라졌지만 대신 유럽연합의 관료주의와 규제도 따라서 증가했다. 그러자 유럽 의회의 732명 의원들을 포함해 "누군지도 알 수 없는" 브뤼셀의 사람들이 유럽 각국의 주권을 빼앗아가고 있다는 정서가 유럽 전역으로 퍼져나갔다. 유럽연합에 대한 회의주의와 무한하게 뻗어나가는 세계화의 흐름은 유럽 정치를 양극단으로 분열시키고 대중들의 인기에만 영합하는 극우 정당들을 탄생시켜 러시아에게 NATO와 유럽연합을 약화시킬 수 있는 기회만을 제공했다. 대서양을 사이에 둔 미국과 유럽 사이의 긴장된 관계 역시 러시아에 더 많은 기회를 제공해주었는데, 대서양을 사이에 둔 이른바 대서양동맹The Atlantic alliance은 냉전이 끝난 후 상당 기간 제대로 자리를 잡지 못하고 표류했다. 유럽은 2001년 9월 11일 있었던 테러 공격 이후 미국을 지지했지만 많은 유럽 사람들이 2003년 미국의 이라크 침공에 반대했고 이라크전쟁에 대한 반대는 그후 몇 년 동안 더 심해졌다. 버락 오바마 대통령이 계속해서 유럽에 남아 있던 미 주둔군 대부분을 철수시키고 ISIS의 부상과 시리아 내전을 중심으로 중동 지역 전역으로 폭력 사태가 확산이 되자 일부 유럽 사람들은 러시아에 기회를 주고 위기를 악화시킨 것이 미군의 갑작스런 철수 때문이라며 이를 비난하고 나섰다. 오바마 대통령이 아시아를 향한 자신의 열망을 드러내자 많은 유럽 사람들은 그가 70년간 지속되어온 대서양 동맹으로부터 등을 돌리고 있다는 결론을 내렸다. 그후 2016년이 되어 이번에는 공화당의 트럼프 대통령 후보가 NATO에 대한 깊은 회의감을 표명하며 과거의 동맹은 이제 "한물간 이야기"라고 주장하고 나선다. 그는 유럽연합을 민주주의 원칙을 공유하는 같은 생각을 가진 국가들의 연합이자 동맹으로 여기기보다는 경쟁자로 묘사한 것이다. 2017년 1월 트럼프가 대통령에 취임한 후 그의 "미국 우선주의

America First" 구호가 다시 등장한 유럽과의 결별과 전후 국제질서에서의 미국의 지도력 포기를 예고하는 것처럼 보였다. 트럼프 대통령이 2019년 10월 갑작스럽게 시리아 북동부 지역에서 미국의 특수작전부대를 철수하기로 결정하자 NATO 동맹국들은 크게 놀랐고 남은 유럽의 군대는 위태로운 위치에 놓이게 된다. 이들 동맹국들은 서로간의 협의가 충분하지 못한 상황을 미국이 NATO 및 유럽에 대해 더이상 신경을 쓰지 않는 것에 대한 한 가지 사례라고 생각했다. 그로부터 얼마 지나지 않아 프랑스 대통령 에마뉘엘 마크롱은 유럽연합이 "벼랑 끝에 서 있다"고 말하면서 영국의 유럽연합 탈퇴 임박과 연합 내부의 분열이 합쳐지면서 유럽이 "지정학적으로 사라질 수 있다"고 언급한다. 그는 또한 미국 대통령이 "유럽의 미래에 대한 우리의 생각을 서로 공유하려 하지 않는다"며 유럽이 겪고 있는 어려움들에 대해 일부 트럼프에게 책임이 있다는 식으로 말하기도 했다. 2019년 말 러시아와 새로운 외교관계를 시작한 마크롱은 NATO가 "뇌사 상태"를 겪고 있다고 말하고 동맹의 일원으로 남아 있겠다는 터키가 어떻게 러시아로부터 정교한 방어체제 관련 설비들을 구매할 수 있느냐고 에둘러 반문하기도 했다.[70]

물론 푸틴은 유럽 국가들은 물론 유럽과 미국 사이에서 벌어진 긴장 상태를 한껏 즐기고 있었다. 실제로 21세기의 첫 20년 동안 그는 이 동맹국들 사이의 분열과 떨어진 신뢰감, 그리고 자신의 각본을 포기하도록 강요하기에는 부족했던 대응력 등 덕분에 뭐든 마음대로 할 수 있었다. 푸틴은 유럽이 약하다고 인식했고 거기에 2013년 시리아에 대한 제재 조치가 제대로 시행되지 않는 것을 보고 2014년 크림반도를 합병하고 동부 우크라이나를 침공하기로 한 결심을 거의 굴히게 된 것이다. 또한 유럽의 무기력함과 미국의 머뭇거림 역시 유럽과 미국의 선거에 대한 개입, 영국에서의 스크리팔 부녀 살해 시도, 그리고 시리아에서 화학무기로 대량학살을 저지르려 했던 아사드 정권에 대한 지지 같은 크렘린궁의 또다른 중요한 결정에 큰 영향을 미쳤다. 푸틴 정권과 러시아 방위산업에 대한 제재에도 불구하고 노르트 스트림 2는 러시아가 심각한 국제법 위반과 유럽의 주권 침해에 개의치 않고 유럽에서 어떤 식으로 영향력을 확대할 수 있는지를 상기시켜주었다. 유럽을 정치적으로 뒤흔드는 동안 러시아는 재정적으로 보상을 받았고 경제적으로 압력을 넣을 수 있는 영향력을 손에 넣었다.

그렇지만 러시아의 이런 기세등등함 뒤에는 반대로 경제와 인구, 보건 문제 및 각종 사회복지 문제와 같은 중대한 약점들이 자리잡고 있다. 매들린 올브라이트Madeleine Albright 전 국무부 장관이 간파했던 것처럼 푸틴의 러시아는 좋지 않은 상황 속에서도 적절하게 대응을 했다.[71] 그리고 미국과 특히 유럽의 동맹국들은 훨씬 더 유리한 상황에 있었으면서도 제대로 대응을 하지 못했다. 아니면 스탠퍼드대학교의 국제관계학 교수인 케이틀린 스토너Kathryn Stoner가 내게 지적했던 것처럼, 현재진행중인 이 대결을 이해하는 것 자체가 각자 무슨 중요한 무기들을 감추고 있는지보다 더 중요할지도 모른다. 크렘린궁의 전략과 두려움, 명예에 대한 그들의 감정, 그리고 행동의 동기가 된 야심을 이해하는 것이 블라디미르 푸틴이 쓴 각본에 대응하고 우리의 자유롭고 개방된 국가들을 보호하는 첫번째 단계일 것이다.

2장

푸틴의 각본에 대한 대응

"자국의 국민들조차 존중하지 않는 국가가 어떻게 이웃 국가들을 존중할 수 있겠는가."

—안드레이 사하로프Anderi Sakharov

미국과 유럽은 거짓정보와 부인, 에너지 자원, 파괴적인 기술을 결합한 러시아가 내뿜는 독기에 제대로 대비하지 못했다. 크렘린궁의 지속적인 공격에 대한 대응은 느리고 부적절했을 뿐 아니라 불화와 갈등을 조장하고 사주하는 쪽을 오히려 도와주는 경향이 있었다. 11월 21일 미국 하원 정보위원회에 증언차 참석한 피오나 힐 박사는 "우리가 당리당략에만 치중하게 되면 우리를 분열시키고 우리의 제도를 타락시키며 민주주의에 대한 미국 국민들의 신뢰를 파괴하려는 외부의 세력과 싸울 수 없다"고 말했다.[1] 러시아의 침략에 대응하는 최선의 방법을 고려한다면 힐 박사의 권고가 가장 좋은 출발 지점이 될 것이다. 블라디미르 푸틴은 분열과 갈등을 조장한다. 미국과 유럽은 서로 등을 돌려서는 안 된다. 푸틴은 거짓정보를 이용한다. 미국과 유럽은 신뢰할 수 있는 정보출처를 다시 확보해야 한다. 푸틴은 에너지 자원을 무기로 사용한다. 미국과 유럽은 서로 같은 생각을 가진 국가들끼리 서로 더 도와야 한다. 푸틴은 러시아의 약점을 보완하기 위해 파괴적인 기술을 사용한다. 미국과 유럽은 이러한 공격에 대응하고 지금의 우월한 위치를 유지해야 한다. 미국 유럽의 국가들은 자신감을 가져야 한다.

제네바에서 파트루셰프를 만나고 보니 그에게서는 두려움과 상처받은 자존심이 서로 뒤섞여 있다는 사실이 분명하게 느껴졌다. 그는 겉으로는 강해 보였지만 그런 강경함은 일생 동안 지켜왔던 체제의 성장과 몰락을 통해 맛본 쓰디쓴 실망감에서 비롯된 것이었다. 소비에트연방은 뼛속까지 타락해갔고 파트루셰프는 평등주의를 지향하던 체제가 갖고 있던 불평등에서, 노동자들을 위하는 사회적 정의를 내세웠던 소비에트연방의 숨겨진 잔혹함에서, 그리고 제2차세계대전 기간과 종전 후 600만 명에 달하는 자국 국민들을 죽이고 또다른 100만 명을 끔찍한 수용소로 밀어넣어 그중 대부분을 죽게 만들었던 스탈린주의 질서의 터무니없는 가부장제에서 더 많은 것들을 배웠다.[2] 파트루셰프의 여윈 얼굴에는 자신이 지키기 위해 그토록 애를 썼던 타락한 체제의 붕괴에 대한 실망감과 분노가 서려 있었다. 그리고 2000년부터 그는 새로운 체제를 재창조하기 위해 푸틴에게 합류했다. 그 남자 푸틴과 실로비키들은 평등주의라는 위선을 버리고 조국 러시아에 대한 민족주의와 자부심을 더 크게 키워나갔다. 그리고 그들은 거기에 강력한 탐욕을 더했고 푸틴과 파트루셰프는 부패한 체제의 정점에 올라 개인적으로 큰 부자가 되었다. 자신들의 실패에 대해 미국을 비난하는 것은 습관이 되었으며 러시아 국민들의 시선을 그런 실패들로부터 돌리기 위해서는 미국 및 유럽과의 경쟁이 필요했다. 그것은 어쩌면 자연스러운 일이었는지도 모른다. 푸틴과 파트루셰프, 그리고 실로비키들은 냉전 당시 그랬던 것처럼 서방측에서 온다고 생각되는 위협을 바탕으로 자신들과 자신들의 체제를 정의한다.[3]

크렘린궁의 기본적 사상은 푸틴이 집권하는 동안 변경될 가능성이 없다. 따라서 미국과 같은 생각을 가진 우방국들은 푸틴의 각본이 담고 있는 거짓정보나 부인, 파괴적인 기술의 사용, 그리고 에너지 자원 활용과 같은 중요한 요소들에 적절하게 대응을 해야 한다. 크렘린궁의 목표는 미국과 유럽을 내부에서부터 분열시키고 약화시키는 것이기 때문에 푸틴의 정교한 전략을 물리치려면 민주적 원칙과 제도 및 과정에 대한 신뢰를 회복하기 위한 전략적 능력과 공동의 노력이 필요하다.

푸틴의 공격적인 행보와 파트루셰프의 거친 태도 안쪽에는 미국이나 유럽과 비교되는 러시아의 근본적인 취약성과 약점이 감춰져 있다. 2019년 기준으로 러시아의 GDP는 미국의 텍사스주 GDP와 거의 비슷하며 이탈리아보다 낮았다.[4] 러시아의 크림반도 합병과 우크라이나 침공 이후 NATO 국가들은 마침내 국방비를 늘리기 시작했는데, 미국을 제외하고도 이들 동맹국들의 국방 예산을 모두 합치면 2019년 기준으로 2,990억 달러에 달하지만 러시아의 국방 예산은 2018년 기준 614억 달러에 불과하다. 미국의 국방 예산은 2019년 기준 6,850억 달러로 러시아의 11배에 달한다.[5] 그렇지만 유럽과 미국이 러시아에 비해 엄청난 군사적 우위를 누리고 있음에도 불구하고 푸틴의 각본에 적절하게 대응하려면 이러한 장점들을 적절하게 동원하면서 크렘린궁이 파고들지 못하도록 각국의 취약점들을 개선해야 한다.

* * *

20년에 걸친 푸틴의 통치 이후 러시아의 침략 자체는 민주주의 원칙과 제도에 대한 신뢰를 회복하는 데 어쩌면 가장 효과적일 수도 있다. 영국의 역사가이자 저술가인 티모시 가튼 애쉬Timothy Garton Ash가 2019년에 확인했듯, 유럽은 자신들이 "죽음에 대한 예감처럼" 붕괴라는 실존적 위협에 직면하고 있음을 깨달았으며 "거기에 대해 깊이 생각하고 있다".[6] 이 문제에 대한 깊은 생각은 어쩌면 과거부터 늘어나기만 했던 위협들을 못내 모른 척해왔던 그런 잘못된 가정들을 버리는 계기가 될 수 있을지도 모른다. 그런 잘못된 가정들 때문에 미국과 유럽의 동맹국들은 모든 좋은 의도들에도 불구하고 러시아의 공격을 방치했으며 때로는 부추기기까지 했었던 것이다.

여기에서 다시 전략적 자아도취라는 개념으로 돌아가보자. 미국은 이런 자아도취, 특히 막연한 자신만의 희망사항에 사로잡혀 있다가 러시아의 공격에 제대로 대응하지 못했다. 소비에트연방의 붕괴 이후 러시아의 지도자들이 현재의 상황을 그대로 받아들일 것이라고 생각했던 것이다. 미국 행정부는 푸틴의 행동 뒤에 숨어 있는 감정적인 동기를 제대로 무시했다. 러시아의 공격 방식과 유럽 국가들의 동요가 분명히 확인된 후에도 러시아 정책이 변화할 것이라는 과도하게 낙관적인 전망 때문에 효과적인 대응이 늦어졌다.

제네바에서 니콜라이 파트루셰프를 만나기 거의 8년 전에 당시 힐러리 클린턴 국무부 장관은 같은 도시에서 세르게이 라브로프 외무부 장관을 만났다. 당시는 러시아가 조지아를 침공한 지 불과 7개월이 지났을 무렵으로 조지아전쟁은 인터넷을 통한 사이버공격이 군사공격 및 지속적인 거짓정보 퍼뜨리기와 함께 활용된 역사상 최초의 전쟁이었다. 클린턴은 새로운 관계의 시작을 상징하는 "재설정 단추"의 모형을 라브로프에게 선물했다. 그녀는 이런 재설정 시도를 "양국을 위한 매우 효과적인 만남"이라고 설명했으며 "더 많은 신뢰와 예측 가능성, 그리고 발전"으로 이어질 수 있기를 바란다고 했다.[7] 신新전략무기감축협정New Strategic Arms Reduction Treaty, New START에 대한 작업이 진행됨에 따라 이른바 재설정 정책에 대한 낙관론이 커져갔다. 이 협정은 전략 핵미사일 발사대의 숫자를 절반으로 줄이고 이미 배치된 전략 핵탄두의 숫자를 제한하자는 내용을 담고 있었다. 또한 러시아가 아프가니스탄에 주둔한 미군을 위한 북부보급망Northern Distribution Network의 확장과 이란에 새로운 대한 제재를 지원하고 나선 것도 긍정적인 평가를 받았다. 2012년 3월, 오바마 대통령이 드미트리 메드베데프Dmitry Medvedev 러시아 대통령에게 뭔가를 속삭였고 그 내용은 그대로 방송이 되었다. 당시는 푸틴이 총리직에서 대통령직으로 복귀하기 2개월 전이었는데, 오바마는 메드베데프에게 그해 11월에 있을 미국 대통령 선거가 끝나면 자신은 "좀더 자유롭게 행동할 수 있을 것"이라고 말했다고 한다. 오바마는 새로운 무기협정의 가능성도 언급했지만, 그의 그런 발언은 또한 러시아가 자국의 이익과 또다른 우선순위들을 위해 위법 행위를 저지르는 걸 의도적으로 무시하겠다는 의사를 메드베데프에게 전달한 것이나 마찬가지였다.[8] 그로부터 7개월 후, 대통령 재선에 도전하던 오바마는 상대 후보인 미트 롬니Mitt Romney 상원의원이 러시아를 지정학적 적수라고 묘사하는 것을 문제삼았다. "냉전이 끝난 지 20년이 흘렀는데도 아직도 1980년대의 외교 방식을 고집하고 있는가."[9]

오바마 행정부가 러시아의 공격을 저지하고 방어할 필요성이 아니라 크렘린궁과 협력하겠다는 희망을 바탕으로 러시아 대한 정책을 추진함에 따라 과도한 낙관주의는 곧 안주로 이어졌다. 하지만 그런 희망들은 러시아가 크림반도를 합병하고, 우크라이나를 침공하고, 시리아 내전에 개입하며, 클린턴 선거본부와 민주당 DNC를 해킹하고, 또 2016년 대통령 선거에 개입하면서 곧 사라졌다. 2000년대 들어 러시아의 위협이 더욱 복잡해지고 정교해지면서 미국은 러시아의 목표가 미국의 목표와 일치한다는 잘못된 판단을 내린다. 외교적 노력을 통해 크렘린궁을 음지에서 양지로 이끌어내 책임감 있는 국가공동체에 합류시키고 파괴적인 행동을 포기하도록 할 수 있다고 믿었던 것이다. 심리학자들은 낙관적 편향에 대해 어떤 치료를 시작하는 사람들이 그 결과가 불확실하더라도 자신이 받는 치료의 성공을 믿는 경향으로 정의한다. 오바마 대통령과 클린턴 장관은 러시아와의 관계개선을 추구하면서 낙관적인 편향과 희망에 가득찬 생각에 굴복한 최초의 사람들도 아니었고 또 마지막도 아니었다.

2001년 여름, 조지 W. 부시 대통령은 블라디미르 푸틴 대통령을 만났고 그 이후에 "나는 그 남자의 눈을 보았다. 나는 그가 매우 솔직하고 신뢰할 만하다는 사실을 깨달았고 아주 건설적인 대화를 나눴다. 나는 그의 영혼을 느낄 수 있었다. 그는 자신의 조국과 그 조국의 이익을 위해 깊이 헌신하는 사람이다. 그와 그런 솔직한 대화를 나눌 수 있어서 정말 고마웠다"고 말했다.[10] 푸틴은 부시 대통령에게 자신이 불이 난 어느 오래된 저택에서 러시아정교회의 십자가 목걸이를 어떻게 구해냈는지에 대해 거짓으로 지어낸 이야기를 들려주며 속임수와 조작에 대한 자신의 재능을 마음껏 뽐냈다. 그 귀중한 십자가 목걸이는 그의 어머니가 직접 목에 걸어준 것이었다고 했다. 푸틴은 훗날 클린턴재단과 트럼프 선거조직에게 그랬던 것처럼 부시의 친구 중 한 명을 러시아 석유 회사의 고위직에 임명하면서 부시의 호감을 사려고 했다.[11] 두번째 임기를 마무리하면서 부시 대통령은 푸틴에 대한 자신의 평가를 수정할 수밖에 없었다. 2008년 8월, 두 대통령이 베이징올림픽 개막식에서 시진핑 중국 국가주석을 맞이하기 위해 서 있는 동안 러시아군이 조지아를 침공했던 것이다.

트럼프 대통령은 상호이익에 호소하고, 푸틴과의 개인적인 관계를 구축하며, 워싱턴과 모스크바 사이의 관계를 개선하고, 또 러시아의 전략적 행동을 바꿀 수 있다고 믿었던 미국 대통령들의 이러한 태도를 계속해서 이어갔다. 트럼프는 러시아와의 관계개선이 "나쁘지 않은 좋은 방향으로 이어질 것"이라고 재차 언급했다. 후보 시절에도 그는 푸틴의 겉치레 말에 감사하며 2015년 12월에는 "사람들이 당신을 보고 훌륭하다고 말하는데, 그런 당신이 러시아를 이끌고 있으니 이보다 더 좋을 수는 없다"라고 말하기도 했다.[12]

도널드 트럼프는 블라디미르 푸틴의 가장 뻔뻔스러운 범죄 행위 중 일부를 오만함과 가까운 자신만의 도덕적 기준으로 대했다. 예를 들어 지난 2017년 폭스 뉴스의 빌 오라일리Bill O'Reilly가 푸틴을 "살인자"라고까지 부르며 그런 그를 존중하는지 묻자 대통령 트럼프는 "살인자는 어디에나 넘쳐난다. 그렇다고 미국은 또 그렇게 결백하다고 생각하는가?"라고 대꾸했을 정도였다.[13] 트럼프 대통령이 당선을 전후해 발표한 공개 성명들을 보면 유럽의 방어를 강화하고 푸틴과 주변 인사들에게 제재 조치를 통한 응분의 대가를 치르게 하겠다는 정책적 결정들에도 불구하고 러시아의 행동에 책임을 지겠다는 결의가 흔들리는 것 같았다. 실제로 대통령은 때때로 러시아의 거짓정보와 부인을 편드는 것처럼 보일 때가 있다. 예를 들어, 미국의 정보기관들이 2016년 미국 대통령 선거에서 러시아의 개입이 있었다고 분명하게 인정한 후에도 트럼프 대통령은 푸틴과의 대화를 이렇게 소개했다. "그는 개입하지 않았다고 말했다. 나는 그에게 다시 물었다. 그렇게 여러 번 다시 물었지만 그때마다 푸틴은 미국 선거에 절대로 개입하지 않았다고 말했다. 사람들이 말하는 그런 행위는 하지 않았다는 것이다." 트럼프는 다시 2018년 7월 핀란드 헬싱키에서 푸틴과 일대일 만남을 가진 후 또 이렇게 덧붙였다. "나는 우리 정보기관들에 대해 강한 믿음을 가지고 있지만 푸틴 대통령이 도저히 인정하지 않을 수 없을 정도로 단호하게 부정을 하고 있다는 사실 역시 우리 국민들에게 전하지 않을 수 없다."[14]

트럼프 대통령이 때로 그렇게 러시아와 푸틴을 옹호하고 나서는 건 크렘린궁이 트럼프의 사업이나 개인적 행동과 관련된 부적절한 내용들을 많이 감춰주었고 그 대가로 대통령을 협박하고 있기 때문이라고 생각하는 사람들도 있다. 그렇지만 러시아와의 관계개선에 대한 트럼프의 과도한 낙관주의는 이전의 다른 두 행정부가 보여주었던 낙관적 편향과 희망을 품었던 모습을 그대로 따르고 있을 뿐이다.[15] 그리고 푸틴과의 관계개선을 위한 보답 없는 노력 덕분에 미국 대통령은 이 전직 KGB 요원의 속임수에 더욱 취약해졌다. 헬싱키에서 열린 2018년 기자 회견에서 어느 기자가 트럼프 대통령에 대한 "협상용 자료"가 있는지 직설적으로 묻자 푸틴은 분명한 입장을 밝히는 대신 이렇게 대답했다. "내빈 여러분, 분명히 말하지만 그 당시 트럼프 대통령이 모스크바에 있었을 때는 나는 그가 모스크바에 있었다는 사실조차 알지 못했다. 나는 트럼프 대통령을 무한히 존경하지만 그 당시 그는 그저 한 개인이자 사업가였으며 때 특별히 그의 모스크바 체류에 대해 내게 알려준 사람은 아무도 없었다…… 우리가 모스크바를 찾는 모든 사람들에 대해 '협상용 자료'를 수집하려고 한다고 생각하는가? 글쎄, 이보다 더 말도 안 되는 터무니없는 일을 상상하기도 어려울 것 같다. 이런 문제는 무시하고 더이상 생각하지 않는 게 좋겠다."[16] 푸틴은 결코 트럼프의 친구가 될 생각은 없었다. 그는 헬싱키 정상회담을 이용해 미국 대통령을 공격하고 스틸 문건의 중상모략에 대한 내용을 계속해서 흘렸다.

푸틴은 공개적으로 그를 공격했지만 트럼프의 끊임없는 낙관적 편향은 또다른 근거를 확보한 것 같았다. 트럼프 대통령을 둘러싸고 있는 자칭 전략가들은 계속되는 러시아의 공세에도 불구하고 주로 두 가지 자기합리화를 통해 미국과 러시아의 관계개선을 추구하려 했다. 그 첫번째는 역사에 대한 오해와 제2차세계대전 당시 있었던 동맹관계에 대한 향수였고, 두번째는 러시아 민족주의자들에게 느끼는 독특한 친밀감이었다. 후자의 경우는 이슬람교도들이 저지르는 테러공격에 맞서고 트럼프의 전략가들이 다문화, 다민족 및 다종교 이민을 통한 훼손으로부터 보호해야 한다고 생각하는 서양과 백인 및 기독교의 문화와 전통에 대한 공통된 관심사와 관련이 있다.[17] 2018년 7월 폭스 뉴스의 터커 칼슨Tucker Carlson과의 대담에서 트럼프 대통령은 제2차세계대전 기간 동안 미국과 함께 막대한 희생을 치렀던 러시아를 적으로 규정하는 것이 "놀라울" 뿐이라고 말했다. 트럼프 대통령은 이어서 "러시아는 사망자만 5,000만 명이 넘는 엄청난 희생을 치르며 우리가 전쟁에서 승리할 수 있도록 도왔다"라고 말했다. 일부 미국과 유럽 사람들은 심지어 러시아가 순결한 기독교의 본향이며 푸틴의 영도하에 일부 보수주의자들이 혐오해 마지않는 포스트모던 사상으로부터 서구 문명을 보호하고 있는 보수주의의 마지막 보루라고 생각한다.[18]

그렇지만 이런 두 가지 합리화에는 근본적으로 결함이 있다. 제2차세계대전 당시 소비에트연방과의 동맹은 "어쩔 수 없는 필요에 의한 동맹"이었다. 전쟁이 시작되자 러시아는 처음에는 독소불가침조약Molotov Ribbentrop Pact을 체결해 분쟁에 끼어들지 않으려고 노력했으며, 그 결과 폴란드는 잔인하게 갈가리 찢겨졌고 발트해 3국도 소비에트연방에 강제로 합병이 되었다. 나치 독일이 불가침조약을 깨고 침공을 시작했을 때 비로소 소비에트연방은 예정에도 없었던 연합국의 일원이 되었고, 1941년 12월 일본의 진주만 기습이 있은 후에는 미국의 정식 동맹국이 되었다. 소비에트연방의 독재자 이오시프 스탈린Joseph Stalin으로서는 정말로 최선을 다해 피하고 싶었던 상황이었다. 스탈린은 서방측 정부와 국민들에게 깊은 적개심을 품고 있었다.[19] 이렇게 예상치 못했던 동맹을 이끌어낸 유일한 요인은 바로 아돌프 히틀러Adolf Hitler였다. 그리고 소련이 인명 손실 측면에서 가장 큰 희생을 치른 것은 사실이지만, 전쟁이 끝나자마자 서로의 필요에 의해 맺어졌던 동맹은 해체되었고 두 세력 사이에는 냉전이 시작되었다.

미국은 러시아를 일종의 혈맹血盟으로서 과거 랜드-리스Land Lease

정책에 따른 113억 달러의 미국의 원조에 여전히 감사하고 있는 옛 동맹국으로 대하려 하지만, 제2차세계대전 당시 맺었던 동맹에 대한 기억은 크렘린궁 실세들 사이에서 그다지 호의적인 감정을 불러일으키지는 않았다.[20] 일부 러시아 사람들은 미국과 영국이 프랑스에서 제2전선을 늦게 형성함으로써 소비에트연방과 독일이 동부 전선에서 서로 큰 희생을 치르도록 의도적으로 방치해두었다고 보고 있다. 그리고 또 원자폭탄을 만들기 위해 미국과 영국이 함께 노력할 때 소비에트연방을 배제한 것도 소비에트연방 없이 전후 세계를 자신들끼리 지배하려 했던 계획의 일부라고 믿는다. 푸틴과의 관계개선에 대한 전망이 유럽과 관련된 이해관계의 자연스러운 동의나 나치 독일에 대한 제2차세계대전 동맹에 대한 러시아의 향수에 의존하고 있다면 그 전망은 결코 밝을 수 없다.

역사에 대한 무지가 극심한 편견과 결합이 되면서 푸틴과 러시아에 대한 망상에 가까운 또다른 사고의 원천이 만들어졌다. 일부 미국 국민들은 사회적 보수주의와 기독교의 수호자로서 러시아에게 친밀감과 문화적 동질감을 느낌으로써 러시아가 퍼뜨리는 거짓정보의 손쉬운 표적이 되었다. 크렘린궁과의 관계개선에 대한 편향된 낙관론의 근거는 미국에만 국한된 것이 아니며 유럽의 일부 국가에서는 그런 생각이 훨씬 더 널리 퍼져 있다. 예를 들어, 빅토르 오르반Viktor Orban 헝가리 총리는 "새로운 헝가리"를 건설하기 위해 헝가리는 "서방측이 채택한 교리와 이념을 깨뜨릴 것"이라고 선언하면서 러시아에 대한 지지를 공개적으로 표명했다. 또 푸틴을 미국의 중동 지역 개입으로 인해 불안해진 세계에서 이슬람 테러 조직들로부터 기독교를 보호하는 현대의 십자군으로 보기도 한다. 크렘린궁과 러시아 정보기관의 수족 역할을 하는 러시아정교회는 푸틴의 시리아 개입을 "테러와의 전쟁"인 동시에 "성스러운 싸움"이라며 찬사를 보냈다. 러시아는 크렘린궁의 공세에 맞서기 위한 서방측의 결의를 더욱 뒤흔들고 또 약화시키기 위해 이러한 인종적, 그리고 종교적 친밀감을 적극적으로 내세우고 있다.[21]

* * *

관계개선의 추구 자체를 목적으로 하는, 겉으로만 그럴듯한 합리화를 거부하게 되면 우리는 러시아가 진행중인 작전을 막아내고 또다른 침략 의도를 포기시킬 수 있는 일관된 전략을 개발할 수 있을 뿐 아니라 푸틴 이후의 러시아 지도자들이 서방측과의 대결보다는 협력을 통해 자신들의 이익을 최대한 추구할 수 있음을 깨달을 수 있는 분위기를 조성할 수 있다. 여기에서는 공공 부문과 민간 부문 모두가 중요한 역할을 한다. 푸틴의 각본은 거짓정보에 대한 부인에 크게 의존하기 때문에 이에 대한 방어는 크렘린궁이 각국의 내부와 각 국가들 사이에서 불화를 조장하려는 노력을 폭로하는 것으로부터 시작된다.

각국 정부는 악의적인 사이버공작원들을 식별하고 이에 대응할 수 있는 강력한 도구들을 보유하고 있다. 정치적 혼란 조장에 연루된 개인 및 조직에 대한 법 집행 및 제재는 이미 그 효과가 입증되었다. 고발 및 제재를 뒷받침하는 증거는 대부분 일반 대중에게 공개가 되기 때문에 미국의 로버트 뮬러 보고서와 같은 법 집행 수사의 결과는 러시아가 인터넷을 통해 벌이는 정보전의 실체를 세상에 드러내는 데 특히 중요하다. 로버트 뮬러 특별검사의 이름을 빌린, 2016년 대통령 선거에 대한 러시아의 개입을 2년 동안 조사한 이 보고서에는 2016년 당시 러시아의 개입 수준과 정보전을 통해 미국을 분열시키려 했던 전반적인 내용들이 다 폭로되어 있다.[22] 로버트 뮬러 수사 보고서 및 기타 정보 출처로 무장을 트럼프 행정부는 IRA 및 GRU 관련자를 포함하여 러시아의 개인 및 기업에 대해 제재를 가했다.[23] 미국 법무부는 또한 26명의 러시아 국적 소지자와 3개의 러시아 회사에 대해 위법 행위로 기소했다.[24]

푸틴이 쓴 각본과의 싸움에서는 각국 국민들과 그들이 내세운 정치 대표들도 중요한 역할을 한다. 피오나 힐이 빗대어 말했던 것처럼, 이들은 최소한 자신들에 대한 최악의 적이 되지 않기로 결심을 할 수는 있다. 로버트 뮬러 보고서에 대한 트럼프 대통령과 그의 지지자들 및 반대파들의 반응은 러시아가 미국 선거에 개입을 했으며 선거 이후에도 미국을 분열시키고 민주주의 원칙과 제도 및 절차에 대한 신뢰를 낮추기 위한 공격이 계속되고 있다는, 누구나 다 동의해야만 하는 사실을 정치적인 분열이 어떻게 가릴 수 있는지를 보여주었다. 일부에서는 합의된 의견들을 애써 무시하며 트럼프 대통령이 이번 조사에 대한 "마녀 사냥"이라고 했던 말을 되풀이하거나 혹은 보고서가 트럼프 선거본부와 러시아 사이의 "공모"를 드러내거나 대통령의 의한 수사 방해를 밝혀낼 만큼 충분히 진행된 것이 없다고 주장하기도 한다. 피오나 힐이 2019년 11월 탄핵심문위원회에서 증언한 것처럼 러시아의 목표는 누가 선거에서 이겼는지에 상관없이 미국의 대통령을 "의혹의 눈길 아래"에 두는 것이었다. 그녀는 조작된 가짜 이야기나 정보를 믿는 사람들은 결국 크렘린궁의 공작을 돕고 있는 것이라고 경고했다.

하지만 안타깝게도 힐의 경고는 소귀에 경 읽기나 다름없어 보인다. 2020년 2월 러시아가 지난 대통령 선거에서 버니 샌더스와 도널드 트럼프 후보를 지지하기 위해 거짓정보를 흘렸다는 폭로가 나오자 트럼프 대통령은 여기에 자극을 받은 듯 미국의 민주적 과정에 대한 러시아의 지속적인 공작을 "속임수"로 일축하며 국가정보국Director of National Intelligence 국장대행 조지프 맥과이어Joseph Maguire를 해임했다. 한편, 일부 민주당 의원들은 트럼프가 크렘린궁과 어떤 식으로든 공모를 했다는 이미 조사가 끝난 혐의를 다시 들고나왔다. 푸틴으로서는 이보다 더 나은 각본을 쓸 수는 없었다. 소셜미디어는 여전히 크렘린궁이 선호하는 무기였다.[25]

인터넷과 같은 사이버공간에서 러시아의 공격을 막아내려면 단순히 정부의 대응 이상의 무엇인가가 필요하다. 미 국가안보국National Security Agency, NSA은 사이버공간에서 적절한 행동을 취할 수 있는 특별한 역량을 갖고 있지만 그런 행동을 통해 자신들의 비밀장비와 방식을 드러낼 수 있기 때문에 그렇게 하기를 꺼리는 경우가 많다. 이 문제는 그 규모만 보더라도 공공 및 민간 부문의 노력이 함께 필요하다는 사실을 알 수 있다. 소셜미디어와 인터넷 관련 기업들은 2016년 대통령 선거 이후 시작한 작업들을 계속 진행하며 거짓정보와 선전을 폭로하고 이에 대응해야 한다. 페이스북은 자신들이 만들어낸 생태계의 취약성에 대해 가장 큰 책임이 있음을 통감하며 페이스북과 인스타그램에서 러시아 측의 봇bot들을 찾아내 삭제했다. 봇이란 자동으로 글을 올려주는 일종의 프로그램이다. 페이스북은 또한 아무런 동의 없이 수백만 명의 페이스북 계정에서 자료를 수집한 영국의 정치 자문 회사 케임브리지 애널리티카에게 페이스북의 자료들을 삭제하는 한편 개인정보 보호 기능을 강화하는 방법에 대한 사용자들의 의식을 높이도록 했다. 트위터도 봇들을 확인하고 삭제했다. 그렇지만 인터넷상의 러시아 봇과 선동 조직들은 이런 보호 조치들을 뛰어넘기 위해 노력하고 거짓정보들을 계속해서 퍼뜨리며 또다시 새로운 환경에 적응해갔다. 게다가 이런 보호 조치들조차도 러시아를 비롯해 기타 악의적인 행동을 하는 사람들이 개인 자료를 인터넷 정보전에 마음대로 이용하는 걸 제대로 막지 못했을뿐더러 업체들이 사업상 이득을 위해 이용자들을 극단적인 내용들 쪽으로 유도하는 문제에도 적절하게 대처하지 못했다.

소셜미디어 회사들은 주로 광고를 통해 수익을 창출하기 때문에 그런 사업상의 이유로 개인 자료를 수집하고 이용하는 경우가 많다. 따라서 여기에는 일부 규제가 필요할 수 있다. 사용자들이 앞장서서 광고주들의 실체를 밝히고 개인의 정보와 자료를 보호하는 일에 나서며 또 인터넷이나 소셜미디어 업체들이 개인 자료의 남용에 대한 책임을 질 수 있도록 할 수 있는 모든 수단을 다 함께 동원한다면 이런 업체들이 먼저 거짓정보 및 부인에 대응하도록 나서게 하는 것도 가능할 것이다. 법적인 규제 역시 이런 기업이나 업체들이 민주사회에서 언론의 자유에 대한 결정권자가 되지 않도록 하는 데 도움이 될 수 있다.

민간 부문의 도움은 러시아에 대응하는 데 특히 유용할 수 있는데, 이들이 다루는 내용들은 특별히 비밀사항으로 분류되지 않아서 언론 및 일반 대중과 법 집행기관에 공개할 수 있기 때문이다. 예컨대 한 민간 기업은 영국 솔즈베리에서 발생했던 세르게이와 율리아 스크리팔 부녀의 살인 미수에 대한 책임을 입증하는 데 도움을 주기도 했으며 국제적인 연구 조사 집단인 벨링캣Bellingcat의 경우 공격자들을 찾아내고 GRU와의 연관성을 입증하기 위해 공개적인 조사를 수행했다. 이렇게 정부와 민간 부문의 노력이 합쳐지면 실제 세상과 사이버세상에서 모두 러시아의 부인에 대응할 수 있고 민간 부문의 노력을 통해 크렘린궁의 끝없이 이어지는 거짓말에 맞서 끝없이 이어지는 증거들을 내놓을 수 있다. 하지만 그럼에도 불구하고 RNGW 활동을 폭로하고 방어하려는 그 어떤 민간 및 공공 부문 노력의 결합도 문제를 완전히 해결할 수는 없을 것이다. 2020년 대통령 선거에 대한 개입이 분명해지면서 러시아 요원들은 탐지를 피하고 방어막을 우회하며 새로운 공격을 개시하기 위해 지속적으로 적응을 해나갈 것이다.

자료 절도나 설비 손상 같은 인터넷을 통한 사이버공격에 대응하려면 정보 기술 체계 전체에 여러 겹의 보안 통제 장치가 배치되는 "전면 이중방어perimeter defense"나, 또는 이른바 심층방어 전략 이상의 무엇인가가 반드시 있어야 한다. 러시아처럼 이런 식의 공격에 능숙한 국가라면 적절한 시간과 자원이 주어질 경우 정교한 방어막을 뚫을 수 있기 때문에 공격에 대한 방어를 하는 동시에 때로는 일종의 능동적인 선제방어도 필요하다. 미국의 NSA 같은 조직들은 사이버공간 안에서 지속적인 정찰을 수행하며 상대방의 공격이 시작되어 방어막을 뚫기 전에 그 공격을 식별하고 먼저 대처를 한다. 거기에 2010년 사이버사령부U.S. Cyber Command가 창설되며 미국은 "국내 및 해외 협력 세력들과 함께 국가의 이익을 수호하고 발전시키기 위해 사이버공간에서의 작전 수립과 운용을 지휘, 동기화 및 조정"하려는 의지를 나타냈다.[26] 이 사이버사령부는 "복구력 향상과 선제방어 및 지속적인 작전 수행"이라는 개념 아래 가해지는 위협의 규모에 따라 그 역량을 확장하며 여러 기능을 통합하는 문제를 해결하고 있다.[27] 이러한 형태의 능동적인 방어의 성과는 2018년 미국 중간 선거에서 성공적으로 나타났다. 미국 사이버사령부 요원들은 지속적인 작전 수행과 더불어 적이 침입하기 전에 먼저 능동적인 방어를 한다는 원칙에 따라 선거 당일에 IRA의 인터넷 접속을 차단한 것으로 알려졌다.[28] 다가올 미래에는 민간 기업들이 이런 적극적인 방어에 함께 참여할 가능성이 높다. 공격 이후의 책임 추궁과 처벌도 여전히 중요하지만, 이런 사후 처리만으로는 중요한 설비 혹은 시설을 손상시키거나 피해자를 협박, 혹은 정보전에 대한 대가를 지급하도록 고안된 공격을 막아내거나 사전에 방지하는 데는 적절하지 못하다는 것이 입증되었다. 정부 내에서는 물론, 정부와 민간 사업체들 사이의 정보와 전문 지식 공유 확대는 .com, .gov, 그리고 .mil과 같은 인터넷상의 특정 주소들을 보호하는 데 도움이 될 것이다.

GRU와 SVR이 서구 민주주의를 훼손하려는 소비에트연방의 초창기 시도에서 배운 것처럼 미국과 다른 국가들도 푸틴의 각본에 따라 피해를 입은 러시아 인접 국가들에게서 많은 것들을 배울 수 있었다. 2007년에 에스토니아는 거짓정보와, 부인, 인터넷을 통한 공격을 포함해 사회 기반 시설에 대한 지속적인 사이버공격을 받았다. 에스토니아에 남아 있는 제2차세계대전 기념 동상의 이전 문제를 둘러싸고 갈등이 발생하자 러시아가 곧바로 인터넷 및 전산망 기능을 마비시키는 공격을 시작한 것이다. 외부로부터 정체 모를 인터넷 접속이 폭주하면서 정작 에스토니아 국민들은 언론 매체를 비롯해 자국의 정부 웹사이트 및 은행 계좌에 대해 접근을 할 수 없었고, 러시아 언론은 소비에트연방군의 전몰장병 묘지가 파헤쳐지고 있다는 등의 거짓

보도를 퍼뜨리며 위기를 부추겼다. 러시아는 10년 넘게 이러한 거짓 정보와 선동을 지속해왔다.[29] 에스토니아는 새롭고 지속적인 방어가 필요하다는 사실을 인식하고 투마스 헨드릭 일베스Toomas Hendrik Ilves 대통령의 지시에 따라 민간 사이버방어 예비부대를 만들어 단대단 암호화 및 2단계 인증, 그리고 잠재적 위협에 대한 지속적 감시체제 등을 통해 높은 보안 수준을 확보했다. 에스토니아는 문제에 대한 명확한 이해와 확고부동한 지도력, 포괄적인 전략, 그리고 정부와 민간 부문 사이의 긴밀한 협력이 악의적인 공격을 성공적으로 막아낼 수 있음을 보여주었다. 에스토니아의 사이버보안 방식에는 이제 고성능 전자정부 기반 시설과, 디지털 신분증, 의무보안 기준, 공격 식별 및 대응을 위한 중앙통제 설비 등이 포함된다. 민간 업체들은 여러 차례의 검증을 거쳐 여기에 참여할 수 있다. 일베스 대통령은 효과적인 방어를 위해서는 국민들과 민간 부문의 참여가 필수적이며 성공의 열쇠는 온라인보안 조치를 장려하고 사이버보안 공공 교육을 실시하며 사이버공간과 전력 공급망에 대해 지속적으로 감시를 하는 것이었다고 회고했다.[30]

핀란드 정부는 인터넷을 통한 사이버공격을 추적하고, 싸우고, 방어하기 위해 국민들을 참여시키는 방안을 모색했다. 사이버보안 관련 의무교육의 확대는 "핀란드를 정보 사회로 강화하고" 사이버 문제 관련 연구를 돕기 위한 또다른 방법이다. 모든 국민이 다 참여하고 이용할 수 있는 국가사이버보안국은 정보를 제공하고 취약점을 게시하며 또 인터넷을 통한 사이버공격의 예시가 포함된 "훈련"을 실행해 취약점에 대한 인식을 높이고 각 조직이 스스로를 보호하도록 동기를 부여한다. 목표는 포괄적인 보안을 달성하는 것이다.[31]

에스토니아와 핀란드와 같은 소규모 국가의 사례를 미국 규모의 국가로 확대해 적용하는 것은 어렵겠지만 그들의 사례는 정부와 산업뿐 아니라 학계 및 시민 사회와의 협력 가능성을 보여준다.

주요 인터넷 기업 중 한 곳인 야후 브랜드를 구축하는 데 도움을 준 실리콘밸리의 임원 카렌 에드워즈Karen Edwards는 러시아의 거짓정보에 대응하기 위한 방어 수단이 적절하지 못하다는 사실을 알고 있었다. 그녀는 러시아와 극단주의자들이 미국 사회를 분열시키고 미국의 민주적 과정과 제도의 신뢰에 대해 위기를 조장했기 때문에 일어나고 있는 일들에 대해 분노했다. 1990년대 실리콘밸리의 IT 호황이 처음 시작될 당시부터 에드워즈는 인터넷의 가능성에 열광하면서 동시에 악의적인 생각을 품은 사람들이 인터넷을 어떻게 다른 쪽으로 악용할 수 있을지에 대해 경계했다. 스탠퍼드대학교와 하버드대학교 경영대학원을 졸업한 에드워즈는 다시 어떻게 해야 인터넷상의 정보제공과 관련된 적절한 공격이 정보전에서 단순한 방어나 선제방어를 넘어서서 효과를 발휘할 수 있을지 그 방법에 대해 생각을 해보았다. 에드워즈와 그녀의 동업자인 라즈 나라얀Raj Narayan은 캘리포니아의 팔로 알토Palo Alto에서 소프 AISoap AI라는 회사를 시작했다. 이 회사는 인터넷의 긍정적인 잠재력과 새로운 인공지능 기술을 결합해 미국 사회를 뒤흔들기 위해 거짓정보와 선전을 퍼뜨리는 세력들을 막아내는 혁신적인 해법을 제공하고 있다. 정보의 과부하, 언론 매체에 대한 불신, 그리고 다양한 관점의 부족 등을 문제점으로 진단한 에드워즈와 나라얀, 그리고 소프 AI의 직원들은 확실하게 검증이 된 정보에 접속해 사용자가 세상에서 일어나는 일을 더 잘 이해할 수 있도록 도와주는 기계 학습 설비를 고안해냈다. 이 설비의 도움을 받으면 화면상에서 클릭을 유도하는 거짓정보와 관련된 혼란을 줄이고 다양한 관점에 대해 접할 수 있다.[32] 소프 AI는 인공지능이 다양한 관점에서 검증을 거쳐 제공하는 정보들을 분류하는 "정리 주기scrub cycle" 기술을 사용한다. 소프 AI는 사건이나 이야기 등에 대해 여러 다양한 의견을 제시하기 때문에 이용자는 올바른 정보를 기반으로 스스로 판단할 수 있다.[33] 푸틴의 각본에 따른 거짓정보에 대한 공격과 방어, 선제공격 등을 역동적으로 조합을 해 크렘린궁을 비롯한 다른 독재정부가 생각하고 있는 약점, 즉 미국 고유의 분권화 정치와 중앙의 권위에 대한 저항 의식을 오히려 강점으로 바꾸는 것이다.[34]

러시아의 거짓정보 공격의 위험에 대해 국민들에게 경고를 하고 민주주의의 원칙과 제도 및 절차에 대한 신뢰를 회복하는 데 있어 교육은 대단히 중요하다. 러시아 속담에서도 교육은 빛으로, 무지는 어둠으로 묘사된다. 국가안보에 대한 도전과 더불어 미국의 적들이 인종과 총기 규제, 그리고 이민 문제 등과 관련된 갈등의 씨앗을 심는 데 이용하는 화젯거리들에 대해 일반 국민들에게 알릴수록 그들은 거짓된 조작에 대한 면역이 생긴다. 따라서 교육은 인종과 종교, 정치, 성적 지향성 혹은 기타 또다른 정체성을 기반으로 증오를 조장하고 폭력을 선동하려는 공격에 대해 사회에 일종의 예방주사를 놓아주는 셈이다.

마지막으로, 공개적인 담론 안에서의 예의범절 회복과 결합된 교육은 러시아와 다른 미국의 적들이 사회 분열을 조장하는 데 도움이 되는 욕설이나 비속어의 사용을 줄여나갈 수 있다. 미국과 다른 서구 사회에서 새롭게 시작되는 윤리 교육은 러시아의 거짓정보와 부인을 막아내고 물리치는 데 중요한 역할을 한다. 자기비판의 중요성을 염두에 둔 서구 국가의 윤리 교육 과정은 이들 국가들이 지니고 있는 자유롭고 개방적이며 민주적인 사회의 미덕을 강조할 수 있다. 예를 들어, 미국이 하는 일들에도 결함이 있을 수 있고 또 불완전할 수 있다는 사실을 인정하는 미국의 교육 과정은 국민들에게 민주주의와 개인의 권리, 평등한 기회 및 모든 사람의 자유를 보장하기 위해 수 세기에 걸쳐 벌인 전례가 없는 노력의 고귀함을 확실하게 알려줄 수 있다. 정치지도자들과 언론도 이러한 문제에서 중요한 역할을 한다. 서로 동의가 이루어지지 않을 때마다 합의점에 도달하기 위해 최소한 동일한 시간을 주고 기다리는 국민들의 모습도 마찬가지이다. 존 매케인John McCain 상원의원의 미망인인 신디 매케인Cindy McCain은 공개적인 대화 속에서 예의를 갖추는 법을 알리는 교육을 시작했다. 사이버방어에서와 마찬가지로 교육 과정을 개선하고 시민들의 건전한 논의를 복원하려면 일반 대중들의 광범위한 참여가 필요하다.

이러한 모든 노력은 푸틴의 공격적 야심의 최전선이라고 할 수 있는 유럽 대륙에서 특히 중요하다. 미국과 유럽 및 다른 여러 민주주의 국가들은 푸틴의 각본에 대항하기 위해서는 강력한 집단행동이 필요하다는 사실을 인식해야 한다. 그리고 그 첫번째 단계는 단지 개별 국가들 안에서뿐만 아니라 자유롭고 개방된 국가들로서 그 안에서 서로의 자존심을 회복하는 것이다.

유럽은 육체와 정신의 힘을 회복해야 한다. 하나가 된 유럽연합은 각각의 회원국들만큼 강하게 변모할 수 있다. 유럽을 이끄는 강대국들이 이런 과정을 주도할 수 있으며 또 그렇게 해야만 한다. 향후 수십 년 동안 독일과 프랑스는 유럽과 대서양 동맹의 저력을 유지하는 데 특히 중요한 역할을 해야 한다. 철의 장막이 무너진 후 자유를 얻은 국가들도 마찬가지이다. 유럽은 자유주의 문화 속에서 스스로를 방어하려는 의지를 이끌어내는 데 꼭 필요한 공통의 정체성을 계속해서 유지할 수 있을 것인가? 크렘린궁은 그렇지 않다는 쪽에 승부를 걸었다. 2019년에 푸틴은 자유주의는 이제 "한물간 구식 문화가 되었다"고 선언했다.[35] 그런 그의 말이 틀렸다는 걸 증명하는 일은 유럽의 지도자들과 각국의 국민들에게 달려 있다.

* * *

미국과 NATO 및 다른 국가들이 군사적 대응 직전까지 압박해오는 러시아의 도발에 맞설 때는 러시아의 재래식 군사력 및 핵공격 능력의 위험을 과소평가해서는 안 된다. 자신감에 부푼 크렘린궁이 상황을 잘못 계산하고 비극적인 군사적 대결을 촉발할 수 있는 그런 조치를 취할 수도 있기 때문에 NATO의 재래식 및 핵 관련 군사력은 추가 침략에 대한 중요한 억지 수단으로 계속 남아 있어야 한다. 이러한 이유로 NATO 동맹국들은 2014년 웨일즈 정상회담Wales Summit에서 다짐했던 GDP의 2퍼센트에 해당하는 예산을 국방비에 투자하겠다는 약속을 이행해야 한다. 냉전이 끝난 후 유럽의 군사력은 강대국들의 패권경쟁이 이제는 그저 과거의 유물이라는 사람들의 생각 때문에 크게 줄어들었다. 동맹을 무너뜨리고 싶어하는 푸틴은 NATO 동맹국들 내부의 의지가 약해졌다는 판단을 바탕으로 발트해 연안이나 다른 곳에서 위기를 불러일으킬 수도 있다. 실제로 그는 목표로 하는 상대방 국가가 NATO 헌장NATO Charter 제5조의 준수를 요청하기를 바랄 수 있다. 헌장 제5조에 따르면 "유럽이나 북아메리카 동맹국들 중 어느 한 곳에 대한 무력을 동원한 공격은 NATO 전체에 대한 공격으로 간주될 수" 있다고 명시되어 있다. 하지만 그런 다음 만일 다른 동맹국들이 공격을 인정하지 않도록 공작을 꾸며 헌장이 준수되지 않는다면 모든 NATO 동맹국들은 심리적으로 엄청난 충격을 받게 될 것이다.

미국과 NATO 동맹국들은 새로운 핵무기를 포함하여 러시아의 파괴적인 군사기술에 대응할 수 있는 역량을 개발하고 실전을 대비해 배치해야 한다. 미국과 NATO는 전자전과 다중 대공 방어망 및 진보된 군사기술의 격차를 좁히기 위해 고안된 다양한 파괴적 역량과 관련해 러시아에 뒤처지고 있다.[36] 중요한 기존의 군사력에는 미사일 방어와 장거리 정밀 포격 및 무인항공기에 대한 방공망이 포함된다. 1988년 맺은 중거리핵전략조약을 러시아가 위반하자 여기에 대응해 미국이 조약에서 탈퇴를 한 건 유럽에서의 핵전쟁 억지력을 유지하고 러시아의 단계적 확대를 통한 통제라는 무책임한 정책이 모든 관련자들에게 재앙으로 이어질 수 있다는 점을 분명히 하기 위해서 꼭 필요한 일이었다. 그리고 러시아와 중국과 같은 다른 국가들은 1988년의 중거리핵전략조약처럼 중거리 공격용 무기를 제한하거나 제거하기 위한 조약협상이나 2010년 4월 합의한 New START를 계속 보존하는 데 동의해야 한다. New START는 전략핵미사일 발사대의 수를 절반으로 줄이고 감사와 검증 체제를 구축했던 이전의 START I를 새롭게 개편한 것이다. 그러면 여기에 대응해 미국 역시 지구상에서 가장 파괴적인 무기의 규모와 범위를 제한하는 검증 가능한 협정을 체결할 준비를 하고 있어야 한다. 또한 미국과 NATO는 미래의 군사시설에 투자할 때 항상 러시아가 어떻게 대응할지를 염두에 두고 치명적인 오류에 취약한 복잡하고 값비싼 시설이 아닌 적당하게 성능을 타협한 단순하고 저렴한 시설을 설계해야 한다.

푸틴의 각본에 대응하기 위한 실천과 계획, 그리고 역량의 조합은 겉으로 드러난 러시아의 모습을 부정함으로써 러시아를 저지하는 것을 목표로 해야 한다. 다시 말해 악의적인 형태의 침략, 군사력의 사용, 혹은 단계적 확대를 통한 통제 정책에 따른 핵무기의 위협으로는 원하는 목표를 달성할 수 없다고 크렘린궁을 설득하는 것이다. 그렇지만 러시아의 침략 행위가 계속되거나 확대된다면 미국과 뜻을 같이하는 국가들은 크렘린궁의 여러 취약점들을 이용할 준비가 되어 있어야 한다. 이런 취약점들에는 공개가 되면 곤란한 푸틴과 실로비크들의 개인적인 약점들, 러시아 국민들의 정치 참여에 대한 갈망, 부정부패로 인한 경제적 부담, 스스로 자처한 고립, 인구감소라는 시한폭탄 등이 포함된다.

* * *

진실과 투명성은 크렘린궁의 거짓말과 혼란이라는 무기를 물리치기 위한 중요한 공격 및 방어용 무기다. 푸틴이 세계 곳곳에서 벌이고 있는 자신만만한 행동들은 사실 자신의 약점과 권력 상실에 대한 두려움을 감추기 위한 것이다. 부정선거로 연명하고 있는 푸틴의 통치는 그 위세가 점점 약해지고 있다. 그가 헌법을 존중한다는 착각을 불러일으키며 잠시 총리로 물러나 있다가 다시 대통령으로 돌아왔을 때 그를 맞이한 건 대규모의 반대 시위였다. 러시아 국민들은 푸틴이 퇴직자의 연령을 높인 것에 크게 분노했으며 국가를 약탈하는 것만으로 몇 번이고 반복해서 엄청난 재산을 축재했다는 사실을 알고 더욱 분노했다.[37] 2019년이 되자 푸틴의 인기는 떨어졌고 러시아의 여러 도시에서 지속적인 시위가 발생했다. 그해 9월 있었던 지방선거에서 반부패운동가이자 변호사인 알렉세이 나발니Alexey Navalny는 이른바 "스마트 투표smart-voting" 전략을 제안했다. 그는 푸틴이 이끄는 통합러시아당의 후보들을 물리칠 만하다고 판단되는 모든 후보자들 명단을 만들어 현 정권에 저항하는 국민들에게 그 명단에 있는 후보자들에게 투표할 것을 촉구했다. 이 전략 덕분에 러시아 전역에서 160명이라는 기록적인 숫자의 야당 당선자가 나왔다.[38] 또한 이 결과는 푸틴이 언론을 통제하고 야당을 압박하더라도 러시아에서는 여전히 선거가 중요한 역할을 한다는 사실을 보여주었다.[39] 푸틴의 개인 재산과 그의 주변을 둘러싸고 있는 실로비크들의 재정 상태가 폭로된다면 잔혹한 크렘린궁 탄압과 언론 매체, 의회, 법원 및 정보 당국의 절대적인 통제에도 불구하고 살아남은 러시아의 야당운동에 더욱 힘을 실어줄 수 있을 것이다. 야당 단체와 반부패운동 단체, 그리고 사회 고발 전문 언론인들에 대한 지지는 푸틴의 각본에 대한 적절한 대응인 동시에 크렘린궁의 침략에 대응하면서 러시아 국민들에 대한 지지를 전달하는 또다른 방법일 것이다.

푸틴에 대한 저항은 그가 집권 30년차에 들어가면서 시간이 흐를수록 점점 더 커질 것이다. 2020년 1월, 푸틴은 자신의 통치 기간을 2024년 이후까지 연장하기 위한 헌법 개정안을 발의했다. 이 개정으로 인해 대통령직은 권한이 줄어들고 의회와 국무회의의 권한이 늘어났다. 메드베데프는 총리직을 사임한 후 새롭게 만들어진 직책인

연방안보회의 부서기장 직을 맡게 되었다. 푸틴이 메드베데프의 후임 총리로 선택한 미하일 미슈스틴Mikhail Mishustin은 러시아연방 국세청 청장으로 세금제도의 현대화를 이끌었던 전문 기술 관료 출신으로, 정치적 기반이 없는 미슈스틴이 푸틴의 정치적 권위에 도전하지는 않을 것 같다. 실제로 많은 사람들은 푸틴이 사실상 지금의 권력을 계속 유지하기 위해 이 방식을 선택한 것으로 생각하고 있으며 아마도 새롭게 권한이 늘어난 국무회의를 통해 정책을 펼쳐나갈 것이다.

푸틴은 특히 그의 개인 생활이나 재산 등과 관련된 진실에 매우 민감하다. 모스크바의 어느 작은 신문을 통해 그가 이혼했고 유명한 체조 선수와 약혼했다는 보도가 나오자 그는 아예 신문사 문을 닫아버렸다. 지난 2016년 파나마 페이퍼Panama Papers로 알려진 방대한 문건들이 유출되어 푸틴이 친구들에게 많은 수익이 돌아가도록 손을 썼다는 사실이 밝혀지자 그는 힐러리 클린턴이 러시아에서 일어나는 시위를 선동했다고 비난하며 세간의 관심을 다른 쪽으로 돌렸다.[40]

* * *

에너지 자원에 대한 러시아의 지나친 경제적 의존은 또다른 중요한 약점이며 유럽 국가들은 이 점을 잘 활용해야 한다. 러시아에서 수입하는 석유와 천연가스 사용을 줄이면 푸틴과 침체된 러시아 경제가 감당할 수 있는 것 이상의 많은 부담을 지울 수 있다. 그리고 계속되는 경기침체에 직면한 푸틴이 러시아 민족주의를 다시 불러일으키고 국민들의 불만을 다른 곳으로 돌리기 위해 또다른 위기를 불러들일 가능성이 있기 때문에 러시아 에너지 자원에 대한 의존은 독일이나 다른 유럽 국가들에게는 안보는 물론 경제적 책임에 대한 문제가 될 수 있다.

마지막으로, 푸틴이 2020년 헌법을 개정하고 스스로 계속해서 권력을 행사할 수 있는 상황을 만들어냈지만 미국과 유럽, 그리고 여러 뜻을 같이하는 국가들은 푸틴 이후 러시아에 대해 좀더 포괄적으로 생각을 해야 한다. 러시아 사회가 소비에트연방의 붕괴와 새로운 러시아연방의 탄생, 국경선의 변화, 그리고 경제 및 정치체제의 변화라는 충격적인 전환기를 견뎌내고 여전히 성장하고 있다는 사실을 인식하는 것이 중요하다. 콘돌리자 라이스Condoleezza Rice 전 미국 국무부 장관이 말한 것처럼 "여전히 극복해야 할 문제들이 너무 많은 것이다."[41] 비록 서방측이 푸틴으로부터 새로운 질서로의 전환이 어떻게 일어나는지, 그리고 그 새로운 질서가 러시아가 직면하고 있는 도전 과제들을 어떻게 해결할 수 있을지에 대해 여전히 제한된 영향력밖에 행사할 수 없다 해도 미국과 다른 국가들은 지금부터라도 후원자의 역할을 준비할 수 있다.

또한 과거 러시아의 실패한 전환에서 얻은 교훈을 그 후원에 반영을 해야 한다. 푸틴 이후에 등장할 러시아 정부는 계속적인 억압이나 고강도 개혁, 혹은 처음 두 가지에 대한 그저 무능한 실행이라는 세 가지 선택지를 갖게 될 것이다. 서방측은 푸틴 이후의 러시아에 대해 평화를 보존하고 번영을 촉진하는 것을 목표로 하는 유럽-대서양 안보 체계 안으로 기꺼이 받아들인다는 각오를 갖고 접근을 해야 한다. 만일 푸틴이 앞장서서 만든 러시아식 대통령제와 연방 정부로의 권력 집중 같은 "수직적 권력 체계power vertical"가 무너진다면, 미국과 다른 국가들은 1990년대의 실패한 노력을 교훈 삼아 러시아의 민주적 제도적 발전을 지원해야 한다.[42] 지원 준비는 푸틴의 시민 사회 탄압을 우회하여 러시아 국민에게 직접적으로 다가갈 수 있는 풀브라이트Fulbright 장학금과 같은 교환학생과 교육 등의 풀뿌리제도의 확대로부터 시작할 수 있다. 그리고 1990년대에 러시아 개혁 추진 실패의 교훈은 러시아의 개혁은 결국 러시아 국민에게 달려 있다는 인식으로 이어져야 한다. 라이스는 이렇게 말했다. "러시아는 지구와 다른 외계 행성이 아니며 러시아 국민들이라고 해서 민주주의를 반대하는 유전자를 물려받은 것이 아니다."[43]

그렇지만 서방측은 새로운 정부가 크렘린궁의 공격적인 정책을 포기하지 않고 푸틴의 각본을 영원히 따를 수도 있다는 가능성도 함께 열어두어야 한다. 푸틴이 이끄는 러시아에서 크렘린궁은 "내부"로부터 권력을 상실하는 것에 두려움을 느끼고 있지만 그렇다고 러시아가 서방측에 대한 두려움을 더이상 갖고 있지 않을 거라고 성급하게 상상하는 것도 무모한 일이다. 무력을 통한 억지력은 여전히 미국과 NATO의 최우선 순위로 남아 있어야 한다. 그래야 누구든 푸틴의 뒤를 따르려는 세력이 있다면 서방측에 대한 공격적인 태도를 계속해서 이어가는 건 그 대가가 너무 비싸다는 사실을 확실하게 깨달을 수 있다.

* * *

비록 단기적으로나마 푸틴과 러시아는 시진핑 국가주석, 그리고 중국 공산당과 "포괄적인 전략적 협력관계"를 맺었다. 푸틴 대통령은 중국을 "우리의 전략적 동반자"라고 묘사했으며 시진핑 주석은 이에 대해 "양국은 역사상 최고 수준의 관계를 구축해나갈 수 있다"며 화답했다. 또한 푸틴 대통령을 보고 자신의 "가장 친한 친구이자 동료"라고 부르기도 했다.[44] 두 권위주의 정권은 전후 세계의 정치와 경제, 그리고 안보 질서를 무너뜨리기 위해 상호노력하면서 서로를 밀어주고 또 끌어주고 있다.[45] 2017년 발트해에서 있었던 합동군사훈련은 이 새로운 협력관계의 시작을 전 세계에 알렸다. 2018년 중국은 처음으로 시베리아에서 러시아의 연례 군사훈련에 참가했다. 이듬해에는 인도와 파키스탄도 "동부"를 의미하는 보스토크Vostok 훈련에 초청을 받았다. 또한 2019년에는 수백여 대의 러시아와 중국 공군 항공기들이 발트해에서 한반도 동쪽 영해까지 미국을 중심으로 한 연합 세력의 영공을 침범했다. 2019년 7월 23일 러시아와 중국의 폭격기 편대가 한국과 일본의 방공식별구역에 진입하여 양국의 전투기가 여기에 대응해 출격을 하기도 했다.[46] 2019년 12월에는 러시아와 중국의 함선들이 이란 해군에 합류해 인도양과 오만만Gulf of Oman에서 훈련을 했다. 또한 러시아와 중국 사이의 교역 규모는 2016년 696억 달러에서 2018년 1,071억 달러로 크게 증가했으며 미국 달러화에 대한 의존도를 낮추기 위한 단계로 자국 통화로의 거래를 늘려갔다.[47]

러시아와 중국 사이의 부드러워진 관계는 과거 닉슨Nixon 행정부의 소비에트연방 및 중국과의 이른바 "삼각 외교triangular diplomacy"에 대한 논의를 부활시켰다. 당시 미국은 삼각 외교를 펼치며 각각의 국가들이 서로 더 긴밀한 관계를 구축하도록 하기 위해 노력했다. 그렇지만 푸틴과 시진핑이 있는 지금, 이런 관계개선에 대한 전망은 그다지 밝지 않다. 러시아는 중국보다 뒤떨어지는 쪽에 속하기 때문에 이런 갑작스러운 러시아와 중국의 대동단결은 상당히 부자연스럽다. 또 푸틴의 각본을 보면 강대국들의 패권경쟁이 과거의 유물이 아니라는 점이 분명히 드러나 있다. 푸틴과 시진핑이 어느 정도 가까워진 건 두 사람 모두 자유롭고 개방된 국가들을 흔들기로 다짐한 독재자들이기 때문이다. 미국과 유럽에게 푸틴의 러시아는 위험한 존재이지만 나머지 자유세계 국가들에게 시진핑의 중국 공산당은 공격의 규모와 중국 전략의 악의적인 특성을 고려하면 훨씬 더 위험한 존재이다. 미국에 대한 블라디미르 푸틴의 모든 뻔뻔스러운 공격과 비교해도 여러 가지 측면에서 더 크고 정교한 위협이 되는 것이 바로 중국인 것이다.

2부 ——— 중국

새로운 중국, 이념보다는 경제를 택하다……힘을 잠시 감추고 다가올 때를 기다려라……**시위대 진압을 위해 베이징으로 군 병력 투입**…… **중국, 타이완해협 문제에 상관하지 말라고 미국에 경고**……약육강식의 법칙이 아닌 법치가 각 국가의 행동들을 지배하는 그런 세상…… **중국의 소요 확산: 톈안먼 시위 진압**……*베트남이 중국이 주장하는 영해에서 원유 탐사를 시작했다*……우리는 중국을 설득해 책임감 있는 세계의 일원이 되도록 만들어야 할 필요가 있다……미국은 태평양의 강대국이다……**시진핑 국가주석, 분쟁 지역에서의 군사행동은 없을 것이라고 약속**……특별재판부는 지하자원에 대한 중국의 역사적 권리 주장에 아무런 법적 근거가 없다고 결론을 내렸다……**중국국가안전부 소속의 두 명의 해커 기소**……무혐의로 풀려난 후에도 이들의 활동은 계속될 수밖에 없다……*전쟁의 시작: 미국과 중국의 전면적인 무역전쟁*……중국에 관세를 부과해 막대한 수익을 거두겠다…… **화웨이 재무담당 책임자 캐나다에서 체포 되 미국으로 송환**……자유는 그들의 생각 속에 들어 있는 이 "바이러스"가 박멸되고 신체가 건강해질 때만 가능하다……**홍콩의 지도자들이 저항과 항의를 반복하다**……만일 누군가 피해를 입는다면 그건 NBA측이 될 것이다…… **트럼프와 중국이 1단계 무역협상에 합의**……중국이 원할 경우에만 이 합의는 이행될 수 있을 것……**치명적 바이러스 발생에 대한 비판을 가로막고 나선 중국**……타이완은 우리가 얼마나 민주주의적인 삶의 방식을 소중하게 여기고 있는지를 세상에 보여주고 있다……**중국의 지도부는 코로나바이러스를 권력 강화의 기회로 보고 있다**……

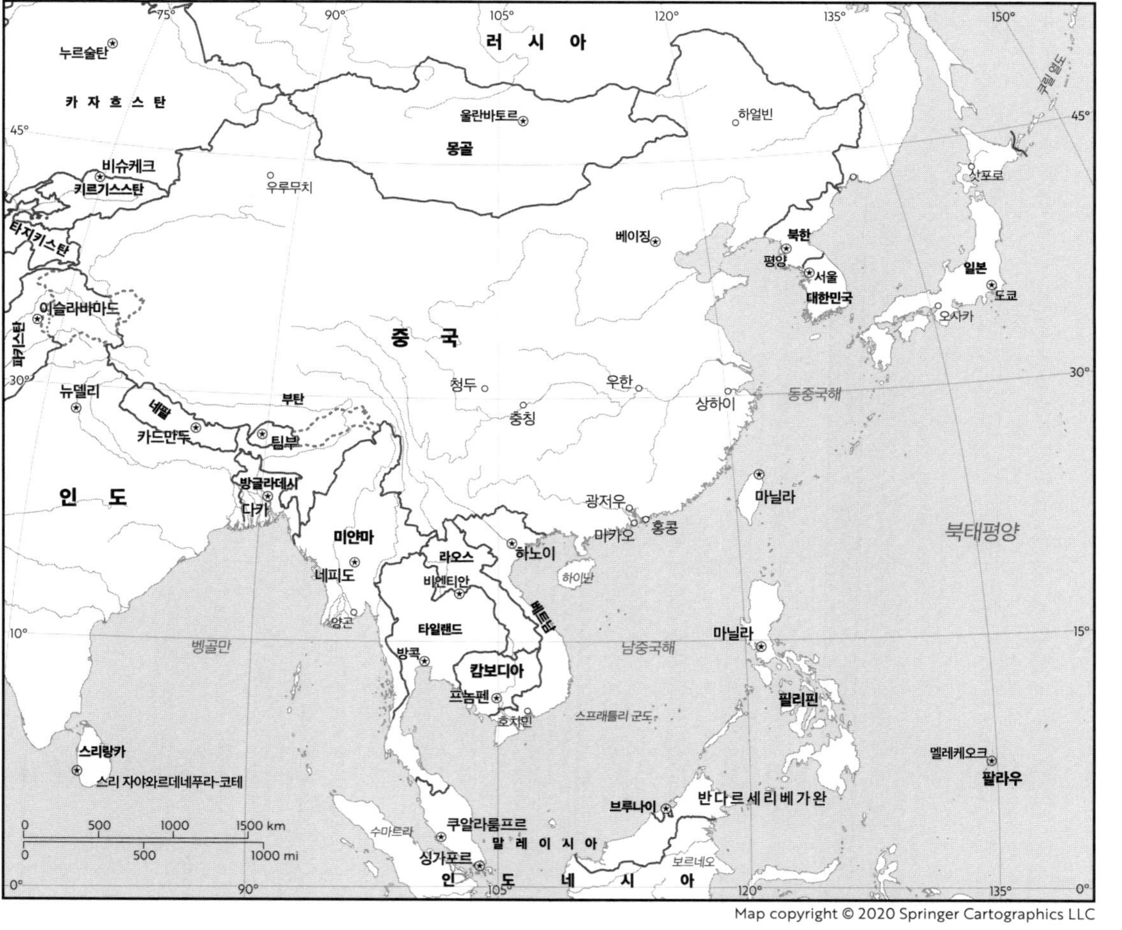

러 시 아
누르술탄
카 자 흐 스 탄
울란바토르
몽골
하얼빈
비슈케크
키르기스스탄
우루무치
타지키스탄
베이징
북한
평양
서울
대한민국
일본
도쿄
오사카
삿포로
쿠릴 열도
이슬라마바드
파키스탄
중 국
청두
우한
상하이
동중국해
충칭
뉴델리
네팔
카트만두
부탄
팀부
방글라데시
다카
인 도
미얀마
네피도
양곤
라오스
비엔티안
하노이
하이난
베트남
광저우
마카오
홍콩
마닐라
북태평양
타일랜드
방콕
캄보디아
프놈펜
호치민
벵골만
남중국해
스프래틀리 군도
필리핀
스리랑카
스리 자야와르데네푸라-코테
멜레케오크
팔라우
브루나이
반다르 세리 베가완
쿠알라룸프르
말 레 이 시 아
수마트라
싱가포르
보르네오
인 도 네 시 아
0 500 1000 1500 km
0 500 1000 mi

3장

통제에 대한 집착

: 자유와 안보에 대한 중국 공산당의 위협

"과거를 지배하는 자가 미래를 지배한다. 현재를 지배하는 자가 과거를 지배한다."

—조지 오웰GEORGE ORWELL, 『1984』

2017년 11월 8일 대통령과 함께 중국에 간 것이 나로서는 첫 중국 방문이었다. 거의 9개월 전 백악관에 처음 합류한 날부터 중국은 최우선순위였다. 미중 정책은 도널드 트럼프 대통령 선거본부의 주요 과제였었고, 중국은 대통령 취임 3주 만에 일본의 아베 신조あべしんぞう, 安倍晋三 총리가 훈훈하고 성공적인 방문을 마친 후 마르-아-라고에서 두 정상 간의 정상회담 성사를 간절히 바라고 있었다. 중국은 오바마 대통령이 트럼프 대통령에게 미국 행정부가 직면하게 될 가장 큰 당면 문제라고 알려준 북한의 핵무기 및 미사일 계획과 관련해 단연 중요한 존재였다.[1] 나는 정상회담을 열기 전에 그보다 먼저 중국에 대한 장기적인 전략을 수립하는 것이 중요하다고 생각했다. 따라서 2017년 4월로 예정된 마르-아-라고 정상회담에서 두 정상과

틸러슨 국무부 장관이 절실하게 강조하고 나선 안보와 무역 및 경제 관계에 대해 두 주요 실무진들 사이에 오갈 주요 쟁점들에는 정책 목표와 그 밖의 보다 구체적인 목표들이 반영되어야 했다.

3월이 되자 국가안전보장회의 장관급 회의가 마르-아-라고 정상회담의 의제와 목표를 상정하기 위해 소집되었다. 회의가 시작되자 나는 1978년 중국의 최고지도자 덩샤오핑이 시장 개혁과 중국 개방을 시작한 이래 미중 관계를 뒷받침해온 근본적인 전제를 강조했다. 중국은 국제 정치 및 경제 질서에 아무 문제 없이 합류한 후 시장을 개방하고 경제를 민영화하는 등 규칙에 따라 행동을 해야 한다.[2] 그리고 국가가 번영할수록 정부는 중국 인민들의 권리를 존중하고 자유를 줘야 할 것이다. 그런데 나는 중국 공산당의 의도와 정책 및 행동들이 그러한 전제들을 완전히 무시하고 있다는 사실을 알게 되었다. 중국 공산당에게는 국제법을 비롯해 교역 또는 상업과 관련된 규칙들을 준수할 뜻이 전혀 없었다. 중국은 규칙이나 규정을 바탕으로 하는 질서에 대한 대안으로 폐쇄적이며 권위주의적인 모형들을 적극적으로 장려하기 때문에 자유롭고 개방된 국가들에 대해 위협이 될 수밖에 없다. 중국 공산당은 다른 국가들의 희생을 밟고 자신들의 목적을 달성하는 걸 목표로 하고 있으며, 이 문제는 특히 중요하다. 특히 중국 공산당은 세계의 경제 지도력과 지정학적 질서의 중심이 미국에서 중국으로 향하도록 하는 전략을 지향한다. 내 생각에 최근 미국 역사에 있어 외교 정책 및 국가안보 전략과 관련된 가장 중요한 변화 중 하나에 영향을 미친 것은 바로 지난 몇 년의 기간이었다.

나는 군 경력의 대부분의 유럽과 중동 지역에서 보냈다. 중국의 역사에 대해서는 조금 알고 있었지만 모르는 것이 훨씬 더 많았다. 나의 "개인 교수"는 국가안전보장회의의 아시아 지역 선임국장인 매트 포틴저Matt Pottinger였다. 포틴저는 보스턴에서 고등학교 시절부터 중국어를 배웠고 베이징과 타이완에서 2년 동안 유학생활을 했다. 그는 중국어뿐 아니라 중국의 역사와 문학에도 능통했으며 〈월스트리트 저널〉의 기자 생활을 포함해 8년 동안 중국을 전담해 취재했다. 지난 2004년 동남아시아 지역에 몰아닥친 쓰나미 재난을 취재했을 때 포틴저는 당시 인명 구조에 나섰던 미군 해병대의 효율성과 규율 그리고, 헌신에 큰 감명을 받았다. 결국 그는 연령에 구애받지 않는 입대 방법을 찾아 해병대에 장교로 입대하기로 결정했다. 9개월간의 격렬한 몸만들기를 마친 끝에 그는 32세의 나이로 버지니아주 콴티코Quantico에 있는 장교후보생학교에 입교했다. 이후 이라크와 아프가니스탄에서 정보장교로 복무한 그는 미국이 엄청난 능력을 가지고 있었지만 항상 그러한 능력을 잘 사용하진 않았다고 확신했다. 미국의 지도자들은 종종 적, 그리고 그 적과 벌이는 복잡한 경쟁의 본질을 이해하지 못했다. 당시 육군 소장이던 마이클 플린Michael Flynn이 이런 포틴저를 주목했다. 두 사람은 2010년 폴 D. 배철러Paul D. Batchelor와 함께 「군사정보의 중요성Fixing Intel」이라는 제목의 논문 한 편을 공동집필한다. 2015년 도널드 트럼프가 대통령 후보 도전을 선언했을 때 플린은 중장으로 퇴역했고, 포틴저는 해병대를 나와 뉴욕에 있는 어느 투자 자문 회사에서 일하고 있었다. 트럼프가 당선된 후, 국가안보보좌관에 임명된 플린은 포틴저에게 국가안전보장회의에 참여해달라고 요청했다. 나는 포틴저와 함께하게 된 것에 감사했다. 그는 중국과 북한뿐 아니라 인도 태평양 지역 전체를 위한 적절한 정책과 전략을 마련하기 위해 끊임없이 노력했으며 그의 재치와 익살은 국가안전보장회의의 힘들고 피곤한 업무에 꼭 필요한 것이었다.

마르-아-라고에서의 논의는 부분적으로 미국 정책의 중대한 변화를 전달하기 위한 것이었다. 우리는 중국 인민해방군이 매년 약 3조 달러 규모의 교역이 이루어지는 140만 평방마일의 해역을 자신들의 영토로 삼기 위해 인공섬을 건설하고 있다는 사실과 관련해 남중국해에서 중국이 이런 공격적인 행동을 벌이는 것에 특히 우려를 표명했다. 그렇지만 정상회담의 주요 주제는 중국의 불공정 무역과 그에 따른 경제적 관행들이었는데, 미국이 이를 더이상 용납할 수 없는 경제적 침략의 한 형태로 묘사했다. 그럼에도 불구하고 논쟁은 부드럽게 진행이 되었다. 나는 중국 측이 이미 이런 내용들을 전해들었고 시간은 자신들의 편이라고 믿으면서 우려되는 부분에 대해 행동으로 뒷받침하려는 우리의 의지를 의심하고 있다는 인상을 받았다.

그렇지만 그로부터 거의 7개월 후 미국 대통령 전용기가 베이징에 착륙했을 때는 중국의 새로운 정책들이 대부분 자리를 잡은 상태였다. 중국 정부의 관료들은 서방측의 비용으로 중국이 성장하는 것을 거부가 아니라 수용을 해야 하는 피할 수 없는 현상으로 보던 시각에서 벗어나고 있었다. 새로운 정책들에는 미국이 중국과 경쟁을 벌이고 있다는 사실이 잘 담겨 있었지만 우리는 중국 공산당의 정책을 좌지우지하는 정서와 이념, 그리고 영감에 대해 잘 이해하지 못했기 때문에 현재는 중국에 뒤지고 있는 그런 상황이었다. 1990년대 이후 미국이 중국에 대한 펼친 정책의 결과들은 희망사항과 입장 바꿔보기, 확증 편향, 그리고 다른 국가가 미국이 만든 "각본"을 잘 따라와 줄 것이라는 믿음 등 전략적 자아도취의 모든 요소들을 배신하고 말았다. 중국은 중국 공산당이 진정한 의도를 숨기면서 내부적으로는 통제를 강화하고 국제적으로 영향력을 확대하기 위해 회유와 압박을 사용하는 식으로 그러한 우리의 자기기만을 도운 것이다. 베이징에서의 이틀 동안 나는 강력한 전략적 공감을 통해 중국에게 우리의 새롭게 달라진 모습을 반드시 알려야 한다고 생각했다.

그 첫번째 단계는 중국 공산당 지도자들에 대한 역사적 기억의 영향을 깨닫는 것이었다. 중국학의 대부라고 할 수 있는 존 페어뱅크John Fairbank는 1948년 자신의 명저 『미국과 중국*The United States and China*』 초판에서 중국 지도자들의 정책과 행동을 이해하기 위해서 "역사적 관점은 선택이 아니라 필수"라고 했었다.[3] 중국 방문 기간 동안 시진핑 주석과 그의 참모들은 역사적 사실들을 인용하며 트럼프 대통령과 중국 인민들, 그리고 전 세계에 자신들의 뜻을 전달했고, 그들이 불러일으킨 역사와 회피했던 역사 모두에서 선택적으로 인용한 부분들은 중국 공산당을 이끄는 정서와 세계관을 드러냈다. 나를 담당한 중국 공산당 국무위원 양제츠杨洁篪는 우리를 베이징 중심부에 인접한 세 곳의 명소, 즉 5세기에 걸쳐 중국 황제들의 보금자리였던 자금성, 중화인민공화국 수립 10주년을 기념해 1959년 완성된 인민대회당, 그리고 마오쩌둥 주석의 영묘가 자리하고 있으며 1989년 인민해방군이 공산당 반대 시위자들을 처참하게 진압했던 톈안먼광장으로 데리고 갔다. 우리에게 중국의 장엄한 위엄을 한껏 드러내 보이기로 결심한 것 같았다.

* * *

우리를 맞이한 인사들은 앞서 소개했던 양제츠 국무위원을 비롯해 왕이王毅 중국 외교부 부장, 정쩌광郑泽光 외교부 부부장, 그리고 추이톈카이崔天凯 미국 주재 중국 대사 등이었다. 우리 쪽에서는 렉스 틸러슨 국무부 장관, 재러드 쿠슈너Jared Kushner 백악관 선임고문, 테리 브랜스테드Terry Branstad 중국 주재 미국 대사, 세라 허카비 샌더스Sarah Huckabee Sanders 백악관 언론담당특보, 로버트 라이트하이저Robert Lighthizer 미국 무역부 대표, 그리고 댄 스카비노Dan Scavino 백악관 소셜미디어 담당국장 등이 참석했다. 시진핑 국가주석과 영부인이면서 유명한 가수이기도 한 펑리위안彭麗媛이 트럼프 대통령과 영부인을 자금성 입구에서 맞아주었다. 양국 정상과 영부인들이 먼저 앞서 걸어갔다. 서화문西華門 안으로 걸어들어가는데 방금 전까지 뒤에서 따라오고 있던 매트 포틴저가 보이지 않았다. 나중에 알고 보니 경호원들이 그가 따라들어오지 못하도록 막았다고 한다. 포틴저는 너무나 많은 것들을 알고 있었다. 우리를 초대한 사람들은 겉으로는 친절했지만 날카로운 시선으로 회의적인 평가를 할 수 있는 누군가의 방해 없이 자신들의 뜻을 전달하기 위해 의도적으로 우리를 자금성 안으로 초대한 것이 분명했다.

주로 전하고자 했던 뜻은 시진핑이 2주 전 했던 연설의 내용과 비슷했다. 인민대회당에서 열렸던 제19차 전국인민대표대회에서 그는 중국 공산당이 "중국의 위대한 복귀"를 가열차게 추진하고 있다고 말했었다. 자금성은 시진핑 주석의 "세계의 중심이 되어 인류에게 더 큰 공헌을 하겠다"는 의지를 역사적 관점에서 보여줄 수 있는 완벽한 배경이었다.[4] 미국의 국빈 방문은 이 위대한 복귀가 곧 이전 시대로의 필연적인 복귀임을 보여주는 사건이었다. 그 이전 시대란 중국제국이 말 그대로 강력한 세계의 "중심 국가中国"이던 시절이었다. 자금성은 1368년부터 1644년까지 276년 동안 중국 대륙을 통치했던 명나라 시대에 지어졌다. 명나라는 경제는 물론 황실의 지배력과 문화가 전례 없이 만개했던 중국의 황금 시절 중 하나로 알려져 있다. 명나라 함대를 이끌었던 제독 정화鄭和는 콜럼버스보다 무려 반세기나 앞서 일곱 차례에 걸쳐 서태평양과 인도양을 항해했다. 정화의 "보물함대" 함선들은 당대 최대의 규모를 자랑했으며 당시 명나라가 알고 있던 세계 모든 지역에서 공물을 실어날랐다. 그렇지만 일곱 차례의 원정이 모두 성공리에 마무리되었음에도 불구하고 명나라의 황제는 명나라를 제외한 다른 세상에서는 별로 얻을 것이 없다고 생각했다. 황제는 막대한 원정 비용을 언급하며 함선들을 모두 침몰시키고 항구를 폐쇄했다. 시진핑은 지난 19세기와 20세기에 대해 유럽 국가들과 식민지, 그리고 이후 미국만이 경제적, 군사적 우위를 차지했던 일종의 비정상적인 시기였다고 생각했다.[5] 2017년의 자금성 방문은 자연스러운 질서로의 회귀로, 점점 더 활발해져가는 중국의 외교 활동을 과시하려는 의미가 있었다. 실제로 자금성은 원래 외국인 방문객들이 황제의 권위 앞에 머리를 조아리고, 경의를 표하며, 황제가 그들에게 하사할 수 있는 특권을 간구하는 곳이었다.

시진핑은 중국의 우월함을 인정해주는 대가로 중국 지도자들이 특권을 부여하는 그런 국제질서를 다시 한번 뒷받침하게 될 중국 세력의 확대는 피할 수 없는 현실이라는 사실을 방문객들이 깨닫기를 바랐다. 미국 대통령과 영부인의 방문은 부분적으로는 2008년 베이징

올림픽의 화려한 개막식부터 시작된 중국의 복귀를 "공식적으로 선포하는 자리"의 연장선에 있었다. 당시 5000년 중국 역사 속에 존재했던 최신 기술과 혁신을 알렸던 개막식과 폐막식 행사처럼 자금성 구경, 그리고 만찬 전에 있었던 세 편의 중국 경극에서 보여준 놀라운 광경들은 중국 왕조가 세상의 중심에 있었으며 중국의 황제는 이 땅의 화합을 증거하며 하늘과 땅을 중재하는 존재였다는 사실을 다시 한번 일깨워주었다.

시진핑 주석은 트럼프 대통령과 우리 일행들 모두에게, 그리고 중국 인민들에게도 같은 뜻을 전하려 했다. 우리는 1790년대에 청나라의 건륭제乾隆帝를 방문했던 조지 매카트니George Macartney경의 영국 사절단을 포함해, 그동안 중국을 찾았던 수많은 해외 사절들의 발자취를 따라 걸었다. 중국의 항구에서부터 자금성까지 오던 영국인들은 유럽인들이 "위대한 황제 폐하에게 경의를 표하기 위해" 찾아왔다는 내용을 커다랗게 새겨넣은 깃발들이 길을 따라 내걸려 있는 모습을 보았다고 하는데, 트럼프 대통령의 방문 기간 동안 방영된 중국 국영 텔레비전의 생방송들도 역시 그 깃발들과 비슷한 역할을 했다. 바로 중국 인민들에게 이제는 외국 정상들이 중국과 시진핑 주석의 권력을 인정한다는 걸 보여준 것이었다. 건륭제와 시진핑 주석 모두 모두 국내 질서를 유지하기 위해서는 국가의 위엄을 보여줄 필요가 있다는 사실을 잘 알고 있었다.[6]

자금성에서 중국과 전 세계로 방영이 된 장면들은 중국 공산당에 대한 신뢰를 보여주기 위한 계획의 일환이었지만 그만큼 심각한 불안감을 내비치고 있었다. 시진핑 주석과 마찬가지로 자금성에 자리를 잡았던 황제들은 방대한 제국을 혼자서만 지배하려고 했고, 이런 방식은 부패와 내부의 위협으로부터 취약할 수밖에 없었다. 한 왕조가 멸망한 서기 220년부터 지금까지 중국의 주요 지역들이 강력한 중앙 정권의 지배를 받은 건 실제로는 절반 정도의 기간에 불과하다. 중국 대륙이 한, 당, 송, 명, 그리고 청 왕조와 같은 강력한 왕조들에 의해 통치를 받았을 때조차도 중국의 내부는 혼란스러웠고 밖에서는 이민족들이 침략의 기회를 노리고 있었다. 이전의 지배자들과 마찬가지로 시진핑이 겉으로 드러낸 자신감 역시 자신도 이전의 통치자들과 비슷한 운명을 겪을 것이라는 불길한 예감을 감추려는 노력의 일환이었다.[7] 몇 개월이 지난 후 2018년이 되자 시진핑 주석은 주석 지위의 임기 제한을 없애고 자신의 통치를 무기한으로 연장한다.

자금성은 그 모습과 구조 자체에서 지도자의 외적인 자신감과 내적인 불안감의 대조를 반영하는 것처럼 보였다. 우리는 안내를 따라 자금성 중앙에 위치한 황제가 정사를 돌보던 태화전太和殿, 중신들이 태화전에 들기 전에 먼저 황제에게 문안을 올리던 중화전中和殿, 그리고 황제가 황족 및 고관대작들을 모아놓고 연회를 열던 보화전保和殿 등 세 곳의 전각 쪽으로 걸어갔다. 이러한 웅장한 구조는 깊은 인상을 심어줄뿐더러 성벽 내부 혹은 외부에서 발생할 수 있는 위협을 막아내기 위한 것이다. 황제는 보호를 위해 벽으로 둘러싸인 구조물의 중앙에 자리하고 있으며 경호대가 항상 그 주변을 지키고 있다. 태화전의 화려한 옥좌에 앉은 황제는 주로 두려움과 불안감을 바탕으로 여러 결정들을 내렸다.

예를 들어, 자금성을 세운 명나라의 3대 황제 영락제永樂帝는 조카인 2대 황제를 몰아내고 권력을 장악한 뒤 북방 원나라의 또다른 침략 가능성보다는 내부 위험에 대해 더 많이 신경을 썼다. 황제는 적을 찾아내 제거하기 위해 정교한 첩보망을 구축했으며 학자와 관료들의 반발을 사전에 차단하기 위해 의심스럽고 불충한 자들뿐 아니라 여자와 어린아이를 포함한 그들의 가족 모두를 처형했다. 그 희생자들 중에는 4명의 충신들로 알려진 4명의 학자들이 있었다. 이 학자들 중 한 사람인 방효유方孝孺는 구족九族을 멸하겠다는 영락제의 협박에 "십족十族을 멸해도 뜻을 굽히지 않겠다"고 대답했고 그의 모든 일족과 동료들, 그리고 제자들까지 다 합쳐 총 873명이 살해를 당한다. 중국 공산당은 몇 세기 후에 이와 비슷한 전술을 사용했다.[8]

나는 자금성의 웅장함과 그 안에 살고 있는 사람들의 불안감을 서로 비교해보지 않을 수 없었다. 그렇지만 그 건축 양식과 예술성은 계급과 질서가 함께 어우러져 서로 의존한다는 공자孔子의 사회적 교리를 바탕으로 하고 있음을 알 수 있었다. 안내인의 설명에 따르면 자금성의 건축 양식은 중국 사회구조의 계급에 따른 특정한 양식들을 정의한 11세기의 건축 설명서인 『영조법식營造法式』을 따르고 있다고 설명했다. 자금성에서 가장 큰 건물인 태화전에 들어서자 안내인은 이중으로 된 지붕을 가리키며 오직 황제만이 저런 지붕을 쓸 수 있다고 말했다.

화려한 옥좌는 황제가 지닌 무소불위의 권력을 암시하듯 용들이 새겨진 여섯 개의 거대한 황금 기둥이 둘러싸고 있었다. 옥좌 뒤에 있는 금으로 칠한 병풍과 기린 모양의 향로는 열국列國이 황제에게 복종하는 것을 의미한다. 1644년 명나라가 무너진 후 청나라의 새로운 통치자들은 명나라 건축물들을 그대로 내버려두었지만 일부 건물의 경우 이름을 바꾸었다. 태화전도 원래 이름은 황극전皇極殿이었다. "자신의 분수를 아는 것"이 곧 가장 중요한 본분이라는 공자의 가르침에 따라 황제들은 모든 중국 백성과 제후국들이 조화롭게 사는 방법으로 계급의 질서를 따르도록 장려했다. 그렇지만 그런 계급사회의 질서와 통제력을 유지하려는 지배계층의 노력은 그로 인해 핍박을 받는 백성들에게는 전혀 조화롭게 사는 방법이 아니었다. 만주족이 명나라로 진격해 들어오자 마지막 명나라 황제인 숭정제崇禎帝는 용과 기린의 형상이 새겨진 옥좌에서 내려와 자금성이 내려다보이는 메이산眉山이라는 언덕의 한 나무에 목을 매달았다.

우리와 함께한 안내인이 자금성의 건축에 대해 설명한 것처럼 계급사회의 질서를 유지하고 내부의 위협에 굴복하지 않겠다는 통치자들의 결의는 중국 백성과 인민들에게는 분명 조화가 아닌 고난에 더 가까웠으리라. 영락제는 10만 명의 장인과 100만 명의 노동자를 동원하여 자금성을 불과 14년 만에 완성했다. 농민들이 70킬로미터 떨어진 채석장에서 미리 다듬어놓은 거대한 돌들을 끌고 왔다. 한겨울이 되면 노동자들은 돌덩이 하나에 50명씩 들러붙었고 거친 땅 위로 돌을 실은 썰매를 끌고 가기 전에 먼저 물을 뿌려 미끄러운 얼음길도 만들었다. 중국의 통치자들이 기대했던 계급과 복종에 대한 가장 강력한 상징은 자금성의 건축 양식이 아니라 건축에 동원된 중국 백성들의 희생 속에서 찾아볼 수 있는 것이다. 자금성 노동자들은 80킬로미터 떨어진 곳에서 만리장성을 보수하며 원나라의 또다른 침략에 대비했던 다른 백성들처럼 계급사회의 질서를 뒷받침하는 지배와 복종이라는 불행한 관계를 가장 적나라하게 보여주었다.

자금성 안을 함께 걸어가고 있으려니 시진핑 주석이 참으로 자신만만한 지도자로 보였다. 그는 점점 더 강력해지는, 그러면서 겉으로 보기에 조화로운 국가를 다스리는 무소불위의 통치자로 보이기를 원했다. 그렇지만 시진핑과 그의 전임자들에게 화려한 집무실은 깊은 불안감을 가리기 위한 수단에 불과했으며 조화로움 뒤에는 잔인한 억압이 감추어져 있었다. 자금성을 돌아본 후 나는 중국 공산당이 오늘날 중국의 정치 및 사회생활의 모든 측면에서 추구하고 있는 지배력과 유사했던 과거 황제들과 중국 백성들과의 관계를 생각해보았다. 시진핑과 공산당 지도자들은 시진핑이 중국의 번영과 집단적 노력, 사회주의, 국가의 영광으로 묘사했던 이른바 "중국의 꿈中國夢"을 달성하기 위한 계급질서와 집단적 노력에 대해 과거와 똑같은 수준의 복종을 기대하고 있다. 중국의 세력이 강대해질수록 통치자들의 불안감과 두려움도 함께 커져갔다. 위험은 여러 형태로 나타났다. 중국 왕조의 역사에 나타나 있는 발전의 단계를 한번 살펴보자. 먼저 인구가 증가하고 부정과 부패가 늘어난다. 그러다 자연재해가 발생하고 기근이 닥치며 도처에서 반란이 일어난다. 내전이 본격화되면 정치와 경제가 쇠퇴하다가 마지막으로 왕조가 무너져내린다. 중국의 고전소설 중 하나인 『삼국지三國志』는 이렇게 경고한다. "오래되면 반드시 합쳐지고 합친 지 오래되면 반드시 나뉘는 법이다分久必合, 合久必分." 공산당 지도자들과 이전에 있었던 왕조의 지배자들은 혼돈을 막고 조화를 유지하려면 절대적인 계급질서의 유지를 통한 통제가 가장 좋은 방법이라고 생각했다. 과거나 지금이나 그 통제는 계급질서를 위협하는 내부의 영향뿐 아니라 방대한 국경지대를 따라 발생하는 외부 세력으로부터 중국을 보호한다. 현재 중국은 러시아와 인도, 베트남, 그리고 북한을 포함한 14개국과 1만3,743마일의 국경선을 마주하고 있다.

안내인이 우리에게 자금성의 마지막 주인이었던 청나라의 푸이溥

儀 황제가 중국 신해혁명辛亥革命이 일어났던 1911년에 5세의 나이로 황제의 자리에서 쫓겨났던 현장을 보여주었다. 푸이는 1924년까지 자금성 뒤편에 있는 옛 황실의 거처에 머물렀었다. 푸이는 시진핑 주석이 6개월 전 마르-아-라고에서 저녁을 먹으며 트럼프 대통령 및 두 정상과 함께했던 사람들에게 "굴욕의 세기century of humiliation, 百年耻辱"라고 묘사했던 그 시절의 한복판에서 퇴위했다. 굴욕의 세기는 중국이 심각한 내부 분열을 겪고 패전을 거듭했으며 외세에 굴복하고 잔혹한 점령을 견뎌내야만 했던 불행한 시대를 의미한다. 이 굴욕은 1839년부터 1842년까지 있었던 제1차아편전쟁the First Opium War에서 중국이 대영제국에 패배하면서 시작이 되었고, 1945년 연합군과 중국이 일본제국을 물리치고 1949년 국민당과 벌인 국공내전國共內戰에서 공산당이 승리를 거두면서 중국의 굴욕의 세기는 비로소 막을 내렸다.[9]

자금성 구경이 끝나자 나는 미국의 정책에는 극적인 변화가 필요하며 벌써 한참 늦었다는 것을 더욱 확신하게 되었다. 자금성으로 우리를 안내한 건 중국이 세계무대에 그야말로 중심국가로서 복귀하겠다는 자신감을 전달하려는 의도였겠지만, 나에게는 중국 공산당이 국경을 넘어 중국의 영향력을 확대하고 "굴욕의 세기" 동안 잃어버린 명예를 되찾으려는 노력을 견인하는 거대한 야망 못지않게 두려움도 함께 드러내는 것처럼 보였다. 두려움을 떨쳐버리고 야망을 이루기 위해서는 통제가 필요했기 때문에 중국 공산당은 그 통제에 더욱 집착했다.

* * *

우리를 맞이해준 중국의 고관들이 소개하고 싶어했던 역사만큼이나 우리의 관심을 끌었던 건 바로 그들이 소개하지 않은 중국의 역사였다. 양국 정상과 영부인들의 뒤를 따라 우리는 국립 고궁박물원故宮博物院의 문화유물복원소로 들어갔다. 전문적인 장인들이 유물을 복원하는 과정을 바라보고 있으려니 마오쩌둥이 파괴하려 했던 중국제국의 과거에 대한 역사적 기억들을 시진핑이 다시 되살리려 한다는 사실이 분명해졌다. 마오쩌둥은 우상과 인습을 파괴하는 사람이었고, 시진핑은 과거의 향수에 젖어 있는 사람이었다. 마오쩌둥이 질서를 파괴하고 계속되는 혁명으로 혼란을 불러일으켰다면, 시진핑은 통제상태를 유지하고 인민들의 순응을 이끌어내기 위해 유교에서 가르치는 도덕적 질서를 다시 되살리고 있었다.

톈안먼광장을 내려다보며 걸려 있는 마오쩌둥 주석의 1.5톤짜리 초상화는 놓칠 수 없는 구경거리였지만 중국 측 안내인은 초상화에 대해서는 아무런 언급도 하지 않았다. 아니, 톈안먼광장에는 그 거대한 초상화 말고도 수정으로 만든 관에 방부 처리된 시신으로 남아 있는 마오쩌둥의 영묘도 있었지만 그는 마오쩌둥 본인에 대해서조차 아무런 언급을 하지 않았다. 1949년 10월 1일, 마오쩌둥이 중화인민공화국中華人民共和國의 건국을 선언한 것도 바로 이 톈안먼에서였다. 그와 동료 혁명가들은 국가를 구하기 위해서는 국가를 파괴해야 한다고 믿었고 러시아의 볼셰비키혁명은 자신들이 따라 할 수 있는 사례처럼 보였다. 1949년 마오쩌둥이 건국 선언을 할 때까지 중국 사람들은 1931년 만주 침공부터 시작해 1945년까지 14년간 계속된 일본제국의 잔혹했던 점령 기간을 견뎌냈다. 그리고 1945년부터 1949년까지는 참혹했던 내전도 있었다.

시진핑은 일본의 잔혹했던 중국 점령에 대해 반복해서 언급하면서 중국 공산당을 일본의 억압으로부터 중국을 해방시킨 구원자로 묘사했다. 톈안먼광장을 바라보고 있는 동안에도 중국 측 인사들은 굴욕의 세기를 뛰어넘은 당의 승리처럼 "중국의 복귀"를 달성하기 위한 노력을 계속해서 내비쳤다. 그렇지만 광활한 회색빛 광장을 바라보면서 나로서는 1966년 마오쩌둥의 문화대혁명 시절 등장했던 광신적인 홍위병들이나 1989년의 학생 시위를 잔인하게 짓밟았던 전차들의 모습을 떠올리지 않을 수 없었다.

시진핑 주석은 또다른 이유로 과거의 굴욕의 세기에 집착하는데 그건 사실 일본의 지배나 내전 시절보다 더 참혹했던 건국 이후 첫 수십 년의 과거사를 감추기 위해서다. 1949년 국공내전이 끝나고 마오쩌둥이 사망하기까지 거의 30년 세월 동안 잘못된 정치와 정책 실패로 인한 기근, 그리고 정치적 숙청 등을 통해 수천만 명의 중국 인민들이 목숨을 잃었다. 마오쩌둥 사상의 이론이 적용된 세계 다른 지역의 끔찍했던 혁명들도 상황은 마찬가지였다.

문화대혁명 때 숙청되어 농기계 공장에서 일해야 했던 덩샤오핑은 미국의 국가안보보좌관이었던 헨리 키신저가 1972년 닉슨 대통령의 중국 방문을 이끌어낸 지 6년 만에 마오쩌둥의 뒤를 이어 중국의 지도자가 된다. 덩샤오핑은 마오쩌둥 사상을 이어받은 정책들을 하나 둘씩 폐기해가며 1978년부터 1989년까지 경제성장과 국가안정, 교육 발전, 그리고 실용적인 외교 정책에 집중했다. 마오쩌둥이 세상을 떠난 지 5년 후인 1981년 중국 공산당은 문화대혁명이 "중화인민공화국의 건국 이래 당과 국가, 인민이 겪은 가장 심각한 좌절과 가장 심각했던 손실에 대한 책임이 있다"고 선언했다.[10] 덩샤오핑을 비롯해 장쩌민江澤民, 재임 기간 1989~2002이나 후진타오胡錦濤, 재임 기간 2002~2012 같은 그의 후계자들은 마오쩌둥의 경제 정책과 정치적 과잉에 대해 분명한 거부의 의사를 보였다. 그렇지만 2012년 시진핑이 국가주석에 오르자 그런 분위기가 완전히 달라졌다.

시진핑은 자신의 미래를 확보하기 위한 수단으로, 과거를 완전히 극복하기 위해 세 단계의 발전을 기반으로 하는 중국 공산당의 역사에 대한 보다 온화한 해석을 만들어내려 했다. 첫째, 마오쩌둥은 굴욕의 세기를 끝냈다. 둘째, 덩샤오핑과 그의 후계자들은 중국을 부강하게 만들었다. 셋째, 시진핑은 중국을 다시 위대한 국가로 만들었다. 시진핑이 마오쩌둥을 폭군이 아닌 구원자로 묘사하는 것은 역사 조작 이상의 의미를 담고 있다. 개인적인 정신적 충격을 이겨내기 위해 필요한 과정이었던 것이다. 시진핑과 그의 가족은 문화대혁명 기간 동안 신체적, 그리고 정신적 학대를 겪었다. 당의 고위 관리이자 혁명 참전용사이기도 했던 그의 아버지 시중쉰習仲勳은 투옥되고 고문을 당했다. 홍위병들은 시진핑의 집을 약탈하고 가족을 강제로 쫓아냈다. 시진핑의 누이 중 한 명은 힘든 생활을 견디지 못하고 지쳐 사망했다. 시진핑 자신은 문화대혁명 때 자행된 굴욕적인 의식인 "조리돌림"에 끌려나와 조롱을 퍼붓는 군중들 앞에 서야만 했다. 그곳에서 그의 친어머니가 아들을 비판하고 나섰다. 현재 당의 지도부에 있는 많은 동시대 사람들과 마찬가지로 시진핑은 이후 먼 지방으로 끌려가 강제노동에 시달렸다. 그는 1966년부터 1968년까지 문화대혁명 기간 동안 자신과 가족이 겪었던 끔찍한 공포에 대해서는 거의 이야기를 하지 않는다. 대신 그의 선전을 맡은 곳에서는 시진핑이 겪었던 7년 동안의 고된 노동을 그의 의지를 나타내는 고무적인 성장 과정인 동시에 중국 지방의 불우한 인민들이 겪는 어려움에 대한 그의 공감 능력의 근원으로 묘사한다. 시진핑이 마오쩌둥과 문화대혁명에 대한 비판을 꺼리는 건 피해자가 납치범에 대한 긍정적인 감정과 그 원인에 대한 동정심을 키우는 스톡홀름증후군Stockholm syndrome이 또다른 형태로 나타난 것으로도 볼 수 있다. 시진핑은 과거 공산당에 대한 역사적 의문이 현재 공산당에 대한 회의와 반감으로 바뀔 수 있다는 사실을 잘 알고 있기 때문에 마오쩌둥의 시대를 포기하지 않으려 한다. 마오쩌둥 시대의 실패에 대한 회고는 당이 절대적인 통제를 통해 중국의 꿈을 실현하려는 역량 자체에 대한 의문을 불러일으킬 수 있다. 독재자들에게 있어 과거에 대한 통제력을 잃는 것은 미래에 대한 통제력을 상실하는 그 첫번째 단계라고 할 수 있다.[11]

* * *

중국 인민들의 집단적 기억을 조작하기 위해서는 시진핑의 지배 아래에서 더 강력한 검열과 민족주의적 교육이 필요하다. 덩샤오핑의 개혁은 중국의 번영을 가져왔지만 이념적 모순도 초래했다. 정통파 공산주의와 고도로 세계화된 경제체제 사이의 모순은 덩샤오핑이 "우선 일부 사람들을 먼저 부자로 만들자", "부자가 되는 건 자랑스러운 일이다"라고 말한 지 30년이 지난 지금 그 어느 때보다도 더 심각해졌다.[12] 권위주의적 자본주의는 중국에 더 큰 부패를 불러들였고 공산주의 국가를 자처하는 그 어떤 국가에서도 볼 수 없었던 거대한 신흥 자본가 계급을 탄생시켰다. 2012년 중국 공산당을 이끌게 된 시진핑은 중국 공산당 통치의 이념적 토대를 다시 한번 강조하면서도 거기에 중국만을 강조하는 국수주의와 국가의 숙명에 대한 내용들을 섞기로 했다. 그는 여러 연설들을 통해 마오쩌둥의 267개 어록을 담은 『붉은 보서红宝书』에 실린 주장을 다시 꺼내들었다. 즉, "사회주의체제가 결국 자본주의체제를 대신하게 된다는 건 인간의 의지와는 전혀 무관한 진리"라는 것이었다. 동시에 그는 전 세계의 지도적 위치를 겨냥해 "인류를 위한 공동의 숙명을 지닌 공동체"를 주장하고 나섰다. 이 주장은 하늘 아래 모든 것, 즉 천하天下를 지배하는 것은 오직 중국뿐이라는 고대 중국 왕조들의 사상을 강력하게 반영하고 있는 것이다.

시진핑은 오스트레일리아의 언론인 존 가노John Garnaut가 "태자당太子黨, princeling cohort"이라고 이름 붙인 집단의 적자嫡子로 2012년 만장일치로 지지를 받아 중국 공산당을 이끌게 된다. 1949년 혁명에서 승리한 공산당 원로들의 직계 후손인 이 태자들은 이전에 있었던 모든 왕조가 결국은 다 무너져내리며 역사의 흐름에 굴복한 것에 대한 실존적인 불안을 공유하고 있다. 중국 공산당의 정점에 서 있는 시진핑과 그의 동시대 사람들에게 통제력을 유지하고 중국의 부활을 달성하는 건 어쩌면 죽느냐 사느냐의 문제가 될 수도 있다.[13]

이런 모습은 톈안먼광장 시위 이후 더욱 강경해졌다. 1989년 5월, 수십만 명의 시위대가 민주적 통치 방식과 언론 및 출판의 자유를 요구하며 톈안먼광장에 모여들기 시작했고, 일주일이 채 지나지 않아 수많은 시위 참가자들이 단식 투쟁에 들어갔다. 중국 정부는 계엄령을 선포하고 인민해방군의 기계화부대를 수도 베이징에 투입한다. 6월 3일 밤, 인민해방군은 베이징 중심부로 접근해 거리의 군중들에게 실탄을 발사했고, 곧이어 6월 4일 오전 1시에 톈안먼광장을 급습했다. 대략 수백 명에서 1만 명의 민간인이 사망한 이 대학살은 전 세계적인 분노를 불러일으킨다. 나는 톈안먼광장을 바라보면서 그때의 역사를 떠올렸고, 중국의 힘과 약점이 동시에 성장한다는 그 모순에 대해 다시 한번 생각했다.

중국 공산당 지도자들에게 톈안먼의 교훈은 결코 권력을 잃지 말라는 것이었다. 시진핑과 공산당은 1989년을 어쩌면 중국이 소비에트연방의 몰락과 같은 길을 걸을 수도 있었던 위기로 본다. 러시아의 푸틴이나 실로비키들과 마찬가지로 당 지도부는 미하일 고르바초프 Mikhail Gorbachev를 나약한 지도자로 여겼다. 톈안먼광장 시위가 한창일 때 소비에트연방과 공산주의 중국과의 40주년 인연을 축하하기 위해 베이징을 찾아왔던 고르바초프는 소비에트 공산당 지도부의 위상에 대한 믿음을 잃고 현실과 타협하게 된다. 시진핑과 그의 동료들은 고르바초프가 소비에트 공산당을 "전 국민의 정당"으로 만들려는 노력이 잘못된 방향으로 가면서 소비에트연방의 멸망을 초래했다고 믿었다.

중국 공산당은 국내에서는 공산당 이념의 순수성과 질서 유지에 집착하면서 중국의 세력과 영향력을 확대하기 위해 민주주의 원칙과 자유시장경제의 관행을 고수하는 국가들을 희생시키며 중국의 권위주의적 자본주의체제를 나라 밖으로 퍼뜨리기로 다짐한다. 중국 방문 둘째날 아침, 미국과 중국 정상들과 함께 우리는 다소 차가운 가을 날씨에 맞춰 외투를 입고 인민대회당 앞에 서서 인민해방군 의장대를 사열했다. 한쪽에서는 중국과 미국의 초등학생들이 발을 구르며 열심히 양국의 깃발을 흔들었다. 너무 빨리 응원을 시작하라는 신호를 받아서 그랬는지 두 정상이 대회당으로 들어가 오늘의 대화를 시작하기 위해 앞을 지나갈 때는 아이들은 이미 눈에 띄게 지쳐 보였다. 오늘은 참석이 허용된 포틴저가 내 쪽으로 몸을 숙이더니 속삭이듯 말했다. "중국에서는 어린아이들이 사회생활을 너무 일찍 시작하는군요." 이런 짤막한 재치는 우리의 빡빡한 일정에 다소간 활기를 불어넣어주었지만 아마 중국 인터넷에서 누군가 이런 말을 했다면 바로 체포당했을지도 모른다.

여러 행사와 자금성 구경 뒤에 나는 공산당 지도자들이 자신들의 통치를 강화하고 국제질서 또한 자신들에게 유리하게 수정할 수 있는 전략적 기회가 있다고 확신한다는 인상을 받았다. 이 짧은 기회를 포착하기 위해 중국 공산당은 국내와 국외에서 모든 노력을 기울여 중국의 총체적인 국력을 더 크게 확대하려 하고 있다. 내부적으로 이른바 중국의 꿈을 실현하기 위해서는 전례가 없는 경제성장과 국가의 부활을 위한 인민들의 지지, 또 강력한 인구 억지가 필요하며 또 외부적으로는 중국의 부활이라는 서사를 만족시키기 위해 중국의 경제적, 정치적, 그리고 군사적 영향력을 극적으로 확장하는 작업이 불가피하다. 중국 공산당의 전략은 중국 인민들과 다른 국가들, 그리고 국제기구들이 당의 이익에 발을 맞추도록 영향을 미치기 위한 회유와 압박에 의존하고 있다. 또한 당은 중국에 대한 저항을 가로막기 위한 자신들의 의도와 행동을 숨기려고 노력하고 있으며 이러한 회유와 압박, 그리고 은폐 전략에는 다양한 문화와 경제, 기술 및 군사적 노력까지 하나로 합쳐져 있다. 이러한 중국 공산당의 전략이 미국과 자유세계뿐 아니라 당의 야망에 대한 위협으로 간주되는 중국 인민들에게까지 강력하고 위험하게 다가오는 건 당이 기울이는 노력이 결국은 중국 정부와 경제계, 학계, 그리고 군대를 모두 다 아우르고 있기 때문이다.

* * *

마오쩌둥 이후 권력을 독점적으로 장악하기 위해 당은 주로 경제적 기회의 증가를 통해 중국 인민들의 늘어만 가는 기대치를 충족시켜 주기 위해 노력했다. 덩샤오핑의 개혁 이후 중국 인민들은 놀라운 경제성장률을 맛보며 8억 명이 넘는 인구가 빈곤에서 벗어났다. 21세기 초반 10년 동안 중국의 중산층 인구는 2억3천만 명으로 늘어났다. 중국은 세계에서 두번째로 큰 경제 대국이자 최대 수출국이 되었으며 사회 기반 시설 및 여러 건설 계획들은 중국의 항구와 공항, 철도 및 도로를 변화시켜 중국 인민들은 전례가 없는 수준으로 국내는 물론 국외로 서로 이어지며 뻗어나갈 수 있었다. 2000년대 초반에는 전 세계 건설용 기중기의 절반 이상이 빠르게 성장하는 중국의 도시에 모여 번쩍이는 고층 건물들을 짓고 있었다. 당시 당의 목표는 2010년에서 2020년 사이에 인민들의 소득 수준을 두 배로 늘리는 것이었지만 이 목표는 곧 지속 불가능한 목표로 판명된다. 2015년 이후 중국은 매년 7퍼센트 미만의 성장을 기록했으며 2020년이 되자 중국의 지도자들은 정당성과, 경제성장, 그리고 위기와 관련된 중요한 문제들에 직면하게 되었다. 높은 성장률을 유지하기 위해 고안된 정책들이 경제 분야에서 장기적인 약점을 만들어내고 말았던 것이다.[14] 막대한 부채는 비효율적인 성장을 이끌어냈을 뿐 높은 수익성을 창출하지는 못했으며 특정 부문에 대한 과잉 투자는 생산 능력의 과잉과 손실로 이어졌다. 2020년 초가 되자 중국 기업들의 자본 투자가 감소하면서 경제성장이 29년 만에 가장 낮은 속도로 둔화되었다. 경기 둔화를 극복하기 위해 중국은 은행의 지급 준비율을 인하하여 1,260억 달러의 추가 대출 금액을 확보했지만, 2020년 초 예상치 못했던 신종 코로나바이러스가 발생하자 검역과 여행 제한으로 중국 인구의 거의 절반 이상이 그 영향을 받으며 중국 경제는 더욱 둔화되었다. 당이 절대적인 권력 장악력을 유지하고 또 미국을 따라잡기 위해 전력을 다할 수 있도록 만들어진 중국의 경제 정책은 인민들의 늘어가는 기대에 부응하지 못해 내부적으로 불만이 쌓여가는, 당이 가장 두려워하는 상황이라는 위험을 초래할 수도 있을 것 같다.

1980년대 덩샤오핑의 개혁으로 시작된 경제성장을 지속할 수 있는 가장 논리적인 방안은 시장을 더욱 개혁하여 민간 기업들을 자유롭게 풀어주는 대신 생산성을 높이고 혁신 기술을 추구할 동기부여가 부족한 비효율적인 대규모 국영 기업들의 비중을 줄여나가는 것일 것이다. 그런데 시진핑이 이끄는 중국 공산당은 오히려 국영 기업 state-owned enterprises, SOE들에 대한 지원을 늘려가고 있다. 이런 국영 기업은 비효율적인데다가 낭비와 부패의 주요 원인이 되지만 동시에 경제 분야에서 당의 통제를 유지하고 인민들을 회유하는 데 중요한 역할을 한다. 또한 국영 기업은 경제체제를 최첨단 기술의 제조업으로 전환하고 새로운 세계 경제의 핵심 부문을 장악하려는 당의 계획을 뒷받침한다. 시진핑은 "더 강해지고 최적화된, 그리고 규모가 늘어난" 국영 기업을 지향하며 10억 달러 규모 이상의 합병을 지시해

철도와 금속, 광업, 해운 및 원자력 분야에서 전국 최대 규모의 산업들을 키워나가고 있다.[15]

* * *

당의 회유와 압박, 그리고 은폐 전략에 따라 중국의 권위주의체제는 중국 영토 어디에서나 존재하게 되었다. 삶의 질적 향상이라는 목표를 달성하지 못하더라도 권력을 계속해서 장악하기 위해 당의 지도자들은 선전 활동을 강화하고 조지 오웰이 그의 소설 『1984』에서 상상했던 것보다 훨씬 더 무시무시한, 유례가 없는 감시국가의 건설에 박차를 가했다. 애초에 "세뇌洗腦, brainwashing"라는 용어 자체가 중국에서 유래된 것이며, 오늘날의 이런 상황은 저우언라이周恩來가 1951년 시작했고 문화대혁명 당시 공산당이 완성했던 사상 개혁운동에 그 뿌리를 두고 있다. 21세기형 세뇌는 새로운 기술로 진일보했으며 14억 중국 인민들에게 정부의 선전은 그저 일상생활의 한 부분일 뿐이다. 중국의 텔레비전 뉴스는 시진핑 주석과 다른 중국 공산당 지도자들에 대해 10분에서 15분, 중국의 경제성과에 대해 5분에서 10분, 그리고 나머지 세계 다른 국가들의 실패 사례에 대해 5분에서 7분 정도를 보도해야 한다는 내부 규정을 충실히 따르고 있다. 또한 미국이 중국을 짓누르려 한다는 내용에 대해서도 정기적으로 보도해야 한다. 대학교와 고등학교 학생들은 공산당의 "인민 중심" 통치와 사회 모든 부문에 있어 공산당의 지도력이 베푸는 수많은 혜택을 강조하는 시진핑 주석의 14가지 철학을 담은 이른바 "시진핑 신시대 중국특색 사회주의 사상习近平新时代中国特色社会主义思想" 수업을 들어야만

한다. 이 "시진핑 사상"은 중국에서 가장 인기 있는 스마트폰 애플리케이션의 주제이기도 하다. "세계강국연구学习强国"라는 이름의 이 애플리케이션에서는 우선 이용자가 자신의 전화번호와 실명을 등록한 뒤 매일 기사를 읽고, 댓글을 달며, 당의 덕목과 올바른 정책에 대한 객관식 시험을 통해 일종의 점수를 획득한다.[16]

사회신용관리제도社会信用制度, Social Credit System에 따른 사회신용점수도 중국 인민들이 당을 따르도록 회유하며 불만이 있는 개인을 압박하는 공산당의 여러 도구들 중 하나이다. 당은 개인의 활동과 대화를 감시하기 위해 인공지능 기술을 이용해 인터넷을 비롯한 모든 형태의 의사소통을 통제하고 있는데 이 사회신용점수의 결과를 통해 대출과 인터넷 접속, 정부 고용, 교육, 보험 및 교통과 같은 거의 모든 사회적 활동에 대한 자격이 결정된다.

중국의 이전 왕조들과 마찬가지로 중국 공산당 지도부는 특히 중국 국경 지역의 소요 사태에 대해 우려하고 있다. 당은 특히 근래 역사에서 합병이 된 영토와 소수민족들에 대해 대단히 공격적으로 대응해왔다. 예를 들어 주로 이슬람교를 믿는 소수민족인 위구르인들이 살고 있는 서부 신장新疆 지역에서 당은 주민들이 당의 민족주의 이념에 따라 고유의 종교적, 문화적 정체성을 포기하도록 강요하는 억압을 체계적으로 시작했다. 2019년 당은 체계적인 세뇌를 강요하는 강제수용소에 최소 백만 명의 위구르인들을 잡아 가두었으며 각각의 위구르 가정에는 충성스러운 당원이 한 명씩 같이 살며 재교육 진행 상황을 감시할 수 있다. 중국 공산당은 오랜 역사를 지닌 이슬람교 예배당들을 철거했으며 위구르 문화를 오염시키기 위해 한족漢族 주민들을 신장으로 강제 이주시켰다. 신장은 이념적 순수성과 심리적, 그리고 문화적 통제를 유지하는 시험장이 되었다. 신장의 강제 수용소에서는 수감자들은 깃발을 올리는 의식으로 하루를 시작한다. 이들은 공산당을 찬양하는 노래를 부르고, 당과 시진핑을 추켜올리며, 중국어와 중국 역사, 그리고 법을 공부하며 시간을 보낸다. 중국 공산당은 이러한 억압적인 전술을 비판하는 국제사회에 대해 부인으로 일관했지만 증거는 계속 드러나고 있다. 2019년 11월 〈뉴욕 타임스〉는 중국 공산당의 누군가가 유출한 것으로 보이는 문서들을 찾아냈다. 400쪽이 넘는 이 문서들을 통해 모든 소수민족의 저항을 진압하고 100만 명 이상을 강제수용소에 수감해 체계적인 세뇌와 문화 통제를 수행하라는 당의 지령이 적나라하게 밝혀졌다. 또한 여기에는 시진핑 주석이 소수민족을 단속하면서 "절대로 자비를 베풀어서는 안 된다"고 관리들에게 지시하는 내부 연설도 포함되어 있다. 그는 이슬람교에 대한 제한을 중국의 다른 지역으로 확대하기 위한 후속 방안들도 지시했다. 당의 명령에 저항하는 지방 공무원들은 제거되었으며, 신장 남부의 한 군수는 7,000명 이상의 수감자들을 아무도 모르게 석방했다가 투옥되기도 했다.[17] 중국 공산당은 티베트에서는 좀더 드러나지 않게 압제를 계속하고 있으며 홍콩과 마카오 등 이전 식민지 영토에서는 지역 자치와 개인의 권리를 조금씩 줄여나갔다.

대부분의 불교 신자들이 달라이 라마Dalai Lama를 영적 지도자로 떠받들고 있는 티베트에서는 당이 "안정 유지"를 명목으로 회유와 압박 전술을 번갈아가며 사용하고 있다. 일종의 후원자임을 드러내기라도 하듯 당은 티베트의 사원과 유적지를 파괴하는 대신 보수를 해주었다. 그렇지만 신장에서와 마찬가지로 티베트에서도 공산당 간부들이 모든 마을을 감시하고 정치 교육을 감독하며 사원과 종교 시설들을 관리한다. 첨단 기술로 무장할 수 있게 된 당은 일상적인 행동까지 면밀하게 조사하여 반대 의견을 식별하고 신속하게 처벌하려 하고 있다. 당은 또한 티베트 불교 "노란 모자Yellow Hat" 종파의 최고 지도자인 달라이 라마를 찾아 선출하는 "환생자 찾기 임무"를 자신들이 대신 하겠다고 주장하며 나서기도 했다.

홍콩에서는 2019년 6월부터 홍콩 주민들에 대한 통제를 강화하려는 당의 시도가 시작되었고 이로 인해 발생한 시위는 결국 2020년까지 계속되었다. 처음에는 홍콩 정부가 중국 본토에서 수배중인 범죄자들을 인도할 수 있도록 허용하는 법안을 승인하면서 이에 대한 대응으로 시위가 시작되었는데, 시위대는 이 법안뿐 아니라 홍콩의 민주적 자치권을 약화시키는 다른 시도들도 중단할 것을 요구했다. 당은 시위대에 대한 신뢰도를 떨어뜨리기 위해 지속적으로 선전 활동을 벌이고 이들을 지지하는 기업과 개인에 대해서는 강압적인 조치로 응수했다. 2019년 11월 선거에서는 친민주주의 성향의 후보들이 압도적인 승리를 거두면서 시위운동과 홍콩의 자치권에 대한 주민들의 광범위한 지지를 나타내기도 했다. 30년 전 톈안먼광장 학살과 마찬가지로 이번에도 시위대를 악의 세력으로 규정짓고 외세 개입을 비난하는 전술이 사용되었다. 트럼프 대통령이 시위대에 대한 지지를 표명하고 이들에 대해 폭력을 사용하는 개인이나 조직에 대한 제재를 승인하는 법안에 서명하자 수천 명의 주민들이 홍콩시청 앞에 모여 친미 민주화 집회를 열었다.[18] 당은 홍콩 시위가 중국을 뒤흔들기 위해 계획된 해외의 지원을 받는 색깔혁명이라고 전 세계에 선전을 했다.

소요를 잠재우고 회유와 압박을 통해 통제를 유지하려는 이런 당의 노력은 중국 전역에서 확인할 수 있다. 종교는 마오쩌둥 사상의 붕괴 이후 남은 공허감을 파고들 수 있기 때문에 당이 가장 주목하는 위협 중 하나이다. 마오쩌둥은 종교를 "천박한 미신"이라며 공격했지만 종교적 영성을 공산주의 이념과 자신에 대한 숭배로 대체하려는 노력은 실패로 돌아갔다. 가톨릭교회와 빠르게 성장하는 개신교는 시진핑과 당의 행보를 염려했지만, 기독교에 대한 이들의 대응은 그래도 이슬람교에 대한 대응보다는 체면을 차리는 수준이었다. 예를 들어, 2018년에 중국 공산당은 로마 바티칸이 당에 의해 지명된 주교를 인정해주자 그에 대한 대가로 주교 후보자에 대한 거부권을 바티칸에 양보함으로써 가톨릭교회를 회유하려고 시도했다. 하지만 이런 노력에도 불구하고 1,000만 중국 가톨릭 신자들의 절반가량은 계속 숨어서 미사를 드렸고 국가가 운영하는 성당을 거부했다. 개신교는 종파가 너무 다양해 통제가 어려웠는데, 당은 교회 지붕에서 십자가를 강제로 철거하고 심지어 정부에 등록되지 못한 교회에 대한 본보기를 보이기 위해 일부 교회는 아예 건물 전체를 허물어버리기도 했다. 기독교와 이슬람교를 대신하는 대안을 제시하기 위해 시진핑과 당은 계급에 대한 존중과 조화의 유지를 강조하는 유교의 도덕률을 중국 공산당의 권력 장악을 강화하기 위한 민속 종교의 한 형태로 다시 부활시켰다. 당은 또한 외국의 신앙으로 간주되는 것들에 대한 "중국식" 대안으로 불교와 도교에 대한 지원을 크게 늘리기도 했다.[19]

종교에 대한 억압은 서구의 자유주의와 관련된 사상의 억압으로 확대되었다. 공산당의 절대적 통제에 도전할 수 있는 모든 원칙이나 가치는 무조건 제거 대상이었다. 특히 위험한 것이 표현의 자유와 대의정치, 그리고 법치 등 개인의 권리를 옹호하는 내용들이었다. 예를 들어 2019년 중국 교육 당국은 모든 대학의 헌법 교과서에 대한 전국적인 점검을 명령한다. 몇 주가 지나지 않아 베이징대학교의 법학 교수인 장첸판张千帆이 쓴 인기 있는 교과서가 전국의 서점에서 수거되었다. 장첸판 교수는 기자들에게 "학문으로서의 헌법은 정치화되어서는 안 된다"라고 의견을 피력했지만 소셜미디어에 게시된 이 내용은 얼마 되지 않아 곧 삭제되었다.[20]

* * *

인간의 자유를 억누르고 권위주의적 통제를 확대하려는 당의 노력은 중국 내부에서 멈추지 않았다. 중국은 자국의 정책과 세계관을 홍보하기 위해 회유와 선전이라는 조합을 이용한다. 학자와 정책입안자들이 천하라고 부르는 이 세계에서 중국의 영향력 확대는 중국의 이익에 동조하는 새로운 국제질서의 평화적 발전 그 이상을 의미한다. 중국의 지도자들은 중국의 황제들의 속국들에 대한 권위를 내세우기 위해 사용했던 사대주의제도를 현대에도 그대로 적용하는 것을 목표로 삼는다. 이 제도 아래에서 각 속국이나 제후국 들은 복종에 대한 대가로 중국제국과 교역을 하며 평화를 누릴 수 있었다.[21] 중국 공산당이 21세기의 새로운 사대주의체제를 만드는 데 성공한다면 이 세계의 자유와 번영은 뒷걸음질칠 것이다. 중국은 메이드 인 차이나 2025Made in China 2025와 일대일로 계획一帶一路, One belt, One road Initiative, OBOR, 그리고 군민軍民융합Military-civil fusion 등 세 가지의 서로 중첩되는 정책으로 구성된 대규모 노력을 통해 새로운 사대주의 체제를 구축할 계획이다.

메이드 인 차이나 2025는 중국을 거의 대부분의 영역에서 독립적인 과학 기술 혁신 강국으로 만들기 위해 제시된 계획이다. 이 목표를 달성하기 위해 당은 중국 내에서 첨단 기술을 앞세운 상품들을 자체적으로 만들어내고, 또 강제 기술 이전이나 도용을 통해 외국 기업의 지적 재산들을 강탈하고 있으며 국영 기업과 민간 기업 들은 서로 협력하여 당의 목표 달성을 돕고 있다. 외국 기업들이 중국에서 제품을 판매하기 위해서는 경우에 따라 중국 기업과 강제적으로 협력관계를 맺어야 한다. 이런 중국 기업들은 또 대부분 당과 밀접한 관계를 맺고 있으며 지적 재산권과 제조 기술을 다른 중국 협력 업체들, 더 나아가서는 중국 정부에게 일상적으로 양도하고 있다. 따라서 중국 시장에 진출하려는 외국 기업들은 단기적으로는 큰 수익을 올리는 경우가 많지만, 지적재산권과 제조 기술을 양도한 후 국가의 지원과 값싼 노동력으로 유리한 위치에 서 있는 중국 기업에서 같은 상품을 대량으로 생산해 저렴한 가격으로 세계 시장에 내놓으면서 이내 시장 점유율이 하락하는 경우가 많다. 그 결과 많은 기업들이 시장 점유율을 잃고 심지어는 폐업을 하기도 한다. 메이드 인 차이나 2025는 방대한 규모의 기술 이전을 통해 중국의 경제성장을 촉진하고 궁극적으로는 군사 및 경제적 이점을 제공할 새로운 세계 경제 부문을 지배하는 것을 목표로 하고 있다.

중국의 세계무대 복귀를 달성하고 중국의 꿈을 실현하기 위한 중국 공산당의 국제적 노력은 훗날 중국이 주도하는 실상을 외부에 알리지 않기 위해 영문 명칭을 BRIBelt and Road Initiative로 슬며시 바꾼

일대일로 계획안에 집약되어 있다. 일대일로 계획은 인도 태평양 및 유라시아대륙과 또 그 외부 지역까지 새롭게 각종 기반 시설들을 건설하려는 계획으로 1조 달러 이상의 투자 자금이 필요하다. 이 계획은 처음에는 경제성장과 기반 시설 개선이라는 필요를 모두 충족할 수 있는 기회를 찾는 국가들에게 열광적인 반응을 이끌어냈지만, 2018년이 되자 많은 국가들이 중국 공산당의 투자에는 조건이 너무 많고 무엇보다 감당할 수 없는 부채와 광범위한 부패가 문제가 된다는 사실을 분명히 알게 되었다. 중국 공산당의 통합적인 전략하에서 경제적 동기는 애초에 전략적 계획과 서로 분리될 수 없다. 일대일로 계획의 진짜 목표는 대상이 되는 각국 정부에 대한 영향력을 확보하고 모든 경로와 통신 연결망의 "중심中心"에 "중국中國"을 두는 것이다. 신설이 되거나 또는 확장이 된 육지와 바다의 통로는 에너지 자원과 원자재의 수입, 그리고 중국 제품의 수출을 돕는다. 더 많은 길이 만들어지면 미국 또는 다른 국가들이 인도 태평양의 주요 교역로인 말래카해협Strait of Malacca과 같은 중요한 바다의 관문을 가로막고 나설 경우 발생하는 위험이 크게 줄어든다.[22] 주요 지리적 위치에 대한 통제력을 확보하기 위해 중국 공산당은 투자와 부채를 중국과 현대판 속국들 간의 사대주의 관계의 기반으로 사용한다. 일대일로 계획은 결국 식민지 시대의 회유와 압박 정책이 다시 되살아난 것과 다를 것이 없다.

중국 공산당은 앞에서는 일대일로 계획을 "인류를 위한 공동의 미래를 추구하는 공동체"의 건설이라고 선전하면서 뒤로는 중국 공산당이 엄청난 노력을 기울여 시도하는 흔히 볼 수 있는 불평등한 경제적 의존관계를 만들었다.[23] 중국 공산당은 처음에는 중국 은행을 통해 대규모의 고금리 부채를 회유책으로 제공한다. 그렇게 부채가 생기면 당은 미국과, 일본, 오스트레일리아, 인도, 유럽 국가들 같은 미국의 주요 우방국들의 영향력을 줄여나간다는 외교 정책 목표가 달성되도록 해당 국가의 지도자를 압박한다. 중국의 지도자들은 이러한 거래를 종종 "상부상조相扶相助"로 묘사하지만, 대부분의 일대일로 계획은 중국이 상대방 국가의 에너지 자원과 원자재에 쉽게 접근할 수 있도록 보장하고 그 대신 중국 제품과 중국 노동력에 대한 인위적인 수요를 창출하는 중국에게만 도움이 되는 계획이라는 사실이 입증되었다. 거기에 중국은 중요한 통신을 비롯한 중요한 기반 시설들까지 통제할 수 있게 된다. 따라서 이 거래는 오히려 오직 중국만을 위한 "일석삼조一石三鳥" 계획에 더 가깝다. 중국 기업과 중국의 해외 노동자들은 중국 경제로 돈을 다시 끌어오고 중국 은행은 높은 이자를 받아내며 또 중국 정부는 상대국가의 경제 부문은 물론 외교 관계에 있어서까지 강력한 영향력을 행사할 수 있게 되는 것이다.

일대일로 계획은 경제가 취약한 개발도상국들을 겨냥해 무자비한 부채의 함정을 설치한다. 상대국가가 부채를 해결할 수 없는 경우 중국은 항구와 공항, 댐, 발전소 또는 통신망 등의 운영권을 대신 가져간다. 중국이 부채 함정을 설치한 국가들의 목록을 보면 상업과 항행의 자유에 필수적인 항로를 통제하려는 기민한 전략이 잘 드러나 있다. 2020년을 기준으로 일대일로 계획의 자금을 지원받는 33개 국가에서는 부채 위기로 인한 위험이 계속 증가하고 있으며 8개의 빈곤국가, 즉 파키스탄과 지부티, 몰디브, 라오스, 몽골, 몬테네그로, 타지키스탄, 그리고 키르기스스탄 등은 이미 그 부채가 지속 불가능한 수준에 도달해 있다.[24]

중국의 전술은 상대국가나 기관의 지도자와 상대적인 강점 또는 약점에 따라 그때그때 달라진다. 대규모 투자 계획이 시작되면 정치 제도가 취약한 국가는 종종 부패에 굴복하여 중국의 전략에 더욱 취약해진다. 예를 들어 스리랑카에서는 당시 대통령이었던 마힌다 라자팍사Percy Mahendra Rajapaksa는 스리랑카가 감당할 수 있는 것보다 훨씬 많은 부채를 떠안았다. 그는 스리랑카 같은 작은 섬나라에 당장 그런 새로운 항구가 필요한 분명한 이유가 없음에도 불구하고 중국의 항구 건설에 자금을 지원하기 위한 고금리 대출에 동의한 것이다. 라자팍사는 나중에 선거에서 패배해 대통령에서 물러났지만 스리랑카 정부의 막대한 부채는 그대로 남았다. 건설된 항구가 상업적으로 실패하자 스리랑카는 중국의 국영 기업과 99년 임대 계약을 체결해야만 했다. 중국 정부는 이 항구가 군사 목적으로 사용되지 않을 것이라고 발표했지만 2014년 아베 신조 일본 총리의 방문에 앞서 이곳에는 중국 잠수함 2척이 정박했다.

인도 대륙 가까운 바다 위에 떠 있는 몰디브는 비록 인구 50만 명의 작은 섬나라지만 영국 국토의 3배가 넘는 크기의 전략적으로 중요한 영해를 관리하고 있기 때문에 중국이 관심을 갖는 또다른 목표였다. 중국이 몰디브와 접촉해 압둘라 야민Abdulla Yameen 대통령과 거래를 했을 때 몰디브는 모두 합쳐 GDP의 30퍼센트 이상에 달하는 15억 달러의 부채를 걸머지게 된다. 그리고 야민 대통령과 다른 관료들은 부풀려진 계약 내용을 통해 엄청난 이득을 취한다. 비공식적으로는 몰디브가 책임져야 할 부채가 30억 달러에 달한다는 이야기도 있었다. 2018년 중국은 몰디브 대통령 선거에 영향력을 행사하려 했지만 부패와 부채 문제, 그리고 주권 상실에 대한 반발 때문에 실패

로 돌아갔다.[25]

파키스탄 다음으로 일대일로 자금을 두번째로 많이 받은 말레이시아는 4,500킬로미터 길이의 해안선과 뻔뻔스러울 정도로 부패한 정부가 있는 아시아 중심부의 전략적 요충지로 중국 공산당의 또다른 중요한 목표였다. 나집 라작Najib Razak 총리와 공모자들은 말레이시아의 국부 펀드에서 45억 달러를 횡령했고, 그중 6억8,100만 달러가 총리의 개인 은행 계좌로 들어갔다. 이런 사실이 밝혀져 자칫 궁지에 몰릴 뻔한 총리를 구제하기 위해 나선 것도 바로 중국이었다. 중국은 시진핑 주석의 개인적 승인으로 실제 소요 비용의 두 배가 넘는 160억 달러를 말레이시아 철도 건설 계획 자금으로 지원했다. 5개월 후 나집 총리는 거래에 서명하기 위해 베이징으로 날아갔고, 2017년 중반부터 중국 국영 은행에서 절실히 필요한 현금이 들어오기 시작했다. 이렇게 해서 동남아시아에서 세번째로 부유한 국가의 대통령은 자신이 횡령했던 자금을 다시 채워넣을 수 있었다고 한다.[26]

아프리카 케냐의 경우 항구 도시 몸바사Mombasa와 수도 나이로비를 연결하는 철도 건설 계획은 수익성이 크게 떨어졌고 공공 부채는 지속 불가능한 수준으로 늘어났다. 케냐의 경제학자 데이비드 응디David Ndii는 이 계획이 "새로운 동양식 식민주의의 시대"를 알리고 있다며 거친 말로 비난했다. 케냐의 정부 관료들이 중국에게 "납작 엎드려" 케냐 노동자들에 대한 학대에 오히려 과도할 만큼 중국의 편을 드는 것을 보고 응디는 "동족을 노예상인들에게 팔아넘기고…… 담요와 술을 받고 유럽 제국주의자들에게 자신들의 땅을 넘긴 추장들"을 떠올렸다.[27]

중국 공산당의 새로운 선봉대는 현금으로 가득 채운 가방으로 무장한 은행가들과 당 관리들로 이루어진 대표단이다. 목표로 삼은 국가의 부패는 인도양과 남중국해의 전략적 항로를 훨씬 넘어선 지역에서 새로운 형태의 식민지 지배와 같은 간섭과 통제를 가능하게 해준다. 중국은 남아메리카 에콰도르의 어느 활화산 기슭에 있는 밀림 안에 거대한 댐을 건설하도록 자금을 지원했으며 190억 달러 규모의 협정을 통해 에콰도르 석유 수출량의 80퍼센트를 할인된 가격으로 공급받을 수 있었다. 중국은 그렇게 공급받은 석유를 가격을 올려 다시 판매해 수익을 올렸다. 하지만 댐은 완공된 후 2년이 지난 2016년부터 관련 설비에는 수천 곳의 균열이 발생했으며 저수지는 토사와 나무로 가로막혔다. 발전기를 처음 작동했을 때는 전류 급증 사고로 전력 공급망이 아예 끊어진 적도 있었다.[28]

베네수엘라는 니콜라스 마두로Nicolas Maduro의 부패한 독재정권으로 인해 국가 경제가 파탄 지경에 이르렀지만 거기에서도 중국은 자신들의 이익을 챙겼다. 중국은 2018년에 50억 달러를 긴급 지원하며 독재정권의 생명 유지에 도움을 주고 그 대가로 석유를 할인된 가격에 확보해 앞서 에콰도르의 경우처럼 가격을 인상해 재판매함으로써 수익을 올렸고 베네수엘라 국민들은 더 빈곤해졌다.[29] 중국 공산당은 또한 새로운 첨단 기술을 동원해 다른 독재정권들을 지원하고 있다. 다시 말해 감시 기술, 안면인식 및 인터넷 제한과 같은 회유와 압박의 기술들이다.

군민융합 정책은 세 가지 정책 중 가장 전체주의에 가까울뿐더러 시진핑이 덩샤오핑의 시장 개혁이라는 궤도에서 어떻게 멀어졌는지를 극명하게 드러내고 있다. 시진핑의 지배 아래에서는 국영 기업과 민간 기업들은 모두 다 당의 지시에 따라 움직여야만 한다. 당은

2015년에 처음으로, 그리고 2017년 6월에 다시 모든 중국 기업은 당의 정보수집에 협조해야 한다고 선포했다. 중국의 국가정보법 제7조를 보자. "모든 조직과 인민은 국가 정보 작업을 지원하고 협력해야 하며, 자신들이 알고 있는 국가 정보 작업과 관련된 비밀을 보호해야 한다." 중국 기업들은 인민해방군 관련 대학 및 연구기관과 협력하여 경제 목표를 달성할 뿐 아니라 중국의 영향력을 국제적으로 확대한다. 중국 기업은 세계 경제의 핵심 부문을 장악하고 민수용과 군사용 모두 사용이 가능한 이중용도 기술 개발을 주도해 인민해방군의 현대화에 기여하는 당의 손발이 되었다. 메이드 인 차이나 2025를 통해 체계적인 노력을 기울인 민간 기업들을 이용해 당은 경제 및 국방 응용 분야에서 기술을 선도하는 미국 같은 선진국들보다 더 앞서 나가려는 의도를 은폐할 수 있다. 중국 기업들은 지적 재산을 훔치거나 강제로 이전하며, 당이 외국의 정치 및 기업 지도자 들에게 뇌물을 제공하거나 협상을 하도록 돕고, 또 상대국가의 재무 상황 및 기반 시설을 취약하게 만들어 첩보 활동이나 정보 작전이 용이해지도록 지원한다.[30]

그렇지만 군민융합 정책은 중국 기업의 활용을 넘어 좀더 다양하고 포괄적이며 색다른 노력들을 포함하고 있다. 당은 국가안보부의 사이버절도 또는 중국 외교 사절단에 포함시킨 비밀정보요원과 같은 전통적인 경로를 통한 첩보 활동 외에도 미국 및 기타 외국 대학 및 연구소의 일부 중국 학생과 학자들에게 기술 유출 임무를 맡기고 있다. 그러면 본국으로 다시 돌아온 학자와 과학자 중 상당수는 최첨단 기술 개발구역에 위치한 150여 곳이 넘는 "해외 중국학자 선구자 연구원" 중 한 곳으로 가서 자신들이 가져온, 혹은 훔쳐온 정보를 보고한다.[31] 중국의 기업들은 스스로를 비정부 과학 기술 조직 및 지원 집단으로 생각하고 있으며 그 영향력은 대단히 크다. 2015년 선전深圳에서 설립된 중국첨단혁신 100China Radical Innovation 100, CRI 100은 미국의 실리콘밸리와 보스턴, 이스라엘의 텔 아비브와 같은 해외의 혁신 중심지를 겨냥한 자칭 비영리 기술 개발 지원 업체다. CRI 100은 "새로운 국제협력 혁신 모형"을 개발하고 있다고 주장하고 있지만 실제로는 보스턴혁신기술연구소Radical Boston Innovation Center 같은 해외에 설립한 연구소들을 통해 미국 대학 및 연구소의 최첨단 연구 결과를 뽑아내 중국으로 보내는 일을 한다. 2019년 CRI는 매사추세츠공과대학과 미시간대학교, 카네기멜론대학교, 그리고 옥스퍼드대학교 등을 협력 대상으로 선정했다. 보스턴에 본부가 있는 북아메리카중국과학기술협회North America Chinese Association of Science and Technology의 회원 중 85퍼센트 이상이 미국 최고 대학에서 박사학위를 받았으며 최고 수준의 미국 기업 연구소에서 일하고 있다. 또한 CRI에는 6,000명의 회원으로 구성된 실리콘밸리 중국기술자협회Silicon Valley Chinese Engineers Association가 있으며 "회원들이 중국의 급속한 경제 발전에 참여할 수 있는 기회"를 제공한다.[32]

군민융합 정책이라는 효율적 방식을 통해 해양, 우주, 사이버공간, 생물학, 인공지능 및 에너지 같은 분야에서 이전된, 혹은 도난당한 많은 기술들이 인민해방군으로 흘러들어갔다. 군민융합 정책은 또한 국영 기업과 민간 기업이 첨단 기술을 보유한 기업 자체나 필요한 만큼의 지분을 인수하도록 장려하여 이런 기술들을 경제뿐 아니라 군사 및 정보에 적용해 우위에 서도록 만든다. 중국에는 외국 기술에의 접근과 중국에서 일할 과학자와 기술자들의 모집을 진두지휘하는 조직이 12개 이상 있는 것으로 알려져 있다. 예를 들어 해외고급인재영입계획海外高层次人才引进计划은 첨단 기술에 접근할 수 있는 교수나 연구원들을 모집하는 계획이다. 2020년 1월, 월급 5만 달러, 연간 생활비 15만 달러, 그리고 우한기술대학교의 특별연구실 이용 예산으로 150만 달러 이상을 받았던 하버드대학교 화학과의 찰리 리버Charlie Lieber 교수가 FBI 수사관에게 거짓 증언을 한 혐의로 체포되었다. 때로는 미국 국방 기금이 중국 공산당의 고도로 조직화된 기술 이전 활동에 지원되기도 한다.[33] 중국 인민해방군 육군 소속 과학자들은 미국 국방부와 에너지부가 자금을 지원하는 연구 계획에 참여했는데, 관련된 여러 사례 중 하나가 바로 중국 언론에 "군사 민간 기업"으로 묘사된 선전에 본사를 둔 광치光启그룹이다. 광치는 주로 미국 공군이 자금을 지원하는 듀크대학의 메타물질 연구를 기반으로 하고 있으며 인민해방군의 우주정찰 계획에 협력하면서 관련 연구를 진행하고 있다.[34]

군민융합 정책에서 통신 분야의 소위 "민간" 기업들은 산업 분야 첩보전을 위한 중국 공산당의 가장 유용한 도구이다. 중국이 첩보 활동을 위해 통신 시설을 사용하는 것은 단지 이론적으로만 가능한 일이 아닐뿐더러 계속해서 더 큰 규모로 진행되고 있다. 예를 들어, 2018년 아프리카연합African Union의 관리들은 중국이 5년 동안 에티오피아의 수도 아디스 아바바Addis Ababa에 있는 연합본부의 통신망을 감시했다고 비난했다. 본부 건물도 중국의 국영 기업이 아프리카연합에 대한 중국의 선물로 지어준 것이다.

중국의 사이버첩보 활동은 NSA 국장을 역임했던 키스 알렉산더Keith Alexander 장군이 "역사상 가장 큰 부副의 이전"이라고 묘사했던 것과 관련이 있다. 실제로 미국 대통령 경제자문위원회U.S. Council of Economic Advisers의 연구에 따르면 악의적인 사이버활동으로 인해 미국 경제가 입은 손실이 2016년에만 1,090억 달러에 이를 수 있다고 한다.[35] 2018년 12월에는 미국과 영국의 법 집행기관들이 엄청난 규모로 이루어지는 지속적인 중국의 해킹 활동을 폭로함으로써 중국의 사이버공격 능력에 대한 우울한 내용들이 모두 다 공개되었다. 중국 국가안보부는 APT10으로 알려진 해킹부대를 운용하며 미국의 금융, 통신, 가전제품 및 의료 산업 분야 기업들과 NASA 및 국방부 연구소들을 표적으로 삼았다. APT10은 미국과 영국, 일본, 캐나다, 호주, 브라질, 프랑스, 스위스, 그리고 한국을 비롯한 다른 여러 국가들의 인터넷 연결 업체들에 침입해 고객의 지적 재산과 개인 자료들을 뽑아갔다. 예를 들어, 이들은 10만 명 이상의 미 해군 관계자들의 사회보장번호를 포함한 개인정보를 손에 넣었다고 한다.[36]

중국의 이런 절도 행각과 첨단 기술 개발 노력은 인민해방군의 현대화 계획의 근간을 이룬다. 중국의 세계무대 복귀를 위한 당의 계획에서 가장 우선시되는 건 국제사회에서 점차 늘어가고 있는 중국의 이익을 방어할 수 있는 강력한 군의 발전이다. 인민해방군은 훔쳐온 기술들을 적용해 초음속 미사일과 대위성무기, 레이저무기, 최신형 함선, 스텔스 전투기, 전자기 레일건 및 무인체계 같은 첨단 군사능력의 구축을 추진하고 있다.[37] 이들은 미래의 전쟁에서 미국을 능가할 수 있는 힘을 꿈꾸고 있다. 필요한 기술의 대부분은 민수와 군수 겸용으로 개발된 것이기 때문에 미국의 투자가들이나 사모펀드는 양자컴퓨터를 비롯해 인공지능이나 다른 여러 기술의 연구 개발에 종사하는 중국 기업들에게 많은 자본금을 제공함으로써 사실상 인민해방군의 목표가 달성되도록 돕고 있는 것이다.

일부 미국 기업들의 이전 역시 중국 방위산업이 자체적으로 역량을 끌어올리고 저렴한 가격으로 국제 무기시장에서 미국 업체들과 경쟁할 수 있도록 돕고 있다. 예를 들어, 중국 무인기 제작 회사 DJI는 경쟁사들을 압도하는 저렴한 가격으로 2018년 전 세계 시장 점유율 70퍼센트 이상을 달성했다. DJI에서 자체 제작한 무인기는 보안 문제 때문에 금지되기 전까지 미군에서 가장 많이 이용했던 상업용 무인기였다.[38]

중국의 첩보 활동이 어느 정도 성공을 거둔 이유는 중국 공산당이 개인과 기업, 정치지도자 들을 회유해 필요한 정보를 수집하고 이들의 다른 활동들은 묵인해주기 때문이다. 당은 바로 눈앞에 당근을 내밀며 유혹해 미국이나 다른 국가에서 이들에게 동조하는 요원들을 양성한다. 미국 및 기타 자유시장경제 국가의 기업들은 중국 시장에 대한 접근 차단이나 주가 하락, 고객과의 문제 발생, 전문 업체로서의 자존심, 혹은 연방정부의 조사 등 다양한 이유로 중국 측의 기술 절도를 신고하지 않는 경우가 많다.

중국 공산당이 각 기업들에게 당의 세계관을 따르며 억압적이고 공격적인 정책에 대한 비판을 포기할 것을 요구할 때 쓰는 전략 역시 회유와 압박 전략이다. 예를 들어 메리어트호텔의 소셜미디어 계정 관리자가 2018년 티베트를 지지하는 트윗에 "좋아요"를 표시하자 중국에서는 이 호텔의 인터넷 웹사이트와 애플리케이션이 일주일 동안 차단되었고, 해당 관리자는 중국 정부의 압력으로 해고되었다. 같은 해 독일의 자동차 제조업체 메르세데스 벤츠는 인스타그램 게시물에 달라이 라마를 인용했다가 중국 측에 사과를 해야만 했다. 2019년

7월 말에는 캐세이퍼시픽항공의 젊은 조종사가 시위 도중 홍콩 경찰에 체포되었으며 시위에 연루된 직원들에 대해 재빠르게 적절한 대응을 하지 않았다는 이유로 중국 공산당으로부터 질책을 받은 캐세이퍼시픽의 CEO 겸 최고운영책임자는 사임했다. 그러자 또다른 주요 홍콩 기업들은 서둘러 시위를 비난하고 나섰다.[39]

2019년 10월 미국 NBA 휴스턴 로키츠 농구단의 대릴 모레이Daryl Morey 사장이 홍콩 시위대에 대한 지지를 트위터에 올리자 중국이 가했던 압력도 큰 화제가 되었다. 국내의 어떤 문제에 대한 간섭에도 대단히 민감하게 반응하는 중국의 국영 텔레비전 방송국에서는 로키츠의 경기 중계를 취소했다. 모두 합쳐 약 1억 달러에 달하는 계약이 취소된 NBA에 대해 중국 관리들은 다시 NBA 차원에서 사과를 할 것을 요구했다. 그뿐 아니라 당은 또 홍콩 문제에 대해 입을 다물지 않으면 중국에서 발생하는 막대한 수입원을 모두 차단하겠다고 위협했다. 그러자 그 즉시 제임스 하든James Harden과 르브론 제임스Lebron James 같은 유명 선수들은 물론 골든 스테이트 워리어스의 스티브 커Steve Kerr 코치를 포함한 NBA의 주요 인사들까지 자신의 개인적 견해를 피력했던 로키츠의 모레이 사장을 비난하고 나섰다. 사회신용점수 같은 국내 통제에 사용되던 방법을 국외에도 적용하니 전체주의적 효율성에 따라 이렇게 만족스러운 결과를 거둔 것이다.

이 사회신용점수의 탁월한 점은 사람들의 사회적 연결망에 영향을 주는 방식으로 압박을 가한다는 것이다. 예를 들어, 어떤 사람이 정부 입장에서 위험인물로 간주되는 경우 이 사람의 자신의 사회신용점수가 떨어져 열차표 구입이나 주택임대 혹은 대출 등이 막히게 될뿐더러 친구나 가족 등 관계가 있는 모든 사람들의 점수도 떨어진다. 그러면 친구와 가족이라고 해도 이 사람을 "관계에서 끊어내거나" 배척하고 또 어쩌면 정부에 반대하는 "반사회적"인 행동을 질책하고 나설 수도 있다. 따라서 중국 공산당은 인민들을 회유해 국가를 따르도록 만들고 강압적 조치들을 시행할 수 있는 것이다. 당은 또한 수익성 높은 중국 시장에 대한 접근을 막는다는 사회신용점수제도와 무시무시할 정도로 비슷하고 단순한 방식의 위협을 통해 NBA까지 회유하는 데 성공한 것이다.

중국의 인민에 대한 억압과 이웃 국가들에 대한 압박이 국제적인 대응을 제대로 이끌어내지 못한다는 사실 자체가 중국 공산당의 정치적, 그리고 경제적 회유 작전의 효과를 제대로 입증하고 있다. 중국은 민감한 문제들에 대해서는 자국의 이해관계와 입장을 따르도록 관련 국가나 외국 기업에 투자와 시장 접근을 모두 허용하는 식으로 혜택을 주고 있다. 당은 광범위하고 다양한 혜택과 영향력을 미칠 방법을 준비해 목표로 하는 국가에서 정치 조작을 시도하고 중국의 이익에 부합하는 정책을 이끌어내려 한다. 2018년과 2019년 오스트레일리아와 뉴질랜드, 미국 등은 크게 늘어난 중국의 경제적 위상을 바탕으로 대학에 대한 자금 지원과 정치인에 대한 뇌물 공세, 중국 출신 난민들에 대한 공격 등을 통해 중국의 정책을 옹호하도록 만드는 중국 공산당의 정교한 영향력 행사 계획을 밝혀내기도 했다.[40]

이렇게 전 세계에 영향력을 미치려는 다양한 중국의 계획은 자유민주주의 정치와 자유시장경제의 대안으로 "중국식 모형"을 장려하기 위한 방법이기도 하다. 중국은 자유민주주의 국가들의 개방성을 이용해 중국 공산당에 동조하는 견해와 정책을 이끌어낸다. 이를 위한 중국의 계획과 활동은 정교하게 잘 조직되어 있다. "전 세계가 우리의 친구"는 마오쩌둥 사상의 오랜 좌우명에 따라 중국인민대외우호협회中国人民对外友好协会는 자매도시 결연과 및 각 지방 사이 관계 형성을 통해 지역 관리들과의 관계를 쌓아가고 있다. 이러한 관계는 중국의 외교 정책과 일치하는 "원칙"을 기반으로 한다. 일부 관계는 경제적, 문화적으로 긍정적인 효과도 있지만 대부분의 경우 상대방 국가의 공무원들을 회유해 이들에게 중국 공산당의 계획을 돕고 미국의 정책을 반대하는 입장을 취하도록 영향력을 미치는 것을 목표로 한다.

시진핑이 중국의 인민들을 통제하고 자신의 정책을 지원하기 위해 외국의 단체나 기관, 기업들을 회유하거나 압박하려는 노력을 강화함에 따라 중국 공산당은 중국의 여러 조직, 기관들이 미국의 정책연구소나 대학 들과 오랫동안 맺어온 관계 또는 계획들을 줄이거나 중단시켰다. 그렇게 중국 기록보관소나 도서관들이 폐쇄되고 미국 연구자들의 접촉을 제한하거나 차단하면서도 중국 공산당은 자신들의 이익에 도움을 주고 핵심 기술에 대한 접근 권한을 부여해준 미국 기관들과의 관계만은 계속 유지하고 있다. 또한 중국 측 정책연구소들과 대학들은 관련 회의가 있을 때마다 연구 주제와 외국 참가자들에 대해 중앙 정부의 승인이 있어야 한다는 점을 분명하게 밝히고 있다. 이런 정책연구소들은 중국 공산당의 손발과 같은 역할을 하며 시진핑의 "세계화" 지시를 따르고 중국이 지향하는 여러 계획들을 발전시킨다. 중국과 오랫동안 교류해온 어느 학자는 중국 측 대화 상대들에게는 이제 더이상 "시진핑의 교리 말고는 할말이 전혀 없다"는 사실을 알아차렸다고 한다. 미국의 일부 정책연구소와 대학은 감시국가 건설과 정치범 수감, 신장 지역 이슬람교도들에 대한 억압과 박해, 혹은 양국 통일을 이루기 위해 타이완을 위협하는 중국 공산당 강압적인 자세 등을 비판할 경우 중국에 대한 접근이 완전히 차단될까 두려워 동등한 자격과 위치를 요구하는 대신 머리를 숙여 자기검열을 하는 쪽을 선택하기도 했다.[41]

* * *

중국 공산당의 통제에 대한 집착과 국가의 위상을 회복하려는 추진력이 하나로 집중되는 곳이 바로 타이완이다. 타이완은 1945년에서 1949년까지 이어진 국공내전에서 공산당에 패배한 국민당이 중화민국 최후의 보루로 확보한 섬이다. 타이완은 민주주의와 자유시장경제를 내세우기 때문에 본토의 독재와 권위주의적 자본주의 경제체제에 특히 위험한 존재이다. 타이완은 1960년대로 들어서면서 경제를 자유화했고, 1980년대에는 통치체제를 일당 통치에서 다당제 민주주의로 전환하는 정치 개혁에도 착수했다. 타이완은 바뀐 체제를 통해 엄청난 성공을 거두었고, 중국 인민들에게는 대의정치와 개인의 권리가 적합하지 않다는 중국 공산당의 계속되는 주장을 드러나지 않게 공격하며 중국 본토와 맞서고 있다.

타이완의 성공은 당의 가장 근본적인 불안감을 고조시키고 중국의 꿈이라는 약속을 무색하게 만들기 때문에 시진핑이 이끄는 중국 본토의 공산당이 타이완 합병에 대해 더 강경한 표현을 쓰는 건 어쩌면 당연한 일이다. 국가의 규모나 경제력 면에서 타이완의 중화민국은 본토의 중화인민공화국의 상대가 될 수 없다. 그렇지만 일부 통계는 상당히 다른 모습을 보여준다. 예를 들어 구매력을 기준으로 할 경우 타이완의 1인당 국민소득은 독일이나 영국, 그리고 일본보다도 높은 5만7,000달러이며 중국은 카자흐스탄이나 멕시코 혹은 태국보다도 낮은 2만1,000달러이다. 타이완은 독재적이고 폐쇄적인 것이 아니라 자유롭고 개방적인 성공적 정치와 경제체제의 작지만 강력한 사례를 제공하기 때문에 중국에게는 큰 위협이다.[42]

타이완은 오랫동안 회유와 압박이라는 중국 공산당의 무차별적인 공세의 대상이 되어왔다. 1979년 미국은 중국과 외교관계를 수립하면서 그 대신 타이완의 앞으로의 지위를 평화적으로 보장하도록 규정한 이른바 타이완관계법Taiwan Relations Act을 아울러 제정했지만 중국 공산당은 그 즉시 타이완과의 통일과 관련된 정치적 동의를 이끌어내기 위한 활동을 시작했다. 통일을 위한 회유에는 타이완이 중국 본토에 더 많이 의존하도록 투자와 무역을 확대하는 전략도 포함되었다. 2000년이 되자 중국은 타이완 수출의 4분의 1이상을 차지하는 타이완 최대의 수출 시장이 되었다.[43] 그렇게 중국과의 무역이 확대되면서 타이완 정부는 중국의 경제적 영향력에 더욱 취약해졌다.[44] 예를 들어 중국 공산당은 비우호적인 타이완의 정치지도자들을 응징하기 위해 2019년 타이완 총선 직전에 개인의 여행 허가증 발급을 일시적으로 중단한다.[45] 타이완에 대한 또다른 압박 전술에는 투자와 시장 진출 허용을 조건으로 다른 국가들로 하여금 타이완을 포기하게 만드는 외교적 고립 등이 포함되었다. 시진핑이 권좌에 오른 2012년에서 2018년까지, 감비아와 상투메프린시페민주공화국Sao Tome and Principe, 파나마, 도미니카 공화국, 엘살바도르, 부르키나파소 등은 중국의 투자와 중국 시장에 대한 수출을 대가로 타이완과의 외교관계를 끝냈다.

2020년 타이완 총통 선거를 앞두고 중국 공산당은 타이완이 독립국이라는 주장을 내세우는 민진당의 차이잉원蔡英文 총통의 재선을 막기 위해 최선을 다했다. 부분적으로는 홍콩 주민들의 권리를 가로막는 강압적인 전술에 근거한 이런 중국 공산당의 노력은 오히려 역효과를 냈다. 차이잉원 총통은 중국 본토와의 긴밀한 유대를 선호하는 국민당의 한궈위韓國瑜 후보를 훨씬 앞지르며 820만 표 이상을 확보해 지지율 57퍼센트로 재선에 성공한다. 이로 인해 통일을 추진하려는 시진핑의 욕구는 더욱 커질 것으로 보인다. 중국 외교부 부장 왕이는 타이완 총통 선거 후 "타이완섬은 포기할 수 없는 중국의 영토"이며 "중국을 갈라놓으려는 자들은 1만 년 동안 저주에 시달릴 것"이라고 언급했다.[46]

더 우려되는 점은 인민해방군이 바다 건너 타이완에 대한 침공 준비를 더 강화할지 모른다는 사실이다. 시진핑이 국가주석의 임기 제한을 철폐한 후 무기한 집권의 가능성을 열어놓은 후 일부에서는 그가 임기 내에 타이완과의 통일을 달성하기 위해 그렇게 했다고 추측하는 사람들이 있다. 시진핑이 이끄는 중국 공산당 관리들의 성명은 대단히 공격적이며 이들은 군사행동까지 암시하고 있다. 시진핑 주석은 2019년 어느 연설에서 타이완은 "반드시, 그리고 곧" 중국 본토와 하나가 되어야 한다고 말하기도 했다. 중국의 타이완 공격 준비에는 해군과 공군의 신속한 현대화와 규모 확대, 그리고 폭격기와 전투기 및 정찰기 등을 동원한 타이완 감시 확대 등이 포함된다.[47]

타이완을 겨냥한 지속적인 회유와 압박 작전은 가장 위험한 일촉즉발의 상황을 만들어낼 수도 있지만 중국 공산당 입장에서 타이완은 아시아 태평양 지역에서의 패권을 달성하기 위한 훨씬 더 큰 계획에서 그저 최우선 과제일 뿐이다. 1995년 중국이 필리핀의 배타적경제수역exclusive economic zone, EEZ 안에서 썰물 때만 드러나는 암초인 팡가니방 산호초Mischief Reef를 점령했을 때부터 중국은 남중국해에서 점점 더 강경한 태도를 내보이고 있다. 남중국해는 그 넓이가 알래스카주의 두 배에 달하며 베트남으로부터는 동쪽, 필리핀에서는 서쪽, 그리고 브루나이로부터는 북쪽에 위치하고 있다. 남중국해는 전 세계 교역량의 3분의 1을 책임지는 중요한 해역이다. 인민해방군은 창건 이래 계속해서 남중국해 안의 광범위한 영해를 중국 영토로 주장하고 나섰지만 2012년부터는 본격적으로 군사활동 혹은 그에 준하는 활동들을 전개해나가며 암초와 인공섬에 군사기지를 건설해 이 지역을 장악하려 시도했다. 이웃 국가들이 중국의 이런 "무단 점령" 시도에 항의하자 인민해방군은 무력시위를 펼친다. 2016년 헤이그 국제상설중재재판소Permanent Court of Arbitration는 중국의 주장에는 아무런 법적인 근거가 없다고 판결했다. 그렇지만 그후 중국 측과 접촉이 일어나자 중무장한 중국 해안경비대 함선이 이 분쟁 지역에서 외국 어부들에게 발포하겠다고 위협을 한다. 경제적인 압박은 군사적 위협보다 훨씬 더 효과적이었다. 헤이그 재판소 판결 이후, 로드리고 두테르테Rodrigo Duterte 필리핀 대통령은 재판소의 판결을 무시하고 그 대신 중국과의 관계를 강화하며 석유 탐사를 시작할 계획이라고 말한다. 그 대가로 그는 240억 달러에 달하는 투자 약속을 받아냈고 그 액수는 철도와 교량 및 산업 중심지 건설 등을 포함해 450억 달러로 늘어나게 된다.[48]

중국은 남중국해와 타이완, 일본 센카쿠열도尖閣列島 근처의 동중국해를 중심으로 군사체제를 계속 확장하고 있다. 이 지역에서의 중국의 군사전략은 종종 "반反접근, 지역거부" 혹은 A2/AD라고 불린다. 배타적 통제 구축을 목표로 하는 이 전략에서는 순항 및 탄도미사일과 방공망이 하나로 통합된다. 인민해방군은 일본의 오가사와라제도小笠原諸島와 미국의 마리아나제도Mariana Islands를 포함하는 "제2의 섬 사슬島鏈" 전략으로 군사력을 확장하기 위해 육지와 해상 및 항공체제를 현대화했다. 또한 분쟁시 미국 공군과 해군이 개입을 해야 할 때마다 그에 따른 부담을 생각하지 않을 수 없을 만큼의 능력을 과시하고 있다. 중국은 군사적 역량뿐 아니라 경제적 압박과 정보전, 그리고 해상 민병대를 활용하여 해당 지역의 국가와 영토를 억누를 수 있는 힘을 얻고자 한다. 인도 태평양 지역에 자신들의 힘을 독점적으로 과시할 수 있는 지대를 만들려는 이런 노력에는 "평화 시의 총력전"에 해당하는 "총 경쟁"의 구성 요소들까지 합쳐져 있기 때문에 특히 큰 위험이 되고 있다.[49]

* * *

중국의 회유와 압박, 그리고 은폐를 위한 활동과 푸틴의 각본 사이의 공통점은 모두 제2차세계대전 이후 미국과 동맹국들이 수립한 자유롭고 개방적이며 규칙에 기반한 질서를 무너뜨리는 걸 목표로 하고 있다는 것이다. 1990년대로 접어들면서 소비에트연방이 붕괴되고 냉전이 종식된 이후 사람들이 믿고 따랐던 이 질서에 대해서 지금까지는 어느 누구도 이의를 제기하지 않았었다. 러시아의 크림반도 합병과 우크라이나 침공, 그리고 남중국해에서의 중국의 개입에서 찾아볼 수 있는 공통점은 일종의 전략적 탐색 전략이다. 역사가인

A. 웨스 미첼A. Wess Mitchell과 야쿱 그리기엘Jakub Grygiel은 이러한 탐색 전략을 공격적인 외교, 경제 조치, 군사적 행동을 사용해 미국과 동맹국들의 의지를 시험하는 행위로 설명한다. 미국과 동맹국들에게는 과연 자유롭고 개방적인 질서를 러시아와 중국의 이익을 대변하는 폐쇄적이고 권위주의적인 체제로 바꾸려는 양국의 시도에 대응할 의지가 있는가? 러시아와 중국의 수정주의 세력들은 2019년 6월에 "새로운 시대의 포괄적이며 전략적인 협력관계"로 간주했던 행동들을 점점 더 구체적으로 실천에 옮겨가고 있다.

2017년 백악관에서 정식 근무를 시작한 지 두번째 되는 날, 나는 국가안전보장회의의 모든 직원들을 한자리에 모은 자리에서 중국과 러시아가 여러 경쟁 분야에서 미국이 힘을 빼고 뒤로 물러서고 있다고 여기며 더욱 대담해지고 있다는 나의 생각을 전했다. 대통령과 함께했던 중국 방문을 통해 나는 중국의 회유와 압박, 그리고 은폐 활동 등에 맞서기 위해 한시라도 빨리 그 경쟁 분야들 안으로 다시 들어가야 할 시간이 왔다는 걸 더한층 확신하게 되었다.

4장

약점을 강점으로

"대의명분이 옳게 서지 않으면 말도 그 이치가 맞지 않는다. 그렇게 말이 그 이치에 맞지 않으면 아무것도 제대로 이룰 수 없다名不正，则言不顺；言不顺，则事不成."

—공자

인민대회당에서 우리는 마지막으로 리커창李克强 중국 국무원 총리를 만났다. 국무원 총리란 비록 명목상이기는 하나 중국 행정부의 수반이다. 트럼프 대통령을 포함해서 우리 일행 중 어느 누구도 중국과 미국의 관계에 대한 중국 측의 입장에 대해 의심의 눈길을 보내지 않는 사람이 없었지만 리커창 총리는 긴 독백을 통해 이런 의심을 털어버리려 애를 썼다. 그는 이미 산업과 기술 기반을 다진 중국은 더이상 미국을 필요로 하지 않는다며 운을 뗐다. 그는 불공정 무역 및 경제 관행에 대한 미국의 우려를 일축했는데, 미래의 세계 경제에서 미국의 역할은 중국에 원자재와 농산물, 에너지 자원을 제공하여 세계 최첨단 산업 제품과 소비재 생산에 필요한 연료를 공급하는 것이라는 게 그의 지적이었다. 트럼프 대통령은 참을 수 있을 만큼 그의 이야기를 듣다가 이야기를 가로막으며 감사의 인사를 남긴 채 자리에서 일어섰고 그렇게 만남은 끝이 났다.

인민대회당 뒤에 있는 호텔에서 열릴 국빈 만찬에 참석하기 위해 차를 타고 이동하면서 매트 포틴저와 나는 리커창 총리의 이야기가 중국 공산당이 1990년대 중국의 개혁과 개방을 이끌었던 덩샤오핑 통치에서 벗어났다는 사실을 얼마나 극명하게 보여주고 있는지에 대해 서로 이야기를 나눴다. 덩샤오핑은 "힘을 잠시 감추고 다가올 때를 기다려라. 절대로 앞서 나가려 하지 마라. 그러는 와중에 무엇이든 성취할 수 있도록 하라"고 말했었다.[1] 2008년 발생했던 금융위기 이후 중국의 지도자들은 서방측 경제가 스스로에 대한 신뢰를 잃어가면서 자신들의 경제 및 금융 모형에 대한 자신감을 얻었다. 중국은 미국이 서브 프라임 모기지 문제로 지난번 금융위기를 일으킬 수밖에 없었다고 믿었다. 미국이 자국의 은행들을 제대로 규제할 수 없었기 때문에 서방의 자본주의 모형이나 새로운 모형의 모색에 대한 신뢰 자체가 사라졌다는 것이었다. 중국의 지도자들은 인도 태평양 지역에 걸쳐 자신들의 국가 통제 경제 모형을 공격적으로 선전했고 중국의 위세를 전 세계에 과시했다. 이들은 또한 이웃 국가들과의 관계에서 일종의 상하관계를 기대하고 있음을 분명히 나타냈다. 2010년, 당시 중국 외교부 부장이었던 양제츠는 베트남 하노이에서 열린 동남아시아국가연합Association of Southeast Asian Nations, ASEAN 회담에서 다른 외무부 장관들을 향해 "중국은 대국大國이며 다른 국가들은 소국小國"이라는 발언을 한다.[2]

다음날 우리가 베트남 다낭에서 열리는 아시아태평양경제협력체Asia-Pacific Economic Cooperation, APEC 회의에 참석하기 위해 베이징을 떠날 때 나는 특별했던 환대와 최고의 대우에 대해서는 물론 고마운 마음이 들었다. 그렇지만 포틴저와 나는 우리를 맞이했던 인사들이 회담 결과에 대해 실망하고 있으리라는 사실을 잘 알고 있었다. 미국, 그리고 미국과 뜻을 같이하는 국가들은 중국과의 전략적 협력에서 경쟁으로 향하는 근본적인 전환의 시기를 겪고 있었다. 중국의 공격적인 해외 및 경제 정책으로 인해 발생한 불가피한 경로 수정이었다. 그동안은 너무 오랫동안 이들에 대해 신경을 쓰지 않았지만 이제는 더이상 그대로 내버려둘 수는 없었다. 중국의 회유와 압박, 그리고 은폐 전략에 따라 중국 공산당이 벌이고 있는 일들은 중국 공산당 지도자들과의 긍정적인 협력이 곧 그들을 규칙에 기반한 국제질서에서 책임 있는 이해당사자가 되도록 만들어줄 것이라는 가정에 의문을 던졌다. 우리는 새로운 시대로 접어들고 있었다. 새로운 전술을 사용해 공산당의 지도자들에게 규칙을 지키고 어느 정도까지는 통제를 포기하며 개혁과 개방의 길로 돌아가는 것이 곧 자신들에게 이익이 된다는 사실을 납득시켜야 했다.

중국에 대한 미국의 정책은 무려 미국의 독립 이후부터 계속해서 전략적인 자아도취에 시달려왔다. 지난 2세기 동안 사업가와 선교사, 외교관 들은 현실보다는 자신들의 경제적, 종교적, 그리고 정치적 희망사항에 따라 중국을 정의하려는 경향이 있었다.[3] 중국의 국공내전과 한국전쟁으로 인해 잠시 양국의 관계는 단절되었었고 이후 중국은 1970년대 들어 닉슨 대통령의 접근을 받아들였다. 양국에게는 소비에트연방이라는 공동의 적이 있었기 때문이었다. 냉전 기간 동안 닉슨과 그의 국가안보보좌관 헨리 키신저는 이른바 "삼각외교"를 추구했다. 중화인민공화국과 소비에트연방 사이의 경계심을 이용해 두 공산주의 세력이 맺은 관계보다 미국이 각각의 국가와 보다 더 긴밀한 관계를 구축하겠다는 것이었다. 마오쩌둥마저도 "적의 적은 나의 친구"라는 논리 아래 미국과의 관계 회복을 열렬히 지지하고 나섰다. "우리는 과거엔 적이었지만 지금은 친구가 되었다." 1973년 마오쩌둥이 키신저에게 한 말이다. "지평선 너머로 보이는 미국과 일본, 중국, 파키스탄, 이란, 터키, 그리고 유럽이 모두 힘을 합친다면 소비에트연방이라는 개자식을 상대할 수 있다."[4] 그렇지만 소비에트연방 붕괴 이후 미국과 중국의 관계에서 미국은 다시 미국의 주도로 중국마저 변화시킬 수 있다는 희망을 품게 되었다.

아버지 조지 H. W. 부시 행정부부터 오바마 행정부에 이르기까지 미국 지도자들과 정책입안자들은 경제적, 정치적, 문화적 협력을 통해 중국 경제의 자유화가 이루어질 것이며 궁극적으로 중국의 권위주의적 정치 구조도 영향을 받게 될 것이라고 믿었다.[5] 개혁에 대한 기대 가득한 열망은 중국의 불공정한 경제 관행과 기술 절도, 최악의 인권 수준, 그리고 점점 더 공격적으로 되어가는 군사행동 같은 현실을 직면해야 한다는 다른 생각들을 압도했다. 톈안먼광장 학살 후 불과 1년 만에 부시 대통령은 다음과 같이 주장한다. "중국에서든 다른 전체주의 국가에서든 국민들이 경제적인 혜택을 얻게 되면 민주주의로의 전환은 피할 수 없게 된다."[6] 빌 클린턴 대통령도 중국의 국가주도 경제가 그들에게만 유리하게 세계 시장을 왜곡할 수도 있다는 위험에도 불구하고 중국의 세계무역기구 가입을 지지하고 나섰다. 중국의 회원가입에 대한 동의를 얻기 위해 당시 클린턴 대통령은 다음과 같이 주장한다. "WTO 가입은 중국 입장에서는 단순히 우리 제품을 더 많이 수입하는 데 동의하는 것이 아니다. 민주주의의 가장 중요한 가치 중 하나인 경제적 자유를 수입하는 데 동의하라는 것이다. 중국이 경제 분야를 더 많이 자유롭게 풀어줄수록 중국 인민들의 잠재력도 점점 더 완전하게 피어나게 될 것이다."[7]

오바마 대통령이 아시아에 대한 "새로운 관심"이나 혹은 "새로운 균형잡기"를 선언했지만 그런 정책에는 중국과의 협력적 관계가 마침내 이루어질 것이라는 희망 섞인 바람이 중요하게 작용했다. 2012년 4월, 국가안보보좌관 토머스 도닐런Thomas Donilon은 대통령의 연설문을 준비하면서 인권과 미군의 주둔에 대한 부분은 삭제하고 대신 "중국과의 안정적이고 건설적인 관계를 추구한다"는 문구를 추가했다.[8] 2013년 11월, 도닐런을 대신해 국가안보보좌관이 된 수전 라이스Susan Rice는 미국이 "중요한 세력 관계에 있어 새로운 운용 방안을 모색할 것"이라고 발표했다.[9] 그로부터 얼마 지나지 않아 시진핑 주석은 미국의 이익을 침해하는 일련의 조치들을 취하면서 "새로운 운용 방안"을 모색하기 시작했다. 우선 중국 공산당은 남중국해에 인공섬을 건설하고 동아시아 국가들에 대해 직접적으로 자국의 영해를 주장하고 나섰다. 그런 다음 중국은 일본의 영토인 센카쿠열도를 포함한 동중국해의 광대한 지역에 대한 일방적으로 방공식별구역을 선언했다. 그로부터 얼마 지나지 않아 중국이 남중국해의 인공섬 여러 곳에 군사기지를 건설하고 있다는 소식이 들려왔다. 인민해방군 해군과 해상 민병대가 다른 국가들의 영해를 침범한 것이다. 2015년 미국과 다른 국가들이 인공섬 건설에 반대하고 나서자 시진핑 주석은 이 섬들은 오직 해양 안전과 자연재해를 막기 위해 이용될 것이라고 약속했다.

2015년 오바마 대통령은 중국에게 경제 사이버첩보 활동을 중단할 것을 요구했다. 그해 말에 백악관의 로즈가든Rose Garden에서 열린 공동 기자회견장에서 시진핑 주석과 오바마 대통령은 양국 정부가 앞으로 기업의 비밀이나 사업 정보에 대한 사이버절도를 고의로 지원하는 일은 없을 거라는 "공동의 이해"에 합의했다고 발표한다. 그렇지만 중국은 바로 다음날 인터넷을 통한 대규모의 사이버공격을 시도했다.[10] 또 큰 효과는 없었지만 이런 행적을 감추기 위해 중국 공산당은 사이버공격의 임무를 인민해방군에서 국가안전부로 넘기고 보다 정교한 기술을 사용하기 시작한다.[11] 일부에서는 중국이 새롭게 떠오르는 것과 반대로 미국의 쇠퇴는 불가피한 일이기 때문에 대결로 이어질 수 있는 경쟁을 피하기 위해 중국의 입장을 수용해야 한다고 생각했다. "우리는 새롭게 떠오르는 중국이 아니라 약해지고 위협받는 중국에게서 더 큰 두려움을 느끼고 있다." 오바마 대통령은 이런 언급을 한 적이 있었다.[12] 그렇지만 경쟁을 피하는 건 중국 공산당을 더 대담하게 만들 뿐이다. 중국은 남중국해에서뿐 아니라 사이버공간에서도 더 공격적으로 변해가고 있었다.

2016년 7월 헤이그 상설 중재재판소가 남중국해에서의 불법적인 인공섬 건설과 중국의 근거 없는 영해 주장에 대해 판결을 내렸을 때 인민해방군 해군은 군함을 파견해 어선들을 몰아내고 미 해군 함선 근처에서 무모한 도발을 감행했다. 어선들과 미 해군 함선의 출현이 해양법에 관한 국제연합협약United Nations Convention on the Law of the Sea, UNCLOS을 위반했다는 것이 그 이유였다. 그리고 2018년에는 위성사진을 통해 미사일 기지와 레이더 시설의 건설이 드러나면서 시진핑이 거짓말을 했다는 사실이 분명해졌다.[13] 결국 미국의 헛된 희망 때문에 중국 공산당은 자신들의 행동과 의도를 숨기고 다른 국가들로 하여금 자신들의 주장을 인정하도록 압박하는 요령만 더 개발할 수 있었다.

중국과 협력이 가능할 것이라는 믿음으로 중국에 대한 정책을 세운 건 오바마 행정부가 처음은 아니다. 그렇지만 포틴저와 나는 그것이 마지막이 되어야만 한다고 믿었다. 우리는 냉전의 종식 이후 미국 정책의 가장 중요한 변화를 지원할 수 있는 초당적 지지를 구축하기 시작했다.

포틴저와 내가 중국에 대한 전략을 수립할 때쯤, 중국 공산당이 경제 문제에 대한 규칙을 따르지 않을뿐더러 사람들이 기대하고 있던 개혁의 경로로도 향하고 있지 않다는 증거들이 쏟아져나오기 시작했다. 게다가 중국의 정책은 적극적으로 미국의 이익을 약화시키고 있었다. 미국은 중국에게 유리한 교역 조건과 첨단 기술에 대한 접근, 투자, 그리고 국제기구 가입 등의 혜택을 주며 자유시장경제와 좀더 자유를 허락하는 정부로의 전환을 유도했지만 실제로는 중국의 세력 확장만을 도운 셈이었다. 그리고 이 중국의 지도자들은 미국을 아시아에서 퇴출시킬 뿐 아니라 전 세계적으로 미국에 대응하는 경제 및 통치 방식을 퍼뜨리려는 의지로 가득차 있었다.[14]

* * *

2017년 국가안전보장회의의 중국 관련 정책에 대한 평가는 전략적 공감에 중점을 두는 것으로부터 시작되었다. 우리는 중국에 대해 접근할 때 우선 중국 공산당의 행동들을 주도하거나 제한하는 동기와 정서, 문화적 편향성, 그리고 야망 등을 더 잘 이해해야 할 필요가 있었다. 중국 공산당이 통제에 집착하며 미국의 이익과 자유로운 국제 질서를 짓밟고 자국의 부활을 꾀하고 있다는 인식은 새로운 가정들의 채택으로 이어졌다.[15] 첫째, 중국은 경제나 정부 형태를 자유로운 방식으로 바꾸지는 않을 것이다. 둘째, 중국은 국제적인 규칙이나 규정들을 따르지 않고 오히려 이를 훼손하며 궁극적으로 자신들의 이익에 더 도움이 되는 새로운 규칙으로 대체하려고 노력할 것이다. 셋째, 중국은 계속해서 불공정 거래 관행을 포함한 경제적 침략과 지속적인 산업첩보 활동을 하나로 합쳐나갈 것이다. 이들은 이런 첩보 활동을 통해 세계 경제의 핵심 부문을 장악하고 파괴적 기술의 개발 및 적용을 주도하려 하고 있다. 넷째, 중국의 공격적인 태도는 전략적 위치와 기반 시설에 대한 통제권을 차지해 자신들만의 배타적인 영역을 구축하도록 의도되었다. 마지막으로, 미국, 그리고 미국과 뜻을 같이하는 국가들과의 제대로 된 경쟁이 없을 경우 중국은 자유시장경제와 민주적 통치 방식에 대한 대안으로 국가 통제 경제와 권위주의적 통치 방식을 홍보하는 일에 더욱 적극적으로 나설 것이다. 나는 베이징 방문을 통해 이러한 새로운 가정들을 사실로 확인하였으며 미국과 이 경쟁에 관여하는 다른 국가들이 중국 공산당의 전략에 더이상 수동적으로 대응할 수 없다는 믿음이 더 강해졌다. 우리는 더 이상 중국이 서방측이 원하는 방향으로 움직일 거라는 열망으로 중국을 정의하는 그런 자아도취적 전망에만 빠져 있을 수는 없었다.

중국 공산당의 공격적인 정책들의 위협을 줄이기 위한 모든 전략들은 미국과 기타 외부 세력이 중국의 발전에 얼마나 많은 영향을 미칠 수 있는지에 대한 현실적인 평가를 바탕으로 해야 한다. 공산당은 통제를 유지하는 데 중요하다고 생각되는 관행들을 포기하려 하지 않기 때문에 그 영향력에는 구조적인 한계가 있다. 하지만 중국 공산당의 최선을 다한 노력에도 불구하고 중국은 지금도 그렇고 앞으로도 결코 완전히 획일적인 사회가 될 수는 없을 것이며, 따라서 상업이나 학술, 종교 및 시민 사회 기업들처럼 공산당의 지배를 받지 않는 단체들과의 협력을 확대할 기회는 분명히 있을 것이다. 중국에 대한 미국 및 다른 국가들의 영향력에는 역사적, 문화적, 그리고 구조적인 한계가 있겠지만, 그렇다고 해서 이러한 한계가 중국 공산당의 국내 억압이나 국제적인 경제적, 군사적 침략에 수동적으로 대처해야 한다는 근거가 되어서는 안 된다.

우리는 새로운 전략을 구상하면서 상황을 낙관할 만한 이유가 있다는 결론을 내렸다. 1989년 있었던 톈안먼광장 봉기와 30년 후의 홍콩 시위, 그리고 타이완의 성공적인 민주주의 정착은 중국 인민들이 문화적 측면에서 독재정치를 선호하지 않으며 통치 방식에 있어서도 개인의 발언권을 포함하여 기본적인 권리들을 스스로 포기하려 하지 않는다는 사실을 보여준다. 우리의 한계에도 불구하고 미국을 비롯해 뜻을 같이하는 우방국들은 그동안 중국과의 대결에 사실상 참여하지 않은 것이나 마찬가지이기 때문에 지금은 중국 공산당의 행동에 영향을 미칠 수 있는 엄청난 잠재력을 지니고 있다고도 볼 수 있다. 전략 구상에 참여한 사람들은 이제 여러 세대에 걸쳐 협력에서 경쟁으로의 전환을 이끌어낼 노력이 시작되고 있다고 느꼈다. 미국의 정계와 다른 국가들, 국제 기업들 그리고 학술기관들 역시 이제 중국을 견제할 필요성이 있다고 생각하며 점점 더 많은 지원을 아끼지 않고 있다. 중국 공산당의 정책이 세계의 자유와 번영에 위협을 미치고 있다는 인식이 커지고 있었던 것이다.

베이징을 떠나기 전날 길었던 그날의 일정을 끝마친 우리는 기자회견을 가졌고, 트럼프 대통령은 시진핑 주석을 바라보며 중국의 불공정 무역과 경제 관행에 대해 이렇게 정리했다. "당신을 비난하는 것이 아니다. 바로 우리 자신을 비난하는 것이다." 이 발언에는 중국 공산당이 중국의 인민들을 억압하면서 밖으로는 민주주의와 자유주의의 가치, 자유시장경제의 관행을 훼손하는 것에 대해 미국과 그 우방국들이 수동적인 태도를 유지하는 것 자체가 부자연스러운 일이라는 뜻이 담겨 있었다. 그렇지만 그런 경쟁이 바로 직접적인 대결로 이어지는 것처럼 비쳐서는 안 된다. 포틴저와 나는 미국과 동맹국, 그리고 우방국 들이 효과적으로 경쟁에 참여하기 시작하면 중국 공산당이 약점으로 생각해온 부분들을 강점으로 바꿀 수 있다고 믿었다. 경쟁은 또한 중국이 따르고 있는 폐쇄적이면서 권위주의적인 체제와 자유롭고 개방된 국가들을 구별해주는 원칙들에 대한 신뢰를 이끌어낼 수 있다. 우리는 표현과 집회, 그리고 언론의 자유, 종교와 인종, 성별, 혹은 성적 취향에 근거한 종교의 자유와 박해로부터의 자유, 자유시장경제체제에서 번영을 누릴 수 있는 자유, 법치와 그 법치가 국민들의 생활과 자유에 제공하는 보호 기능, 그리고 정부는 곧 국민을 위해 존재한다는 사실을 인식하고 있는 통치체제 등에서 우리가 경쟁적 우위를 확보하고 있음을 확인했다.

* * *

중국 공산당은 표현의 자유에 대해 국내에서는 억압을 하지만 밖에서는 자신들이 유리하게 이용할 수 있는 상대국가의 약점으로 본다.

그렇지만 정보나 생각 등을 자유롭게 교환할 수 있는 건 우리 사회의 가장 중요한 경쟁적 우위의 요소가 될 수 있다. 우리는 국가안보부와 통일전선공작부, 그리고 중국 학생 및 학자 협회와 같은 해외에서 영향력을 행사하려는 중국의 기관 등을 방어해야 하지만 동시에 중국 인민들과의 긍정적인 상호작용과 경험 등을 극대화하기 위해서도 노력해야 한다. 자유국가의 국민들을 만나고 교류해본 사람이라면 고국으로 돌아가 당의 정책, 특히 표현의 자유를 가로막는 정책에 의문을 제기할 가능성이 대단히 높다. 따라서 중국과의 학술 교류를 지도하거나 유학생들의 생활을 담당하는 책임자들은 이 학생들이 다른 학생들과 동일한 사고와 표현의 자유를 누릴 수 있도록 도와주어야 한다. 다시 말해 유학생은 물론 고향에 있는 그들의 가족까지 감시하고 위협하는 중국 공산당 소속 요원들에 대해서는 무관용 태도를 취해야 한다는 것이다.

출신 국가에 상관없이 외국 대학에서 유학을 하는 학생들은 해당 국가의 역사와 통치 형태에 어느 정도 호감을 갖게 되기 마련이다. 대학을 비롯한 다른 초청기관들이 중국 유학생들이 당연히 누려야 할 자유를 보호해줌으로써 이 학생들은 모국에서 겪었던 선전과 검열에 대해 자연스럽게 반감을 갖게 된다. 그리고 아마도 가장 중요한 건 중국을 비롯한 다른 외국 학생들이 학업과 생활을 잘해나가기 위해서는 결국 다른 모든 학생들과 완전히 하나가 되어야 한다는 사실일 것이다.

자유롭게 자신을 표현할 수 있는 학생의 능력을 보호해주는 일은 해외 거주 지역사회로까지 확대되어야 한다. 미국과 다른 자유국가들은 중국인들의 해외 거주 공동체들을 하나의 기회로 봐야 한다. 해외에 거주하는 중국인이 중국 공산당의 간섭과 감시로부터 보호받을 수 있다면 당의 활동에 대해 스스로 판단할 수 있게 된다. 당이 절대 권력을 유지하기 위해 중국 인민들을 통제하는 데 더욱 공격적이 됨에 따라 해외 거주자들은 표현의 자유를 허용하는 사회에서 생활하는 장점을 더욱 높이 평가하게 될 것이다. 예를 들어, 자유롭고 개방된 국가들이 당이 하는 선전에 익숙해진 중국인들을 일깨워주고 이들 공동체가 중국 공산당의 정책과 행동에 의문을 제기할 수 있는 안전한 환경을 만들어준다면 아주 적절한 도움이 될 것이다. 국가안보부 및 기타 기관 소속 요원들에 대한 조사 및 추방은 이들이 활동 했던 국가들뿐 아니라 그 안에 살고 있는 중국인들을 보호하는 방향으로 이루어져야 한다.

해외 거주 중국인들은 또한 메이드 인 차이나 2025나 일대일로, 그리고 군민융합 정책 등에 따른 공산당의 탐욕스러운 행위에 대응할 수 있는 역량을 갖고 있다. 미국 상원의 국토안보위원회가 2018년 11월에 결의한 것처럼 미국은 첩보 활동을 위해 미국에 거주하는 중국인들을 끌어들이려는 중국의 노력을 차단해야 할 뿐 아니라 동시에 "고등 교육을 받은 중국의 인재들이 미국 경제에 참여할 수 있도록 더 많은 혜택을 제공해야" 한다.[16]

표현의 자유와 언론의 자유 역시 중국의 일대일로 계획 때문에 불공정한 거래를 맺지 않도록 해당 국가에서 올바른 통치체제를 정립하는 데 중요한 역할을 할 수 있다. 우간다는 법 집행과 탐사 보도가 결합되었을 때 어떻게 미국의 이익을 침해하는 중국의 약탈적인 경제 활동에 대항할 수 있는지에 대한 사례를 보여준다. 2015년 우간다 정부는 중국 은행으로부터 19억 달러를 빌려 댐 두 곳을 건설하기로 합의했다. 2018년 조사에 따르면 아직 미완성인 댐에서 부실 공사의 흔적이 드러났으며 그해 말 뉴욕 법원은 중국 에너지 기업의 대표가 아프리카 관리들에게 뇌물을 제공한 것에 대해 유죄 판결을 내렸다. 우간다의 지도자들은 미국의 기업들에게 새로운 정유 시설 건설 입찰에 참여해줄 것을 요청했고, 결국 미국이 건설을 맡게 되었다.[17] 우간다의 사례는 법치가 바로 설 경우 공공의 책임이 가능해질 수 있는 언론의 자유와 관련된 가능성을 보여준다. 다른 국가들에게 계속해서 중국은 신뢰할 수 없는 대상임을 알리고 동시에 이들의 약탈적인 행동에 대한 대안을 제공한다면 중국 공산당도 자신들의 행동 방식을 바꿀 수밖에 없을 것이다.

표현의 자유와 마찬가지로 중국 공산당은 다양성에 대한 관용 역시 위협으로 간주하는데, 이 문제에 대해서 미국과 다른 국가들은 확실한 차이점을 보여줄 수 있다. 권위주의 국가에서 들어오는 이민자들을 위험으로 보는 시각도 있지만 나는 개인적으로 미국과 다른 자유롭고 개방된 국가들이 더 많은 중국인, 특히 본국에서 억압받는 사람들을 더 많이 받아들이고 또 시민권을 받을 수 있는 방법을 제공하는 것을 고려해야 한다고 생각한다. 권위주의적 체제를 경험한 이민자들은 민주적 원칙과 제도, 그리고 과정에 대해 가장 크게 헌신하고 또 감사하는 경우가 많다. 그들은 또한 미국 경제에도 엄청나게 기여를 한다. 중국 공산당이 신장에서 그랬던 것처럼 홍콩과 그 밖의 지역에서도 중국 인민들에 대한 억압을 강화하거나 톈안먼광장 학살을 연상시키는 잔혹한 행위를 한다면 미국과 다른 국가들은 그러한 억압을 벗어나려는 사람들을 받아들이거나 난민 지위를 부여하는 것을 고려해야 할 것이다. 톈안먼광장에서의 유혈 탄압 이후 조지 H. W.

부시 대통령은 미국에 있는 중국 유학생들이 계속 미국에 체류하고 또 일을 할 수 있는 권리를 부여하는 행정 명령을 내린 바 있다. 그후 10년 동안 고등 교육을 받은 중국 학생들의 4분의3 이상이 졸업 후에도 계속 미국에 남았다. 톈안먼 사태 이후 미국 국민이 되기 위해 미국에 남았던 많은 중국계 미국인들은 실리콘밸리 혁신의 최전선에 서게 되었다. 중국 난민들은 자신들의 가족이나 친척들을 통해 중국 공산당의 선전과 거짓정보에 대한 적지 않은 타격을 줄 수 있다.[18]

* * *

중국 공산당은 국가 통제식 경제체제가 특히 정부와 기업, 학계, 그리고 군의 노력을 하나로 합쳐 잘 운영할 수 있다는 점에서 대단히 우수하다고 생각한다. 또한 미국과 다른 국가들의 분산된 자유시장 경제체제는 메이드 인 차이나 2025나 일대일로, 그리고 군민융합과 같은 중국의 국가 주도 전략과 경쟁할 수 없다고도 여기고 있다. 그렇기 때문에 미국과 다른 자유시장경제 국가들은 중국의 약탈로부터 스스로를 방어하면서 정부의 간섭을 받지 않는 자유로운 기업가 정신의 경쟁우위를 보여주어야만 한다. 여기서 민간 부문이 중요한 역할을 하는데, 새로운 기술을 개발하고 적용하는 과정의 최전선에 서 있는 기업들과 학술기관들은 중국이 개방된 국가들과 자유시장경제를 이용하기 위해 규칙을 위반하고 있음을 인식해야 한다. 경쟁우위를 유지하기 위한 그 첫번째 단계는 중국이 우리의 기술을 훔쳐가는 걸 단속하는 것이다. 외국의 투자에 대한 국가안보 측면의 감시에서는 상당한 개혁이 이루어졌지만 미국 기업들이 중국 관련 기관의 투자와 기술 이전 요청이나 중국 공산당의 핵심 기술 개발 또는 인민해방군 현대화 계획 등에 대해 반드시 정부에 보고를 하도록 하는 것도 또다른 효과적인 방어가 될 수 있다.[19]

중국이 미국 경제의 개방성을 이용해 자국의 국가 자본주의 모형을 홍보할 뿐 아니라 경찰국가를 완성하는 것을 막기 위한 노력에는 물론 아직 많은 개선의 여지가 있다. 법치와 개인의 권리를 중요하게 여기는 여러 국가들의 많은 대학과 연구소, 기업 들은 중국 공산당이 사람들을 억압하고 인민해방군의 역량을 끌어올리기 위해 기술을 사용하는 것에 대해 자신들도 모르는 사이, 혹은 의식적으로 도움을 주고 있다. 이중용도 기술의 경우 민간 부문에서는 자유시장경제와 대의정치 및 법치에 대한 믿음을 공유하는 사람들과 새로운 협력관계를 맺어야 한다. 많은 기업들이 공동투자 또는 협력관계를 통해 중국 공산당이 감시, 인공지능 및 생물유전학과 같은 내부 단속에 적합한 기술을 개발할 수 있도록 돕고 있다. 또 중국 공산당이 그러한 기술에 접근할 수 있도록 해주는 중국의 투자를 받아들이는 사람들도 있다. 매사추세츠에 본사를 둔 한 회사가 중국 공산당이 신장 지역의 위구르인들을 추적하는 데 도움이 되는 DNA 분석 장비를 제공한 것은 그런 수많은 사례들 중 하나에 불과하다.[20] 구글은 중국 측에게 해킹을 당했을뿐더러 또 인민해방군에 협력해 중국 인민들의 정보 접속을 차단했고 그러면서도 또 미국 국방부와 인공지능 연구를 함께 하는 건 거부했다. 자국민들을 억압하거나 혹은 언젠가 미국 국민들을 공격하는 데 이용될 수 있는 군사력을 구축하려는 중국 공산당에게 자의로 협력하려는 미국 기업이 있다면 처벌을 받아야 마땅하다.

미국과 유럽, 일본의 자본 시장에 대한 좀더 엄격한 심사 역시 중국 공산당의 권위주의적 정책들을 돕는 기업들의 활동을 제한하는 데 도움이 될 것이다. 중국 국내에서 벌어지는 인권 유린이나 국제조약의 위반에 직간접적으로 관련된 많은 중국 기업들이 미국 증권거래소에 상장되어 있다. 이러한 기업들은 미국을 비롯한 다른 서방측 투자자들에게 도움을 받는다. 뉴욕 증권거래소에는 700여 곳 이상의 중국 기업이 상장되어 있으며 나스닥NASDAQ에도 62곳이 있다. 규제의 눈길이 잘 미치지 않는 장외 시장에는 500여 곳이 넘는 기업들이 있다고 한다.[21] 퇴출되어야 할 기업들 중에는 위구르인들의 움직임을 식별하고 감시하는 안면인식 기술을 개발하는 하이크비전Hikvision이라는 곳이 있다. 신장에 있는 강제수용소 벽에 설치되는 감시 장비들을 생산하는 하이크비전은 모기업인 국영 중국전자기술공사中国电子科技集团有限公司와 함께 보통 "블랙리스트Blacklist"라고 부르는 미국 상무부의 감시 대상 법인 목록에 올라 있다. 미국과 같은 자유시장경제는 대부분의 세계 자본을 통제하기 때문에 중국 측이 보유하고 있는 자본보다 훨씬 더 많은 영향력을 갖고 있다.

하지만 그에 따른 방어 조치는 아직 많이 부족하다. 자유롭고 개방된 국가들은 개혁과 투자를 통해 더욱더 경쟁력을 갖추어야 한다. 중국은 새로운 기술들을 적용하는 데 있어 분명 나름대로의 강점을 지니고 있다. 중앙집중식 의사결정체제와 국가보조금, 정부의 보장, 미국을 비롯한 다른 민주주의 국가에서 흔히 찾아볼 수 있는 규제와 관료들로 인한 어려움이 상대적으로 적고 유전자 공학이나 무인무기 등과 관련된 윤리적 갈등이 없기 때문에 민간 부문과 인민해방군 모두에서 새로운 기술을 빨리 적용할 수 있다. 그렇다고 미국과 다른 국가들도 윤리 문제와 타협을 해서는 안 되지만 중국에 비해 상대적으로 약점이 되는 건 사실이다. 예를 들어, 미국의 국가안보 기관들은 만성적인 관료주의의 타성에 시달린다. 미국의 경우 국방 예산의 확보와 집행과 관련된 느리고 융통성 없는 과정이 오랫동안 문제가 되어왔지만 그럼에도 불구하고 변화는 거의 없었다. 하지만 장기간의 예산 확보가 불확실하거나 과정이 복잡하고 또 군의 현대화가 지연되는 것을 그냥 넘어가기에는 위험이 너무 높다. 국방부와 진행하는 사업의 진정한 어려움은 가장 혁신적인 중소기업이 제대로 기여를 하지 못하고 새로운 기술을 유효기간 내에 적용하지 못해 혁신을 이루지 못하는 것이다. 다년간 연구와 개발을 진행해 새로운 기능을 설계하고 확인하는 방식은 이제 더이상 유효하지 않다. 중국의 인민해방군이 오래된 미국의 군사적 강점들을 약화시키는 새로운 기술과 대응책을 개발함에 따라 미국 국방부와 군부대들은 자신들도 모르는 사이에 위험에 빠져들고 있다. 민간 부문과 국가안보 및 국방 관련 산업 사이의 협력이 적절하게 이루어진다면 주요 영역에서 자유시장 혁신의 잠재력을 발휘할 수 있다.

그렇지만 관료제를 합리화하는 일조차 이른바 데이터경제data economy와 군사적 역량에 도움을 줄 새로운 이중용도 기술에 대한 막대한 투자와 경쟁하기에는 불충분한 것이 사실이다. 그렇기 때문에 인공지능과 로봇공학, 증강 및 가상현실, 재료과학 분야의 기술에 대한 정부와 민간 부문의 투자는 점점 더 효율적이고 공격적이 되어가는 인민해방군과 비교해 미국이 차별적 우위를 유지하는 데 중요한 역할을 할 것이다.[22] 인도 태평양 지역에 걸친 방어 협력은 장차 미래의 방어를 위한 다국적 개발 계획으로 확장되어야 하며, 그 궁극적인 목표는 중국 공산당이 무력을 통해서는 자신들의 목표를 달성할 수 없다는 사실을 확실히 깨닫도록 만드는 것이다. 우주 및 사이버공간에서의 역량 개발에 대한 다국적 협력 역시 이러한 경쟁 영역에서 중국의 공격을 막아낼 수 있다. 그리고 타이완의 방어 능력도 동아시아의 여러 지역으로 확장될 가능성이 있는 중국의 소모전 계획을 막아낼 수 있을 정도의 충분한 역량을 반드시 갖추어야 한다.

* * *

중국 공산당은 자유시장체제를 약점으로 보고 있을뿐더러 미국과 다른 민주주의 국가들의 법치 역시 상대적인 약점으로 간주하고 있다. 중국 공산당은 법이 모든 것에 우선한다는 개념 자체를 아예 받아들일 수 없을 정도로 부담스럽게 여긴다. 물론 법 앞에서는 모든 사람을 동등하게 대해야 한다는 요구와 법 적용의 공정성 기준들도 마찬가지이다.[23] 여기서도 또다시 중국에서 약점으로 보는 부분들은 실제로는 자유롭고 개방된 국가들이 갖고 있는 가장 기본적인 장점이 되며 우리는 중국 공산당과의 경쟁을 위해 이러한 장점들을 적극 활용해야 한다. 법치는 그런 장점들 중 하나이며 정당한 법적 절차에 따라 수행된 조사 결과를 공개해 중국의 첩보 활동에 대응하는 데 필요한 정보를 국민과 기업 및 정부에 제공하는 것도 특히 중요하다. 예를 들어, 2019년 중국 통신 설비와 계속되는 사이버첩보 작전이 경제안보와 국가안보에 심각한 위협이 된다는 사실이 분명해지자 미국과 오스트레일리아, 뉴질랜드, 일본, 그리고 타이완은 중국 통신 설비의 사용을 금지했다.[24] 2020년 2월, 미국 법무부는 협박과 음모를 동원해 영업 비밀을 갈취하려 한 혐의로 화웨이華為와 그 자회사들을 기소했다.[25] 법 집행과 관련된 조사들은 계속해서 중요한 역할을 하겠지만 중국 공산당은 대학과 연구소, 그리고 기업 등 어디에나 침투해 있기 때문에 중국 산업첩보 활동의 전말을 폭로하기 위해서는 사회고발 전문기자들을 포함한 다른 많은 사람들의 도움이 필요하다.

표현의 자유와 기업 활동의 자유, 그리고 법에 따른 보호는 상호의 존적이다. 이런 요소들이 다 함께 합쳐지면 중국의 산업첩보 활동을 비롯한 여러 형태의 경제적 침략에 대응할 수 있을 뿐 아니라 공산당 정책에 대한 지원을 이끌어내고 비판을 잠재우기 위해 고안된 중국 공산당 영향력 확산 작전을 물리치는 일에도 유용한 경쟁우위를 부여할 수 있다. 2018년부터 2020년까지 오스트레일리아와 독일, 일본, 그리고 미국을 포함한 성숙한 민주주의 국가들은 중국의 영향력에 대한 연구를 진행해 중국 공산당이 중앙 및 지방 정부, 산업계, 학계, 정책연구소와 시민사회 조직 안에서 공식 및 비공식 요원들을 양성하는 데 사용했던 방법들을 공개했다.[26] 해당 국가의 자유로운 언론 매체들은 중국 공산당의 방법들을 폭로했고 공산당 소속 요원들은 적법한 절차에 따라 기소되었다. 뜻을 같이하는 국가들 사이의 국제적인 공조는 경쟁우위를 확대한다. 예를 들어 2018년 12월 미국과 가장 가까운 동맹국들은 중국이 12개국에서 12년 동안 진행했던 사이버공격을 공개하고 제재와 기소 같은 보완 조치들을 취했다.[27]

* * *

국내·외에서 민주적인 통치 방식을 강화하는 것은 자유롭고 개방된 국가들이 중국 공산당의 회유와 압박, 은폐 활동에 맞설 역량을 배양하는 가장 좋은 수단이 될 수 있다. 중국 공산당은 독점적이고 영구적인 권력 장악이 다원적 민주주의체제에 상대적인 강점으로 작용한다고 생각한다. 그렇지만 공산당이 상대하는 국가들에서 민주화 과정을 통해 시민들의 참여가 늘어나자 일대일로 약탈 정책에 대한 효과적 대응이 가능해졌다는 증거가 곳곳에서 발견되고 있다. 2018년부터 2020년까지의 상황을 보면 중국의 "투자"가 더이상 중국 공산당의 "부채 함정"의 실제 피해자인 국가들에게 잘 먹혀들지 않게 되었음을 알 수 있다. 2019년 말레이시아의 총리로 다시 복귀한 마하티르 빈 모하마드Mahathir bin Mohamad는 중국과의 "불평등 조약"을 다시 협상하거나 취소하겠다고 약속했다. 굳이 "불평등 조약"이라는 용어를 사용한 건 중국이 겪었던 굴욕의 세기에 대한 기억을 다시 불러일으키기 위해서이다. 스리랑카와 몰디브, 에콰도르와 같은 작은 국가들의 새로운 정부는 중국의 자금을 지원받아 건설하는 사회 기반 시설 계획들이 자신들의 주권을 얼마나 침해하고 있는지를 폭로했다.[28]

중국이 상대하는 국가에서 민주적 제도와 절차를 강화하는 것은 중국의 침략에 대한 가장 강력한 대응책이 될 수 있다. 결국 국민들은 통치 방식에 대해 발언권을 원하고 국가의 주권이 보호되기를 바란다. 왕안王安은 1950년대 중국에서 미국으로 이주해 획기적인 컴퓨터 회사인 왕연구소Wang Laboratories를 설립했다. 왕안은 자신을 받아준 미국에 대해 이렇게 이야기했다. "국가로서 미국이 언제나 국민들의 이상에 부응하는 것은 아니다…… 그렇지만 혁명 없이도 잘못을 바로잡을 수 있는 그런 구조를 가지고 있다." 그렇기 때문에 민주적 제도와 과정에 대한 지원은 이타주의를 실천하는 운동이 아니다. 민주주의는 부패한 관행을 통해 다른 국가를 희생시키면서 자신의 이익을 도모하려는 중국을 비롯한 다른 적들과 효과적으로 경쟁할 수 있는 실질적인 수단이다. 민주주의 국가가 제대로 그 기능을 다하며 중국 공산당의 약탈적인 행동을 확인하고 지도자가 방어할 책임을 다하도록 만든다면 중국 공산당은 국민들의 복지보다는 그저 지도자의 안녕과 독점적인 권력 장악만을 우선시하는 권위주의 정권에 대해서만 영향력을 미칠 수 있을 것이다.

* * *

자유롭고 개방된 국가들의 경쟁우위를 바탕으로 적절한 공세를 취하려면 우선 중국 공산당의 정교한 전략에 대한 강력한 방어가 필요하다. 중국 공산당의 통신 시설과 정보 통제 노력의 최전선에 서 있는 중국의 대형 통신 업체인 화웨이의 사례는 미국이 취한 대담하고 공격적인 조치의 효과와 동맹국들과의 지속적인 협력의 중요성을 보여주는 좋은 사례다. 화웨이는 겉으로만 보면 대단히 성공한 기업처럼 보인다. 인민해방군 출신의 기술자 런정페이任正非가 1987년에 설립한 화웨이는 시스코Cisco의 소스코드를 훔친 후 이윽고 시스코를 능가하는 세계에서 가장 가치 있는 통신 회사로 성장하게 된다. 2020년 기준으로 화웨이는 통신 장비 부문에서 전 세계 시장의 약 30퍼센트를 차지하고 있으며 5세대 통신망 분야에서 새로운 시장을 장악하려는 목표를 향해 엄청난 진전을 이루었다. 화웨이는 기업을 확장하는 과정에서 중국 공산당의 보조금과 함께 전체적인 사이버첩보 활동의 혜택을 받았다.[29] 화웨이를 비롯해 ZTE와 같은 다른 통신 회사들은 메이드 인 차이나 2025와 군민융합 계획에 있어 없어서는 안 될 필수 요소이다. 중국이 고급 제조업 분야에서 자급자족을 하는 데 대단히 중요한 마이크로칩이나 에너지 저장장치 같은 기술과 제조 방식을 습득하는 데 있어 바로 이들이 최전선에 서 있기 때문이다. 이들은 또한 통신 분야에서 앞으로의 세계 경제를 이끄는 데 중요한 정보를 빼낼 수 있는 핵심적인 기술을 제공한다. 이미 알려진 바와 같이 "데이터 경제"란 정보나 자료 공급 업체와 그 사용자로 구성된 새로운 전 지구적 디지털 생태계이다. 앞으로는 정보, 그리고 정보와 관련된 규칙이나 양자컴퓨터로 구동되는 분석 장치를 통제할 수 있는 쪽이 엄청난 경쟁우위를 차지하게 될 것이다. 중국 공산당이 설립한 회사와 법에 따라 중국 정부의 수족과 같은 역할을 해야만 하는 회사가 전 세계의 정보와 자료의 흐름을 포착한다면 중국 공산당은 정보와 군사, 경제 부문에서 무시할 수 없는 위치에 올라설 수 있다.[30] 또한 통신용 기반 시설에 대한 통제는 화웨이, 그리고 더 나아가 중국 공산당이 국방과 일상적인 경제 및 금융 활동에 필수적인 통신 및 정보 흐름을 방해할 수 있는 능력을 갖추게 된다는 의미이다.

미국은 2019년 중국 수입품에 관세를 부과하고 미국 기업들의 화웨이 통신장비 사용을 금지하면서 일단 방어 조치를 취했다. 2019년 초 화웨이의 최고재무담당 책임자 멍완저우孟晩舟가 미국 법무부에 의해 기소되었고 이란에 대한 제재 우회와 관련된 혐의로 캐나다에서 체포되었다.[31] 이에 중국 공산당은 두 명의 캐나다 국민을 이유 없이 체포하며 일종의 인질로 삼았다. 그런 다음 마약 범죄 혐의로 또다른 캐나다 국민을 체포해 단 하루 만에 재심을 거쳐 사형을 선고

했다. 중국 공산당의 이런 반응은 중국은 결코 신뢰할 동반자가 될 수 없다는 사실을 분명하게 보여주고 있으며, 또한 화웨이가 중국 공산당의 정책과 관련이 없는 민간 기업이라는 주장도 거짓으로 밝혀졌다.

많은 국가들이 미국에 동조하며 화웨이의 통신설비 사용을 제한했지만 프랑스는 5G 통신망의 3분의 2를 화웨이에 맡기기로 결정했다. 프랑스는 사실상 중국의 국가안보부가 프랑스 국내 통신망의 67퍼센트와 프랑스에 본사가 있는 기업들의 내부 컴퓨터 연결망에 쉽게 접근할 수 있도록 허가한 것이다. 하지만 4G보다 최대 100배 더 빠른 5G 통신망이 일반 국민의 개인 생활은 물론 기업들과, 국가 주요 기반 시설, 교통, 보건 및 국방 등 모든 측면과 연결될 것이기 때문에 상황은 그보다 훨씬 더 나빠질 수 있다. 미국의 정책입안자들도 20년 전 차이나텔레콤China Telecom, 中国电信이 캘리포니아에 통신망을 구축하도록 허가하면서 이와 비슷한 실수를 저질렀다. 물론 어떤 통신망이든 지리적으로 허용될 수 있는 한계가 있기 때문에 보안 관련 위험이 크지 않다는 주장도 있다. 그러나 미국은 자국 통신망을 통해 파고든 이 트로이 목마의 엄청난 규모를 제대로 파악하는 데 10년 반이라는 오랜 시간이 걸렸고, 그사이 주요 기업과 개인 및 정부의 정보가 자료가 그야말로 엄청난 규모로 차이나텔레콤의 각 접속 지점을 통해 북아메리카 전역에서 베이징으로 재전송되었다.[32]

화웨이에 대한 방어의 필요성과 중국 안보 정책에서의 화웨이의 역할에 대해서는 더이상 논쟁의 여지가 있어서는 안 된다 2019년 실시된 일련의 조사에서는 다양한 화웨이 통신장비가 갖고 있는 보안의 취약성, 그리고 거기에 관련된 심각한 국가안보 위험에 대해 논란의 여지가 없는 증거들이 밝혀졌다. 어느 개인 연구원은 많은 화웨이 직원들이 중국의 국가안보부와 인민해방군 정보부에 의해 동시에 고용되어 있다는 사실을 발견했다. 게다가 화웨이 기술자들은 아프리카 독재자들이 반대파들의 위치를 파악해 감시하고 이들을 가로막는데 도움을 주기 위해 휴대전화 통신 내역을 도청했다.[33] 중국은 통신망과 해외 인터넷을 통제하기 위해 거의 일방적으로 자국의 통신 회사들만을 이용한다. 미국을 비롯한 다른 서방측 기업들은 중국 시장에서 거의 또는 전혀 찾아볼 수 없다. 막대한 보조금 지급과, 불법 자금 조달 기술 및 산업첩보 활동을 통해 중국 기업들은 전 세계에서 통신 산업에 대한 독점적인 통제권을 손에 넣고 있다. 이런 현상은 중국의 경제 침략에 대한 방어 실패가 자유시장경제의 강점을 어떻게 약점으로 뒤바꾸었는지를 보여주는 또다른 사례이다.[34] 다국적 협력의 우선 과제는 주요 기반 시설을 광범위하게 개발하는 것이며, 특히 민감한 주요 정보와 자료를 보호해주는 신뢰할 수 있는 통신망을 개발하기 위한 5G 통신이 중요하다.

미국과 다른 자유롭고 개방된 국가들은 불공정 거래와 경제 관행을 포함한 중국의 광범위한 경제 침략을 방어하기 위해 서로 협력해야 한다. 오바마 행정부는 아시아 태평양 지역 7개국을 포함해 11개국과 공들여 협상한 다자간 무역협정을 통해 중국의 불공정 무역 관행에 대응하려 했다. 그렇지만 2017년 이후 환태평양경제동반자협정Trans-Pacific Partnership은 클린턴과 트럼프, 누가 대통령이 되었든 상관없이 심각한 반대에 부딪히게 되었을 것이다. 2018년 트럼프 행정부는 중국의 과잉 생산 능력과 저가 공세에 대한 방어 대책으로 중국 수입품에 대한 일련의 관세 인상 조치 중 첫번째 조치를 취한다. 철강과 알루미늄 제품에 대한 관세 인상과 가장 가까운 동맹국들을 포함해 다른 국가의 같은 제품들에 대한 관세의 동시 인상이 국가안보와 직접적인 관계가 있는지는 나중에 확인하게 되더라도 어쨌든 그 뒤를 이은 "무역전쟁"은 미국이 중국과의 경제 경쟁에 다시 뛰어들었음을 보여준다. 이후 계속 이어진 관세 인상 조치는 주로 유능하고 결단력 있는 미국 측 무역 대표 로버트 라이트하이저와 중국 국무원 부총리 류허劉鶴가 벌이는 광범위한 협상에 긴박감을 더해주었다. 그리고 2020년 1월, 트럼프 대통령과 류허 부총리가 1단계 합의에 서명을 한다. 이 합의에서는 중국이 미국 상품을 더 많이 구매하겠다는 약속보다 통화 조작을 피하고 지적 재산과 민감한 기술을 보호하기 위한 새로운 중국 법을 시행하기 위해 중국 시장으로의 진입 장벽을 낮추겠다는 약속이 더 중요했다. 그렇지만 이 1단계 합의는 미국과 다른 자유시장경제 국가들, 그리고 중국을 비롯한 국가 통제 경제 모형을 선택한 국가들과 사이에서 벌어질 장기적인 경쟁에서 그 서막이 겨우 끝난 것에 불과했다. 국영 기업들에 대한 국가보조금 같은 중국의 불공정한 경제 관행과 관련된 불만은 중국 공산당이 권력 통제에 대한 욕심을 버리지 않고서는 해결할 수 없기 때문에 다루기 힘든 문제가 될 것이 분명했다.

* * *

중국이 국가 통제 경제 모형을 보호하고 홍보함에 따라 미국, 그리고 미국과 뜻을 같이하는 국가들로서는 하나로 합쳐진 결의를 보여주는 것이 중요하다. 그렇지 않으면 중국은 분할 정복 방식으로 접근해 올 것이다. 다국적 협력은 또한 중국 공산당이 자신들의 이익을 위해 좌지우지하려고 하는 WTO 같은 국제기구들의 존엄성과 유용성을 보호하는 데 매우 중요한데, 따라서 우리는 무역이나 경제 관행을 넘어서 국제적인 기구나 조직들 안에서도 경쟁을 해야 할 필요가 있다. 중국은 세계 주요 기관들의 고위 관리직에 자국 출신들을 차례로 포함시키고 있다. 예를 들어 2016년에는 국제민간항공기구International Civil Aviation Organization, ICAO의 사무총장직을 이용해 타이완을 외교적으로 고립시키려 했다. 그리고 국제연합 인권이사회Human Rights Council를 통해서는 자국의 이익을 추구하는 과정에서 국가의 권력 남용을 정당화하는 중국 공산당의 사상을 퍼뜨리려고도 했다.

중국이 국제기구를 가장 심각하게 악용하는 사례가 바로 세계무역기구 회원국 지위의 이용이다. 2001년 WTO 가입협정에 서명했을 때 중국은 거의 20년이 지난 지금까지도 이행하지 않고 있는 많은 약속을 했었다. 중국은 중국 기업들이 누리고 있는 국가보조금 혜택에 대한 보고를 거부하고 있으며 외국 기업이 중국 시장에 진출할 때 대가로 독점적인 핵심 기술을 중국에 이전하도록 강요하는 관행도 계속되고 있다. 그렇지만 중국이 경제적 보복을 앞세워 위협을 하기 때문에 WTO에 불만을 제기하는 기업은 거의 없다. 회유와 압박 이외에도 중국 공산당은 은폐까지 더하며 기술 이전은 "자발적"으로 하도록 규정을 변경했지만 기업들은 중국이라는 거대한 시장에 진출하기 위해서는 여전히 어쩔 수 없이 기술을 이전해주어야만 하는 것이다. 중국은 계속해서 개발도상국 시장으로서의 특별 지위를 주장하고 있으며 무엇보다도 자신들은 세계적으로 통용되는 규칙과 기준을 준수하지 않고서도 세계 시장에 접근할 수 있어야 한다고 주장한다.

자유롭고 공정하며 서로 동등하게 진행되는 교역을 중요시하는 미국과 다른 국가들로서는 중국이 관행을 개혁하지 않고 다른 회원국들이 따르는 기준을 준수하지 않는다면, 어느 시점에서 중국을 WTO 탈퇴시키겠다는 위협을 고려해야 할 수도 있다.

불공정한 경제 관행뿐 아니라 권위주의 정권과 사업을 진행할 때 흔히 볼 수 있는 그런 위험이 점점 더 증가함에 따라 중국과 자유시장경제 사이에는 자연스럽게 경제적 "탈동조화decoupling" 현상이 일어나고 있다. 미국은 경제성장 둔화와 전 세계 공급망의 혼란으로부터 자국 경제를 보호하기 위해 이러한 탈동조화를 거들고 나설 수 있다. 중국 공산당의 정책에 대한 가장 효과적인 대응책은 민간 부문에서 찾아볼 수 있는데, 중국의 정직하지 못한 전술과 그런 전술의 남용은 이미 밝혀졌고 각국의 기업들은 이제 중국 시장 진출이 그만한 가치가 있는지에 대해 의문을 제기하고 있다. 중국 시장에 대한 투자 감소와 제조업을 비롯한 다른 여러 업체들의 중국 철수는 중국 공산당 지도자들에게 중국에 가장 큰 이익이 되는 일은 진정한 경제 개혁이라는 사실을 알리는 유일한 방법이 아닐까.

* * *

미국과 다른 자유롭고 개방된 국가들은 자신감을 가져야 한다. 효율적으로 경쟁하면서 중국 공산당의 공격에 대응하고 중국의 내부에서 변화를 이끌어낼 기회는 있다. 중국의 행동은 새로운 중국제국의 속국이 되기를 원하지 않는 국가들 사이에서 반발을 불러일으키고 있으며 중국 국내에서도 개혁의 시기와 자유화에 대한 기대를 품게 된 사람들이 억압적 통치에 반발하고 있다. 리커창이나 다른 관료들이 겉으로 드러내 보이는 자신감에도 불구하고 중국의 많은 지식인과 사업가, 그리고 정책입안자 들은 자신들이 중국 사회와 경제의 근본적인 문제를 해결하지 못했다는 사실을 점점 더 깊이 인식하고 있었다. 많은 사람들이 마치 화약통 위에 앉아 있는 것 같은 기분을 느끼고 있는 것이다. 2019년에서 2020년 사이에는 홍콩에서 벌어진 시위나 신종 코로나바이러스에 대한 당국의 부실한 대처를 바라보는 중국 인민들의 분노, 그리고 둔화된 경제성장과 같은 중국의 민낯이 적나라하게 드러났다. 심지어 메이드 인 차이나 2025와 같은 계획에 따라 진행된 기술 개발 및 적용 분야를 보아도 독자적인 경제 강국을 만들기 위한 당의 과감한 시도가 과연 성공할 수 있을지 분명하지 않다. 중국 공산당의 통제에 대한 집착은 세계 시장에서 혁신과 경쟁의 기반이 되는 학문적, 기업가적 자유와는 결코 양립할 수는 없다. 더욱이 1979년부터 2015년까지 이어진 1자녀정책에 따른 당의 사회공학 관련 시도는 엄청난 성비 불균형과 함께 급속한 고령화로 이어졌는데, 이런 인구문제의 왜곡 현상이 의미하는 바는 명확하지 않지만 분명 대단히 부정적일 것이다.

그럼에도 불구하고 우리 쪽의 체제가 중국에 비해 상대적으로 강하다는 사실을 인식하는 것보다 더 중요한 건 그러한 강점을 계속해서 지켜나가겠다는 우리의 결의다. 우리는 어쩌면 "종합적인 국력신장"을 추구하며 이뤄낸 중국의 성취에서 배울 수 있을지도 모른다. 특히 미국과 다른 국가들은 중국과의 경쟁을 통해 뒤처지는 지역의 개발을 기대할 수 있을 것이다. 이러한 장래의 계획에는 또한 교육 개혁과 사회 기반 시설 개선, 그리고 자유시장 원칙에 맞춰 공공 및 민간 투자를 더 잘 통합한 국가의 경제운용에 대한 건전한 접근 방식이 포함될 수 있다.

* * *

어떤 이들은 미국과 중국과의 경쟁이 투키디데스 함정에 빠질 수 있을 만큼 위험하다고 주장한다. 투키디데스의 함정이란 각 세력 사이의 장기적인 구조적 변화에서 비롯된 것으로 새로운 세력과 쇠퇴하는 세력이 군사적 충돌이라는 위험에 빠지는 것을 의미한다.[35] 이 투키디데스의 함정을 피하려면 가장 극단적 형태의 선택인 전쟁이나 혹은 수동적인 수용 그 어느 쪽에도 끌리지 않고 대신 중간의 길을 찾아야 한다. 나는 이미 중국과 교류할 때 극단적인 대결을 피할 수 있는 최선의 수단은 공정한 경쟁이라고 설명했었다. 미국이 중국의 국제법 위반과 인공섬 건설, 그리고 군사력 증강 같은 남중국해의 주권 위반 행위에 대해 방관을 했다면 충돌의 가능성은 한층 더 커졌을 것이다. 중국이 미국의 주요 기술들을 훔치기 위해 미국 안에서 협력자들을 이용하는 동안 우리가 손을 놓고 있었다면 이들의 비밀활동은 규모가 줄어들기는커녕 더 공격적으로 늘어났을 것이다. 공정하고 투명한 경쟁을 통해 양국은 갈등의 불필요한 단계적 확대를 방지하고 이해관계가 겹치는 시급한 문제들에 대해서는 서로 협력할 수 있다. 경쟁을 한다고 해서 기후변화와 환경보호, 식량과 수자원 안보 문제, 전염병에 대한 예방과 대응, 그리고 심지어 북한의 핵무기와 미사일 계획 같은 문제들에 대한 협력까지 배제할 필요는 없는 것이다.

그렇지만 경기침체가 중국 공산당의 두려움을 고조시키면서 당은 중국 문제와 관련해 미국과 다른 국가들을 비난하는 데 더 큰 노력을 기울이며 독점적인 권력 장악을 보장해주는 더 잔혹한 수단을 장려할 것으로 보인다. 중국 공산당이 미국과 자유세계를 따라잡고 추월하기 위해 추구했던 비정상적인 경제 정책들은 역설적이게도 중국 지도자들이 중국의 꿈에 담긴 승리의 서사를 전달하려는 걸 방해할 수 있다.[36] 지금의 체제 안에서라면 민주적으로 인민들을 관리할 수 있는 역량도 없고 또 평화적으로 표현되는 불만을 수용할 관용도 찾아볼 수 없기 때문에 공산당에 대한 적극적인 반대나 반발에 직면하게 될 수도 있다. 2020년 초 중국 공산당이 코로나바이러스 발생에 대해 안이하게 대응하고 또 각 지역 공무원들이 처음에는 이를 은폐하려고 시도했다가 다시 당에 대한 비판을 억누르기 위해 어설프게 검열에 나선 건 중국 체제의 약점을 나타내는 증거라고 볼 수 있다. 혹시 있을지 모를 반대와 저항에 대비하려는 듯 당은 첨단 기술을 기반으로 하는 경찰국가 완성을 위해 박차를 가하고 있다. 그리고 이러한 노력은 앞으로도 더욱 강화될 것이다. 또한 경제성장이 둔화되고 당 지도자들의 불안이 커짐에 따라 중국이 펼치는 외교 정책과 군사 전략은 남중국해와 타이완해협, 센카쿠열도 같은 지역에서 일촉즉발의 위험한 대결로 이어질 수 있다. 중국은 "총을 정비하다보면 우연히 오발이 일어날 수도 있다擦枪走火"고 공공연하게 이야기한다. 이런 이유 때문에서라도 미국과 동맹국들은 중국 공산당에게 무력 사용만으로는 원하는 목표를 달성할 수 없다고 설득할 수 있는 굳은 의지와 강력한 군사력을 확보해야만 하는 것이다.

미국과 다른 국가들은 그저 모든 비난과 비판이 "중국을 억압하려"고만 한다는 중국 공산당의 주장에 반박하고 나서야 한다. 중국과 외교, 경제, 그리고 군사력 부문에서 효율적으로 경쟁하는 것이 결과적으로는 극단적인 대결을 피하는 가장 좋은 방법이라는 사실을 이해해야 한다. 2019년 중국대사관에서 열린 어느 행사에서 추이톈카이崔天凱 중국 대사는 중국에 대한 미국의 새로운 접근 방식을 중국의 기세를 억누르고 인민들에게 약속한 중국의 꿈을 부정하려는 노력처럼 묘사하는 연설을 했다. 그러자 매트 포틴저는 유창한 중국어로 협력과 참여가 표현상으로 경쟁과는 어떤 차이가 있는지 설명을 했고 이렇게 표현을 바꾸는 문제에 대해 공자의 이야기를 인용했다. "대의명분이 옳게 서지 않으면 말도 그 이치가 맞지 않는다. 말이 그 이치에 맞지 않으면 아무것도 제대로 이룰 수 없다名不正, 则言不顺; 言不顺, 则事不成."[37] 또한 우리가 지향하는 경쟁은 인민들의 권리나 안보, 주권, 그리고 다른 나라 국민들의 번영을 희생시키지 않고도 충분히 꿈을 이룰 수 있다는 점을 시진핑 주석과 중국 공산당 지도자들에게 확신시키는 것을 목표로 해야 한다.

3부 ——— 남아시아

소비에트연방, 아프가니스탄 국경에서 군사력 증강……**지아, 파키스탄의 핵폭탄 제조설 부인, 그러면서 미국의 원조 재개 촉구**……*카불평화회담은 실패로 돌아갔고 공격은 계속되고 있다*……인도는 이제 핵무기 보유국이다……**세계무역센터에 여객기 충돌**……미국의 공격이 시작되었다……**아프가니스탄의 지도자가 국가 재건을 위한 도움 요청**……만일 우리가 결단을 내린다면 모두가 우리를 기억하겠지만 그렇지 않으면 망각 속에 잊혀질 것이다……*뭄바이 대학살*……미국으로서는 국가재건에 초점을 맞출 때다……**오사마 빈 라덴 사망**…… 알카에다 지도부의 실체는 그림자와 같다……**아프가니스탄의 성공가도? 젊은 지도자들이 바꾼다**……아프가니스탄에서의 미군의 전투 임무는 제대로 마무리되었다……*파키스탄 초등학교 공격으로 114명 사망*……**"아마도 사상 최대 규모인 듯한" 아프가니스탄의 알카에다 훈련장 괴멸**……*아이만 알 자와히리, 탈레반의 새로운 지도자에게 충성 맹세*……나는 그 즉시 회담을 취소하고 평화협상을 연기했다……**미국, 파키스탄을 테러 지원국 명단에 올려**……인도는 민주주의 국가다. 민주주의는 우리의 유전자 안에 새겨져 있다……**아프가니스탄에서 민간인 사상자 숫자가 기록적으로 상승**……끝없는 전쟁에 빠져들어서는 안 된다……**인도, 카슈미르 테러 공격 보복으로 파키스탄 폭격**……**시민권법 개정에 반대하는 시위대가 집결, 인도의 국가 근간 위협**……우리는 간디의 뜻을 따랐다……*미국은 사태 해결을 위해 탈레반과 협상에 나섰다*……

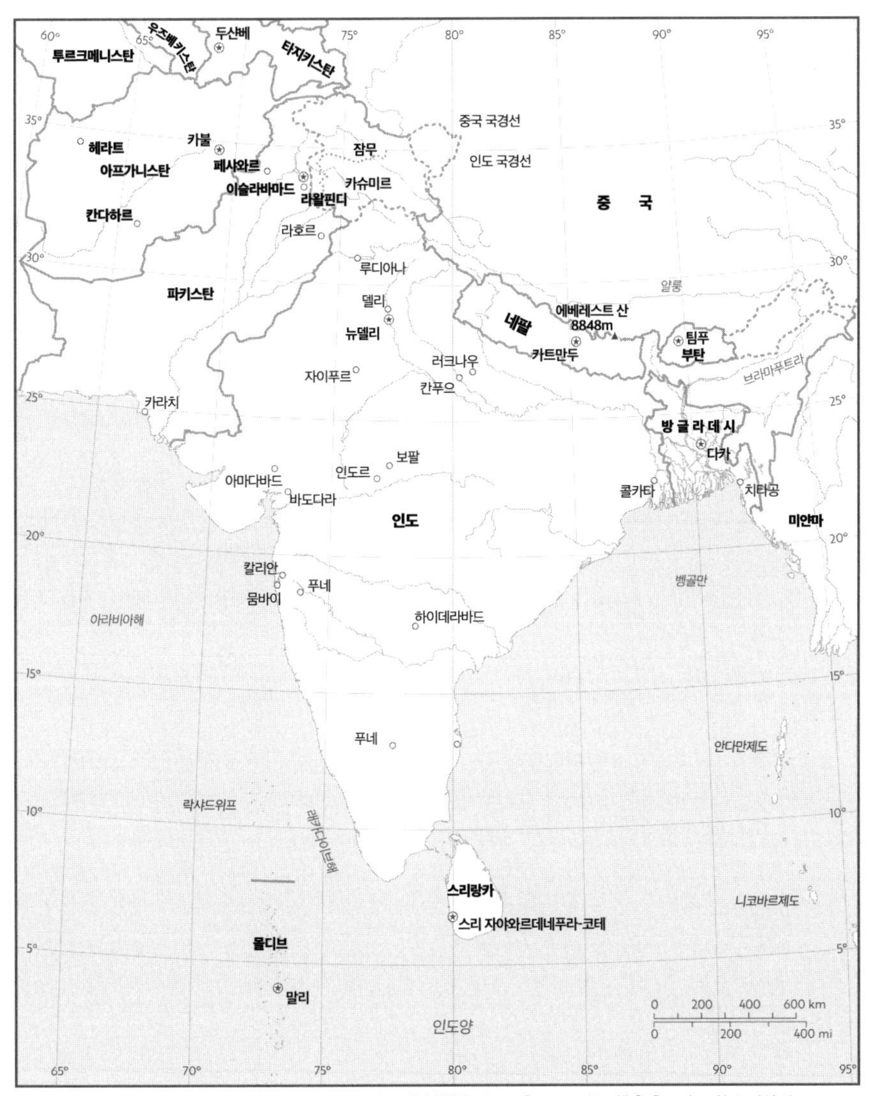

Map © 2020 Springer Cartographics LLC. Based on United Nations map.

5장

20년째 반복되고 있는 전쟁

: 남아시아 지역에 대한 미국의 환상

"모든 원칙에는 그 원칙을 세상에 퍼뜨리기 위한 선봉 부대가 있어야 하며, 원칙을 세상에 퍼뜨리는 동안 엄청나게 무거운 과업과 값비싼 희생을 견뎌내야 한다…… 알카에다 알-술바Al-Qaeda al-Sulbah, 즉 단단한 기반이 있어야 이런 선봉 부대가 만들어질 수 있다."

—압둘라 아잠ABDULLAH AZZAM[1]

2017년 2월 백악관에 도착했을 때 아프가니스탄에 대한 논의를 다들 꺼리는 것을 보고 나는 약 30년 전 육군사관학교 생도였을 때 베트남에 대한 논의를 꺼리던 모습이 떠올랐다. 아프가니스탄에 대한 책임을 지는 정부 요직의 자리가 공석인 건 역사상 가장 길게 이어지고 있는 전쟁에 대한 미국의 관심이 어느새 사라져버린 현실을 반영하는 것 같았다. 외딴 내륙의 산악지대에서 우리 장병들이 아직도 하고 있는 일을 이해하는 미국 국민은 거의 없었다. 시진핑 주석의 마르-아-라고 방문에 앞서 중국에 대한 전략을 수립하고 북한의 핵무기 및 미사일 계획에 대해 어떻게 대처해야 할지를 결정해야만 하는 등 산적해 있는 문제들이 많았다. 그리고 귀찮은 일이 있으면 빠지고 보려는 트럼프 대통령의 성향을 감안할 때 이번 행정부가 아프가니스탄을 우선시할 이유가 없었다. 미군의 철수를 주장하는 사람들은 대통령에게 다른 대안을 제시하고 싶지는 않는 것 같았다. 반면에 우리 전략의 결함을 시정하고 탈레반을 비롯한 다른 여러 테러 조직에 맞서 싸우는 아프가니스탄군을 계속 지원하고 싶어하는 사람들은 대통령이 바로 철수를 명령할 수도 있기 때문에 이 이야기를 꺼내는 것 자체를 꺼렸다. 대통령이 미국의 이익에 반할 수도 있는 결정을 내리도록 자극하는 것보다는 지난 16년 동안 그랬던 것처럼 그냥 전쟁이 뒤죽박죽이 되도록 내버려두는 것이 더 낫지 않을까?

대통령이 미국 국민에 대한 전시 지도자로서 그 책임을 다할 수 있도록 우리는 남아시아 지역의 포괄적인 전략에 들어맞는 아프가니스탄 맞춤형 전략들을 개발할 필요가 있었다. 이 지역에는 서로를 적으로 여기는 두 핵무기 보유국 인도와 파키스탄이 있었다. 세계에서 가장 거대한 규모의 민주주의 국가 인도는 엄청난 기회의 땅이었지만 주로 인도와 파키스탄 사이의 적대감 때문에 남아시아 지역은 경제적으로 세계에서 가장 협력이 안 되는 지역이었다. 아프가니스탄과 파키스탄에서만 20개가 넘는 해외에서 유입된 테러 조직들이 활동했다.[2] 남아시아 지역은 미국의 안보와 번영에 중요한 막대한 잠재력과 심각한 위험, 그리고 벅찬 도전의 땅이었다.

수십 년 동안 이어진 전쟁은 아프가니스탄 사회에 큰 충격을 주었다. 미국의 정책입안자들과 전략가들은 오랜 갈등이 한 국가를 얼마나 분열시키고 약화시키는지 제대로 이해하지 못했다. 2001년 시작된 미국의 군사작전이 성공을 거둔 후에 탈레반은 근거지를 잃었지만 그렇다고 완전히 패배하지는 않았고, 거기에 좀처럼 꼬리를 잡히지 않는 알카에다와 새로운 테러 조직, 그리고 동맹국으로 추정되는 파키스탄 군대를 포함한 이런저런 테러 조직들의 지지 세력들이 서로 얽히고설키면서 상황은 대단히 복잡해졌다. 처음 침공 계획을 세울 때만 해도 아프가니스탄 상황에 대한 정치적 원인이 어떤 것인지, 특히 우리의 적이 부족과 민족, 그리고 종교적 대결을 어떻게 활용하는지 전혀 예상하지 못했다. 역설적이게도 전쟁을 짧게 끝내겠다는 생각이 갈등의 골을 더욱 깊게 만들었다. 전쟁은 거의 20년 가까이 이어졌지만 그렇다고 미국과 동맹국들이 20년 동안 전쟁을 치른 것은 아니다. 아프가니스탄에서는 1년짜리 전쟁이 20년 동안 계속해서 되풀이되고 있었다.

2017년이 되자 아프가니스탄전쟁의 상황은 마치 비행기가 자동조종 장치를 따라 그대로 추락하는 것처럼 보일 정도였다. 아무도 아프가니스탄에 관심을 기울이지 않았다. 수년 동안 반복되어온 일관되지 않은 정책과 비효율적인 전술이 우리 군대를 취약하게 만들었으며 탈레반과 알카에다, 그리고 파키스탄의 도움을 받는 여러 테러 조직들도 다시 부활했다. 나에게는 아프가니스탄에서 실행 가능한 전략이 마땅히 없는 것이 다른 현실적인 문제들보다 중요해 보였다. 아프가니스탄은 윤리적으로 실패한 전장이었다. 베트남전쟁과 마찬가지로 우리 병사들은 위험을 감수하고 희생을 치르고 있었지만 그런 일들이 어떤 가치 있는 결과에 기여했는지 전혀 알지 못했다. 우리의 목표가 철수였다면 왜 병사들은 여전히 위험에 처해 있는 것일까? 13세기의 성인 토마스 아퀴나스Saint Thomas Aquinas는 전쟁이 정당화되기 위해서는 올바른 의도에 따른 기준이 충족되어야 한다고 말했다. 즉, 정당한 평화를 다시 이룩하는 걸 목표로 해야 한다는 뜻이다.[3] 처음부터 문제가 있었고 전략마저 끊임없이 바뀌가야 하는 아프가니스탄전쟁은 더이상 그런 기준을 충족할 수 없다고 나는 확신했다. 나는 미국이 결국 패배할 전쟁이라면 그렇게 되기 전에 대통령에게 어떤 선택의 여지를 주는 것이 중요하다고 생각했다.

나는 상황에 대한 평가를 듣고 우리가 배운 것들을 통해서 대통령에게 선택할 수 있는 부분들을 알리기 위해 4월에 남아시아 지역 순방을 계획했다. 국가정보국과 국무부, 국방부, 재무부를 포함한 관련 부서 및 기관의 임원들이 나를 비롯한 국가안전보장회의 직원들과 함께 동행을 해서 문제와 기회에 대한 공동의 이해와 협력을 촉진하기로 했다. 나는 얼마 전 남아시아 지역의 새로운 담당자로 리사 커티스Lisa Curtis를 채용했다. 커티스는 파키스탄 일정에 동행할 예정이었으며 흠 잡을 곳이 없는 전문가였다. 나는 남아시아 지역에서 외교관과 정보담당관, 그리고 정책연구소의 분석가 등으로 20년이 넘는 경험을 쌓은 커티스에게 많은 도움을 받게 되리라 기대했다. 그녀는 인도와 파키스탄에서 근무하며 미국에서는 20대 중반 무렵부터 1980년대 소비에트연방과 아프가니스탄전쟁에서 활약한 자유의 투사라고 불렸고 나중에는 자신의 조직을 이끌고 미국과 아프가니스탄 정부와 싸우게 되는 잘랄루딘 하카니Jalaluddin Haqqani를 만난 적도 있었다. 그동안 남아시아 지역을 실질적으로 담당하며 아프가니스탄을 책임져온 사람은 육군 특수부대 장교인 페르난도 루한Fernando Lujan이었다. 육군사관학교를 졸업하고 하버드대학교에서 공공 정책 관련 석사학위를 받은 루한은 행정부가 바뀌는 기간 동안을 책임질 수 있을 정도로 해당 업무에 필요한 경력과 경험을 두루 갖추고 있는 사람이었다. 직급으로는 국장대리에 해당했던 루한은 서열을 중시하며 육군 중령이 민간인 고위 관리들을 회의에 소집하는 것을 불쾌하게 생각하는 국방부 인사들과 충돌이 잦은 편이었다. 루한은 백악관을 떠나 아프가니스탄으로 떠날 예정이었지만 나는 그에게 리사가 그 일을 맡을 때까지 좀더 머물러달라고 부탁했다.

2009년부터 오바마 행정부와 국무부는 예정된 철수를 진행하면서 탈레반과 수용 가능한 평화협정 협상을 위해 노력해왔다. 비행기에서 관련 문서를 읽으면서 나는 워싱턴의 일부 관료들이 탈레반은 아프가니스탄에서 권력을 공유하겠다는 약속과 함께 이슬람원리주의 테러 조직에 대한 지원을 포기하도록 설득이 가능한 비교적 온순한 조직이라고 믿고 있다는 결론을 내렸다. 이거야말로 탈레반은 테러 조직과 관련이 없으며 아프가니스탄 헌법에 부합하는 권력 공유협정을 수용할 것이라는 잘못된 전제와 희망사항에 따른 전략적 자아도취의 극단적인 사례였다. 다른 전략적 자아도취가 그랬듯 정책입안자들은 아프가니스탄과 파키스탄에 있는 적들에 대해 자신들의 입맛에만 맞게 마음대로 해석을 했다.

우리는 2017년 4월 14일에 앤드루스 공군 기지를 떠났다. 그리고 비행기 뒤쪽에 자리한 일반 침실의 두 배쯤 되는 넓은 공간에서 회의를 열었다. 회의중에 나는 탈레반을 알카에다를 비롯한 다른 여러 이슬람원리주의 테러 조직과 얽힌 반동적이고 무자비하며 비인도적이고 여성 혐오적인 조직으로 설명했다. 이들이 극히 위험한 건 아프가니스탄과 파키스탄의 테러 조직 생태계가 상대적으로 접근하기 어려운 지역에서 수익성 좋은 마약 거래를 할 수 있는 그런 강력한 조직들을 길러낼 수 있기 때문이었다. 이들은 이런 험난한 지형 속에 숨어 공격을 계획하고 자원을 조달하며 조직원들을 끌어모아 훈련을 시킬 수 있었다. 마약 거래는 테러 조직들의 힘의 근원이었으며 이를 통해 매년 수억 달러의 현금이 이들 손으로 굴러들어갔다. 또한 많은 공무원들이 손쉬운 돈벌이의 유혹에 무너지기 때문에 마약은 아프가니스탄 정부와 기관들의 또다른 약점이기도 했다. 나는 중국의 전략가 손자의 충고에 귀를 필요가 있다고 제안했다. 지금으로부터 2,500년 전에 손자는 이렇게 말했었다. "적을 알고 나를 안다면 백 번 싸워도 두려움을 느낄 이유가 없다."[4]

나는 우리 직원들 중 일부가 철수와 대화 전략에 지나치게 감정적으로 이입이 되었고 그 때문에 환상이 현실을 압도하고 있다는 사실을 금방 깨달았다. 직원들은 잔혹한 이슬람 율법에 따라 아프가니스탄에서 이슬람 토후국土侯國을 세우겠다는 목표를 포기하고 새롭게 태어난 탈레반의 모습을 상상했다. 게다가 탈레반과의 대화는 학계와 정책연구소의 분석가들이 전시 외교 문제와 관련해서나 관심을 갖는 소소한 주제가 되어버렸다. 그렇지만 그들은 자신들이 상상하고 있는 대화의 상대가 실제로는 2001년 9월 11일에 거의 3,000명에 달하는 미국인들을 살해한 알카에다를 도운 야만스러운 테러 조직이며, 아프가니스탄 사람들에게 오랜 세월 무자비한 폭력을 휘두르고 고통을 주는 그런 존재라는 사실을 알지 못했다. 나는 우리의 여행이 남아시아 지역의 상황에 대한 더 높은 수준의 전략적 공감과 이 지역의 적들에 대한 더 나은 이해를 끌어낼 수 있기를 바랐다. 너무나 오랜 세월 동안 우리는 승리를 할 때마다 또다른 패배로 고통을 겪어왔다.

전략 세우기의 기초는 일단 가정을 세우고 다시 그 가정을 다시 한 번 검토해 깨뜨려보려는 의지다. 나는 아프가니스탄의 상황과 관련해 직원들에게 남아시아 지역에서 미국이 가지고 있는 환상을 바탕으로 한 다음의 네 가지 가정을 깨뜨려보라고 요청했다.

- 첫째, 정보수집을 통한 테러 방지 전용의 타격과 기습이라는 편향된 접근 방식은 과연 테러 조직이 미국을 위협하는 것을 막아내는 데 적합한 방식일까.
- 둘째, 탈레반은 알카에다를 비롯해 미국과 그 동맹국, 그리고 해외 거주 미국 국민들의 안보를 위협하는 다른 초국가적 테러 조직들과 분리되어 구별될 수 있는 집단인가.
- 셋째, 탈레반은 세력을 회복되고 미군이 철수하더라도 선의를 갖고 협상하며 폭력적인 활동을 끝내는 데 동의할 것인가.
- 마지막으로 파키스탄은 미국의 지원과 외교적 요청에 따라 탈레반을 비롯한 다른 테러 조직들에 대한 지원을 중단하거나 대폭 축소할 것인가.

* * *

우리가 탄 비행기가 아프가니스탄의 수도 카불에 착륙하자 나는 다시 이곳으로 돌아온 것이 반가웠다. 20개월 동안의 복무를 마치고 이곳을 떠난 것이 벌써 5년 전의 일이었다. 당시 아프가니스탄에 주둔한 국제안보지원군International Security Assistance Force, ISAF의 사령관으로 임명된 데이비드 퍼트레이어스David Petraeus 장군은 나에게 함께 아프가니스탄의 재건을 가로막는 가장 큰 장애물 중 하나인 부패와 조직범죄 문제의 해결을 도와달라고 요청을 했었다. 그전까지 나는 군을 위해 개념 발달 및 학습 문제를 연구하는 일을 했었고, 그 과정에서 이라크와 아프가니스탄에서의 전쟁을 면밀하게 살펴보았었다. 나는 아프가니스탄에서 2년을 보내며 내가 파악했던 중요한 교훈들을 다시 한번 확인했다. 그동안 미군과 민간인 협력 세력들은 지속 가능한 정치적 결과를 달성하기 위해 어떤 노력을 기울여야 하는지 정확하게 확인을 하지 않았다. 나는 마침내 아프가니스탄을 위한 현실적인 전략을 개발할 수 있는 노력을 기울일 수 있는 기회가 내게 주어진 것에 감사했다. 우리는 이미 오래전에 미국 역사상 가장 길게 이어지고 있는 전쟁에서 힘들게 얻은 교훈에 따라 행동을 했어야 했다.

카불공항에서 대사관까지의 거리는 2.5마일에 불과했지만 우리는 헬리콥터를 타고 미국대사관과 미국이 주도하는 연합군 사령부가 있는 넓게 펼쳐진 보안구역 내 착륙 가능 지역으로 날아갔다. 이 도시에서 미국 측 관리들의 일상적인 지상 이동조차 안전하지 않다는 사실을 두고 철수 옹호론자들은 전략 부족이 아닌 전쟁의 무익함을 나타내는 증거로 내세우곤 했다. 우리가 탄 블랙호크 헬리콥터가 착륙하자 대통령이 새로운 대사를 임명할 때까지 대사 직무대행을 맡은 고위 외교관 휴고 로런스Hugo Llorens가 나와 우리를 맞이해주었다. 우리는 함께 대사관으로 걸어갔다. 로런스는 2001년 이후 아프가니스탄에 부임한 10번째 직무대행이었다.

로런스는 지난 35년 동안 주로 서반구와 미국의 관계를 조율해온 노련한 외교관으로 곧 은퇴를 할 예정이었다. 실제 나이인 62세보다 훨씬 젊어 보이는 로런스는 활력이 넘쳤다. 그는 2주 전 워싱턴에서 우려가 점점 커지고 있다고 내게 말한 적이 있었다. 아프가니스탄 도심지에서 벌어지는 탈레반의 대량학살 공격이나 외각 지역에서의 탈레반의 세력 확장, 혹은 2015년 9월의 쿤두즈Kunduz나 2016년 9월

타린코트Tarinkot에 대한 대규모 공격보다도 로런스가 더 걱정했던 건 미국의 목표 부족과 전략의 모호성이 분명하게 드러나고 있다는 사실이었다. 미국의 모호한 태도는 탈레반을 더욱 대담하게 만들었고 아프가니스탄 정부와 국민들은 믿음을 잃어갔다. 게다가 미래에 대한 의구심까지 겹치면서 파키스탄과 국경을 접하고 있는 산악지대에 숨어 끊임없이 세력을 다시 되살리고 있는 탈레반에 맞설 아프가니스탄 정부의 힘을 키우는 데 필요한 개혁이 제대로 이루어지지 않았다. 로런스는 또한 비현실적인 기대로 인해 미국의 의지가 줄어드는 것도 염려했다. 아프가니스탄 정부는 나라를 갉아먹는 부패를 줄여나가야 했지만 아프가니스탄은 결코 스위스 같은 나라가 될 수도 없고 또 그럴 필요조차 느끼지 못했다.

2003년 아프가니스탄을 처음 찾은 이후 나는 아프가니스탄 정책과 관련된 나의 감정이 지나친 낙관주의에서 체념으로, 그리고 심지어 패배주의로 바뀌어가는 것을 느꼈다. 로런스는 남아시아 지역이 다시는 미국 본토와 동맹국들, 혹은 해외에 거주하는 미국인들에 대한 공격을 노리는 테러 조직의 기지가 되지 않도록 미국과 그 동맹국들이 행사할 수 있는 영향력과 상황에 대한 정직한 평가를 바탕으로 현실적인 전략을 세울 필요가 있다는 데 동의했다. 그리고 우리에게는 미국 국민들이 받아들일 수 있는 희생 안에서 시간이 지나도 계속 유지될 수 있는 지속 가능한 전략이 필요했다. 푸틴의 러시아와 시진핑의 중국이 우리 앞에 내민 과제를 이해하는 일과 마찬가지로 현재에 대해 평가하고 미래에 무엇이 필요한지 알려면 최근에 있었던 여러 사건들부터 먼저 이해해야 했다.

* * *

대사관 건물을 나와 사령부로 가면서 나는 아프가니스탄 민병대와 미군이 카불에서 탈레반을 몰아낸 후 17개월 만에 내가 처음 찾았던 장소의 지난 역사를 돌이켜보았다. 2001년 12월, 미 해병대는 1989년 1월 소비에트연방 군대가 마지막으로 철수하면서 포기하고 떠났던 예전 대사관 건물을 다시 점령했다. 지하실에 있는 잠겨 있는 금고 안에는 접혀 있는 미국 국기 하나와 제임스 M. 블레이크James M. Blake 상사가 "해병대 병사들에게"라며 손으로 써서 남긴 쪽지 한 장이 들어 있었다. 블레이크 상사는 당시 대사관을 지켰던 마지막 해병대 지휘관이었다. 아프가니스탄 관리인들은 오래된 대사관을 기념물처럼 유지하면서 주변을 돌봤지만 절대 건물 안으로는 들어가지 않았다. 2001년, 그 관리인들 중 한 사람으로 1989년의 매서웠던 겨울을 떠올리며 "국제사회가 아프가니스탄을 잊었다는 사실을 굉장히 슬퍼했던" 하미드 맘눈Hamid Mamnoon은 한 기자에게 "국제사회가 우리와 함께하고 더이상 우리를 잊지 않아서 기쁘다"고 말했다.[5] 2017년이 되고 나니 1960년대의 소박한 대사관 건물은 주변의 크고 번쩍이는 건물들과 비교해 아주 작아 보였다. 그리고 이 모습은 버지니아 리 버튼Virginia Lee Burton의 고전 그림 동화 『작은 집 이야기*The Little House*』를 떠올리게 했다. 거의 800만 달러의 건축비가 들어간 새로운 대사관 주변 시설은 미국이 겪은 전쟁이 어떤 것인지 보여주는 유형의 상징물이어야 했다. 미국은 아프가니스탄을 다시는 잊지 않을 것이다. 그렇지만 또 화려해 보이는 새로운 대사관 시설은 아프가니스탄에서의 사명에 대한 미국의 크나큰 의구심과 임박한 미군 철수에 대한 계속되는 발표가 거짓말인 것처럼 보이게 만들기도 했으며 동시에 미국과 아프가니스탄 사람들을 다 같이 당황스럽게 만든 미국 정책의 많은 혼란과 모순을 상징하는 것도 같았다.

미국대사관과 여러 군 지휘부, 그리고 1880년부터 아프가니스탄 지도자들의 근거지였던 아르그Arg가 있는 안전 지역은 아프가니스탄의 험난했던 근대사를 나타내는 일종의 박물관이나 마찬가지였다. 1989년에 마지막 소비에트연방 소속 부대가 떠나고 연방이 붕괴되기 시작하자 연방을 따르던 카불의 정부는 그 위상이 위태로워졌다. 1992년, 소비에트연방과 싸워온 무자헤딘mujahideen 민병대가 마지막까지 남아 있던 친소비에트 지도자 무함마드 나지불라Mohammad Najibullah를 몰아낸 후 잔혹한 내전이 시작되었다. 나지불라와 그의 동생은 아르그에서 도망쳤고 국제연합이 관리하는 보호구역으로 들어갔다. 내전이 진행되는 동안 아프가니스탄 사람들은 멋대로 활개를 치는 군벌과 도적들 때문에 큰 고통을 겪었다. 많은 아프가니스탄 부족들이 약탈과 살인, 고문, 강간, 거기에 잔혹한 아동학대까지 서슴지 않는 사악한 지도자들에게 이리저리 휘둘렸는데, 탈레반이 부각된 건 이런 혼란과 범죄를 종식하겠다는 약속 때문이었다. 1996년이 되자 파키스탄의 지원을 받은 탈레반이 카불을 점령한다. 탈레반 전사들은 자신들의 지도자인 외눈박이 성직자 물라 오마르Mullah Omar를 위해 아르그궁전을 손에 넣었다. 아프가니스탄을 "완전한 이슬람교식 지배가 실시되는 완벽한 이슬람 국가"로 선언한 오마르의 첫번째 명령은 나지불라를 체포하라는 것이었다. 탈레반의 처형부대는 나지불라와 그의 동생을 국제연합 보호구역에서 끌어내 고문한 뒤 살해하고 아르그 성벽 밖에 있는 교차로의 가로등에 처참하게 변해버린 사체를 매달았다.[6] 아프가니스탄 사람들은 질서를 원했지만 탈레반은 그 어떤 예외도 용납하지 않는 순결한 믿음을 내세우며 또 다른 형태의 잔혹함으로 그들을 대했다.

탈레반이 카불과 아프가니스탄 대부분을 장악하면서 아흐마드 샤 마수드Ahmad Shah Massoud와 주로 타지크Tajik와 우즈베크Uzbek, 그리고 하자라Hazara 민족으로 구성된 수천 명의 민병대가 북부 지역으로 내몰렸고 그곳에서 자신들까지 완전하게 굴복시키려는 탈레반 정권에게 계속해서 저항했다. 탈레반과 알카에다는 마수드를 암살하기 위해 몇 년 동안 애를 썼지만 마수드에 대한 충성심은 더 맹렬하게 끓어올랐다. 지금도 카불에서는 그의 사진을 광고판이나 택시, 관공서 등 어디에서나 찾아볼 수 있다. 오사마 빈 라덴은 미국이 9/11 사건의 주모자들을 쫓아 아프가니스탄에 있는 알카에다의 은신처까지 추적해오면 미군과 마수드의 북부동맹이 서로 협력하게 되리라는 사실을 알고 있었다. 그래서 2001년 9월 9일 아랍 텔레비전 소속 기자로 위장한 두 명의 알카에다 요원이 마수드의 지휘 아래 북부동맹의 본부로 사용하고 있는 작은 콘크리트 건물 안으로 들어갔다. 요원들은 촬영 장비 안에 숨겨놓은 폭탄을 터뜨려 마수드와 그의 오랜 정치적 동지 마수드 카릴리Massoud Khalili에게 큰 부상을 입힌다.[7]

하지만 오사마 빈 라덴의 계획은 역효과를 불러일으켰다. 마수드의 북부동맹은 붕괴되지 않았고 마수드의 순교에 격앙된 전사들은 탈레반과 알카에다에게 자신들이 당한 일을 그대로 되갚아줄 것을 다짐했다. CIA요원과 미 특수부대 병사들이 판지시르협곡Panjshir Valley에 있는 북부동맹 기지에 도착한 지 49일 만에 카불은 탈레반으로부터 해방되었다. 미국 측의 피해는 미미했다. 특수부대와 CIA요원들이 미국 공군을 비롯해 탈레반에 저항하는 아프가니스탄 민병대와 힘을 합치는 이 "소규모 집중 타격" 방식은 효과가 있는 것 같았다. 하지만 전쟁은 곧 새로운 국면으로 접어들었다. 다시 한번 손자의 말을 달리 표현해보자면, 내 문제는 내가 해결할 수 있겠지만 적의 문제에 대해서까지 내 입장에서 확신할 수는 없는 일이었다.[8]

전쟁 초기에는 이렇게 탈레반을 몰아낼 수 있었지만 2001년 12월 오사마 빈 라덴과 약 5,000명의 테러 조직원들과 탈레반 전사들이 파키스탄으로 탈출했다. 미 중부사령부U.S. Central Command 사령관인 토미 프랭크스Tommy Franks 장군과 도널드 럼스펠드Donald Rumsfeld 국방부 장관은 탈레반을 몰아내고 알카에다를 괴멸시키기 위해 신속하면서도 효율적인 작전을 펼치기로 결정했다. 대규모 병력의 투입이 오히려 지속적인 저항을 불러올 수 있다는 판단으로 이들은 필요한 군대를 배치하지 않으려 했고, 이후 빈 라덴과 알카에다, 그리고 탈레반이 파키스탄 정보부Inter-Services Intelligence, ISI의 도움으로 세력을 회복하기 시작하면서 미국으로서는 사실상 피하고 싶었던 상황이 전개되고 말았다.[9] 2001년부터 2017년까지 이어진 일관성 없고 부적절한 미국 측의 전략은 알카에다와 탈레반을 비롯한 다른 이슬람 원리주의 조직들이 세력을 회복하는 데 필요한 시간과 공간을 제공했다. 적을 지원 세력들로부터 고립시키고 아프가니스탄을 도와 다시 살아나는 탈레반에게 대항할 수 있도록 만들려고 했던 미국의 전략은 제대로 된 지원을 받지 못하거나 너무 성급하게 중단이 되고 말았다.

사실, 미국은 애초부터 탈레반 이후의 아프가니스탄을 안정시키려는 노력에는 신경을 쓰지 않았다. 아프가니스탄 지역의 군사적 개입에 대한 역사에 거의 관심 없었던 미국의 전략가들은 아프가니스탄이 다시 한번 테러 집단들의 은신처가 되는 일을 막는 데 꼭 필요했던 새로운 정부 수립을 최우선 과제로 여기지 않은 것이다. 국제연합의 후원으로 2001년 12월 독일 본에서 열린 회의에 참석한 참가자들은 아프가니스탄을 위한 새로운 헌정 질서 확립과 선거를 계획했고, 모든 아프가니스탄의 대표들이 모이는 대회의인 로야 지르가Loya Jirga에서는 하미드 카르자이Hamid Karzai를 과도정부의 임시대통령으로 뽑았다. 새 정부가 수립되자 미국 측은 아프가니스탄에서의 미군의 임무를 테러 공격을 막는 일에만 한정시켰다. 미군은 탈레반과 알카에다 지도자들을 추적하기 위한 목적으로만 아프가니스탄에 주둔했다.[10] 연합군 사령부로 차를 타고 이동하면서 나는 2003년 아프가니스탄에 처음 파병되었을 때를 떠올렸다. 얼마 되지 않은 특수부대 병력만으로 알카에다의 탈출 경로를 차단하는 "소규모 집중 타격" 작전을 주도적으로 계획했던 럼스펠드 국방부 장관이 병력 추가 감축을 명령한 직후였기 때문에 1개 육군 전투여단만이 바그람Bagram과 칸다하르Kandahar 기지를 나눠서 지키고 있었다. 럼스펠드 장관과 연합군 사령관인 대니얼 맥닐Danial McNeil 장군, 그리고 아프가니스탄 대통령 카르자이는 함께 "우리는 중요한 전투를 끝내고 아프가니스탄의 안정화 및 재건 활동의 시기로 확실하게 접어드는 시점에 서 있다"라고 발표한다.[11] 당시 조지 W. 부시 행정부는 두 달 일찍 시작된 이라크전쟁에 좀더 집중하고 있었다. 부시 행정부가 이라크전쟁에만 신경을 쓰면서 아프가니스탄과 남아시아에 지역에 대한 효과적인 전략 개발은 어려움을 겪게 될 수밖에 없었다. 결국 51개국으로 늘어난 국제적인 공조에도 불구하고 아프가니스탄전쟁에서 연합군은 탈레반과 알카에다가 재건되는 동안에도 계속해서 전쟁 초기와 마찬가지로 충분한 지원이 부족한 상태로 남아 있게 된다.

그렇지만 전쟁 초기 있었던 아프가니스탄 재건에 대한 빈약하고 간헐적인 노력 이후에 시간이 흐르고 나서 부시 행정부는 갑자기 입장을 바꿔 제 기능을 할 수 있는 국가를 세우는 데 도움이 되는 대규모 계획과 투자를 시작했다. 수많은 국가와 국제기구, 비정부기구들로부터 자금 지원이 계속 들어왔지만 그건 또 당시의 아프가니스탄 경제가 수용할 수 있는 범위를 넘어서는, 감당하기 힘든 수준이었다. 많은 지원금과 물품이 중간에 사라지거나 불필요하게 낭비되었다. 제대로 된 정부기관을 세우려는 노력은 각기 다른 NATO 동맹국들이 각기 다른 부처들을 후원하면서 불규칙적으로 진행이 되었다. 개발 계획도 적절하지 못했다. 많은 사람들이 아프가니스탄에서 분산된 형태의 전통적인 통치 형태와 어울리지 않는 중앙집중식 국가체제를 만들려고 했다.[12] 행정의 투명성 부족으로 지원 물품을 약탈하고 전시 경제로 이익을 얻으며 아프가니스탄 국민들을 괴롭히는 범죄 조직망들의 세력만 더 강화되었다. 미국은 잘못 전달된 지원과 강탈로 부패한 지도자들뿐 아니라 탈레반과 테러 조직까지 이익을 얻고 있음에도 불구하고 "가짜" 군인과 경찰에 대한 급여 지급 같은 범죄 행위까지 눈감아주는 경우가 많았다. 강력한 치안 유지 병력과 법치가 실종된 상황에서 많은 아프가니스탄 사람들은 선택의 여지조차 없이 힘이 있는 군벌이나 범죄 조직, 혹은 민병대에게 보호를 요청할 수밖에 없었고, 그러면서 사회는 더욱 분열되고 전후 아프가니스탄의 공통의 정체성과 미래에 대한 전망을 개발하려는 노력은 좌절되었다. 모두들 내전이나 탈레반의 복귀를 각오하고 있었고 그건 일부 미국 측 인사들도 마찬가지였다.

2010년 여름부터 2012년 봄까지 나는 아프가니스탄에서 새로운 정부기관들을 제대로 세우려는 노력이 필요하지만 또 그것이 불가능할 정도로 어렵고 심지어 비생산적이라고 생각하는 많은 미국 측 인사들을 만났다. 육군 준장으로서 나는 부패와 조직범죄의 위협을 더 이상 아프가니스탄 국가에 치명적이지 않은 수준으로 줄이는 임무를 수행하는 다국적 정보, 법 집행 및 군작전 부대를 지휘했다. 그렇지만 카불과 워싱턴의 미국 측 인사들은 아프가니스탄의 부패를 파벌이나 부실한 기관들 사이의 정치적 경쟁의 산물이라기보다는 변하지 않는 고유한 민족적 성향의 일종으로 보는 경향이 있었다. 그러한 견해는 때때로 문화적 민감성으로 가장된 대단히 편협한 생각처럼 보이기도 했는데, 아프가니스탄 사람들이라고 해서 태어날 때부터 부패와 범죄의 문화에 예속된 건 아니었기 때문이다.[13] 다양한 의견의 차이는 비현실적인 목표와 점진적 개혁을 장려하기 위해 아무것도 하지 않는 것 사이에서 종종 우왕좌왕하는 잘못된 선택으로 이어졌다. 아프가니스탄이 부패로부터 완전히 자유로워질 수는 없겠지만, 그래도 이 위태로운 국가에 가장 큰 위협이 되는 부패와 범죄자 들을 억누르는 것까지는 여전히 가능했다. 다만 그러기 위한 미국의 조치가 미흡했기 때문에 아프가니스탄 사람들이 당황하는 경우가 많았고 미국에서 파견된 관리들이 무능하거나 아니면 그들도 연루되어 있거나 혹은 둘 다라는 결론을 내리는 사람들도 있었다.

정보부 소속 관리들과의 대화에서 나는 이전에 있었던 작전과 관련된 흥분을 다시 느낄 수 있었다. 1980년대 CIA 관리들은 소비에트 연방의 점령에 대항하는 무자헤딘을 지원했고 이런 지원은 주로 현지 동맹국인 파키스탄의 ISI를 통해 제공되었다. 2001년에 CIA 관리들은 다시 아프가니스탄의 최전선에서 미국 특수작전부대와 함께 북부동맹과 카르자이의 민병대를 포함한 다른 민병대의 자문을 맡았다. 이들은 자금과 무기, 정보 및 공군력으로 힘을 실어준 무자헤딘 조직들과 긴밀한 관계를 구축했다.[14] 세월이 흐른 후, 아프가니스탄으로 다시 돌아온 CIA관리들 중에는 부패에 대응하고 아프가니스탄 국가를 제대로 세우는 데 필요한 개혁을 장려하는 것보다 민병대 지도자들과의 긴밀한 관계를 더 우선시하는 사람들이 일부 있었다. 이것은 실로 복잡한 역학관계로, 반부패 조치를 조건으로 지원을 하게 되면 국가로서의 아프가니스탄이 붕괴될 경우 테러 조직들과 싸우는 데 필요한 정보를 제공해줄 수 있는 집단들과의 관계가 위태로워질 수 있었다. 사령부까지 차를 타고 가면서 나는 5년 전 나눴던 대화를 떠올리며 지금은 또 어떤 대화가 오가게 될지 궁금해졌다.

* * *

당시 "단호한 지원Resolute Support"이라는 별칭으로도 알려져 있던 연합군의 사령부는 아프가니스탄의 마지막 국왕이었던 무함마드 자히르 샤Mohammed Zahir Shah와 지난 역사를 상기시키는 영국 조지왕조 시대 양식의 거대한 기둥들이 있는 건물 안에 있었다. 무함마드 국왕은 1933년부터 1973년 퇴위할 때까지 아프가니스탄을 통치했다. 그 안에는 육군 전용 휴식 시설도 있었는데 장교들은 잘 꾸며진 휴게실을 이용했고 군인 가족들을 위한 군악대의 공연도 있었다. 아이들은 수영장에서 수영을 했다. 미국 측 사령관 존 "믹" 니콜슨John "Mick"

Nicholson 장군이 이끄는 다른 연합군 관계자들은 임시로 지은 건물에서 생활을 했고 이들도 이 휴식 시설과 수영장을 자주 이용했다.

우리는 건물 앞에서 니콜슨 장군을 만났다. 그는 나의 오랜 친구였으며 내가 함께 복무한 최고의 장교들 중 한 명이었다. 내가 1984년 육군사관학교 신입생도였을 때 니콜슨은 4학년으로 사관생도들을 총 지휘하는 "여단장"이기도 했다. 그는 품성이 온화했고 재치도 넘쳤지만, 주로 두라니Durrani나 저지대 파슈툰Pashtuns 부족이 살고 있는 칸다하르나 헬만드 같은 비옥한 농업지대에서 길자이Ghilzai나 고지대 파슈툰 부족이 살고 있는 곳으로 유명한 동부 산악지대의 험준한 협곡에 이르기까지 탈레반 세력의 중심지에서 몇 번이고 작전을 지휘해온 냉철한 군인이었다.

니콜슨은 권력을 두고 다투는 아프가니스탄 부족들의 복잡한 상황을 잘 이해하고 있었다. 그중에서도 자신들이야말로 아프가니스탄의 정당한 통치자라고 생각하고 있는 두라니 부족은 1747년 아흐마드 샤 두라니Ahmad Shah Durrani 족장이 근대 아프가니스탄의 기초를 닦은 이래 아프가니스탄을 지배해온 왕족이었다. 한편 용맹한 전사들로 잘 알려진 길자이 파슈툰 부족은 부족의 자치권을 주장하며 두라니 부족의 통치권에 맞서고 있었다. 이런 부족 연합들 사이의 분열로 인해 정부와 탈레반에 대한 지지가 서로 엇갈리고 있었다. 파슈툰 부족 내부에서는 물론 타지크와 우즈베크, 그리고 하자라 같은 다른 민족들 사이에서 벌어지고 있는 경쟁은 아프가니스탄 사회와 문화적 풍경에서 그리 새로운 모습은 아니었다.[15] 그렇지만 이런 파벌 싸움은 지난 수십 년 동안 특히 해외의 이슬람 전사들이 아프가니스탄으로 몰려들면서 더욱 심각해졌는데, 이들은 1980년대 소비에트연방의 군대와 싸우기 위해 아프가니스탄으로 들어올 때 사우디아라비아의 극단적인 이슬람 사상이나 파키스탄의 데오반디학파Deobandi school의 철학을 함께 들여왔다. 그런 전사들 중에는 사우디아라비아로 이주해 10억 달러 규모의 건설 회사를 세운 예메니Yemeni의 열일곱번째 아들 오사마 빈 라덴도 있었다.

오사마 빈 라덴은 가족이 꾸려나가는 건설 사업보다 과격파 이슬람교가 지향한다는 성전聖戰에 더욱 마음이 끌렸다. 그는 회사의 건설 장비를 동원해 유격대의 근거지를 세워주면서 소비에트연방과의 전쟁에서 잠시 한숨을 돌렸다. 그러면서 또 유격대 전사인 무자헤딘으로서의 경력을 쌓기 위해 이런저런 전투에 참여하기도 했다. 빈 라덴은 특히 자금을 끌어모으고 군수물자를 공급하는 재주가 뛰어났는데, 1988년 팔레스타인의 성직자 압둘라 아잠Abdullah Azzam과 함께 "근거지"나 "기반"이라는 뜻의 알카에다라는 이름의 조직을 세운 뒤 이런 재주는 더욱 빛을 발하게 된다.[16]

하지만 아마도 가장 중요한 건 이슬람원리주의를 따르는 빈 라덴과 그의 동료 전사들이 이슬람교에 대한 극단적이고 왜곡된 해석을 퍼뜨렸다는 사실일 것이다. 파키스탄의 새로운 이슬람 극단주의자들은 19세기 인도 북부에서 시작된 정통파 교리인 데오반디철학에서 자신들과의 유사점을 발견했고, 이 데오반디철학을 따르는 신도들이 아랍 이슬람원리주의 전사 집단에 합류하여 종교적 불관용과 이슬람율법의 잔혹한 집행을 장려했다. 파키스탄으로 몰려든 수많은 아프가니스탄 난민들과 파키스탄 국경을 따라 살고 있던 산악지대 민족들은 이런 극단주의자와 원리주의자들의 선동에 쉽사리 휘둘리고 말았다.

빈 라덴은 이슬람교에 대한 극단주의적 해석을 따르지 않는 사람들에 대한 증오심으로 알카에다를 세웠다. 그 증오심이 향하는 곳은 알카에다가 허락한 잔혹함과 여성혐오를 거부하는 수니파 이슬람교도, 즉 "배교자들"이었다. 훗날 이라크 알카에다AQI와 ISIS와 같은 다른 테러 조직들 사이에서 이런 증오심이 확장되면서 기독교인과 유대인 역시 "배교자들", "불신자들"에 포함이 된다. 예언자 무함마드의 사위이자 4대 칼리프인 알리Ali를 무함마드의 진정한 후계자로 따른 시아파 이슬람교도 혹은 "거부파", 자기성찰과 신과의 영적 교감을 위해 폭력을 거부하는 수피Sufi파 교도들도 마찬가지였다. 알카에다에게 있어 "가까이 있는 적"들은 이슬람 율법 중에서도 가혹한 부분을 따르지 않는 이슬람교도 국가와 정부였고, "멀리 있는 적"들은 이스라엘과 유럽, 미국 등이었다. 알카에다는 이런 적들에게는 항복을 하고 개종을 하거나 아니면 죽임을 당하는 두 가지 길밖에 없다고 믿었다. 알카에다는 칼리프의 나라를 세우는 이슬람혁명의 선봉부대 역할을 했다.

알카에다와 탈레반은 그야말로 극악의 천생연분이었다. 물라 오마르와 오사마 빈 라덴은 추구하는 사명과 사상을 서로 보완해주었을 뿐더러 극단적으로 잔혹하다는 점에서도 서로 비슷했다. 빈 라덴은 이슬람교도들의 신앙공동체인 "움마ummah"에게 아프가니스탄의 이슬람 토후국, 즉 탈레반을 전 세계적인 이슬람 성전의 "뿌리"로 받들고 단결할 것을 촉구했다. 2011년 미 해군 특수부대 SEAL이 빈 라덴을 제거한 후 후계자인 아이만 알-자와히리Ayman al-Zawahiri는 탈레반의 우두머리인 물라 오마르에게 계속 충성을 맹세했다. 알-자와히리는 수많은 알카에다 조직원들이 빈 라덴의 부름에 따라 중앙아시아에서 대서양까지 이어지는 "국제적인 이슬람원리주의 전사들"의 동맹을 만들기 위해 "이 탈레반을 중심으로" 모여들고 있다고 밝혔다. 2015년 8월 물라 오마르가 사실은 2년도 훨씬 전에 사망했다는 사실이 밝혀진 후에는 다시 오마르의 후계자 물라 아크타르 무함마드 만수르Mullah Akhtar Mohammad Mansour에게 충성을 맹세하기도 했다.[17]

니콜슨은 중부사령부 사령관인 조지프 보텔Joseph Votel과의 일대일 회의 및 화상통화 회의를 위해 나를 사무실로 데려갔다. 니콜슨은 아프가니스탄에서만 여섯번째 복무중이었고 지난 2006년에는 동부 국경 산악지대의 여단 사령관으로서 병사들과 함께 탈레반의 잔혹함을 현장에서 목격하기도 했다.[18] 그리고 파키스탄 국경지대에서 복무한 후에는 남아시아 지역이 미국과 전 세계를 위협하는 테러 조직들을 무찌르기 위한 지리적 중심이 되어야 한다는 사실을 알게 된다. 니콜슨은 탈레반의 세력 회복에 대항하기 위한 아프가니스탄 정부기관의 강화와 테러 방지 대책이 서로 연결되어야 한다는 점을 강조했다. 니콜슨과 보텔은 미국 본토에서 멀리 떨어진 곳에서 테러 방지 대책을 세우는 일이 어렵다는 데 동의했다. 테러 조직이 사람들 사이로 숨어들면 그들에 대한 정보를 얻을 수 있는 방법이 없고 이들에 대해 제대로 압박을 가할 수 없어 지난 2001년 9월 11일 이전과 마찬가지로 또다른 공격을 계획하고 조직원들을 훈련시킨 뒤 실행에 옮길 수 있다. 테러 조직들은 마약 거래 장악을 통해 조직을 키우고 공격 방법의 정교함과 치명성을 끌어올릴 수 있는 재정도 확보했다. 제대로 된 아프가니스탄 정부와 군대가 없다면 또다른 테러 공격이 있을 경우 미국과 연합국 병력이 다시 대규모로 아프가니스탄에 파병되어야 한다. 니콜슨은 대부분의 전투를 아프가니스탄 군대가 치르고 있으며 또 그만큼 막대한 희생을 치르고 있다고 지적했다. 알카에다와 탈레반이 아프가니스탄 정부를 무너뜨린다면 이들은 곧 고대 메소포타미아의 비옥한 초승달 지역처럼 사상적으로 큰 상징성이 있는 영토를 지배하게 된다. 대화를 나누다보니 정보수집을 통해 진행되는 타격과 기습 같은 테러 방지 전용의 편향된 접근 방식으로는 한계가 있다는 사실이 더욱 분명해졌다.

우리는 니콜슨의 사무실에서 나와 지휘본부로 걸어갔다. 과거 아프가니스탄왕국 시절 연회장으로 사용되던 곳이었지만 지금은 무인항공기에서 전송되는 동영상을 보여주는 화면이며 군용 부호들이 있는 디지털 지도로 가득차 있는 곳이었다. 본부 안에 있는 다양한 종류의 군복들을 통해 39개 연합국의 여러 장교들이 참석해 있음을 짐작할 수 있었다. 이 군복들은 아프가니스탄을 안정시키고 이슬람원리주의 테러 조직과 싸우기 위한 전 세계의 광범위한 지원을 상징했지만, 동시에 위험을 감수하고 전투에 참여하려는 의지 역시 각양각색이라는 사실을 알려주었다. 일부 국가는 아프가니스탄 군대를 훈련시키는 일에는 기꺼이 참여했지만 실전 참여는 꺼렸다. 그동안 어려운 상황 속에서도 용감하게 싸워왔지만 본국에서 더이상 희생을 치르려 하지 않기 때문에 어쩔 수 없이 전장을 떠나야 하는 사람들도 많았다. 미국에서 정책이 일관되게 진행되지 않음으로써 연합국 사이의 갈등은 점점 악화되었다. 각 국가들이 미국의 싸우려는 의지를 의심한다면 장기적으로 책임을 지고 고통을 분담하기가 더 꺼려질 수밖에 없다. 아프가니스탄에서의 경험은 "동맹국이란 함께 싸울 수 있다는 사실만 빼면 좋은 점이 단 한 가지도 없다"라고 했던 윈스턴 처칠의 말을 다시 한번 확인시켜주었다.[19]

모두들 나와 우리 일행들을 따뜻하게 맞아주었다. 미국과 연합국 참석자들은 새로운 미국 행정부가 아프가니스탄 재건 노력에 새로운 기운을 불어넣어줄 수 있는 적절하고 지속 가능한 전략을 제공해주기를 바랐고 그중에는 전쟁이 잊히는 걸 두려워하는 사람들도 있었다. 미국과 유럽의 전쟁 관련 언론 보도는 드물었고 그나마도 피상적이었다. 신문을 포함한 여러 언론 매체들은 사업성을 생각하지 않을 수 없었기 때문에 더이상 전문적이고 지속적으로 전쟁 관련 보도를 해주지 않았다. 미국만 보더라도 아프가니스탄이나 파키스탄 주재 특파원을 비춰주는 텔레비전 방송이 거의 없었다. 케이블 방송의 경우 특파원을 내보내는 대신 주로 백악관의 음모나 파벌 정치 혹은 대중문화에 대해 실내에 둘러앉아 이야기를 나누는 전문가들을 불러 모아 비용을 절감하고 수익을 극대화하는 방법을 찾아냈다.

미국 국민들은 아프가니스탄전쟁에 대해 "제대로" 이해하지 못했다. 아프가니스탄 현지 입장에서는 지금 상대하고 있는 탈레반을 비롯한 다른 테러 조직들에게 뭐라고 적절한 이름을 붙여야 할지가 가장 고민이었고 그들의 목표와 전략을 어떻게 설명해야 하는지는 말할 것도 없었다. 전쟁은 이따금씩만 주목을 받았고 보통은 엄청난 적의 공세가 있은 후에야 주목을 받는 경우가 많았다. 파병된 병력의 규모나 사상자 숫자 같은 세부사항들은 자세한 맥락 없이 그대로 전달이 되었다. 미국과 그 동맹국들이 아프가니스탄에서 무엇을 달성해야 하는지, 왜 결과가 중요한지, 그리고 수용 가능한 비용으로 그런 결과를 제공할 수 있는 전략은 무엇인지 등은 전혀 전달되지 않는 것이다. 언론 매체의 표지나 머리기사는 미군과 연합군이 무력하게 공격을 당하는 모습만 비춰주었다. 사상자들에 대해서는 애도했지만 전투 수행 능력이나 전과를 축하하는 기사는 없었다. 탈레반의 억압으로부터 자유를 지키기 위해 싸우는 아프가니스탄 국민과 군인들에 대해서도 미국 국민들은 잘 알지 못했다. 일부에서는 이 문제를 언론의 편향성 문제로 보았지만 아프가니스탄전쟁은 가장 언론에 덜 소개가 되는 전쟁인 것 같았고, 따라서 최근 역사에 있어 가장 이해하기 힘든 전쟁이었다.

나는 본토의 미국 국민들도 그날 있었던 니콜슨 장군 부관의 보고를 함께 들을 수 있다면 좋겠다고 생각했다. 장군의 정보담당 부관은 파키스탄의 테러 조직 생태계가 어떻게 전 세계로 확산되는지 설명했다. 2019년 현재 아프가니스탄과 파키스탄 지역에는 20개의 테러 조직이 있었는데, 특히 잔혹하고 잘 훈련된 테러 조직인 ISIS-호라산ISIS-Khorasan, ISIS-K에 대한 대응 작전은 이런 이슬람원리주의 테러 조직이 파키스탄과 아프가니스탄의 테러 조직 생태계에서 어떻게 얽히고설키며 번성했는지를 잘 보여주었다. ISIS-K는 2014년 여름 시리아와 이라크에서 잔혹한 공격을 벌였던 테러 조직의 한 분파로 미국의 메릴랜드주보다 더 큰 영토를 장악하고 있었다. ISIS가 점령하고 있던 지역에서 물러나게 되자 ISIS-호라산은 전 세계에서 벌어지고 있는 이슬람원리주의 성전에서 더욱 중요한 위치를 차지하게 된다.[20] 이런 조직들은 알카에다나 탈레반과 경쟁관계에 있었지만 사실 그 목표는 비슷했고 조직원들도 대부분 겹치는 경우가 많았다.

ISIS의 강력한 동맹군 중 하나는 파키스탄 정부에 대항해 싸우고 있는 테흐리크-이-탈레반 파키스탄Tehrik-i-Taliban Pakistan, TTP이다. 2004년 무렵 TTP는 미국 주도 연합군과 아프가니스탄군에 맞서 싸우기 위해 그중 상당수가 파키스탄 ISIS의 S 총국이 지원해 만들어진

13개 테러 조직들을 흡수하기 시작한다.[21] TTP는 ISI가 만들어낸 프랑켄슈타인 박사의 괴물들 중 하나였다. TTP는 주인 격인 ISI에게까지 반기를 들며 2007년부터 2014년까지 수만 명이 넘는 파키스탄 국민들을 살해했다. 2014년 12월 16일에는 6명의 TTP 조직원이 파키스탄 페샤와르에 있는 육군공립학교를 공격해 149명의 무고한 사람들을 살해하는 그 유례가 없는 극악무도한 사건이 벌어지기도 했다. 부상자만 해도 114명이 넘었던 이 사건의 희생자 대다수는 8세에서 18세 사이의 어린 학생들이었다. 이를 통해 TTP의 잔인함뿐 아니라 TTP와 다른 테러 집단이 파키스탄과 아프가니스탄 국경지대에서 테러 조직원들을 길러내는 국제적 연결망을 통해 어떻게 진화했는지 잘 드러나게 되었다. 공격에 참여한 조직원들 중에는 체첸과 이집트, 사우디아라비아, 모로코 출신에 두 명의 아프가니스탄 사람들도 포함되어 있었다. TTP와 알카에다는 파키스탄에서 함께 훈련을 했으며 다른 조직들과 함께 아프가니스탄과 파키스탄 국경을 가로지르는 테러 조직 생태계에서 필요한 물자와 전문 지식을 함께 제공받았다.[22]

남아시아 지역에 기반을 두고 있는 이런 많은 집단들은 기회만 주어진다면 미국에서 대량학살을 저지를 것이 분명하다. 예를 들어, 파키스탄 태생의 미국 국적자로 TTP의 훈련을 받은 파이살 샤자드 Faisal Shahzad는 맨해튼의 타임스퀘어광장에서 자동차폭탄을 터뜨리려고 했다. 2010년 5월 1일, 샤자드는 계획대로 폭탄을 터뜨렸지만 파키스탄에서의 훈련이 부족했던 탓인지 폭탄은 제대로 터지지 않았다. 아프가니스탄을 기반으로 하는 미국 정보수집 및 타격 능력으로 인해 샤자드는 훈련장을 계속 옮겨다닐 수밖에 없었던 것이다.[23] 아프가니스탄 호스트Khost에 있는 미국 정보부 시설의 역량이 너무나 뛰어났기 때문에 2009년 12월 30일 TTP는 결국 자살폭탄 조끼를 입은 요르단 출신 의사를 직접 침투시켜 계약직 보안담당 3명과 CIA 요원 4명, 그리고 요르단 정보부 관리 1명을 살해하기에 이른다.

테러 조직이 무고한 사람들에 대한 공격을 계획하기 전에 자신들의 생존 문제부터 걱정하게 만들려면 이 단호하고 적응력이 뛰어나며 또 무자비한 적에 대항하는 지속적인 노력이 필요하다. 니콜슨의 부관은 아프가니스탄의 낭가르하르Nangarhar와 쿠나르Kunar의 산악지대에서 미 공군과 특수부대, 그리고 육군 레인저부대가 함께 ISIS-K에 맞서 싸우는 작전에 대해 설명했다. 2016년 7월 26일 우선 미국의 무인항공기 공격으로 ISIS-K의 첫번째 토후를 자처하던 파키스탄 출신의 하피즈 사에드 칸Hafiz Saeed Khan이 사망했다.[24] 그의 후계자인 압둘 하시브Abdul Hasib는 내가 이곳을 찾기 몇 주 전에 카불에 있는 아프가니스탄 육군병원을 무자비하게 습격해 무방비 상태에 있던 병원 직원들과 환자 30명을 죽이고 50명 이상에게 부상을 입혔다.[25] 그리고 이제 2주 후면 아프가니스탄 특수부대와 미 육군 레인저부대가 하시브를 추적해 그를 제거할 예정이었다.

TTP와 ISIS-K, 그리고 알카에다와 탈레반을 비롯한 다른 여러 테러 조직들이 생존할 수 있는 생태계에 대한 설명을 들으니 미국의 정책입안자들이 적에 대해 내린 잘못된 가정들이 드러났다. 미국의 지도자들은 종종 테러 집단 사이에 차이점이 있어 서로 구별이 가능하다고 상상한다. 그렇지만 그런 구별 같은 건 애초에 존재하지 않는다. 아프가니스탄과 파키스탄에 있는 탈레반을 비롯한 수많은 테러 조직들은 때로는 서로 충돌했지만, 공동의 목표를 추구하기 위해 서로 협력하거나 물자를 공유하는 경우가 더 많았다. 그럼에도 불구하고 전쟁을 단순하게 생각하고 빨리 끝내려는 욕망 때문에 이런 자기기만은 계속되었다. 적에 대한 자기기만은 특히 탈레반과 알카에다가 완전히 분리된 조직이라는 남아시아 지역에 대해 미국이 갖고 있는 환상의 밑바탕이 되어주었다. 오바마 행정부 시절 만들어졌고 처음에는 진실이 제대로 알려졌지만 이후 트럼프 행정부에서 다시 부활한 이 망상이 극단적으로 자리를 잡자 탈레반과의 화해를 통해 아프가니스탄에서 쉽게 빠져나올 수 있다는 허황된 희망이 계속 유지되었다. 이런 허황된 희망은 또한 아프가니스탄과 파키스탄 국경을 따라 자리하고 있는 테러 조직의 생태계가 조직적이며 체계적으로 발전한 것이 아니라는 사실을 제대로 알고 있지 못하는 문제와도 관련이 있다. 애초에 파키스탄군은 발루치와 파슈툰 민족을 억압했으며, 이들이 2,430킬로미터 길이의 이른바 "듀랜드 선Durand Line"을 가로질러 독립을 추구하거나 동족들과 공통의 목표를 찾아내지 못하도록 만들면서 테러 조직이 시작된 것이다. 듀랜드 선은 어느 영국의 외교관과 아프가니스탄의 국왕이었던 압둘 라만 칸Abdur Rahman Khan이 영국과 아프가니스탄의 세력 범위를 정하기 위해 1919년에 마음대로 만든 경계선이다. 역설적이게도 전쟁을 빨리 끝내기 위해 적의 정체를 단순하게 생각하려다가 아프가니스탄 전체에 대한 이해가 모호하게 되었을 뿐 아니라, 임무를 유지하는 데 필요한 의지는 약화되었고, 결국 아프가니스탄전쟁은 미국 역사상 가장 복잡하고 기나긴 전쟁이 되어버렸다.

첫날 회의를 통해 알카에다에게만 집중하는 편향된 테러 방지 작전이 아프가니스탄과 파키스탄에 기반을 둔 이슬람원리주의 테러 조직들로부터 미국을 보호하기에는 불충분하다는 내 믿음은 더욱 강해졌다. 탈레반과 알카에다를 비롯한 다른 여러 테러 조직들은 아프가니스탄과 파키스탄 국경을 따라 자리하고 있는 산악지대에서 정신적, 육체적으로 상호연결되어 있었다.

설명은 계속되었다. 오바마 행정부는 지난 2014년 전쟁이 끝났다고 선언을 했지만 미군은 아프가니스탄 군대와 함께 영토와 주민, 그리고 자원을 장악하기로 다짐한 무자비한 적들과 싸움을 계속하고 있었다. 이들의 뒤틀린 목표는 이슬람교에 대한 왜곡된 해석을 바탕으로 이슬람 토후국을 건설하는 것이었다. 우리에게 남은 시간은 얼마 되지 않았다. 국방부는 오바마 행정부의 철수 명령을 집행하고 있었다. 미군 병력은 2011년 봄 최고 10만 명에 달했지만 2014년 말에는 9,800명으로 그리고 2017년 3월에는 다시 약 8,400명으로 줄어들었다.[26] 그렇지만 사실 이런 "병력의 규모"는 군대가 달성하려는 목표와는 전혀 관련이 없다. 그보다 더 중요한 군대가 싸우는 방식을 제한하면 싸우는 효과 자체가 제한되며 탈레반과 테러 동맹국들에게 기회를 제공해줄 뿐이었다. 게다가 군사적 노력과 외교적 노력은 서로 완전히 단절되었다. 2009년부터 미국 국무부는 예정된 철수가 진행되는 동안 탈레반과 수용 가능한 평화협정 협상을 시도해왔었다.[27]

오바마 행정부는 심지어 탈레반은 더이상 미국의 적이 아니라고 선언하기도 했는데, 이는 미군이 탈레반에 대한 공세를 중단할 것이며 적대적 행동이 일어나지 않는 이상 미군의 막강한 정보력과 공군력을 공격에 동원할 수 없다는 사실을 의미한다. 제대로 된 정보와 지원이 없으면 공군력도 제대로 발휘할 수 없다. 멀리 떨어진 사령부에서 유도하는 폭격은 종종 목표를 멀리 벗어나 아프가니스탄 군대와 탈레반 사이에 갇혀 있는 민간인들에게 의도하지 않은 피해를 입힌다. 더욱 대담해진 탈레반은 아프가니스탄군과 미군에 대한 공격을 강화했으며, 탈레반에서 침투시킨 조직원들이 안전지역이라고 생각되던 아프가니스탄군이나 미군 내부에서 공격을 가하는 이른바 "내부자 공격"에는 아프가니스탄 병사들 사이에서는 물론, 아프가니스탄과 미군 사이의 신뢰를 약화시키려는 의도가 숨어 있다. 탈레반과 관련된 테러 조직들의 연결망은 또한 종종 파키스탄군 정보부인 ISI의 도움을 받아가며 아프가니스탄 민간인들에 대한 대량학살 공격을 확대해나가기도 했다.[28] 2015년과 2016년 사이 발생한 아프가니스탄군의 피해 상황을 보면 최소 1만3,422명이 전사하고 2만4,248명이 부상을 입었다. 그 2년 동안 탈레반과 다른 테러 조직들은 또 4,446명의 무고한 민간인을 살해했다.[29] 전쟁으로 인한 부담 증가를 가중시키고 내부자 공격과 민간인 살해를 병행하는 건 아프가니스탄과 미국 국민들의 의지를 소진시키려는 테러 집단들의 의도였으며 그만큼 효과가 있었다. 또한 탈레반은 더 많은 영토를 장악하고 공격을 강화했고 미군은 물론 특히 아프가니스탄군과 민간인에게 더 많은 손실을 입혔다.

우리가 니콜슨 장군의 지휘본부를 떠날 때 나는 자아도취보다는 전략적 공감에 기반한 전략을 포함하여 대통령이 선택할 수 있는 내용들을 보고하기로 더욱 굳은 결심을 했다. 효과적인 전략에는 적에 대한 명확한 이해와 더불어 목표와 전술, 수단의 조화가 필요하다. 만일 우리의 목표가 아프가니스탄에서 미국과 해외에서 우리의 이익을 침해할 수 있는 테러 집단들을 다시는 발을 붙이지 못하게 하는 것이었다면 그동안 남아시아 지역의 전략에서는 목표와 전술, 그리고 수단이 계속해서 조화를 이루지 못했을 뿐 아니라 시간이 지날수록 그 부조화가 더 커져가고 있었다.

* * *

카불에서의 둘째날은 아침 일찍부터 시작되었다. 우리는 익숙한 길을 따라 사령부를 지나 아르그로 가는 가로수길을 따라 내려갔다. 19세기 후반에 지어진 이 궁전은 카불 시내 중심에 있는 83에이커 넓이의 부지 위, 높은 성벽 뒤에 자리잡고 있었다. 경내에는 정원과 이슬람교의 예배당, 사무실, 그리고 아프가니스탄 대통령의 집무실을 비롯해 대통령 사저도 함께 있었다.[30] 2010년 6월부터 2012년 3월까지 나는 궁전과 국가안전보장회의 건물을 여러 차례 방문했었는데, 그때마다 종종 칼 에이켄베리Karl Eikenberry 미국 대사와 동행을 했고, 나중에 바뀐 새로운 대사 라이언 크로커Ryan Crocker와 국제안보지원군 사령관을 차례로 역임한 데이비드 퍼트레이어스 장군이며 존 앨런John Allen 장군과 당시 대통령이었던 하미드 카르자이를 만났는데, 그렇게 모여서 열었던 회의는 언제나 분위기가 험악했다. 우리는 아프가니스탄의 정부기관들과 경제의 핵심 부문에 대한 부패와 조직적 범죄의 위협을 줄이는 방법에 대해 논의를 했다.

카르자이 대통령은 대부분의 경우 기분이 그다지 좋지 않았다. 2010년이 되자 그와 미국 지도자들이 그동안 쌓아올린 우호적인 협력의 시대는 사라졌다. 양국의 지도자들은 서투른 외교와 일관성 없는 전략, 카르자이의 피로감, 그리고 전쟁으로 피폐해진 이 지역에서 파키스탄을 누구로도 대체할 수 없는 실세로 만든 ISI의 성공적인 심리 작전이라는 조합에 굴복하고 말았다.[31] 아프가니스탄과 미국의 지도자들 사이의 신뢰 부족과 최악의 상황에 대해 서로 의심하는 버릇은 비효율적이고 일관성 없는 전략에 어느 정도 원인을 제공했다. 신뢰의 부족으로 인해 "테러 방지 작전만이" 합리적인 전략이며 탈레반은 알카에다에서 쉽게 갈라질 수 있으며 선의를 갖고 협상하면 미국은 전쟁에서 쉽게 빠져나갈 수 있다는 잘못된 가정들이 더욱 설득력을 얻게 된 것이다.

카르자이는 처음부터 미국을 그다지 신뢰하지 않았다. 조지 W. 부시 대통령이 9/11 테러 이후 3개월 만에 미국 대통령의 집무실인 오벌 오피스에서 그를 만났을 때 카르자이는 부시 대통령에게 "내가 아프가니스탄 장관들과 다른 사람들로부터 가장 많은 질문이 미국이 우리와 계속 협력할 것인지에 대한 여부"라고 말했다.[32] 부시 대통령은 거기에 대해 다짐을 했지만 미국은 그후 7년 동안 계속해서 미군이 곧 철수할 수 있다는 인상을 심어주었다. 2003년 5월 1일 럼스펠트 국방부 장관이 아프가니스탄에서의 주요 작전을 중단한다고 발표했을 때 대니얼 맥닐 장군은 7,000명의 미군이 곧 더 줄어들 것이라고 말했고, 주로 아프가니스탄 군대를 훈련시키는 일에만 전념하게 될 것이라고 했다. 같은 날 부시 대통령은 USS 에이브러햄 링컨 항공모함에서 "임무 완료Mission Accomplished"라는 현수막을 배경으로 이라크에서의 주요 작전의 종료를 선언한다. 물론 탈레반도 이라크 반군도 그런 부시 대통령의 뜻을 따르지는 않았다. 럼스펠드가 그런 발표를 하고 있을 때 탈레반은 이미 국경을 따라 공세를 시작하는 중이었다.[33] 아프가니스탄과 이라크에서는 아직 대규모의 사상자가 발생하기 전이었다. 그리고 양국에서 미국에 협조하는 세력들은 이른바 "국가 건설"에 대한 미국의 혐오감과 초기에 거둔 군사적 성공을 지속 가능한 정치적 결과로 통합해야 할 필요성에 대한 부정적 견해에 직면하면서 미군의 철수에 대비하고 있었다.

2006년이 되자 적대세력의 규모가 더욱 확장되면서 미군이 계속 주둔할지에 대한 카르자이의 우려도 더욱 커져갔다. 2006년과 2009년 사이에 탈레반은 아프가니스탄 남부 지역을 장악했고 카르자이 대통령의 고향인 칸다하르도 여기에 포함되어 있었다. 칸다하르는 또한 물라 오마르의 고향이자 탈레반의 정신적인 출발 지점이기도 하다. 주로 캐나다와 영국, 그리고 덴마크 병력들로 이루어진 NATO군은 1990년대의 발칸반도와 비슷한 평화유지 작전을 예상했었다. 하지만 그 대신 이들을 기다리고 있었던 치열한 전투였다. 2008년 무렵 칸다하르와 인근 헬만드 지역의 상황은 끔찍했다. 부시 대통령은 탈레반에 대한 초기 대응이 성공하자 이에 따른 과신으로 아프가니스탄을 안정시키는 데 "필요한 자원을 부족하게" 지원했다는 사실을 인식하고 퇴임 무렵에는 주둔 병력을 4만5,000명으로 늘렸다.[34] 그렇지만 이전의 철수 발표 때문에 이미 카르자이는 미국을 더이상 신뢰하지 않게 되었으며 고향의 안전이 위태롭게 되면서 카르자이와 미국과의 관계도 악화되었다.

2010년과 2012년 사이에는 카르자이가 심리적 압박 때문에 쉽게 음모론에 휘둘린다는 사실이 분명하게 드러났다. 파키스탄의 ISI는 카르자이와 새로운 오바마 행정부 사이를 갈라놓을 수 있는 기회를 최대한 활용했다. 내가 대통령을 만나고 다닐 당시 카르자이를 뒤에서 조종했던 건 참모총장인 압둘 카림 호람Abdul Karim Khoram이었다. 불쾌한 인상의 키가 작고 통통한 이 남자는 나지불라 시절 체포되었다가 파리로 도망쳐 그곳에서 국제법과 외교 관련 석사학위를 받았다. 그리고 아무래도 ISI와 관련이 있는 것 같았다.

탈레반과 ISI는 호람을 비롯해서 대통령 주변에 심어놓은 다른 요원들을 이용해 미국이 그저 이슬람원리주의 테러 집단을 몰아내는 것 말고도 아프가니스탄에 대해 또다른 의도가 있는 것 같다며 카르자이를 뒤흔들었다.[35] 또한 카르자이에게는 미군과 아프가니스탄군으로 인해 발생한 민간인 사상자 숫자가 대부분 부정확하게 바로 보고되었고, 반면에 탈레반의 잔혹한 행위들은 축소되었다. 카르자이는 점차 무고한 민간인들뿐 아니라 미군과 아프가니스탄군에 대한 위험을 최소화하기 위해 계획된 야간 기습 등을 포함해 연합군과 아프가니스탄군의 작전에 반대하고 나서기 시작했다. 2012년이 되자 관계는 돌이킬 수 없을 정도로 악화되었다. 처음에는 퍼트레이어스 장군이, 그리고 나중에 사령관으로 부임한 앨런 장군도 대통령을 만나며 피해를 최소화하기 위해 안간힘을 썼다.

미국은 아프가니스탄 정부를 해결책의 필수 요소가 아니라 오히려 문제의 일부로 보기 시작했다. 미국의 지도자들도 이미 나빠진 상황을 더 악화시켰다. 오바마 대통령과 힐러리 클린턴 국무부 장관은 아프가니스탄과 파키스탄 문제를 많은 사람들이 오만하고 고압적이라고 생각하는 리처드 홀브룩Richard Holbrooke 대사에게 일임했다. 카르자이와의 관계는 악화일로를 걸었다.[36] 홀브룩은 2009년 아프가니스탄 대통령 선거를 앞두고 카르자이를 적극적으로 반대했다. 선거는 끝났지만 부정선거 의혹이 짙어지자 재선거를 제안했고 그후 2개월 동안 아프가니스탄은 큰 혼란을 겪었다. 2010년 4월 카르자이는 드디어 폭발했다. "미국과 국제사회가 나에게 계속해서 압력을 가한다면 맹세컨대 차라리 탈레반에 합류하겠다."[37] 내가 반부패 대책을 마련하기 위해 아프가니스탄에 도착했을 때 카르자이는 미국이 자신의 지위를 위협할 또다른 방안으로 부패 문제를 걸고넘어진다고 생각했다.

이상한 일이었지만 이런 난감한 상황에도 불구하고 카르자이 대통령과 나는 관계가 그리 나쁘지 않았다. 나는 아프가니스탄 사람들의 말을 귀담아들으며 부패를 주요 원인이면서 아프가니스탄을 계속 약화시키고 있는 내부의 부족과 민족 갈등, 그리고 정치적 경쟁에 대해 배워나갔다. 우리는 아프가니스탄의 정치적 안정이 제대로 확인되지 않은 부패와 조직적인 범죄 문제에 좌우된다는 데 의견을 같이했고, 카르자이는 이를 바탕으로 한 우리의 논의에 대해 흡족해하는 것 같았다. 카르자이는 충성에 대한 대가로 가장 탐욕스러운 군벌들을 포함해 소비에트연방과 싸웠던 이슬람 전사들에게, 말하자면 약탈할 수 있는 허가를 내준 셈이었다. 이들은 개인적으로도 재산을 끌어모았을 뿐 아니라 세력을 키우고 정부기관들과 그 기능에 간섭했으며 또 때로는 국경과 검문소, 그리고 공항에서까지 시민들을 약탈했다. 우리는 제대로 확인되지 않은 범죄들이 어떻게 계속해서 국가를 위태롭게 만들고 국제원조에만 의지하도록 만드는지, 또 그 와중에 후원자들은 자신들의 돈만 낭비하는 부패한 사업들에 실망해 여기에 참여하지 않게 되는 문제 등에 대해 논의했다. 카르자이와 나는 서로 의견을 같이했지만 아쉽게도 거기까지였다. 나는 아프가니스탄을 안정시키기 위해서는 아프가니스탄 지도자들과 더 좋은 관계를 맺어야 할 뿐 아니라, 국가의 생존에 꼭 필요한 개혁을 수행하도록 지도자들을 설득하는 등의 지속적인 노력이 필요하다는 결론을 내렸다. 그렇지만 카르자이와의 좋지 않은 관계로 인해 아프가니스탄 정부의 개혁과 부패로 인한 위협의 감소가 불가능하다고 확신하는 사람들도 있었다. 개혁에 대한 신뢰가 떨어지면서 다른 대안이 더 크게 부상했다. 앞서 언급했던 테러 방지 전용의 접근 방식과 탈레반과의 거래였다.

아프가니스탄 정권의 실세들을 만나면서 나는 호람이 카르자이에게 충성하는 척 연기를 하면서 결국 배신을 했다고 생각했던 것을 떠올렸다. 셰익스피어의 『오셀로*Othello*』를 보면 부하 이아고Iago가 오셀로에게 그의 가장 충성스러운 부관과 그의 아내가 불륜관계라고 모함을 하는데, 그렇듯이 호람과 파키스탄의 지도자들은 미국이 신뢰할 만한 동맹이 되지 못한다고 카르자이에게 모함을 한 것이다. 오셀로는 카르자이와 비슷하게 처음에는 명망 높은 인물이었지만 결국 이아고의 거짓말에 걸려들어 비극적인 결정을 내리고 인생을 망치게 된다. 의심만으로 아내 데스데모나Desdemona를 살해한 것이다. 카르자이는 미국과 NATO를 비롯해 국제사회와의 관계를 완전히 끝장내기 전에 대통령직에서 물러났다. 그렇지만 그후 그는 궁전 근처에 마련한 새 거처에 자리를 잡고 미국과 아프가니스탄의 관계를 계속해서 약화시키는 데 일조를 한다.[38] 그가 입힌 피해는 상당했는데, 특히 전쟁의 성격과 관련해 미국이 잘못된 가정을 세우도록 했고 이 가정들이 나중에 트럼프 행정부에서도 다시 되살아나게 하는 데 일조한 것이다.

아프가니스탄과 관련된 우리의 전략적 자아도취가 스톡홀름증후군이나 적어도 심리학자들이 말하는 반응 형성, 피상적 수용, 혹은 자기 자신의 실제 생각이나 충동과는 완전히 반대되어 과장되게 변신하기 시작한 건 지난 2009년부터다. 카르자이에 대한 환멸과 이

전쟁에서 쉽게 빠져나갈 수 없을 것 같은 절망감은 탈레반을 전쟁을 끝내줄 협력자로 여기게 되는 기이한 현상을 낳게 된다. 미국의 지도자들이 무고한 민간인들은 물론 아프가니스탄과 미국 등 연합군 병사들을 지금도 계속 살해하고 있는 탈레반은 문제의 핵심이 아니라고 생각하게 되자, 이번에는 아프가니스탄 정부가 셰익스피어의 비극에 어울리는 새로운 악역을 수행하게 되었다. 그렇게 아프가니스탄 정부가 문제의 핵심으로 비치면서 일부 미국 국민들은 이번 전쟁을 아프가니스탄 국민들을 잔인하게 짓밟는 테러 조직에 대항해 정당한 정부를 지원하는 여러 국가들의 광범위한 노력이 아니라 미군의 점령에 대한 민중들의 저항으로 인식하기 시작했다. 이렇게 미국과 아프가니스탄 정부 사이에 균열이 커지면서 파키스탄으로서는 이런 상황을 십분 활용할 때가 되었다.

카르자이에 대한 절망은 또한 장기적인 관계를 약속한다면 파키스탄이 지금과는 다른 모습을 보일 것이라는 부시 행정부의 가정을 오바마 행정부가 더욱 키우는 데 기여한다. 2009년 전화통화에서 카르자이는 오바마에게 "테러 조직들에 대한 파키스탄의 협력 문제를 분명히 밝히고 새로운 전략에서 우선순위로 올리지 않으면 아프가니스탄에서 평화를 달성하기 위한 군사적, 그리고 정치적 측면을 제대로 논의할 수 없다"고 경고했다.[39] 그렇지만 전화통화가 있은 지 얼마 후 오바마의 국가안전보장회의는 아프가니스탄의 새로운 미군 사령관 스탠리 매크리스털Stanley McCrystal 장군이 요청한 것보다 적은 수의 병력을 파병하는 것을 합리화하기 위해 고안된 이른바 "사고방식의 전환"이 필요하다는 내용을 의도적으로 언론에 유출했다. 행정부의 이런 전쟁 전략 "개편"에는 탈레반은 알카에다와 관련이 없고 아프가니스탄의 알카에다는 그 세력이 약하다는 자기기만이 포함되었기 때문에 미국은 앞으로 아프가니스탄의 탈레반보다는 파키스탄의 알카에다에 더 집중하기로 결정한다.[40] 그렇지만 오바마 행정부는 군대가 탈레반뿐 아니라 다양한 테러 조직을 지원해온 파키스탄이 알카에다에 대한 테러 방지 작전에 기꺼이 동참할 것이라는 가정을 세우며 이 자기기만을 새로운 차원까지 끌어올리고 말았다.

* * *

탈레반과 파키스탄 군대를 새로운 협력자로, 그리고 아프가니스탄 정부를 적으로 여겼던 많은 분석가들과 관료들은 치열했지만 평화스럽게 카르자이에서 아슈라프 가니Ashraf Ghani 대통령으로 정권이 이양된 2014년 대통령 선거 이후에도 그런 기괴한 가정과 기만을 고수했다.

두 주요 후보들 사이에서 부정선거 논란이 치열했던 이 선거는 새로운 국무부 장관 존 케리를 아프가니스탄으로 불러들여 남동쪽 산악지대의 길자이 파슈툰 출신인 가니와 북부동맹을 대표하는 후보이자 아흐마드 샤 마수드의 외교 정책 고문이었던 압둘라 압둘라 Abdullah Abdullah 박사 사이의 합의를 중개하도록 했다. 대통령이 된 가니는 마지못해 압둘라에게 일종의 국가최고경영자라는 전례가 없는 초법적 지위를 주는 데 합의했다. 최소한 북쪽과 남쪽, 그리고 파슈툰족과 타지크족을 비롯한 다른 민족들 사이에서 겉으로라도 합의된 모습을 보이는 것이 목표였다.

협상 이후의 합의를 실행에 옮기기 위해 오바마 행정부는 중동에 있는 카타르로 하여금 수도 도하Doha에 탈레반 고위 인사들이 참여하는 탈레반 정치 사무소 개설을 후원하도록 권유했다.[41] 이번 협상을 통해 오바마 행정부는 사실상 탈레반 조직을 분열시키고 약화시키기보다는 응집력 있는 정체성을 그대로 유지하도록 돕게 된 것이다. 행정부와 국방부 소속 변호사들은 미군이 탈레반 지도부와 전사들을 표적으로 삼을 수 있는 방법들까지 제한하고 나섰다. 미국 지도자들은 아프가니스탄이 주도하는 모든 협상의 가능성에 대해 언급하며 한편으로는 실제 협상 내용은 아프가니스탄 지도부에 의도적으로 알리지 않는 식으로 아프가니스탄 정부는 물론 스스로를 기만했다. 그 결과 적들은 행동의 자유를 얻었고 아프가니스탄 정부의 정당성은 훼손되었다. 홀브룩 대사는 아프가니스탄 정부는 제쳐두고 탈레반 재무위원회를 이끌었던 타예브 아그하Tayeb Agha와 연락을 취했고 뉴욕대학교의 정치학자인 바넷 루빈Barnett Rubin이 탈레반 지도부와의 접촉을 위해 홀브룩에게 합류했다.

협상 시도가 제대로 되지 않자 미국은 2014년 5월 쿠바 관타나모에 있는 미군 수용소에서 탈레반 수감자 5명을 풀어주었고 대신 미군 탈영병 한 명을 인도받았다. 효과적인 협상을 시작하기 위해 이른바 이 "탈레반 5인Taliban Five"을 이용해보려는 후속 노력은 또다른 필사적인 행동으로 나타나게 된다.[42]

* * *

출입문을 지나 잘 다듬어놓은 경내로 들어서면서 나는 아르그의 역사와 더불어 2014년 9월 카르자이가 가니에게 권력을 이양할 때까지 아프가니스탄에서 민주적이고 평화스러운 정권 교체 같은 건 없었다는 사실을 떠올렸다. 무함마드 다우드 칸Mohammed Daoud Khan 전 총리는 1973년 사촌인 무함마드 자히르 샤 국왕이 이탈리아를 방문하는 동안 권력을 장악하며 아프가니스탄의 군주제를 끝냈다. 그로부터 5년 후 지금 가니가 살고 있는 바로 그곳에서 끔찍한 폭력 사태가 벌어지며 수십 년에 걸친 전쟁이 시작되었다. 다우드 칸이 미국과 파키스탄을 포함한 동맹국들에게 전략적 개방을 시작한 후 소비에트연방과 아프가니스탄 공산당은 그를 끌어내려야겠다고 결정한 것이다.

바그람 비행장을 장악한 반군 세력은 공군 장교 30명을 처형하고 소비에트연방에서 들여온 미그MiG 전투기를 빼앗아 아르그에 대한 전차 공격을 지원했다. 경비대는 항복을 했고 다우드 칸은 가족 24명을 거실에 모았다. 혹시나 살아남을 수 있지 않을까 생각했지만 그런 일은 일어나지 않았다. 반란군은 다우드 칸을 비롯해 가족들을 거의 다 쏴 죽였고 7명만 간신히 살아남았다. 시신들은 카불 외곽에 있는 악명 높은 풀-에-차르키Pul-e-Charki 감옥 근처로 싣고 가 담당장교의 명령에 의해 미리 파헤쳐놓은 땅에 그대로 버려졌다.[43] 2009년이 되어서야 시신들은 제대로 격식을 갖춰 매장이 될 수 있었다. 아프가니스탄의 지도자들이 불안감을 느끼는 것도 당연했다. 나는 지나간 역사로 인한 압박감과 미국의 약속에 대한 의구심이 카르자이를 얼마나 짓눌렀으며 지금은 또 가니를 얼마나 괴롭히고 있을지에 대해 생각했다.

나는 아르그 밖에서 아프가니스탄의 국가안보보좌관인 하니프 아트마르Hanif Atmar를 만났다. 정복을 차려입은 의장대가 입구로 이어지는 통로를 따라 늘어서 있었다. 아트마르의 차분한 태도에서는 불과 얼마 전까지 카르자이와 가니 정부를 위해 일하며 겪었던 파란만장했던 그의 삶을 알아차릴 수는 없었다. 1968년 아프가니스탄의 라그만Laghman에 있는 파슈툰 가문에서 태어난 아트마르는 1980년대에는 아프가니스탄 비밀경찰인 KHAD로 일했었다. 그는 오른쪽 다리가 의족인 그는 지팡이를 써야 겨우 걸을 수 있었다. 아트마르는 아프가니스탄군이 동부 도시에서 무자헤딘과 파키스탄의 연합 공격을 격파했던 1989년 7개월간의 잘랄라바드전투Battle of Jalalabad가 시작되자마자 다리를 잃었다. 소비에트연방이 철수한 후 그는 영국으로 가서 요크대학교를 다니며 2개의 학위를 받는다. 그후 노르웨이의 비정부 구호 단체에서 몇 년 동안 직원으로 일을 했고, 그러다 2008년에 아프가니스탄 내무부 장관으로 임명되어 일부에서 "모든 정부 조직 중에서 가장 부패했다"는 말까지 들었던 내무부를 개혁하는 임무를 맡았다.[44] 지난 2010년 그가 카르자이 내각에서 물러난 후 나는 그를 처음 만났다. 우리는 함께 시간을 보내며 탐욕과, 역사적 적대감, 깊은 불신, 그리고 끊임없이 바뀌는 동맹국들을 포함해 불 위에 올라간 솥단지처럼 뜨겁게 끓어오르는 아프가니스탄 정치에 대해 논의를 했다.

수년에 걸쳐 아트마르와 가니, 그리고 압둘라를 비롯한 여러 아프가니스탄 지도자들과의 논의를 통해 나는 아프가니스탄에서의 미국의 정책과 전략이 필요한 것과는 반대라는 확신을 갖게 되었다. 아프가니스탄에게는 장기적인 보장이 필요했지만 미국은 계속해서 철수 일정을 발표했다. 외교적 노력과 군사적 노력은 서로 일치해야만 하는데도 오바마 대통령은 적과 협상하면서 미국의 철수를 발표하는 등 그렇게 하지를 못했다. 파키스탄과 다른 지역의 주요 세력들은 아프가니스탄에 대해 좀더 도움이 되는 역할을 수행해야 한다는 생각으로 미국은 파키스탄에게 여러 가지 의미가 담긴 신호를 보냈고 원조도 늘렸지만, ISI는 오히려 탈레반과 다른 테러 조직에 대한 지원을 늘려갔다. 아프가니스탄 정부기관들이 제대로 움직이기 위해서는 개혁도 중요했는데, 미국의 철수가 예상되자 부패가 늘어나며 정부기관들의 기능이 더 약화되는 현상이 벌어졌다.

아트마르와 나는 병사들 앞을 통과해 건물 안으로 들어가 천천히 계단을 올라갔다. 아트마르는 가니 대통령 곁에 나를 남겨두고 그 자리를 떠났고, 나중에 다시 만날 예정이었다. 나는 가니와의 만남을 고대해왔다. 우리는 전쟁이 어떻게 진화했는지, 그리고 실패한 정책을 뒷받침해온 잘못된 가정들이 무엇인지에 대해 서로 의견이 같았다. 나는 우리의 논의가 전쟁을 위한 장기적이고 지속 가능하며 제대로 된 전략의 개요를 처음으로 구체화할 수 있기를 바랐다.

6장

평화를 위한 싸움

"우리는 전쟁을 일으키기 위해 평화를 추구하는 것이 아니라 평화를 얻기 위해 전쟁을 일으킨다. 그러니 전쟁터에서도 평화에 대해 잊으면 안 된다. 그래야 우리의 적들을 정복하고 그들에게 평화의 번영을 가져다줄 수 있을 것이다."

—성아우구스티누스SAINT AUGUSTINE

가니 대통령이 집무실에서 나를 맞아주었다. 우리는 한 시간가량 둘이서만 이야기를 나누었다. 나는 아프가니스탄전쟁 초기부터 그를 알고 있었다. 우리는 거의 20년 동안 지속된 갈등으로 잃어버린 기회에 대해 함께 유감을 나눴다.

가니는 카르자이와는 그 성장 배경이 완전히 달랐다. 가니는 전쟁의 공포에서 벗어나 학자이자 개발 전문가로서 성공할 수 있는 기회를 준 미국을 사랑했다. 1949년 부유한 파슈툰 가정에서 태어나 카불의 하비비아Habibia고등학교에서 다양한 교육을 받고 베이루트아메리칸대학교American University of Beirut에 진학한 가니는 그곳에서 장차 자신의 아내가 될 레바논 출신의 기독교 신자인 룰라Rula를 만난다.[1] 카불대학교에서 잠시 강의를 하던 그는 뉴욕의 컬럼비아대학교에서 장학금을 받고 석사학위를 취득한다. 반군 세력이 정변을 일으켜 다우드 대통령과 그의 가족을 총살하기 불과 몇 개월 전인 1977년 그는 아프가니스탄을 떠났고, 그로부터 불과 2년 후에는 다우드의 후계자인 누르 무함마드 타라키Nur Muhammad Taraki 대통령의 암살 이후 공산주의를 지지하는 정권을 유지하기 위해 소비에트연방군이 아프가니스탄을 침공한다.[2] 타라키 대통령은 다우드와 마찬가지로 훗날 가니와 그의 아내가 살게 되는 대통령 사저에서 암살을 당한다. 그래도 타라키의 가족들은 죽음을 모면할 수 있었다. 침대에 누운 채 세 명의 남자에 의해 베개로 질식당해 죽은 타라키는 한밤중에 아무도 모르게 매장되었고, 이런 격동의 시기에 가니의 가족은 대부분 수감이 되었다. 가니는 그대로 미국에 머물면서 인류학 박사학위를 받았다.

2001년 9월 11일, 가니가 워싱턴에서 자기 책상 앞에 앉아 있을 때 6명의 승무원과 5명의 알카에다 테러 조직원을 포함해 58명의 승객을 태운 여객기 한 대가 그가 일하는 세계은행 사무실을 지나 강 건너편에 있는 국방부 건물을 강타했다. 가니는 곧 자신의 조국에 극적인 변화가 일어나게 될 것을 직감했다. 개발 문제와 관련된 거의 모든 주제에 대해 논의만 시작되면 "나에게 좋은 계획이 있다"고 외치던 활기 넘치는 남자 가니는 즉시 아프가니스탄의 정치적, 사회적, 그리고 경제적 변신을 위한 5단계 계획서를 작성했다. 9/11 이후 두 달 후, 영민하면서도 온후한 성격의 영국 출신 인권 변호사 클레어 록하트Clare Lockhart와의 작업은 독일 본회의 이후 이루어진 아프가니스탄 정부의 구성에 영향을 미쳤다. 가니는 카르자이 내각에 합류하여 재무부 장관으로서 자신의 계획을 실천하기 위해 노력했다. 그는 탈레반을 불러들인 아프가니스탄의 무질서하고 불안한 상황이 계속 이어지도록 만드는 군벌들에게 권력을 나눠주는 일에 대해 경고했다. 그렇지만 그는 카르자이를 설득할 수 없었다. 그의 권력은 그 군벌들을 어떻게 받아들이느냐에 달려 있었던 것이다. 가니는 2006년 아프가니스탄을 떠나 록하트와 함께 국가효율성연구소Institute for State Effectiveness를 세운다. 두 사람은 『실패한 국가 고치기: 무너진 세상을 바로 세우기 위한 계획*Fixing Failed States: Framework for Rebuilding a Fractured World*』이라는 제목으로 곤란에 빠진 국가들에게 힘을 실어주는 데 필요한 필수 기능을 설명하는 책을 공동으로 집필했다.[3] 2011년, 자신이 정말로 해야 할 일에 대한 책을 쓴 이 남자는 카르자이 대통령과 연합군이 안전하게 확보된 지역을 아프가니스탄 정부에게 되돌려주는 작업에 도움을 주기 위해 아프가니스탄으로 돌아왔다. 가니는 서방측 개발전문가들과 아프가니스탄 동부 길자이 파슈툰의 전통적인 세계를 서로 연결해줄 수 있는 적임자로서 2014년 아프가니스탄 대통령 선거에 출마했다. 가니는 명예와 환대를 중시하는 파슈툰 부족의 전통적인 생활양식인 파슈툰왈리Pashtunwali를 실천하며 또한 자립심을 소중히 여기는 전사이자 시인 일족 아흐마드자이Ahmadzai 출신이었다.

가니의 결의를 의심하는 사람은 아무도 없었지만 학계와 세계은행에서의 그의 경험은 그를 지나치게 고지식하게 만들었고, 그의 급진적인 개혁 계획을 제대로 파악하거나 수용할 수 없는 사람들에 대해 조급한 마음을 품게 되지 않을까 우려하는 사람들도 있었다. 가니가 주장하는 개혁 계획의 대부분은 건전하고 실용적이었지만 반면에 열망에만 가득차서 제대로 실행할 수 있을지 알 수 없는 불투명한 계획들도 있었다. 가니의 변덕스러운 기질은 때로 개혁을 실행하는 데 꼭 필요한 사람들을 소외시킬 때도 있었지만 어쨌든 적절한 인사들을 끌어모아 개선을 이루어나가고 있었다. 우리의 대화는 트럼프 대통령의 대략적인 남아시아 지역 전략은 무엇일지에 초점이 맞춰졌다.

우리는 평소라면 국제 대표단과 아프가니스탄 대표단으로 가득차 있을 넓고 텅 빈 방에서 안락의자에 앉아 서로를 비스듬히 바라보았다. 휴고 로런스 대사와 마찬가지로 가니는 전략의 심리적 측면에 대해 우려를 했다. 합동 전략은 미국과 아프가니스탄 국민, 연합군에 참여한 국가들 사이에서 신뢰를 구축하고 적과 지지자들에게 결의를 전달하는 내용을 담고 있어야 했다. 탈레반에 대항하여 아프가니스탄을 강화하기 위한 이 "내부로부터의" 노력은 주요 지역 세력들이 아프가니스탄과 주변 지역 전체에서 긍정적이거나 적어도 덜 파괴적인 역할을 하도록 설득하기 위한 "외부로부터의" 지속적인 외교적 노력과 일치해야 했다. 우리는 대화를 나누면서 5년 전 카불의 그의 집에서 양고기와 당근, 건포도, 그리고 양파를 섞은 아프가니스탄 전통 쌀밥 풀라우pulau를 차려놓고 맛있게 저녁식사를 함께했던 많은 사람들을 떠올렸다.

나는 아프가니스탄과 남아시아 지역에서 장기적인 관계를 유지하기 위한 중요한 관건은 아프가니스탄과 미국 국민의 의지라고 가니에게 솔직하게 말했다. 그러면서 아프가니스탄 국민들뿐 아니라 미국 국민과 모든 인류에게 진정한 위협이 무엇인지 설명하기 위해 미국 국민들을 설득할 수 있도록 그와 그의 정부에 도움을 요청했다. 가니와 나는 아프가니스탄이 문명과 야만의 새로운 경계선에 서 있다고 믿었지만, 미국이 지정한 20개 이상의 테러 조직들이 번성하고

있는 생태계로서 남아시아와 중앙아시아 지역을 이해하고 받아들이려는 미국 국민은 거의 없었다.[4]

그러한 생태계는 국가의 세력이 취약하고 젊은 남성들을 쉽게 모집할 수 있으며 또 파키스탄의 ISI가 지원에 나서고, 느슨하게 관리되는 지역 안으로 누구든 숨어들 수 있으며 부족들 사이의 경쟁으로 테러 조직이 특정 부족으로부터 후원을 받을 수 있는, 그러면서도 수익성 있는 마약 거래와 다른 범죄 집단들과의 연계가 가능한 이상적인 조건에서 탄생했다. 또한 자금과 무기, 인력, 그리고 마약이 국경을 마음대로 넘나들 수 있는 환경도 영향을 미쳤다. 지리적으로 볼 때 아프가니스탄과 파키스탄의 국경은 주변 지역의 중심지가 되면서 또 상대적으로 접근이 어렵기 때문에 극단적인 이슬람원리주의가 자라나기에 이상적인 장소였으며 따라서 바로 이곳에서 인도와 중앙아시아, 러시아, 중국, 그리고 유럽과 중동을 향한 잔혹한 활동들이 계획되었다. 더욱이 이슬람교를 믿는 군대가 검은 깃발을 휘날리며 호라산Khorasan에서 나타나 결국 예루살렘을 정복할 것이라는 예언자 무함마드가 남긴 기록 속 예언 때문에 이 지역은 이념이나 사상적으로도 이슬람교도들을 강력하게 끌어들인다. 예언에는 "얼음 위로 기어가야 할지라도 그 군대에 합류하라. 그 어떤 세력도 우리의 군대를 막을 수 없다"며 이슬람교도들을 독려하는 내용들이 들어 있다.[5]

가니는 트럼프 대통령이 저 멀리에서 지금이 얼마나 위태로운 상황인지 이해하지 못하고 또 많은 미국 국민들이 "영원히" 혹은 끝없이 이어지는 전쟁이라고 부르는 아프가니스탄에 대해 회의적인 사람들의 지지를 주로 받아 선출되었음을 알고 있었다. 나는 아프가니스탄이 직면해 있는 벅찬 도전과 진지한 노력, 거기에 희생을 두려워하지 않는 용감한 아프가니스탄 국민들의 모습까지 있는 그대로 세계가 이해하게 될 수 있도록 돕자고 가니에게 요청했다. 길고 혹독했던 전쟁의 어려움에도 불구하고 2017년의 아프가니스탄은 많이 달라져 있었다. 탈레반이 몰락한 후 수십만 명의 난민이 조국으로 돌아왔으며 카불의 인구는 100만 명에서 거의 500만 명 가까이 늘어나 있었다.[6]

이렇게 인구가 늘어나자 정부의 사회 복지 사업도 더 확장되었다. 2018년 10월 치러진 총선에서 유권자의 45퍼센트 이상이 투표에 참여했다. 2019년 9월에 있었던 대통령 선거에서는 투표장을 찾는 사람들을 모두 살해하겠다는 탈레반의 위협으로 투표율이 떨어지긴 했지만 그럼에도 불구하고 등록된 유권자의 약 27퍼센트인 200만 명이 대통령 선거에서 투표권을 행사했다.[7] 아프가니스탄을 바로 세우려는 과정에서 아직도 많은 부정부패가 있지만 일부에서 주장하는 것처럼 그런 노력 전체가 다 낭비된 것은 아니다. 미국 국민들은 아프가니스탄이 이렇게 많이 달라졌다는 사실을 잘 모른다. 2001년 탈레반이 패배한 이후 일어난 엄청난 변화의 혜택을 받은 아프가니스탄 국민들에 대해서 알지 못하기 때문이다. 2001년의 아프가니스탄과 오늘날의 아프가니스탄은 교육과 기술 분야, 그리고 여성들의 권리 측면에서 완전히 차원이 다른 국가였다.

탈레반 치하에서 교육을 받지 못했던 여성들을 포함해 젊은 세대의 교육의 기회도 빠르게 확대되었다. 2001년 이전까지만 하더라도 아프가니스탄에서 초등 및 중등 교육기관에 등록되었던 어린이는 100만 명 미만으로 추정된다. 그렇지만 2017년 유네스코UNESCO는 그 숫자가 총 930만 명까지 늘어난 것으로 추산하고 있다. 고등교육의 기회도 확대되어 2019년 기준으로 사립 및 공립 대학교에 등록한

학생은 30만 명이고 그중 3분의 1이 여성이다.[8]

기술과 정보에 대한 접근성 덕분에 아프가니스탄은 이제 더이상 세계와 고립되어 있지 않다. 아프가니스탄 국민의 80퍼센트 이상이 휴대전화를 사용하고 있으며 2013년과 비교해 2018년에 세상의 소식과 정보를 알아보기 위해 인터넷을 사용하는 사람들이 400퍼센트나 더 늘어났다. 기술에 대한 접근은 소셜미디어에 대한 노출과 인터넷 결제 및 은행 거래를 통한 부패에 대응에 큰 도움이 된다. 아프가니스탄은 이 지역에서 가장 개방적인 언론사들을 보유하고 있으며, 이런 모습은 탈레반 시절의 완전한 언론 차단이나 파키스탄과 이란을 비롯한 다른 중앙아시아의 국가들의 국영 언론 매체들과는 극명한 대조를 이룬다. 2019년 카불에는 텔레비전 방송이 96개, 라디오 방송이 65개, 지면 매체 911개가 있으며 아프가니스탄의 다른 지역에도 107개의 텔레비전 방송과 284개의 라디오 방송, 그리고 416개의 지면 매체들이 있다.[9]

탈레반이 지배하던 시절에 여성들은 남성 친척의 동행 없이 집밖으로 나가거나 심지어 전화로 혈연관계가 없는 남성과 이야기를 나누는 것만으로도 잔혹한 처벌을 받았다. 또 학교도 다닐 수 없었다. 탈레반은 자신들이 손에 넣은 지역에서 이런 억압적인 정책을 펼쳤고 2018년까지도 죄를 지은 여성은 이슬람 율법과 탈레반 방식의 판결에 따라 채찍질을 당했다.[10] 이와는 대조적으로 아프가니스탄 헌법에 따른 여성의 사회 활동 보장은 이 지역에서는 전례가 없는 수준이다. 아프가니스탄 헌법에 따르면 의회 의석의 25퍼센트는 여성들의 몫이며, 2018년 10월 총선에 입후보한 여성 후보자의 숫자는 417명에 달했다고 한다.

가니 대통령은 나와 만난 지 얼마 후에 시사주간지 〈타임Time〉과의 대담에서 미국 국민들에게 "그들의 안전은 우리에게 달려 있다"고 말했다.[11] 그는 계속해서 아프가니스탄 국민들 역시 적지 않은 고통을 분담하고 있으며 미국이 파병한 군대의 규모나 관련 비용이 그동안 90퍼센트 이상 줄어들었음을 알렸다. 물론 미국의 희생에 대해 감사의 표시를 하는 것도 잊지 않았다. 가니는 지난 18개월 동안 아프가니스탄에서 전사한 미군이 50명이 채 되지 않지만 "여전히 너무 많다"고 말하면서도 미국 국민들에게 2001년과 2014년 사이 사망한 미국 국민 2,300명과 비교해달라고 부탁했다. 하지만 미국 국민들은 실제 상황은 어떤지, 그리고 지금까지 무슨 성과를 거두었는지에 대해서는 사실 미국의 지도자로부터 더 많은 이야기를 들어야 했다. 또한 그들에게는 이해가 가는 범위의 비용으로 자신들을 보호해줄 수 있는 전략을 요구할 권리도 있었다.

가니는 또한 미군을 계속 아프가니스탄에 주둔하게 하려면 자신들이 먼저 선의와 신뢰감을 분명하게 보여줘야 한다는 사실을 잘 알고 있었다. 따라서 가니는 양국이 서로 힘을 합쳐 아프가니스탄 정부 개혁에 대한 명확한 목표와 결과 평가를 위한 지표를 설정하기 위해 로런스 대사나 니콜슨 장군과 함께 최선을 다하고 있었다. 카르자이와는 달리 가니는 미국을 비롯한 다른 후원국들이 자신들의 도움에 대한 일정한 조건을 부과해도 괜찮다고 생각했다. 이러한 조건이 있어야 개혁을 계속할 명분이 생기며 동시에 과거 무자헤딘 시절의 후원 관계를 계속 유지하고자 하는 반대 세력들을 견제할 수 있다는 것이었다.[12] 가니는 자신이 생각하는 우선순위는 아프가니스탄 국가안보국National Directorate of Security, NDS으로 알려진 정보부는 물론 국방부와 내무부의 보안 부서들을 강화하는 것이라고 내게 말했다. 또한 법치를 바로 세우는 데 필요한 제도와 기능도 중요했다.

그렇지만 가니에게는 미국이 영향력을 발휘해줄 필요가 있었다. 미국의 외교관과 군 사령관들은 문제의 심각성을 과소평가했거나 아니면 과거 영국이나 소비에트연방의 침략자들과 네 번이나 전쟁을 치렀던 아프가니스탄에서 또다른 제국주의자로 비치지 않을까 노심초사했기 때문에 조건을 걸고 지원을 하는 걸 꺼리는 경우가 종종 있었다. 그렇지만 선거를 통해 뽑힌 아프가니스탄 지도자들과 협력하여 발휘되는 미국의 영향력은 아프가니스탄의 주권을 지켜줄 수 있는 힘이었다. 가니는 아프가니스탄의 국방부 장관이 니콜슨 장군의 명령에 따라 불법적인 후원의 영향력을 덜 받으면서 어떻게 아프가니스탄 정규군의 지휘자로서의 자질을 극적으로 끌어올렸는지를 내게 설명해주었다.

가니 대통령과 나는 계속해서 미국과 다른 국가들이 분열을 극복하고 단결을 이끌어내기 위한 아프가니스탄의 자체적인 노력을 어떻게 도와줄 수 있는지에 대해 이야기를 나눴다. 아프가니스탄은 각 지역과 부족 지도자들이 자신들의 자치권 수호에 애를 쓰는 일종의 지방 분권형 국가이다. 가니는 아프가니스탄을 약화시킬 수 있는 분열을 막아내면서 개혁을 추구하는 방법을 고민했다. 아프가니스탄 국민들은 종종 특정한 인종 소속이 아닌 아프가니스탄인 자체로서의 자신의 정체성을 드러내지만, 수십 년에 걸친 전쟁에 탈레반이 종교적 극단주의와 결합하여 내세우는 파슈툰 민족주의는 아프가니스탄 안의 타지크, 하자라, 그리고 투르크 같은 소수민족들 사이에서 파슈툰 부족의 지배에 대한 분노와 두려움을 불러일으켰다. 1992년 나집 정부의 붕괴는 여러 이슬람 종파들 사이의 경쟁에 불을 붙였다. 1980년대 소비에트연방의 점령에 저항하는 동안 아프가니스탄의 온건한 토착 이슬람 종파인 하나피 수니파Hanafi Sunnism와 수피파Sufism는 외부에서 들어온 극단주의 이슬람 종파들에게 압도당하고 말았다. 이런 분열은 탈레반에 저항하려는 국민들의 의지를 약화시켰고, 이란이나 파키스탄과 같은 외국 세력들이 기회를 얻어 대리 세력을 지원하고 그 대신 아프가니스탄에 정치적 영향력을 미칠 수 있게 되었다. 물론 아프가니스탄과 오랜 세월 관계를 유지해오고 있었던 미국, 그리고 미국과 뜻을 같이하는 영국, 인도, 그리고 북유럽 국가들에게도 아프가니스탄의 여러 세력들 사이에서 이런 분열과 갈등을 줄이고 화해와 협력을 이끌어낼 수 있는 기회가 있었다.

아프가니스탄은 점점 더 서로 연결되어 발전하고 있다. 급성장하는 도시들과 인터넷이나 소셜미디어 같은 기술을 통해 각 세력과 공동체들은 실제 공간과 가상공간에서 서로 모여 소통하고 있다. 아프가니스탄은 인구의 63퍼센트가 평균 연령 24세 미만의 젊은 나라다. 아프가니스탄의 젊은이들은 그 어느 때보다 전 세계는 물론 아프가니스탄 안에서도 더 잘 연결되어 있다. 타지크와 파슈툰, 그리고 하자라 같은 각각의 민족 공동체들이 카불 북쪽의 평원에서 도시까지 서로 모여 뒤섞이고 있다.[13] 이들의 견문은 이제 더이상 조상들이 물려준 땅에 국한되어 있지 않다.

이러한 노력 속에서 아프가니스탄을 불안하게 뒤흔드는 중요한 외부 세력 중 하나가 바로 파키스탄이다. 가니는 대통령에 당선된 후 상당한 정치적 위험을 감수하며 파키스탄에 대한 대응에 나섰으며 탈레반이나 하카니Haqqani 반군 같은 테러 조직을 지원하기보다는 아프가니스탄에서 외교적으로 파키스탄의 이익을 추구하도록 파키스탄군 지도부를 설득하려 했다. 하지만 상황은 가니의 뜻대로 되지 않았고 이전에도 그랬듯 아프가니스탄의 대통령만 곤란한 상황을 겪게 되었다.

오바마 행정부가 남아시아 지역에서 알카에다와 싸우기 위해 파키스탄과의 협력을 우선시했을 때, 파키스탄은 낙담한 카르자이 대통령에게 접근했다. 2010년 5월, 카르자이가 미국 측에게 자신의 마음이 변치 않을 것을 약속한 후 얼마 지나지 않아 파키스탄의 육군 사령관 아쉬파크 파르베즈 카야니Ashfaq Parvez Kayani는 ISI 책임자인 아흐메드 슈자 파샤Ahmad Shuja Pasha를 카불로 보내 카르자이에게 미국을 제외한 협정을 제안했다.[14] 지난 몇 년 동안 파키스탄에 대한 대응을 미국에게 권고해온 카르자이는 뭔가 다른 방식을 시도할 준비가 되어 있는 것처럼 보였다. 카야니 사령관의 진짜 의도는 미국과 아프가니스탄 사이를 벌려놓아 탈레반에 대한 전쟁 의지를 약화시키려는 것이었다. 파키스탄 측은 여유 있는 태도로 나왔고 카르자이의 입지는 불안했다. 2011년 10월 파키스탄 지오 텔레비전Geo Television과의 대담에서 카르자이는 이렇게 말한다. "신의 뜻에 따라 만일 파키스탄과 미국 사이에 전쟁이 일어나면 우리는 파키스탄 편에 서게 될 것이다. 파키스탄이 공격을 받고 파키스탄 사람들이 도움을 요청한다면 아프가니스탄이 함께할 것이다. 아프가니스탄과 파키스탄은 서로 형제이다."[15] 파샤가 카불을 회유하기 위해 방문했던 그해에 탈레반은 아무런 군사적 목적 없이 아프가니스탄 전역에서 최소 6건의 대공세와 더불어 400여 건의 또다른 사제폭탄improvised explosive device, IED 및 자살 공격을 가했고 많은 민간인들이 피해를 입었다.[16] 2017년

이 되자 나는 거의 20년 가까운 세월 동안 파키스탄이 보여준 완벽한 이중성을 확인하고도 그들이 태도를 바꿀 것이라고 계속해서 기대하는 건 그야말로 어리석음의 절정이라고 믿게 되었다.

내가 남아시아 지역에 도착했을 때 하카니 조직은 아프가니스탄에서 근래에 보기 드문 가장 치명적인 대량살인 공격을 준비하고 있었다. 2017년 6월 6일에 카불에서는 이들의 공격으로 인해 150명 이상이 사망했다. 당시 미국은 파키스탄에 60억 달러가 넘는 규모의 군사 및 경제 원조를 제공하고 있던 중이었다. 이제는 파키스탄에 대해 다른 방식으로 접근을 해야만 했다.

나는 그날 하니프 아트마르와 압둘라 압둘라를 포함한 또다른 아프가니스탄의 주요 인사들과도 대화를 나눴다. 두 사람 모두 2019년 10월 대통령 선거에서 가니의 반대편에 서게 되는 인물들이었다. 그날 저녁 나는 대통령 선거에서 부통령 후보로 가니 측에 합류하여 탈레반의 암살 시도를 간신히 벗어나게 되는 암룰라 살레Amrullah Saleh를 만났다. 아프가니스탄 국가안보국 국장으로 6년 동안 일해온 살레는 아트마르와 함께 더이상 카르자이가 염려하는 음모론을 따르지 못하게 되자 그 자리를 떠났고, 많은 미국 측 담당인사들에게 미국의 전쟁 노력에 대한 직접적이고 때로는 단호한 비판으로 그들을 불쾌하게 만들기도 했다. 그렇지만 나는 살레의 조국에 대한 순수한 사랑과 열정이 기꺼웠다. 탈레반에 대한 그의 확고한 반대 의견과 잘못된 가정들을 밝히려는 그의 의지는 참으로 신선했다. 살레는 항상 무엇이 문제인지를 분명하게 밝히는 그런 사람이었다.

아프가니스탄의 지도자들과의 대화를 나누고 나니 희망과 함께 아쉬움이 느껴졌다. 나는 우리가 마침내 서로의 의견을 조율해 적과 싸울 뿐 아니라 끊임없이 되살아나는 탈레반의 세력을 감당해낼 수 있도록 아프가니스탄이 힘을 키울 수 있기를 바랐다. 나는 몇 년에 걸쳐 장기간 문제에 대해 단기적 방식으로 접근함으로써 기회를 놓친 것이 아쉬웠다. 우리는 스스로의 의지에 돌이킬 수 없는 손상을 입힌 것일까? 아니면 시간이 부족했을까? 만일 미국과 다른 국가들이 처음부터 아프가니스탄에 대해 장기적인 관점을 갖고 전쟁을 전쟁의 본질과는 다른 무엇인가로 바꾸려고 하지만 않았다면 지금의 이런 상황에 처해 있지 않을 수도 있었다. 나는 아프가니스탄과 남아시아 지역에서 지속 가능한 안보를 확보하기 위해 미국의 대통령이 선택할 수 있는 방법들을 찾아보기로 결심했지만, 이러한 방법들에 대한 승인을 얻고 이를 실천하는 데 필요한 의지를 이끌어내는 일은 그리 쉽지 않다는 사실을 잘 알고 있었다.

* * *

그날 나는 마지막 일정으로 학생들과 만났다. 2016년 8월 24일 탈레반 무장 조직원들이 아프가니스탄아메리칸대학교를 둘러싸고 있는 벽을 폭탄을 실은 화물차로 뚫고 들어왔고 거의 10시간 가까이 학교를 포위했다. 학생과 교직원, 경비원, 학교에 배치된 특수요원 등을 포함하여 15명이 사망했고 부상을 입은 사람도 수십 명이 넘었다.[17] 그로부터 7개월 후 학교가 다시 문을 열자 부상을 입은 학생들 중에서 한 사람만 제외하고는 모두 다 복학을 했다. 하반신이 마비되었던 그 부상 학생도 독일에서의 치료가 끝난 뒤 학교로 돌아왔다. 나는 그 사건을 겪은 학생들과 대화를 나누며 이슬람원리주의 테러 조직들을 물리치기 위한 장기적인 노력의 일환으로 교육이 중요하다는 생각을 더욱 굳히게 되었다. 그 두려움을 모르는 젊은이들은 인종에 따른 정체성을 초월하고 이슬람교의 극단주의를 거부했으며 자신과 미래 세대를 위해 더 나은 삶을 구축하기로 결심한 새로운 아프가니스탄 국민들의 일부였다.

이슬람원리주의를 따르는 테러 조직들을 지탱해주는 건 바로 무지다. 수십 년간 이어진 전쟁과 탈레반의 잔혹함으로 인해 안 그래도 탈레반과 테러 조직들의 선동에 취약한 아프가니스탄 국민들은 제대로 된 교육을 받지 못해왔다. 테러 조직들은 이런 젊은 청년들을 세뇌시켜 무고한 사람들에 대한 폭력을 부추기고 정당화하기 위해 증오를 조장한다. 이들은 가장 취약한 계층, 즉 사회의 보호를 받지 못하고 애정을 갈구하는 청소년과 젊은 계층을 먹잇감으로 삼는다. 거기에는 여성들의 참여도 점점 더 늘어나고 있다. 많은 젊은이들이 성적인 학대를 비롯한 다른 여러 형태의 학대를 통해 이슬람원리주의 테러 조직에 빠져들고 있다. 이들은 살아 있는 사람의 목을 자르거나 다른 잔혹한 폭력 행위에 참여함으로써 정신적인 충격을 경험하고 이를 통해 점차 인간성을 잃어간다. 독실한 신앙심을 주장하는 사람들이 가장 가혹한 폭력 행위를 저지를 뿐 아니라 멀리 파키스탄의 안락한 집안에 살고 있는 지도자들의 배를 불리는 수익성 높은 거대 범죄 조직들을 꾸려나간다. 이 지도자들의 자녀들은 아프가니스탄 여학교에 폭탄 공격이 벌어지는 동안 값비싼 고급 사립학교에 다니고 있었다.

이 용감한 학생들을 만났을 때 나는 더 많은 미국 국민들이 이들에 대해 알고 아프가니스탄이 이루어가고 있는 느리지만 진정한 발전을 봐주었으면 하는 마음이 들었다. 나는 또한 탈레반과 권력을 나누자고 주장하는 사람들은 도대체 어떤 결과를 기대하고 있는 건지 궁금했다. 탈레반이 여학교를 보이는 족족 공격하는 것을 허용하자는 것일까? 음악이나 미술 활동은 어느 정도까지 허락될 수 있을까? 주말마다 운동장에 모여 수많은 사람들을 처형하는 일이 벌어지는 것은 아닐까? 적과 아프가니스탄 국민에 대한 이해 부족은 탈레반에 대한 과도한 동정심과 함께 용감한 아프가니스탄 국민에 대한 무시, 아니 적어도 무관심이라는 역설을 불러일으켰다. 지금도 아프가니스탄에서는 군인과 경찰, 학생, 언론인, 그리고 공무원 들이 공동의 적을 몰아내고 지금 세대와 자녀 세대를 위한 더 나은 미래를 건설하기 위해 죽어가고 있다. 나는 다음 목적지인 파키스탄으로 갔을 때에도 계속해서 이 용감한 아프가니스탄 사람들을 기억하리라 다짐했다.

* * *

얼마 안 되는 짧은 비행 끝에 우리는 이슬라마바드Islamabad 공항에 도착했다. 나에게는 익숙한 곳이었다. 지난 2003년에서 2004년까지 나는 중부사령부 사령관 존 아비자이드John Abizaid 장군의 개인참모 자격으로 그리 대단한 임무를 맡지는 않았지만 여러 차례 파키스탄을 찾은 적이 있었다. 미 육군의 중부사령부는 아프가니스탄전쟁, 그리고 당시에는 이라크전쟁과 중동 전 지역의 군사작전까지 담당했던 지휘본부였다. 파키스탄 주재 미국 대사인 데이비드 헤일David Hale이 우리를 맞이했다. 헤일은 1980년대 중반 내가 군 생활을 시작했을 때 외무부에 들어갔고 우리는 둘 다 중동 지역에서 많은 시간을 보냈다. 헤일은 튀니지와 바레인, 그리고 사우디아라비아에서 미국의 외교 업무를 맡았고 요르단과 레바논에서는 대사로 근무했다. 헤일은 진행 과정이 어려울뿐더러 그 결과마저 실망스러운 임무에 익숙한 사람이었다. 그는 2011년 5월부터 2013년 6월까지 중동 지역의 평화특사를 역임하기도 했었지만 아마도 파키스탄에서의 임무가 가장 힘이 들었을 것이다. 자신이 시행하도록 요청받은 정책에 근본적으로 결함이 있었을뿐더러 그의 대화 상대 대부분이 지구상에서 가장 이중적인 인간들이었기 때문이다.

지난 몇 년 동안 파키스탄의 관료들은 도무지 일관성이라고는 찾아볼 수 없는 미국 측의 전략을 십분 활용해왔다. 2001년 9월 12일 리처드 아미티지 국무부 차관은 파키스탄 ISI의 수장인 아흐메드 마흐무드Ahmed Mahmud 장군을 불러 파키스탄이 "미국과 함께할지 말지에 대한 중요한 선택에 직면해 있음을" 알렸다. 마흐무드 장군은 테러 조직과 파키스탄이 "한패"라는 "오해"를 풀고 싶다고 말하고 페르베즈 무샤라프Pervez Musharraf 대통령과 자신의 "전폭적인 지지"를 약속했다.[18] 그렇지만 그건 그저 끊임없이 이어지는 속임수와 기만의 시작이었을 뿐이었다. 행정부가 세 차례나 바뀌는 동안 미국은 계속해서 여기에 속아넘어갔다. 파키스탄의 지도자들은 특히 미국의 허영심과 순진함을 이용하는 데 능숙했다. 헤일과 나는 파키스탄에 대한 이전의 접근 방식은 이슬람원리주의의 공격에 대한 지역적 차원에 대한 피상적인 이해와 자신이 알고 있는 지식에만 지나치게 의존해 접근하려는 생각이 잘못 뒤섞여 문제를 일으킬 수밖에 없었다는 데 동의했다.

미국은 지금까지도 여러 차례 탈레반을 비롯한 다른 여러 테러 조직과 파키스탄 ISI의 기본적인 동기와 목표, 그리고 전략을 무시하고 건너뛰었기 때문에 이들에 대한 이해가 피상적일 수밖에 없었다. 오바마 행정부의 주요 인사들이 자폭이나 다름없는 전략을 뒷받침하는 오류투성이 논리를 내놓은 것도 자신들이 알고 있는 지식에만 지나치게 의존했기 때문이었다. 이들은 인구 2억2,100만 명의 핵무기 무장 국가인 파키스탄이 아프가니스탄보다 더 중요하기 때문에 아프가니스탄전쟁의 결과보다 파키스탄과의 관계를 우선시하는 전략을 세워야 한다고 생각했다.[19] 같은 실패라도 아프가니스탄에서보다 파키스탄에서의 실패가 훨씬 더 클 것이라는 것이 이들의 논리였다. 파키스탄의 안보가 무너지거나 파키스탄이 서방측과 완전히 멀어지면 이슬람원리주의자들의 테러 문제는 엄청나게 악화될 것이다. 고립되어 절망에 빠진 파키스탄은 인도와 또다른 전쟁을 일으킬 수도 있으며 세계에서 가장 인구가 많은 지역 중 한 곳에서 핵전쟁이 일어날 우려가 있는 것이다. 따라서 최선의 전략은 혹시 있을지 모를 최악의 결과를 막기 위해 우선 파키스탄과 좋은 관계를 유지하는 것이었다.

그렇지만 파키스탄에 대한 이런 식의 접근은 파키스탄 육군과 ISI가 탈레반과 하카니에 대한 지원을 기꺼이 줄여줄 것이라는 희망사항과 모호한 가정을 바탕으로 하고 있었다. 파키스탄의 지도자들은 이런 조직들을 이용해 아프간 정부를 압박하고 국경선을 조정하라는 파슈툰 민족주의자들의 요청을 막았다. ISI는 또한 인도가 그들에게 우호적인 아프가니스탄 정부로 파키스탄을 함께 포위하는 걸 막기 위해 자신들 생각에 꼭 필요한 "전략적 저지선"을 확보하고자 적어도 아프가니스탄의 일부 지역에 대한 통제를 원했다.

아프가니스탄의 안정을 희생하더라도 파키스탄과의 관계를 우선시하려는 미국은 두 지역을 상호연결하는 안보 문제의 본질을 간과하고 파키스탄 군대가 테러 조직에 대한 결국 자기 살을 깎아먹게 되는 지원을 계속하도록 내버려두었다. 물론 2001년 9월 11일 2,977명의 무고한 사람들을 학살했던 사건의 뿌리도 생각해보면 파키스탄이 지원하는 탈레반 정부가 만들어준 어느 테러 조직의 이런 은신처에서 시작된 것이다.[20] 게다가 아프가니스탄의 불안정하고 폭력적인 상황이 파키스탄으로 다시 번지면서 아프가니스탄의 안정을 뒤로 미루면서까지 피하려 했던 바로 그런 문제들을 일으키고 말았다. 오바마 행정부가 탈레반을 공식적인 미국의 적이 아니라고 선언하자 파키스탄의 지도자들은 미국이 쉽게 속아넘어갔다고 결론지었다. 미국이 이미 철수 일정을 발표하고 탈레반의 요구사항 중 최소한 일부라도 수용하기 위해 애를 쓰는 것으로 보이는 상황에서 파키스탄에게 자국 영토 안에서 탈레반이나 하카니 조직과 싸워달라는 미국의 호소가 과연 얼마나 진지하게 받아들여졌을까?

* * *

우리가 정부 청사들이 있는 곳까지 짧게 이동하는 동안 파키스탄 경찰이 도로 주변을 정리해주었다. 남아시아 지역의 도시에 익숙하지 않은 사람들에게 이슬라마바드는 자동차와 모터사이클, 그리고 화려하게 장식된 화물차들이 서로 앞질러가려고 경쟁하는 혼란스러운 도시로 보일 수도 있다. 그렇지만 이슬라마바드는 파키스탄의 다른 도시들과 비교하면 질서가 그런대로 잘 잡혀 있는 곳이다. 1960년대 건설된 이슬라마바드의 이름이며 건설 계획을 보면 파키스탄이 서기

622년에 예언자 무함마드가 이주했던 메디나Medina와 비슷한 또다른 이슬람교의 성지를 세우고자 했던 야심이 잘 반영되어 있다. 이 파키스탄의 수도에는 또한 펀자비와 파슈툰, 그리고 신드Sindhi를 포함해 다양한 영토와 민족을 아우르는 국가의 단결력을 표현하려는 의도도 숨어 있다.

총리의 집무실에 도착한 나는 나와즈 샤리프Nawaz Sharif 총리의 맞은편에 앉았다. 정원이 내려다보이는 큰 창문을 통해 햇빛이 밝게 비춰 들어왔다. 그는 당시 연임은 아니었지만 세번째로 총리직을 맡고 있었다. 샤리프는 1990년부터 1993년까지 총리였고 다시 1997년부터 전직 육군 사령관 페르베즈 무샤라프가 1999년 무혈 군사정변으로 그를 몰아낼 때까지 총리를 역임했다. 샤리프는 정치적으로는 살아남았지만 군부와 정적들로부터 끊임없는 압박을 받았다. 그는 동맹국인 파키스탄이 미국의 적을 지원하고 폭력 사태를 방관했으며 따라서 연합군과 무고한 민간인들의 죽음에 대해 적어도 일정 부분 책임이 있다는 미국과 파키스탄 관계의 근본적인 모순을 더이상 참기 어렵다는 우리의 주장에 공감하는 듯했다. 나는 총리에게 미국의 인내심도 곧 한계에 도달해 더이상 경제적, 군사적 원조를 제공할 수 없을 것이라고 말했다. 미국은 우리가 본질적으로 중개자를 통해 적에게 자금을 지원하고 있다는 사실을 알아차렸다. 미국의 지원을 통해 파키스탄 군대는 탈레반을 비롯한 다른 여러 테러 조직들이 조직원을 모집하고 훈련시키며, 무장을 하고 조직을 유지할 수 있도록 더 많은 자금을 보내줄 수 있었다.

잘 다듬어진 잔디밭을 지나 나무들이 늘어서 있는 도로를 걸어서 지나가려니 총리 집무실이 상징하는 권력과 그 무력한 실상, 그리고 권력을 차지하고 있는 사람들 사이의 대조가 새삼 놀랍게 느껴졌다. 미국과 영국을 비롯한 다른 여러 국가들이 파키스탄의 민간인 정부의 입지를 다져주기 위해 수년에 걸쳐 노력했음에도 불구하고 군 사령부는 여전히 모든 권력과 권위의 독차지하고 있었다. 샤리프의 공감 같은 건 별로 중요하지 않았다. 샤리프와 재무부 장관은 얼마 지나지 않아 파나마 페이퍼 유출과 관련된 부패 혐의로 기소되어 자리에서 물러났지만 샤리프의 측근들은 모두 다 군대의 압력 때문에 일어난 일이라고 주장했다.[21] 2018년 파키스탄 군부는 세계적으로 유명한 크리켓 선수 출신이자 미국에 대해 본능적인 반감을 갖고 있으며 사생활이 문란하기로 유명한 임란 칸Imran Khan을 총리로 선택한다. 파키스탄에 대한 미국의 접근 방식은 보통은 국가가 군대를 보유하지만 파키스탄은 군대가 국가 위에 있다는 현실을 바탕으로 해야만 한다는 사실은 분명했다. 전략적 자아도취에서 전략적 공감으로 옮겨가려면 파키스탄 군부 실세들의 정서와 이념 및 세계관에 주의를 기울여야 할 필요가 있었다.

* * *

1947년 파키스탄이 건국된 이래 군부는 이웃에 자리하고 있는 대국 인도의 위협을 통해 스스로의 정체성을 지켜오고 있었다. 파키스탄은 1971년에 방글라데시 독립전쟁이라고도 부르는 내전을 포함해 네 차례의 전쟁을 치렀으며 그때마다 모두 패배했다. 전쟁에서 패배한 파키스탄은 인구의 55퍼센트와 영토의 15퍼센트를 새로 독립한 방글라데시에 내주었지만 영토를 둘러싼 분쟁은 계속되었다. 인도 북서부의 카슈미르 지역에서는 인도 군대와 한 치도 물러서지 않는 다툼이 연이어 이어졌으며 2002년 여름의 경우처럼 이런 갈등은 종종 핵무기 사용 위협까지 확대되었다. 카슈미르는 원래 파키스탄이 이슬람원리주의 테러 조직을 국가 정책의 도구로 이용할 수 있을지 시험해보는 장소로 활용되었지만 지금은 인도와의 첨예한 분쟁 지역으로 계속 남아 있다. 2019년에는 지난 65년 동안 어느 정도 자치권을 누려왔던 인도의 잠무와 카슈미르 지역을 완전히 장악하기 위해 인도가 움직였고 이 때문에 해당 지역 원주민들을 자극해 전투가 벌어질 뻔했는데, 이는 부정선거로 밝혀진 1987년 총선으로 인해 1980년대 후반에서 1990년대 초까지 큰 갈등을 빚었던 상황과 대단히 흡사했다.[22]

미국의 장성급 인사들은 서방측 군대와 비슷한 예의와 행동 방식을 보여주는 파키스탄 장교들의 매력에 종종 호의를 느끼곤 했다. 또 파키스탄의 잘 정돈된 부대 환경이나 훈련장도 모든 미군 하사관들이 다 부러워할 만한 수준이었다. 대부분의 파키스탄 장교들은 영국 육군사관학교에서 교육을 받았고, 나머지도 조지아주 포트 베닝과 캔자스주 포트 레븐워스, 그리고 펜실베이니아주 칼라일 배럭스에 있는 미 육군학교를 수료했다. 파키스탄 장교들은 영국식 표준 영어를 구사하고 폴로를 하며 미국의 남북전쟁을 공부했다. 또 고급 위스키를 즐기기도 했다. 그렇지만 이들은 스스로를 국가의 이익을 도모하며 파키스탄 이슬람교 정체성의 수호자로 여기는 조직 출신들이었다. 파키스탄 군대는 외교 및 경제 정책에 대해 거부권을 행사할 수 있었다.[23] 그리고 파키스탄의 장군들은 가장 효과적인 도구 중 하나라고 믿어 의심치 않는 테러 조직과 민병대를 포기하지도 않았다. 이들 덕분에 장군들은 아무런 책임을 지지 않으면서 폭력을 행사할 수 있었다.

파키스탄 군대는 1947년 이래 자신들의 성전을 단 한 번도 멈추지 않았다. 1980년대와 1990년대 초, 아프가니스탄에서 소비에트연방에 대항해 싸우는 이슬람교도 조직들에 대한 미국의 지원은 파키스탄의 강력한 정보기관인 ISI를 통해 전달되었다. 소비에트연방 점령군에 대한 ISI 주도의 저항으로 탈레반의 부상을 위한 환경이 만들어졌고 아프가니스탄에서 온건한 정치가 자리잡을 수 있는 가능성은 사라졌다. ISI는 아프가니스탄 마약 거래에도 끼어들어 파키스탄의 테러 조직 이용과 핵무기 개발에 은밀하게 자금을 조달했다.

그렇지만 ISI가 낳은 프랑켄슈타인의 괴물들인 테흐리크-이-탈레반 파키스탄과 ISIS-호라산 등은 주인에게 등을 돌린다. 2008년 9월 이슬라마바드 매리어트 호텔과 2009년 6월 페샤와르의 펄-콘티넨탈 호텔에 대한 대규모 폭탄 공격은 파키스탄이 주변 국가들에 대응하기 위해 테러 조직들을 이용하려 했다가 치명적인 역풍을 맞은 대표적인 사례이다.[24] 이런 조직이나 단체들은 파키스탄 민간인들을 살해했고 시아파나 수피파 같은 이슬람교의 소수 종파들을 계속해서 공격하며 티그리스와 유프라테스강 계곡의 비옥한 초승달지대를 집어삼켰던 것과 비슷한 파괴적인 종파 간 갈등의 위험을 불러들였다. 2010년 이후 테러 조직들이 스와트Swat와 부너Buner 지역에서도 활동을 개시하면서 이들의 공격은 더이상 파키스탄의 변경 지역에서 그치지 않았다. 이들은 심지어 파키스탄 군대까지 넘보며 살인 작전을 확대해 이들의 가족을 표적으로 삼기도 했다.

2014년 12월 16일에는 7명의 테흐리크-이-탈레반 파키스탄 조직원들이 자살폭탄 조끼와 총기로 무장하고 파키스탄 북서쪽 페샤와르에 있는 육군공립학교를 공격해 149명의 무고한 사람들을 살해하는 그 유례를 찾아볼 수 없는 극악무도한 사건이 벌어지기도 했다. 사망자 중 132명이 8세에서 18세 사이의 어린 학생들이었다. 이 공격은 이러한 조직들이 서로 밀접하게 연결되어 있음을 보여주고 있는데 물론 그 주모자는 2007년부터 파키스탄의 반정부 폭력 사태의 주요 원인이 되어온 테흐리크-이-탈레반 파키스탄이다. 하지만 공격에 가담한 조직원에 체첸인이 1명, 아랍인이 3명, 그리고 아프가니스탄인이 2명 포함되어 있다는 사실은 이 문제가 국제적 차원의 문제이며 테러 조직들이 지리적으로 서로 쉽게 고립될 수 있다는 믿음이 얼마나 어리석은 것인지를 보여주었다.[25]

파키스탄의 카-와자 무함마드 아시프Kha-waja Muhammad Asif 국방부 장관은 이 공격에 대해 "모든 탈레반은 나쁜 탈레반이다. 사상과 행동, 종교, 그리고 정치적 극단주의와 같은 모든 종류의 극단주의는 다 나쁘다. 우리는 눈에 보이는 대로 그런 것들을 제거해야 한다"라고 말했다.[26] 그는 또한 종교 교육을 규제하겠다고 굳게 약속했다. 파키스탄 군부가 테러 조직을 외교 정책 실행을 위한 수족으로 이용하는 것을 중단하고 자국 내 모든 테러 조직을 추적하도록 설득할 수 있는 사건이 일어났다면 그렇게 했어야 했지만 실제로 그런 일은 일어나지 않았다. 그런 이유 때문에 헤일 대사와 나는 남아시아 지역의 모든 전략은 파키스탄 군대가 행동을 바꾸지 않을 것이라는 가정에서 시작되어야 한다고 믿었다.

* * *

서로에 대한 깊은 불만에도 불구하고 미국과 파키스탄 장교들에게는 직업군인으로서의 경험을 바탕으로 서로를 존중하는 마음이 분명히 있었다. 헤일 대사와 나는 군 총사령관 카마르 자베드 바즈와Qamar Javed Bajwa 장군과 ISI 국장 나비드 무크타르Naveed Mukhtar 장군을 만났다. 나는 2주 전에 무크타르 장군 본인의 요청으로 그를 이미 만났었다. 우리는 전차와 기계화부대 전투에 대해 서로 비슷한 경험이 있었다. 나는 그가 미국 남북전쟁에 대해 관심이 있다는 사실을 알고 그에게 윌리엄슨 머레이Williamson Murray의 책 『야만스러운 전쟁*A Savage War*』을 보냈다. 무크타르는 결혼을 앞둔 내 딸의 소식을 듣고는 손으로 짠 아름다운 양탄자를 하나 보내주었는데, 그 가격은 선물로 받을 수 있는 미국 정부의 기준을 훨씬 초과했기 때문에 양탄자는 정부보관소로 직행했다. 나비드는 펜실베이니아주 칼라일 배럭스에 있는 미 육군대학원U.S. Army War College에 재학하면서 미국 남북전쟁에 대한 관심을 갖게 되었다. 2011년 자신의 대학원 논문인 「아프가니스탄—미래의 대안과 그 의미Afghanistan—Alternative Futures and their Implications」에서 그는 이렇게 말한다.

> "아프가니스탄의 안정과 안보를 위한 실행 가능한 계획을 세우기 위해서는 해당 지역 및 전 세계의 이해관계자들이 포함되어야 한다. 따라서 미국은 지역의 긴장을 완화하고 외부 세력이 전략에서 이탈하는 것을 막기 위해 중요한 외교적 조치들을 고안하고 적용해야 한다."[27]

그는 옳았지만 어쩌면 미국은 파키스탄이 만들어내고 있는 문제들을 해결하기 위해 노력해야 한다고 썼을 수도 있다. 나비드와 다른 파키스탄군 장교들은 자신들이 주목하고 있는 주제인 불안과 폭력의 주체가 바로 자기 자신들임에도 마치 남아시아 지역의 상황을 외부자의 눈으로 냉정하게 분석하는 것처럼 보였다.

나는 9/11 이후 테러 조직 때문에 목숨을 잃은 8,000명 이상의 군인과 같은 기간 동안 역시 테러 조직에게 살해된 파키스탄의 민간인 2만 명에게 애도의 마음을 전하며 이야기를 시작했다.[28] 최근에 있었던 반군들의 요구와 파키스탄 군부의 대응을 미리 살펴보았던 나는 특히 가족들까지 위험에 처해 있는 상황을 감안해서 군인들의 용기에 존경의 마음을 표시했다. 그리고 또 미국 국민들이 페샤와르 육군공립학교에 대한 공격에 대해 깊이 애도하고 있다고 전했는데, 이런 이야기들을 먼저 꺼낸 건 파키스탄 군부가 병사들에게는 테러 조직과의 전투에서 희생을 요구하면서 또 한편으로는 바로 그 테러 조직과 연결된 비슷한 조직들을 지원하고 있는 혼란스러운 모순을 드러내려는 의도도 어느 정도 있었다. 나는 장군들에게 헤일 대사와 나는 우선 파키스탄 측의 생각을 먼저 듣고 싶으며, 그렇게 해서 파키스탄과 남아시아 지역에 대한 새로운 미국 행정부 정책에 반영하고 싶다고 말했다.

바즈와 장군은 새로운 미국 행정부의 일원에게 자신의 세계관을 보여줄 수 있는 기회를 최대한 활용했다. 펀자브 출신으로 카라치에 있는 군인 가정에서 태어난 바즈와는 1978년 파키스탄 육군에 입대했으며, 파키스탄 육군사관학교, 국방대학교, 캐나다 육군지휘참모대학Canadian Army Command and Staff College과 캘리포니아주 몬터레이해

군대학원에서 훈련을 받았다. 그가 하는 말들은 나에게서 무슨 이야기를 듣게 될지 미리 예상하고 준비한 것 같았다. 나는 탈레반과 하카니 조직에 대해 "더 많은 조치들을 취해야 할 것"이며 미국과 파키스탄이 마침내 아프가니스탄의 폭력 사태를 종식시키기 위해 협력할 수 있다는 희망을 피력하려 했다. 하지만 그의 전임자인 아쉬파크 파르베즈 카야니 장군과 마찬가지로 바즈와 역시 탈레반과 다른 테러 조직들이 파키스탄이 제공한 안전한 은신처를 이용한다는 사실을 부정했고, 그러면서 파키스탄 군대는 미국의 계속되는 지원이 있어야 이런 조직들에 대해 더 많은 조치들을 취할 수 있다고 주장하며 이런 근본적인 모순을 내가 그대로 수용하기를 바라는 것 같았다.

바즈와, 그리고 나비드와 나눈 대화는 2001년 9월 11일 이후로 몇 년 동안 반복되던 모습과 다를 바가 없었다. 파키스탄 군부의 지도자, 지휘관들, 그리고 ISI의 수장들은 고지식한 미국 측 대표들을 조종하는 데 탁월했다. 언제나 그렇듯 대화는 파키스탄군의 관점에서 보는 장황한 불평으로 시작되었다. 우선 그들은 소비에트연방이 아프가니스탄에서 물러나고 붕괴된 후 미국이 파키스탄을 "포기"했다고 주장했다. 그리고 1979년과 1990년, 파키스탄의 핵무기 개발 증거가 완전히 드러나자 모든 미국의 군사 및 개발 지원이 일시적으로 중단되었다.[29] 그러자 거기서부터 대화 내용은 파키스탄을 희생자로 묘사하는 쪽으로 흘러가기 시작했다. 파키스탄은 소비에트연방의 점령과 내전, 그리고 이어진 탈레반의 폭정으로 인해 엄청난 숫자의 아프가니스탄 난민들을 받아들여야 했다. 파키스탄은 핵 개발 계획으로 인해 미국이 내린 제재 조치를 받았다. 파키스탄 장군들이 주장하는 "미국이 벌인 테러와의 전쟁"에서 파키스탄은 미국과 연합군의 충실한 동맹으로 연합군보다 훨씬 더 많은 희생을 치렀다. 그리고 마지막으로, 호시탐탐 카슈미르 전 지역을 손에 넣기 위해 벼르고 있으며 아프가니스탄과 우호관계를 맺어 파키스탄을 고립시키려는 인도 앞에 파키스탄은 언제나 피해를 보는 쪽일 수밖에 없다는 것이 이들의 입장이었다.[30]

그동안 파키스탄을 피해자라고 주장하던 이들이 또 이번에는 파키스탄의 어려운 사정을 호소해왔다. 파키스탄은 경제적으로 어려운 와중에도 군사적인 면에 과도하게 신경을 써야 하는 국가였다. 따라서 미국이 좀더 인내심을 갖고 더 많은 지원을 해줘야만 파키스탄은 점차 탈레반을 비롯한 알카에다 같은 테러 조직들이 자리를 잡고 있는 지역으로 세력을 확대해나갈 수 있을 것이다. 그렇지만 자신들이 나서서 그런 조직들에게 안전한 은신처를 제공해주고 있다는 사실을 인정하지 않으면서 그저 앞으로 뭔가를 하겠다는 제안 속에 파키스탄은 탈레반과 알카에다, 그리고 하카니 조직과 같은 테러 활동의 핵심 조력자들에 대한 지원 사실을 딱 잘라 부인하고 있었다. 미국 측 대표가 이런 식의 주장이나 읍소에 계속 회의적인 모습을 보인다면 파키스탄 측에서는 이미 자리에서 물러났거나 혹은 현직에 있는 질이 안 좋은 ISI 요원들이 군부와 수직으로 통합된 명령 체계를 무시하고 그동안의 오래된 관계나 관습에 따라 중앙에서 알지 못하는 사이에 일부 테러 조직에게 계속해서 정보를 제공할 가능성이 있다고 은밀하게 속삭일 것이다. 그리고 파키스탄을 찾은 미국 대표의 자존심을 자극하는 마지막 결정타도 준비되어 있다. 파키스탄 지도자들은 그 대표야말로 탈레반과 하카니 조직, 그리고 알카에다 지도자들을 추적하기 위해 더 많은 일을 하도록 파키스탄을 설득할 수 있는 중요한 인물이라며 넌지시 그를 부추길 것이다. 다만 미국이 여기서 더 인내심을 갖고 더 많은 정보를 공유하고 더 많은 지원만 해줘야 한다는 것이 전제 조건이었다.

대부분의 경우 미국 지도자들은 파키스탄이 미국의 입장에 대해 공감을 하고 있다고는 생각했지만 그렇다고 어떤 변화를, 그것도 특히 미국이 원하는 때에 맞춰 이루어낼 여력 같은 것이 파키스탄에는 없다고 생각했다. 파키스탄을 방문한 후 본국으로 돌아가 파키스탄 군부가 말하는 요점을 되새겨보면 결국 전쟁에 승리하기 위해 더 많은 돈과 더 많은 시간을 달라는 것이었고, 그래서 미국은 더 많은 자금과 무기, 그리고 물자를 지원했다. 바로 그 전쟁이 계속되도록 뒤에서 은밀하게 조종하고 있는 파키스탄 군부 세력에게 말이다. 파키스탄을 상대하는 미국 측 대표가 군 출신에서 정보부 출신, 혹은 외교부 출신으로 새롭게 교체되면 파키스탄 측에서는 지금까지 해왔던 말과 주장을 되풀이했다. 다시 말해 거짓과 속임수가 연이어 반복될 뿐이었다.

헤일 대사와 나는 그런 관계가 이제는 거의 웃음거리가 될 정도라고 농담을 했지만 상황을 우스꽝스럽게 만든 건 다름 아닌 우리 자신이었다. 이미 한참 전에 근본적인 정책의 변화가 있었어야 했다. 파키스탄 지도자들이 지금까지의 행동을 바꾸도록 장려했어야 했고, 남아시아와 중앙아시아 지역, 그리고 중동 지역 전체뿐 리비아에서 프랑스, 필리핀에 이르는 전 세계에 엄청난 고통을 안겨준 테러 조직들에 대한 지원을 중단하는 것이 파키스탄의 지도자들에게 더 이익이 된다는 사실을 계속해서 설득하기 위해 노력했어야 했다. 사실 미국과 다른 국가들은 그동안 파키스탄에서 민간인이 강력한 지도력을 갖출 수 있도록 계속 도왔어야 했지만, 지금 당장 고려할 수 있는 현실적인 정책은 파키스탄에서는 군대가 중요한 결정을 내리고 권력의 고삐를 쥐고 있다는 사실부터 인정하는 것이었다.

나는 바즈와나 나비드가 예상했던 주제를 피해 지금까지 있었던 그런 전형적인 대화에서 벗어나려고 애를 썼다. 나는 파키스탄 장군들에게 새 미국 행정부는 말보다 행동에 훨씬 더 주의를 기울일 것이라고 말했고, 사업가 출신인 트럼프 대통령은 파키스탄에 대한 원조를 통해 간접적으로 적들에게 자금이 투자된다면 그건 투자 대비 수익이 아주 나쁜 것으로 간주될 수 있다고 설명했다. 그리고 미국이 항상 파키스탄에게 더 많은 고통을 분담할 것을 요구할뿐더러 파키스탄의 희생과 변경 지역에 대한 통제의 어려움을 과소평가하고 있다는 바즈와 장군의 불만을 해소해주기 위해 앞으로는 파키스탄에게 더 많은 고통의 분담 같은 건 요구하지 않겠다고 약속했다.

그 대신 우리는 두 사람, 특히 나비드 장군을 향해 자제를 해달라고 요청했다. 아프가니스탄과 미국 측 병사들을 죽이고 민간인들을 살해하는 조직에 대한 지원을 이제는 자제해달라는 것이었다. 나는 과거의 실수를 되풀이하지 않겠다는 우리의 결심을 적어도 납득이라도 시키고 싶었다. 나는 미국 행정부와 파키스탄의 관계가 우리가 지금 나누고 있는 것과 비슷한 대화로 시작되어 항상 비슷한 형태로 흘러간다는 사실을 알고 있었다. 파키스탄 측에서 진정한 협력을 약속하면 그걸 듣는 미국 측 대표의 기대감은 한껏 높아진다. 그리고 그 기대는 언제나 절망적인 실망으로 끝이 났다. 나는 이들의 행동에 명백한 변화가 있을 때까지 아예 그 절망적인 실망감을 계속 갖고 있으려 한다고 말했다.

그렇게 절망스러울 정도로 실망을 하게 된 가장 큰 이유 중 하나는 파키스탄 군부가 아프가니스탄과 파키스탄 국경지대의 하카니 조직망을 따라 지역 영토를 장악하려는 잔혹한 무자헤딘 민병대에 제대로 맞서지 못하고 있다는 사실이었다. 하카니는 파키스탄의 테러 조직 생태계가 파키스탄은 물론 세계 전체에 얼마나 위험한지에 대한 또다른 중요한 사례였다. 또한 하카니는 파키스탄군이 테러 조직들을 파키스탄 외교 정책을 위한 수족으로 이용하는 일을 중단할 의지가 없다는 사실도 보여주고 있었다. ISI의 지원을 받는 하카니 조직은 테러 조직들에게 안전한 은신처를 제공한다. 탈레반의 군 지휘관이기도 한 시라주딘 하카니Sirajuddin Haqqani가 이끄는 하카니 조직은 ISI와 알카에다, 탈레반을 비롯한 다른 여러 세계적인 테러 조직망들을 하나로 이어주며 이들 대부분이 파키스탄에 대한 적대감을 갖고 있다. 하카니 조직은 부족민들을 동원하고 여러 범죄 활동을 통해 자금을 모으며 또 다양한 매체들을 이용해 서로 소식을 전달하고 높은 수준의 전문적인 군사력을 개발하고 유지할 수 있는 역량을 갖추고 있기 때문에 모두에게 가치가 있는 그런 조직이다. 하카니는 그야말로 끝이 보이지 않을 정도로 많은 지원병들을 탈레반에게 공급하고 있는데, 이들 대부분은 하카니에서 운영하는 아프가니스탄과 파키스탄 부족 지역의 80개가 넘는 종교 교육 시설에서 세뇌를 당한 청소년과 청년들이다.

알카에다와 탈레반을 위한 일종의 병력 양성 기관으로서의 하카니의 역할을 보면 아프가니스탄과 파키스탄 국경을 따라 위치해 있는 다양한 테러 조직들과 반군들이 서로 잘 연결되어 있으며 ISI로부터도 보호를 받고 있음을 알 수 있다. 그리고 테러 집단들의 이런 상호연결성과 호라산을 미래의 칼리프의 나라로 만들려는 꿈 때문에 이 국경지대는 사실 이들을 무찌를 수 있는 지리적 중심지가 될 수도 있는 것이다.[31] 하카니 조직은 2011년 카불의 미국대사관이나 2013년 헤라트Herat의 미국영사관과 같은 미국 시설에 대한 공격을 주도했다. 하카니는 특히 아프가니스탄 민간들에 대한 대량학살에 능숙하다. 나는 바즈와와 나비드에게 이전의 다른 수많은 군 지휘관들과 외교관들이 했던 하카니를 몰아내달라는 그런 똑같은 부탁을 되풀이하지는 않을 거라고 말했다. 이제는 파키스탄이 그런 일을 하지 않을 거라는 가정하에 작전을 세우고 운용할 때였고, 따라서 파키스탄이 요청하는 관련 비용을 지원하지 않는 것 말고는 다른 선택의 여지는 없었다.[32] 이야기를 마치고 나가는 길에 나는 바즈와 장군에게 미군과 연합군 포로들의 이름이 적힌 손으로 쓴 쪽지를 쥐어주었다. 하카니 조직이 잡아두고 있는 포로들이었다. 그는 나에게 자신이 뭔가를 해주기를 바라는 것이냐고 물었다. 나는 그가 원하면 뭐든 할 수 있다고 확신하고 있으며 이 시점부터 미국은 말보다 행동에 더 주목할 것이라고 다시 한번 강조해 말했다. 우리는 작별 인사를 나눈 후 육군사령부의 잘 정돈된 연병장을 빠져나왔다.

헤일 대사와 나는 9/11 이후 늘 반복되는 파키스탄에 대한 미국의 정책에 대해 이야기를 나눴다. 이런 슬픈 반복은 아인슈타인Einstein이 말했던 미치광이에 대한 정의와 일치한다. 아인슈타인은 같은 일을 끊임없이 반복하면서도 전혀 다른 결과를 기대하는 사람을 보고 미치광이라고 불렀다. 수십 년에 걸친 경험에도 불구하고 많은 외교관과 군의 장성들은 파키스탄 군대가 미국에 진실된 모습을 보이며 이슬람원리주의를 따르는 테러 조직들과의 싸움에서 진정한 협력자가 되어줄 것이라고 줄곧 생각해왔다.

뉴델리에서의 마지막 일정을 준비하기 위해 직원들을 소집했을 때 장기적인 영향을 염두에 둔 전략이 필요하다는 사실이 점점 더 분명해졌다. 나는 1977년 파키스탄의 첫번째 정식 총리였던 줄피카르 알리 부토Zulfikar Ali Bhutto를 몰아내고 얼마 뒤 사형에 처했던 무함마드 지아-울-하크Muhammad Zia-ul-Haq를 미국이 지지했던 사실을 떠올렸다. 지아는 11년 동안 권력을 유지하며 군대와 국가에 끔찍한 유산을 남겼고 파키스탄은 그 유산에서 제대로 헤어나오지 못했다. 소비에트연방의 아프가니스탄 점령에 맞선 전쟁에서 미국은 자신에게 "파키스탄에 이슬람교의 질서를 뿌리내리도록 하는 신이 주신 사명"이 있다고 믿었던 지아가 파키스탄을 이슬람원리주의 테러 조직들의 세계적인 중심지로 바꾸는 것을 전혀 의도치 않게 돕고 말았다.[33] 나는 또한 9/11 이후 인도에 대한 군의 증오심과 이슬람 무장 세력에 대한 지아의 호의를 파키스탄에 완전히 자리잡게 했던 육군 사령관 출신 페르베즈 무샤라프 총리에 대한 미국의 지원이 파키스탄의 역량을 어떤 식으로 강화시켜주었는지도 기억했다. 파키스탄은 아프가니스탄에서뿐 아니라 인도에서도 자신들의 이익을 위해 테러 조직들을 교묘히 이용하고 있다.

뉴델리로 향하는 비행기에 올라타고 보니, 파키스탄 군부의 관점에서 볼 때 모든 문제는 궁극적으로 인도와 관련되어 있다는 사실이 분명해졌다. 아프가니스탄 정부가 파키스탄에 우호적일 경우 인도와의 전쟁이 일어나도 파키스탄은 "전략적 저지선"을 확보할 수 있다. 그리고 탈레반과 알카에다에 대한 ISI의 지원은 인도에 대한 외교 정책의 수단으로 이용하는 조직들을 유지하기 위해 구축된 파키스탄 군부의 방대한 테러 조직망에 의존하고 있었다. 그런 조직들 중 하나인 라쉬카르-에-타이바Lashkar-e-Taiba, LET는 1987년 ISI와 나중에 알카에다 창립에 관여하게 되는 테러 조직과의 일종의 합작 투자로 설립되었다. LET의 지도자인 하피즈 사에드Hafiz Saeed는 LET의 사명이 "악마의 삼인조인 미국, 이스라엘, 그리고 인도에 맞서 싸우는 것"임을 분명히 밝혔다.[34]

* * *

인도는 남아시아 지역에서 벌어지고 있는 테러와의 전쟁뿐 아니라 인도 태평양 전역에서 중국 공산당과 경쟁을 하는 데도 결코 빼놓을 수 없는 중요한 미국의 우방국이다. 인도는 엄청난 도전과 기회가 있는 국가로 1980년대에는 소비에트연방이나 미국 어느 쪽 편도 들지 않는 제3세계 개발도상국들의 비동맹운동Non-Aligned Movement의 선봉에 섰었고 따라서 공식적인 동맹에는 반감을 갖고 있지만 미국과 인도의 이해관계가 일치하고 있는 건 분명했다. 2024년이 되면 인도는 세계에서 가장 인구가 많은 국가로 중국을 능가할 것으로 예상된다. 무엇보다 인도는 평균연령이 젊고 저축과 투자율이 양호하며 경제도 성장하고 있다. 그렇지만 급증하는 인구와 함께 급속한 경제성장이 에너지 자원과 환경, 그리고 식량과 수자원 안보 문제와 관련해 심각한 문제들을 일으키고 있으며 따라서 인도 정부는 제대로 된 사회 복지를 제공하기 위해 고군분투하고 있다. 1990년부터 2020년까지 인도는 빈곤율을 절반으로 줄였지만 3억6천만 명 이상의 국민들이 여전히 다양한 종류의 빈곤에 시달리고 있다. 인도의 다양성은 또한 통일된 국가의 정체성 유지와 통치가 어려운 원인이기도 하다. 인도 인구의 79.8퍼센트는 힌두교를 믿어 세계에서 그 숫자가 가장 많으며, 14.2퍼센트에 달하는 이슬람교도들의 숫자는 세계에서 두번째로 많다. 또한 거기에 기독교와 시크교도들까지 있다.[35] 인도의 공식 언어는 22개로 알려져 있지만 실제로는 100개 이상의 언어가 사용되며 그만큼 지리적, 그리고 문화적 다양성 역시 엄청나다. 그럼에도 불구하고 인도는 국가로서 제 기능을 하고 있으며 인도의 지도자들은 보통 미국과 서구의 민주주의 원칙을 이해하면서 동시에 권위주의 국가 모형을 널리 퍼뜨리려는 중국 공산당의 획책에 대해 함께 우려하고 있다. 인도의 성공은 미국과 세계에 꼭 필요하다. 나는 외교와 경제 개발, 안보, 상업, 그리고 새로운 기술 전반에 걸쳐 미국과 인도 사이에 협력을 확대하는 방법에 대해 더 많이 배우고 싶었다.

인도는 테러 조직들에 대한 파키스탄의 지속적인 지원과 또 파키스탄 핵무기의 실존적 위협 모두에게서 위협을 받고 있다. 물론 가장 큰 잠재적 위험은 인종 혹은 종교적 갈등의 가능성일 수 있는데, 힌두교를 믿는 민족주의자들과 이슬람교를 믿는 테러 조직원들 사이의 폭력적인 상호작용은 큰 재앙이 될 것이다. 나렌드라 모디Narendra Modi가 인도 총리가 되었을 때 일부에서는 그가 이끄는 인도국민당Bharatiya Janata party 내부의 요소들이 이슬람교도들과의 종교 간 갈등의 불씨를 다시 키울 것이라고 두려워했다. 모디가 2002년 구자라트주의 지사였을 때 힌두교 순례자들을 태운 기차가 이슬람교도들이 많이 살고 있는 지역을 지나가다 화재가 발생했고 곧 힌두교도와 이슬람교도들이 연이어 폭동을 일으켰다. 이후 끊임없는 폭력 사태가 벌어지는 가운데 힌두교도들은 몇 주 동안 이슬람교도들을 표적으로 대규모로 잔혹한 폭력 행위를 일삼았고 최대 2,000명이 사망했다고 전해진다. 희생자의 대부분은 이슬람교도들이었다. 당시 모디 지사는 폭력 사태를 제대로 진압하지 못했다는 비난을 받았었다. 조지 W. 부시 행정부는 처음에 모디의 미국 입국을 금지했지만 부시와 오바마 행정부는 결국 모디는 물론 인도와의 관계를 다시 발전시켰다.[36] 2020년 2월 트럼프 대통령이 인도를 방문했을 때 최소한 38명이 수십 년 만에 일어난 최악의 종교 간 폭력 사태로 인해 살해당했다. 종교를 둘러싼 긴장 상태는 여전히 풀리지 않은 채 남아 있었던 것이다.

내가 방문하기 전에 모디 총리는 이른바 힌두트바Hindutva를 계속 유지하고 따를 것이라는 세간의 두려움을 어느 정도 잠재운 상태였다. 힌두트바란 힌두교의 가치와 전통을 중시하는 인도 민족주의를 의미한다. 그렇지만 그의 두번째 임기를 살펴보면 그러한 두려움에 어느 정도 타당한 이유가 있었다. 2019년 모디 총리는 잠무와 카슈미르에서 주로 이슬람교도들이 살고 있는 지역의 자치권을 폐지한다. 그후 대법원 판결에 따라 힌두교도들은 1992년 힌두교 광신자들이 파괴했던 아요디아Ayodhya의 바브리 마스지드Babri Masjid 이슬람 예배당 부지에 힌두교 사원을 세울 수 있게 되었다. 또 연말에 시민권 개정안이 통과된 후에 대규모 시위가 벌어졌는데 이슬람교도들을 제외하고 어떤 종교에도 상관없이 주변 국가 국민들이 인도 국적을 취득할 수 있도록 허락하는 개정안이었다.

어쨌든 내가 인도를 찾았을 무렵에는 이러한 사건들은 아직 일어나지 않았고, 델리로 출발한 후 리사 커티스와 나는 미국과 인도의 관계가 돈독해진 최근의 역사를 함께 검토했다. 조지 W. 부시 대통령은 인도와의 관계개선을 우선순위로 놓고 1998년 핵실험 이후 인도를 겨냥했던 제재 조치들을 모두 풀어주었다. 2005년 양국은 국방관계 확대협정에 서명했고, 2008년에는 인도가 1968년의 핵무기비확산조약Treaty on the Non-Proliferation of Nuclear Weapons에 여전히 서명을 하지 않았음에도 불구하고 미국은 민간 핵협력에 대해 인도가 참여할 수 있도록 원자력 공급국 그룹Nuclear Suppliers Group 내부에서 주도적인 역할을 했다. 곧 이어 공식적인 방위관계와 핵협력 관련 계획들이 이어졌다. 오바마 행정부는 국방과 사이버보안, 그리고 에너지 안보 분야에서 인도와의 협력을 확대했다. 나는 인도의 국가안보보좌관인 아지트 도발Ajit Doval, 그리고 당시 외무부 장관이었던 수브라마냠 자이샨카르Subrahmanyam Jaishankar와 협력해 양국 관계의 잠재력을 극대화할 수 있기를 기대했다. 나는 도발과 저녁식사를, 그리고 자이샨카르와는 아침식사를 한 후 총리 관저로 이동해 모디 총리를 만날 계획이었다.

도발의 뒤에 정보부의 힘이 자리하고 있다는 사실은 쉽게 알아차릴 수 있었다. 그는 고개를 약간 오른쪽으로 기울인 채 가장 덜 민감한 주제에 대해서도 결코 가볍게 말하지 않았다. 반면 자이샨카르는 미국이 남아시아와 인도 태평양 지역에서 어떻게 좀더 효과적으로 대응할 수 있을지에 대해 간결한 분석과 충고를 요령 있게 간접적으로 전달할 수 있는 능숙한 외교관이었다. 도발과 자이샨카르는 중국이 어떻게 자신들만의 배타적인 영역을 확보해나가고 있는지 그 방법을 가까이에서 살펴보았다. 중국의 위협은 더 큰 규모의 다국적 협력에 대한 인도의 인식을 바꾸고 있었다. 예를 들어, 중국이 센카쿠열도에서는 해상 민병대를 동원해 일본을 위협하고 스리랑카와 몰디브에 있는 시설을 통해서는 인도양을 통과하는 해양 운송로를 통제하려고 시도함에 따라 일본과 인도의 관계가 더욱 강화되었다. 인도의 지도자들은 중국의 일대일로 계획을 자신들에게 불리한 일방적인 계획으로 보고 있었다. 그렇지만 인도는 냉전 기간 동안 비동맹운동을 주도했던 과거로 인해 여전히 공식적인 동맹을 맺으려 한다는 인상을 심어주는 걸 꺼리고 있었다.

우리가 나누는 논의의 주제가 ISI가 지원하는 이슬람원리주의 테러 조직들의 명백하고 현존하는 위험으로 바뀌는 건 어쩔 수 없는 일이었다. 2008년에 일어난 사건들 중 세계 금융위기보다도 파키스탄의 위협이 이 지역뿐 아니라 전 세계적인 문제임을 알려준 일련의 끔찍한 테러 공격 사건들이 오히려 더 인도 국민들의 기억 속에 생생하게 살아 있었다. 특히 지난 2008년 11월 26일 수요일부터 11월 29일 토요일까지 LET 소속 조직원 10명이 뭄바이의 타지마할 팰리스 호텔을 무차별 공격했고, 그 과정에서 6명의 미국인을 포함해 최소 164명의 민간인이 사망하고 300명 이상이 부상을 입었다. 유일하게 살아남은 파키스탄 국적의 조직원은 자신들은 LET 소속으로 파키스탄에서 왔으며 파키스탄의 사주를 받았다고 밝혔다. 이런 끔찍한 기억들은 2015년 파키스탄이 뭄바이 공격의 주역 자키우르 레흐만 라크비 Zakiur Rehman Lakhvi를 보석으로 석방하자 다시 사람들의 기억 속에 떠올랐고, 그는 그 즉시 모습을 감춰 테러 조직원들에 대한 파키스탄의 지원이 더욱 강조되었다.[37]

나는 도발과 자이샨카르가 남아시아 지역에서 일관된 외교 정책을 추진할 수 있는 미국의 능력에 대해 염려하고 있음을 알 수 있었다. 대화가 이어지는 동안 기회가 있을 때마다 두 사람은 미국이 이 지역에 계속 관여할 것을 주장했다. 2008년 금융위기와 버락 오바마 대통령의 해외 문제 개입에서 벗어나고자 하는 의지를 본 인도 지도자들로서는 미국이 과연 적극적인 외교 정책을 계속 추구하려는지에 대해 의구심을 가질 수밖에 없었다. 오바마 대통령은 "본토 중심의 국가 재건"에 초점을 맞추었고 이 목표는 대다수의 미국 국민들에게 큰 반향을 불러일으켰다.[38] 트럼프 대통령이 선거 기간 동안 사용했던 표현들도 이들의 염려를 진정시키는 데 별로 도움이 되지 못했다. 식민지에서 독립해 국가를 세웠으며 그동안 미국의 해외 문제 개입에 대해 비판적이었던 인도는 중국의 침략과 이슬람원리주의 테러 조직들의 공격이 늘어나면서 미국이 이 지역을 떠나는 걸 가장 두려워하게 되었다. 도발과 자이샨카르는 미국의 철수한다면 이 두 가지 위협이 더욱 거세질 것이라고 믿었다.

인도는 남아시아 지역 전략의 외부적인 측면에서 중요한 존재가 될 것이다. 나는 미국이 이 지역을 포함한 다른 지역에서까지 인도의 지도적인 역할이 강화되는 걸 지원해줄 것이라고 말했다. 인도는 브라질과 러시아, 인도, 중국, 그리고 남아프리카공화국을 포함하는 BRICS 같은 여러 다국적 협력체제에서 영향력을 발휘하고 있으며 머지않아 중국과 카자흐스탄, 키르기스스탄, 러시아, 타지키스탄, 그리고 우즈베키스탄과 파키스탄을 포함하는 상하이협력기구Shanghai Cooperation Organisation에도 가입하게 될 예정이다. 인도의 지도자들은 러시아 지도자들과의 오랜 관계를 통해 블라디미르 푸틴 대통령에게 러시아의 이익을 위해 탈레반에 대한 지원을 중단하고 그 대신 아프가니스탄 정부를 지원하라고 설득할 수 있을지도 모른다. 그리고 아마도 러시아와 함께 중국을 이해시켜 파키스탄에게 테러 조직들을 단속하라고 압력을 가하는 데 도움이 될 수도 있을 것이다. 테러 조직들은 이미 러시아와 중국의 직접적인 위협이 되고 있으며 파키스탄과 중앙아시아 전역에서 진행되고 있는 중국의 야심 찬 기반 시설 건설 계획을 방해할 수 있다. 게다가 인도는 미국과 힘을 합쳐 카타르나 아랍에미리트, 그리고 사우디아라비아 같은 페르시아만 국가들에게 테러 조직들에 대한 자금 지원을 중단하고 파키스탄이 더이상 이슬람원리주의 조직들을 위한 중계지 역할을 하지 않는다는 조건으로 파키스탄에 상당한 지원을 해달라고 설득할 수도 있다.[39]

이번 여정의 마지막날, 나는 리사 커티스와 인도 주재 미국 대사 대리 메리케이 칼슨MaryKay Carlson과 함께 총리 관저인 라슈트라파티 바반Rashtrapati Bhavan으로 가서 모디 총리를 만났다. 모디 총리는 우리를 따뜻하게 환대해주었다. 미국과 인도 모두 관계를 돈독히 하고 확대하는 것을 양국 외교 정책의 우선순위로 생각해야 한다는 점은 분명했다. 모디 총리는 인도에게 피해를 입히면서 자국의 영향력을 확대하려는 중국의 점점 더 거세지는 공세와 군사력 증강에 대해 우려를 표명했다. 그는 트럼프 행정부가 내세우는 자유롭고 개방된 인도태평양정책Free and Open Indo-Pacific policy을 크게 지지했으며 미국과 인도, 그리고 일본을 비롯해 뜻을 같이하는 우방국들이 이 정책이 갖고 있는 포용성을 강조하고 어떤 국가도 배제하려는 것이 아니라는 사실을 분명히 할 것을 제안했다. 회의가 끝날 무렵 모디 총리는 내 어깨에 손을 얹고 축복을 해주었다. 나로서는 우리가 무사히 워싱턴에 돌아갈 수 있다면 그 어떤 축복이나 도움도 기꺼이 다 받을 수 있을 것 같았다.

이번 여정을 통해 나는 트럼프 대통령에게 이전 정책들의 바탕이 되어준 막연한 희망사항들이 아니라 해당 지역의 현실에 바탕을 두고 미국의 철수 등 다양한 선택지를 제공해야 한다는 생각을 굳히게 되었다. 그 장기적인 목표는 이슬람원리주의를 따르는 테러 조직들이 미국과 그 동맹국들을 공격할 수 없도록 하며 인도와 파키스탄 사이의 잠재적인 큰 충돌을 방지하고 파키스탄을 설득해 테러 조직에 대한 지원을 중단하고 국내 안보가 무너지는 것을 막는 데 필요한 개혁을 수행하도록 하는 것이었다. 또 단기적으로는 필요한 자원과 자유로운 이동, 안전한 은신처를 확보하며 공격을 계획하고 조직하며 수행하는 데 필요한 이념적 공간을 찾기 위해 움직이는 테러 조직들이 전 세계 어디에서도 발을 붙이지 못하도록 하는 데 초점을 맞춰야 한다.[40] 그렇게 하기 위해 우리는 새로운 가정들을 바탕으로 선택지를 만들 것이다.

- 첫째, 아프가니스탄의 안정이 무너지면 테러 방지 전용 전략은 유지될 수 없다. 아프가니스탄 국민들은 가장 힘든 싸움을 하고 있었다. 아프가니스탄 정부는 끈질기게 세력을 회복하고 있는 탈레반에게 맞서 더욱 단결하고, 중요 지역을 통제하며 반란 조직과 마약 밀매 조직을 비롯한 초국가적 범죄 연결망의 연계에 효과적으로 대응할 수 있을 만큼 강력해져야 했다.[41]
- 둘째, 아프가니스탄과 파키스탄 국경 지역에 위치한 다른 많은 위험한 집단들과 마찬가지로 탈레반과 알카에다를 비롯한 다른 여러 테러 조직들은 서로 얽히고설켜 있다. 우리는 이런 "조직들을 갈라놓기 위해" 모든 노력을 기울여야 한다.[42]
- 셋째, 탈레반은 특히 자신들이 이기고 미국이 철수한다고 믿고 있을

때는 더욱더 선의를 가지고 협상을 할 수 있는 그런 신뢰할 만한 대상이 될 수 없다.

- 마지막으로 파키스탄은 탈레반이나 하카니 조직, 혹은 LET와 같은 이슬람원리주의 테러 조직들에 대한 지원을 중단하거나 극적으로 줄이지는 않을 것이다.[43]

* * *

우리는 아무런 전략 없이 싸우고 있었다. 워싱턴에 있는 내 사무실은 베트남전쟁이 단계적으로 확대되는 동안 당시 린든 존슨Lyndon Johnson 대통령의 국가안보고문을 맡았던 맥조지 번디McGeorge Bundy가 쓰던 곳이었는데, 사무실로 돌아와서 생각해보니 아프가니스탄과 남아시아 지역에서 우리가 달성하고자 하는 것들을 한시라도 빨리 명확하게 결정해야 할 것 같았다. 아무런 목표 없이 전쟁을 계속하면서 그 와중에 전사하거나 부상당한 병사들과 그 가족들에게 동정심을 표시하는 건 그저 가장 질이 나쁜 빈정거림이나 다름없어 보였다. 남아시아 지역에서도 워싱턴에서도 극복해야 할 장애물들이 있었고 모든 걸 극복하는 데는 내가 기대했던 것보다 더 오랜 시간이 걸렸다. 4월 20일에 돌아와 트럼프 대통령이 8월 18일 대통령 전용 별장인 캠프 데이비드에서 새로운 남아시아 지역 전략을 결정할 때까지 탈레반과 하카니 조직은 아프가니스탄군과 민간인들에 대해 100여 차례 이상 치명적인 공격을 가했다.[44] 우리가 워싱턴으로 돌아온 바로 다음날도 아프가니스탄 북부 발흐Balkh에 있는 군 기지에서 탈레반의 자살폭탄 공격이 발생해 140명 이상이 사망하고 160명 이상이

다쳤다. 하카니 조직 역시 5월 31일 카불에 있는 독일대사관 근처 교차로에서 공격을 가했다. 대형 화물차에 실린 폭탄이 폭발하면서 150명 이상이 사망하고 400명 이상이 부상을 입었다. 가니 대통령은 여기에 굴하지 않고 엿새 후 수도 카불에서 예정대로 평화회담을 개최했다.

캠프 데이비드에서 회의가 열린 후 며칠이 지난 8월 21일 트럼프 대통령은 버지니아주 포트 마이어에서 연설을 통해 자신의 결단과 전략을 미국 국민과 전 세계에 설명했다. 아프가니스탄 문제에 대해 대통령은 "미국 국민들이 승리 없는 전쟁에 지쳤음을" 인정하고 "사실 마음속으로는 철수를 간절히 바라고 있다"고 솔직히 언급했다. 그는 아프가니스탄과 파키스탄에서 활동하고 있는 미국이 지정한 20개의 외국계 테러 조직들뿐 아니라 ISIS와 알카에다를 포함한 다른 테러 조직들의 세력 확대를 강화를 포함하여 조기 철수와 관련된 위험을 요약해 설명했다. 그는 그렇게 위험한 지역에 핵무기까지 존재하고 있다고 지적했다. 그는 파키스탄 정책의 모순점들을 고백하고 파키스탄이 테러 조직들에게 안전한 은신처를 제공하고 있다고 분명하게 밝혔으며, 테러 조직들이 지역을 지배하는 것을 막고 자금줄을 차단하며 아예 이념적인 지원까지 완전히 격리하는 접근 방식을 제시했다. 이 새로운 정책들은 전쟁이란 의지의 경쟁임을 인식하고 미국을 위협하는 조직의 패배를 목표로 하고 있었다. 더이상 억지로 정한 시간표 같은 건 없을 것이며 미국은 더이상 탈레반과 대화를 시도하기 위해 저자세로 나가지 않을 것이다. 트럼프 대통령은 아프가니스탄 정부와 군대가 탈레반과 싸우려 할 때 지원을 하겠다고 약속하며 하지만 그들에게도 "미래를 준비하고, 국가를 제대로 통치하며, 영원한 평화를 이룩할" 책임이 있다고 분명히 밝혔다.[45] 또한 외교와 경제, 그리고 군사적 노력을 포함해 국력을 구성하는 각 요소들의 균형을 맞추는 일을 강조했다. 16년 동안 이어진 전쟁 끝에 미국은 마침내 현실적이고 지속 가능한 전략을 수립했다. 2017년 8월 21일, 나는 대통령과 영부인을 만났고, 함께 자동차 행렬을 이루어 포토맥강을 가로지르는 짧은 거리를 이동했다. 알링턴 국립묘지 정문으로 들어서면서, 나는 대통령이 아프가니스탄에서 목숨을 바친 미국의 젊은 전사들의 희생이 아프가니스탄은 물론 남아시아 전역에서 어떤 결과를 가져올지에 대해 처음으로 분명히 밝히는 그런 연설을 하기에 적합한 장소라고 생각했다.

* * *

그렇지만 내가 우려했던 것처럼 미국의 전략은 지속되지 않았다. 아프가니스탄에서 이어지는 기나긴 전쟁에 대해 대단히 회의적인 사람들이 트럼프 대통령에게 전쟁을 포기하도록 설득하고 나섰다. 내가 2018년 백악관을 떠난 직후, 전쟁의 본질을 오해하고 위협을 과소평가하며 이념적으로도 "영원한 전쟁"으로부터 벗어나려는 경향이 있는 그런 사람들은 아프가니스탄에서의 지속적이고 지속 가능한 군사적 노력이 헛된 낭비에 불과하다며 대통령을 설득한 것이다.

2019년 7월 파키스탄의 총리 임란 칸이 워싱턴을 방문했다. 임란 칸은 반미적 성향이 강했고 그런 임란 칸을 파키스탄 군부가 명목상 지도자로 선택한 건 분명 그럴 만한 이유가 있었다. 트럼프 대통령이 공개적으로 전쟁의 종식을 위해 칸에게 도움을 요청을 하자, 또다른 미국 지도자가 테러 방지 작전의 협력자로 위장하려고 하는 파키스탄의 속임수에 빠지는 것 같았다. 임란 칸은 심지어 트럼프 대통령으로부터 카슈미르 분쟁에서 파키스탄과 인도의 중재자가 되겠다고 제안을 받는 뜻밖의 소득도 얻는다. 트럼프 대통령은 인도의 모디 총리가 그런 중재를 요청했다고 주장했지만 남아시아 지역의 모든 관계자라면 카슈미르 분쟁에 대해 외부의 중재를 오랫동안 반대해온 모디 총리가 절대로 그런 부탁을 할 리는 없었을 것이라는 사실을 잘 알고 있었다. 왜냐하면 이 문제에 대해 과거 국제연합도 중재에 나섰지만 대부분 분위기가 인도에게 불리한 방향으로 흘러갔기 때문이었다. 인도는 카슈미르에 대해 현재 강한 영향력을 발휘할 수 있는 입장이었고 파키스탄은 그런 인도의 지배력을 약화시키려 하고 있었다. 파키스탄이 아프가니스탄과 남아시아 지역에서 방화범이자 소방관의 역할을 되찾았기 때문에 임란 칸으로서는 예상보다 더 많은 소득을 얻은 방문이었을 것이다.

임란 칸 총리가 방문한 직후 트럼프 대통령은 전쟁에 대한 일반적인 오해에 빠진 듯 "나는 일주일 안에 그 전쟁에서 이길 수 있다. 하지만 1,000만 명을 죽이고 싶지 않을 뿐이다"라고 말했다.[46] 이런 그의 말은 아프가니스탄과 파키스탄 분쟁의 본질에 대한 오해를 드러냈다. 미국과 많은 동맹국들은 아프가니스탄 국민들을 지배하기 위해 그들에게 대항해 싸우고 있는 것이 아니었다. 그들은 테러 공격과 잔혹함으로 아프가니스탄을 통치했던 악명 높은 소수의 사람들이 강제로 과거의 권력을 되찾는 것을 막기 위해 다수의 아프가니스탄 국민들과 "함께" 싸우고 있었다. 아프가니스탄 민족은 남아시아와 중앙아시아, 중동 전 지역의 주민들처럼 탈레반과 이슬람원리주의 테러 조직들의 주요 희생자들이었다. 파키스탄과 아프가니스탄의 21세기 전쟁과 20세기 소비에트연방의 점령에 대한 아프가니스탄의 역사적 저항, 그리고 19세기에 있었던 대영제국과 아프가니스탄의 두 차례의 전쟁들 사이에는 명백한 차이점이 있었지만 아프가니스탄과 관련된 전쟁에는 항상 "제국들의 무덤"이라는 꼬리표가 따라붙었다.

안타깝게도 트럼프 대통령의 이런 발표는 탈레반으로부터 조국과 가족들을 지키기 위해 싸우다 사망한 5만8,000명 이상의 아프가니스탄 군인과 경찰이 치른 희생뿐 아니라 아프가니스탄전쟁에서 생명을 바친 2,300명 이상의 미국 남녀 장병들의 희생까지 깎아내린 꼴이 되고 말았다.[47] 아프가니스탄에서 미국의 영향력을 유지하려는 의지가 꺾이면서 미군의 철수 결정이 합리화되고 처음 시작부터 미국의 정책을 뒤흔들었었던 그런 결함들과 모순들이 다시 부활하기 시작했다.

2018년 9월 마이크 폼페이오Mike Pompeo 국무부 장관은 탈레반과 평화협상을 진행하기 위해 아프가니스탄 화해를 위한 특별대표로 잘메이 칼릴자드Zalmay Khalilzad 전 이라크 대사를 임명했다. 탈레반이 알카에다나 다른 이슬람원리주의 테러 조직들과의 인연을 끊을 것이라는 자기기만이 다시 부활했다. 칼릴자드가 〈뉴욕 타임스〉와의 대담에서 탈레반이 알카에다를 막아줄 거라고 말했던 2019년 1월, 국제연합의 보고서는 알카에다 지휘부가 "계속해서 아프가니스탄을 안전한 은신처로 이용하고 있다"고 밝혔다. 미국 정보기관들의 연례 위협평가 보고서에도 알카에다가 계속 탈레반을 지원하고 있다는 언급이 나온다. 6월에 발표된 또다른 국제연합 보고서는 탈레반이 "아프가니스탄에서 활동하는 모든 외국계 테러 조직들의 주요 협력자가 되고 있다"고 경고했다.[48] 한편, 미국이 회담을 추진하는 와중에도 탈레반의 공세는 더 심해지기만 했다. 7월 카타르 도하에서 칼릴자드가 탈레반 지도자들을 만나고 있었을 때, 아프가니스탄 동부의 가즈니Ghazni에서는 화물차폭탄 공격이 발생해 12명이 사망하고 179명이 부상을 입었다. 미국 행정부는 9/11 공격 추모일 전야라는 이해할 수 없는 날에 하마터면 미국의 항복과 우방국들의 포기 절차를 마무리하기 위해 탈레반 테러 조직원들을 캠프 데이비드로 불러들일 뻔한 당혹스러운 사태를 가까스로 피할 수 있었다. 9월 7일, 트럼프 대통령은 탈레반의 자동차폭탄 공격으로 미군 1명을 포함해 12명이 사망했다는 소식을 전해듣고는 트위터를 통해 예정된 회의의 취소를 알렸다. 트럼프 대통령은 협상 재개를 위한 전제 조건으로 탈레반의 공격 중단과 폭력 행위를 대폭 줄일 것을 요구하려 했다. 우선은 미군이 당장 철수하는 일도 없겠지만, 트럼프는 "우리는 그곳에서 오랫동안 경찰 역할을 해왔으며, 책임을 지거나 그게 무엇이든 해야 할 일을 하게 될 것이다"라고 말했다.[49]

그달 말, 인도 아대륙 알카에다Al-Qaeda in the Indian Subcontinent, AQIS의 첫번째 우두머리였던 아심 우마르Asim Umar가 아프가니스탄과 미군의 헬만드 탈레반에 대한 합동 공격으로 사망했다. 탈레반 군 사령관이자 헬만드 AQIS 지휘관, 알카에다의 수장 아이만 알-자와히리드와 우마르를 연결해주는 역할을 하던 하지 마흐무드Haji Mahmood도 같은 처지가 되었다. 미국 국방부는 탈레반과 알카에다의 긴밀한 관계를 다시 한번 드러냄으로써 "추가협상이 복잡하게 진행될까" 우려하며 언론의 우마르 사망 발표를 막았다. 자기기만이 다시 본격적으로 시작된 것이다.[50]

상황은 더 나빠졌다. 칼릴자드는 탈레반과의 협상을 다시 시작했고 "일주일 동안의 폭력 행위 줄이기"를 통해 조직 전사들과 테러 조직원들에 대한 탈레반의 통제력을 입증한 후, 다시 지속적인 폭력 행위 줄이기에 대한 대가로 미군의 조건부 철수를 제안하는 합의서에 서명하려 했다. 칼릴자드가 주도하는 이런 모호한 약속들에는 미국과 동맹국들을 위협하는 알카에다를 비롯한 다른 테러 조직들에 대해 이들을 불러들여 협력하거나 모집이나 훈련, 혹은 자금 지원을 하지 않겠다는 탈레반의 다른 약속도 포함되어 있었다. 탈레반은 또한 미국이 긴급하다고 판단한 위협들에 대해서 즉각적인 조치를 취하는데 합의했다. 탈레반의 본질과 이념 및 그간의 행적을 잘 알고 있으면서 도대체 어떤 미국 국민이 이런 약속들을 믿으려 한다는 건지 도무지 이해하기 어려운 상황이었다.

이 협정이 준비되고 있는 동안 〈뉴욕 타임스〉는 탈레반 소속으로 아프가니스탄 이슬람 토후국 수장을 대리하고 있다는 어떤 인물의 개인 의견을 사설란에 실어주었는데, 이 인물은 바로 FBI에 의해 세계적인 위험 테러 주동자로 지명된 시라주딘 하카니였다. 탈레반 군대를 이끌고 알카에다를 도우며, 아마도 수십만 명이 넘는 무고한 사람들의 피를 손에 묻혔을 이 남자는 이번 전쟁의 책임이 어느 정도는 미국에게 있다고 비난을 했다. 탈레반과 알카에다 사이의 관계가 구축되는 데 도움을 준 것이 다름 아닌 그의 아버지였기 때문이다. 여성들에게 교육과 취업을 허용하겠다는 그의 장담은 미덥지 못했고, 합의 내용에서든 신문에 실린 특집 사설에서든 아프가니스탄 정부나 아프가니스탄 헌법을 인정하지 않으려 하는 것도 탈레반이 폭력적인 수단을 통해 권력을 되찾으려는 야심을 결코 버리려 하지 않는다는 사실을 잘 나타내고 있었다.

그런 와중에 특히 얄궂게 느껴졌던 건 2017년 8월 발표된 트럼프 행정부의 전략이 어느 정도 먹혀들어가고 있었다는 사실이었다. 전쟁에서 가장 크게 타격을 받는 건 바로 아프가니스탄 국민들이었는데, 물론 미국 측의 피해도 여전히 적지 않았지만 12개월 평균 사상자 숫자를 비교하면 2010년 최고 499명이었던 것이 대통령이 모든 병력을 철수할 수도 있다고 발표하기 전 12개월 동안 20명 미만으로 크게 줄어들었다.[51] 연간 소요되던 전쟁 비용도 2011년 최고 1,200억 달러에서 2018년에는 연간 450억 달러 정도만 들어갈 것으로 예상되었다.[52] 그리고 동맹국들이 비용을 좀더 많이 부담하기로 약속하고 나서면서 미국 측은 그 비용을 다시 절반으로 줄일 계획이었다. 아프가니스탄이 갑자기 선진국이 되지는 않았지만 정부 개혁이 특히 안보 관련 부처에서 진행되고 있었다. 단호하고 능력 있는 암룰라 살레가 내무부 장관을 임시로 맡았다. 2018년 1월 파키스탄에 대한 안보 관련 지원이 중단됨에 따라 파키스탄은 적어도 더이상 적을 지원하면서 미국의 동맹국을 가장하는 두 가지 일을 동시에 할 수는 없게 되었다. 탈레반은 상당한 군사적 압력을 받고 있었고 더이상 미국의 철수 일정만을 기다리고 있을 수만은 없었다. 그럼에도 불구하고 아프가니스탄의 상황은 그리 좋지는 않았다. 여전히 폭력이 난무했고 아프가니스탄과 미국, 동맹국 소속 병사들은 여전히 위험을 감수하고 희생을 치르고 있었다. 하지만 어쨌든 미국은 더이상 저자세가 아닌 힘을 가진 위치에서 앞으로의 협상 과정에 들어가기 위한 조건과 상황을 만들어낸 것이다.

2019년 9월 실시된 아프가니스탄 대통령 선거는 정상적으로 진행되지 않았다. 아프가니스탄 정부는 투표를 하라고 압박했고 탈레반은 투표를 하지 말라고 위협했다. 부정선거에 대한 고소와 반대 고소가 이어졌을뿐더러 투표율도 낮았다. 거의 5개월이 지난 후에야 근소한 차이로 가니가 승자로 선언되었다. 어쨌든 대통령 선거는 치러졌다. 그 결과 미국과 다른 국가들은 합법적으로 세워진 정부를 지원할 수 있는 기회를 갖게 되었고, 아프가니스탄 국민의 82퍼센트는 탈레반의 귀환에 반대하고 야만과 문명 사이에 놓인 새로운 경계선에서 싸우려는 의지를 강화할 수 있었다.[53] 그런데도 트럼프 행정부는 그런 기회를 이용하지 않기로 결정한 것처럼 보였다.

칼릴자드는 2020년에도 협상을 계속해서 추진했고 아프가니스탄에서 철수하고 싶은 미국 대통령의 마음을 생각해보면 아마도 가능한 선에서 최고의 조건으로 거래를 할 수 있을 것 같았다. 그렇지만 대통령의 마음을 채워줄 모든 거래라는 건 결국 탈레반이 테러 조직에 대항하는 데 효과적인 협력자가 될 것이라는 자기기만을 바탕으로 하고 있었다. 그러한 합의는 또한 탈레반에게 더 큰 권한을 부여하고 미국이 철수함에 따라 아프가니스탄 정부와 군대를 약화시킬 것이 분명했다. 그렇기 때문에 이후에 무슨 일이 일어나든 상관없이 모든 미군을 철수시키기로 결정했다면 아무런 거래 없이 그렇게 하는 것이 더 나았을 것이다.

* * *

남아시아 지역의 문제는 다른 안보 문제와 관련이 있다. 러시아와 중국은 이 지역에서 발생하는 테러 위협의 증가로 인해 곤란을 겪을 수 있기 때문에 서로 협력을 할 가능성이 있다. 러시아와 중국, 그리고 사우디아라비아나 UAE를 비롯한 유럽 국가들에게는 이 지역의 엄청난 잠재력을 이용하고 동시에 에너지 자원과 기후변화, 환경, 식량 및 수자원 안보와 관련된 심각한 문제들을 해결하기 위한 노력의 일환으로 파키스탄 지도자에게 분명한 선택지를 제공할 수 있는 기회가 있다. 고립될 것인가 아니면 협력자가 될 것인가? 특히 이런 문제들은 파키스탄과 인도, 방글라데시 등 주변 대부분 국가에게 영향을 미친다. 남아시아 지역 문제에 대한 다국적인 협력은 이란이 남아시아 지역에서뿐 아니라 종파 간 내전이 인도주의적 재앙과 전 세계 이슬람원리주의 테러 조직을 강화하는 폭력의 악순환을 일으킨 중동 전역에서 덜 파괴적인 역할을 하도록 설득하는 데도 중요하다.

갈등은 국민들의 지지와 지도자의 의지 상실 같은 다른 요소들과 우리의 적이 서로 상호작용을 하는 과정에서 새롭게 진화한다. 2019년이 되자 아프가니스탄과 남아시아 지역에서의 첫번째 장기적 전략을 유지하는 데 가장 중요한 역할을 해야 하는 사람이 자신이 승인한 전략이 성공할 수 있는 기회를 주지 않기로 결심했다는 사실이 분명해졌다. 트럼프 대통령은 자신의 정치적 기반을 이루는 강경파 집단에게 호응하면서 우방국들의 의지를 강화하고 탈레반과 지지 세력의 의지를 약화시켰던 심리적 이득을 포기했다. 그렇지만 점점 더 많은 동의를 얻고 있던 "이 끝없이 이어지는 전쟁을 끝내자"는 구호에는 사람들의 진심이 들어 있었다. 아프가니스탄과 이라크 전쟁에 참전했을 뿐 아니라 그곳에서 일어났던 공포와 희생을 목격한 한 사람으로서, 그리고 딸과 사위도 같은 지역에서 싸우는 걸 본 사람으로서 나도 전쟁이 끝나기를 바랐다. 그렇지만 남아시아 지역에서 장기적으로 이어지는 문제들을 단기적으로 해결할 수 있는 방법 같은 건 없다는 사실도 나는 잘 알고 있었다. 조국의 이름을 걸고 싸우는 우리의 아들딸들과 조국에게 우리는 빚을 졌다. 적절한 수준의 희생으로 조국을 안전하게 지킬 수 있는 장기적인 전략을 제시하는 것만이 그 빚을 갚는 방법이다.

안타깝게도 2001년 9월 11일에 아직 태어나지 않았던 미군 병사들이 아프가니스탄에 배치되면서 미국은 한 번에 1년씩 계속되는 역사상 가장 긴 전쟁을 벌이고 있다. 그렇지만 이 길고 긴 전쟁에서 철수할 목적으로 탈레반과의 협상을 벌인 결과는 상식적인 전략하에서 지속적으로 노력을 기울이는 것보다 훨씬 나쁘게 전개될 가능성이 크다.

4부 중동

더이상 참을 수 없다…… **걸프전쟁: 미국, 바그다드 공습**…… *쿠르드족, 이라크군 병력과 충돌*…… **이라크 비행금지구역 지정. 도대체 왜?**…… 사담 후세인이 현재 대량살상무기를 보유하고 있다는 사실에는 의심의 여지가 없다…… **전쟁이 시작되다**…… 이라크를 무장해제시키고 이라크 국민들을 해방하며 거대한 위험으로부터 전 세계를 구할 군사작전…… *알고 있다는 사실을 알 때가 있고…… 모르고 있다는 사실을 알 때가 있다…… 물론 모르고 있다는 사실을 모를 때도 있다*…… **후세인 체포: 반군들의 공격 시작**…… 우리의 전략을 바꿀 필요가 있다는 건 분명한 사실이다…… **이라크에서의 미국의 군사적 노력은 막을 내릴 것**…… **말리키, 이라크 정부 구성에 30일 유예**…… 이제 주권을 회복해 안정적으로 자립이 가능한 이라크를 기대할 수 있게 되었다…… **튀니지의 과일 행상, 분신 시도로 혁명에 불을 붙여**…… 이집트는 이제 완전히 새로 태어날 것이다…… *이라크와 미국이 숱하게 많은 피를 흘린 끝에 이제 이라크의 자립이라는 임무는 현실로 이루어지고 있다*…… **무바라크 이집트 대통령 사임**…… **카다피, 반군에게 사로잡혀 참혹한 최후 맞아**…… *카다피의 공포정치는 오히려 자유로 이어지는 약속이었다*…… **이라크 북부에서 피난민 50만 명 발생**…… *화학무기들의 이동을 보는 순간부터 위기의 시작이다*…… 이 테러 조직원들의 위협을 분쇄하기 위해 미국이 앞장서 대규모 동맹을 이끌어내게 될 것이다…… **미국, 시리아의 화학무기 사용 확인**…… *정말로 부끄러움이라는 걸 모르나?*…… **ISIS를 몰아내고 맞이하는 모술의 첫 아침**…… *그리스 난민수용소 폭발 직전*…… **미군, 시리아 공격**…… 이 터무니없는 끝없는 전쟁에서 이제는 빠져나올 때다…… **트럼프, 터키에게 경고, "쿠르드족을 공격하면 엄청난 경제 보복을 당할 것"**…… *바그다디의 사망은 미국의 무차별적 공세를 보여주는 것*…… 우리는 지금 모래와 죽음에 대해 이야기하고 있다…… **바그다드의 미국대사관으로 시위대가 몰려들어**…… 미국은 자국 국민들을 보호할 것이다…… **트럼프, 중동 지역의 평화협상 추진**……

터키
투르크메니스탄
카스피해
사이프러스
지중해
시리아
할라브
트리폴리
베이루트
레바논
다마스쿠스
이스라엘
암만
요르단
아카바
알렉산드리아
포트 사이드
수에즈
카이로
리비아
이집트
아스완
수단
하르툼
남수단
에리트레아
아스마라
에 티 오 피 아
지부티
지부티
소말리아
알 마우실목술
아르빌
키르쿠크
바그다드
이라크
바스라
쿠웨이트
쿠웨이트
페르시아만
이란
테헤란
마슈하드
이스파한
시라즈
호르무즈 해협
헤라트
아프가니스탄
칸다하르
파키스탄
카라치
사 우 디 아 라 비 아
메디나
제다
메카
홍해
리야드
아드 다맘
알 후푸프
마나마
바레인
카타르
도하
아부다비
두바이
UAE
오만
오만
오만 만
아라비아해
예멘
사나
알 호데이다
아덴
아덴만
알 무칼라
소코트라
0 200 400 600 800 km
0 100 200 300 400 500 mi

7장

쉽게 끝날 거라고 말한 사람은 누구인가?
중동 지역에 대한 낙관과 체념

> "이것은 급진적인 이슬람교 사상에 대항하는 길고도 복잡한 전쟁이다. 이 전쟁은 쉽게 끝낼 수 없다. '마음과 정신'을 굴복시키려는 그 어떤 전략도, 그 어떤 원조도 이 전쟁의 종언을 가져다주지는 않는다. 미국은 이러한 분노를 진정시킬 수 없다."
>
> —파우드 아자미FOUAD AJAMI

내가 백악관에 들어간 지 정확히 한 달 뒤인 2017년 3월 20일 하이데르 알-아바디Haider al-Abadi 이라크 총리가 워싱턴을 방문했다. 나는 그를 만나기를 고대해왔다. 아바디 총리는 비록 조국은 혼란에 빠져 있었지만 존경할 만한 친구였다. 이라크는 중동 지역뿐 아니라 전 세계에 엄청난 고통을 주고 있는 ISIS를 물리치기 위한 투쟁의 중심에 서 있었다. ISIS는 수니파 이슬람원리주의 테러 조직의 가장 진화한 단계라고 볼 수 있었다. 이라크는 또한 주변 지역에서 영향력을 확대하려는 이란을 저지하는 최전선이기도 했다. 그리고 시리아와 함께 이라크는 시아파와 수니파 이슬람교도들 사이에서 벌어지는 종파 간 내전의 진원지였으며 이 내전은 테러 조직을 강화하고 이라크의 부흥을 가로막았으면서 국민들에게 엄청난 고통을 가했다. 2003년 시작된 미국의 이라크 침공이 중동 지역을 갈라놓고 있는 중심 세력들을 만들어낸 것은 아니었지만 침공 이전과 이후에 대한 준비 부족, 2011년 이라크에서의 갑작스러운 철수는 연이은 안보 붕괴의 원인이 되었다. 아바디의 방문이 중요했던 건 이란과는 다른 안정적이고 안전한 이라크의 존재는 중동 지역이 여러 가지 위기에서 빠져나오기 위해서는 필수적이었기 때문이며 또 우리는 미국이 이러한 목표를 공유하는 이라크 지도자들을 어떻게 지원할 수 있는지 더 잘 이해할 필요가 있었다.

아바디의 방문 풍경은 다른 국가 정상들의 방문과 비슷했다. 우선 평소처럼 트럼프 대통령과 댄 코츠Dan Coates 국가정보국 국장, 그리고 마이크 폼페이오 CIA 국장과 함께 오전에는 오벌 오피스에서 회의를 한 다음 이라크 주재 미국 대사인 더그 실리만Doug Silliman과 함께 오후 3시에 도착할 이라크 대표단을 맞이할 준비를 했다. 실리만은 2011년부터 2013년까지 미군의 철수 이후 혼란스러워진 바그다드에서 정치고문 겸 대사대리로 있었다. 그는 이라크와 시리아의 여러 지역을 장악하고 이른바 칼리프의 나라를 건설하려던 테러 조직 ISIS와의 전쟁이 한창이던 2016년 말 이라크 주재 정식 대사로 임명되었다.

나는 늘 그렇듯 이라크 대표단이 찾아오기 전에 서둘러 오벌 오피스로 먼저 돌아왔다. 나는 자기 몫을 다하는 우방국들의 필요를 항상 강조하는 대통령에게 이라크 국민들이 ISIS와의 전투에 앞장서고 있다는 사실을 확실하게 알렸다. 2014년 이후 ISIS와 맞서 싸우다 전사한 이라크 병사들의 숫자는 2만6,000명이 넘는다. 같은 기간 미군 측 전사자는 해병대 소속을 합쳐 모두 17명이었다.[1] 대통령은 이라크에서의 이란의 영향력을 염려하고 있었다. 나는 아바디 총리가 이라크 주권을 강화하고 이란의 악의적인 영향력을 줄이기 위해 노력하고 있다고 말했다. 아바디는 이라크 정부가 이란과 협력할 경우 ISIS와 비슷한 또다른 조직이 나타나 이란의 지원을 받는 시아파 민병대로부터 수니파 공동체들을 보호해주는 역할을 자처하고 나타날 것임을 잘 알고 있었다. 나는 이라크와의 긍정적이고 장기적인 관계가 ISIS를 물리치는 데 도움이 될 뿐 아니라 이라크에서의 이란의 영향력을 상쇄시킬 것이라고 강조했다.

이란은 계속해서 이라크를 약화시키고 분열시키려 했다. 2014년 이라크군이 무너지고 ISIS가 빠르게 세력을 넓혀가면서 이라크 정부는 안정을 유지하기 위해 시아파 민병대에 대한 의존도를 더욱 높여갔다. 이 시아파 민병대는 대부분 이란 요원들이 지휘했고 따라서 이란은 바그다드에 대한 강한 영향력을 행사할 수 있었다. 이란의 이란혁명수비대Islamic Revolutionary Guard Corps, IRGC의 영향을 받은 민병대, 즉 이라크 민중동원군Popular Mobilization Forces, PMF에는 미군 병사를 살해한 조직들도 포함이 되어 있었다.[2] 예컨대 아사입 알 알-하크 Asa'ib Ahl al-Haq, AAH는 이라크와 시리아에서 활동하며 IRGC에게 장비와 자금을 지원받고 훈련도 받았다. 시아파 민병대 대원들은 젊었고 그들과 그들의 지휘관은 새로운 권력 기반을 형성했다. 이라크를 더욱 불안정하게 만들기 위해 이란의 IRGC와 정보보안부Ministry of Intelligence and Security, MOIS는 이란에 동조하는 쿠르드족을 지원함으로써 쿠르드족과 아랍인들 사이의 분열을 이용하려 했다.

렉스 틸러슨 국무부 장관과 실리만 대사가 오벌 오피스에 도착하자 나는 이라크 대표단 중 두 사람이 각각 이라크의 약속과 위험을 나타낸다고 말했다. 아바디 총리는 약속을 상징했다. 그는 인종과 종파의 분열을 줄이기 위해 이라크의 모든 지역사회와 협력했으며 강력하고 독립적인 이라크를 원한다는 점에서 미국의 지향점이 같았다. 그가 1979년 사담 후세인이 집권한 이래 민족과 부족, 종교 공동체에 따라 여러 번 분열되었던 복잡한 나라를 하나로 합치려는 지도자였다면, 아바디의 외무부 장관이자 전임 총리였던 이브라힘 알-자파리Ibrahim al-Jaafari는 위험 그 자체였다. 자파리는 다른 공동체들을 희생하더라도 이라크의 시아파 공동체를 지키고 싶어했다. 그는 이란의 지시에 따라 분열을 조장하고 계속해서 갈등을 일으켰다.

요점을 간단히 설명하기 위해 나는 10년도 더 전에 이라크와 중동 지역의 복잡한 상황을 단적으로 나타내주던 도시인 탈 아파르Tal Afar에서 내가 지휘하던 연대를 아바디가 어떻게 지원했는지를 이야기했다. 2005년의 탈 아파르는 이라크 전역에서 진행되는 알카에다 작전을 위한 훈련장이자 대기용 기지였다. 테러 조직들은 투르크멘 시아파와 수니파 사이의 종교적 갈등은 물론 쿠르드와 투르크맨, 야지디, 그리고 아랍 민족들 사이의 대립을 이용해 스스로를 이 지역의 보호자로 자처하고 나서려 했다. 미군이 이라크 북부에서 병력을 줄이면서 탈 아파르는 시아파 경찰과 알카에다 테러 조직원들 사이의 종교 전쟁터가 되었다. 민간인들은 두 세력 사이에 놓이게 되었고 친구이자 이웃이었던 수니파와 시아파 가정들은 어느 편이든 선택을 해야만 했다. 평범하던 일상은 사라졌다. 학교며 시장이 문을 닫았고 사람들은 집안에 틀어박혀 스스로를 지켜야 했다. 경찰 병력은 도시 한가운데 있는 16세기 오스만제국 시절의 성에 모여 결의를 다진 후 밤이면 성에서 빠져나와 싸울 수 있는 나이의 수니파 남자들을 마구잡

이로 살해하는 처형부대로 변신했다. 이렇게 해서 경찰은 알카에다 테러 조직원들이 스스로 보호자를 자처하고 그들이 확립한 잔혹한 형태의 통제를 합리화할 수 있도록 사실상 도운 셈이었다. 알카에다는 부모들에게 10대에 불과한 어린 자녀들을 조직에 바치라고 강요했다. 현대식 초등학교 교육조차 제대로 받지 못했으면서도 이른바 이슬람교의 종교적 지도자를 자처하는 이맘imam들은 종종 성폭력과 체계적인 비인간화의 과정이 뒤따르는 입문 과정을 통해 젊은 조직원들을 끌어모았다. 탈 아파르에서 일어났던 한 끔찍했던 경우를 예로 들면, 어린 십대 소년이 알카에다에 끌려와 지속적으로 강간을 당하면서 시아파나 비협조적인 수니파의 목을 자를 때 옆에서 그 일을 돕는 경우도 있었다.[3] 그야말로 희망이라고는 찾아볼 수 없는 그런 상황이었다.

2005년 5월 제3기갑연대가 탈 아파르에 도착한 직후, 나는 아바디에게 연락해 이런 폭력의 악순환을 끊어내기 위한 도움을 요청했다. 당시 이라크 국회의원이었던 아바디는 강력한 세력을 휘두르던 시아파의 다와당Dawa party에 상당한 영향력이 있었다. 경찰 책임자가 탈 아파르에서 벌어지는 폭력의 악순환을 부추긴다는 나의 설명에 아바디는 바그다드로 옮겨와 한 수니파 장성을 도와 경찰들이 종파나 민족, 혹은 부족의 정체성에 상관없이 지금의 약탈자에서 민간인들을 위한 보호자로 바뀔 수 있도록 상황을 정리했다. 경찰의 총책임자였던 그 장성은 다름 아닌 나짐 아베드 압둘라 알-지부리Najim Abed Abdullah al-Jibouri 소장으로 그는 대단히 용맹스러운 지휘관이자 솜씨 좋은 중재자였다. 2005년 테러 방지 작전을 성공적으로 이끈 지부리 소장은 그후 탈 아파르의 각 민족과 종파들이 서로를 이해할 수 있도록 돕고 알카에다의 귀환을 막기 위한 공동의 노력을 강화했다. 학교와 시장이 다시 열리면서 도시는 다시 살아났고 사람들은 더이상 두려움에 떨며 집안에 틀어박혀 있지 않아도 되었다. 이라크 군대와 경찰은 거점을 되찾으려는 알카에다의 시도를 막아냈다. 나는 트럼프 대통령이 이라크 국민들이 겪었던 끔찍한 폭력과 고통에 대한 보고서에서 종종 놓치고 있는 부분이 무엇인지 알았으면 했다. 그것은 바로 종교와 민족, 그리고 부족에 관계없이 모든 이라크 국민들을 위해 더 나은 미래를 만들고자 했던 아바디나 지부리 같은 지도자들의 인내심이었다. 그렇지만 아바디 곁에 있는 모든 사람들이 다 그런 조정자나 화해자는 아니었다.

나는 대통령에게 이라크 대표단 중 일부가 거칠어 보일 수 있지만, 그중에서도 짧게 자른 회색 수염에 마르고 머리가 벗어진 의사가 가장 냉혹한 인물이라고 귀띔했다. 한때 의사이기도 했던 자파리를 움직이는 동기는 주로 사담 후세인이 이끌었던 바트당Baath Party 인사들에 대한 복수라는 비뚤어진 욕망이었다. 자파리는 이라크를 약화시키는 폭력을 부추겼기 때문에 이란의 완벽한 앞잡이라고 볼 수 있었다. 자파리를 총리로 만들어준 이라크 선거 전에 이란은 시아파가 주도하는 정당을 설립하기 위해 수백만 달러를 제공했다. 하지만 당시 미국은 그저 팔짱만 끼고는 이란의 이런 활동에 거의 아무런 대응을 하지 않았다. 2005년 5월부터 2006년 5월까지 총리였던 자파리는 이라크의 수니파 아랍인들과 투르크멘족을 몰아내고 이라크의 각 기관에 이란의 영향력이 미칠 수 있도록 관련 정책과 조치를 실시했다.

자파리는 이란에서 이라크이슬람혁명최고위원회Supreme Council for the Islamic Revolution in Iraq 소속 위원 활동을 하며 1980년대를 보냈다.

이 위원회는 사담 후세인을 몰아내기 위해 조직되었으며 철저하게 이란 정보국의 통제를 따르고 있었다.[4] 나중에 그는 런던으로 이주했고 다와당의 대변인이 되었다. 자파리는 이란을 따랐고 미국을 반대했다. 총리에서 물러난 후에는 2007년부터 2008년까지 이라크의 수도 중심부에 있는 요새화된 미군 경계구역 안 자택에서 지냈고 당시 나와 조엘 레이번Joel Rayburn 소령이 두 번 정도 찾아간 적도 있었다. 소령과 내가 달착지근한 차를 마시는 동안 자파리는 서방세계의 여러 문제점들에 대해 강의라도 하듯 길게 이야기를 늘어놓았다. 자파리는 마르크스와 레닌주의에 시아파의 천년왕국 사상을 기묘하게 결합한 이란 이슬람교의 이념에다 미국 좌파 학자들의 주장까지 더해서 따르고 있었다. 그는 미국에 대한 자신의 주장을 증명이라도 하듯 종종 책장에서 책들을 꺼내 인용했고 그가 주로 인용을 한 학자는 미국의 언어학자 노엄 촘스키Noam Chomsky였다. 자파리는 이라크를 비롯한 전 세계의 모든 병폐가 식민주의와 이른바 "자본주의 제국주의capitalist imperialism"에서 비롯되었다는 촘스키의 주장에 동조했다. 자파리는 2003년 미국의 이라크 침공이 아니었다면 지금쯤 자신은 어딘가 망명지를 전전하며 촘스키나 읽고 있었을 거라는 사실을 잊고 있는 것 같았다.

자파리는 총리 시절 시아파 민병대인 바드르 조직Badr Organization이 이라크 내무부를 장악하는 것을 도왔음에도 불구하고 미국을 비난했다.[5] 새로운 내무부 장관 바이얀 자브르Bayan Jabr는 자파리 못지않게 겉으로는 부드러운 외모를 하고 있었지만 그 속은 대단히 무자비한 인물로 국립경찰을 동원해 수니파 죄수들을 납치하고 체계적으로 고문했으며 또 살해도 서슴지 않았다.[6] 이런 잔혹한 행위들은 이란에게 도움이 되었다. 피해자들 중에는 사담 후세인 정부 측 인사였거나 이란과의 전쟁중에 이란 영토를 폭격한 조종사, 심지어는 이란혁명을 비판했던 대학교수들이 있었던 것이다. 반면에 이란은 자파리와 같은 사람들의 도움으로 이라크 정부 곳곳에 문제 인사들을 심었다. 그중 한 사람이 바로 아부 마흐디 알-무한디스Abu Mahdi al-Muhandis다. 2005년 미군은 이라크 국립경찰이 불법적으로 체포해 무한디스의 지하실에 가둬둔 100명 이상의 피해자들을 찾아냈다. 그리고 무한디스는 이미 1983년 있었던 테러 조직원들의 폭탄 공격 주모자로 쿠웨이트에서 사형선고를 받은 바 있었다. 무한디스는 그후 2020년 1월 IRGC 소속 쿠드스부대Quds Force의 사령관 가셈 솔레이마니Qassem Soleimani를 표적으로 한 미군의 공격으로 사망했다. 또한 국립경찰의 총수인 마흐디 알-가라위Mahdi al-Gharrawi 장군의 사례도 있는데, 미군은 그의 사령부에서 1,400명의 수감자들이 영양실조와 함께 반복되는 고문으로 고통을 당하고 있는 수용소를 찾아내기도 했다.[7] 자파리는 이런 무한디스와 가라위를 검찰 수사로부터 보호했다. 아바디는 무한디스와 가라위 같은 사람들을 이라크가 책임져야 할 부패한 인사들로 생각했지만 자파리는 이들을 통해 종파 간 내전이 일어날 수 있는 분위기를 조성했으며, 그 결과 결국 이라크에서는 AQI가 자리를 잡았고 훗날 그 후손격인 ISIS가 뿌리를 내렸다.[8] 이라크 대표단을 맞이하기 위해 걸어나가면서 나는 자파리가 더 많은 원조를 요구하는 식으로 미국에 대한 반감을 드러낼 것이라고 예측했다. 그와 이란의 사주를 받는 다른 인사들은 미국의 지도자들이 미련하기 짝이 없기 때문에 이라크가 지원 세력들을 배신하고 이란 편으로 완전히 돌아서기 전까지 얼마든지 미국을 이용할 수 있다고 생각했다.

각료 회의실의 긴 마호가니 탁자를 사이에 두고 오간 논의의 대부분은 ISIS에 대항하는 군사작전의 진전 상황에 대한 것이었다. 불과 4개월 전 이라크군은 ISIS로부터 유서 깊은 도시인 신자르Sinjar를 탈환했다. 2014년 8월 ISIS는 신자르에서 약 5,000명의 야지디 부족 사람들을 학살하고 수천 명의 소녀와 여성들을 고문하고 강간한 뒤 여성을 노예로 팔거나 가족의 살해자들과 강제로 결혼을 시켰다.[9] 새로운 백악관과 국방부가 오바마 행정부 시절 미군에게 내려졌던 전투시 작전 반경이나 시리아에 투입할 수 있는 헬리콥터의 숫자 같은 불필요한 제한을 없앤 후 시리아와 이라크에서는 ISIS에 대응하는 작전의 속도가 빨라졌다.[10] 여전히 치열한 전투가 진행중이었지만 ISIS의 영토와 주민 통제는 거의 확실하게 막아낼 수 있을 것 같았다.

회의가 끝나갈 무렵 트럼프 대통령은 나에게 더 할 이야기는 없는지 물었다. 나는 문제의 핵심은 ISIS를 완전히 패배시키고 이란이 이라크와 시리아, 그리고 이스라엘 국경선까지 영향력을 확대하는 것을 막는 방법이라고 생각했다. 나는 아바디 총리에게 갈등의 악순환을 끊기 위해 미국과 다른 국가들이 더 도울 수 있는 일이 있는지 물었다. 그는 큰 정신적 충격을 받은 이라크 사회를 다시 정상으로 되돌리고 모든 이라크 국민들에게 정부가 그들을 보호하고 더 나은 미래를 제공할 수 있다고 설득하는 일이 필요하다고 말했다. 자파리는 내 예상대로 더 많은 미국의 지원을 요청하려 했지만 트럼프 대통령은 그런 그를 무시하고 회의를 끝냈다. 그런데 자리를 정리하고 참석한 인사들이 떠나려 할 때 아바디 총리의 보좌관 중 하나가 내게 슬며시 쪽지 한 장을 건넸다. 몇 시간 후 머물고 있는 호텔에서 만나자는 아바디 총리의 전갈이었다.

그날 저녁 9시경 나는 아바디 총리를 만나러 갔다. 늦은 시간이었지만 밤 늦은 시간까지 이어지는 회의는 이라크에서는 흔한 모습이기도 했다. 이라크와 아프가니스탄에서 여러 번 함께 복무를 했던 조엘 레이번이 나와 함께 동행을 했다. 이제 대령으로 진급해서 국가안전보장회의에 선임국장으로 참여하게 된 레이번은 최근에 이라크의 현재 상황을 역사적 관점에서 서술한 훌륭한 책을 한 권 발표하기도 했다. 그는 또한 2003년부터 2011년까지 이라크에서의 미군의 경험과 관련된 중요한 비판적 연구서 집필에도 참여했는데, 육군사관학교에서 함께 역사를 가르쳤던 우리는 현재를 이해하려면 먼저 과거를 이해해야 한다는 똑같은 신념을 갖고 있었다. 아바디 총리가 머물고 있는 호텔로 가는 길에 우리는 총리가 중동 정치의 비극을 어떤 식으로 목격을 했고 또 어떻게 지역을 휩쓸고 있는 종파주의를 넘어섰는지에 대해 논의를 했다. 이렇게 따로 만난다면 아바디도 대표단의 눈치를 보지 않고 솔직한 모습을 보일 수 있으리라. 자파리를 비롯한 이라크 대표단의 상당수는 총리가 신뢰할 수 없는 사람들이었다. 그는 수십 년 동안 중동 지역에서 일어났던 충격적인 사건들을 그와 다른 지도자들이 극복하도록 돕기 위해 미국이 무엇을 할 수 있는지 우리에게 설명해줄 수 있었다.

* * *

1952년에 태어난 아바디는 아랍 국가들 사이에서 식민지 지배가 끝이 나고 문화적 인식이 성장하던 시대에 성년이 되었다. 당시에는 사회주의 이념, 특히 사회정의와 공평한 소득분배를 달성하기 위해 석유와 같은 자원을 국가가 주도해 관리해야 한다는 생각이 인기가 있었다. 이집트와 시리아, 이라크에서는 새로운 정치운동이 시작되었고 독재자들은 권력을 장악하고 광범위한 선전을 통해 자신에 대한 개인숭배를 강화했다. 이집트에서는 가말 압델 나세르Gamal Abdel Nasser 대통령이 1956년 수에즈운하를 국유화했으며, 미국의 지원을 받으며 여기에 격렬하게 반발하는 유럽 세력의 공세를 막아냈다. 그는 나일강에 아스완하이댐Aswan High Dam을 건설하고 팔레스타인의 대의를 옹호했으며 사회 개혁을 약속했다. 이라크에서는 젊은 아바디가 민족주의와 이슬람교의 이념이 강해지면서 이른바 범凡아랍주의, 즉 아랍 세계의 통일을 꿈꾸는 사상과 사회주의 실험이 무너지는 것을 지켜보았다.[11] 1958년 아바디가 바그다드의 초등학교에 입학할 무렵에는 민족주의적 정서가 시리아와 이라크를 휩쓸었다. 시리아에서는 나약한 민간인 정부와 군사정변, 또 정변에 저항하는 반란 등이 차례로 일어나며 좌파 성향의 바트당이 집권을 했다. 통일된 아랍 국가를 추구했던 시리아 바트당은 이집트와 연합공화국을 이루었지만 단 2년 만에 다시 갈라섰다.

이라크에서도 군사정변이 일어나 1921년 영국에 의해 세워졌던 하심Hashem왕조가 무너졌다. 1958년 7월 14일 3세의 나이에 왕위에 올라 곧 결혼을 앞두고 있던 23세의 파이살 2세는 왕가의 다른 가족들과 함께 궁전 안뜰의 벽을 향해 세워졌고 이들을 향해 기관총이 발사되었다. 총탄 세례를 받은 왕의 시체는 가로등에 내걸렸다. 아바디는 사람들이 부패한 정부가 끝장난 걸 축하하면서도 왕과 그의 가족에게 저지른 잔인한 살인에 대해서 후회하던 모습을 기억하고 있었다. 그리고 그는 왕이 죽은 후 여러 정당 활동이나 언론의 자유와 같은 자유가 어떻게 사라지기 시작했는지도 떠올렸다. 그후 10년 동안 아랍 세계에서는 권위주의적인 독재정치가 판을 쳤다. 그중에서 가장 기세가 등등했던 건 아랍민족주의를 내세우고 거기에 강력한 이스라엘 반대 정서를 더했던 이집트의 나세르였다. 1967년 아바디가 바그다드중앙고등학교 학생이었을 때, 그는 그러한 감정에 의해 동기가 부여된 전쟁을 목격했으며 그 전쟁의 결과로 아랍민족주의는 종말을 고하게 된다.

아바디는 이집트와 요르단, 그리고 시리아가 이스라엘과의 전쟁을 시작했을 때 모두들 크게 흥분했던 때를 기억했다. 그렇지만 6일 후 이스라엘이 아랍연합군을 격파했을 뿐 아니라 이집트의 시나이반도를 비롯해 가자지구, 시리아의 골란고원, 그리고 요르단의 서안지구까지 점령하자 아랍 세계 전체가 큰 충격에 빠졌다. 곧이어 사방에서 비난이 쏟아졌고 이후 수십 년 동안 아랍 국가들은 이 문제를 두고 끝없는 갈등에 빠지게 된다. 시리아에서는 사회주의 바트당의 일원이자 소수파인 알라위파Alawite의 하페즈 알-아사드Hafez al-Assad 국방부 장관이 전쟁 패배와 영토 상실을 두고 대통령 살라 자디드Salah Jadid를 비난하고 나섰다. 알라위파는 여러 종교를 혼합한 비밀스러운 시아파의 한 분파이다.[12] 대통령의 입지가 좁아지자 아사드는 친구와 친척 들의 세력을 하나로 끌어모으기 시작했다. 1970년 아사드는 무혈정변을 일으켰지만 그후 30년은 그야말로 피로 얼룩진 역사였다. 6일전쟁에서의 패배는 이스라엘과 아랍 세계의 분쟁에서 종교적 갈등의 측면을 이용해 지지를 높이려는 강경파 이슬람교도들에게 힘을 실어주었다. 이라크 바트당에 대한 이 강경파들의 도전은 바트당의 통치가 잔인해질수록 더욱 탄력을 받으며 성장했다. 1966년 아바디는 다와당을 세운 무함마드 바키르 알-사드르Muhammad Baqir al-Sadr를 만난다. 알-사드르는 1957년에 세속주의자와 아랍민족주의자, 그리고 사회주의자들에게 맞서 제대로 된 이슬람교의 가치와 윤리를 퍼뜨리고 정치적 인식을 높이기 위해 다와당을 창당했다. 물론 궁극적인 목표는 이라크에 시아파 이슬람원리주의 국가를 건설하는 것이었다.

아바디는 이 대중을 휘어잡는 힘이 있는 알-사드르에게 "압도"당했으며 또 그의 "인간성"에 충격을 받았다고 회상했다. 알-사드르는 마르크스주의와 자본주의의 대안으로 이슬람교를 제시했다. 아바디는 바트당이 이라크에서 권력을 장악하기 1년 전인 1967년에 다와당에 합류했으며 수니무슬림형제단Sunni Muslim Brotherhood과 다와당, 그리고 다른 시아파 조직들을 포함해 계속 세력을 넓혀가고 있던 강경파 이슬람운동에 한 일원으로 참여하게 되었다. 아바디의 교양 있고 경건한 시아파 가족들도 다른 많은 사람들과 마찬가지로 권력과 탐욕에 의해 주도되는 세속적인 정부를 거부했다.

아바디는 이란과 이라크에서 일어난 사건들이 중동 지역을 새로운 분쟁의 시대로 몰아넣고 있을 무렵 런던에서 박사학위를 취득했다. 1979년 2월, 물라 집안의 자손인 그랜드 아야톨라 루홀라 호메이니Grand Ayatollah Ruhollah Khomeini가 이란왕조를 무너뜨리고 이슬람공화국의 최고지도자가 되었다. 여기서 물라는 이슬람의 율법학자를 뜻하며 아야톨라는 시아파 고위 성직자에게 주어지는 칭호다. 유럽에서 다와당 조직을 이끌게 된 아바디는 희망에 가득차 있었다. 그는 무소불위였던 이란의 왕조가 무너질 수 있다면 이라크와 시리아, 그리고 중동 전역에서도 똑같은 일이 가능할 것이라고 생각했다. 아바디와 다른 다와당 동지들은 찻집 등에서 만나 이라크에서 바트당을 전복시킬 가능성에 대해 이야기했다. 불과 4개월 후 이라크에서도 정변이 일어났지만 아바디나 다와당이 생각했던 그런 종류의 변화는 일어나지 않았다. 유복자로 태어나 어머니에게까지 버림을 받았던 사담 후세인이 바그다드에서 군사정변을 일으켜 스스로 대통령에 오른 것이다. 이란에서는 혁명파들이 왕조에 충성했던 고위직 민간인들과 군 장교들에 대한 숙청 작업을 천천히 진행하고 있었고, 이라크에서는 사담 후세인이 일주일 만에 수백 명을 처형했다. 이라크 내부의 반대파들이 모두 죽거나 진압된 후 사담 후세인은 자신의 세속적 민족주의 독재정치에 위협이 되는 이란의 이슬람혁명 쪽으로 시선을 돌렸다. 권력을 장악한 지 불과 4개월여 만에 그는 이란 공격을 명령한다. 혁명의 여파가 채 가시지 않은 이란을 상대로 전쟁을 쉽게 끝낼 수 있을 거라 생각했지만 전쟁은 8년 동안 이어졌고, 양국 모두 엄청난 피해를 입게 된다. 100만 명의 목숨을 앗아간 후에야 승자도 패자도 없이 끝나게 될 전쟁이었다.[13]

아바디 가족에게는 힘든 시기였다. 사담 후세인이 이란을 침공한 직후 다와당을 비롯해 다른 시아파 반대 세력에 대한 잔혹한 탄압이 시작되었다. 1980년 4월, 다와당을 세우고 젊은 하이데르 알-아바디에게 큰 영감을 주었던 무함마드 알-사드르가 체포되었다. 45세의 이 성직자는 고문을 당했고 그의 여동생이 강간당하는 것을 지켜봐야했다. 그런 다음 그의 두개골에는 못이 박혔다.[14]

아야톨라 호메이니는 이란과 이라크의 전쟁이 단지 이란의 영토를 지키는 전쟁이 아니라 시아파 이슬람 신앙을 유지하고 이슬람혁명을 전파하기 위한 전쟁이라고 생각했다. 이란과 이라크의 전쟁은 AD 680년 이라크의 카르발라Karbala 지역에서 있었던 전투의 역사적 기억에 뿌리를 둔 해묵은 적대감을 다시 불러일으켰다. 예언자 무함마드가 632년에 사망한 후 이슬람 세계는 무함마드의 사촌이자 사위이면서 무함마드가 후계자로 지명한 알리 이븐 아비 탈리브Ali ibn Abi Talib를 따르는 시아파와 무함마드는 후계자를 정식으로 지명하지 않았다고 주장하며 그의 장인인 아부 바크르Abu Bakr를 최초의 정당한 칼리프라고 여기고 따르는 수니파로 갈라져나갔다. 카르발라전투는 이 두 세력 사이의 대결이었다. 이날 있었던 시아파의 처참했던 패배는 이들의 역사와 전통, 문학, 그리고 신학을 아우르는 감정적인 기준점이 되었다. 시아파에서는 매년 열흘 이상 이 전투를 기념하며, 애도의 날인 아슈라Ashura에 그 절정에 이르고 사람들은 스스로를 채찍질 하는 등 고행을 자처하며 행진을 한다. 호메이니는 그렇게 역사적인 감정을 포함해 시아파의 정체성을 십분 활용하여 이란 국민들을 자극해왔다.[15]

이란과 이라크 전쟁에서 벌어진 양측의 잔혹한 행위를 정당화해 준 건 다름 아닌 종교다. 이란 측에서는 아야톨라 호메이니가 무장도 하지 않는 청소년들을 죽음의 전장으로 내보냈고, "신의 전사들 Sar Allah"이라는 글이 새겨진 붉은색 머리띠를 한 이들은 앞에서 전사한 병사의 무기를 집어들고 계속해서 싸우라는 명령을 받았다. 호메이니는 그 대신 이들에게 순교했을 때 낙원으로 이어지는 문을 열 수 있다는 약속을 담은 작은 금속 열쇠를 주었다고 한다. 탈영을 막기 위해서 밧줄로 묶여 있는 사람들도 많았다. 한편, 이라크 측에서는 사담 후세인이 이란 시아파의 부활과 세력 확장에 맞서 이라크뿐 아니라 아랍 세계 전체를 지키는 수호자로 자신을 묘사했다. 이라크 군대는 화학무기를 사용했고 이란 민간인들을 직접 공격하는 일도 서슴지 않았다. 1987년 1월에만 이란 도시들에 200회 이상의 미사일 공격이 가해져 거의 2,000명이 사망하고 6,000명이 넘는 무고한 사람들이 부상을 입었다. 이 전쟁에서 사망한 이란의 민간인은 6만 명이 넘는다.[16]

아바디는 운이 좋았다. 그는 거대한 소용돌이를 피할 수 있었다. 그는 런던에서 소규모 설계 및 기술 관련 회사를 운영했으며 역사가 오래된 찻집 같은 곳에서 이라크의 망명자들을 계속해서 만났다. 아바디가 이라크 해방을 촉구하는 목소리가 높이자 바트당은 그의 여권을 말소해버린다.[17] 그리고 이라크에 남아 있던 아바디의 가족들 협박과 위협에 시달렸다. 그의 다섯 형제 중 두 명은 투옥되었고 그들의 행방은 여전히 아무도 아는 사람이 없었다.

이란 이외의 다른 국가들의 강경파 이슬람교도들의 운명도 별반 다르지 않았다. 시리아와 이라크의 민족주의 독재자들은 야당을 잔인하게 억압했다. 1982년 인구 20만의 시리아 도시 하마Hama에서 무슬림형제단의 봉기가 일어나자 아사드의 군대는 도시를 포위하고 폭격기와 전차부대를 동원해 봉기를 진압했고 20여 일이 지나는 동안 7,000명에서 3만 명이 사망한 것으로 추정된다.[18] 살아남은 사람들은 끔찍한 상황 속에 투옥되었다. 많은 사람들을 다시는 볼 수 없었다. 이들이 흘린 피를 먹고 시리아 땅에서는 다시 강경파 원리주의 테러 조직원들이 성장했다. 하마의 비극은 시리아의 또다른 잔혹한 시절의 시작을 알렸다. 아사드의 아들이자 안과 의사였던 바샤르가 살인과 투옥, 고문 등 아버지의 잔혹한 기록을 능가하는 새로운 독재자로 변신해 나타난 것이다.

이란과 이라크의 전쟁, 그리고 시리아에서 일어났던 봉기들이 남긴 유산은 21세기 첫 10년 동안 중동 지역을 휩쓸었던 종파 간 내전에서 확실하게 드러났다. 이란은 이라크의 정치와 군사적 지형의 일부가 된 시아파 야당 및 민병대와의 관계를 구축했다. 이란과 이라크 전쟁중에 이브라힘 알-자파리를 비롯해 많은 하이데르 알-아바디의 시아파 동료들이 이란의 은신처로 피신했다. 이란은 그 대가를 요구했다. 이라크 젊은이들은 바드르 조직 같은 사담 후세인을 반대하는 조직에 참여했다. 이란은 1988년 전통적인 방식의 전쟁이 끝난 후 15년 동안 계속된 또다른 전쟁에서 바드르를 비롯한 다른 여러 조직들을 암살이나 소규모 유격대 공격에 동원했다. 전쟁을 위해 치러야 했던 끔찍한 결과와 되살아난 역사적 적대감은 수니파와 시아파 이슬람교도들을 분열시켰다. 종파의 분열은 중동 전역에서 폭력 사태를 불러일으켰고, 일관된 국가정체성과 합법적인 통치 방식을 개발하려는 노력을 가로막았다. 그리고 시아파가 다수인 이란과 수니파가 다수인 사우디아라비아 사이에서는 정치적, 그리고 종교적 세력을 둘러싼 갈등이 심화되었으며, 사담 후세인 이후 이라크에서는 종파 간 내전이 일어날 수 있는 분위기가 조성되었다. 이슬람교를 바탕으로 하는 이른바 이슬람주의가 아랍과 세속적 민족주의의 잿더미 속에서 생겨나면서 통일보다는 분열, 일반 대중이 아닌 특정 세력을 위한 이익 추구, 그리고 문제를 해결하거나 권력을 놓고 경쟁을 하는 대의정치 제도가 아닌 폭력에 대한 선호가 생겨났다.

이런 상황에서 아바디와 지부리 같은 일부 사람들이 종파 간 갈등을 해소하려는 화해자로서 등장하게 된다면 자파리 같은 또 일부 사람들은 그 갈등의 골을 더 깊고 넓게 만들고 AQI와 같은 수니파 이슬람원리주의 테러 조직과 함께 폭력의 파괴적인 악순환을 더욱 가속화하려 할 것이다.

* * *

레이번과 나는 호텔에 도착한 후 무장을 한 미국 측 비밀요원 몇 명을 지나쳐 아바디 총리가 있는 객실까지 연결되는 마지막 두 개의 층을 올라갔다. 그는 우리를 맞아들였고 우리는 편안하게 대화를 시작했다. 나는 2003년 5월 바그다드에 도착한 첫날 그를 만났던 일을 떠올렸다. 당시 나는 스탠퍼드대학교의 후버연구소를 떠나 카타르 도하에 있는 중부사령부 전방본부에서 잠시 존 아비자이드 장군의 참모로 있었다. 아비자이드와 함께 도하에서 바그다드로 이동할 때 나는 새로운 이라크 정부에서 아바디의 비서가 될 이라크계 미국인을 만났다. 우리는 사담 후세인을 권력에서 제거하는 데 성공한 연합군의 공세 이후에 가장 어려운 과제들이 어떻게 전개될지에 대해 이야기를 나누었다. 나중에 연합군이 점령한 화려한 이라크 공화당궁전에서 나는 아바디가 안보위원회 회의에 참석할 시간에 맞춰 출입증을 받을 수 있도록 돕기도 했었다.

이제 그가 묵고 있는 워싱턴 호텔의 최고급 객실에서 나는 가장 어려운 상황에서 그의 지도력을 얼마나 감사하게 여겼는지 그에게 말하기 시작했다. 2014년, 당시 이라크의 총리였던 누리 알-말리키Nouri al Maliki가 3선 연임을 포기하고 새로운 총리로 아바디를 지지하기로 결정한 건 정치적인 압력 때문이었다. 나는 그에게 우리의 친구인 지부리 장군에 대해 물었다. 그가 총리로 내정되었을 때, 아바디는 당시 미국 버지니아에 살면서 일하고 있었고, 곧 미국 국적을 취득할 예정이던 지부리에게 팔루자와 모술을 빼앗아 수도를 위협하고 있던 테러 조직원들과 싸우기 위해 이라크로 돌아올 것을 요청했다. 아바디는 10년 전에 탈 아파르에서 그랬던 것처럼 지부리가 분열된 지역사회를 화해시키는 데 도움을 주고 있다고 말했다. 아바디는 지부리가 이라크 북부로 돌아왔다는 사실을 안 ISIS가 그의 친척과 부족들을 모아놓고 고문을 한 뒤 살해했다는 슬픈 이야기를 전했다. 불과 몇 개월 전에 ISIS는 지부리의 가족 중 6명을 금속우리 안에 가두고 수영장에 그대로 가라앉혀 익사시켰다.

우리의 대화는 이윽고 갈등을 지속시키고 있는 지역의 역학관계 문제로 흘러갔다. 아랍민족주의와 이슬람주의의 실패를 목격한 아바디는 국민들에 의해 합법적으로 인정을 받는 대의정치만이 국민들의 폭력의 악순환과 관련된 고통에서 벗어날 수 있게 해준다고 믿었다. 종파 간 내전은 종교와 민족, 부족 공동체 간합의가 있어야만 끝날 수 있었지만 외부의 세력들이 계속해서 공동체들의 갈등의 불길에 기름을 쏟아붓고 있었다. 아바디를 따르는 당의 다른 세력들과는 별도로, 우리는 이라크 정부 안에 침투한 이란의 세력, 특히 이란 요원들이 만들어 통제하고 있는 강력한 민병대인 이라크 PMF 혹은 다른 말로 알-하쉬드 알-샤비Al-Hashd al-Shaabi라고도 부르는 부대의 영향력에 대해 논의했다. 이란 측은 아바디에게 겉으로 내세울 만한 PMF 사령관을 임명하고 실권을 지닌 부사령관으로는 무한디스를 임명하도록 압력을 가했다. 이 무한디스는 이란이 지원하는 반미 테러 조직인 카타이브 헤즈볼라Kata'ib Hezbollah의 사령관이기도 했다. PMF는 현지 외교 및 에너지 관련 시설들을 공격하고 사우디아라비아에서는 무인항공기 공격을 실시했으며 이란 미사일 설치 확대의 명분을 만들어주기 위해 이스라엘의 공습을 유도하기도 했다.[19] 아바디는 이란이 이런 영향력을 미치고 있는 상황에서 미국이 이라크와 장기적으로 긍정적인 관계를 유지하는 것은 매우 어려울 것임을 잘 알고 있었다. 이라크의 주권을 강화하고 이란의 공세에 대응하기 위해서는 미국과 이 지역의 우방국들이 더 많은 일을 해야 한다는 사실은 분명했다.

아바디는 시리아 내전이 어떻게 중동 지역을 괴롭히는 종파 간 폭력 사태의 진원지가 되는지를 설명했다. 그는 하마스와 헤즈볼라, 이라크 알카에다, 팔레스타인 이슬람 지하드Palestinian Islamic Jihad, 쿠르드족의 테러 조직인 쿠르디스탄 노동자당Partiya Karkerên Kurdistan, PKK 등 수니파와 시아파를 가리지 않고 여러 테러 조직들을 후원해온 아사드 정권의 오랜 역사를 강조했다. 2003년 미국의 이라크 침공 이후 아사드 정권은 미군과 싸울 AQI에 외부의 전사들이 가담할 수 있는 통로를 만들었다. 나는 시리아에서 아사드가 이란의 대리인으로 활동하면서 이라크와 아랍 세계를 약화시키고 분열시키기 위해 광범위한 내전의 불길을 일으켰다고 덧붙였다.[20]

아바디는 아사드가 이란과 러시아의 도움을 받고 급진적인 살라피 이슬람원리주의 테러 조직원들을 이용해 어떤 식으로 시리아의 모든 야당들을 이슬람주의 칼리프 나라를 만들려는 테러 집단들로 몰아갔는지에 대해 말했다. 아사드는 2011년 초 훗날 AQI와 ISIS의 주요 지도자가 될 수천 명의 강경파 이슬람교도들을 시리아 감옥에서 석방했다. 나는 비극적인 일이지만 아사드의 전략이 효과가 있는 것 같다고 대답했다. 내 친구이자 이제는 고인이 된 파우드 아자미 교수가 전쟁이 격화되는 것을 보고 생각했듯이 아사드는 자신의 폭정이 반대파의 등장보다 더 낫다고 오바마 행정부를 설득할 수 있는 그런 인물이었다.[21]

우리는 반정부 시위가 튀니지와 이집트, 리비아에서 시리아까지 확산된 이후 2011년 3월부터 시리아 반란이 어떻게 시작되었는지, 그리고 이른바 아랍의 봄Arab Spring 이후 아직 해결되지 않은 과제들은 무엇인지에 대해 의논했다. 아사드 정권이 시위에 나선 청소년들을 잔혹하게 진압하면서 9일 후 시리아 전국에서 폭동이 일어났고 그중 가장 폭력적인 사건이 홈스Homs에서 발생했다. 그리고 정권 반대 시위가 확대될수록 더 잔혹한 억압이 가해지는 악순환이 시작되었다.[22] 우리는 이라크 탈 아파르에서 우리가 함께 한 일이 중동 전역의 문제와 어떤 관련이 있을지 이야기를 나누었다. 미국은 이라크와 시리아, 그리고 예멘에 걸쳐 기갑부대를 배치하지는 않겠지만 아바디는 전체적인 전략은 지역의 우방국들에게 정보와 군사력을 지원하고 동시에 외교적 노력을 통해 폭력의 악순환을 끊는 데 도움을 주는 것을 목표로 해야 한다고 강조했다.

지부리와 아바디는 둘 다 유능한 중재자였기 때문에 알카에다와 이란 모두에게 위협이 될 수 있었다. 두 사람은 순수한 공감을 통해 분쟁을 일으키는 당사자들 사이에서 조정을 이끌어낼 수 있는 진정한 인도주의자였다. 그렇지만 이들도 더 큰일을 하기 위해서는 자신들은 물론 가족들의 삶까지 위험해질 각오를 해야만 했다. 미국은 영향력을 행사하기 위해 외교와 경제 혜택을 사용한다. 그런데 이란은 거기에 암살이라는 도구까지 더하는 것이다.

* * *

2003년 4월 바그다드에 도착한 아바디와 그의 어머니는 즉시 감옥으로 달려갔고 그곳에서 오랫동안 실종된 것으로 되어 있던 아바디의 형제들을 찾기를 바랐다. 감옥문 밖으로 쏟아져나오는 죄수들을 지나친 뒤 그는 사무실로 들어가 버려진 서류철을 뒤졌다. 그리고 그곳에서 그의 형제들이 30년 전 체포된 직후 처형되었다는 문서를 발견했다. 그 수십 년 동안 아바디의 어머니는 세 번의 전쟁을 목격했다. 그 첫번째는 이란과 이라크 간 전쟁으로 약 6만 명이 넘는 이라크 국민들이 사망한 것으로 추정된다.[23] 사담 후세인은 이라크 인구 2,200만 명 중 아바디의 형제들을 포함해 25만 명 이상의 동족을 살해했다. 두번째 전쟁은 쿠웨이트와 사우디아라비아, 그리고 다른 아랍 국가들이 그에게 감사의 빚과 함께 전쟁에 대한 보상을 해야 한다는 사담 후세인의 생각에서 비롯되어 1990년 시작된 걸프전쟁이다. 그해 2월 이라크가 쿠웨이트를 침공해 합병한 건 이들의 배은망덕함에 대한 분노 때문이었다. 그리고 세번째 전쟁이 미국의 주도로 시작된 2003년 이라크 침공이다. 이 전쟁으로 사담 후세인의 폭정은 막을 내렸지만 큰 고통을 겪어온 이라크는 평화를 누리지 못했다.

아바디와 나는 1991년 걸프전쟁 이후에 어떤 일들이 일어났어야 하는지에 대해서는 서로 의견이 달랐다. 아바디는 쿠웨이트 해방은 환영했지만, 미국이 사담 후세인을 끌어내려 그와 다른 이라크 국민들이 잔인한 독재정권을 그들이 생각하는 이슬람교의 교리에 충실한 선한 정부로 바꿀 수 있어야 했다고 생각했다. 걸프전쟁 당시 이라크를 떠나 있던 망명자들의 숫자는 150만 명에 달했고 그중 50만 명이 이란에 있었다. 이들 대부분은 걸프전쟁을 힘을 잃은 사담 후세인과 그의 바트당에 대한 복수의 기회로 보았다. 그렇지만 이념의 차이는 이라크 국내·외의 반대파들의 힘을 약화시켰다. 나는 걸프전쟁의 여파로 일어난 이런 상황들을 직접 목격했으며, 2003년부터 2008년까지 5년 동안 이라크에서 복무하는 동안 다시 이런 문제들과 마주하게 되었다.

아바디와는 달리 나는 미국이 1991년에 사담 후세인을 몰아냈어야 한다고 생각하지는 않았다. 걸프전쟁이 끝날 무렵 내가 속해 있는 기갑부대가 나시리아Nasiriyah에서 겪었던 일들을 회고하며 나는 "사담 후세인에 대한 대안이 무엇이든 더 개선될 여지는 있겠지만 우리가 나서서 그를 끌어내리는 건 문제가 되었을 것"이라는 내용의 글을 언론에 기고한 적이 있다. 그러면서 나는 이라크에서 벌어지고 있는 인종과 종파, 그리고 부족들 사이의 분열에 대해서도 언급했다. 사담 후세인 이후의 이라크에서 "정의와 책임감 있는 국가적 지도력을 언젠가는 찾게 되겠지만 아직까지는 정확히 알 수 없으며, 우리는 이러한 상황 속에서 새로운 정부를 수립하는 일에 최소한 어느 정도 책임을 지게 될 것"이라고 나는 주장했다. 그러는 과정에서 우리는 분명 반대를 하는 무장 세력들과 마주하게 될 것이며, "새로운 정부 역시 완고한 바트당 지지자들과 강경파 이슬람교도들의 끊임없는 공격에 시달리게 될 것"이었다. 이들은 우리의 의도를 "이스라엘의 편을 드는 신新제국주의자들"의 뜻으로 받아들이려 할 게 분명했다. 나는 사담 후세인을 끌어내리면 "그 이후의 약속들에 대해서는 누구도 성공을 보장할 수 없고 언제가 될지 기약도 할 수 없는 그런 계획에 전적으로 의지하게 될 것"이라고 결론을 내렸다.[24]

사막의 폭풍 작전 이후 조지 H. W. 부시 대통령은 시아파를 부추겨 사담 후세인 정권의 전복을 시도했지만 그 무렵 이라크 남부에서 미군을 철수시킨다. 그러자 사담 후세인의 비밀경찰 무카바라트Mukhabarat와 특수공화국수비대Special Republican Guard가 즉시 반격에 나서면서 시아파에서 수많은 사상자가 발생했고 반대파 세력은 크게 약화되었다. 아바디는 1991년 이라크 남부에서의 경험을 "피그만Bay of Pigs의 순간"이라고 불렀는데, 30년 전 미 중앙정보국이 지원했던 쿠바 피그만 침공 작전의 실패를 의미하는 것이다. 게다가 이라크에 가해진 후속 제재 조치들은 바트당이 이러한 조치들을 우회하는 밀수 통로를 완전히 장악하면서 오히려 사담 후세인의 세력을 더욱 강화시켜주었다. 정권에 협조하지 않는 지역에 대한 지원을 줄여나감으로써 제재 조치로 인해 이라크 국민들은 더 많이 사담 후세인과 바트당에게 의존하게 된 것이다. 정권에 대한 반란과 그에 대한 잔혹한 억압이 진행되는 와중에 아바디의 아버지는 1994년 영국으로 탈출했고 그후 2년이 채 되지 않아 심부전증으로 사망했다. 원래 레바논 출신이었던 아바디의 어머니는 바그다드에 그대로 남아 있었다. 그녀는 1980년대 사담 후세인을 따르는 무뢰배들이 그녀의 아들 셋을 감옥으로 끌고 가는 걸 본 이후 어떤 상상조차 할 수 없는 일들이 또 벌어지는지 직접 확인하기 위해서라도 계속 살아남아야 했다. 결국 사담 후세인은 죽었고 그녀의 남은 아들 하이데르는 2014년 이라크의 총리가 되었다. 내가 바그다드에서 아바디를 처음 만났을 때는 우리 중 어느 누구도 거의 14년 만에 백악관에서 다시 만나게 되는 것은 물론, 반란과 내전의 한가운데서 몇 년 동안을 이라크에서 함께 일하게 될 것이라고는 전혀 예상하지 못했었다.

아바디 역시 이라크를 재건하려는 야심 찬 노력에 대한 준비가 부족한 것에 대해 나처럼 놀라워했다. 2003년 침공 이후 몇 년 동안 이라크를 안정시키는 데 들어가는 비용과 어려움이 분명하게 드러나자 미국에서는 미국과 영국의 침공이 잘못된 것인지에 대해 끝없이 논쟁이 벌어졌다. 그 논쟁의 대부분은 사담 후세인이 실제로 미국이 유엔에 제출한 고발 내용처럼 대량살상무기를 보유하고 있는지에 대해 집중되어 있었다. 그렇지만 전쟁이 반란과 내전, 그리고 쉬지 않고 이어지는 테러 방지 작전으로 변해감에 따라, 나는 도대체 누가 이라크에서의 "정권 교체"가 쉽게 이루어질 것이라고 생각했는지, 그리고 왜 그런 생각을 했는지 물어보는 게 더 나은 논쟁이라는 생각이 들었다.

* * *

아바디를 처음 만난 날 나는 아비자이드 장군의 참모로 근무하고 있었다. 2개월 후 장군이 중부사령부를 지휘하게 되었을 때 나는 사령관이 중동 지역의 복잡한 문제와 이 지역에서 미군이 어떻게 대처해야 본토의 정책 목표에 가장 크게 도움이 될 수 있을지에 더 잘 이해할 수 있도록 돕는 사령관 휘하 소규모 고문단을 책임지게 되었다.

나는 콘래드 크레인Conrad Crane 대령과 앤디 테릴Andy Terrill 교수가 미 육군대학원에서 최근에 끝마친 연구 논문을 10부 정도 가지고 갔다. 이 논문에는 "분쟁이 해결된 후 미국이 느끼는 허탈감의 중심에 있는 가장 중요한 문제는……베트남에서의 실패 이후 미국이 나서는 국가 건설과 관련해 높아진 국민적인 혐오의 감정"이라고 경고하는 내용이 담겨 있었다.[25] 이 논문에는 또한 이라크 침공 이후 처리했어야 할 과제들이 나열돼 있는데, 미군이 처음에 시작한 다음 민간 당국이나 새로운 이라크 정부 및 군대에 넘겼어야 할 과제들이었다. 내가 바그다드에 도착하자마자 미군과 서둘러 끌어모은 민간인들로 구성된 재건및인도적지원사무소Office of Reconstruction and Humanitarian Assistance, ORHA가 이러한 과제들에 대해 한심할 정도로 제대로 준비가 되어 있지 않다는 사실을 분명하게 알 수 있었다. 군사적 성과를 야심 찬 정치적 목표로 바꾸는 데 필요한 것이 무엇인지 제대로 고려하지 않은 결과로 미국은 2001년 아프가니스탄과 2003년 이라크에서 결국 많은 어려움들을 겪게 된다.[26]

미국의 군사기술 역량에 대한 자신감과 결합된 장기적인 군사개입은 베트남전 이후 정서적인 혐오감을 불러일으키게 되었고, 이 혐오감은 역사적 경험을 압도하게 되었다. 다시 말해, 군사적 성과를 내세우는 건 전쟁의 필수적인 부분이 아니라 그저 선택일 뿐이라는 것이다. 그렇지만 이라크의 안정화에 대해 아직 준비가 덜 된 사람들은 큰 상처를 입은 복잡한 국가에 대해 상상했던 것과는 완전히 다른 상황 속에서 마지못해하며 천천히, 그리고 종종 너무 늦게 반응을 보였기 때문에 내가 준비해간 과거의 교훈들은 그 논문과 함께 별반 큰 도움이 되지 않을 것 같았다.

일부 사람들은 자신들의 목표가 얼마나 높게 설정이 되어 있는지 알지 못하는 것 같기도 했다. 이라크해방작전Operation Iraqi Freedom은 이라크 국민을 잔혹한 독재정권으로부터 해방시키고 적대적인 독재자가 대량살상무기를 보유하지 못하도록 단속하며 동시에 극단주의에 대한 해결책 역할을 하도록 중동 지역에 민주적인 정부를 세우자는 것이었다. 미국의 지도자들은 군사적 예방 조치에 대한 광범위한 국제적 지원이 부족함에도 불구하고 이러한 목표 달성을 낙관적으로 생각했다. 이라크의 경우, 국가 건설이 어렵고 비용이 많이 들어갈뿐더러 시간도 오래 걸릴 것이라는 경고는 무시되었다. 낙관론자들은 엉뚱한 사람들의 말에 귀를 기울였다. 그들 중 대다수는 그 자신만의 속내를 가진 국외의 이라크 국민들이었다.

* * *

아프가니스탄에서와 마찬가지로 전쟁의 본질에 대한 소홀함이 안 그래도 어려운 임무를 더욱 난감하게 만들었다. 전략적 자아도취는 이라크에서 쉬운 승리라는 헛된 꿈을 꾸게 만들었다. 전쟁이란 정치의 연장이며 아무리 인간이 노력을 기울여도 앞으로 일어날 일들을 장담할 수 없다는 사실을 생각하지 않았던 것이다. 연합군과 과도통치위원회는 이라크를 위해 국제연합이 후원하는 정치 일정을 채택했지만, 무력을 통한 정치만 경험해온 사람들에게는 투표 같은 일정한 절차를 통한 정치 자체가 생소했다. 연합군은 사담 후세인의 정부를 무너뜨렸지만 바트당의 은밀한 연결망과 자금력이 풍부한 외부 조직들은 침공 속에서도 살아남았다. 외국 군대의 점령에 대해 각 지역에서 분산된 형태로 다양한 방식의 저항이 시작되더니 이윽고 고도로 조직화된 반란으로 발전했다. 서로 성향이 다른 수니파 반군들은 사담 후세인이 이라크 국민들을 지배하기 위해 구축했던 정보망을 활용했다. 이전 정권의 인사들은 페르시아만 주변 국가들의 지원과 과격파 이슬람교도 단체들과의 관계로부터 도움을 받았다. 외국의 전사들과 자살폭탄 테러 조직원들이 무방비 상태의 이라크 국경을 넘었다.[27] 미국이 가야 할 길은 아직 멀고도 멀었다.

미국의 지도자들은 이라크 국민들이 얼마나 충격을 받았는지, 사담 후세인 정권의 잔혹함과 값비싼 전쟁으로 인해 사회구조가 얼마나 무너져내렸는지를 고려하지 않았다. 이라크의 젊은이들은 열악한 교육 환경과 이스라엘, 그리고 미국에 대한 대중들의 분노를 이끌어내기 위한 사담 후세인의 "신앙으로의 복귀" 작전이며 이라크와 아랍 세계, 그리고 이슬람교를 무너뜨리기 위한 거대한 규모의 "이스라엘과 십자군" 음모론 등으로 인해 언제든 테러 조직에 가담할 수 있는 상태였다. 이라크 중산층은 국제연합의 제재가 시작되고 정권이 권력을 유지하기 위해 부패와 권위를 악용하는 동안 그대로 무너져내렸다. 연합군이 침공하자 사담 후세인 정부의 기관들은 다 붕괴되었으며 그나마 남아 있던 이라크의 남은 부분들을 약탈자들이 출몰해 갈가리 찢는 동안 점점 세력을 키워가던 반군과 범죄자들이 권력의 공백을 파고들었다. 이라크를 지키려는 제대로 된 계획도 없이 무작정 사담 후세인을 제거하고 나니 그동안 아랍민족주의의 실패와 이란혁명, 이란과 이라크의 전쟁, 1991년 걸프전쟁의 여파, 그리고 바트당의 잔혹한 독재정치로 인해 생겨난 종파 간 폭력의 새로운 구심점이 만들어지고 말았다.

수니파 아랍 주민들은 시아파와 쿠르드족의 침략과 무차별적인 보복을 두려워했으며 이러한 두려움은 주로 시아파와 외부인들이 참여한 과도통치위원회가 구성되면서 더욱 커졌다. "바트당 정권과의 결별"이 가속화되면서 전직 군 장교나 공무원, 심지어는 학교 교사들까지 자기 자리에서 쫓겨났고 복수심에 불타는 쿠르드족과 시아파 민병대의 보복 가능성도 있었다. 새로운 정부가 쿠르드족과 시아파들에게 유전지대와 가장 비옥한 농지를 나누어주고 수니파들을 척박한 땅으로 쫓아낼 거라고 염려하는 사람들도 있었다. 수많은 수니파 아랍 주민들은 오직 폭력을 통해서만 자신들의 이익을 보호할 수 있다는 결론을 내렸다. 결국 반란의 기운이 더욱 거세졌다.

때로는 워싱턴의 정치가들과 바그다드에 새로 구성된 연합군 과도행정처Coalition Provisional Authority가 일부러 이 야심 찬 임무를 최대한 어렵게 만들고 있는 것처럼 보일 때도 있었다. "바트당 정권과의 결별"이 너무 지나치게 진행되는 것 이외에도 이라크 군대의 일부를 해산시키기로 한 결정, 아프가니스탄에서와 비슷한 미국 주둔군 병력 제한, 바트당 최악의 범죄자에 대한 심판 지연, 그리고 이라크 국민들이 부적절하고 부패한 것으로 여기는 과도통치위원회 등이 큰 불만을 불러일으켰고, 늘어나고 있는 반란 세력에 대한 효과적인 대응을 가로막았다.

역시 아프가니스탄의 상황과 비슷하게 미국이 주도하는 연합군은 진화하는 적들과 그 전략에 대응하기에는 너무 느렸다. 분쟁이 시작된 첫해에 반란군 세력은 주로 연합군과 임시로 만들어진 보안기관들, 그리고 정치지도자들에게 폭력을 행사했다. 이런 초창기 공격은 그다지 효과적이지는 않았지만 이윽고 이들은 대단히 치명적인 도로변 폭탄이나 자동차폭탄 공격 방법을 배웠다. 2003년 여름, 반란군 세력은 이라크의 발전을 가로막고 국민들의 불만을 이끌어내기 위해 사회 기반 시설들을 파괴했다. 이들의 전략의 중심에는 테러 공격이 있었다. 특히 2003년 8월 요르단대사관과 국제연합본부 공격과 같은 민간인들을 겨냥한 공격은 연합국의 노력에 대한 국제적 지원을 약화시키는 것을 목표로 하고 있었다.

이전에 있었던 전쟁들과 마찬가지로 국가를 안정시킬 만한 민간인들의 역량이 충분하지 않았다. 법치를 세우고 기본적인 국가의 기능들을 제공하며 각 지역을 통치하는 임무 등이 군부대에 부여되었지만 이라크에 파병된 군은 그러한 임무나 반란군에 대응하기 위한 훈련을 받지 않았다. 많은 사람들이 예상치 못 했던 책임의 범위에 압도당했다. 증가하는 폭력에 대해 과민반응을 보이는 사람들도 있었고, 강압적인 전술과 규율 위반은 더 많은 적대감을 불러일으켰다. 아부 그라이브Abu Ghraib 교도소에서 발생한 추문과 연합군의 직권남용 사례들은 이들이 이라크를 정복하거나 파괴하려고 온 21세기 "십자군" 혹은 "침략자"라는 반란군 세력의 선전을 더욱 부추겼다. 시간이 지남에 따라 증가하는 바트당 세력의 저항에 민족주의자들과 각 부족의 지원자들이 참여했고, 이라크 알카에다와 관련된 강경파 이슬람교도들과의 동맹도 맺어졌다. 2004년이 되자 이라크에서의 분쟁은 종파 간 내전으로 변모하게 된다.

나는 전쟁이 일어난 첫해에 이라크 전역을 여러 번 돌아보면서 갈등과 분쟁이 진화하는 모습을 직접 목격했다. 2004년 2월 내가 이끌고 있는 사령관 직속 자문단은 "내전이라는 악령이 이라크를 괴롭히고 있다"는 내용으로 시작되는 아비자이드 장군을 위한 보고서를 준비했다. 한 달 후 이라크 알카에다인 AQI의 지도자 아부 무사브 알-자르카위Abu Musab al-Zarqawi가 이라크를 위한 "아프가니스탄 모형"을 들고 나온다. 탈레반의 이슬람 토후국이 아프가니스탄 내전에서 탄생했듯 자르카위가 수장이 되는 토후국은 이라크의 혼란 속에서 탄생하게 될지도 몰랐다. 자르카위는 이라크의 시아파 지역사회에 대한 대량살인공격으로 내전에 불을 붙이고 그로 인한 보복을 유도할 것이다. 그런 다음에는 다시 수니파에 대한 보복 공격을 통해 AQI를 시아파 민병대와 시아파가 지휘하는 이라크군으로부터 수니파를 보호하는 세력으로 자처하고 나설 것이다. 그러면 결국 이라크 이슬람공화국은 알카에다가 이스라엘과 아랍 왕국들 같은 "가까이 있는 적"과 유럽, 그리고 미국 등 "멀리 있는 적"들에 대한 공격의 발판으로 사용하는 "이슬람원리주의를 따라 성전을 치르는 국가"가 될 것이다.[28] 어느 정도 힘을 비축하기 위해서 반란군 세력은 이라크군이 그들의 존재를 알아차리지 못하거나 미처 진압할 수 없을 때를 노려 시간과 공간을 확보할 필요가 있다. 안타까운 일이지만 우리의 전략적 자아도취는 준비 부족과 군사적 성과를 정치적으로 이용할 수 없는 상황, 그리고 진화하는 분쟁에 대한 적응 부족 등으로 이어졌고 이라크의 반란 세력은 그들이 원하는 시간을 벌 수 있었다.

* * *

1년 후인 2005년 2월, 나는 미 육군 제3기갑연대인 "브레이브 라이플스Brave Rifles" 부대를 이끌고 이라크로 돌아왔다. 나는 우리 연대가 반란 세력 소탕 작전을 수행하고 시리아와의 220킬로미터의 국경선을 포함하는 2만2,000평방킬로미터 지역에 걸쳐 있는 니나와주Nineveh Province의 이라크군을 지원하는 임무를 받게 되자 바그다드에 있는 아바디를 찾아갔다. 니나와주의 도시 탈 아파르라는 작은 세계의 안쪽과 그 주변에서 우리 연대는 전쟁 이후에 찾아오는 가장 파괴적인 단계와 관련된 문제들을 경험하게 된다. 아바디는 니나와의 시아파 투르크멘 부족들 중에 친구들이 있었다. 그는 이 상황을 자르카위의 "아프가니스탄 모형"과 일치한다고 설명하면서 알카에다가 어떻게 종파와 부족, 민족 사이의 분열을 이용하여 폭력을 조장했는지를 설명했다. 테러 조직원들은 계속되는 혼돈을 이용해 영토와 인구 및 자원을 통제했다. 이렇게 해서 알렉산드로스대왕이 페르시아를 정복할 때 이용했던 고대의 통로를 따라 세워진 인구 25만 명의 도시가 순식간에 자르카위와 AQI의 주요 훈련장이자 후방 기지가 되어버린 것이다.

우리 연대가 니나와에 도착했을 때 우리는 이라크군 병사들과 함께 AQI를 해당 지역의 지원 세력들로부터 고립시키고 시리아에서 온 전사들과 보급품의 유입을 차단하는 한편, 외각에서 지원이 가능한 지역들 역시 파괴했다. 우리는 민간인을 보호하는 동시에 가차없이 적을 쫓아내며 적의 선전에 맞서고 실천을 통해 우리의 의도를 명확히 전달하기 위해 노력했다. 테러 조직들의 비인도적인 면과 범죄행각, 그리고 위선을 폭로하는 것도 역시 중요했다. 우리 연대는 이라크군 제3사단을 비롯해 미국 및 이라크의 특수작전부대와 함께 탈아파르 안으로 이동해서 주민들을 보호함으로써 종파 간 폭력의 악순환을 끊었다. 도시를 짓누르고 있던 두려움이 사라지자 우리는 제대로 된 소식들을 들을 수 있었다. 현지 주민들이 미국과 이라크 병사들과 협력하는 일도 가능해졌다. 테러 조직들은 우리 군대가 탈 아파르와 주변 지역에서 그들을 추적하자 더이상 눈에 띄지 않게 숨어있을 수 없게 되었다. 2005년 말이 되자 적군은 패배했고 탈 아파르 지역사회 안에서 중재가 이루어져 주민들 사이에서는 신뢰가 회복되었다. 도시로 돌아온 사람들은 새롭게 바뀐 지방 정부와 경찰을 다시 믿고 따를 수 있게 되었다. 학교와 시장이 다시 열렸다. 아바디, 그리고 탈 아파르의 시장이 된 나짐 알-지부리는 안정을 유지하는 데 꼭 필요한 수니파와 시아파 공동체 사이의 조정을 도왔다. 2004년에서 2005년까지 탈 아파르를 중심으로 이어졌던 종파 간 내전은 2006년부터 2008년까지 이라크 전역에서 벌어질 사건들과 2011년 이후 다시 이 지역을 괴롭히게 될 종파 간 폭력의 악순환의 모습을 미리 보여주었다.

* * *

이라크를 침공하기 전에 우리는 이라크 안정화 과정의 복잡성을 고의적으로 무시했고 이는 침공 이후 증가한 반란 세력에 대한 부정으로 발전했다. 그리고 급기야 우리는 분쟁과 갈등이 종파 간 내전으로 진화한다는 사실을 인정하는 것 자체를 거부하게 된다. 전략적 자아도취는 계속해서 똑같은 도움이 안 되는 행동들만을 만들어낸다. 일부 지도자들은 상황이 요구하는 것보다 자신들이 선호하는 일을 기반으로 하는 전략을 사용했다. 전쟁을 짧게 끝낼 수 있다는 사고방식이 계속 이어졌고, 일부 장군과 제독 들은 전쟁에서 승리하는 것보다 평화시의 우선순위들로 돌아가는 데 더 관심이 있는 것 같았다. 2005년이 되자 사령관들은 이라크에서의 전략을 원래 계획했던 대로 이라크군에게 "모든 것을 일임하는" 쪽으로 전환했다. 그렇지만 이라크 정부와 군대가 책임을 질 수 있는 역량을 과대평가했기 때문에 이 전략은 곧 실패에 돌아가게 된다. 심지어 안보 상황이 더 악화되더라도 이라크군에게 책임을 맡기려 했던 건 부분적으로는 더 많은 연합군이 해결책의 일부가 아니라 실제로는 문제의 일부가 될 수 있다는 합리화에 기반을 두고 있었다. 이들은 더 많은 서방측 점령군의 투입은 더 많은 반발을 불러일으킬 것이라고 생각했던 것이다. 그렇지만 AQI는 이라크에 연합군 부대가 단 하나만 남아 있어도 끝까지 이런 상황을 조직원을 모집하는 도구로 이용할 것이다. 숫자는 중요하지 않았다. 이라크가 내전을 향해 표류하는 것이 눈에 분명히 보였고, 그런 표류를 적절하게 막아냈던 탈 아파르에서의 접근 방식에 대한 사례에도 불구하고 전략적 자아도취는 멈추지 않고 계속되었다.

2006년 2월 AQI는 시아파에서 가장 성스럽게 여기는 곳들 중 하나인 사마라에 있는 알-아스카리al-Askari, 즉 "황금" 모스크에 폭탄 공격을 가했다. 이 공격이 있기 전까지는 연합군과 시아파의 개입이 내전으로의 치닫는 이라크에 제동을 거는 역할을 했었다. 그렇지만 모스크 공격 이후 수니파에 대한 시아파 민병대의 공격이 늘어났다. 처형부대가 저지르는 살인이 밤마다 발생했다. 수니파 민병대들이 우후죽순처럼 생겨나 알카에다와 연합했다. 원래는 서로 다른 민족이나 부족이 서로 어울려 살았지만 인종청소가 시작되면서 서로 갈라지게 되었다. 3월에만 1,300명 이상의 이라크 국민이 종파 문제로 학살당했다. 한여름이 되자 사망자 숫자가 하루 100명을 넘어섰다. 미군과 이라크 정부군이 6월에 AQI 지도자인 알-자르카위를 제거한 후에도 이런 폭력 사태를 통제할 수 없었다. 2006년 말이 되자 내전의 혼란 때문에 이란이 후원하는 시아파 민병대의 영향력이 한층 강화되고 폭력의 악순환도 가속화되었다. 이라크 정부는 국가를 다시 하나로 뭉치게 할 수 있는 역량이 부족했을 뿐 아니라 상황을 안정시키기 위해 필요한 일들을 할 의지가 부족했고, 이라크는 곧 여러 이슬람 종파들 사이의 전쟁터가 되어버렸다.

이 기간 동안 레이번은 미국의 민간인들과 군 인사들이 이라크의 상황을 마음대로 설명하는 경향을 알리기 위해 "내 마음대로 이라크"라는 말을 쓰기도 했다. 말장난이야 그저 재미있는 놀이에 불과하지만 전시에 이런 전략적 자아도취는 대단히 위험할뿐더러 비용도 많이 들어간다. 이라크의 상황을 이라크군에게 모두 일임한다는 전략은 계속해서 그럴듯하게 요약되어 보고되었다. "내 마음대로" 정리한 이라크의 상황은 전략이 실패하고 있다는 현실을 가렸고, 단순한 계산과 분석만으로 결함이 있는 전략이 성공적으로 실행될 것이라는 예측이 나왔다. 결국 국방부의 보고와 이라크 현지의 상황이 다르다는 것이 부정할 수 없는 사실로 드러나자 이라크 관련 전략은 국방부 손을 떠나게 되었다. 2006년 가을이 되자 워싱턴 정가에서 여러 가지 평가와 분석이 다시 시작되었다.

나는 "대령급 위원회"로 알려진 평가단 중 한 곳에 참여했다. 합동참모본부Joint Chiefs of Staff, JCS 의장 피터 페이스Peter Pace가 이 위원회를 구성해서 합동참모본부가 국가안보보좌관 J. D. 크로치Crouch가 관여하는 광범위한 백악관 평가에 보탤 만한 권고 내용들을 준비할 수 있도록 도우라고 했다. 고지식한 군인인 페이스 장군은 이라크의 실제 상황이 아닌 자신들 입맛에 맞춰 권고를 하는 합동참모본부와 자신의 기본적인 습관을 쉽게 바꿀 수는 없었다. 위원회는 평가를 통해 합동참모본부와 국방부 장관이 전략 수정이 악화되고 있는 이라크의 상황과 전혀 일치하지 않는다는 사실을 파악하지 못하는 인지 부조화를 겪고 있다는 결론을 내렸다.

재향군인의 날 주말에 동료들은 나에게 합동참모본부 의장이 국가안전보장회의에 참석할 때 가져갈 내용을 적어 전해달라고 요청했다. 나는 의장을 비롯한 다른 사람들에게 이라크 문제의 본질과 같은 전략을 계속 유지하려는 경향 사이에 커다란 간극이 있음을 알리려고 노력했다. 그리고 이전에는 단순한 가정이었던 부분을 다음과 같은 내용들을 포함해 좀더 확실하게 바꾸었다.[29]

- 이라크군은 반란군 세력을 물리치고 지속 가능한 안보를 제공하기 위한 군사력뿐 아니라 이라크 국민들이 인정하는 정당성을 확보해야 한다.
- 이라크 정부는 종파에 상관없이 기본적인 국가의 기능을 제공할 수 있으며 수니파 아랍계 주민들과 투르크멘 주민들에게 폭력이 아닌 정치적 과정을 통해 자신들의 이익을 보호할 수 있다고 설득할 수 있어야 한다.

나는 우리가 권장하는 전략의 주요 이점은 미국의 추가병력이나 물자의 지원이 필요하지 않다는 점을 강조하며 내용을 정리했다. 훗날 사이버사령부 사령관이자 국가안보국 국장이 되는 페이스 장군의 선임참모 마이크 로저스Mike Rogers가 내가 작성한 초안을 확인하기 위해 국방부로 찾아왔는데, 항상 차분한 모습이던 이 해군 대령은 나에게 크게 화를 냈다. 그는 나에게 새로운 내용을 쓰라고 했지만 나는 거기에는 사실이 아닌 내용도 없고, 또 참모본부의 뜻을 반영하지 않은 부분도 없다고 주장했다. 그리고 로저스 대령에게 내가 쓴 그대로 의장에게 전달해달라고 요청했다. 물론 페이스 장군이 지시한 내용을 조금이라도 수정하거나 변경할 경우 모든 책임은 내게 있었다.

최선의 군사적 조언을 하기 위해 언제나 최선을 다하는 군인 페이스 장군은 내가 작성한 내용을 그대로 백악관에 전달했다.

한편 딕 체니Dick Cheney 부통령은 정부의 정책에 대한 다른 대안을 제시하기 위해 스스로도 분석과 평가를 하고 있었다. 정책연구소인 미국기업연구소American Enterprise Institute에서는 나의 좋은 친구이자 동료 역사가이며 특히 이라크전쟁 관련 전략에 대한 탁월한 비평가인 프레더릭 케이건Frederick Kagan 박사와 킴벌리 케이건Kimberly Kagan 박사의 지휘 아래 모의전쟁과 실무 회의를 진행했다. 나는 케이건 부부의 연구에는 참여하지 않을 예정이었지만 우리 연대가 탈 아파르의 경험에서 배운 것들은 그들의 연구와 분석에 영향을 미쳤다. 최근에 퇴역한 우리 연대의 부사령관 조엘 암스트롱Joel Armstrong 대령과 작전장교 댄 드위어Dan Dwyer는 모의전쟁을 구성하고 이라크 전략을 진화하고 있는 전쟁의 환경에 맞게 조정하기 위한 "안정화 작전"을 계획하기도 했다. 페이스 장군을 위한 보고서 초안을 작성한 직후 체니 부통령이 나를 그의 집으로 초대했다. 그의 질문에 대한 대답으로, 나는 이라크에서의 우리의 전략이 이라크 분쟁의 본질과 애초부터 어떻게 차이가 나게 되었는지를 설명했다. 두번째 회의에서 나는 전략적 자아도취가 전쟁에 미치는 영향을 강조하기 위해 손으로 직접 쓴 "우리가 이라크전쟁에서 이길 자격이 없는 이유 10가지"를 적은 목록을 가지고 갔다.

크리스마스를 맞아 런던으로 돌아와 국제전략연구소International Institute for Strategic Studies에 참여하고 있을 때, 조지 W. 부시 대통령은 이라크전쟁 전략을 획기적으로 바꿀 것을 지시했다. 나는 2개월도 채 되지 않아 이라크로 다시 돌아갔다. 데이비드 피어스David Pearce

대사와 전문 분야를 가리지 않는 재능 있는 다국적 연구진과 함께 우리는 이라크의 새로운 미군 사령관 데이비드 퍼트레이어스 장군과 새 미국 대사 라이언 크로커Ryan Crocker의 전략 초안 작성을 도왔다. 2003년 침공이 있기 이전, 뛰어난 재능과 경험을 겸비한 외교관 피어스는 비록 대부분 무시되기는 했지만 사담 후세인을 몰아낸 후 우리가 직면하게 될 많은 어려움들을 예측했던 연구를 수행했었다. 피어스는 내전을 이미 경험한 바 있었기 때문에 내전이 무엇인지 잘 알고 있었다. 그는 국무부에 합류하기 전에는 레바논 내전을 취재하던 UPIUnited Press International 통신사 소속의 중동 특파원이었다. 피어스와 나는 폭력 사태의 원인을 해결하고 이라크에서의 모든 활동과 계획, 그리고 작전을 비롯해 해당 지역과 주변 지역에서의 외교적 노력들이 그러한 원인들을 해결하는 쪽으로 집중되도록 하는 정치적 전략이 필요하다는 데에 동의했다.

* * *

2006년 초 나는 탈 아파르에서 이라크의회 의원인 하이데르 알-아바디를 마지막으로 만났었고 다시 2007년 3월 합동전략평가부Joint Strategic Assessment Team, J-SAT에서 함께 일을 시작하면서 나는 퍼트레이어스 장군의 전용기를 빌려 아바디를 탈 아파르로 다시 데려갔다. 관련 작업에서 이제는 가장 믿을 수 있는 조수가 된 레이번이 우리와 함께했다. 도시는 번성하고 있었다. 종파 간 폭력의 악순환에 다시 불을 붙이기 위해 알카에다는 전력을 다했지만 평화는 유지되었다. 탈 아파르의 주민들은 공포가 다시 시작되는 걸 원치 않았다. 지부르시장은 지역공동체들 사이의 의사소통을 유지하고 전문 경찰 병력의 중요성을 역설하는 훌륭한 지도자이자 중재자였다. 1개 대대 미만으로 구성된 소규모 미군 병력이 이라크군을 계속해서 돕고 있었다. 이라크 병사들과 경찰들은 서로서로, 그리고 국민들과 좋은 관계를 이어갔다. 우리는 2년 전에는 전쟁터였던 동네를 걸었다. 그렇지만 이번에는 철모도 방탄복도 필요 없었다. 시장은 번창했고 학교는 행복한 아이들로 가득했다. 엄마들은 아이들이 도시의 공원과 놀이터에서 함께 노는 모습을 지켜보았다. 사람들은 우리를 반기며 고마운 마음을 전했다. 한때 끔찍한 폭력에 시달렸던 탈 아파르는 이제 바그다드, 그리고 티그리스와 유프라테스강 유역의 여러 종파들이 혼합된 죽음과 파괴의 지역과 구분되는 안식처처럼 보였다.

탈 아파르는 이라크 전역이 필요로 하는 그런 모범을 보여주었다. 여러 지역사회와 공동체들 사이의 정치적 협의의 장이었던 것이다. 이러한 협의나 협상을 이끌어내기 위해서 미국은 추가병력 말고도 다른 것이 필요했다. 바로 전략의 근본적인 변화였다. 이 전략은 AQI에 대한 수니파 일부의 "깨달음"을 더 확대하고 테러 조직들을 무찌르며 각 지역에서 휴전을 이끌어내는 것을 목표로 한다. AQI뿐 아니라 시아파 민병대까지 일반 대중들의 지원으로부터 격리하려면 폭력이 아닌 정치적 과정을 통해 가족과 이익을 보호할 수 있다는 확신을 주는 그런 공동체들이 필요했다.

그렇지만 서로 다른 세력들이 무력 충돌을 벌이고 있을 때 정치적 과정이 유지되기는 어렵다. 레이먼드 오디에르노Raymond Odierno 장군이 이끄는 이라크 주둔 3군단사령부는 이미 "상향식" 화해 노력을 향한 첫걸음으로 폭력의 악순환을 물리적으로 끊고 안보를 구축하며 지역 휴전 중재를 돕는 일에 병력을 동원하고 있었다. 또한 스탠리 매크리스털 중장의 특수작전부대는 AQI와 시아파 이슬람민병대 내부의 서로 화해할 수 없는 세력들에 집중하고 있었는데, 다시 말해 미군의 표적이 된 사람들의 운명을 목격한 화해 가능한 세력들은 자연스럽게 정치적 과정에 참여하게 될 것이라는 생각이었다. AQI의 끔찍한 잔인함은 오히려 더 도움이 되었다. 수니파 주민들에게 자르카위와 함께 이라크로 몰려든 전사들은 후원자나 보호자가 아니라 제거되어야 할 외부의 병균처럼 비치기 시작했다.[30] 개발 원조에서 이라크군 지원에 이르기까지 모든 계획들은 이런 해로운 종파들과 외국, 즉 이란의 영향력을 줄이는 것이 목표였다. 효과가 있었다. 이라크 안정화를 위한 병력이 완전히 배치된 다음해에 이라크의 폭력 사태는 2004년 이후 최저 수준으로 떨어졌다.[31]

아바디와 레이번, 그리고 나는 2008년 초에 다시 탈 아파르로 돌아왔다. 아바디는 미국의 이라크 안정화 작전이 확대되면서 이라크가 혼란의 벼랑 끝에서 완전히 멀어지게 되었다고 생각했었다. 하지만 평화로운 탈 아파르를 걸으면서 우리는 작전은 성공했지만 그 성공이 언제든 깨질 수 있으며 원래 상태로 되돌아갈 수도 있다는 사실을 깨달았다. 이라크가 안정적으로 유지되고 이란과 연계되지 않도록 하기 위해 필요한 건 장기적인 군사, 외교, 그리고 경제적 협력이었지만 불행히도 이것은 그런 협력이 이루어지기는 힘들었다.

* * *

2009에서 2010년으로 이어지는 결정적인 순간에 새 미국 행정부는 새로운 수준의 전략적 자아도취에 기반을 둔 정책을 추진하게 된다. 즉, 미국과 관련이 없는 한 이라크에서 벌어지는 모든 결과에 대해 비관과 체념으로 일관하는 정책이다. 버락 오바마는 대통령 선거에서 16개월 안에 미군을 철수시키겠다는 공약을 내걸었다. 누리 알-말리키 이라크 총리가 오바마가 정한 시한을 지지하고 오바마가 선거에서 승리하게 되자 한번 움직이기 시작한 미국과 이라크의 완전한 결별의 움직임은 이제 어쩔 수 없는 것으로 판명되었다. 부시 행정부의 과신은 미국 개입의 위험성과 비용에 대한 과소평가로 이어졌지만, 오바마 행정부의 비관론은 철수의 위험성과 비용에 대한 과소평가로 이어졌다. 부시 행정부의 전략은 미국의 전쟁 관련 결정이 원하는 결과를 낳을 것이라는 자만심을 배신했고, 오바마 행정부는 미국의 이라크 주둔 자체를 문제의 주요 원인으로 보았다. 두 행정부의 접근 방식은 모두 다른 세력, 특히 미국과 이라크의 적들이 앞으로 벌어질 사건들에 미칠 영향을 고려하지 않았기 때문에 전략적 공감이 부족했다고 볼 수 있다. 2011년 12월 오바마 대통령은 "이제 주권을 회복해 안정적으로 자립이 가능한 이라크를 기대할 수 있게 되었다"고 선언했다.[32] 2009년 아프가니스탄에 추가병력이 배치되는 와중에도 미군 철수를 발표했던 것처럼, 오바마 행정부는 미군의 철수를 전쟁의 종식선언과 같은 것으로 보았다. 바이든 부통령은 바그다드에서 오바마 대통령에게 전화를 걸어 "이 빌어먹을 전쟁을 끝낼 기회를 주어서 감사하다"라고 말했다.[33] 오바마 행정부의 주요 인사들은 미국이 이라크뿐 아니라 중동 지역으로부터의 손을 떼는 것을 절대적으로 좋은 일로만 생각했다.

안타까운 일이지만 미국이 이라크로부터 외교와 군사 문제에서 손을 떼는 건 누리 알—말리키 총리가 이끄는 이라크 정부의 가장 나쁜 측면들에 대한 견제를 포기한 것이며 또 대규모의 종파 간 폭력 행위가 부활하고 이라크 정부 및 시아파 주민들에 대한 이란의 영향력이 확대되며 이라크에서 새롭게 진화한 알카에다가 등장할 수 있는 길을 터준 것이나 다름없었다. 진화한 알카에다란 다름 아닌 역사상 가장 강력한 이슬람원리주의 테러 조직인 ISIS였다.

미국은 이라크에서 철수하면서 2010년 이라크 총선의 승리를 누리 알—말리키 총리에게 넘기려는 이란의 활동에 아무런 이의를 제기하지 못했다. 하지만 수니파 공동체 사이에서 폭넓은 인기를 누리는 세속 시아파 아야드 알라위Ayad Allawi가 이끄는 당이 선거에서는 더 많은 표를 가져갔다. 말리키는 내전을 다시 시작하기 위해 할 수 있는 모든 일을 다 하려는 것처럼 보였다. 말리키는 군대와 주요 정부 요직에서 수니파 세력을 몰아냈으며 수니파 부족 민병대를 계속 고용하겠다는 정부의 약속도 어겼다. 이렇게 정부에서 해고된 민병대는 정치가들에 대한 적개심을 품고 알카에다에 합류해 중요한 병력 자원이 되었다. 말리키는 다시 다른 당들과의 연합을 통해 결국 다시 총리가 되었고, 이후 협박을 통해 이끌어낸 증언을 근거로 수니파 부통령인 타리크 알-하셰미Tariq al-Hashemi를 테러 혐의로 체포했으며 2012년에는 궐석재판으로 사형을 선고한다. 말리키 총리는 수니파 아랍 주민들과 투르크멘 주민들을 드러내놓고 차별했지만 그러면서 동시에 고향과 도시로 돌아가자마자 알카에다의 귀환을 두려워하는 사람들로부터 적대적인 반응을 이끌어내게 되는 수많은 죄수들을 석방했다. 이라크 수니파 주민들에 대한 차별, 이란의 이라크 국정개입, 그리고 시리아 내전의 영향으로 ISIS는 크게 세력을 확대하

게 된다. 또한 2014년 6월 ISIS가 공세를 펼치면서 이라크군의 붕괴가 가속화되었다.[34]

관심이 있는 사람이라면 누구나 ISIS, 즉 새롭게 진화한 이라크 알카에다의 부상이 멀지 않았다는 사실을 깨달았을 것이다. 이라크에 대해 잘 알고 있는 우리들에게 ISIS라는 열차의 폭주는 이미 시작되었지만 세계는 아직 그 소리조차 듣지 못했다. 2011년 이라크의 상황이 다시 어지러워지기 시작할 때 나는 아프가니스탄에 있었다. 수니파와 시아파 주민들 사이의 평화가 무너지는 것을 목격한 이라크 친구들이 많은 걱정을 하며 내게 전화를 걸거나 이메일을 보내왔고, 나는 앞으로 몇 달, 그리고 몇 년 안에 어떤 일이 일어나게 될지 정확하게 예측한 보고서를 읽었다. 말리키 정부의 계속되는 종파적 차별 정책과 알카에다 수감자들의 석방은 수니파 공동체 입장에서 또다시 오직 폭력을 통해서만 자신들의 이익을 보호할 수 있다는 결론을 내리도록 만드는 결과를 낳을 것이다. 새롭게 진화한 알카에다는 다시 그 공동체의 보호자를 자처하며 2004년부터 2006년까지 있었던 알카에다의 공세를 모방할 것이다. 보고서는 이 새로운 공세가 종파에 따른 정리 작업으로 이미 크게 타격을 입은 이라크군을 완전히 괴멸시킬 것이라고 예측했다.

카불에 있는 내 사무실에서 나는 국방부에 있는 마틴 뎀프시Martin Dempsey 합동참모본부 의장을 연결해 이 보고서를 전달했다. 이라크와 중동 지역의 역학관계를 잘 이해하고 있던 뎀프시 장군은 이 보고서가 설득력이 있다고 생각하고 참모본부와 국방부 전체에 배포했다. 정보국의 고위 인사들은 미지근한 반응을 보였다. 보고서의 예측은 AQI가 패배했고 이라크군에게 저력이 있다는 미국 지도자들의 자기기만과 일치하지 않았다. 국방부에서도 10년이 넘도록 훈련을 받아온 이라크군이 쉽게 무너질 것이라고는 믿지 않았다. 전략적 자아도취는 반대되는 증거가 분명하게 제시되더라도 자신들의 착각을 진짜 현실처럼 바꿔버린다. 2011년 12월 바그다드 미군 사령부의 "임무 종료" 기념식이 있은 지 30개월이 채 지나지 않아 모술은 함락되었고, 2004년 12월 이라크 부카Bucca 수용소에서 석방된 아부 바크르 알-바그다디Abu Bakr al-Baghdadi가 모술의 알-누리al-Nuri 대大모스크의 연단에 올라가 새로운 칼리프의 나라가 세워졌음을 선언한다.[35]

* * *

2011년은 이라크뿐 아니라 중동 전역에서도 중요한 해였다. 이라크 침공 8년 후, 미국은 이라크에서 군대를 철수시키며 사실상 문제가 발생한 지역을 떠나겠다는 선언을 한다. 이른바 아랍의 봄은 2010년 말 튀니지에서부터 시작이 되었다. 무함마드 부아지지Mohamed Bouazizi라는 튀니지의 한 과일 행상이 사회경제적 불의와 독재에 항의하기 위해 분신자살을 한 것이다. 부아지지의 자살은 대부분의 중동 아랍권 지역에서 일련의 반정부 시위와 봉기, 그리고 무장 반란을 불러일으켰다. 시위로 인해 튀니지와 이집트, 리비아, 그리고 시리아 등지에서는 지도자들이 위기를 겪으며 심각한 세력 불균형이 발생했다. 결국 튀니지와 이집트 대통령은 사임했고, 리비아에서는 대규모 반란이 일어나 무아마르 카다피 정권이 무너진다. 그리고 시리아의 아사드 정권 역시 붕괴 직전까지 가는 내전을 맞이하게 되었다. 오바마 행정부는 2003년 있었던 조지 W. 부시 대통령의 침공을 없던 일로 되돌리듯 이라크전쟁에서는 빠져나왔으면서도 아랍의 봄에 대한 대응으로 리비아에 개입을 했다. 이건 이라크에서 있었던 어리석었던 행동들을 다시 재현하는 것이나 다름없었다. 향후 일어날 일들을 예측하는 아무런 계획도 없이 군사력을 동원한 것이다. 튀니지에서 일어난 시위는 1987년부터 튀니지를 통치해온 지네 엘 아비디네 벤 알리Zine el Abidine Ben Ali 대통령을 무너뜨렸다. 정치적 각성이 트위터와 페이스북을 통해 튀니지 전역으로 퍼졌고 다시 동쪽으로 이동했다. 그곳에는 세계에서 아랍어를 사용하는 사람들이 가장 많이 살고 있는 인구 1억 명의 이집트가 있었다.

이집트는 1981년에 취임한 강력한 독재자 호스니 무바라크Hosni Mubarak가 통치하고 있었으며 그는 부정선거와 정적들의 제거를 통해 권력을 유지했다. 2011년 1월 25일에는 튀니지에서 일어난 부아지지의 분신자살에 충격을 받은 이집트 국민들이 언론과 집회의 자유를 거부하는 독재정권에 항의하기 위해 거리로 나섰다. 2월 1일 무바라크 대통령은 국민들의 시위를 인정했고 국영 텔레비전 방송에 출연해 2011년 말에 6년의 임기를 마치면 사임을 하겠다고 발표한다. 그렇지만 지금 당장 사임을 하지 않으면 해산하지 않겠다는 시위대를 만족시키기에는 충분하지 않았다. 결국 무바라크는 2011년 2월 11일 대통령에서 물러난다. 18일 동안 중동 전역을 뒤흔들었던 시위의 물결이 아랍 세계에서 가장 강력했던 독재자를 끌어내린 것이다.

2월 15일이 되자 국민들의 저항운동은 이집트 서쪽 국경을 넘어 인구 600만 명의 알래스카 정도 크기인 리비아로 이동했다. 1969년 집권한 이래 카다피는 철권통치와 국가 재정 장악, 그리고 엄청나게 광범위한 후원 세력들을 이용해 리비아에서 권력을 유지해왔다. 비교적 사상자를 적게 내며 대통령을 끌어내린 이집트나 튀니지와는 달리 리비아는 본격적인 내전에 휘말리게 된다.

벤 알리의 몰락, 무바라크의 사임, 그리고 아랍의 봄에서 영향을 받아 일어난 중동 전역의 봉기 이후 굳건해 보였던 아랍 지역 독재자들의 위치는 갑자기 모래성 위에 올라가 있는 것처럼 불안해졌다. 사우디아라비아와 쿠웨이트, 바레인, 그리고 아랍에미리트의 왕족들도 신경이 곤두서기는 마찬가지였고, 미국과 서방측에서는 아랍의 봄을 오랫동안 억압을 받아온 국민들이 마침내 폭발시킨 자유에 대한 의지로 생각했다. 상대적으로 새로운 매체인 소셜미디어가 이런 시위의 촉매제가 되어 정부의 변화를 이끌어낸 것으로 여겨졌으며, 또 중동 전역에서 자유의 물결이 몰아닥칠 수 있게 만든 일등 공신으로 찬사를 받기도 했다.

* * *

2011년 3월 17일, 오바마 행정부는 국제연합 안전보장이사회가 결의안 1973호를 통과시키도록 하는 데 성공한 후 리비아의 독재자 카다피의 세력으로부터 민주화 시위자들의 생명을 구하기 위한 리비아 군사개입 승인을 얻어낸다. 게다가 카다피 때문에 아랍의 봄도 처음과 다르게 그 추진력을 잃어가고 있었다. 아프가니스탄과 이라크의 경우와 마찬가지로 NATO가 주도하는 공군 공격은 처음에는 엄청난 성공을 거두었다.

NATO 공군의 도움으로 리비아 반란군은 몇 개월에 걸친 추적 끝에 결국 2011년 10월 20일 은신처에서 쫓겨난 카다피를 제거할 수 있었다. 그의 호송대가 엉망이 된 고속도로를 가로질러 달리는 동안 미국 전투기 편대가 머리 위로 나타났고 공대지 미사일을 발사해 호송대를 무력화시켰다. 폭발의 충격이 가시고 난 후 카다피의 측근들이 차량에서 빠져나왔다. 카다피의 아들은 카다피를 데리고 사막을 가로질러 근처에 있는 도로 아래 배수관으로 몸을 피했다. 하지만 반란군이 곧 카다피를 끌어내 옷을 찢었다. 반란군 두 명이 그를 똑바로 일으켜세웠고 누군가 날카로운 무엇인가를 카다피의 항문에 쑤셔넣었다. 구경꾼들이 낄낄거리는 동안 그 장면을 영상으로 찍는 사람도 있었다. 마침내 일흔 살의 독재자는 피를 흘리고 온몸에 멍이 든 채 정신을 잃었고 대기중이던 구급차로 실려갔다. 이후 어떤 일이 벌어졌는지에 대한 소문은 무성하지만 카다피가 살아서 구급차에서 나오지 못했다는 사실은 분명하다.[36]

카다피가 최후를 맞은 다음날, 오바마 대통령은 중동 지역에서의 미군의 작전과 관련해 전 세계를 향해 연설을 했다. 대통령은 이 지역에 지상군을 추가로 투입하지 않을 예정이었다. 오히려 그는 이라크를 언급하며 "이라크에 주둔하고 있는 나머지 우리 군대도 올해 연말까지는 모두 귀국할 수 있을 것"이라고 선언했다. 대통령의 설명은 다음과 같았다. "앞으로 두 달 동안 이라크에 있는 수만 명의 미군은 귀국을 위해 장비를 챙기고 수송기에 오를 것이다. 마지막 남은 미군 병사가 머리를 높이 치켜들고 그들의 성공을 자랑스러워하며 조국의 국민들의 단결된 응원을 가슴속에 새기며 이라크를 떠날 것이다. 이것이야말로 이라크에서 미국의 군사적 노력이 끝나는 방식이다."[37]

리비아에서의 작전이 성공을 거두자 미국 특유의 현실을 부인하는 증상이 다시 나타났다. 우리가 배운 교훈은 이라크에서의 실수를 되풀이하지 않으면서 리비아에는 "지상군을 주둔시키는 것"이었다. 그렇지만 카다피 이후의 리비아에서 안보를 구축하려는 노력 없이 NATO는 실제로는 아프가니스탄과 이라크의 실수를 그것도 아주 최악의 수준으로 반복했고, 전쟁의 본질은 정치의 연장이며 인간의 감정에 의해 주도된다는 사실을 다시 한번 무시했다. 혼돈과 함께 부족들 사이의 끓어오르는 갈등이 계속되었다. 강경파 이슬람교도의 단체들과 테러 집단들이 무법천지 속에서 활개를 쳤다. 카다피가 사망한 지 11개월 후, 알카에다 지부는 리비아의 벵가지에 있는 미국영사관에 대한 공격으로 11년 전 알카에다가 저질렀던 9/11 대량학살 공격을 기념했다. 존경받는 중동 전문가이자 새로 임명된 리비아 대사인 크리스토퍼 스티븐스Christopher Stevens가 수도인 트리폴리에서 찾아와 머물고 있던 영사관과 다른 건물들이 공격을 당했다. 당시 보안에 문제가 있었던 건 리비아에 깊이 개입하지 않으려는 본국의 의지 때문이기도 했다. 스티븐스 대사와 미국 외무부 정보관리 책임자인 숀 스미스Sean Smith가 영사관에서 사망했고 CIA 계약직원인 타이런 우즈Tyrone Woods와 글렌 도허티Glen Doherty는 약 1마일 정도 떨어진 영사관 별관에서 사망했다. 스티븐스는 1979년 이래 임기중 살해당한 첫번째 미국 대사였다. 리비아는 유럽 해안으로 이어지는 길을 필사적으로 찾고 있는 난민들이 모이는 중간 기착지가 되었다. 한편 시리아 내전은 엄청난 폭력 사태로 크게 번져갔고, 이집트에서는 무함마드 무르시Mohamed Morsi 대통령이 권력을 강화하며 호스니 무바라크의 민족주의적 독재를 무슬림형제단의 이슬람주의 독재로 대체했다. 계절이 바뀌었다. 중동 지역에서 봄은 끝났다.

* * *

냉전 기간 동안 이란과 사우디아라비아는 중동 지역에서 소비에트연방의 영향력을 견제하려는 미국의 노력을 떠받치는 “쌍둥이 기둥” 역할을 했다. 하지만 1979년 혁명이 일어나면서 이란이라는 기둥은 무너졌고, 사우디아라비아라는 기둥은 이슬람교의 기이한 변종들을 만들어내고 해외로 퍼뜨리는 구조적 결함을 갖고 있는 것으로 판명되었다. 안정의 원천으로 여겨지던 두 국가가 수십 년 동안 이 지역을 파괴하게 될 종파 간 내전을 위한 여건을 만들고 만 것이다. 아바디와 중동 지역의 다른 지도자들은 여러 지역사회와 공동체들을 하나로 모으려고 노력했지만, 이란혁명의 유산과 이란과 이라크의 전쟁, 잔인한 독재, 그리고 기이하게 왜곡된 수니파 이슬람교도들이 나타나 이러한 노력들을 완전히 압도했다.

2003년 이라크 침공 이후 중동 지역에서의 미국의 행보가 실망스러웠던 것만큼, 이 지역에서의 미국의 이탈은 그렇지 않아도 좋지 않은 상황을 더욱 악화시켰다. 미국과 다른 국가들은 이 지역의 문제를 떠맡으려 하지 않겠지만, 외부인들이라 할지라도 자신들 앞에 놓인 어려운 과제들을 피하지 않고 지난 20세기와 21세기 초반의 연이은 실패들로부터 이 지역을 구해줄 수 있는 새로운 미래를 만들기로 결심한 아바디나 지부리 같은 사람들을 지원할 수 있다. 자유롭고 열린 세계의 다른 국가들이 중동 지역 주민들에게 등을 돌리면 주민들은 이런 문제들을 극복할 수 없다.

8장

악순환을 끊다

"테러는 역사적, 정치적, 그리고 사회적 맥락과 절대로 분리될 수 없다. 또한 그 맥락은 해당 지역과 전 세계적인 차원에서 다 관련이 있다."

—오드리 커츠 크로닌AUDREY KURTH CRONIN, 『테러리즘의 종말*HOW TERRORISM ENDS*』

2020년 서쪽의 모로코에서 동쪽의 이란, 북쪽의 시리아와 이라크, 그리고 남쪽의 수단과 예멘까지 이어지는 중동 전 지역의 상황은 참혹하리만큼 혼란스러웠다. 뜻을 같이하는 국가들과 협력하여 일관되고 적절한 정책을 개발해서 실행하지 못한 미국의 무능력이 이 지역을 뒤덮은 재앙의 기간과 규모를 키웠으며 미국의 영향력을 감소시켰다. 조지 W. 부시와 오바마, 그리고 트럼프 행정부의 정책은 이 지역에 간헐적으로 참여하고 장기적인 문제에 대해 그저 단기적인 해결책을 추구하려는 미국의 경향과 일치했다.[1] 이라크에서의 경험이 입증했듯이 폭력의 원인보다는 나중에 일어나는 증상들을 치료하려고 하다가는 갈등은 계속되고 국가 및 국제안보에 대한 위협도 더 확대될 뿐이다. 중동 지역에서의 우리의 노력은 인도주의적 위기의 근원인 종파 간 내전과 해당 지역에서 발생하는 위협을 종식시키는 데 초점을 맞춰야 한다. 또한 이러한 노력이 미국 국민들이 받아들일 수 있는 비용으로 실행되어야 성공을 거둘 수 있다.

미국 국민들이 중동 지역을 피해야 할 수렁으로 보지 않게 하려면 우리의 전략은 무엇이 위태로운지, 그리고 이 지역에서의 지속적인 관여가 주민들의 안보와 번영에 얼마나 중요한지에 대한 설명으로부터 시작되어야만 한다. 중동 지역 분석가 케네스 폴락Kenneth Pollack의 설명처럼 이 지역이 미국에게 중요한 건 여기에서 발생하는 문제들이 비단 여기에서만 끝나지 않기 때문이다. 중동 지역은 마음대로 일탈을 하고 다 잊어버릴 수 있는 그런 휴양지 같은 곳이 아니다.[2] 아랍의 봄이 끝나고 시리아 내전이 일어났다. 그리고 ISIS는 세력을 확대했다. 이런 일들의 영향력은 중동 지역을 훨씬 더 넘어섰다. 2011년 3월부터 2018년 10월까지 시리아 내전으로만 50만 명 이상의 사망자가 발생했으며 시리아 국민 2,100만 명 중 4분의 1 이상이 조국을 떠났다.[3] 바샤르 알-아사드 정권하에서 남녀노소를 가리지 않고 9만 8,000명 이상이 실종되었으며 14만4,000명 이상이 강제로 투옥되었다.[4] 시리아 정권이 얼마나 많은 민간인들을 살해했는지는 아무도 알지 못하지만 줄잡아 수십만 명은 넘을 것으로 추정된다.

폭력 사태가 심화됨에 따라 버락 오바마 대통령과 유럽의 미국 동맹국들은 이 지역에서 손을 떼고 리비아와 시리아에서 발생하는 위기의 규모와 범위를 제한할 수 있는 수단이나 방법을 택하지 않기로 했다. 그러지 않았다면 카다피가 몰락한 후 리비아에 있는 다국적군은 영토는 넓지만 인구는 700만 명이 채 되지 않는 이 자원 부국의 분열을 막았을 수도 있다.[5] 시리아에 1991년 걸프전쟁 이후 이라크의 쿠르드족을 위해 만들어진 것 같은 비행금지구역과 안전지대가 있었다면 인도주의적 위기를 완화하고 난민들의 유입을 막으며, 이란과 러시아의 영향력을 제한하고, ISIS를 비롯한 여러 이슬람원리주의 테러 조직들의 결성과 성장을 방해할 수 있었을지도 모른다. 또 아사드 정권과 그 후원자들에게 정치적으로 내전을 해결하도록 압력을 가할 수도 있었을 것이다.[6] 시리아 정권에 대한 확실한 반대 의사를 나타내지 못하면서 극단주의 이슬람교도들과 러시아가 개입을 했고 시리아의 문제를 해결할 수 있는 실행 가능한 선택지들은 시간이 지남에 따라 하나둘씩 줄어들었다. 결국 2014년 아사드 정권은 붕괴 직전에 되살아났고, 같은 해 ISIS가 시리아와 이라크 전역에서 대규모 공세를 벌여나갔다. 실제로 시리아 내부에서의 격렬한 전쟁과 이라크의 대규모 종파 간 폭력 사태, 리비아의 혼란, 그리고 2014년 이후 일어난 예멘 내전으로 인해 ISIS를 비롯한 하야트 타히리르 알-샴 Hayat Tahrir al-Sham이나 누스라 프론트Nusra Front 같은 알카에다 조직들이 성장할 수 있는 이상적인 환경이 만들어졌다. 알-바그다디가 모술에서 설교를 한 지 1년이 조금 넘었을 무렵 ISIS는 11월 프랑스에서의 대량학살, 예멘의 모스크 폭파, 튀니지의 관광객 공격, 앙카라와 베이루트의 자살폭탄 공격, 시나이반도를 지나가던 러시아 여객기 격추, 그리고 12월 미국 샌버너디노San Bernardino 총격 사건 등을 포함한 수많은 테러 공격들을 직접 지휘하거나 개입을 했다. 2016년 3월 22일에는 벨기에 브뤼셀공항과 지하철역에서 ISIS가 주도한 자살폭탄 공격이 3건이나 발생하여 민간인 2명이 사망했다. 또한 항공 부문을 포함해 서방측 표적에 대한 ISIS의 적에 대한 외부 공격 계획도 계속 진행되었다. 100명 이상의 미국 국민과 수천 명의 유럽 주민들이 테러 조직에 가입하기 위해 시리아로 떠난 일은 새로운 위험을 나타낸다. 시리아에서 훈련을 받은 새로운 전사들이 미국으로 다시 돌아오거나 혹은 비자 없이 북아메리카로 입국할 수 있는 유럽 국가로 돌아갔을 수 있기 때문이다.[7] ISIS 활동 범위는 물리적인 세계에 국한되지 않았다. 테러 조직은 인터넷과 소셜미디어에 아주 능숙하며 이를 통해 조직원들을 모집하고 공격을 부추긴다. 칼리프의 나라에서 일어나는 일들이 그곳에서 끝나지 않는다는 사실은 분명했다.

전쟁에 지친 미국 국민들과 NATO 그리고 유럽연합 국가들이 중동 지역에서 부담을 같이 짊어질 수 있다면 테러 조직 세력을 키우려 할 그때 막아낼 수 있고, 그러면 피할 수 없는 위협이 된 후 대응하는 것보다 비용이 적게 들어간다는 것이 내가 하고 싶은 말이다. 미군이 이라크와 시리아 동부의 이라크군, 그리고 쿠르드 민병대를 지원하기 위해 어쩔 수 없이 해당 지역으로 다시 귀환했을 때, 미군은 이후 5년 동안 ISIS로부터 영국과 맞먹는 규모의 영토를 다시 빼앗기 위해 군사작전을 진행하며 수많은 희생을 치렀다. 이라크에 그대로 주둔하면서 잔혹한 시리아 내전의 확대를 막기 위해 개입하는 것보다 훨씬 더 많은 비용이 들어간 것이다. 다시 말해 증상에 대해 값비싼 치료를 계속하는 것보다 처음부터 그 원인을 해결하는 것이 더 현명하다는 뜻이다. 시리아는 제2차세계대전 이후 최악의 인도주의적 위기를 맞이하게 되었으며 이웃 국가인 레바논과 요르단, 터키를 뒤흔들고 유럽까지 확대되는 난민 위기를 일으켰다. 2014년과 2018년 사이에 절망에 빠진 약 1만8,000명의 난민들이 범죄 조직들에게 운명을 맡기고 지중해를 건너다가 사망했으며 그중 24.3퍼센트가 어린아이들이었다. 2020년에는 100만 명이 넘는 난민들이 유럽 해안에 닿거나 터키 국경을 넘는 식으로 피난을 떠났다. 레바논에 들어간 시리아 난민 숫자는 90만 명이며 요르단에는 60만 명, 그리고 터키에는 360만 명이 넘는 난민들이 몰려들었다.[8]

그렇지만 이런 통계만으로는 진짜 실상을 알 수 없었다. 언론 보도조차 실제 피해자의 경험을 거의 다루지 않았다. 미국과 유럽 사람들은 2015년 9월 터키 해안에서 발견된 세 살배기 아이 아일란 쿠르디Aylan Kurdi의 익사한 시신 같은 가슴 아픈 사진이나 또는 2016년 8월 아사드의 알레포 공격으로 피범벅이 되어 구급차 뒷자리에 앉아 있는 옴란 다크니시Omran Daqneesh라는 아이의 충격을 받은 표정의 영상 등이 이따금씩 보도될 때야 비로소 난민들의 희생에 놀라는 듯 보일 뿐이었다. 난민 위기는 전쟁이 격화되면서 더욱 악화되었다. 2016년 12월 말 시리아 정부군의 편을 드는 러시아는 미국과 유럽의 무관심이 계속되는 것을 보고 알레포에 무차별적인 공격을 퍼부었다. 내전이 일어나기 전 시리아에서 가장 인구가 많은 도시이자 문화 중심지였던 알레포에서는 3만 명이 넘는 시리아 국민들이 사망했다.[9] 특히 병원과 장례식을 겨냥한 공격으로 엄청난 숫자의 민간인 사상자가 발생했고 이란의 사주를 받은 시아파 민병대의 공격도 이어졌다. 12월 13일 국제연합의 사만다 파워Samantha Power 미국 대사는 러시아 측 대표들에게 "부끄러움을 모르는가"라며 직설적으로 물었다. 그렇지만 오바마 대통령과 행정부는 자신들이 처리할 수 없다고 생각하고 손을 뗀 정책을 뒤집을 만큼의 충격은 받은 것 같지 않았다. 국가안전보장회의에서 중동을 비롯한 북아프리카 국가들을 담당하는 스티븐 사이먼Steven Simon은 〈뉴욕 타임스〉의 지면을 통해 다음과 같이 말했다. "사실 미국이 더 큰 전쟁의 위험을 감수할 각오 없이 시리아 분쟁에 더 깊이 개입하기에는 이미 너무 늦었다."[10] 중동 지역의 위기에 대한 미국의 변함없는 의견은 저 대규모 학살이 미국에서는 너무나 먼 곳에서 벌어지고 있는 일이며 따라서 미국의 문제는 아니라는 것이었다.

난민 문제는 재정적, 정치적, 그리고 현실적인 부담을 야기했고 중동 지역에서 이미 취약해진 정치적 질서를 더욱 약화시켰으며, 정치적 양극화와 더불어 유럽 전역의 난민 배척 정서만 더 끌어올렸다. 난민들을 수용하는 국가에서는 처음에는 공감과 함께 도움을 제공하려는 의지가 있었지만, 지속적인 지원을 주장하는 사람들과 자국민에게 필요한 지원과 예산이 난민들에게 흘러가는 것에 분개한 사람들 사이에서 격한 논쟁이 발생했다. 이슬람교도들의 대규모 유입으로 사회적 혹은 종교적 성향이 바뀔 수 있다거나 이슬람원리주의 테러 조직이 난민들 속에 섞여들어올 것이라는 우려도 유럽에서 점점 더 커져갔다.

중동 지역의 위기는 비단 해당 지역의 위기만은 아니라는 수많은 증거들에도 불구하고 미국이 실제로 종파 간 갈등이라는 질병을 해결하기 위해 수십억 달러가 넘는 인도적 지원 노력을 계속하는 것은 어렵다는 것이 입증되었다. 2019년 여름, 트럼프 대통령은 오바마 행정부가 세웠던 가정, 즉 미국이 이 지역을 떠나 분쟁을 계속 외면한 채로 있을 수도 있다는 가정을 다시 부활시켰다. 시리아 북동부에서 시리아민주군Syrian Democratic Forces의 대부분을 차지하는 인민보호부대Yekîneyên Parastina Gel, YPG와 함께 싸웠던 소규모의 미국 특수작전부대를 철수시킨다고 발표한 그날 트럼프는 "끝없이 이어지는 터무니없는 전쟁에서 빠져나올 때가 되었다"고 트윗을 올렸다. 그는 시리아에 남아 있는 건 "모래와 죽음"뿐이라고 설명했다.[11] 나중에 그는 시리아 동부에서 석유를 지키기 위해 200명에서 300명 정도의 병력이 남을 것이라고 말했지만, 오바마 행정부가 해당 지역에서 미군을 철수를 발표하면서 이미 발생했던 미국의 영향력과 신뢰도에 대한 피해는 더 커지고 말았다.[12] 미국이 떠나면서 벌어질 잠재적인 결과에는 쿠르드와 터키 사이의 소규모 분쟁 재발, 시리아 정권 및 러시아와 이란의 후원 세력들과 YPG의 협상, ISIS의 부활 혹은 새롭게 진화된 ISIS의 등장 등이 포함된다. 그리고 이스라엘을 위협하고 종파간 내전이 끝없이 이어지는 등, 시리아 전역에서 다시 이란의 영향력이 확대될 가능성이 있었다. 이라크전쟁만큼이나 시리아와 예멘의 내전도 끔찍하게 치달았고 미국의 철수는 상황을 더욱 악화시켰다.

2019년 말과 2020년 초가 되자 아사드 정권과 러시아와 이란의 후원 세력들은 북동부의 이들리브Idlib 지역에서 시리아 민간인들에 대한 공세를 더욱 강화했다. 50만 명이 넘는 어린아이들을 포함해 90만 명이 넘는 주민들이 무차별적인 공격과 얼어붙을 것 같은 추위에 맞서 싸웠다. 2016년 알레포 괴멸에 대한 오바마 행정부의 대응처럼, 이들리브에서 발생한 대량학살과 무고한 민간인들의 강제이주는 이를 비난하는 성명은 이끌어냈지만 심지어 근처 국경의 터키군에서까지 사상자가 발생하기 시작해도 직접적인 조치는 전혀 이루어지지 않았다. 이들리브에서 일어난 대규모 잔학 행위에 대한 이런 침묵의 반응은 중동 지역에서 이미 재앙이 되어버린 상황이 더 악화될 수 있음을 보여주었다. 미국 국민들에게 이 지역에 대한 지속적인 지원을 지지하도록 설득하려면 우선 중동 지역이 미국에게 왜 중요한지 설명하는 것부터 시작해야 했다.

시리아로부터의 철수를 지지하는 많은 사람들은 미국은 이제 세계 최대의 석유 생산국이자 에너지 자원의 순수한 수출국이 되었기 때문에 중동 지역은 더이상 미국의 안보와 번영에 중요하지 않다고 주장했다.[13] 그러나 중동 지역은 지금까지도 그랬던 것처럼 앞으로도 지리적 범위를 훨씬 넘어서는 결과들을 가져오는 경쟁의 장으로 남아 있게 될 것이다. 수정주의 세력과 불량 정권, 이슬람원리주의 테러 조직들과의 경쟁이 집중되고 상호작용하는 곳이 바로 중동 지역이다. 우리의 적들은 대부분 각기 다른 길을 가지만 자신들의 이익이 일치할 때는 서로 협력한다. 예를 들어 러시아와 이란은 시리아의 잔혹한 아사드 정권을 원조하고 조종하며 지지한다. 러시아는 이 지역의 위기를 유럽을 약화시키는 수단으로 이용했으며, 문제는 자신들이 만들었으면서 그 문제를 해결할 수 있는 꼭 필요한 해결사로 자처하고 나섰다. 이란 역시 이 지역의 혼란을 이용하여 적대적 관계에 있는 이스라엘과 사우디아라비아, 그리고 아랍에미리트에 대한 전략적 우위를 점하고 있다. 북한 역시 아사드의 핵무기 개발 계획에 참여하면서 지역을 불안정하게 만드는 데 일조했는데, 이런 사실은 2007년이 되어서야 세상에 드러나게 되었다.[14]

수정주의 세력이나 적대국, 그리고 테러 조직들이 하나로 합쳐지는 물리적 위협을 넘어서, 중동 지역은 지금의 이란 북동부와 투르크메니스탄 남부, 그리고 아프가니스탄의 대부분의 지역으로 구성되어 있는 역사적인 지역인 "호라산"과 함께 이슬람원리주의 테러 조직들의 심리적이면서 이념적인 단결의 기반이 되고 있다. 이들의 계획은 페르시아만에서 시작해 이라크와 시리아, 레바논, 요르단, 이스라엘, 그리고 이집트 북부까지 이어지는 비옥한 초승달지대에 칼리프의 나라를 재건하는 것이다. 그리고 이들의 임무는 투쟁을 통해 자신들이 외국의 지배를 받고 있다고 생각되는 모든 곳의 이슬람교도 공동체, 즉 움마를 해방시키는 것이다. 게다가 세계의 경제성장은 1973년 석유 수출 금지 위기와 1980년대 "유조선 전쟁"이 있었던 당시와 마찬가지로 호르무즈해협Strait of Hormuz을 통해 석유가 자유롭게 이동할 수 있는가에 달려 있다.[15]

* * *

이 지역의 난민 위기와 인도주의적 재앙은 마약을 비롯한 다른 불법 상품이나 인신매매와도 관련이 있다. 하지만 아마도 가장 중요한 건 이 위기가 이슬람원리주의 테러로부터 세대를 아우르는 대규모의 위협을 일으키고 있다는 사실일 것이다. 21세기가 20년이 지난 무렵에는 그 위협이 2001년 9월 10일보다 더 심각했다. 알카에다를 만들고 미국에 전쟁을 선포한 건 1980년대 소비에트연방의 아프가니스탄 점령에 대항해 싸웠던 무자헤딘 출신들이었고, 이들은 9/11 이전부터 이미 여러 차례 공격을 시도했었다. 21세기 전쟁에 참전한 테러 조직들은 과거 아프가니스탄전쟁에서 싸웠던 선배들보다 그 규모가 훨씬 더 크다. ISIS는 이라크의 알카에다를 정교한 선동 기계이자 모집 기관, 범죄 조직이면서 동시에 한 국가에 맞먹는 조직으로 키워냈다. ISIS는 중동 전 지역을 아우르는 아랍 세계뿐 아니라 유럽연합 회원국, 미국, 그리고 캐나다와 호주 같은 선진국에서도 3만 명 이상의 전사들을 끌어모았다. ISIS는 중동 지역의 중심에 세워진 지 2년 만에 알제리에서 나이지리아, 예멘, 소말리아, 심지어 필리핀에서까

지 지부를 세워나갈 수 있었다.[16]

21세기의 테러 조직들은 전 세계적으로 영향을 미칠 뿐 아니라 화학, 생물, 방사능, 그리고 핵무기에 고성능 폭발물까지 포함해 이전에는 국가 단위로만 개발될 수 있었던 기술과 무기를 확보하려 하고 있다. 이로 인해 일어날 수 있는 최악의 상황에 대해서는 대부분 동의를 하고 있는데, 이들 테러 조직이 훔치거나 혹은 적대적 국가의 도움 또는 밀매 등을 통해 핵무기를 보유할 수 있다는 것이다. 일반 폭발물에 소량의 방사성 물질을 결합한 이른바 더러운 폭탄dirty bomb은 본격적인 핵무기보다 그 피해가 훨씬 적을 수는 있지만 또 손에 넣기가 더 쉽다. 인구밀집 지역에서 이런 폭탄이 터진다면 전 세계 도시들이 공포에 휩싸이게 될 것이다. 쉽게 손에 넣을 수 있는 또 다른 무기들도 있는데, 예컨대 사이버공격이나 무기로 개조된 무인 항공기 등도 일반 항공기나 지상에 있는 사람들에게는 큰 위협이 된다.[17] 그렇지만 이런 테러 조직들의 가장 강력한 무기는 아마도 모든 사람들이 하나쯤 주머니에 넣고 다니는 컴퓨터를 비롯한 촬영 및 통신 장치일지도 모른다. 암호화된 통신은 테러 조직들이 정보기관의 감시를 피하고 행동을 조심하는 능력을 향상시켜준다. 또한 21세기 테러 조직들은 선동에 취약한 젊은이들을 타락한 대의로 끌어들이기 위해 그럴듯한 선전을 사방에 뿌리고 있다.

* * *

지속적이고 일관된 정책의 부재로 인해 중동 지역에서 잃어버린 미국의 영향력을 회복하려면 최소한 어느 정도의 시간과 노력이 필요할 것이다. 적들은 미국과 미국의 전통적인 우방이라고 할 수 있는 이스라엘과 터키, 사우디아라비아, 요르단, 아랍에미리트, 이집트, 쿠웨이트, 카타르, 그리고 바레인 등을 공격하며 자신들의 이익을 위해 앞으로 나섰다. 2017년 나는 이 우방국들이 몸을 사리거나 적들과 협력하는 식으로 미국 정책의 또다른 갑작스러운 변화에 대해 참여를 주저하고 있음을 알게 되었다. 이들은 푸틴이 겉으로만 그럴싸하게 보이게 내세운 평화 계획의 공허한 약속에 빠져들고 있었다. 러시아는 아사드의 권력 유지를 돕고 내전 이후 시리아에서 러시아의 이익을 보장받는 대가로 시리아에서 이란 세력을 몰아내겠다고 우리 우방국들에게 약속했다. 그렇지만 러시아가 정말로 필요했던 건 러시아와 아사드 정권, 그리고 이란이 파괴해서 잔해만 남은 수니파 아랍 주민들의 도시와 마을의 재건 비용을 페르시아만 국가들이 대신 내주는 것이었다. 아사드는 러시아보다 이란의 지원에 훨씬 더 많이 의존했기 때문에 러시아의 약속은 거짓말이었다. 그렇지만 이스라엘과 페르시아만 국가들은 미국이 이 지역에서 떠날 경우 이란이라는 더 큰 위협을 막아내기 위해 러시아의 도움이 꼭 필요했기 때문에 러시아의 약속을 믿을 수밖에 없었다.

터키는 러시아, 그리고 이란과 함께 시리아의 전쟁을 끝내려는 국제연합의 적법한 노력을 무위로 돌린 가짜 평화협상 절차에 참여했다. 러시아의 거짓 약속, 또 러시아에게 상황을 흔들 수 있는 힘이 있다는 현실 때문에 사우디아라비아의 살만Salman 국왕은 2017년 10월 모스크바까지 날아가 러시아의 방공망 설비를 구매하겠다고 약속한 것이다.[18] 한편 요르단은 러시아의 군사장비를 더 많이 구입했고, 이스라엘 역시 러시아 기업들과 첨단 기술 관련 협조를 확대했다. 2017

년부터 2019년까지 이스라엘은 이스라엘 방위군이 시리아의 이란 시설과 이란혁명수비대에 가한 200회 이상의 공습을 러시아군이 눈감아주는 대가로 푸틴의 약속을 믿는 척했다.[19] 러시아는 시리아를 이란의 중요한 조력자인 동시에 중동 지역에서 이란의 패권을 가로막을 최고의 견제 세력으로 내세우면서 자신의 영향력이 점점 커지는 것을 확인했다.

중동 지역에서 이란의 영향력이 커지는 것에 대해서 심각하게 걱정하면서 다시 이란의 중요한 조력자인 러시아를 돕는 이런 모순적인 상황에 대해 우방국들에게 내가 항의를 하자 그들도 나름대로 반박을 했다. 오바마 행정부가 이 지역에서 철수를 하고 2015년 이란 핵 협상과 관련된 제재 조치 완화를 통해 이란을 풀어주었다고 지적하며 이에 따른 피해를 줄이기 위한 방법으로 러시아가 어느 정도 영향력을 발휘하도록 내버려둘 필요가 있다고 주장했던 것이다. 나는 트럼프 행정부가 시간이 지남에 따라 미국뿐 아니라 우방국들의 중요한 이익에 부합하는 결과에 영향을 미칠 수 있는 중동 지역의 종파 간 폭력의 악순환을 끊기 위해 장기적인 전략을 개발했다는 사실을 알리려고 노력했다.

렉스 틸러슨 국무부 장관은 2018년 1월 스탠퍼드대학교 후버연구소 연설에서 이 전략을 요약했다. 첫째, 이 지역에서 미군의 주둔과 개입은 인도주의적 위기를 확대하는 행동을 견제하는 데 필수적이다. 그는 지난 4월 아사드 정권이 무고한 민간인들에게 화학무기를 사용한 것에 대한 대응으로 트럼프 대통령이 공습을 명령해 시리아 공군의 20퍼센트를 괴멸시킨 사실을 언급했다. 그런 다음 그는 "미국에 대한 지속적인 전략적 위협"이 되는 ISIS를 비롯한 다른 테러 조직들을 지속적으로 물리치기 위해 장기적인 노력이 필요하다고 설명했다. 틸러슨 장관은 이란에서 레바논과 지중해까지의 항로를 통제하려는 IRGC의 시도에 대응할 필요성과 더이상 이 지역의 종파 간 내전이 계속되지 않도록 이란의 영향력을 줄여야 할 필요성을 강조했다. 그는 동맹국과 우방국 들에게 대통령이 2011년 이라크에서의 조기 철군과 같은 실수를 반복하지 않을 것이라고 안심시키고 "우리 자신의 국가안보 관련 이익을 보호하기 위한 수단으로 계속 남아 있을 것"이라고 약속했다. 마지막으로, 미국은 이슬람원리주의 테러 조직들이 미국과 그 동맹국들을 위협하지 못하도록 포괄적인 지역 전략을 실행하여 국제연합의 정치 과정을 통해 시리아 내전을 종식시킬 것이며 이란의 야망을 견제하고 난민들이 안전한 환경으로 돌아가 삶을 재건할 수 있도록 전 지역에서 인도주의적 위기를 종식시킬 것이라고 덧붙였다. 그는 이러한 목표들을 달성하려면 장기적인 외교 및 군사적 노력이 필요하다는 점을 인정했지만 시리아와 그 밖의 다른 지역에서 우리의 군사임무가 일정한 조건들을 바탕으로 유지될 것임을 듣고 있는 모든 사람들에게 확언했다.[20]

우리 우방국들의 회의적인 태도는 나를 실망시켰지만 사실 이들은 누구보다도 상황을 정확하게 파악하고 있었다. 우리 우방국들은 2016년 트럼프 대통령이 후보 시절 ISIS를 물리치는 데 속도를 내겠다고 맹세를 했음에도 불구하고 그가 중동 지역의 지속적인 군사적 개입이 무익하고 낭비적이라는 오바마 행정부 시절의 정서에 공감하고 있다는 사실을 잘 알고 있었다. 2019년 10월 13일, 시리아에서 철수할 수 있다는 발표와 또 그런 결정을 뒤집는 발표들이 이어진 후 트럼프 대통령은 모든 미군에게 즉시 철수할 것을 명령했으며 거기에는 터키군이 시리아와의 국경지대 남쪽에 있는 "안전지대safe zone"를 장악할 수 있도록 돕기 위한 의도도 숨어 있었다.[21] 미군이 철수하고 나자 러시아군이 텅 빈 미군 기지들을 접수했고, 이란이 지원하는 수만 명의 민병대가 시리아 동부의 ISIS 점령지를 차지했다. 그리고 터키의 지원을 받는 민병대도 시리아 북부로 쏟아져 들어왔다. 쿠르드족 여성 정치인인 헤브린 칼라프Hevrin Khalaf를 포함해 쿠르드족 민간인들에 대한 수많은 전쟁범죄가 저질러졌다.[22] 동맹관계였던 쿠르드 YPG에 대한 미국의 포기와 시리아 북부 지역에서의 철수는 이 지역에 대한 우리 동맹국들의 조심스러운 태도를 보여주었지만, 이란과 시리아, 그리고 러시아가 결합된 세력을 그대로 인정하는 건 그야말로 혐오스러울 정도로 부자연스러운 일이었다.

이 지역의 주민들은 고통의 원인이 무엇인지 잘 알고 있었다. 2019년 9월, 시리아 동부 지역인 데이르 알-조르에서 수니파 아랍 주민들이 이란 민병대의 철수를 요구하는 대규모 시위를 벌였다. 시리아 남부에서는 아사드 정권을 반대하는 시위가 계속되었고 반란군의 공격도 더욱 빈번해졌다. 10월이 되자 이라크에서는 이라크 정치 지도자들을 겨냥한 반정부 시위가 시아파 정당과 이란의 영향력 확대에 대한 저항으로 발전했다. 같은 달, 레바논에서는 독립 이후 가장 큰 시위가 일어났다. 시위대가 정치 개혁과 부패 종식을 요구하자 사드 하리리Saad Hariri 총리가 사임했다. 다시 12월에는 이라크에서 20만 명이 넘는 시위대가 이라크 정부와 이란에 반대하는 시위를 벌였다. 이들은 미국이 아닌 이란을 외국의 점령 세력으로 보고 "자유로운 이라크"와 "이란은 이 땅에서 나가라"는 구호를 외쳤다.[23] 시위대는 이라크의 총리 아델 압둘 마흐디Adel Abdul Mahdi의 사임을 요구했다. 마흐디 총리는 2019년 11월 30일에 사임했지만 2020년 2월 이라크의 바르함 살리흐Barham Salih 대통령이 말리키 내각의 통신부 장관이었던 무함마드 타우피크 알라위Mohammed Tawfiq Allawi를 총리로 임명할 때까지 과도정부의 수장으로 남아 있었다.

2019년 말, 이라크 시위가 격화되면서 이란을 지지하는 세력들이 이라크 주둔 미군에 대한 공격을 강화했다. 12월 27일 이라크 주둔 미군 기지에 대한 로켓 공격으로 기지에서 일하던 이라크 출신 나레스 왈리드 하미드Nawres Waleed Hamid가 사망하고 미군 여러 명이 부상을 입었다.[24] 이란의 IRGC가 아부 마흐디 알-무한디스가 지휘하는 이라크 민병대를 자신들의 대리로 내세운 건 분명한 사실이다. 미국이 시리아 국경을 따라 5개의 민병대 전초 기지를 공습해 보복을 하자 이란이 지원하는 시아파 민병대가 바그다드에 있는 미국대사관에 대한 대규모 시위와 공격을 부추겼다. 12월 31일 있었던 분노한 폭도들의 모습은 40년 전 일어났던 이란 주재 미국대사관에 대한 공격을 연상시켰다. 동시에 IRGC의 쿠드스부대 사령관인 가셈 솔레이마니는 이 지역의 미군 시설에 대한 더 광범위하고 치명적일 수 있는 공격을 주도했다. 1월 3일 오전 1시 무렵, 무한디스가 바그다드공항에 도착한 가셈 솔레이마니를 차에 태우고 다음 장소로 이동하려 할 때 미군이 발사한 미사일이 날아들었다. 트럼프 대통령은 이란에 대한 억지력을 회복하고 가셈 솔레이마니가 계획하고 있던 공격을 막기 위한 조치가 필요하다는 결단을 내린 것이다. 바그다드와 바스라 같은 시아파 주민들이 많은 도시들에서는 시아파 시위대가 무한디스와 솔레이마니의 죽음을 애도했고, 수니파와 쿠르드족 의원들이 빠진 이라크 의회는 아무런 효력이 없는 미군 철수 결의안을 통과시켰다. 이라크 국민들은 계속해서 이란 세력의 철수를 촉구했다. 2020년 초 이란은 100만 명 가두행진과 경쟁관계의 민병대들을 하나로 합치는 저항 전선 등을 계획하며 이라크에서 미국에 대한 압박 수위를 높여가기 위해 최선을 다했다. 이란 정권은 본국은 물론, 레바논과 이라크에서의 시위가 심각한 경제 문제와 결합해 이슬람공화국이라는 정통성에 심각한 위협이 될 수 있다는 점을 점점 더 우려하고 있었다. 이란은 가셈 솔레이마니와 무한디스의 사망을 빌미로 이라크 시위운동에 협조하며 이란으로부터 이라크를 지키려는 세력들을 억누르려 했다. 그렇지만 애초에 이라크와 이란의 협력 자체가 부자연스러운 일일뿐더러 대다수의 이라크 국민들은 이란의 영향력을 부패, 그리고 실패한 통치와 동일시했기 때문에 이런 노력들은 실패로 돌아갔다. 2020년 초 이라크 시위대는 알라위 총리의 임명을 거부하며 부패, 비효율적인 통치체제, 그리고 이란의 악의적인 개입을 종식시킬 것을 계속해서 요구했다.

그렇지만 이란과 이란을 지지하는 민병대에 대한 저항이 커지고 있음에도 불구하고, 종파에 따른 이라크 사회의 분열, 이란의 지속적인 이라크 전복 시도, 그리고 개입과 철수에 대한 미국의 갈등으로 인해 이라크 안정화에 대한 전망은 여전히 어두웠다. 2020년이 되자 이라크뿐 아니라 중동 전역에 걸친 미국의 영향력은 미국이 이 거추장스러운 지역에 대해 일관되고 장기적인 정책을 개발하고 실행할 수 없음을 보여주었기 때문에 감소할 수밖에 없었다.

* * *

장기적인 전략을 개발하려면 상당한 수준의 전략적 공감과 이 지역에서 펼쳐지는 역학관계에 대한 보다 정교한 이해가 필요하다. 중동 지역에는 식민지 통치, 식민지 시대 이후의 왕정체제, 아랍민족주의, 사회주의 독재, 그리고 이슬람 극단주의가 모두 차례로 실패하면서 효과적인 통치를 제공하고 다양한 지역사회 안에서 공통의 정체성 구축이 제대로 되지 않았다는 기본적인 문제점이 자리하고 있다. 수십 년 동안 지속된 갈등은 민족과 종파 및 부족을 따라 사회를 분열시켰고 권력과 자원, 그리고 생존을 위한 경쟁만 끝없이 이어졌다. 그로 인해 발생한 폭력 사태는 이슬람원리주의 테러 조직 세력과 이란의 영향력만 확대시켰을 뿐이다.

미국과 우방국들은 지속적인 정치적 안정화에 기여할 집단들을 확인하고 힘을 실어줘야 하며, 종파 간 폭력의 악순환을 끊고 테러 조직들이 지원 기반을 구축하는 것을 방지해야 한다. 2005년 탈 아파르에서의 경험과 이라크 안정화 작전은 지역사회의 정치적 합의에 대한 지원과 이라크군 및 지역 통치제도의 개혁이 극단주의자들을 대중의 지지로부터 격리시킬 수 있음을 보여주는 사례들이다. 이와는 대조적으로 오바마 행정부가 시리아에서 ISIS와 싸웠던 방식이나 트럼프 행정부의 시리아 동부 지역 철수 발표는 군사적 노력을 정치적 목적을 위한 수단으로 제대로 활용하지 못했음을 보여준다. 함께 일할 수니파 아랍 세력을 찾을 수 없다는 워싱턴 일부의 생각과는 달리 시리아 내전 초기 아사드 정권을 반대하는 수니파에 대한 효과적인 지원은 알카에다와 ISIS, 그 밖의 다른 이슬람원리주의 테러 조직들과 맞서 싸울 수 있는 가장 좋은 방법이었을지도 모른다. 오바마 행정부가 시리아의 ISIS 문제에 개입하기 5개월 전인 2014년 1월, 수니파 아랍 반란군은 ISIS에 엄청난 타격을 입혔다. 반대파 시위대와 온건파 반란군은 이들리브와 다마스쿠스 외각 및 알레포의 주요 지역에서 ISIS 테러 조직들을 추방하기 위한 공격을 시작했다. 아사드를 반대하는 이 수니파 아랍 세력은 그동안 ISIS로 인해 큰 고통을 받아왔다. 시리아에서 ISIS가 저지른 가장 큰 규모의 대량학살은 2014년 8월에 일어났다. ISIS는 하루 만에 아사드를 반대하는 알-샤이 타트Al-Sha'itat 부족 주민 약 1,000명을 살해했다.[25]

그렇지만 오바마 행정부의 아랍의 반대파 세력을 지원하기 위한 5억 달러 규모의 "훈련과 장비 지원train-and-equip" 계획은 정치적 투쟁과 제대로 연계가 되지 못했다. 수니파 아랍 공동체를 공격한 건 아사드의 군대와 이란 민병대였고 그 때문에 ISIS가 자신들을 보호자로 자처할 수 있게 된 것인데도 미국의 지원은 오직 ISIS를 견제하는 작전에만 집중되었다. 훈련과 지원을 받은 전사들은 시리아군이나 이란군을 공격하지 않고 ISIS와 싸울 것을 맹세하는 계약에 서명해야 했다. 실제로 이들을 고향에서 쫓아내고 가족과 친구들을 죽인 건 시리아와 이란의 병사들이었는데도 말이다.[26] 이 계획이 제대로 진행되지 못한 건 어쩌면 전혀 놀랄 일이 아닐지 모른다. 오바마 행정부가 아사드와 그의 이란 후원자들을 반대하는 세력에 대한 지원을 망설였던 건 핵무기에 대한 이란과의 협상이 깨질까 두려워했던 이유도 있었다. 시리아와 이라크를 비롯한 주변 전 지역에서 시도하려던 노력들을 ISIS 이슬람원리주의 테러 조직에 대한 군사작전으로만 좁게 한정지으면 바로 그런 테러 조직들을 강화하고 이란의 영향력을 확장하는 데 도움을 주는 근본적인 원인인 종파 간 갈등이 해결되지 않는다. 예를 들어 이란이 2013년 알 쿠사이르Al Qusayr에서 시리아 반란군에 대한 공격 선봉에 레바논 헤즈볼라를 내보냈을 때 무슬림형제단의 영적 지도자인 셰이크 유수프 알-카라다위Sheikh Yusuf al-Qaradawi는 알라위파와 시아파에 대항하는 시리아의 이슬람원리주의 투쟁은 이제 신성한 의무가 되었으며 알라위파를 일컬어 "유대인이나 기독교인들보다도 더 나쁜 배교자들"이라고 했다.[27]

이란의 영향력을 견제하려면 다각적인 접근 방식과 장기적인 노력이 필요하다. 이란의 영향력을 견제하는 중요한 방법들 중 하나는 이라크의 갈등을 봉합해 궁극적으로는 아사드 이후의 시리아와 내전 이후의 예멘을 외교적, 경제적으로 이 지역 안에서 하나로 묶는 것이다. 아바디 총리가 2017년 3월 백악관을 방문하기 전 그는 바그다드에서 사우디아라비아 외무부 장관 아델 알 주베이르Adel al-Jubeir를 만났었다.[28] 그리고 그해 6월 아바디는 사우디아라비아를 방문한다. 이라크의 시아파 정부와 아랍 세계가 외교적, 경제적 관계를 강화하면 분란이나 폭력적 갈등을 일으키려는 이란의 활동이 위축되기 때문에 양측의 방문은 대단히 중요했다. 이라크의 평화는 수니파를 비롯한 소수민족이 더이상 소외당하거나 고립되지 않도록 이란의 영향력을 줄이는 데 달려 있다. 이란의 영향력을 약화시키기 위해서는 몇 차례의 정밀 폭격이나 혹은 심지어 가셈 솔레이마니와 무한디스를 죽이는 것보다 훨씬 더 많은 노력을 필요로 할 것이다.

바그다드와 리야드 사이에 원만한 관계가 구축되면 시아파가 정권을 공격하는 수니파 민병대와 테러 조직들을 지원하기보다 이라크와 강력한 외교관계를 구축하도록 모든 페르시아만 인근 국가들을 설득할 수 있을 것이다. 바레인과 이라크 같은 시아파가 주류인 아랍 국가와 사우디아라비아나 쿠웨이트처럼 시아파가 엄청나게 소수인 아랍 국가들의 외교적 교류를 통해 법에 따른 평등과 책임 있는 정치, 폭력을 예방하고 지역사회 전체에 걸쳐 공통된 정체성을 구축하는 데 꼭 필요한, 종파를 가리지 않는 국가 지원의 중요성이 강조되어야 한다.

2019년 가을, 레바논과 이라크에서의 시위는 이란이 이 지역에서 패권을 차지하기 위해 사악한 계획을 세우고 영향력을 미치려는 것이 얼마나 부자연스러운 일인지를 보여주었다. 그렇지만 이 시위는 해당 지역 주민들이 유능하고 공정한 정치를 갈망하고 있음을 아울러 드러내었다. 레바논과 이라크 국민들은 기본적 생활을 유지하고 자녀를 위한 더 나은 미래를 건설할 수 있도록 해주는 책임감 있는 정부를 원했다. 중동 지역에서 식민지 시대를 벗어나려는 정치체제는 실패로 돌아갔으며, 따라서 미국과 다른 국가들은 지역 주민들의 문화와 전통에 부합하는 대의정치체제 개발을 지원해야 한다. 여기에는 법치를 확립하는 데 필요한 개혁을 지원하고 종교와 민족 혹은 부족에 관계없이 모든 국민의 요구에 대한 국가의 대응 능력을 개선하는 것이 포함된다.

하이데르 알-아바디는 영국에서 시간을 보낸 후 이라크에서 여러 문제점들이 위기로 진화하기 전에 그런 문제점들을 예측하고 해결할 수 있는 민주적 절차를 발전시키고 싶다고 내게 말했다. 2011년 아랍의 봄을 경험한 아랍과 북아프리카 국가들에서는 합법적인 야당이나 시민 사회 조직을 거의 찾아볼 수 없었다. 독재정권들이 붕괴되고 난 후 가장 강력한 영향력을 발휘하게 된 건 무슬림형제단 같은 이슬람교단 관련 비밀조직이나 북아프리카를 포함한 마그레브 지역의 인신매매 조직 같은 초국가적 범죄 조직, 시리아와 이라크에서 활동하는 이란 계열 민병대와 리비아의 칼리파 하프타르Khalifa Haftar 부대나 미스라탄Misratan 부대 같은 민병대들, ISIS, 하야트 타흐리르 알-샴이나 알-누스라 프론트 같은 테러 조직, 그리고 시리아와 이라크의 IRGC 같은 정보 계통 조직들이었다. 그렇기 때문에 지역의 종파 및 부족 간 갈등을 종식시키기 위한 장기적인 전략은 민주적 제도와 절차, 그리고 정치제도를 강화하는 것에서부터 시작된다.

튀니지의 경우 이슬람주의를 따르는 알-나흐다Al-Nahada당이 총선 후 제1당이 되었지만 별문제 없이 평화스럽게 정권을 이양함으로써 많은 주목을 받는 성공적인 모범이 되었다. 이슬람교를 내세운 독재자가 민족주의를 내세운 독재자로 교체되고 다시 군사정변을 일으킨 장성이 정권을 잡은 이집트와 같은 국가에서는 정부가 앞장서지 않는 한 장기적인 안정과 안보를 확보하기가 어려울 것이다. 정부는 대의정치를 내세우는 정당에 정권을 이양하고 정당한 야당과 시민 사회 조직이 발전해 정치 과정에 참여하도록 허용해야 한다.

중동 전역에서 드루즈Druza파나 바하이Baha'i파 같은 소수종교 종파를 비롯해 소수민족 들에게 지원을 하는 것도 이 지역의 평화를 계속 유지하는 데 중요하다. 이런 소수파들은 종종 관용과 중용의 근간이 되어주기 때문에 소수파를 보호하고 정치 과정과 군대, 그리고 정부기관에 이들을 참여시킨다면 극단주의에 대한 완충 역할을 하거나 종교 및 민족 전쟁을 종식시키는 데 필요한 공동체 사이의 협상을 이끌어낼 수도 있다. 1980년대 이후 이슬람주의에 근간을 둔 정치와 정당이 성장하고 정치적 불안과 전쟁, 그리고 이슬람원리주의 테러 조직들이 나타나게 되면서 중동 지역 고유의 소수 종파들은 이 지역을 탈출할 수밖에 없었다. ISIS의 야지디족에 대한 집단 학살과 시리아, 이라크, 그리고 이집트에서의 기독교도 대량학살은 수천 년 동안 다양성을 인정하며 중용을 장려해온 공동체들을 희생시키는 결과를 가져왔다. 이라크의 야지디나 이란의 바하이, 레바논의 드루즈와 같은 소수민족이나 종파들은 이 지역에서 관용의 전통이 무너지면서 폭력에 직면하게 되었다. 미국과 그 동맹국들은 이 지역의 소수민족이나 종파들을 보호하는 정책과 행동을 장려해야 한다. 특히 시리아 북부와 아나톨리아반도 동부, 그리고 이라크 북부와 이란 북서부 지역에 퍼져 있는 2,500만에서 3,500만 명에 달하는 쿠르드 민족의 존재로 인해 더욱 관심이 필요한 상황이다. 이 쿠르드 민족에 대한 박해와 그 안에 있는 또다른 다양한 부족들 사이에서 자라난 민족주의는 지난 수십 년 동안 여러 갈등의 원인이 되어왔다. 쿠르드족은 오랫동안 외부의 억압으로 많은 희생을 치렀다. 이라크 지역에 엄청난 숫자가 살고 있지만 해당 국가들의 반대뿐 아니라 그들 자신의 갈등이나 이념적 차이로 인해 쿠르드 주권 국가에 대한 전망은 그리 밝지 않다.

* * *

터키가 협력해준다면 이러한 모든 지역 문제들을 해결하는 건 훨씬 더 쉬워질 것이다. 중동 지역에서 미국이 잠시 철수 과정을 중단한 사이 러시아와 이란이 터키에게 접근해 NATO와 유럽, 그리고 미국과의 사이가 멀어지도록 공작을 할 수 있는 틈이 생겼다. 터키의 레젭 타입 에르도안Recep Tayyip Erdogan 대통령과 집권당인 정의개발당Adalet ve Kalkınma Partisi, AKP은 점점 더 권위주의와 반서방주의로 기울고 있고, 따라서 협력을 통한 개선이 불가능해질 수 있는 상황이기 때문에 이 지역의 전략은 일종의 거래관계로 접근하면서 동맹국으로서의 터키의 손실을 줄이는 방법을 고려해야 한다. 2016년에 한 차례 군사정변 시도가 있었지만 실패로 돌아간 후 에르도안은 권력을 더 강화하고 NATO 동맹국들과 더 거리를 두었다. 정의개발당은 군부와 사법부, 법 집행기관과 언론 및 대학에서 대규모 숙청 작업을 실시했다. 숙청의 대상들은 대부분 지금의 터키공화국을 세운 국부國父 무스타파 케말 아타튀르크Mustafa Kemal Ataturk의 철학인 케말주의Kemalism의 세속주의, 서구 지향주의, 그리고 민족주의를 받들고 따르던 사람들이었다.[29]

에르도안은 미국이 자신을 겨냥한 군사정변을 공모했다고 비난했고 이로써 에르도안과 정의개발당이 케말주의에 이념적으로 반대한다는 사실이 분명해졌다. 2001년에 에르도안이 직접 창당한 정의개발당은 무슬림형제단과 관련된 보수적인 이슬람교 사상에 그 뿌리를 두고 있으며 서방측을 반대하는 민족주의의 한 형태를 만들어냈다. 터키 정부는 아무런 근거 없이 미국 국적의 앤드루 브런슨Andrew Brunson 목사와 미국대사관에서 일했던 터키 국민들을 인질 형태로 잡아 가두기도 했다.[30] 트럼프는 에르도안과 긍정적인 관계를 발전시키려 했지만 특히 브런슨 목사와 관련해 이 터키 대통령의 비타협적인 태도에 점차 절망감을 느꼈다. 2018년 8월 트럼프 행정부는 터키의 철강 및 알루미늄에 대해 제재를 부과하고 관세를 두 배로 늘렸고 이로 인해 터키 리라화의 가치가 폭락했다. 에르도안은 2018년

10월 12일 브런슨 목사를 풀어주었지만 이제 양국의 관계는 그저 거래에 불과하게 된 것은 분명했다. 터키와의 동맹은 명목상으로만 남은 듯 보였다.

그렇지만 미국의 전략이 더 현명해지려면 터키와 러시아, 그리고 이란의 이해관계가 자연스럽게 일치하지는 않는다는 사실을 알아차려야 한다. 에르도안은 터키를 새로운 세계 질서의 일부로 내세우려 하지만 러시아는 이 문제에 있어서 믿을 수 있는 우방이 되지는 않을 것이다. 러시아 무기를 수입하고 러시아 에너지 자원에 대한 의존도를 더 높여가겠다는 결정은 터키 정부에 대해 사용할 수 있는 러시아의 무기가 더 늘어간다는 뜻인데, 그렇게 하면 이 지역에 대한 러시아와 이란의 패권경쟁과 관련해 좋지 않았던 터키의 역사적 경험을 다시 일깨워 분노를 이끌어내게 될 가능성이 있다. 2020년 초 시리아 이들리브에서는 러시아와 이란이 참여한 공격으로 약 60명의 터키 군인이 전사하고 100만 명이 넘는 난민들이 터키 국경으로 몰려들었다.[31]

러시아의 지원을 받은 공세에서 터키군 전사자가 나왔을 때 에르도안이나 심지어 그 주변 사람들이라도 러시아제 최신 S-400 미사일을 구매하는 문제에 대해 적어도 조금 후회라도 했는지 궁금한 생각이 든다. 가까운 시일 내에 미국과 유럽은 터키와의 동맹을 완전히 파기하지는 않으면서 국가가 통제하는 언론 매체 밖에서 터키 국민들에게 접근하는 등 정의개발당을 벗어나 다른 관계를 만들어나가도록 노력해야 한다. 외교관들은 터키 지도자들이 그들의 장기적 이익은 결국 러시아와 이란의 이익과는 서로 전혀 맞지 않는다는 사실을 깨닫도록 도울 수 있다. 정의개발당은 미국과 서방측의 영향력이 끝난 이후의 새로운 국제질서를 꿈꾸고 있지만 엄청난 경제적 어려움을 극복하기 위해서라도 터키에게는 대서양을 중심으로 하는 공동체들의 도움이 필요하다. 에르도안의 숙청과 언론의 자유와 표현의 자유에 대한 공격에도 불구하고 터키에서는 선거가 여전히 중요한 문제다. 2020년까지 정의개발당은 18년을 집권했고 권력을 유지하기 위해 고군분투했다. 2019년 이스탄불 시장 선거에서는 결과에 만족하지 못한 에르도안이 재선거를 명령했지만 오히려 훨씬 더 큰 차이로 정의개발당이 패배했다. 미국과 유럽은 터키 지도자들이 터키가 직면한 인도주의적, 지정학적, 그리고 경제적 문제를 극복하는 데 있어 터키의 유럽을 비롯한 대서양을 중심으로 하는 관계가 매우 중요하다는 점을 인식하여 정책의 방향을 바꿔 다시 긴밀한 관계를 다시 구축하도록 장려해야 할 것이다.

* * *

이슬람원리주의 테러 조직은 이 지역을 불안정하게 만드는 주요 세력이며, 이들을 무찌르기 위해서는 새로운 사고방식과 완전히 달라진 노력이 필요하다. 우리의 전략은 이들의 정체성은 무엇이며 무수히 많은 다른 테러 조직들과의 차이점은 무엇인지와 같은 광범위한 질문들로부터 시작되어야 한다. 이들의 목적과 구체적인 목표들은 무엇일까? 이들의 전략은? 강점과 약점은 무엇이며 또 정보력과 실행력, 군사력, 자금력, 그리고 인터넷 활용 능력 등을 어떻게 조합하고 약점의 원인들을 찾아 해결할 수 있을까? 이러한 질문들에 대해 미리 묻고 대답하지 않으면 적절치 못하게 계획되어 목표와 명확하게 연결되지 않은 성급한 행동을 하게 될 수도 있다.

테러 조직은 지원이 있어야 움직일 수 있다. 국가나 혹은 획득한 영토, 불법 활동, 그리고 오사마 빈 라덴 같은 부유한 개인 등을 통해 자금을 획득할 때 이들은 더욱 위험해진다. 그렇기 때문에 테러 조직이 필요한 자금에 접근해 동원할 수 있는 능력을 제한하려면 정보와 법 집행 및 재정 관련 조치 등이 하나로 합쳐지는 것이 중요하다. 또한 테러 조직 지도자들 또는 후원자들에 대한 정보 확보나 군사력 동원 혹은 법 집행과 같은 단기적 노력이 지역 정보망 구축 및 법 집행 역량 확보, 교육 및 경제 개혁 지원, 의사소통을 위한 노력 확대와 같은 장기적인 노력과 연계되도록 하는 전략이 필요하며 특히 테러 조직이 조직원들을 모집하는 지역사회에서 그 신용을 떨어뜨리는 일이 중요하다.

미국의 정부기관들과 여러 국가들의 노력을 통해 2001년 이후 테러 방지 협력이 극적으로 확대되었지만 여전히 개선의 여지는 있다. 미국 정부에서 한 사람을 내세워 특정 테러 조직에 대해 동원할 수 있는 미국을 비롯한 여러 국가들의 모든 방법과 관련 정보를 통합하는 직책을 맡아야 한다. 적은 더할 나위 없이 악랄하며 이들을 모든 곳에서 다 막아낼 수는 없기 때문에 이 책임자와 전투에 참여한 모든 사람들은 결의를 굳게 다져야 할 것이다.

공격의 근원지를 찾아 선제공격을 해 상대방을 막아내는 것은 가장 효과적인 접근 방식이다. 테러 조직들이라 하더라도 계속해서 압박을 받게 되면 공격을 계획하고 준비하거나 새롭고 더 파괴적인 능력을 개발하는 것보다는 우선 자신들의 생존부터 챙겨야 한다.

이제 그만 "9/11 전쟁"을 끝내고 미군과 정보기관 요원, 그리고 법 집행관들을 고국으로 모두 데리고 오라는 요청의 목소리가 높지만, 해외 우방국들과 협력을 해야만 비용을 줄이고 이슬람원리주의 테러 조직들을 괴멸시키기 위한 지속적인 공격의 효율성도 높일 수 있다. 예를 들어, 소말리아의 아프리카연합군은 알카에다의 소말리아 지부인 알-샤바브Al-Shabaab뿐 아니라 예멘에 있는 아라비아반도 알카에다Al-Qaeda in the Arabian Peninsula, AQAP를 찾아 공격하는 소규모 미군 부대를 지원한다. AQAP는 해외에서 미국 국민과 미국 관련 시설을 공격하는 것이 목표인 조직으로, 2017년부터 2019년까지 미국의 작전으로 AQAP의 지도급 인사 2명과 미국 항공사를 목표로 최소한 3개 이상의 공격 계획에 관여한 폭탄 전문 기술자가 사망했다.[32]

해외에서 진행되는 군사작전이 중요한 건 합법적 권한을 갖고 있는 군대가 테러 지도부를 공격할 수 있을 뿐 아니라 테러 조직의 안전한 은신처와 지원 기지를 장악할 수 있기 때문이다. 영토와 인구, 그리고 자원에 대한 통제는 ISIS의 심리적, 물리적 역량에 중요한 영향을 미친다. 그리고 ISIS는 위협뿐 아니라 통치 기반 구축, 국가를 대신하는 기본 복지 제공, 정교하게 운영되는 보안 기관인 암니얏Amniyat의 내부 장악 등을 통해 자신들이 확보한 영토와 인구, 자원을 하나로 합쳐 통제하고 있다. ISIS는 주로 석유에 대한 불법 매매와 절도, 강탈 등 다양한 범죄 활동을 통해 수익을 창출한다. 이슬람원리주의에 바탕을 둔 무차별 공격은 남녀노소를 가리지 않는 위협이다. 아프가니스탄에서 소비에트연방의 점령에 대항해 함께 싸웠던 "동지"들이 전투 기술을 배우고 훗날 알카에다로 이어지는 사상을 주입받게 된 곳이 파키스탄이 제공한 은신처였다는 사실을 다시 상기하자. ISIS를 중심으로 모여든 과거의 동지들이 만들어낸 위협은 이보다 훨씬 더 크다. 이슬람교를 믿은 군대는 무적이라는 생각을 무너뜨리고, 새로운 조직원들을 끌어들이는 역량을 깎아내기 위해서는 미래의 ISIS들을 먼저 제거하는 것이 중요하다.

또한 ISIS를 계승하는 집단이 출현하는 것을 막기 위해 변함없는 기준이 있어야 한다. 2019년 10월, 트럼프 대통령이 시리아에서 미군 철수를 발표하고 미 육군 특수부대가 ISIS의 지도자 아부 바크르 알-바그다디와 대변인 아부 하산 알-무하지르Abu Hassan al-Muhajir를 제거했다고 발표했을 때 ISIS는 큰 타격을 받았다. 그렇지만 ISIS는 이 시련을 견뎌냈다. 아무런 합의 없이 예상치 못한 철수가 발표되면서 일부 ISIS 죄수들의 석방은 알카에다 죄수 석방, 이라크 감옥의 탈옥, 아사드의 이슬람원리주의 테러 조직원 석방과 마찬가지로 알카에다의 부활과 ISIS를 비롯한 다른 테러 조직들이 세력을 회복할 수 있는 결정적 계기가 되었다.[33] 테러 조직들을 그 힘의 원천으로부터 격리시키는 일에는 충성스러운 이슬람원리주의 테러 조직이 더이상 위협이 되지 않을 때까지 인도적 조건하에 수감하는 것을 포함한다.

장기적인 테러 방지 전략이라면 조직이 내세우는 대의와 사상으로부터 조직원들을 떼어놓는 일을 가장 우선시해야 한다. 2017년 트럼프 행정부는 MBS라는 별명으로도 알려진 무함마드 빈 살만 Mohammed bin Salman 왕자가 정식 후계자에 임명되고 권력을 행사하기 시작하면서 사우디아라비아에 대해 많은 기대를 하게 되었다. 31세의 MBS는 개혁가처럼 보였다. 그는 여성이 남성 보호자 없이 일하고 자동차를 운전하며 여행할 수 있는 권리를 옹호하기도 했는데, 더 중요한 건 수니파 이슬람교에 대한 전통적 해석인 와하비즘Wahhabism과 살라피즘Salafism의 중요성을 크게 인정하지 않으면서 사우디아라비아왕국이 급진적 이념들을 지지하는 실수를 저질렀다는 사실을 인정하는 모습을 보여준 것이었다.[34] 현재 사우디아라비아를 다스리고 있는 살만Salman 국왕이 조카이자 왕세자였던 무함마드 빈 나예프Muhammed bin Nayef, MBN 왕자의 후계자 자격을 박탈하고 친아들 MBS를 후계자로 내세우기 전인 2017년 5월, 트럼프 대통령이 첫 해외 순방길에 사우디아라비아를 방문했다. 사우디아라비아 국민들은 새로운 미국 대통령의 개성이나 취향을 인정해주며 크게 환대를 해주었지만 이 방문 역시 실질적인 목적이 있었다. 트럼프 대통령과 살만 국왕은 수백억 달러 규모의 미국 기업들과의 거래를 비롯해 향후 10년 동안 1,100억 달러, 모두 합쳐 총 3,500억 달러 규모의 무기거래 협상에 동의했다. 양국은 다른 페르시아만 국가들과 협력하여 공식적으로 인정된 테러 조직들뿐 아니라 젊은 세대를 선동하며 유대인과 기독교인을 비롯해 자신들의 이념을 따르지 않는 모든 이슬람교도들에 대한 증오를 조장하는 극단주의 조직에 대한 자금을 끊어버릴 것을 서로 약속했다.

사우디아라비아와의 협력이 특히 중요했던 건 지난 50년 동안 무고한 사람들의 입장을 무시하며 이들에 대해 죄의식 없이 폭력을 휘두르도록 차근차근 가르쳐온 이슬람교의 예배당이나 학교의 주요 자금 공급원이 바로 사우디아라비아왕국이었기 때문이다. 실제로 ISIS의 경우 자체적인 교육 과정을 만들어낼 때까지 사우디아라비아의 종교 교과서를 가져와 타인에 대한 편견과 증오를 전파했었다.[35]

극단주의와 이슬람원리주의 테러 조직의 이념은 신세대에게 가장 끔찍한 형태의 폭력을 합리화하고 타인을 증오하도록 가르치기 때문에 특히 더 위험하다. 2019년에 자금 세탁을 비롯한 테러 자금 조달을 막는 정부 간 협력 단체인 국제자금세탁방지기구Financial Action Task Force, FATF에서는 사우디아라비아가 테러 조직의 자금 조달 문제에 소극적으로 대처하고 있다는 사실을 알게 되었다. 2017년 리야드 정상회담 연설에서 살만 국왕은 "우리는 그 근원이 무엇이든 상관없이 극단주의 세력과 싸우기 위해 단결해야 한다"고 말했다. 그는 또 이슬람교는 "자비와 관용, 그리고 공존의 종교"이며 테러 조직들은 그런 이슬람교의 교리를 잘못 해석하고 있다고 덧붙였다. 이로써 사우디아라비아가 이슬람원리주의 테러 조직의 근간이 되는 전통적인 이슬람 이념을 조장하기보다는 앞장서서 대응을 할 것이라는 희망이 생겼다.

미국은 자금과 이념 지원의 근원으로부터 테러 조직들을 고립시키기 위해 사우디아라비아와 다른 페르시아만 국가들에게 더 많은 노력을 요구했어야 했다. 이란혁명이라는 끔찍한 유산과 이슬람교의 와하비즘이나 살라피즘 같은 원리주의 이념은 이란이 레바논의 헤즈볼라나 이라크의 민병대, 그리고 예멘의 후치Houthi파 반군이나 시리아의 아사드 정권을 지키기 위해 싸우는 이란의 시아파 대리 세력들에게 혁명과 종교에 대한 광신을 전하면서 공포도 함께 닥쳐올 수 있는 상황을 만들어주었다. 한편 사우디아라비아와 UAE, 카타르 등 페르시아만의 아랍 국가들은 이라크와 시리아, 예멘, 그리고 리비아의 수니파 조직들을 지원했다. 두 종파의 급진적인 교리에 대한 지지는 지난 40년 동안 더 크게 증가했다.[36] 1973년 석유 수출 금지 기간 동안에 강조된 것처럼 사우디아라비아가 세계 경제에 미치는 중요성 때문에 미국의 지도자들은 사우디아라비아왕국이 이슬람교의 극단적인 원리주의 교리를 공격적으로 퍼뜨리는 것을 너무나 오랫동안 못 본 척해왔다. 트럼프 대통령은 영부인 멜라니아 트럼프 여사와 함께 리야드에서 강경파 이슬람교 이념에 맞서기 위한 기관 개관식에 참석했고 살만 국왕, 그리고 이집트의 대통령 압둘 파타 알-시시 Abdul Fatah al-Sisi 옆에 서서 다 함께 환하게 빛을 내는 공 위에 손을 얹었다. 이 어색한 장면은 극단주의 이념에 대항하겠다는 공동의 약속을 세상에 알리기 위해 만들어졌다. 트럼프 대통령이 자신의 순서에서 발언을 하며 밝힌 바와 같이 이 기관의 개관이 "이슬람교를 믿는 국가들이 이슬람교의 과격화 경향에 앞장서서 맞서야 한다는 분명한 선언"을 의미한다면 극단주의 이념에 대한 지원이 맞서 싸우는 방향으로 바뀌면서 이슬람원리주의 테러 조직을 이념적 지원의 근원에서 분리할 수 있는 가장 가능성 있는 노력이 시작되었다고 볼 수 있다.[37]

희망은 커졌지만 곧 이어 미국과 사우디아라비아의 관계의 깊이에 대한 한계, 특히 미국을 캐나다와 유럽 국가 및 일본과 같은 다른 동맹국에 묶는 공통의 원칙이 없다는 사실이 드러나면서 실망감도 함께 다가왔다. 살만 국왕에 의해 새롭게 왕세자가 된 MBS는 권력을 강화하기 위해 잠재적인 정적들을 잡아들여 리야드에 있는 리츠 칼튼 호텔에 몇 달 동안 감금했다. 2017년 11월에는 레바논 총리 사드 하리리Saad Hariri를 압박해 강제로 사임하게 만들었는데, 하리리 총리가 헤즈볼라에 대해 강경한 입장을 취하지 못한다는 것이 그 이유였다. 그렇지만 레바논 헤즈볼라가 총리의 아버지 라픽 하리리Rafic Hariri 전 총리를 암살했다는 사실을 생각해보면 이런 조치는 비논리적인 결론이 아닐 수 없었다.

하리리의 신병을 확보해 다시 총리로 복권시켜준 건 프랑스였다. 그리고 불과 1년 뒤인 2018년 10월에는 언론인이자 합법적인 미국

영주권자인 자말 카슈끄지Jamal Khashoggi가 이스탄불의 사우디아라비아영사관에 결혼에 필요한 서류작업을 하러 찾아갔다가 살해를 당하면서 MBS의 무자비함과 잘못된 판단력은 더이상 무시할 수 없는 상황으로 번져갔다. 카슈끄지는 살해를 당한 후 톱으로 온몸이 절단됐는데, 사건이 MBS의 직접적인 지시 없이 행해졌을 가능성은 없는 것 같다. 사우디아라비아는 처음에는 살인 사건이 일어났다는 사실을 부정하려 했지만 증거가 너무나도 분명했다. 미국 정보기관들이 모두 사우디아라비아에게 책임이 있음을 분명하게 확인했고 의회도 살인 사건을 비난하고 나섰지만, 트럼프 대통령은 MBS를 비난하지 않았고 사우디아라비아에 어떤 실질적인 조치도 취하지 않았다.[38] 여기에 엎친 데 덮친 격으로 사우디아라비아는 블라디미르 푸틴과의 우호적인 관계를 조성했다. 러시아가 시리아에서 사우디아라비아의 숙적 이란을 계속 도와온 것은 문제가 되지 않았다. 살만 국왕은 카슈끄지 살해 사건 이전에 모스크바를 방문해 S-400 방공망을 포함한 러시아 무기 구매를 약속했고, 사건 이후에는 MBS가 아르헨티나에서 열린 G-20 회담에서 푸틴과 서로 주먹을 부딪치며 인사를 나누는 모습이 공개되기도 했다. MBS의 이런 행동은 동맹국이 야만적인 행동을 했을 때 이를 묵인해준다고 해서 계속 동맹관계가 이어지지는 않는다는 사실을 분명하게 보여주었다.

중동 지역의 경우 우방국이나 동맹국 들은 적들만큼이나 성가신 존재일 수 있다. 그렇지만 인권 침해나 극단주의자, 테러 조직들에 대한 지원을 제재하려는 지속적인 개입과 의지는 이 지역에 대한 장기적 전략의 기반이 된다. 강경파 이슬람주의가 퍼져나가는 근본적인 이유가 이슬람 세계의 분열이기 때문이다. 현재 이슬람 세계는 종교에 대해 지나치게 편협하고 근본주의적인 시각을 가진 살라피즘의 관점과 이슬람교는 시대에 맞게 지속적으로 평가되고 재해석될 수 있다는 경쟁적 개혁주의 관점으로 분열되어 있다. 이슬람교도들의 세계는 궁극적으로 이런 이념적 갈등을 해결해야만 한다. 우리가 생각하는 이상적인 종교의 모습은 무엇인가를 억지로 가르치려 들거나 꾸짖는 것이 아니라 우리가 믿는 가치를 분명히 표현하고 지키면서 자신과 견해가 일치하는 사람들과 조화를 이루는 것이다.

* * *

이 지역에서 가장 어려운 문제 중 일부는 여전히 다루기 어려울뿐더러 미국의 개입 없이는 관리를 할 수 없는 상황이다. 물론 가장 곤란한 문제 중 하나는 이스라엘과 팔레스타인의 갈등인데, 여기서는 간략하게 소개하도록 하겠다. 이스라엘과 팔레스타인이 지속적인 평화협정을 향해 나아갈 수 있도록 돕는 미국의 역량은 정직과 능력에 대한 우리의 명성뿐 아니라 지역 지원을 활성화하고 이스라엘과 모든 이웃 국가 간의 관계정상화를 향해 나아가려는 우리의 능력에 달려 있다. 이스라엘이 1948년 독립을 선언한 이후 동맹국인 이스라엘에 대한 미국의 지원은 항상 정책의 우선순위였지만, 이스라엘은 오바마 행정부 당시의 좋지 않은 경험으로 인해 미국의 신뢰성에 대해 의심이 커지고 있는 상황이다.

트럼프 행정부는 오래전에 약속된 대사관의 예루살렘 이전, 1967년 당시 시리아 전략 지역이었던 골란고원에 대한 영구합병 지원, 그리고 이스라엘의 서안지구 정착촌이 합법적이라는 미국 측 성명 등을 실행했지만 동시에 향후 합의에서 중요한 역할을 할 수 있었던 다른 지원 내용들은 취소해버렸다. 이스라엘의 총리 베냐민 네타냐후Benjamin Netanyahu가 참석한 2020년 2월 백악관의 평화협상안 발표 자리는 시작도 하기 전에 실패로 돌아간 것이나 다름없었는데, 우선 그 과정에서 팔레스타인의 참여가 제대로 이루어지지 않았으며 평화를 유지하는 데 가장 문제가 되는 장애물이 계속 남아 있었기 때문이다. 그 장애물들에는 1948년에 이스라엘에게 빼앗긴 땅으로 돌아가게 해달라는 팔레스타인 측의 주장과 그와 관련된 서안지구 이스라엘 정착지의 운명, 그리고 성지인 동시에 논쟁의 중심인 예루살렘의 동부가 미래의 팔레스타인 국가의 수도가 될 것인지에 문제 등이 포함되어 있다. 평화협상안의 세부적인 보안 조항에도 불구하고 많은 이스라엘 국민들은 평화협상으로 인해 서안지구의 안보 문제가 가자지구에 있는 테러 조직의 손에 넘어가게 될지도 모른다고 여전히 두려워하고 있다.

그렇지만 2020년 2월의 "번영으로 이어지는 평화Peace to Prosperity" 제안은 적절한 때가 왔을 때 두 국가의 공존이라는 해결책의 가능성을 다시 불러일으키는 데 도움이 될 수 있을 것이다. "안전하고 공인된 국경 안에서 나란히" 평화롭게 공존하는 "이스라엘과 팔레스타인이라는 두 국가"의 개념이 현실이 되려면 이스라엘 정부와 팔레스타인 측이 협상에 동의할 수 있어야 할 뿐 아니라 자신들의 영토와 주민들 사이에서 이 협상안을 시행할 수 있어야 한다. 이스라엘 정치의 사유화와 분열, 정치적 정서의 우경화, 그리고 지나치게 전통적 관습을 고집하는 주민들의 증가는 번영으로 이어지는 평화제안이 사실은 대단히 유리한 조건임에도 불구하고 이스라엘이 선뜻 협상에 나서지 못하도록 만들고 있다. 그리고 미국이 공정한 대화 상대가 되지 못한다는 팔레스타인 지도부의 인식에 근거한 팔레스타인 측과 미국의 거리두기로 인해 팔레스타인이 의미 있는 협상에 나설 가능성도 낮다. 더욱이 팔레스타인 지도부 자체의 약점과 하마스 같은 급진적 방해 세력에 대한 취약성 역시 극복할 수 없는 장애물로 남게 될 가능성이 높다. 그래도 한줄기 희망의 빛을 찾자면 요르단과 서안지구, 그리고 가자지구의 팔레스타인 주민들의 어려움을 도우면서 안전을 위한 미래의 안전과 번영에 대한 최선의 희망이 끝없이 이어지는 폭력이 아닌 평화를 추구하는 지도자들에 대한 지지라는 사실을 알리는 데 있을지도 모른다. 이 지역의 종파 간 폭력의 악순환을 끊는 문제는 이스라엘과 팔레스타인 갈등과 관련이 있다. 왜냐하면 중동 지역에서 벌어지는 여러 내전들의 당사자인 테러 조직과 그들의 후원자들은 예루살렘이라는 성지를 회복하기 위한 오랜 투쟁을 그들의 대의명분으로 내세우기 때문이다.

* * *

폭력의 악순환을 끊기 위한 전략에는 전쟁을 지속하고 국가를 계속 불안정한 상태로 유지하려는 사람들에게 압력을 가하고 비용을 부과하는 다층적 노력이 포함되어야 한다. 21세기의 첫 20년 동안 중동 지역에서 미국이 경험한 일들은 향후 수십 년 동안 이 지역에 대한 접근 방식을 알려주는 데 도움이 될 만한 교훈을 보여주었다. 2003년 이라크와 같은 외국의 침공이나 2011년 "아랍의 봄"과 같은 대중 봉기를 통해 이 지역의 폭군을 퇴치하는 것이 자동적으로 자유와 달라진

정부로 이어지지 않는다는 건 분명한 사실이다. 또한 미국이 이 지역에서 완전히 손을 뗀다면 더 많은 폭력과 고통이 일어날 뿐 아니라 지리적 한계를 훨씬 넘어서는 그런 위협을 만들어내는 구심력이 발생할 수 있다는 사실도 분명하다. 중동 지역의 장기적인 문제는 지속가능한 장기적인 개입을 필요로 한다. 미국, 그리고 미국과 뜻을 같이하는 우방국들은 시간이 지나면서 폭력의 악순환을 끊을 수 있을 뿐 아니라 증오가 아닌 관용을, 독재가 아닌 대의정치를, 그리고 현대적 세상에 대한 거부가 아닌 합류의 뜻을 바탕으로 하는 정치체제를 향한 진화를 통해 희망을 회복하는 행동이나 계획을 우선적으로 고려해야 할 것이다. 중동 지역에서의 평화와 번영을 가로막는 장애물들은 감당하기 힘든 수준이지만 그래도 희망의 빛은 있다. 사우디아라비아에서 벌어지고 있는 개혁의 논의와 레바논과 이라크의 부패한 정치를 끝내려는 대중의 요구는 교육과 제도의 개발 및 상업 분야에서 새로운 기회를 제공하게 될 것이다.

그렇지만 역시 장기적으로 이어지는 기회를 추구하려면 지속적인 위기가 악화되고 새로운 위기가 발생하는 것을 방지하기 위한 노력이 필요하다. 시리아 내전과 관련된 인도주의적 재앙을 짊어진 레바논과 요르단과 같은 취약한 국가들에 대한 지원이 최우선 과제로 계속 남아 있어야 한다. 인구만 1억 명에 달하는 이집트에서 정부의 개혁과 교육 및 경제적 기회를 지원하기 위한 노력도 있어야 한다. 하지만 가장 중요한 단기적인 노력은 아랍 세계를 영구적으로 약화시키고 미국을 이 지역에서 밀어내며 이스라엘을 위협하고 또 이란의 영향력을 지중해까지 확대하기 위해 종파 간 폭력을 부추기는 이란의 노력에 대응하는 것일지도 모른다.

5부 이란

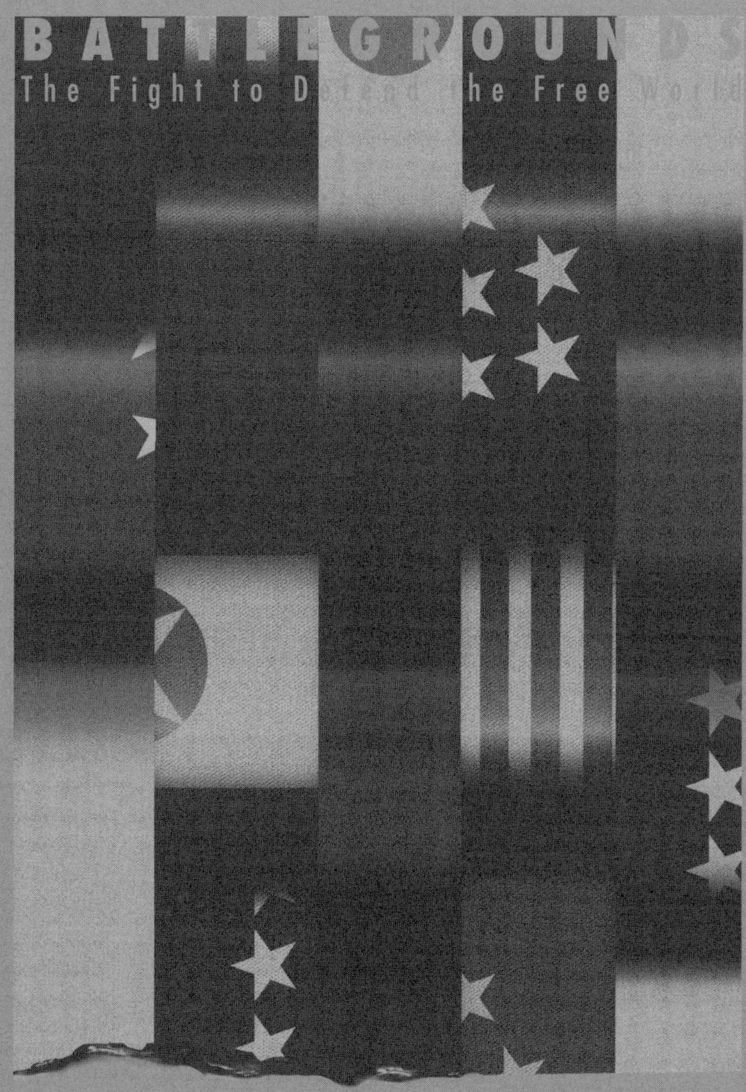

테헤란의 학생들, 미국 대사를 사로잡고 인질들 억류……*무함마드 레자 팔레비, 그 사악한 독재자는 끝이 났다*……**호메이니, 이란의 지배자로 떠올라**……미국과의 관계가 왜 필요하단 말인가?……이라크의 이란 폭격으로 전쟁 개전……*예루살렘으로 가기 위해서는 이라크의 카르발라를 통과해야만 한다*……**베이루트의 대학살**……베트남전에서도 찾아볼 수 없었던 단일 공격으로 사상자 241명 발생……나는 인질들과 무기를 서로 교환하지 않는다. **페르시아만의 위기로 총 800만 톤에 달하는 선박 침몰**……선의는 선의를 낳는다……화물차에 실린 폭탄 공격으로 사우디아라비아 미 공군 기지에서 미국인 19명 사망……이스라엘 안에서 단 한 발의 핵무기만을 사용되더라도 세계가 멸망할 수 있다……**이라크전쟁에서 이란 측이 사살한 미군 병사 608명에 달해**……먼저 주먹을 쥔 손을 풀어야 우리도 손을 내밀 수 있다……*이란 국민들도 이란 경제가 큰 위기에 빠졌다는 사실을 인정해야만 한다*……**주요 은행들이 역사상 가장 큰 규모의 사이버공격을 받다!**……이 문제는 역시 외교적으로 해결될 수 있다……**이란의 핵무기 개발 계획과 관련해 합의 임박**……*미국은 우리의 적 1호다*……**이란과의 "부패하고 냄새나는 거래"**……미국 국민들이 함께하고 있다……불장난을 벌이고 있는 이란……**이란, 미국 측 무인기 격추**……*이란은 실수를 저질렀다*……포도우에서 우라늄 농축 시작……*헤즈볼라는 테러 집단이다! 여기는 이란이 아니라 레바논이다!*……**바그다드와 베이루트를 뒤흔드는 시위대들**……이란군에 의해 시위대 1,500명 사망……미국 측 직원이 살해당하다……**시위대, 바그다드 미국대사관 공격**……*미국에게 죽음을!*……이것은 경고가 아니라 협박이다……*감히 그런 일을 하지는 못할 것이다*……**미국, 이란 사령관 가셈 솔레이마니 제거**……*범죄자들에게는 처절한 #보복뿐*……여객기 격추 인정 후 후폭풍을 대비하는 이란……*성직자들은 꺼져라!* ……

아르메니아
아제르바이잔
동부 아제르바이잔
터키
타브리즈
아르다빌
카스피해
투르크메니스탄
라슈트
길란
잔잔
사리
마잔다란
코르데스탄
사난다즈
테헤란
셈난
하마단
하마단
콤
케르만샤
마르카지
아라크
로르스탄
일람
호라마바드
바그다드
이스파한
아프가니스탄
이라크
쿠제스탄
야즈드
차하르마할 바-바크티야리
아바즈
부예르아흐마드 바-코흐길루예
아수즈
케르만
쿠웨이트
쿠웨이트
자헤단
시라즈
반다르-에 부셰르
파르스
파키스탄
부셰르
시스탄 바 발루치스탄
페르시아만
호르모즈간
반다르-에 아바스
사우디아라비아
호르무즈 해협
마나마
바레인
오만
카타르
도하
0 100 200 300 km
0 100 200 mi
아랍에미리트
아부다비
오만
오만 만
44°
52°
56°
60°
64°
36°
32°
28°
24°
48°

9장

잘못된 거래

: 이란의 40년 대리전쟁, 그리고 합의 실패

"미국이 감히 그런 일을 할 수 있겠는가."

—1919년 호메이니, 2020년 하메네이KHAMENEI

JCPOA는 트럼프 대통령으로부터 진지한 대화를 이끌어낼 가능성이 있는 존재였다. 이란을 포함해 국제연합 안전보장이사회 상임이사 5개국과 독일로 구성된 다국적 협의체에서 합의된 이 포괄적공동행동계획Joint Comprehensive Plan of Action, JCPOA은 2015년 이란 핵무기 협상으로 더 잘 알려져 있으며 트럼프 대통령에게는 미국이 협상에서 큰 영향력을 발휘하지 못하며 너무 적은 이익으로 너무 많은 것들을 포기한 합의 사례 중 하나였다.

나는 트럼프 후보가 대통령 선거전에서 JCPOA를 "역대 최악의 거래"라고 규정하는 성명을 여러 번 발표하는 것에 공감했다. 나는 JCPOA가 두 가지 영역에서 근본적인 결함으로 인해 적에게 힘을 실어주고 미국의 이익을 훼손했다고 믿었다. 먼저, 실질적인 문제가 있었다. 이 협정은 이란이 핵무기로 다른 국가를 위협하는 것을 방지하기 위해 마련된 것인데, 미사일처럼 언제든 핵 장착이 가능한 일반 무기와 관련된 내용이 생략되었으며, 2025년 이후 핵 개발에 대한 제한을 완화하고 끝내는 이른바 "일몰 조항"이 포함된 것도 이 협정의 목적과는 전혀 맞지 않았다.[1] 둘째, 이 협정은 근본적으로 믿을 수 없고 미국에 대해 적대적인 이란 정권의 본질을 전혀 고려하지 않았다. 협정 내용의 부적절함과 이란 지도자들의 분명한 적대감으로 인해 JCPOA는 그저 은밀하게 진행되는 핵무기 개발 계획을 은폐하는 일에만 도움을 줄 가능성이 높았으며, 제재 완화로 인해 이란 지도자들은 중동 전역에 영향력을 확대하려는 이란의 야망을 반대하는 미국과 이스라엘, 그리고 아랍 국가들에 대한 대리전쟁에 필요한 자원을 더 많이 확보할 수 있었다. 또 감시와 집행 과정에 허점이 많았기 때문에 이란이 협정을 어겼다는 증거가 없어도 이들의 오랜 적대감과 이중성에 익숙한 사람들은 안심을 할 수가 없었다.

이란 지도자들은 다른 사람들에게 자신들의 의도를 구태여 숨기지 않았다. 오바마 대통령은 "지금까지 나온 것들 중에 가장 강력한 핵확산금지조약"에 서명함으로써 국제원자력기구International Atomic Energy Agency, IAEA가 "필요할 때 필요한 곳에 접근해 확인할 수 있게 된 것"이라고 천명했다.[2] 그렇지만 협정서가 작성되자마자 이란원자력기구Atomic Energy Organization of Iran, AEOI 대변인은 "합의된 내용 중 이란의 어떤 군사시설이나 원자력 과학자들에 대해서도 IAEA의 접근을 허가한다는 내용은 없다"고 말했다.[3] 이란의 지도자들은 자국의 외교관들과 모순되는 행보를 계속해서 보였으며 이 때문에 이란이 협정을 준수할지에 대해서는 의심이 들 수밖에 없었다.

JCPOA는 희망적 사고, 즉 자기기만과 궁극적으로 미국 국민들에 대한 사기로 이어진 희망사항에 기반한 전략적 자아도취의 극단적인 사례였다. 미국을 공개적으로 적대시하는 정권이 협정의 내용뿐 아니라 그 정신을 지킬 것이라고 믿는 건 그저 희망사항일 뿐이었다. 이란에 대한 제재 해제를 통해 이란이 이제 더이상 테러 조직을 지원하지 않는 책임감 있는 국가로 발전해나갈 것이라는 자만심에 빠지는 건 그저 자기기만일 뿐이었다. 그리고 문제가 있는 협상을 이 지역에서 일어나는 이란의 파괴적인 행동과 관련이 없으며 전쟁을 막을 수 있는 유일한 대안으로 묘사하는 것 역시 기만적인 행동이었다.

JCPOA는 이란 정권이 민병대와 테러 조직의 지원을 포기하도록 설득하기는커녕 오히려 반대 효과를 불러왔다. 이란 정권은 먼저 17억 달러를 현금으로 지급받았으며 자산 동결 해제 조치로 다시 약 1,000억 달러를 손에 넣을 수 있게 되었다.[4] 그리고 제재 조치 완화 이후 더 많은 현금이 흘러들어왔다. 이란은 이런 뜻밖의 횡재를 이용해 자신들이 진행하고 있는 대리전쟁에 더 힘을 실어주었으며 이 지역의 종파 간 갈등을 확대해나갔다.[5] 미 중부사령관을 역임했던 조지프 보텔 장군의 말에 따르면 이란은 "합의 이후 더 공격적으로 변해갔다".[6]

트럼프 대통령은 이 "끔찍한 거래"를 되돌리고 싶어했지만, 나는 이란 정권이 미국의 안보와 번영의 앞길에 내세운 광범위한 문제들에 대처할 수 있는 포괄적인 선택지를 대통령에게 제공하고 싶었다. 그리고 거래를 취소했을 때의 후폭풍을 고려하는 것도 중요했다. 예를 들어 다른 국가들이 미국의 협정 탈퇴를 부당하게 여긴다면 이란 정권에게 대가를 치르게 하려는 노력이 희석될 수 있었다. 미국 단

독으로 제재 조치를 다시 실시하는 것만으로도 상당한 재정적 타격을 입힐 수 있겠지만, 협정을 계속 유지하면서 미사일 개발이나 테러 조직 지원 같은 협정 내용에 없는 행동들에 대해 이란을 제재할 수도 있었다. 트럼프 대통령이 이런 거래를 어떻게 생각하는지는 잘 알고 있었지만, JCPOA를 그대로 유지한다면 우리가 이란 정권을 외교적으로나 경제적으로 고립시킬 수 있는 또다른 무기가 될 수 있었다. 그러면 대통령은 그 무기를 사용해 다른 국가들이 협정의 결함을 수정하고 강력한 사찰을 주장하며 추가 제재를 적용하도록 지원할 수 있을 것이다. 무조건 협정을 탈퇴하기보다는 그전에 어떤 일들을 할 수 있을지 살펴보는 건 너무도 당연한 일이었다.

나는 또한 협정에서 탈퇴하면 미국은 방어 태세를 취해야 할 수도 있으며 또 이란 정권의 범죄와 잔혹성 문제가 사람들의 주의를 벗어날 수 있음을 우려했다. 미국 유학파이자 언변이 유창한 이란의 외무부 장관 무함마드 자바드 자리프Mohammad Javad Zarif는 분명 이란을 미국 대통령에게 공격당하는 피해자로 묘사하려 들 게 틀림없었다. 더군다나 그 대통령은 특히 유럽 지도자들에게 요란스럽고 충동적인 인물로 여겨지고 있었다. 부패한 이란의 성직자들과 관료들은 실패한 경제에 대한 책임을 미국에 지우기 위해 미국의 협정 탈퇴를 이용할 것이다. 하지만 반대로, 이란의 악의적인 활동에 대해 결함이 있는 합의를 유지하면서 제재를 가한다면 이란 국민들에게 자국의 잠재적인 부를 폭력과 파괴 행위를 위해 낭비하고 있는 지도자들이 이란 문제의 진짜 원인이라는 사실을 확실하게 알려줄 수 있었다.

그런 이유들 때문에 나는 단지 "남거나 빠지거나"라는 식으로만 생각하지 말고 전체적인 이란 전략에 대해 JCPOA의 결정들과 어울릴 만한 그런 선택지들을 개발할 충분한 시간을 관료들에게 달라고 대통령에게 부탁했다. 또 이를 위해 나는 대량살상무기 관련 선임국장 안드레아 홀Andrea Hall과 중동 지역 선임국장 마이클 벨Michael Bell에게 이란과 관련된 문제들을 정리하기 위한 업무량을 더 늘려달라고 요청했다. 두 사람은 국가안보부보좌관 다이나 파웰Dina Powell, 국무부 정책기획담당국 국장 브라이언 후크Brian Hook, 그리고 이란과 관련된 모든 문제들을 파악하고 새로운 이란 전략의 기반이 되는 목적과 목표, 그리고 가정들의 초안을 작성하는 모든 관련 부서 및 기관과 함께 작업을 시작했다. 2017년 5월, 나는 미국의 안보에 대한 이란의 도전과 관련해 우리의 전체적 구상을 검토하고 선택지 개발의 방향을 제시하기 위해 행정부의 관련 인사들로 구성된 장관급 수석 회의를 소집했다. 회의를 마친 후 대통령은 우리의 평가를 승인했다. 모두가 이란 정권이 미국과 이스라엘, 이웃의 아랍 국가, 그리고 서방측에 대해 변하지 않는 적대감을 품고 있는 것이 문제라는 데 동의했다.

그렇지만 대통령은 참을성이 없었다. 그리고 그를 더 조바심나게 만든 건 공화당이 과반수를 차지하고 있는 하원과 상원에서 2015년 통과시킨 국내 법안이었는데, 당시에는 사실 차기 대통령으로 당선이 확실시되던 힐러리 클린턴의 새 행정부가 핵무기협정의 결함들을 공개적으로, 그리고 연속적으로 마주하게 만들려는 의도를 법안에 심어두었었다. 2015년 이란핵협정검토법Iran Nuclear Agreement Review Act, INARA에 따르면 미국 행정부는 이 협정이 "미국의 핵확산금지 목표를 충족시키고 공동의 방어와 안보를 위태롭게 하지 않으며" 이란의 핵무기 개발 활동이 "불합리한 위험을 불러일으키지 않는다……"는 것을 90일마다 의회에 인증을 해야 했다.[7] 그것은 대단히 어려운 요구였을뿐더러 JCPOA에 대한 대통령의 평가에 직접적으로 반하는 것이기도 했다.

INARA의 첫번째 인증 시기는 2017년 4월이었고, 내가 국가안보보좌관 업무를 시작한 지 두 달도 채 지나지 않은 시점이었다. 국무부 장관이 이란은 아무런 문제가 없음을 보증하는 형식적인 편지를 보내려 한다는 사실을 듣게 되었을 때, 나는 대통령이 몹시 화를 낼 것이라는 걸 알 수 있었다. 나는 국무부를 비롯한 다른 기관들과 협력하여 INARA 법안에 따라 확인이 된 다른 형식의 인증을 제안했지만, 동시에 핵협상에 따른 제재 완화로 탄력을 받은 이 지역에서의 이란의 행동이 "공동의 방어와 안보"를 위협한다고 분명하게 밝혔다. 때때로 백악관의 제안이라면 바로 반대하는 것처럼 보이기도 했던 렉스 틸러슨 국무부 장관은 우리의 제안을 거부하고 간단하게 작성한 편지 형식의 인증서를 보냈다. 대통령이 예상대로 반응을 하자 나는 오벌 오피스에서 틸러슨 장관과 함께 의논을 했다. 이후 틸러슨 장관은 이 편지를 수정해 이 핵협상으로는 "이란의 비핵화라는 목적을 달성하지 못한다. 그저 핵무기 보유국이라는 이란의 목표 달성을 지연시킬 뿐이다"라고 언급했다. 그는 또한 기자들을 만나 이란과의 협정이 "현재 북한으로 인해 직면하게 된 절박한 위협을 불러온 과거의 똑같은 잘못된 접근 방식을 보여주고 있다"고 덧붙이기도 했다. "증거는 확실하다. 이란의 도발적인 행동이 미국과 중동 지역과 전 세계를 위협하고 있다."[8]

2017년 7월과 10월에 남아 있는 두 차례의 INARA 추가 인증을 대비하여 나는 우리 직원들에게 이란 전략에 대한 작업을 더 빨리 진행해달라고 부탁했다. 우리는 마감일 전에 계속해서 진행되는 일련의 토론을 "아낌없이 주는 선물"이라고 불렀다. 대통령에게 선택할 수 있는 내용들을 제공하고 일단 그가 행동 방향을 결정하면 합리적으로 실행할 수 있도록 돕는 것이 우리가 하는 일이었다. 각각의 마감일에 맞춰 우리는 "남을 것인지 빠질 것인지"에 대한 준비를 마치고 각각의 선택을 반영하는 두 가지 외교 및 소통 방식을 준비했다.[9] 거의 대부분의 경우 대화를 나누고 난 뒤에는 결정이 바뀌곤 했지만 결국 대통령은 협정에 그대로 참여하는 데 동의했다. 그리고 다른 국가들에게 JCPOA와 관련이 없는 제재를 부과하고 협정 내용의 결함을 수정하는 데 동참해달라고 요청을 했다. 그렇지만 이런 노력들은 결국 별다른 소득이 없는 것으로 판명되었다. 7월이 되자 이란이 협정을 준수하고 있다는 국무부의 발표가 나오는 동시에 스티븐 므누신Stephen Mnuchin 재무부 장관은 테러 조직들을 지원한 이란의 18개 업체와 기업에 대한 제재를 발표했다.[10]

그럼에도 불구하고 이 조치는 오바마 행정부 관료들이 처음 협정에 참여할 때 생각했던 것과 대단히 비슷한 방식으로 협정 탈퇴를 주장하는 비판 세력들을 달래기에 충분하지 않았다. 이런 비판에 대한 반응의 일부로 트럼프 대통령은 〈월스트리트 저널〉의 지면을 빌려 이란이 90일 이내에 협정 내용을 준수하는 것으로 밝혀지면 자신도 "깜짝 놀랄 것"이라고 말하기도 했다.[11] 안타깝게도 이란에 대한 공개 토론은 중동 지역과 그 너머 세상에 대한 평화와 안보를 해치는 이란의 광범위한 행동들보다는 거의 전적으로 미국이 계속 협정에 참여할 것인지에 대해서만 초점이 맞춰졌다. 이란이 핵무기를 개발하는 것을 막을 뿐 아니라 대리전쟁을 끝낼 수 있는 전체적인 전략과 관련 결정을 어떻게 서로 맞춰나갈 것인지에 대해 정확히 설명할 수 있는 사람은 정부 안에서도 밖에서도 거의 찾아볼 수 없었다.

나는 국가안전보장회의 직원들에게 다음 INARA 마감일인 10월 이전에 대통령이 발표할 수 있는 전략적 선택지들을 개발하도록 요청했다. 대통령은 9월 초 새로운 이란 전략을 승인했고, 우리는 이란의 위협과 미국 및 동맹국들의 이익을 보호하기 위한 전략을 미국 국민과 전 세계 사람들에게 알리기 위한 대통령의 연설을 작성하기 시작했다. INARA 인증에 대한 또다른 고통스러운 대화의 시간이 임박했지만 대통령은 마침내 이란에 대한 포괄적인 접근 방식이라는 맥락에서 여러 선택지들을 고려할 수 있게 되었다.

10월이 되자 과거 인증들처럼 두 가지 선택지 외에도 대통령에게 INARA에 대한 세번째 선택지가 제시되었다. 협정이 미국의 국익에 도움이 되는지에 대한 인증은 거부하는 대신 다른 국가들에 대한 혜택을 제공하기 위해 조건부로 협정을 유지하는 것이었다. 협정 내용의 근본적인 결함들을 함께 해결하고 테러 조직과 민병대에 대한 이란의 지속적인 지원을 제재하는 데 미국에 동조하도록 하기 위함이었다. 트럼프 대통령은 이 세번째 제시안을 선택했다. 대통령은 연설을 통해 다음과 같이 밝혔다. "나는 강경한 성향에도 불구하고 아직 이란과의 핵협정에서 탈퇴하지 않았다. 그 대신, 나는 두 가지 가능한 방향을 설명하려 한다. 이 협정에 있어 재앙에 가까운 결함들을 수정하든가 아니면 미국의 탈퇴를 받아들여라."[12] 돌이켜보면 이란 전략에 대한 연설을 하면서 INARA 관련 결정을 거기에 덧붙인 것은 아무래도 실수였다. 언론 보도는 거의 전적으로 그 부분에만 초점을 맞추고 이란과 관련된 전략의 중요한 변화는 건너뛰었다. 결함들이 있지만, JCPOA를 그대로 유지하는 것이 새로운 전략적 목표를 달성하는 가장 좋은 방법이라는 사실을 보여줄 시간이 촉박했다. 나중에 국무부에서 이란 관련 정책들을 이끌게 될 마이크 벨, 조엘 레이번, 그리고 브라이언 후크는 동맹국들에게 우리의 노력을 지지하고 이란에 대한 국제적인 대화와 압력을 유지해달라고 요청하기 위해 유럽을 방문했다. 협정에 참여했던 유럽 국가들과 협력하여 원래 합의에 따라 2025년에 제한이 끝나는 것을 허용하지 않고 미사일 개발 문제를 해결하고 이란의 우라늄 농축을 영구적으로 제한하기 위해 뜻을 하나로 모으려 했지만, 나는 그 일이 쉽게 이루어지기 어렵다는 사실을 알고 있었다. 대통령은 INARA에 따른 마지막 인증에서 이렇게 말했다. "나는 특정한 핵 관련 제재의 적용을 포기하고 있지만, 이란과의 핵협정에 대한 끔찍한 결함들을 수정하기 위해 유럽 동맹국들과의 합의를 확보하려고 그렇게 하는 것뿐이다. 이것은 마지막 기회이다. 그러한 합의가 없는 경우 미국은 이란과의 핵협정을 유지한다는 핑계로 다시 제재를 포기하지는 않을 것이다. 그리고 언제라도 그러한 합의가 가능하지 않다고 판단되면 즉시 협정에서 탈퇴할 것이다."[13]

우리는 동맹국들이 중동 지역에서 벌어지는 파괴적인 행동에 대해 이란에게 그에 대한 비용을 부과하면서도 협정을 계속 유지할 수 있는 가능성을 보여줄 기회의 창을 만들었다. 그리고 그 창은 내가 백악관을 떠난 직후에 닫혔다. 대통령 안보보좌관으로서의 마지막 근무일은 2018년 4월 9일이었고, 그로부터 한 달 후 대통령은 JCPOA에서 탈퇴했다. 국제적 반응의 방향은 예상대로 이란에 대한 비난에서 미국에 대한 분노로 바뀌었다. 이듬해 트럼프 대통령은 "이란은 테러 활동을 국가적 차원에서 지원하고 있을 뿐 아니라 IRGC는 테러 활동에 적극적으로 참여하고 자금을 조달하며 또 이를 도구로 활용하고 있다"고 인정하면서 IRGC를 해외 테러 조직으로 지정하겠다는 의사를 밝혔다.[14] 이란의 대리전쟁으로 직접적인 고통을 겪고 있는 이스라엘과 걸프 국가들은 트럼프의 결정을 지지하는 입장이었다. 유럽 동맹국들의 경우 처음에는 부정적이었지만 이란 제재의 중요성을 인식하게 될 것이라고 나는 확신했다. 이란의 침략 행위가 이란 정권의 진짜 문제라는 것이 분명하게 증명되는 건 시간문제였다. 우리는 테헤란의 지배자들이 서방에 대한 적대감을 곧 내비칠 것이라고 믿고 있었다.[15]

* * *

2019년 여름이 되자 이란은 새롭게 시작된 제재의 압박을 실감할 수 있었다. 경제는 GDP 성장률이 연 3.9퍼센트에서 3.7퍼센트로 하락했던 2018년보다 훨씬 더 빠르게 위축되었다. 2018년 230만 배럴이던 원유 수출량은 2019년 3월이 되자 하루 110만 배럴로 줄어들었다. 물가상승률은 9퍼센트에서 40퍼센트까지 치솟았다. 이란 지도자들은 세 가지 근본적인 선택에 직면했다. 첫째, 제재를 피하기 위해 트럼프 대통령의 임기가 끝나기를 기다렸다가 다른 국가들과 협력을 한다. 그렇지만 그러기에는 경제적 압박이 너무 심했고 기업이나 투자자 입장에서는 미국과 이란 중에서 당연히 미국과 사업을 하기를 원했다. 무역과 투자 부문에서 미국의 금융체제를 우회하려는 유럽의 노력은 별로 효과가 없었다.[16] 둘째, 이란 정권은 제재를 줄이는 대가로 협정 내용들에 대해 재협상을 하고 테러 조직과 민병대에 대한 지원 문제를 해결하기 위해 미국을 비롯한 다른 국가들과 대화를 시작한다. 그렇지만 이란의 혁명주의자들, 특히 최고지도자인 알리 하메네이와 IRGC는 화해를 할 생각이 없었다. 마지막으로, 제재를 완화하기 위해 미국과 다른 국가를 위협하며 합의한 조건을 위반하고 미국과 유럽 및 페르시아만 국가들에 대한 적대적 활동을 오히려 더 늘려나간다는 것이었다.

6월 12일이 되자 이란이 어떤 선택을 했는지 분명해졌다. 아베 총리는 40년 만에 이란의 수도 테헤란을 방문한 최초의 일본 지도자였다. 그는 사다바드궁Sa'dabad Palace에서 이란의 대통령 하산 로우하니Hassan Rouhani를 만났다. 일본은 모든 선진국들 중에서도 필요한 양에 비해 에너지 자원의 국내 생산량이 가장 빈약했기 때문에 페르시아만에서의 석유 수출이 중단되거나 줄어드는 사태만은 피하고 싶었다. 2011년 후쿠시마원자력발전소 사고 이후 일본에서는 원자력 발전량이 급격히 감소했고 대신 저렴한 가격의 석유 수요가 크게 증가했다. 군 의장대를 사열한 후, 아베 총리와 로우하니 대통령은 꽃과 양국의 국기가 장식된 개인 접견실의 화려한 의자 위에 앉았다. "긴장 상태가 발생한다면 그 뿌리는 이란에 대한 미국의 경제전쟁이다. 이 전쟁이 멈춰야 비로소 우리는 중동 지역과 세계의 대단히 긍정적인 발전을 목도할 수 있을 것이다." 로우하니의 말이었다. 위협이 시작된 것이다. 이후 있었던 이란 최고지도자의 만남에서 아베는 트럼프 대통령의 뜻을 전했다. 하메이니는 여기에 대한 답변을 거부했다.[17]

로우하니와 하메네이가 아베를 초대했을 때 이란혁명수비대 해군은 오만만에서 인도양으로 향하고 있는 일본 유조선 코쿠카 커리지어스Kokuka Courageous의 이동 경로를 추적하고 있었다. 아베 총리가 최고지도자 하메네이를 만나기 몇 시간 전 해군 소속 고속정 한 척이 어둠을 틈타 유조선에 접근하여 선체 부착용 폭탄을 설치했다. 고속정이 멀어지면서 폭탄이 폭발했고 유조선의 우현이 뚫리면서 함교가 흔들렸다. 그리고 선미에는 너비 1.5미터의 구멍이 생겼다. 바다로 기름이 흘러들어갔지만 유조선의 격실 구조 덕분에 큰 피해는 없었다. 설치해둔 폭탄이 전부 폭발하지 않은 것을 안 고속정이 다시 돌아왔다. 그때까지 유조선의 선원들은 모두 대피했으며 미 해군은 유조선을 감시했고 해군 소속 항공기가 폭발하지 않은 폭탄을 제거하는 IRGC 요원들의 모습을 촬영했다.[18] 그날 아침 공격을 받은 건 일본 유조선뿐이 아니었다. 바로 한 시간 전에는 노르웨이 유조선 프런트 알테어Front Altair도 폭탄으로 인해 피해를 입었다. IRGC는 아베 총리뿐 아니라 이란에 화해의 뜻을 전하려는 모든 대상들에게 모욕을 주기 위해 그런 작전 시간을 정한 것이 분명했다. 이 공격은 이란과의 협상을 이란 정권의 본질과 공격적인 행동을 이끌어내는 이념과 분리해서 생각하는 쪽을 택했던 사람들에게 다시금 현실을 일깨워주는 역할을 했다.

이란이 상황을 더 악화시키기로 결정한 것이 분명해지자 미국은 이 지역에 추가로 병력을 배치하겠다고 발표한다. 유조선 공격이 있은 지 일주일이 지나지 않아 이란은 미사일을 발사해 공해상에서 원격 조종으로 움직이는 미국의 정찰기를 격추했다. 미국은 보복 직전까지 갔지만 트럼프 대통령은 이란이 입을 인명 피해를 염려했고, 대응이 도발에 비해 지나치게 과할 것이라는 자신의 판단에 따라 계획된 공습을 중단시켰다. 일부에서는 미국이 유리한 입장에 서 있는 외교적, 경제적, 재정적 압박을 통해 장기적으로 이란에 대응하려는 이런 결정에 박수를 보냈지만, 보복 공격이 없자 이란 지도자들은 더욱 대담하게 나왔다. 그건 마치 트럼프 대통령이 이란 측을 협정에서 탈퇴시키려고 유도하는 것처럼 보이기도 했다. 트럼프 대통령은 기자들에게 이렇게 말했다. "진실을 알고 싶은가? 나는 고의적인 공격이라고는 믿지 않는다…… 내 직감으로는…… 누군가의 실수라고 생각한다."[19] 대통령의 발언에도 어떤 의미가 있었겠지만 미국 지도자들이 최근의 침략 행위를 이란이 계속해서 미국에게 대항해온 40년간의 대리전쟁의 맥락에서가 아니라 별도의 사건으로 보는 경향을 나타내는 징조였다.

* * *

미국 행정부가 여섯 번 바뀌는 동안 이란에 대한 미국의 정책은 전략적 공감의 부족과 역사적 기억, 정서, 그리고 이념이 이란 정권의 행동을 어떻게 이끌고 있는지 제대로 이해하지 못하는 문제들을 겪고 있다. 효과적인 이란 전략에는 전략적 공감이 필요하다. 다시 말해 잘못된 핵협정을 뒷받침하는 잘못된 가정과 1979년부터 시작된 이란의 적대 행위에 맞서기 위해 우리가 채택한 비효율적이고 일관성 없는 전략들을 모두 거부해야 한다는 뜻이다.

중국의 번영이 경제와 정부의 자유화로 이어질 것이라고 오랫동안 믿어왔던 것처럼 오바마 대통령은 "제재 완화의 혜택을 확인시켜" 이란이 "경제와 국민에 더 집중"하도록 설득할 수 있기를 희망했었다. 오바마 국가안보부보좌관인 벤 로즈Ben Rhodes는 JCPOA와 전쟁 사이의 잘못된 선택을 근거로 미국 국민들에게 이란과의 협정을 선전하고 이란이 "국제사회와 더 많이 교류하게 되면서" 이번 협정이 "이란 행동의 진화"를 가져올 것이라고 주장했다.[20] JCPOA는 제재 조치 완화와 같은 화해를 위한 행동이 이란 지도자들의 행동을 완화시키거나 열정이나 이념보다는 이익을 우선시하도록 만들 것이라고 믿었던 미국 지도자들의 첫번째 사례가 아니다. 온건한 관계에 대한 희망으로 인해 일부에서는 1979년 혁명 이후 이란 지도자들이 위협이나 압력이 있을 때만 미국과 소통하려는 경향이 있다는 사실을 무시하게 되었다. 이러한 소통의 시도는 테러 공격으로 인한 결과를 피하거나 파괴 행위를 위한 자금을 더 확보하려는 이란 지도자의 진정한 의도를 가려주는 겉치레로 이용이 되었다.

예를 들어 1979년 지미 카터Jimmy Carter 대통령의 행정부는 이란의 혁명파들에게 서방측을 반대하는 정서가 얼마나 깊이 뿌리박혀 있는지 제대로 알아차리지 못했다. 아야톨라 루홀라 호메이니와의 관계를 발전시키고 이란이 소련에 대항하는 냉전시대 중동 지역의 보루로 유지되기를 희망했던 카터 행정부 관료들은 반미를 외치는 혁명 구호에 귀를 닫고 호메이니가 자국 국민들에게 저질렀던 공포정치로부터 눈을 돌렸다. 1979년 11월 1일 알제리를 방문한 국가안보보좌관 즈비그뉴 브레진스키Zbigniew Brzezinski는 환영회에서 이란의 총리 메흐디 바자르간Mehdi Bazargan을 찾아가 미국이 새로운 이란 이슬람 공화국과의 관계를 위해 문을 열어둘 것이라고 말했다. 이란의 신문들은 두 사람이 악수하는 사진을 지면에 실었고, 이 사진과 함께 왕좌에서 물러난 무함마드 레자 팔레비가 치료를 위해 미국에 입국했다는 소식도 나왔다. 그런데 뜻밖에도 이란의 혁명파들은 이 두 가지 소식을 합쳐 CIA와 미군이 팔레비를 복권시킬 준비를 하고 있다고 생각했다. 분노한 이란 학생들이 수도 테헤란에서 미국 대사를 붙잡고 52명의 미국 국민들을 인질로 억류하면서 알제에서의 미국과 이란의 대화는 그것으로 끝이 났다. 지미 카터의 후임 대통령에게까지 이어지는 444일 간의 위기가 시작된 것이다. 1981년 1월 20일, 로널드 레이건Ronald Reagan이 대통령으로 취임 선서를 한 지 얼마 뒤, 이란 정부는 겨우 인질들을 석방했으며, 이런 행동은 선의를 담은 화해의 손짓으로 받아들여졌다.[21] 당시 육군사관학교 신입생이었던 나는 테이어 로드Thayer Road에서 다른 생도들과 줄지어 서서 녹색과 흰색으로 칠해진 6대의 군용 버스에 나눠 타고 조국에 다시 돌아오는 인질들을 맞이했다. 이들은 사관학교를 지나 테이어호텔로 가서 가족들과 함께 3일 동안 휴식을 취한 후 집으로 돌아갔다.

압박을 받은 이란 정권은 인질들을 석방했다. 1980년 9월 이라크가 이란을 침공하면서 이란의 외교적, 경제적 고립에 대한 비용이 더 증가했다. 이 파괴적 전쟁의 첫번째 단계로 이란이 비축해둔 무기와 군수물자가 바닥이 났다. 이란 군대는 동맹국 시절의 미국이 만들어 준 것이나 다름없었기 때문에 이란 정권은 자신들이 "거대한 악마" 라고 부르는 미국에게 도움을 요청할 수밖에 없었다.

레이건 2기 행정부 시절, 그리고 1983년 10월 이란의 지원을 받은 공격으로 레바논의 해병대 기지에서 241명이 사망하는 사건이 있은 지 2년 만에 미국은 레바논의 미국 인질들이 풀려나는 대가로 이란에게 미사일을 제공했다. 이란은 필요한 무기를 얻은 후에 다시 테러 조직을 지원해 미국 국민 3명을 더 인질로 붙잡았다. 이란의 급진파

혁명주의자들이 이 당혹스러운 인질과 무기의 거래 사실을 폭로했고 레이건 행정부는 마지막 임기 2년 동안 큰 곤란을 겪게 된다.[22]

부통령 시절 이런 추문에 휩싸이긴 했지만 레이건의 뒤를 이어 대통령이 된 조지 H. W. 부시 대통령은 이란과의 관계, 특히 레바논에 억류된 미국 인질 9명의 석방에 대해 긍정적으로 생각하고 있었다. 새로운 미국 대통령은 취임식 연설에서 평화를 제안하며 이란이 인질 석방에 도움을 주면 양국의 관계가 바뀔 수 있다고 언급했다. "선의는 선의를 낳는다. 선의는 그렇게 끝없이 이어질 수 있다."[23] 부시 행정부는 이란의 관계개선 의지를 시험하기 위해 국제연합의 중개자가 테헤란을 방문하게 해달라고 요청했다.

기대가 한층 높아졌다가 희망이 순식간에 무너지는 악순환이 반복되었다. 1989년 아야톨라 호메이니가 사망한 이후 아야톨라 알리 하메네이가 이란의 최고지도자가 되었고, 인질들과 무기 교환을 주도했던 아크바르 하셰미 라프산자니Akbar Hashemi Rafsanjani가 대통령이 되었다. 사업가이자 정치가, 그리고 성직자였던 라프산자니는 바자bazaar, 즉 이란의 상인 계급과 강한 유대관계를 맺고 있었다. 전쟁은 이란 경제를 뒤흔들었다. 사회 기반 시설들은 무너져내렸고 석유 생산도 어려움을 겪었다. 부시 행정부는 1979년 테헤란의 미국대사관 공격 이후 동결되었던 이란의 해외 자산 5억6,700만 달러를 풀어주며 관계개선을 위한 의지를 보여주었다.[24] 그렇지만 라프산자니는 그런 선의를 보여줄 능력도 의지도 없었다. 그와 상인 계급의 세력은 하메네이와 보수파 성직자, 그리고 보안 기관을 비롯한 IRGC의 동맹보다 훨씬 약했던 것이다.

그러는 사이 IRGC는 정치적 적대 세력과 서방측 시설을 공격할 무기들과 함께 테러 조직들을 유럽으로 계속 보내고 있었다. 1989년 이란 요원들은 오스트리아 빈에서 쿠르드계 이란 저항 세력의 지도자인 압둘 라흐만 가셈루Abdul Rahman Ghassemlou를 살해한다. 같은 해 호메이니는 이슬람 율법에 따른 명령, 즉 파트와fatwa를 통해 인도계 영국 소설가인 살만 루슈디Salman Rushdie의 암살을 지시한다. 그의 작품 『악마의 시*The Satanic Verses*』에 최고지도자가 신성모독으로 간주할 만한 내용이 들어 있다는 이유였다. 이듬해에는 이란의 자칭 "외교관"이 스위스 제네바에서 이란의 인민무자헤딘People's Mujahedin을 세운 마수드 라자비Massoud Rajavi의 형 카짐 라자비Kazem Rajavi를 사살한다. 1991년 이란의 암살자들은 10년 전 실패를 잊지 않고 다시 돌아와 파리에서 이란 왕조의 마지막 총리대신이었던 샤푸르 바티아르Shapour Bakhtiar를 암살했다. 그리고 1992년에는 베를린의 어느 그리스 식당에서 세 명의 저명한 쿠르드계 이란 지도자들과 통역 담당이 살해당했다.[25]

부시 대통령이 평화를 제안하고 유럽이 이란과의 경제적 교류를 늘려감에 따라 이란이 지원하는 레바논계 테러 조직인 헤즈볼라가 전 세계로 진출하게 되었다. 이들의 국경을 가리지 않는 공격에는 1989년 런던에서의 루슈디 폭탄 암살 실패, 1992년 29명이 사망한 아르헨티나의 이스라엘대사관 폭탄 공격, 그리고 1994년 아르헨티나의 유대인 지역 회관 폭파로 85명이 사망한 사건 등이 포함된다.[26] 그리고 파나마 콜론에서 파나마 시티로 가던 알라스 치리카나스Alas Chiricanas 항공 901편에서 폭탄이 터져 탑승객 21명이 전원 사망하기도 했다. 1996년에 헤즈볼라는 사우디아라비아의 호바르 타워Khobar Towers 단지를 공격해 미 공군 소속 19명이 사망했다. 라프산자니의 후계자 무함마드 하타미Mohammed Khatami는 다른 이란 지도자들이 늘 그랬듯 이란이 해외 테러 공격을 지원한다는 사실을 단호하게 부인했다. 그는 이란의 개혁에 대한 희망을 피력하며 "논리와 법치가 통하는 세상이 올 것을 굳게 믿고 있는 정치적 성향"과 "법을 초월할 수 있는 존재가 있다고 믿는 또다른 성향"이 힘겨루기를 하고 있는 이란 내부의 정치적 경쟁에 대해 설명했다.[27] 어쩌면 "문명인들 사이의 대화"를 요구한 이 새로운 이란 대통령은 이란의 테러 공격을 끝낼 수 있을지도 몰랐다. 호바르 타워 공격에 대한 이란의 책임이 분명해지고 관계개선의 가능성을 엿본 빌 클린턴 미국 대통령은 보복을 포기하게 된다.

이렇게 이란의 공격에 맞서는 것을 계속 꺼리는 식으로 전략적 자아도취는 계속되었다. 2001년 조지 W. 부시 행정부가 시작되었을 때도 이란 내부의 온건파와 개혁파 세력을 바탕으로 한 관계개선에 대한 희망은 여전히 남아 있었다. 9/11 공격의 비극은 알카에다나 탈레반과 같은 공동의 적들에 맞서 함께 싸울 수 있는 기회를 제공하는 것처럼 보이기도 했다. 미국의 아프가니스탄 침공 이후 이란과 미국 외교관들은 새로운 아프가니스탄 정부의 구성에 대해 논의하기도 했지만, 그런 협력에는 한계가 있었고 그나마 곧 끝이 나고 말았다.[28] 2002년 1월 신년 국정 연설에서 부시 대통령은 이라크와 북한에 이란까지 포함해 "악의 축axis of evil"이라고 명명했다. 이란 측은 외교 접촉을 중단했다. 이란이 연설을 통해 깨달은 건 이란의 경제적 약점, 이란의 핵무기 개발 계획에 대한 국제적 인식 확산, 이란의 대리전쟁 강화 등이 합쳐진 상황이 미국의 반감보다 더 중요하다는 사실이었고 미국과 이란의 심각한 관계는 이미 다음 단계로 넘어가고 있었다.

이란의 소위 온건파는 주로 미국과 서방측의 상상 속에서 온건하다는 것일 뿐 이란 국내에서는 실제로 거의 그렇지 않았다. 2001년 12월, 하타미 이전에 이란의 온건파에 대한 서방측의 기대를 한껏 부풀게 했던 전 대통령 라프산자니는 테헤란대학교 연단에서 이란 정부의 공식 주간 설교에 이런 내용을 덧붙였다. "언젠가 이슬람 세계가 이스라엘이 현재 보유하고 있는 그런 무기를 갖추게 된다면, 이스라엘 안에서 단 한 발의 핵무기만 사용되어도 모든 것이 다 끝장날 것이기 때문에 제국주의자들의 전략은 중단될 것"이라고 선언을 한 것이다. 2002년 8월에는 한 이란의 망명 단체가 나탄즈Natanz에 핵무기와 원자로에 사용하기 위해 우라늄을 농축할 수 있는 비밀시설이 있음을 밝혔다.[29] 이란의 핵폭탄은 미국을 중동 지역에서 몰아내고 아랍 국가들을 지배하며 이스라엘을 파괴하기 위한 대리전쟁에 사용될 궁극의 무기였다.

페르시아어 방송과 시민사회 단체 지원을 통해 이란 정권의 본질 변화를 장려하는 계획을 시작했지만 부시 행정부는 동시에 미국의 기독교도와 유대인들만큼이나 이란 시아파 이슬람교도들을 증오하는 것처럼 보이는 조직인 알카에다에 맞서기 위해 이란과의 협력을 추구했다. 2003년 미군과 영국군은 이란군이 8년에 걸친 전쟁을 통해서도 해내지 못했던 사담 후세인 제거를 단 몇 주 만에 끝내버렸고, 다시 협상에 참여하게 된 이란 측은 부시 행정부의 다음 정권 교체 대상이 자신들이 될지 모른다며 두려워했다. 그렇지만 IRGC와 이란의 안보기관들은 공동의 적이라고 생각되는 대상에 맞서 미국과 협력하는 대신 알카에다 지도자들에게 안전한 은신처를 제공하고 그

들이 미국과 아랍 군주를 표적으로 삼도록 도왔다.[30]

하지만 사실은 이란 역시 알카에다를 이용해 이라크에서 종파 간 내전을 일으켰고 그 덕분에 이란은 옛 바트당 세력에 대한 보복을 감행할 수 있었으며 또 이란을 대신해 싸우는 부대를 구성하고 이라크의 각 기관에 이란 세력을 침투시킬 수 있었다. 이라크 침공 후 미국이 제대로 승리를 활용하지 못하면서 IRGC와 MOIS, 그리고 대부분 지난 왕조 시대의 비밀경찰 SAVAKSāzemān-e Ettelā'āt va Amniyat-e Keshvar 출신들로 구성된 이란의 국내·외 첩보 조직들이 이라크에서 마음껏 활동할 수 있는 기회가 열렸다. 이란 측 정보요원들은 아무런 제지도 받지 않고 국경을 자유롭게 통과했다. 미군과 연합군이 늘어나는 반란군에 애를 먹자 미국의 전통적인 군사력에 대한 이란의 두려움도 사라졌다. IRGC와 이란의 편을 드는 이라크 민병대들은 미국에 대한 대리전쟁을 더욱 확대해나가면서 미군 병사들도 자신들의 목표물에 추가했다.

이 민병대는 이른바 폭발성형관통자explosively formed penetrators, EFPs라고 하는 이란에서 만든 임시 폭발물로 남녀를 가리지 않고 미군 병사들을 살해하기 시작했다. 이 EFP의 구조는 단순하지만 치명적이다. 금속이나 플라스틱 관 안에 폭발물을 넣고 구리나 강철 원반으로 앞을 막은 후 폭발시킨다. 그러면 원반은 폭발 순간 녹아 금속덩어리가 되어 일종의 탄환처럼 군용 차량의 장갑을 관통할 수 있을 정도의 속도로 날아간다.[31] EFP는 임시 폭발물이라고는 하지만 이란에서 제법 정밀하게 제조되었을 뿐만 아니라 이란 정권은 이 무기를 해외 전장으로 수송하기 위해 복잡하고 혁신적인 밀수 기술과 연결망까지 개발하고 구축했다.

그렇지만 미국 행정부는 일부 민간인을 비롯한 군 장교들에게 이란의 침략에 맞서도록 촉구를 하면서도 이란의 단계적인 전쟁 확대에 대해서 신속하게 대응하지 못했다. 오바마와 트럼프 행정부가 탈레반은 아프가니스탄과 파키스탄의 알카에다와 별도의 조직이라는 자기기만에 빠져 있었듯이, 부시 행정부도 이란 지도자들은 이라크에 파견된 이란 요원들이 수백 명의 미군을 죽이고 있다는 사실을 그냥 모르고 있을 수도 있다는 말도 안 되는 이론에 빠져들었다. 부시 대통령은 치명적인 무기인 EFP가 이란에서 왔다는 반박할 수 없는 증거에 대해 질문을 받자 이렇게 대답했다. "우리가 현재 알 수 없는 건 이란의 지도자들이 그 쿠드스부대에게 그런 공격을 하라고 명령했는지에 대한 여부이다."[32] 바로 이틀 전에는 피터 페이스 합동참모본부 의장이 이란으로부터의 무기 선적이 "확실하게 이란 정부가 직접 이 일에 관여하고 있다"는 의미는 아니라고 말하기도 했다. 나는 제3기갑연대의 사령관으로 이라크에 있을 때 이런 발표문들을 읽었다. 나나 우리 연대 병사들에게는 모호한 것이 없었다. 바그다드 남부 지역에서 사상자가 늘어나고 있는 건 이란혁명수비대의 쿠드스부대가 주도하는 연결망을 통해 제공된 이란이 만든 EFP 때문이었다. 공격을 한 사람들 역시 IRGC의 쿠드스부대에게 훈련과 지시를 받았다. 이란의 지도자들에게 2003년부터 2011년까지 이라크에서 발생한 모든 미군 사망자의 17퍼센트 이상인 600명 이상의 미군을 살해한 책임이 없다는 사실도 믿을 수 없었다.[33] 테헤란을 위한 변명거리를 만들어내고 널리 알리고 있을 때까지도 이런 화해를 위한 노력은 이란의 파괴적인 활동을 줄이지도 못했고 개혁파들의 입지를 더 강화시켜주지도 못했다. 그 대신 강력하게 대응을 하지 못하면서 혁명파들의 대응만 더욱 강경해졌다.

2005년부터 2013년까지는 마흐무드 아흐마디네자드Mahmoud Ahmadinejad 대통령과의 대결이 벌어졌다. 그와 이란의 보수파는 석유 판매 수입이 올라가자 거기에 맞추기라도 하듯 기세를 올렸으며 이란 정권은 말뿐 아니라 행동으로도 이스라엘과 미국, 사우디아라비아 및 영국에 대한 조치를 강화했다. 2006년 7월 12일, 헤즈볼라는 이스라엘 군인 2명을 납치하고 헤즈볼라의 지도자인 하산 나스랄라Hassan Nasrallah가 예상했던 것보다 훨씬 더 큰 전쟁을 일으켰다. 270명 이상의 헤즈볼라 전사를 포함하여 1,200명의 레바논 사람들이 158명의 이스라엘 사람들과 함께 사망했다. 뒤이어 아흐마디네자드는 헤즈볼라, 그리고 팔레스타인 테러 조직인 하마스와 팔레스타인 이슬람 지하드에 대한 지원을 크게 늘렸다. 2007년 1월 20일, 이라크에서 테헤란의 대리인들이 미군에 대해 더욱 대담하게 직접적인 행동에 나섰다.

카이스 알-카잘리Qais al-Khazali는 무장 단체인 아사입 알 알-하크를 이끌고 카르발라Karbala의 합동협조본부Joint Coordination Center를 공격했다. 이라크 경비대를 속이기 위해 미국 군복을 입은 조직원들이 미군 1명을 죽이고 4명을 인질을 붙잡았다. 인질들은 모두 나중에 잔혹하게 살해된다. 쿠드스부대는 심지어 대담무쌍하게도 미국 본토에서 암살과 테러 공격을 계획하기도 했다. 2011년 10월 11일 미국 정부는 주미 사우디아라비아 대사 아델 알-주베이르에 대한 암살 시도를 저지했다. 대사가 가장 좋아하는 워싱턴 식당에서 계획대로 공격이 진행되었다면 많은 주변 사람들도 함께 사망했을 것이다. 한 달 보름 후인 2011년 11월 29일 이란 시위대가 테헤란에 있는 영국대사관으로 몰려가 점거하고 "영국에게 죽음을"이라고 외치며 건물과 중요한 물건들을 뒤지고 약탈했다. 이러한 불온한 움직임은 영국이 이란 정권에 대한 새로운 제재를 발표한 뒤 일어났으며, 시위는 이란 정권의 후원을 받은 것으로 알려졌다.[34]

그렇지만 이란은 대리전쟁을 강화하고 핵무기를 보유하려는 노력에 대한 대가를 치르고 있었다. 미국 정부가 이라크에서 이란의 지도자들에게 공격의 책임을 돌리는 데 머뭇거릴 때 미군은 늘어나는 시아파 민병대의 공격에 즉시 대응했다. 2007년 1월, 미군 특수작전부대는 IRGC의 기지로 의심되는 에르빌Erbil의 이란영사관을 급습했다. 두 달 후인 3월에 바스라에서는 연합군 특수작전부대가 1월에 있었던 카르발라 공격에서 미군 5명을 죽이는 데 참여했던 한 테러 조직을 공격했다. 당시 체포된 사람들 중에는 공격을 주도했던 알-카잘리와 동생, 그리고 레바논 헤즈볼라 측 고문으로 이란 측에 협력해 이라크 헤즈볼라를 만들려고 하던 물라 알리 무사 다크둑Mullah Ali Mussa Daqduq도 있었다. 연합군부대는 또한 말리키 이라크 총리가 2007년 시작한 이라크 남부 마흐디부대에 대한 "기사단의 돌격Charge of the Knights" 공세를 지원했다. 말리키 총리는 이브라힘 알-자파리나 또는 아흐메드 찰라비Ahmed Chalabi 같은 이란에 완전히 종속된 인물로 총리를 바꾸려는 음모를 사전에 알아챈 것이다. 미군의 이런 강경한 대응은 시아파 민병대와 IRGC를 놀라게 했다. 쿠드스부대 사령관 가셈 솔레이마니는 특히 에르빌영사관에서 쿠드스부대 장교 5명이 체포된 것을 우려했고, 앞으로도 비슷한 일이 일어날까 두려워 이라크에서의 IRGC 작전과 투입 인원을 축소했다.[35]

2005년부터 부시 행정부와 유럽의 동맹국들은 이란이 핵무기 보유를 추진하는 것에 대응하여 경제 제재와 함께 이른바 비밀작전의 형태로 이란에 대한 압력을 늘려갔다.[36] 오바마 행정부로 바뀐 뒤에도 압력은 계속되었고 2012년부터 이란 경제는 크게 위축되었다. 그 후 2014년 유가마저 하락하며 안 그래도 강화된 제재와 함께 이란 경제는 붕괴 위기에 빠지게 된다.[37] 이란은 국내·외적으로 크게 흔들리고 있었다. 이란의 동맹인 시리아의 바샤르 알-아사드 역시 그 끝이 멀지 않은 것처럼 보일 정도였다.

이란에게는 탈출구가 필요했다. 2013년 새로운 지도자인 하산 로우하니 대통령과 자바드 자리프 외무부 장관은 이스라엘에 대해 짐짓 더 우호적인 태도를 보이면서 마음 사로잡기에 나섰다. 아흐마디네자드 대통령의 나치 유대인 대학살에 대한 부인과는 대조적으로, 자리프 외무부 장관은 나치의 대량학살을 "끔찍한 비극"으로 묘사했으며, 심지어 이스라엘과 팔레스타인이 평화협정에 합의하면 이란 정부가 이스라엘을 인정할 수도 있다고 제안했다.[38] 다시 한번, 서방측 지도자들은 이란이 화해의 손짓에 응답하며 이번에는 어쩌면 정말로 행동을 고쳐나갈 것이라고 믿어보려 했다.

그렇지만 이란은 시리아 정권과 헤즈볼라, 이라크 민병대, 예멘의 후티파민병대에 대한 지원을 늘려가며 대리전쟁을 더 강화하고 있었다. 예를 들어 2014년 2월 이란은 아사드 정권에 힘을 실어주기 위해 수백 명의 "군사전문가"와 쿠드스부대 사령관, 그리고 IRGC 부대를 시리아로 보냈다. IRGC가 만들어 지휘하는 아프가니스탄 시아파 민병대인 파테미윤 사단Fatemiyoun Division은 약 2만 명의 전사들로 이루어진 사단 규모로 성장했다. 2014년 한 해 동안 이란은 인력과 군수물자지원을 통해 아프가니스탄 탈레반에 대한 지원을 조용히 늘려갔다.[39] 이란의 지도자들은 동시에 핵무기 개발 계획까지 추진했다. 서방측 외교관들과 협상을 벌일 때 최고지도자인 하메네이는 협상장에서 논의되고 있는 1만 대 규모가 아닌 19만 대의 원심분리기가 목표라고 발표했다. 그럼에도 불구하고 오바마 행정부는 이전과 마찬가지로 화해가 가능할 것이라는 희망을 바탕으로 이란 정권에 대한 압력을 완화하기로 결정을 한다. 이란의 민주화 세력이 2009년 녹색운동Green Movement을 벌이며 서방측 민주주의 국가들에게 손을 내밀었지만 미국 행정부는 이란 정권을 자극하지 않으면서 관계개선 가능성을 가로막지 않기 위해 애매한 태도로 일관했다. 시리아가 화학무기를 동원해 민간인들을 학살한 사건에 대해 "선을 넘었다"는 경고를 보내지 않기로 한 결정은 부분적으로는 이란 측에 대한 양보나 마찬가지였다. 미국 행정부는 시리아 정권의 무기고에서 화학무기를 제거하려는 노력의 협력자로 이란을 지목하기도 했다.[40]

초창기 이란 핵협상에 대한 미국 행정부의 높은 기대는 이란의 침략 시도를 견제할 수 있는 중요한 노력들을 축소하는 것으로 이어졌다. 2008년부터 2016년까지 실시되었던 프로젝트 카산드라Project Cassandra는 레바논 헤즈볼라의 국제 테러 조직 연결망을 비롯해 이란의 해외 대리전쟁 자금 조달을 방해해왔다. 그렇지만 재무부 관료인 캐서린 바우어Katherine Bauer가 나중에 회상했듯 "이란의 심기를 거스르고 핵협상을 어렵게 만들까 두려워 우리가 하던 일이 크게 위축되었다."[41]

그리고 일단 협정이 발효되자 오바마 행정부는 합의 내용이 취소될 수도 있는 대립은 피하기로 결정한다. 미국의 자금이 이란으로 유입되고 이란의 수출이 세 배로 늘어남에 따라 테러 조직 및 중동 지역 전역의 IRGC 운용 자금이 크게 늘어났다. 헤즈볼라는 매년 7억 달러를 추가로 더 지원받았다. 또다른 1억 달러는 다양한 팔레스타인 무장 단체와 테러 조직으로 흘러들어갔다. JCPOA 덕분에 이란 정권은 재정뿐 아니라 심리적으로도 더 단단해졌다. 협정서 서문에 명기된 내용에 따르면 협정에 참여한 국가들은 "선의를 가지고 건설적인 분위기 속에서 이 JCPOA를 이행할 것"이며 "협정의 내용과 정신, 그리고 의도와 일치하지 않는 행동을 삼가기로" 되어 있었지만, 오히려 IRGC는 시리아와 이라크, 레바논, 예멘 및 사우디아라비아 동부 지역에서 군사작전을 더 확대시켜나갔다. 예를 들어, JCPOA에 서명한 지 불과 몇 개월 후인 2015년 10월, 수백 명의 이란 병사들이 이들리브와 하마에서 열흘 동안 이어진 공세에 힘을 보태기 위해 시리아에 도착했다. IRGC는 또한 국제연합 안전보장이사회의 결의를 위반하는 일련의 탄도미사일 시험을 계속하여 협정 체결 후 2017년 2월까지 14발의 미사일을 시험 발사했다. 여기에는 인공위성을 가장한 장거리 탄도미사일도 포함이 되어 있었다. 상당수는 실패로 돌아갔지만 이란의 미사일 기술은 계속 발전했으며 2017년 6월에는 테헤란에서 일어난 테러 공격에 대응하고 또 이란의 새로운 역량을 과시하기 위해 6발의 미사일이 이라크 내 이란 영토에서 발사되어 시리아의 데이르 알-조르에 있는 ISIS 통제 지역에 떨어지기도 했다.[42]

오바마 행정부는 이란과의 화해를 새로운 차원으로 끌어올렸다. 이란이 2015년 여름 협정서에 서명하기 직전에 미국 국무부는 유로화와 스위스 프랑화 다섯 상자를 제네바로 실어날랐고, 거기에서 다시 테헤란으로 가는 이란 화물기에 실었다. 같은 날 이란은 사실상 인질이나 다름없었던 미국 국민 4명을 석방했다. 레이건 행정부에서 인질과 무기를 거래하던 일을 떠올리게 하던 작전이었다. 이란의 지도자들은 눈 가리고 아웅하는 이런 인질과 현금의 교환을 오바마 대통령이 2009년 6월 카이로에서 연설한 "화해를 위한 손짓"의 다른 표현이 아니라 오히려 미국의 약한 모습을 본 것처럼 대했다. 현금 지급과 인질 석방은 서로 아무런 관련이 없다는 거짓말은 이란이 인질을 이용한 협박으로 자신들에게 유리한 상황을 만들어가는 오랜 관행을 부추겼고, 테헤란의 혁명파들은 몸값 지불은 곧 미국이 자신들의 죄책감과 약점을 인정하는 것으로 생각했다. IRGC의 부정보국장 호세인 나자트Hossein Nejat는 몸값 지불은 곧 "미국인들 스스로 자신들에게는 이란을 공격할 아무런 권한이 없다고 말하는 것"이라고 언급했다.[43] 보상금을 받은 후 몇 달 동안 이란 정권은 미사일을 여러 차례 발사하는 것은 물론, 핵원료 비축량을 자랑하고 미국 국민들의 피를 손에 묻힌 IRGC 사령관에게 훈장을 수여했다. 그리고 미 해군 함정 2척을 나포해 10명의 승조원을 끌어와 방송에 내보낸 뒤 15시간 뒤에야 석방했다. 이란은 심지어 프린스턴대학교 대학원 학생으로 2016년 카자르Qajar왕조에 대한 연구를 수행하고 유라시아 역사 전공으로 박사학위를 받기 위해 페르시아어를 배우기 위해 와 있던 미국 국적의 왕시유Xiyue Wang, 王夕越를 억류하고 인질로 잡는 등의 지나친 행동도 서슴지 않았다. 늘 그랬듯 화해의 손짓은 이란의 단계적 세력 확장으로 이어졌을 뿐 행동의 자제로는 이어지지 않았다.

* * *

온건한 지도자와 개혁주의 정부에 대한 미국의 거듭되는 기대에도 불구하고 이란의 국내 정치 역학은 진정한 개혁을 거의 불가능하게 만든다. 언론을 자유화하고 경제를 부양하며 법적 절차를 거치지 않는 살인을 줄이기 위한 수년에 걸친 조용한 노력은 대부분 보수파 연합과 최고지도자인 하메네이에 의해 중단이 되고 말았다.

이란 최고의 입법기구인 이란 헌법수호위원회Guardian Council를 장악하고 정부 전체에 영향력을 행사하는 보수적인 성직자 집단은 허울뿐인 신앙을 내세우며 도덕적, 재정적 부패를 통해 권력을 유지하고 있다. 그리고 아야톨라와 정부 관료들을 돕는 광범위한 후원망을 보호하는 종교 자선 재단 보냐드bonyad가 그 뒤에 있다. 이 "자선 재단"들은 이란의 여러 사업들을 주무르며 정부 계약을 독차지하고 자금을 세탁하고, 외부 감사 없이 운영되며 물론 세금조차 내지 않는다. 이 재단의 운영책임자는 최고지도자가 임명하며 대부분 영향력 있는 성직자의 자녀들이다. 이란 정권에서 가장 큰 보냐드인 아스탄 쿠드스 라자비Astan Quds Razavi는 자동차 제조에서 농업, 석유 및 천연가스, 금융에 이르는 다양한 분야에서 100개 이상의 기업을 관리하고 있다.

부패는 성직자 집단을 넘어 안보기관과 혁명수비대까지 확대된다. IRGC는 수입 금지 물품과 마약을 밀매하며 수익을 거두고 있으며 이들의 부패한 연결망은 또한 정부와 경제에 대한 통제를 유지하기 위해 정치 개혁을 억압하고 있다. 예를 들어 헌법에 따라 성직자와 법조인들로 구성된 단체인 헌법수호위원회는 2004년 이란 의회 선거를 조작하고 개혁파들을 소외시켰으며, 그 결과 테헤란 시장이자 대중의 인기에만 영합하는 마흐무드 아흐마디네자드가 2005년 대통령 선거에서 라프산자니 대통령을 물리칠 수 있었다.[44] 하지만 2009년 대통령 선거야말로 가장 악명 높은 부정선거였다. 대부분의 경우 헌법수호위원회는 2020년 2월에 그랬던 것처럼 개혁파 후보들의 선거 출마 자체를 가로막는다. 2020년 총선에서는 7,000명 이상의 후보들이 선거에 출마 자체를 할 수가 없었다.[45]

역설적이게도 서방측의 화해 정책은 종종 개혁을 억압하려는 혁명파들의 노력에 더 힘을 실어주었다. 예를 들어 2004년과 2005년 유럽연합의 협상가들은 총선과 대통령 선거에서 혁명보수파가 승리한 이유가 부정선거 때문이라는 사실을 모르는 척 넘어갔다. 그들은 대립을 피하는 것이 핵협정에 대한 이란의 협력으로 이어질 것이라고 생각했다. 그렇지만 아흐마디네자드 대통령을 비롯한 혁명파들은 계속해서 내부적으로는 권력을 강화하고 밖으로는 새로운 침략을 시작했다.

해외에서의 공격적인 활동은 혁명파가 국내 권력을 강력하게 장악하고 있었기 때문에 가능했으며 또 전적으로 그 권력에 의존하고 있었다. 석유 수입이 늘어나면서 아흐마디네자드는 해외에서 테러 작전을 수행하는 IRGC의 파견부대인 쿠드스부대의 전력을 강화했다. 그리고 이에 대한 감사의 인사로 한층 더 강력해진 IRGC와 MOIS의 조합은 아흐마디네자드가 인기 높은 개혁파 미르-호세인 무사비 Mir-Hossein Mousavi와 맞대결한 2009년 선거에 개입한다. 무사비의 녹색운동을 녹색혁명으로 발전시켜 부패한 성직자 무리들을 끌어내리겠다고 위협을 했다. 1979년 이후 가장 큰 시위가 이란에서 벌어지자 IRGC와 국가안보를 위해 동원된 준군사 조직인 바시즈Basij 민병대가 시위대를 잔혹하게 진압한다.[46]

JCPOA는 최고지도자 하메네이와 보냐드, 그리고 IRGC에게는 뜻

밖의 횡재나 다름없었다. JCPOA를 통해 이들은 후원 연결망을 확장하고 중동 지역에서 대리전쟁을 더 확대시킬 수 있었다. 이란이 세계 경제에 다시 참여시키는 건 이론적으로는 민간 부문을 강화하고 상업 부문에 대한 정부의 지배력을 완화하며 온건파에게 힘을 실어주고 결국 시간이 지남에 따라 덜 적대적인 이란 정부를 만들어낼 수 있는 방법이었다. 그렇지만 제재 완화는 이란 시장을 개방하고 국가를 자유화하기보다는 혁명파들, 특히 보냐드와 IRGC의 세력을 더 강화시켜주었을 뿐이었다. 보냐드뿐 아니라 IRGC 역시 이란 경제체제의 핵심 요소다. 이란의 군부는 이란과 이라크 전쟁 기간 동안 경제적인 영향력을 크게 늘려갔으며 경제 부문의 20에서 40퍼센트 이상을 장악했다. JCPOA가 17억 달러를 지급한 후 첫 18개월 동안 110개 통상 협의 중 최소 90개와 약 800억 달러에 달하는 외부 투자를 모두 국영 기업들이 전담하게 되었다.[47]

* * *

제재 조치 완화가 행동뿐 아니라 정권의 본질도 바꿀 것이라는 믿음은 그동안 있었던 이란의 태도와 행동의 주된 원인은 결국 미국의 조치들이었다는 자아도취적 가정에 근거하고 있었다. 미국은 이란의 정치 구조를 잘 이해하지 못했을뿐더러 무시하곤 했다. 이란과의 핵협정 협상 과정에서 책임자로 나섰던 웬디 셔먼Wendy Sherman은 "협상을 제대로 하려면 우리의 적을 영원한 적이나 처리해야 할 상대방이 아니라 협력의 대상으로 보아야 한다"라고 제안했다.[48] 역효과를 불러오는 이란 정책은 대개 자기기만, 전문 지식의 부족, 역사에 대한 오해, 그리고 이란 지도자들의 정서와 이념에 대한 과소평가의 결과라고 볼 수 있다.

역사에 대한 피상적인 이해는 종종 완전한 무지보다 더 오해를 불러일으킬 수 있다. 오바마 행정부는 이란혁명과 관련된 일종의 "건국 신화"를 그대로 받아들였다. 1953년 이란의 총리대신 무함마드 모사데크Mohammad Mosaddeq를 몰아내고 국왕의 권력을 강화해준 정변이 외부에서 계획되고 실행되었다는 것이다. 이란의 혁명파들은 이런 정변의 신화를 통해 서방측 식민주의자들에게 일방적으로 피해를 입어왔다는 자신들의 대의명분을 강화했다. 오바마 행정부는 또 이 이야기를 듣고 이란이 하는 행동을 결정하는 핵심적 요인을 미국으로 보는 경향이 더 커졌다. 이란의 국왕에게는 총리대신을 해임할 합법적인 권리가 있었고, 모사데크가 해임을 받아들이지 않은 것 자체가 사실상 헌법에 위배되는 행위라는 사실을 언급하는 사람은 아무도 없었다. 이란의 혁명파들과 미국의 신좌파 역사가들에 의해 신격화된 총리대신은 물론 명예로운 애국자였지만, 모사데크의 신화는 그 신화의 주인공이 갖고 있었던 고집이나 강직한 성품이 어떻게 이란 경제를 무너뜨렸으며 좌파와 우파를 가리지 않고 모든 급진주의자들이 날뛸 수 있는 상황을 만들어주었는지를 간과하고 있다. 이란에서 군주제와 국왕은 여전히 인기가 있었고 모사데크 역시 군주제를 지지했었다는 사실은 아무도 기억하지 않는다. 영국과 미국의 정보기관들이 모사데크에 대한 음모를 진행했었지만 2017년에 공개된 수많은 문서들은 이란 국내 인사들의 지원이 결정적이었다는 사실을 보여주었다. 결국 이란 국왕의 세력이 불만 많은 지식인과 좌파 정치인들로 이루어진 모사데크의 보잘것없는 연합 세력보다 더 강했던

것이다.[49]

그러나 정변에 대한 이런 단순한 설명은 현대 세계의 병패들이 주로 자본주의 제국주의와 지나치게 강력한 미국으로부터 시작되었다는 신좌파들의 역사 해석에 동조하는 사람들에게는 큰 호소력이 있었다. 미국 대학에서 군사정변에 대한 일반적인 해석은 부분적으로는 베트남전쟁에 반대하는 의견에 따라 뒤늦게 만들어진 부산물이라고 볼 수 있다.

모사데크의 신화에 대한 잘못된 해석으로 인해 양국의 관계개선을 향한 첫걸음은 미국이 저질렀다고 주장하는 죄를 속죄하려는 움직임부터 시작되어야 한다는 주장이 나오기 시작했다. 예를 들어 2019년 텍사스대학교에서 발행한 『텍사스 국가안보 논평*Texas National Security Review*』에서는 아이젠하워Eisenhower 행정부가 모사데크 내각을 무너뜨리기로 결정한 "이유"를 조사한 내용을 발표한 적이 있는데, 다시 말해 실제로 미국이 그 일에 관여했다는 결론을 미리 내려놓고 왜 그랬는지 그 이유를 조사한 것이다. 또 NPR 웹사이트에서는 2019년 2월 머리기사에 "CIA가 4일 만에 이란의 민주주의를 전복시킨 방법"이라는 제목의 글이 올라오기도 했다. 2009년 이슬람 세계와 미국의 관계에 대한 카이로 연설에서 오바마 대통령은 "냉전이 한창이던 시절 미국은 민주적으로 세워진 이란 정부를 전복시키는 데 중요한 역할을 했다"고 언급했다.[50] 물론 오바마 대통령은 계속해서 이란 역시 미국 국민들에게 악행을 저지른 책임이 있다고 언급했지만, 모사데크와 관련된 정변에 대한 이런 간접적인 인정은 더 나은 관계로 이어지기 위해 미국의 잘못을 인정하는 것이나 다름없었다. 1953년 당시의 현실과는 상관없이 모사데크의 신화를 뿌리깊은 원한과 피해의

식, 그리고 혁명파들이 끔찍한 행동들을 저지르게 하고 또 그런 행동들을 합리화해주는 복수에 대한 갈망의 원인이자 증상으로 인식하는 것이 중요하다.[51] 그렇지만 미국은 모사데크의 몰락에 대해서라면 CIA보다 더 큰 책임이 있는 이란의 성직자 집단이 역사를 멋대로 이용하는 것을 그대로 묵인해서는 안 된다.

* * *

한때 국제사회가 기꺼이 받아들여줬던 이란이 중동 지역의 안정화를 위한 중요한 세력으로 발전해나갈 것이라는 가정은 이란 정권의 행동을 결정하는 더 큰 요인은 국내의 역학관계가 아니라 외부의 자극이라고 생각하는 자아도취의 경향에서 비롯된 것이다. 이란이 제재 완화로 바로잡을 수 있는 역사적 실수로 인해 적대적인 성향을 버릴 수 있을지는 몰라도, 일부에서 기원전 6세기부터 서기 19세기까지 존재했던 페르시아제국을 떠올리며 중동 지역의 잠재적인 평화와 안정의 근원으로 이란의 패권 확장을 정말로 환영하고 나섰던 건 그야말로 실제 역사하고는 거리가 먼 환상에 불과했다.

오바마 행정부의 인사들은 협정을 맺기 전에 상황을 면밀히 살펴보기보다는 그저 협정을 맺는 일에만 집중했다. 그리고 어쨌든 협정을 이끌어내기 위해 벤 로즈 같은 사람은 JCPOA에 반대하는 사람들은 또다른 이라크전쟁을 원하는 것뿐이라고 말하기도 했다. "그때도 틀리고 지금도 틀릴 수 있다라는 말이 우리가 외우는 격언이 되었다." 로즈의 회상이다. 또다른 전쟁이라는 말에 온통 사람들의 주의가 집중되었고 또 오직 전쟁을 피하려는 의지가 행정부의 다른 정책들을 완전히 압도했다. 그 정책들이 실제로 어떤 상관이 있는지는 중요하지 않았다. 이라크전쟁이라는 주제는 "전쟁이냐 아니냐"라는 상황밖에 없다는 거짓 주장에 의한 잘못된 선택의 오류로 이어졌다. 하지만 실제로는 최소한 선택지가 하나는 더 있었다. 로즈는 JCPOA를 지원하지 않으면 이란과 전쟁이 벌어진다는 잘못된 이분법을 내놓고도 이를 자랑스럽게 생각했다. 오바마 대통령도 역시 이를 만족스럽게 여기며 협정을 이끌어낼 수 있는 "최선의 근거"라고 할 정도였다.[52] 이 경우 생략된 선택지란 이란 정권에 대해 압박감을 느낄 때까지 계속 제재를 가하는 것이다. JCPOA가 있기 오래전, 이란의 지도자들은 자신들의 부패한 정권이 독재정치에 반대하는 세력을 언제까지 막을 수 있을까 염려하면서 제재 완화로 시작된 경제성장으로 불만에 쌓인 이란 국민들을 달랠 수 있는 "중국식 모형"에 대해 이야기하기 시작했다.[53] JCPOA에 따른 제재 완화로 이란 정권은 경제 악화와 환율 가치 하락을 막을 수 있는 현금을 확보할 수 있었다. 그렇지만 독재 정권과 군부의 힘이 강화되면서 개혁파가 힘을 얻기는 커녕 협정의 효력은 더 약화되기만 했다. 설상가상으로, 결함이 있는 핵협정을 이끌어내기 위해 조성한 화해의 분위기와 이란 지도부의 신뢰성에 대한 미국 정부의 확신은 이란 국민들에게서 중재의 주체이자 중재에 영향을 미칠 수 있는 잠재적인 세력으로서의 자격을 박탈했다. 로즈는 "우리는 비평가들이 핵 문제를 다른 문제들과 뒤섞어 생각하는 걸 원하지 않았기 때문에" 협정이 오직 핵 문제만을 다루는 것으로 알려지도록 지시를 내렸다."[54] 그가 말한 "다른 문제들"이란 자국 국민들에 대한 잔혹한 억압과 테러 조직들에 대한 지원, 그리고 중동 지역에서 계속되고 있는 폭력 행위 등이었다.

* * *

훗날 JCPOA를 그대로 유지하기로 결정한 사람들은 미국의 탈퇴는 근시안적인 결정이라고 주장했다. 그렇지만 JCPOA 자체도 이란의 핵무기 개발 계획을 이란 정권의 행동뿐 아니라 그 본질과 따로 떨어뜨려 생각했기 때문에 근시안적이라고 볼 수 있었다. 미국이 핵심 가치를 포기하고 자국민과 지역 주민을 억압하는 정권에 편승하면서 JCPOA는 성공적인 외교로 포장된 좋지 않은 정치적 결과를 낳고 말았다. 그렇지만 당시 오바마 행정부만 JCPOA를 뒷받침했던 그런 가정과 환상에 빠져 있었던 건 아니다. 협정에 함께 참여했던 다른 6개 국가들이 보인 선의도 결코 이란의 선의로 이어지지는 못했다. 이들이 내민 화해의 손짓이 미국과 이스라엘, 유럽, 그리고 아랍 왕국들에 대한 이란 정권의 영원한 적대감에 어떤 절제나 변화를 가져온 적은 단 한 번도 없다. JCPOA는 미국 정책에 있어 중요한 전환점으로 제시되었지만 실제로는 그저 오래전부터 있어왔던 오류나 환상과 다를 바가 없었다. 과거에 실패한 정책을 바로잡기 위해서는 이란 정권, 그리고 특히 이들의 이념이나 정서가 어떻게 이들의 행동을 이끌어내고 또 제한하는지에 대한 더 나은 이해가 필요하다.

10장

선택에의 강요

"종교와 정치가 서로 분리되어야 한다고 말하는 사람이 있다면 그것처럼 어리석은 일은 없을 것이다. 그야말로 이슬람교와 정치를 모두 다 모르는 사람이나 할 만한 소리다."

—호메이니KHOMEINI

도널드 트럼프 대통령이 2017년 10월 연설에서 발표한 새로운 이란 정책을 실행하는 것은 생각보다 어려운 일이었다. 특히 이란과 같이 방향의 전환이 중요한 경우 미국 정부의 모든 부서와 기관이 정책을 다른 방향으로 전환하는 건 대단히 어렵다. 그리고 실행에 있어서도 일부 마찰이 일어났던 건 화해 정책에 대한 지속적인 지지 여론 때문이었다. 나는 이란이 계속해서 세상을 불안정하게 만드는 대리전을 벌인다면 우리 역시 책임감 있는 국가로서 행동하며 그런 행동의 상응하는 혜택을 누리거나 아니면 제재와 고립으로 인한 고통을 겪든지 이란이 선택을 하도록 압력을 가해야 한다고 믿었다. 그렇지만 이란에게 그러한 선택을 강요하며 대결하는 걸 피하는 쪽을 계속해서 우선시하는 사람들이 있었다. 이들은 언젠가는 이란의 지도자들이

오바마 대통령이 바라던 대로 주먹을 쥔 손을 펼 것이라는 허망한 믿음에 집착했다.[1]

미국이 이란핵협정에서 탈퇴한 지 약 1년 뒤인 2019년 여름과 가을 동안, 이란의 석유 수출 규모와 통화 가치가 사상 최저치를 기록하자 이란은 사우디아라비아와, 아랍에미리트, 그리고 일본과 노르웨이의 유조선들을 공격했다. 또한 사우디아라비아 석유 시설에 대한 무인기 공격을 실시했고 반대로 미국의 무인공격기를 격추시키기도 했다.[2] 미국은 이런 상황들을 보며 정권의 본질 자체가 변화할 때까지 이란 지도자들은 대리전쟁을 포기하지 않을 것이라는 사실을 알아차렸어야만 했다. 이란의 침략은 또한 서방측이 경제적 유혹과 지속적인 접촉을 통해 이란 정권이 침략을 중단하도록 설득할 수 있다는 JCPOA의 개념을 여전히 지지하고 있던 미국 동맹국들의 환상을 깨뜨려주었을 수도 있다. 2019년 페르시아만 위기로 알려지게 되는 일련의 사건들은 이란의 외부 행동의 주된 동기는 혁명 이념이라는 사실을 더 분명하게 알려주었다. 이란의 혁명파들은 화해를 원하지 않으며 이란은 국가가 폭력을 휘둘러 원하는 목표를 달성하면서 동시에 책임감 있는 국가로서 국제적으로 대접을 받는 두 가지 길을 다 갈 수 있다고 믿고 있다. 어쩌면 적대적인 행동에 대한 국제적인 반응으로 인해 더욱 그런 자신감을 갖게 되었을지도 모르며, 또 이란의 적대적인 행동에 대해서 사람들은 최고지도자 아야톨라 하메네이나 헌법수호위원회, 혹은 IRGC 사령관이 내리는 결정보다 미국의 이란핵협정 탈퇴 결정에 더 많은 책임을 돌렸다. 수많은 상황과 위기 분석의 뒤에는 사실 "이란을 그렇게 만든 건 바로 미국이다"라는 속뜻이 숨어 있었다.

그렇지만 이란 정권이 "거대한 악마"나 "이스라엘에게 죽음을", 혹은 "미국에게 죽음을" 같은 말이나 구호를 외치는 건 단순히 선동을 위한 것만은 아니다. 미국과 이스라엘, 그리고 서방측에 대한 적대감은 이란혁명 이념의 근간이기도 하지만 혁명 이전까지 이어지는 역사적 뿌리를 가지고 있다. 이란의 지도자들은 19세기와 20세기 초 페르시아제국이 붕괴되고 주권을 상실했던 원인으로 제국주의와 외국 세력을 지목하며 깊이 분개하고 있다. 전략적인 위치와 석유 매장량으로 인해 과거 이란은 중앙아시아 전 지역에서 패권과 영향력을 놓고 영국과 러시아가 충돌하던 이른바 "그레이트 게임Great Game"이 벌어지던 주요 경기장이었다. 그렇지만 당시에는 이란도 그 경기에 적극적으로 참여했었다. 예컨대 1930년대 권위주의적 통치자였던 레자 샤Reza Shah는 자신의 권력을 굳건히 다지기 위해 독일과 이탈리아, 그리고 터키의 국가주의 극우파들과의 관계를 구축해나갔다. 제2차세계대전에서 추축국이 초기에 승리를 거두자 이란의 석유를 가지고 불공평하게 이득을 취해 분노를 샀던 영국을 쫓아낼 수 있는 기회라고 생각했지만 레자 샤의 판단은 빗나갔다. 북쪽에서는 소비에트연방이, 남쪽에서는 영국이 침공해오자 레자 샤는 이후 37년 동안 이란을 통치하게 될 그의 아들 무함마드 레자 팔레비에게 왕위를 물려주고 물러났다. 그리고 1943년, 이란은 추축국에게 전쟁을 선포한다.[3] 소비에트연방과 서방측의 냉전은 이란의 새로운 국왕에게 새롭게 바뀐 "그레이트 게임"을 보여주었으며, 이란의 정치와 경제에 대한 중요한 외부 세력으로 미국이 영국을 대체하게 되었다. 특히 1953년 모사데크 내각이 전복되는 동안 주권을 훼손당한 것과 관련해 미국과 영국을 향하게 된 분노는 거의 70년이 지난 지금까지도 이란의 외교 및 군사 정책의 주요 정서적 결정 요인으로 남아 있다.

그후 1979년이 될 때까지 아야톨라 루홀라 호메이니 같은 왕조의 반대파들은 반미 정서를 드러내는 것으로 인기를 얻었다. 1964년에는 이란에서 추방을 당하고 1978년 이라크에서도 추방된 후 호메이니는 프랑스로 건너가 나중에 정작 자신은 이란 국민들에게서 빼앗을 자유를 마음껏 누리며 반미와 반서방 선전을 퍼뜨렸다. 그는 파리 근교에 있는 노플-르-샤토Neauphle-le-Chateau의 작은 집에서 전화기와 녹음기에 둘러싸인 채 이란의 국왕을 미국의 꼭두각시로 비난하는 대담을 450회 이상 진행했다. 1979년 2월 1일 호메이니가 이란으로 돌아왔을 때 그를 맞이한 군중들은 서방과 이스라엘을 반대하는 구호를 외쳤다. 444일 간의 미국 인질 사태는 호메이니와 그의 동료 혁명파들에게 반미주의를 이용하여 권력을 장악할 수 있는 기회를 주었고 이란 정권은 오늘날까지도 이 방법을 이용하고 있다.[4] 2019년 11월, 정부가 휘발유 가격을 300퍼센트까지 올리고 거기에 배급제까지 실시하려 하자 이란에서 시위가 발생했다.[5] 그리고 IRGC는 대중들의 불만을 정권에서 미국 쪽으로 돌리기 위한 집회를 소집했다. IRGC 사령관은 군중 앞에서 연설을 하며 최근의 시위에 대해 미국을 비난했다. "우리는 현재 거대한 세계대전을 치르고 있으며 지금 이 순간 여러분은 당신의 오만한 외부의 세력들을 물리치고 있는 것이다. 최근 이란의 길거리에서 시작된 전쟁은 국제적인 음모일 뿐이다."[6]

이란의 지도자들을 움직이게 만들거나 가로막는 동기가 무엇인지 이해하는 건 미국의 정책을 위해서도 중요하지만 이란 국민들이 갖고 있는 광범위한 신념과 관점에 대한 공감과 관련된 문제이기도 하다. 1998년 “문명인들 사이의 대화”를 제안한 이란의 무함마드 하타미 대통령은 “대화를 유지하고자 하는 대상의 문명을 알아야 한다”는 사실을 깨달았다.[7] 그는 전략적 공감도 있어야 한다고 주장했다. 미국과 서방측에 대한 이란 국민의 태도는 획일적이지도 않고 언제든 변할 수 있기 때문에 미국과 이란의 국민들이 오랜 세월 우호관계를 맺을 수 있다면 혁명으로도 이어질 수 있는 것이다. 공공 및 민간 부문과 관련해 이란 측과 논의를 하다보면 이란과 미국이 서로 얽힌 역사의 긍정적 측면과 부정적 측면 모두에 대한 이해를 촉진할 수 있다. 하워드 바스커빌Howard Baskerville의 사례를 한번 살펴보자. 바스커빌은 이란의 서북부 타브리즈Tabriz에서 영어와 역사, 그리고 기하학을 가르치던 젊은 미국인 교사로 1905년에서 1911년까지 이어졌던 페르시아제헌혁명Persian Constitutional Revolution 과정에서 순교자가 된다. “나와 이 사람들의 유일한 차이점은 출생지일 뿐이며 그건 그리 큰 차이가 아니다”라고 말했던 바스커빌은 150명의 젊은 헌법수호파들을 지휘해 당시 이 문제에 개입해 있던 러시아 제국군의 포위망을 뚫고 타브리즈 주민들에게 식량을 전달하려고 했다.[8] 우리는 이란 국민들의 다양한 관점을 인식하고 미국과 서방측의 문학과 영화, 음악 및 공연 예술에 대해 호감을 갖고 있는 공동체들을 잘 활용해야 한다. 이란의 많은 지역사회와 공동체들은 이란 정권의 마르크스주의와 강경파 이슬람 근본주의 이념과 양립할 수 없는 문화적, 그리고 종교적 정체성을 갖고 있다.[9]

이란 정권은 외부의 압력으로 바뀌지는 않는다. 그렇지만 이란 국민들과의 교류는 정권이 외부에서 진행되는 침략과 국내 억압을 정당화하기 위해 벌이는 선동을 제한하는 데 도움이 될 수 있다. 이란과의 관계를 구축하기 위해 정권의 검열을 어떤 식으로든 뚫거나 우회할 수 있다면 정권이 내세우는 대의명분에 대응하는 데 도움이 될 수 있다. 이란 출신의 많은 외국 국적자들이 이란에 불법적으로 수감되었지만, 서방측의 이란 망명객들과 이란에 남아 있는 그들의 친구나 가족들 사이의 의사소통 및 방문은 정권의 거짓정보에 대항하는 효과적인 촉매제가 될 것이다.[10] 또 머지않아 이란의 검열을 우회하는 기술적 수단을 사용할 수 있게 될 것이다. 위성 기반 인터넷을 비롯해 그 밖의 다른 강력한 기술은 이란 정권이 통신과 정보 접속을 차단하는 것을 더 어렵게 만들 것이다.

이런 대화는 또한 이란의 지도자들이 지금의 이란이 세워지기까지 일어났던 비극들과 관련해 "거대한 악마" 즉, 미국과 "작은 악마" 즉, 이스라엘에 대해 해왔던 비난을 줄어들게 만듦으로써 정권에 대한 사회적 압력을 더 크게 늘릴 수 있다. 미국과 다른 국가들은 이란 경제의 실패를 자신들의 책임으로 인정해서는 안 된다. 그 책임은 부패와 군국주의에 빠져 정상적인 경제 참여와 이란의 번영을 방해해온 이란 지도자들에게로 돌려야 한다. 이란이 그로 인해 황폐화되어 고통을 겪은 것은 물론, 지도자들이 이란 국민과 천연자원이 갖고 있는 엄청난 잠재력을 활용하지 못한 것 역시 비극이 아닐 수 없다. 아흐마디네자드 대통령의 재임 기간 동안 이 부패한 이란 정권은 석유를 통해 벌어들인 약 8,000억 달러에 달하는 자산을 낭비했다.[11] 역사적으로 보면 국가의 부패한 지도자들은 불안정한 시기에 자신들의 특권과 지위를 지키기 위해 더 많은 부패를 저지르고 사유 재산을 축적해왔다.

미국과 다른 국가들도 정권이 내세우는 이념과 대의명분의 결합과 관련된 위선을 폭로하기 위해 더 많은 일들을 할 수 있을 것이다. 이란의 부패한 성직자들과 냉전시대의 폭정을 휘두르던 공산주의 정권 사이의 유사점은 쉽게 떠올릴 수 있다. 1979년 내전 초기에 저질러졌던 대량숙청을 해명하기 위해 이란의 혁명파들이 발표한 성명은 1918년의 적색 테러를 합리화했던 소비에트 공산당의 표현을 그대로 가져온 것이나 다름없다. "악을 파괴하고 죽이는 것은 진실의 일부이며 그런 사악한 사람들의 사회를 몰아내는 것이야말로 더이상 계급이 존재하지 않는 통일된 사회로 향하는 길을 닦는 것이나 마찬가지이다."[12] 원래 시아파에서는 "벨라예트-에 파키velayet-e faqih", 즉 이슬람 성직자들에 의한 통치를 바탕으로 하는 최고지도자의 신정神政정치를 보편적으로 받아들이지는 않는다. 대부분의 사람들은 이런 체제를 종교의 허울을 뒤집어쓴 부패한 권위주의 체제를 이단으로 볼 뿐이다. 사회 고발 전문 기자들과 분석가들은 이란의 대리전쟁에 낭비되는 돈과 보냐드와 하나가 되어 막대한 부를 쌓은 정부 관리와 성직자들에 대해 폭로하여 이란 국민들에게 국가의 자산이 어떻게 탕진되고 있는지 보여주어야 한다. 외국 지도자들은 공개 성명을 발표할 때 이란 정권과 이란 국민을 주의해서 구분하여야 한다. 그렇게 하지 않으면 이란 정권은 교육을 받은 국민과 전략지정학적 위치, 그리고 천연자원을 포함하여 국가의 엄청난 선물을 제대로 활용하지 못한 실패에 대한 비판을 계속해서 피할 수 있다.

* * *

실패한 경제에도 불구하고 이란의 지도자들은 미국과 유럽의 의견이 서로 엇갈리고 결단력이 떨어진 것으로 인식하기 때문에 더욱 대담하게 행동한다. IRGC가 승승장구하는 건 단지 그들이 부도덕하고 속이는 기술이 뛰어나서일 뿐 아니라 그들에 대한 지속적인 대응이 부족하기 때문이다. 하메네이는 2016년 대통령 선거 이후 미국의 분열과 갈등을 정치적, 그리고 도덕적 쇠퇴의 신호로 보고 미국이 "벌레들이 파먹어가는 것처럼 내부로부터 무너져가고 있다"고 말했다. 그는 중국 공산당 지도부처럼 2008년 발생했던 금융위기를 서방측의 약점이 드러나기 시작한 징조로 여기며 미국 경제가 "최근 수십 년간 놀라울 정도로 쇠퇴했으며", "정치 분야에서도 미국의 세력이 약해지고 있다"고 말했다.[13] 2019년 발생했던 일련의 이란 공격에 대한 미군의 부실한 대응은 이란 지도자들이 생각하는 이란의 도발에 대한 부족한 반응의 형태와 일치한다. 이란이 미국이 JCPOA에서 탈퇴한 후 다시 시작된 제재 조치를 우회하기 위해 애쓰며 동시에 계속해서 공세의 수위를 높여가는 와중에도 유럽연합은 계속해서 화해 정책에 매달렸다.[14] 따라서 이란의 지도자들이 미국이나 유럽 어느 쪽도 이란에 맞서 군사적 행동을 하려는 의지가 없다는 결론을 내린 것은 어쩌면 너무도 당연한 일일지도 모른다. 2019년 11월, IRGC 사령관 호세인 살라미Hossein Salami는 미국에 대해 "전장에서 우리의 힘을 경험했고 우리에게 강력한 일격을 당하고도 제대로 대응하지 못했다…… 우리가 정한 선을 넘는 행위를 한다면 우리에게 전멸당할 수도 있다는 사실을 명심하라"고 거만하게 이야기했다.[15]

2020년 1월 3일 있었던 미국의 공격으로 바그다드에서 가셈 솔레이마니와 아부 마흐디 알-무한디스가 사망한 사건은 분명 큰 충격이었을 것이다. 공격이 있기 바로 직전 이란의 최고지도자는 이라크의 미군 기지와 미국대사관에 대한 공격과 관련해 미국의 보복 가능성을 언급하며 "아무것도 할 수 없을 것이다"라고 트럼프 대통령을 조롱했다.[16] 이란 정권은 분명히 그렇게 믿을 수 있을 만한 상황에 있었다.

이란에게 물리적, 재정적 비용을 모두 부과하겠다는 미국의 결의가 부족하다는 것이 드러날수록 이란의 대리전쟁은 더욱 크게 확대되어갈 것이다. 이란이 군을 현대화하고 대리전쟁을 계속 수행할 수 있을지는 이란 전체적인 경제 상황에 따라 달라질 수 있다. 2008년부터 2018년까지 이란은 해외에서 벌어지는 군사작전에 거의 1,400억 달러를 지출했다. 2017년과 2019년 사이 미국은 이란의 개인과 단체에 대해 약 1,000건의 제재 조치를 실시했다. 2018년 이란 리얄rial 화의 가치는 주요 통화 대비 4배가량 하락했으며 정권 수입의 대부분을 차지하는 석유 수출은 하루 250만 배럴에서 100만 배럴로 떨어졌다. 잇따른 제재 조치와 GDP 감소, 높은 물가상승률로 인해 인플레이션으로 국방비 지출도 10퍼센트 줄어들었는데, 이러한 경제적 제약에도 불구하고 이란은 대리전쟁에 자금을 지원하기 위해 외화 준비금을 계속 사용했다.[17]

이란 정권이 갖고 있는 미국과 이스라엘, 서방측과 아랍 세계에 대한 적대감이 사라질 때까지 미국과 그 우방국들은 이란의 능력에 대한 방어를 강화해야 한다. 이란의 대리전쟁은 지리적으로도 그렇고 참전자들의 숫자가 더 늘어났기 때문에 더욱 위험해졌다. 다른 국가들도 자신들의 이익을 보호하기 위해 시리아와 예멘, 페르시아만, 그리고 바브-엘-맨데브Bab-el-Mandeb해협 분쟁에 끼어들었다. 2012년부터 2020년까지 이란이 동지중해 연안의 항공로와 육로를 이용하며 이스라엘에 대한 압박 수위를 높여가자 이스라엘군도 여기에 자극을 받아 시리아 문제에 개입하고 나섰다.[18] 2019년 이스라엘은 레바논과 가자 지역에 대한 공습을 늘려가며 헤즈볼라와 팔레스타인 이슬람 지하드, 그리고 하마스의 지도부와 전력에 타격을 가했고, 반면에 이란은 계속해서 이런 조직들에게 무기와 자금을 지원했다. 2015년부터 2020년까지 예멘의 이란 세력은 사우디아라비아와 아랍에미리트에 250발 이상의 미사일을 발사하고 바브-엘-맨데브해협에서도 선박들에 대해 수십 건의 공격을 시도했다.[19] 그리고 결국 사우디아라비아는 이란에 대해 직접 보복에 나서겠다고 위협을 한다. 2017년 11월 있었던 한 언론사와의 대담에서 무함마드 빈 살만 왕세자는 이란의 최고지도자 하메네이를 가리켜 "중동 지역의 새로운 히틀러"라고 일컬었다. 지난 5월에 앞으로 양국 사이에 벌어지는 모든 갈등은 "전적으로 이란의 책임"이 될 것으로 확신한다는 내용을 언급한 후였다.[20]

이란이 개입한 대리전쟁이 더욱 위험한 이유는 이란이 각 민병대에 고성능 무기들을 제공하고 있기 때문이다. 헤즈볼라와 후티파 반군들은 모두 유도 미사일로 선박들을 공격하는 능력을 보여주었다. 비단 이런 고성능 미사일뿐 아니라 이란의 사이버공격이나 무인기 공격은 중동은 물론 그 밖의 국가들에게 일종의 경고가 되고 있다. 미사일 방어와 방공망, 그리고 장거리용 화기 등과 관련해 페르시아만 국가들이 미국을 비롯한 유럽 국가들과 방위 협력관계를 늘려갈 경우 이란의 지도자들에게 무력 사용만으로 자신들의 목표를 달성할 수 없다는 사실을 분명하게 알릴 수 있다. 이란의 공세가 지역을 따라 확산됨에 따라 이란이 통제하고 관리해야 할 범위도 함께 늘어났다. 이럴 때일수록 다자간 협력을 통해 광범위한 지리적 영역과 감당하기 어렵게 된 물자 수송 문제까지 포함해 IRGC를 비롯한 대리전쟁의 연결망이 갖고 있는 기존의 약점들을 잘 이용해야 한다.

그러는 한편 아랍 국가들의 방어 조치는 단순한 군사력 이상의 수단으로 확대되어야 한다. 정치체제와 정부기관의 개혁을 통해 당면한 과제들을 해결하고 수니파가 아닌 주민들의 필요를 충족시켜준다면 이란의 영향력과 함께 이란의 개입을 기꺼이 나서서 돕고 지원하려는 세력을 약화시킬 수 있다. 시아파가 주류를 이루는 이라크와 바레인 같은 국가들은 물론, 시아파가 소수인 쿠웨이트와 레바논, 그리고 사우디아라비아에서도 이 방법은 충분히 통할 수 있다.

특히 레바논의 합법적 통치 역량의 강화와 레바논 헤즈볼라의 약화가 최우선 과제가 되어야 한다. 레바논은 이란이 처음 대리전쟁을 치른 곳인데, 이란혁명수비대는 어려움에 빠진 시아파 공동체의 후원자를 자처하며 1975년부터 시작된 잔혹한 종파 간 내전들을 자신들에게 유리하게 이용했다. 이란혁명수비대가 훗날 헤즈볼라와 연대하게 되는 시아파 민병대를 조직하고 훈련시키기 시작한 건 1982년 이스라엘이 침공한 이후부터다. 헤즈볼라와 이란의 지시를 받는 다른 민병대들은 1983년 베이루트 주재 미국 미국대사관을 공격하는 등 일련의 파괴적인 테러 공격을 감행했다. 1970년대, 왕정을 반대하는 시아파 혁명 세력들이 레바논에 있는 팔레스타인해방기구 부대에서 훈련과 지원을 받았고 이들이 훗날 이란혁명수비대를 이끌게 되는데, 이란혁명 후 새롭게 조직된 IRGC는 이들과의 군사협력을 계속 유지해왔다.

이란은 몇 년 동안에 걸쳐 필요한 사회 복지 관련 지원을 제공하는 동시에 레바논 정부에 미치는 헤즈볼라의 정치적 영향력을 이용하여 헤즈볼라와 이란 시아파 사이의 유대관계를 강화해왔다.[21] 헤즈볼라는 이스라엘의 레바논 영토 점령에 대한 지속적인 저항과 이후 2006년 이스라엘의 레바논 침공 당시 이스라엘군과 전쟁을 시작하며 레바논 시아파의 수호자로 처음 합법적 인정을 받게 되었다. 수니파 이슬람원리주의자들이 실력행사에 나서자 헤즈볼라는 2013년부터 시리아에서 ISIS와 싸울 때 그랬던 것처럼 자신들을 시아파 이슬람교도들과 시아파 성지의 보호자로 계속 내세울 수 있게 되었다. 실제로 헤즈볼라는 레바논을 훨씬 넘어서 시리아와 이스라엘에서 전략적 목표를 달성하고 유럽과 남아메리카, 그리고 중동 전역에서 테러 공격을 수행할 수 있는 능력을 입증했으며, 이란은 이런 헤즈볼라를 이용해 중동 지역 전역에서 파괴 활동을 펼치며 자신들의 "인상"을 확실하게 심어주었다.[22]

미국 정부는 자국의 모든 금융, 군사, 그리고 법 집행기관 등을 이용해 헤즈볼라를 비롯한 다른 이란을 대리하는 세력들을 표적으로 삼기 위해 지금보다 훨씬 더 많은 일들을 해야만 한다. 우리는 헤즈볼라와 연계된 기업과 보나드를 감시하고 제재하며 레바논의 저항 세력들을 지원해야 하고, 또 유럽연합 및 주변 지역의 우방국들과 협력해야 한다.[23] 헤즈볼라의 부패와 이란 정권의 도구로 이용되고 있다는 사실을 폭로하면 레바논 국민들로 하여금 헤즈볼라에 맞서게 할 수 있다. 헤즈볼라는 군사적으로 강하고 레바논은 정치적으로 취약하기 때문에 이 문제의 어려움의 수준을 이해하는 것이 중요하다. 헤즈볼라 세력을 약화시키려면 레바논 국민들에게 좀더 강력하게 호소를 하고 나서야 한다. 헤즈볼라가 시리아 국민들에게 가한 고통과 레바논 국민이 이란 정권을 대신해 치른 대가를 통해 우리는 헤즈볼라를 반대하는 정서를 이끌어낼 수 있다. 2011년부터 2019년까지 시리아에서는 7,000명 이상의 헤즈볼라 전사가 부상을 당하고 1,139명이 전사했으며, 그중에는 레바논 남부 강성 시아파 600명 이상이 포함되어 있다.[24]

2019년 10월이 되자 제 역할을 하지 못하는 정부에 대한 레바논 국민들의 좌절감이 넘쳐나기 시작했다. 이들의 분노는 대부분 정부와 정부의 부정부패를 옹호하며 레바논의 정식 정당이면서도 수많은 구설수로 정당의 역할을 제대로 못하고 있는 헤즈볼라를 향하고 있었다. 11월 말이 되자 수백 명이 넘는 반정부 시위대가 "헤즈볼라는 테러 조직이다!" "여기는 레바논이지 이란이 아니다"라고 외치며 거리로 나섰고 과거와는 확연하게 다른 모습을 보여주었다.[25] 2020년 초 레바논의 금융제도는 정부와 함께 완전히 무너져내렸다. 하이데르 알-아바디가 언젠가 말했던 것처럼 종파주의와 부패는 서로 떼려야 뗄 수 없는 관계였던 것이다.

레바논은 이스라엘과의 대리전쟁에서 여전히 이란의 주요 전선으로 남아 있다. 경제가 흔들리더라도 이란은 계속해서 이 "작은 악마"에 대한 공격을 최우선 순위에 놓을 것이다. 또다른 전쟁의 발발을 사전에 막아내려는 노력에도 불구하고 이란이 2006년과 마찬가지로 이스라엘과의 위기를 일부러 일으키기 위해 헤즈볼라를 이용할 가능성은 있다. 당시 그 전쟁은 결론이 나지 않은 채 마무리가 되었지만 헤즈볼라는 이스라엘군에 대해 "신성한 승리"를 거두었다고 주장했다. 많은 피해를 입었음에도 불구하고 자신들의 용기를 과시하고 이스라엘을 반대하는 여론에 호소하는 등 실제 현실과는 거리가 먼 이야기들을 퍼뜨린 것이다. 헤즈볼라는 이란이 후원하는 다른 두 조직인 하마스와 팔레스타인 이슬람 지하드처럼 이스라엘의 "완전한 멸절"에 전념하고 있다. 2017년부터 이란은 두 조직 모두에게 자금을 지원했으며 그 액수는 모두 합쳐 연간 1억 달러에 육박한다. 2008년 가자전쟁을 치르면서 하마스에게 더 많은 로켓무기를 공급했던 것처럼, 하메네이는 2019년 7월 이스라엘 공습에 대한 대응으로 하마스에 무기를 제공하고 지원 자금도 더 늘렸다. 이란이 이런 조직들에게 동시에 힘을 실어주고 위협을 가할 때 그 의도는 누가 봐도 금방 알아차릴 수 있다. 실제로 IRGC 부사령관은 2018년 이스라엘에게 이렇게 경고한다. "잘 들어라! 어쨌든 정말 전쟁이 일어난다면 너희들은 모두 멸망할 것이다."[26]

* * *

공산주의라는 이념과 민족의 부활이라는 서사시를 오직 공산당을 지키기 위해 내세우는 중국과는 다르게 이란은 자신들의 이념을 전 세계에 전파하기 위해 존재하는 국가다. IRGG 안에서도 새로운 형태의 전쟁과 정보활동을 진두지휘하는 쿠드스부대의 지도자들은 자신들이 "혁명의 순수성"을 보호하고 있다고 믿고 있다. 이란과 이라크 전쟁중 100만 명 이상의 사상자를 냈고 거의 6,450억 달러에 달하는 피해를 입었던 이들은 공격은 최선의 방어라는 이론에 따라서 자신들의 영토를 벗어나는 작전을 수행하기로 결심했다.[27] IRGC는 가장 위험한 적수인 사우디아라비아와 이스라엘에 대한 이른바 "전방위 방어" 전략을 지향하고 있다.

이스라엘은 이런 이란의 위협에 대해 서방국가들보다 훨씬 더 강력하게 대응해왔다. 2019년 이란이 이라크와 시리아를 가로지르는 육로를 완전하게 확보하고 이스라엘 국경선에 이란을 대리하는 군대를 배치하려고 시도하자 이스라엘군은 시리아와 레바논에 있는 이란 세력 연결망의 주요 연결 지점들을 공격했으며 또 알려진 바에 따르면 이라크까지도 공격했다고 한다. 베냐민 네타냐후 이스라엘 총리는 "세상 어디에서든 이란에게는 면책받을 권리가 없다"고 언급하며 이번 공격은 단지 시작일 뿐임을 넌지시 알렸다.[28]

이란과 관련된 문제들을 완전히 해결할 수 없지만 이스라엘과 팔레스타인 사이, 그리고 이스라엘과 이웃 국가들 사이에서 중재가 성립된다면 이란이 이스라엘을 파괴하려는 목표를 추구하면서 동시에 팔레스타인의 후원자로 자처할 수 있는 능력을 약화시킬 수 있을 것이다. 이스라엘과 팔레스타인 사이의 평화에 대한 전망과 관련된 대부분의 요소들은 팔레스타인 주민들의 손에 달려 있다. 예를 들어 가자지구에서 하마스에 대한 대안이 만들어질 것인지, 혹은 팔레스타인 측이 협상의 최종 단계까지 가려는 새로운 모습으로 바뀔 뿐 아니라 협상을 이끌어낼 능력을 갖추게 될 것인지 같은 문제들이다. 물론 또다른 요소들은 이스라엘 국민에게 달려 있다. 정치지도자들 각자의 주장이 첨예하게 대립하고 있는 이스라엘의 정치 환경은 진정성 있는 추구와 합의의 최종 승인을 허용하게 될 것인가? 그리고 미국의 역량도 빠질 수 없다. 미국에게는 이스라엘과 팔레스타인 양측에 압력을 넣을 수 있거나 아니면 양측이 미국을 믿을 수 있는 중재자로 보도록 만들어 중재에 나설 수 있는 역량이 있는가?

* * *

일부 분석가들은 사우디아라비아와 이란의 관계를 냉전으로 묘사하기도 했지만, 확대되고 있는 정치적, 종교적 투쟁이 이 지역 전체에 걸쳐 종파 간 폭력의 악순환을 주도하고 있기 때문에 실제로는 냉전보다 더 위험하고 파괴적인 상황이다. 1987년에는 이란혁명의 위협과 사우디아라비아 왕실에 대한 혁명의 분위기가 모든 이슬람교도들이 일생에 적어도 한 번은 떠난다는 성지순례 기간 동안 사우디아라비아에 위치하고 있는 성지 메카Mecca를 덮쳤다. 이란의 시아파 순례자들이 모여 정치 집회를 열고 "미국에게 죽음을! 소비에트에게 죽음을! 이스라엘에게 죽음을!"이라는 구호를 외쳤고 출동한 경찰과의 충돌로 400명 이상이 사망했다.[29] 호메이니는 이 사태에 대해 "사악하면서도 경건과는 거리가 먼 이 사우디아라비아의 이슬람교도들은 진정한 이슬람교도의 등을 공격해 심장을 꿰뚫는 단검이나 마찬가지다"라고 주장했다. 1991년 양국은 외교관계를 회복했지만 관계개선 노력은 실패로 돌아갔다. 사우디아라비아가 이라크와 예멘에서 확대되고 있는 이란의 영향력을 우려하게 되면서 긴장이 고조되었고, 2016년 시아파 성직자인 셰이크 니므르 알-니므르Sheikh Nimr al-Nimr가 테러 혐의로 사우디아라비아에서 처형이 되자 이란 국민들이 테헤란에 있는 사우디아라비아대사관을 습격했고 관계는 다시 중단되었다.[30] 사우디아라비아와 이란 사이의 중재를 위한 노력은 2020년 초에 다시 시작되었다. 전망은 그리 밝지 않지만 그렇다고 그냥 내버려두면 종파 간 폭력의 악순환만 암울하게 지속될 것이다.[31]

40년 넘게 이어진 갈등은 비슷한 모습이 계속 이어진 부분도 있지만 새로운 기술의 발전이 새로운 위험을 초래하고 있다. 예를 들어, 2019년 사우디아라비아의 석유 시설에 대한 공격은 1987년 사우디아라비아와 쿠웨이트 유전지대에 대한 특공대의 공격을 떠올리게 한다. 당시 이란은 해상에서 고속정들을 동원했지만 미국 헬리콥터들에게 공격을 저지당했었다. 그렇지만 2019년 공격은 전례가 없는 무인공격기의 공습으로 큰 성공을 거두었다. 지난 2012년에도 이란은 사우디 아람코Saudi Aramco의 컴퓨터 단말기 3만 대, 그리고 서버 1만 대에 대한 사이버공격을 시도했고 손상된 부분이 복구되는 데는 5개월이 넘는 시간이 걸렸다.[32] 이란의 탄도미사일과 핵무기, 그리고 화학무기 개발 계획은 사우디아라비아와 이스라엘은 물론 다른 국가들도 도저히 용납할 수 없을 것이다. 따라서 이란의 이런 파괴적 능력을 막아내는 예방전쟁이 일어날 가능성이 높아지고 있으며, 그로 인해 파괴적 분쟁이 일어나게 될 가능성을 고려할 때 사우디아라비아와 이란 사이의 긴장을 줄이는 일은 특히 중요하다.

미국을 비롯한 다른 국가들은 시아파와 수니파의 경쟁에서 어느 한쪽 편을 들어서도 안 되지만, 그럼에도 각 종파 안에서도 폭력을 옹호하고 종파 간 내전을 부추기는 극단주의자들과 결별하려는 지도부에게 힘을 실어줄 수는 있다. 사우디아라비아와 UAE, 그리고 카타르 같은 페르시아만 국가들은 이슬람원리주의를 앞세우는 세력들에 대한 민간 및 정부의 지원을 중단해야 한다. 그렇지 않으면 이란 역시 예멘의 후티파를 비롯해 이라크의 여러 민병대와 시리아에서 대리전을 치르는 부대에 대한 지원은 이 지역 전체에서 이란의 영향력을 확대하려는 시도가 아니라 합법적인 테러 방지 대책이라고 주장하고 나올 수 있기 때문이다. 시리아와 이라크의 수니파와 시아파,

그리고 쿠르드계 주민들 사이에서, 또 예멘의 자이디Zaidi 시아파와 수니파 사이에서 정치적 수용이 계속해서 이어진다면 이 지역에서의 이란의 야망을 견제하는 중요한 첫걸음이 될 것이다.

시아파 사상과 시아파 교도 모두에게 적개심을 갖고 있는 이슬람원리주의 테러 조직들에 대한 이란의 지원을 폭로한다면 이란의 최고지도자에게 압박을 가해 아랍 세계를 영구적으로 약하게 유지하려는 그 이기적인 노력을 끝낼 수 있을지도 모른다. 예를 들어 지금까지 이란은 알카에다 지도자들을 숨겨주었을뿐더러 수니파 이슬람원리주의 테러 조직들의 활동도 지원해주었다. 오사마 빈 라덴의 집에서 발견된 편지를 보면 2007년 알카에다의 어느 고위 조직원이 "이란이 사우디아라비아의 일부 형제들에게…… 사우디아라비아와 페르시아만의 미국 시설 공격을 대가로 자금과 무기 등 필요한 모든 것들을 지원하고 레바논 헤즈볼라 기지에서의 훈련도 제공했다"고 보고하는 내용이 있다. 2007년 말에 빈 라덴은 이라크 알카에다의 지도자 아부 무사브 알-자르카위를 이란을 위협했다는 이유로 크게 문책한다. "잘 알고 있겠거니와 이란은 자금과 인력, 그리고 의사소통은 물론 인질 문제와 관련해서도 우리의 중요한 연결 통로이다."[33] 물론 이란 국민 39명을 살해한 차바하르Chabahar 모스크에 대한 2010년의 자살폭탄 공격이나 2017년 이란 의회 및 호메이니 무덤에서 12명을 살해한 사건, 그리고 2018년 아바즈Ahvaz에서 열렸던 열병식에서 25명의 이란 국민을 살해했던 사건 같은 이란에 대한 모든 이슬람원리주의 테러 공격들은 비난을 받아 마땅하다. 그렇지만 파키스탄과 마찬가지로 이란 역시 종교적 억압에 의존하는 정권이며, 그런 억압은 결국 자국 내에서 종파 간 폭력 사태를 유발하기 때문에 이러한 공격에 취약하다는 사실을 지적하는 것 역시 중요하다.

파키스탄의 사례는 냉정한 경고나 다름없다. 이란은 지금 현재의 파키스탄의 모습처럼 테러 조직들의 지원 기지인 동시에 핵무장 국가가 될 수도 있다. 테러 조직들과 지구상에서 가장 파괴적인 무기들이 서로 연결된다면 앞으로 수십 년 동안 인류에게 있어 가장 큰 위협이 될 것이다.

* * *

이런 이유 때문에 이란의 핵무기 개발을 막는 것은 여전히 최우선 과제로 남아 있어야만 한다. 이런 무기가 테러 조직의 손에 넘어갈 가능성 외에도 사우디아라비아를 비롯한 주변의 다른 국가들이 이란을 저지하기 위해 핵무기가 필요하다는 결론을 내릴 가능성도 높다. 중동 지역에서 핵무기 보유를 막지 못한다면 이미 정치적, 그리고 종교적 갈등이 쉬지 않고 계속되는 이 지역에서 세상을 멸망시킬지도 모를 전쟁이 일어날 가능성도 크게 늘어날 것이다. 이란 지도자들이 믿고 있는 구세주 신앙과 순교에 대한 숭배는 이란 국민들의 막대한 희생조차 기꺼이 감수할 수 있게 만들어주기 때문에 과연 이란이 핵무기로 무장했을 경우 이를 효과적으로 견제할 수 있을지도 의심스럽다. 이란과 이라크 전쟁 중 전쟁터로 향하는 이란의 십대 청소년들 뒷쪽에 보이는 간판에는 "승리를 가져오는 건 칼이 아니다. 바로 붉은 피다"라는 말이 적혀 있었다.[34]

JCPOA는 근본적인 문제였던 이란 정권의 미국, 이스라엘, 아랍 왕국들, 그리고 서방측에 대한 적대감을 해결할 수 없었다. 이 협정은 실제로는 이란이 두 가지 방식으로 적대감을 계속 유지할 수 있도록 해주었다. 이란 정권은 경제적으로 이익을 얻었으며 이를 통해 대리전쟁을 더욱 확대했다. 이란 지도자들에게 경제적 파멸과 고립, 그리고 대리전쟁을 종식시킬 평화협정이 포함된 합의안 중에서 하나를 선택하도록 강요할 시점이 되었다. 물론 그 합의안에는 핵무기와 미사일 혹은 그 밖의 다른 대량살상무기를 보유하려 하지 않겠다는 확고한 약속 역시 포함되어야 할 것이다.[35]

제재 조치의 효과와 함께 이란의 핵무기 개발 계획에 대한 군사적 공격 가능성은 이란으로 하여금 2006년과 2015년 사이 여러 차례 핵협상을 시작하게 만들었다.[36] 그렇지만 미국이 JCPOA에서 탈퇴한 후 혁명파가 지배하는 이란 정부가 가까운 장래에 다른 협정을 체결할 가능성은 그리 높지 않다. 미국과 다른 국가들은 이란 정권의 본질적 변화에 영향을 미치려고 시도하면서 핵 개발 계획을 지연시키고 방해하기 위해 가능한 모든 조치를 실행하는 것이 현명한 접근 방법일 것이다. 조지 W. 부시 대통령이 버락 오바마 대통령 당선자에게 이란의 핵 개발과 관련해 미국이 그동안 해온 일들에 대해 설명한 후 그랬던 것처럼 정보의 통합과 법 집행, 그리고 사이버상의 노력에 대해 야당과 여당을 가리지 않는 지원이 있어야 한다. 당시 부시 대통령은 오바마 당선자에게 이렇게 말했었다. "우리는 당신이 성공하기를 바라고 있다."[37]

이란에 대한 압력이 가중됨에 따라 미국과 다른 국가들은 상황이 단계적으로 확대되는 것에 대비해야 한다. 과거의 사례를 살펴보면 도움이 될 것인데, 예컨대 2010년 6월, 스턱스넷Stuxnet이라는 이름의 최신 바이러스를 포함한 수많은 컴퓨터 바이러스가 이란의 나탄즈 농축 시설 원심분리기의 약 3분의 1을 가동 중지시켰다. 사이버보안 전문가들은 이 바이러스가 이스라엘과 미국 과학자들의 합작품이라고 생각하고 있다.[38] 2011년 11월 이란 미사일 실험에서 대규모 폭발이 발생하여 하산 모가담Hassan Moghaddam 장군을 비롯한 이란 군부 인사 17명이 사망하는 사건이 있었다. 이스라엘이 이란의 핵무기와 미사일 개발 시설에 대한 군사공격을 준비하면서 이스라엘 지도자들은 비밀공작을 통해 그들의 공격 노력을 확장한 것으로 보인다. 2010년과 2012년 사이 5명의 이란 핵 과학자가 암살을 당했는데, 모터사이클을 탄 암살자들이 이들이 탄 자동차를 따라가 문에 "점착식 폭탄"을 붙여놓고 속도를 높여 달아나는 방식이었다.[39] 그러자 이란은 2011년 워싱턴의 한 식당에서 주미 사우디아라비아 대사인 아델 알-주베이르에 대해 노골적으로 암살 시도를 하는 등 여러 차례 비슷한 암살 시도를 벌이며 보복의 기회를 노렸다. 불의의 사태를 대비한 비상 계획은 이란이 벌일 수 있는 상황의 범위와 이를 방지하거나 그 영향을 완화하기 위해 지금 취할 수 있는 조치들을 식별할 수 있어야 한다.

* * *

2017년 가을, 나는 국가안전보장회의 직원들에게 이러한 비상 계획을 수립하기 위해 정부 부서 전반에 걸쳐 서로 협력해주기를 요청했다. 아프가니스탄과 이라크 전쟁에서와 마찬가지로 이란의 대리전쟁과 관련해 앞으로 일어날지 모를 사건들은 만만치 않은 적과의 지속적인 상호작용에 달려 있었다. 이란에 대한 미국의 전략은 유연해야 하며 이란의 반응과 계획들을 미리 예상할 수 있어야 한다. 우리가 4년에 걸친 대리전쟁을 통해 지금까지 보아왔던 것처럼 이란이 취할 수 있는 행동들은 어느 정도 예측이 가능하다. 페르시아만과 바브-엘-맨데브의 유전 개발, 미국 또는 다른 국가의 해군이나 상선에 대한 지대함 미사일 공격, 예멘에서 주변 아랍 국가들로, 혹은 레바논 남부나 가자지구에서 이스라엘로 로켓 발사, 그리고 암살이나 납치, 인질 억류 등등. 물론 이 지역에 주둔하고 있는 미군이나 미군 기지에 대한 공격과 사우디아라비아의 석유 시설에 대한 공격도 빼놓을 수 없다.

심지어 무인기나 인터넷을 통한 사이버공격처럼 비교적 새로운 형태의 공격 행위조차도 어느 정도 예측이 가능하다. 이처럼 이란이 취할 수 있는 행동들에 대해 대비하지 않는 건 부주의한 태도라고 볼 수 있다. 시간적 여유가 있을 때 더 잘 이해하고 위험을 줄일 수 있을 뿐 아니라 주어진 기회들을 식별하고 활용할 수 있는 것이다. 또한 중요한 것은 이란의 침략에 여러 국가들이 힘을 합쳐 대응하기 위해 우방국들과 협력을 할 수 있다는 사실이다.

2020년 상황을 보면 이란의 최고지도자 하메네이는 주변 국가들에 대한 테러와 교란을 위한 전쟁을 계속할 경우 외국의 투자와 교역의 혜택을 더이상 누릴 수 없다는 사실을 깨달은 후에도 이란의 대리전쟁을 강화하고 JCPOA의 일부 합의 내용을 위반하기로 결정한 것이 분명하다. 지난 40년 동안 이란 정권이 어떤 일들을 벌여왔는지 생각해보면 그런 선택은 그리 놀라운 일도 아니다. 마르크스주의와 시아파의 천년왕국 사상을 합친 이념으로 무장한 이란 혁명파들의 자부심과 분노가 너무 높아 양보는 불가능하다. 그렇지만 제재 조치와 석유 수출 감소, 가격 하락, 그리고 정권의 부패 관행으로 인한 경제적 압박이 너무 심해서 트럼프 대통령이 백악관에서 물러나기만을 기다리기도 어려운 상황이다.

2019년 말에도 이란 최고지도자와 IRGC가 계속해서 공세를 확대해나갈 것을 대부분 예상했었지만 미국의 가셈 솔레이마니와 무한디스 제거는 이란 지도자들을 깜짝 놀라게 한 것이 분명하다. 이란 정권은 이라크와 이란에서 대규모 시위를 독려하고 반미 정서를 내세웠으며 따라서 이란이 반드시 대응에 나설 것이라는 예측을 충분히 할 수 있었다. 하메네이는 아예 "무자비한 복수"를 맹세하기까지 했다. 1월 7일, IRGC는 이라크의 미군 기지 두 곳에 탄도미사일 16발을 발사했다.[40] 일부 병사들이 공격으로 부상을 입기는 했지만 사망자는 없었다.

가셈 솔레이마니와 무한디스의 사망에 대한 미국 동맹국들의 반응은 서로 엇갈렸다. 일부에서는 이번 공격으로 괜한 불씨를 키운다고 주장했지만 그런 주장에는 이란이 미국과 40년 동안 치러왔던 대리전쟁에 대한 설명이 빠져 있을뿐더러 애초에 심각한 보복에 대한 두려움 없이 이란이 직접 나서서 상황을 악화시키고 있다는 사실은 아무도 고려하지 않고 있다. 가셈 솔레이마니는 이란 국경 밖에서도 죽음과 고통의 대명사였을 뿐 아니라 이란 국민에게도 재앙이나 다름없었다. 그가 이끄는 쿠드스부대는 이란의 국고를 낭비하면서 동시에 이란을 부정할 수 없는 테러 조직의 후원자로 만들었고, 그렇게 해서 이란을 고립시키고 제재할 수 있는 명분이 탄생했다. 가셈 솔레이마니가 사망하기 불과 2개월 전에는 1979년 혁명 이후 가장 심각한 시위가 일어나 이란 31개 주 중 29개 주를 뒤덮었다. 시위대는 부패한 지도자들이 소유하고 있는 국영 은행들을 약탈하면서 "하메네이에게 죽음을"과 "독재자에게 죽음을"이라는 구호를 외쳤다. 물론 즉시 군이 출동했고 이 과정에서 300명 이상이 사망하고 2,000명 이상이 부상을 당했으며 7,000명가량이 체포된 것으로 추정된다.[41] 어쩌면 하메네이는 자신과 부패한 이란 정권에 대한 국민들의 분노를 돌리기 위해 가셈 솔레이마니의 죽음을 바라고 있었던 것은 아닐까. 물론 진실은 아무도 모른다.

가셈 솔레이마니가 사망한 지 불과 8일 만에 176명이 탑승한 여객기가 이란군에 의해 격추되자 정권을 향한 대중들의 분노가 다시 폭발했다. 시위대는 IRGC가 ISIS와 다를 바 없다고 주장하면서 "미국이 우리의 적이라고 거짓말을 하지만 우리의 적이 바로 여기에 있다"라고 외쳤다.[42] 재정적 파탄과 국민들의 정권 종식을 요구는 이란 지도자들로 하여금 대리공격을 강화하거나 핵무기 개발을 다시 시작하는 걸 꺼리게 만들 수 있을 것이다. 물론 대리전쟁을 계속하라는 명령을 내릴 가능성이 더 클 수도 있다. 이란의 지도자들은 국민들의 분노를 그들에게서 멀어지게 하는 방법으로 외부의 갈등을 계속해서 이용할 것이다⋯⋯ 그리고 물론 "거대한 악마"와 "작은 악마"도.

* * *

갈수록 필사적이 되어갈 수밖에 없는 이란 정권이라면 갈등을 고조시키기 위해 오래된 전술과 새로운 전투 역량을 합칠 수 있으며 화학물질이나 또는 일반 폭발물과 방사성 물질을 결합한 더러운 폭탄으로 대량살상을 일으킬 수도 있다. IRGC는 당연히 대리인들을 내세워 이런 공격을 시도하려 하겠지만 그 주체가 누구인지는 모르는 사람은 없을 것이다. 그렇지만 더욱 가능성이 높은 것은 이란이 주요 사회 기반 시설에 대해 인터넷을 통한 사이버공격을 포함하여 중동 지역뿐 아니라 미국과 유럽의 시설들을 공격할 방법을 찾을 것이라는 점이다.

그리고 이러한 인터넷을 통한 사이버공격은 과거와 비교해 그 범위가 더 크고 효과적일 수 있다. 바이러스 공격이 사우디 아람코를 강타했던 2012년, 이란의 해커들은 지난 2007년 러시아가 에스토니아를 공격했을 때와 비슷한 방법으로 미국의 금융기관들을 표적으로 삼아 공격을 했다. 176일에 걸쳐 외부에서 인터넷 접속이 폭주하자 해당 금융기관들은 일시적으로나마 업무가 마비되었다. 2013년에는 미국의 주요 기반 시설에 대한 사이버공격의 예행연습으로 해커들이 뉴욕 라이 브룩Rye Brook에 있는 보우먼애비뉴댐Bowman Avenue Dam의 제어 설비에 침입하기도 했다.[43] 만일 이란의 혁명파들이 자신들은 잃을 것이 거의 없다고 결론을 내리게 된다면 이런 인터넷을 통한 사이버공격은 더욱 빈번해질 가능성이 높다.

이란의 이런 사이버공격에 의해 시작된 갈등은 미국과 사우디아라비아, 이스라엘 혹은 다른 여러 국가들의 보복이 있은 후에도 계속될 것이다. 이란은 대리전쟁을 치르는 세력이나 자국 영토에서 발사하는 로켓과 미사일을 통해 상황을 더욱 악화시킬 수 있으며 이스라엘과 페르시아만 국가들, 그리고 페르시아만과 바브-엘-맨데브해협의 목표물들을 정밀하게 공격할 수 있는 능력도 계속해서 높여나가고 있다. 따라서 이란의 공격을 예방, 방어 또는 대응하기 위해서는 통합 미사일 방어와 방공, 감시 설비를 추가로 설치하고 선제공격과 즉각적인 대응이 가능한 무인공격기들을 배치하는 것이 현명하다. 공격에 취약하며 중요한 임무에 실질적으로 큰 도움이 되지 않는 미군 병력을 이 지역에서 철수시키는 작업도 마찬가지이다. 1983년 레바논에서 있었던 프랑스 공수부대와 미 해병대에 대한 공격, 1996년 사우디아라비아에서 주로 미국 공군 기지를 겨냥해 진행된 공격을 우리는 반면교사로 삼아야 한다.

그렇지만 이란의 행동과 반응을 예측하기 위한 최선의 노력에도 불구하고 갈등과 분쟁은 양측 모두 의도하지 않았던 결과들을 쉽게 초래할 수 있다. 1987년 이란이 사우디아라비아 메카에서 일으켰던 폭동이 어떻게 이란과 사우디아라비아, 쿠웨이트, 미국이 포함된 군사적 충돌로 이어져 군인들은 물론 무고한 민간인들까지 사망했었는지 떠올려보자. 이란혁명수비대 총사령관 모센 레자에이Mohsen Rezaei는 폭동과 사우디아라비아의 반응에 대한 대응으로 이란 특공대에게 유전지대 공격을 명령했다. 이란과 이라크 전쟁의 여파가 쿠웨이트 코앞까지 닥쳐오자 쿠웨이트 왕실은 이란의 봉쇄로부터 페르시아만의 유조선 운항을 보호해달라고 미국에게 요청했고 이후 미군 헬리콥터가 페르시아만을 순찰하고 있었다. 그리고 이 헬리콥터부대가 IRGC의 해군 함선들을 파괴하면서 나머지 함선들은 철수할 수밖에 없었다. 교훈을 얻은 혁명수비대는 중국산 실크웜Silkworm 미사일로 쿠웨이트 수도 외각 어느 부두 근처에 있는 유조선 두 척을 공격했다. 그중 한 척은 임시로 미국 선적으로 되어 있었는데 이 공격으로 선원 17명과 미국 국적 선장이 부상을 입었다.

미 해군은 해상 공격 준비를 하는 데 사용되었던 석유 굴착 설비 근처에 있던 이란군 기지 두 곳에 포격을 가했다. 4개월 동안 있었던 보복 공격에서 IRGC 해군은 기뢰들을 설치했고, 미 해군 호위함 USS 새뮤얼 B. 로버츠Samuel B. Roberts가 그중 하나와 충돌했다. 선체에는 구멍이 뚫렸고 10명이 부상을 입었다. 미군도 두 척의 이란 호위함과 혁명수비대 기지에 대한 공격으로 여기에 응수했다. 중립국 선박들에 대한 이란의 공격은 줄어들었지만 긴장 상태는 계속되었다. 1988년 7월 3일, USS 빈센즈Vincennes가 이란 함선들과 교전을 하는 동안 호르무즈해협에서 이란 항공 655편 여객기를 이란 공군의 F-14 전투기로 착각하여 격추시키는 바람에 66명의 어린이를 포함하여 290명의 무고한 승객과 승무원이 사망하는 사고가 일어났다. 미국은 잘못을 인정하지 않았고 레이건 대통령도 빈센즈호의 함장에게 훈장을 수여하겠다는 통탄할 만한 결정을 내리자 미국과 이란 정권 사이의 불신과 적대감은 한층 더 심화되었다.[44] 이런 일련의 사건들은 이란과 이란이 벌이는 대리전쟁 상대들 사이의 상호작용이 어떤 식으로 상황을 확대시켜 의도하지 않은 비극적 결과를 초래할 수 있는지를 보여주었다.

* * *

테헤란의 IRGC와 성직자들의 입지는 현재 대단히 좁다. 국가는 기본적인 기능 자체를 못하고 있으며 보냐드와 IRGC가 관리하는 기업들의 부패는 경제를 더욱 악화시키고 있다. 이란 국민들은 기회와 방법만 있으면 조국을 떠나고 있으며 이 때문에 엄청난 규모의 두뇌 유출을 경험하고 있는 실정이다. 평균 이상의 교육을 받은 약 15만 명에 달하는 이란 국민들이 매년 빠져나가 국가적으로 1,500억 달러 상당의 손실이 발생한다. 2018년과 2019년, 그리고 2020년 초에 있었던 대규모 시위와 마찬가지로 나라 밖의 전쟁 대신 국가재건에 더 집중하라는 정권에 대한 압력이 가중될 수 있다. 물론 예전에도 국가의 예산을 군대에만 집중하는 것에 대한 반발은 있었다. 1973년에서 1974년까지 석유 수출이 크게 늘어났을 때 산업과 농업 및 교육 분야 대신 군사장비에 막대한 지출이 있었고 국왕의 군사력 우선 정책에 대한 불만이 끓어올랐었다.[45]

이란의 혁명은 폭력적인 형태로 갑자기 나타날 수 있다. 지금의 이란 정권은 1979년과 유사한 분위기를 만들었다. 당시 이란 국왕은 경제가 무너지고 부패는 만연했으며 과도한 국방비 지출에 국왕의 통치에 대한 정치적 대안을 개발하려는 노력마저 가로막히는 상황에서 권좌에서 물러났다. 당시 국왕은 자신이 불안한 국경과 적대적인 이웃 국가들, 그리고 내부 분열이라는 역사적 위험들을 막아냈다고 생각했지만 실제로는 그렇지 못했다. 지금 이란 정권이 갖고 있는 문제점들과 유사한 역사적 전례들이 있다. 17세기와 18세기 초, 당시 쇠퇴하던 사파비Safavid왕조의 통치자들은 성직자들의 힘에 맞서 왕실과 군대의 힘이 서로 균형을 이루는 체제를 통해 제국을 통치했었다. 성직자들은 때때로 정권과 상인 계급 사이에서 충성의 대상을 바꿨다. 오늘날 이란의 최고지도자는 이전 역사 속 군주들의 모습을 떠올리게 하는 그런 지위에 있다. 경제가 악화됨에 따라 성직자와 이란 국민들의 불만은 높아져간다. 하메네이는 시아파의 성지라고 할 수 있는 콤Qom에 대한 자신의 지배력을 강화함으로써 이에 대응했으며, 이로 인해 결국 콤과 경쟁관계에 있는 이라크의 성지 나자프Najaf 성직자들의 세력이 커지게 되었다. 이 성직자들은 정적주의 전통을 고수하며 하메네이의 통치를 뒷받침하는 이슬람교 성직자와 율법학자들의 국가통치에 반대한다. 하메네이는 내부의 반발을 막고, 자신이 자극한 적들을 방어해야 하며 또 혁명을 수출한다는 자신의 구세주 사상을 계속 따라야만 한다. 역설적이게도 하메네이와 그의 동료 혁명파들은 자신들이 정부를 무너뜨렸을 때, 또 간절하게 부활시키기를 바라는 이슬람제국이 멸망했을 때 모두와 유사한 정치적, 경제적, 사회적, 그리고 군사적 조건을 만들었는지도 모른다.

종교적 전통과 세속적인 근대화 사이의 긴장은 별반 새로운 것이 아니다. 이란의 국왕은 "울레마ulema" 즉, 이슬람교의 성스러운 율법과 교리를 가르치는 학자 겸 성직자들을 탄압하다가 몰락을 자초했다. 신을 앞세운 권위주의 정권보다 세속적인 개념의 대의정치를 더 선호하는 공화파들에 대한 혁명파들의 잔인한 탄압 역시 내부의 반발을 더 크게 불러일으킬 수 있다. 헌법수호위원회가 2020년 총선에서 약 7,000명에 달하는 후보들의 등록 자체를 거부한 사건은 혁명파들이 개혁파들에게 정치적 공간을 내어주기를 꺼리고 있음을 분명히 보여주었다. 과거 이란 국왕은 전통과 현대, 종교와 세속, 지방과 도시 사이의 갈등을 풀어나갈 수 없었고, 지금의 최고지도자 역시 같은 어려움에 직면해 있다.

이란 국민들은 이슬람 율법의 지배에 지쳐 있을뿐더러 이를 거부하고 싶을지도 모른다. 이란의 문화에는 그런 개념 자체가 심어져 있지 않다. 이라크의 성지 나자프와 이란의 성지 콤에서 정적주의를 추구하는 시아파 성직자들은 점점 더 성직자들의 국가통치에 반대를 하고 있으며, 이러한 비판이 다른 국민들에게까지 영향을 미치고 있다는 조짐을 곳곳에서 찾아볼 수 있다. 이라크 시아파의 최고성직자인 그랜드 아야톨라 알리 알-시스타니Grand Ayatollah Ali al-Sistani의 나이가 벌써 90세가 넘었고, 이란의 최고지도자 아야톨라 하메네이도 80세가 넘었기 때문에 이들의 후계자들이 이란의 성직자 통치에 어떤 영향을 미칠지는 분명하지 않다.

이란 정권이 미국과 이스라엘, 그리고 아랍 국가와 서방측에 대한 끝없는 적대감을 멈출 수 있도록 바뀔 수도 있을 것이다. 1979년 이후 이란 정권은 언제나 적대적인 모습을 보이며 혁명파들이 늘 정권을 지배해왔지만 이란 정권은 완전히 하나로 뭉쳐진 조직은 아니다. 또한 IRGC와 이란 정권은 잔혹한 대리전쟁을 계속할 것인지 아니면 책임 있는 국가처럼 행동할 것인지 선택하도록 강요하는 다국적인 협력과 노력에 특히 취약하다. 미국과 다른 국가들이 이란 정권의 침략을 방어하기 위한 장기적인 전략을 실행하고 이란 지도자들에게 선택을 강요한다면 후자를 선택하도록 그들을 이끌어나갈 수 있을 것이다.

6부 북한

미국과 북한, 핵협정에 들어가기로 합의……김정일은 개방을 원하는 것처럼 보이지 않는다……**햇볕정책이 해묵은 남북관계를 녹이다**……*북한의 미사일 문제로 정치적 논의는 뒷전*……*북한은 미사일과 대량 살상무기로 무장한 정권이며 주민들은 굶주리고 있다*……대화는 절망적이다. 북한은 협상의 대상이 아니다……**미국 정보부, 핵실험 현장에서 활동 징후 발견**……*북한은 원조를 대가로 원자로를 폐쇄할 것인가*……**김정일**……*북한의 핵실험에 중국조차 분노를 나타내고 있다*……**오바마의 북한에 대한 전략적 인내가 전략적 방치로 바뀌어**……**미국 대학생 오토 웜비어, 북한에서 풀려난 후 사망**……**북한, 제재 조치와 관련해 미국에 대한 "천 배, 만 배의 보복" 맹세**……지금껏 세계가 한 번도 보지 못했던 분노와 격분을 마주하게 될 것이다……**북한, 일본을 향해 미사일 발사**……*로켓맨 김정일은 자신의 정권과 함께 장렬히 자폭하려는 것 같다*……**북한의 김정남 살해 계획**……**하와이, 냉전시대에나 있었던 핵경보 훈련 재개**……미사일 23발을 발사했고 발사할 때마다 기술을 완성시켜나갔다……2017년은 북한이 미사일 기술을 빠르게 발전시켜나간 해로 기록될 것이다……나에게도 핵단추가 있다. 하지만 내 것이 훨씬 더 크다……*그들은 제재 조치가 완전히 풀리기를 바랐다*……*때때로 행동에 들어가야만 할 때가 있고 지금이 바로 그런 경우 중 하나다*……**북한은 핵협상에 유명 농구 선수들을 부르기를 원했다**……**트럼프의 거래 안 하는 기술**……**트럼프, 김정은에게 생일 축하 인사 보내**……북한이 다시 협상장으로 돌아왔으면 하는 것이 나의 희망사항이다……

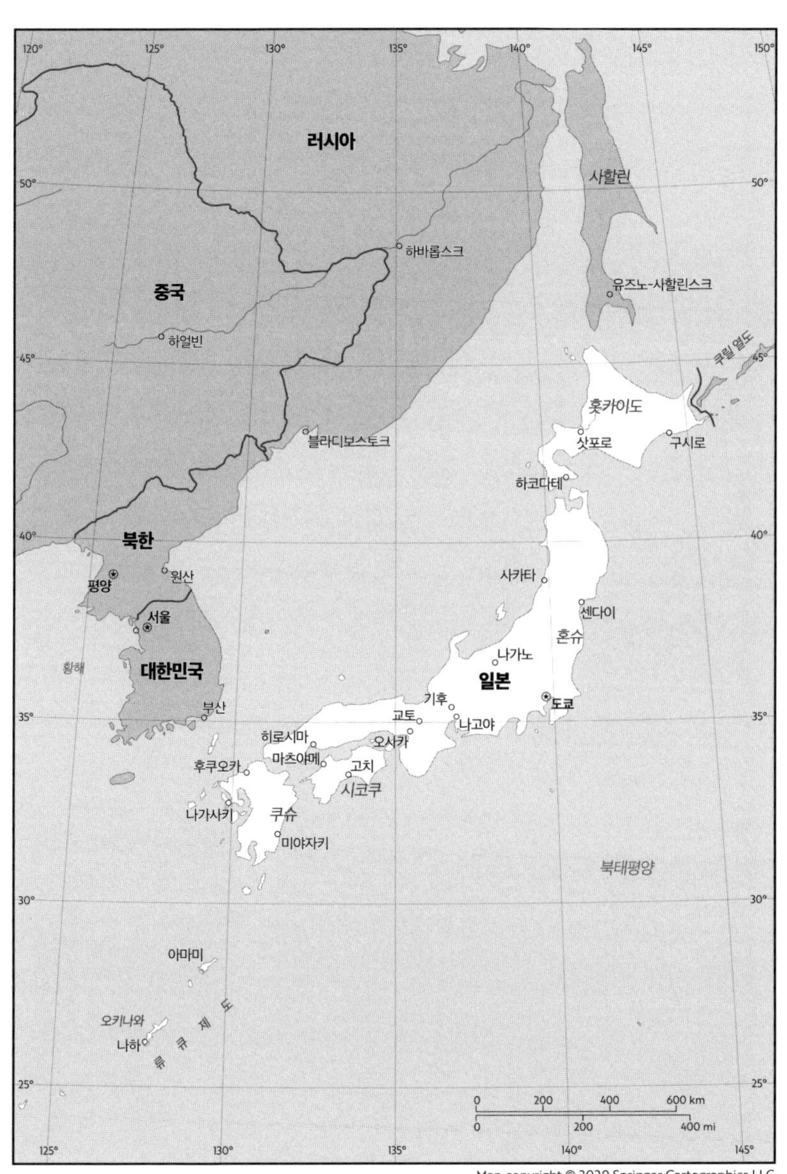

러시아
사할린
하바롭스크
유즈노-사할린스크
중국
하얼빈
쿠릴 열도
홋카이도
삿포로
구시로
블라디보스토크
하코다테
북한
원산
평양
사카타
센다이
서울
혼슈
나가노
황해
대한민국
일본
기후
도쿄
부산
교토
나고야
히로시마
오사카
마츠야메
고치
후쿠오카
시코쿠
나가사키
쿠슈
미야자키
북태평양
아마미
오키나와
나하
류 큐 제 도
0 200 400 600 km
0 200 400 mi

11장

광기란 무엇인가

"미제가 움찍하기만 하면 주저 없이 핵으로 먼저 냅다 칠 것이다. 선택하라 미국! 이 행성에 미국이라는 나라가 존재하느냐 마느냐는 너희의 선택에 달려 있다."

—북한의 선전 영상 〈마지막 기회〉, 2016

분주한 미국 수도와 달리 남쪽의 조용한 포트 레슬리 J. 맥네어Fort Lesley J. McNair는 애너코스티어Anacostia강과 포토맥강이 합류하는 지점에 있다. 미국국방대학교와 국방연수원이 바로 이곳에 있으며 다양한 군사교육 및 연구 활동이 이루어지고 있는 곳이기도 하다. 2017년 4월, 내가 남아시아 지역에 머무르는 동안 아내 케이티는 딸들의 도움을 받아 타이들 베이신Tidal Basin 인공호수를 거쳐가는 워싱턴 수로 옆 제1차세계대전 당시 지어진 장교 숙소로 이사를 했다. 숙소에서는 제퍼슨 기념관과 워싱턴 기념비가 보였고 수로와 포토맥강 사이의 하인스 포인트Hains Point 뒤로 보이는 일몰도 장관이었다. 또한 행정부 동료나 외국 손님들을 맞이하기에도 완벽한 장소였으며 편하게 대화를 주고받을 수 있어서 백악관 웨스트 윙West Wing에 있는 것보다 더 창의적이고 생산적인 대화가 오갈 때가 많았다. 케이티와 당번병인 후안 산체스Juan Sanchez 중사는 늘 손님들을 편하고 반갑게 맞이해주었다.

새로 이사온 집의 첫번째 외국 손님은 정의용 한국 대사와 박장호 비서였다. 두 사람은 6월에 매트 포틴저와 나를 만나러 왔다. 한국에서 민주당 후보 문재인이 조기 선거를 통해 대통령에 당선된 후 불과 몇 주일밖에 지나지 않은 시점이었다. 박근혜 전 대통령이 탄핵을 당하고 우파 자유한국당의 9년 통치가 막을 내리면서 선거가 9개월이나 앞서 치러진 것이다. 한미관계는 중요했고 조선민주주의인민공화국, 그러니까 북한은 가장 시급한 양국의 국가안보 문제 중 하나였다. 정 대사와 나는 북한의 핵무기와 미사일 개발 계획 때문에 긴장감을 느꼈다. 출범한 지 한 달이 된 한국 정부와 4개월 된 트럼프 행정부의 관계가 좋은 출발을 할 수 있도록 노력해야만 했다.

북한으로 인해 증가하는 위협의 실체는 뚜렷해졌지만 딱히 새로운 모습은 아니었다. 어쨌든 이러한 위협에 직면했기 때문에 미국과 한국은 뜻을 함께해야 했다. 그렇지만 지난 수년 동안 양국이 북한에 대해 접근한 방식은 서로 너무나도 달랐던 때가 많았다.

* * *

정 대사는 한미관계의 역사를 잘 알고 있었다. 비례대표로 국회에도 입성했던 정 대사는 당시 한미자유무역협정에 참여하며 조지 W. 부시 대통령과 노무현 대통령 사이의 상호작용을 가까이에서 관찰할 수 있었다. 두 대통령 사이는 각별했다. 부시는 2009년 노무현 전 대통령의 자살이라는 비극을 접하고 장례식에도 참석하려 했었다. 그렇지만 북한에 대한 접근 방식이 서로 크게 달랐고 동맹국이면서도 틈이 벌어졌던 사연도 있었다. 북한으로서는 너무나도 기다렸다는 듯 기꺼이 끼어들 만한 틈이었다.

2002년이 되자 위기가 고조되었다. 제임스 A. 켈리James A. Kelly 국무부 동아시아 담당 차관보가 북한의 수도 평양을 방문했을 때 북한 측 관료들은 북한이 새로운 핵무기의 연료로 사용할 고농축 우라늄을 생산하기 위해 비밀리에 노력해왔다는 사실을 부인하지 않았다. 북한이 핵무기 개발 계획을 중단하고 자국 시설에 대한 국제 사찰을 기꺼이 받아들이기로 했던 미북 핵동결협약Agreed Framework이 이미 1994년에 체결되었음에도 말이다. 당시 북한은 그 대가로 미국으로부터 석유와 함께 경수로 2기 건설 같은 자원 원조를 받게 되어 있었다. 그렇지만 미국 상원의 승인을 받지 않은 이 부실한 합의의 이행은 처음부터 문제가 있었다.[1]

북한의 우라늄 농축 계획이 공개된 후 부시 대통령은 자신이 "악의 축"의 하나로 묘사한 국가에 대한 원조를 중단했다. 반면에 노무현 정권은 평화협력과 대북 개방을 통해 화해를 추구하는 노무현식의 또다른 "햇볕정책"을 추진했다. 따라서 2003년 부시 행정부가 검증 가능한 한반도의 비핵화를 달성하기 위해 미국과 중국, 러시아, 일본, 그리고 남북한이 참여하는 6자회담Six-Party Talks을 추진했을 때 한국이 북한 지원에 나서면서 경제적으로 북한에 어떤 영향을 줄 수 없었다. 경제 개방을 통해 북한이 핵무기를 포기하도록 유도하려 했지만 햇볕정책이 경제적 이익을 공짜로 제공하니 북한이 포기할 이유는 없었던 것이다.[2]

햇볕정책은 그럴듯하게 보였지만 심지어 초창기에 성공적으로 생각되었던 내용들도 조작된 부분이 많았다. 20년 전 광주민주화운동 과정에서 사형선고를 받은 사형수였지만 기적적으로 생환했던 노무현 대통령의 전임자 김대중은 지난 2000년 평양의 김정일을 방문하며 "남북한 국민들은 물론 평화를 염원하는 세계 모든 사람들을 위한 더 밝은 미래를 위한 길을 개척하고" 노벨평화상을 받는다. 그렇지만 이 역사적인 정상회담을 성사시키기 위해 김대중 대통령의 국민의 정부는 북한의 독재자에게 5억 달러의 현금을 몰래 송금했다.[3] 이 내용이 폭로된 후 김대중 대통령을 반대하는 사람들은 역사상 가장 비싼 노벨상이라고 비난하기도 했다. 정상회담 후 불과 몇 주 뒤에 남북한 선수들이 호주 시드니에서 열린 2000년 하계올림픽 개막식에서 공동으로 입장했고, 격한 감정에 사로잡혀 당장이라도 통일이 될 것처럼 말하는 평론가들도 있었다. 그렇지만 여기에는 앞서 있었던 정상회담과 마찬가지로 숨은 이야기가 더 있다. 북한은 또다시 돈을 요구하고 아울러 비밀을 지켜줄 것을 요구했다.[4] 또한 북한은 개막식에 참가하는 한국 선수단의 규모가 북한보다 크지 않도록 해 달라고 요구했다.

그 때문에 많은 한국 선수들이 관중석에서 개막식을 지켜봐야만 했다. 이런 운동 경기나 문화 관련 행사를 통해 남북관계의 갑작스러운 변화나 한반도의 지속적인 평화달성에 대한 희망을 불러일으키려 했던 시도는 물론 이번이 처음도 아니고 마지막도 아니었다. 금강산 관광특구와 개성공업단지, 개성관광 등과 같은 남북한 합작 사업과 교류도 이어졌다. 이러한 여러 가지 사업이나 계획 등은 현금이 부족한 북한에게는 도움이 되었지만 사람들이 기대했던 북한의 개방이나 점진적인 개혁으로는 이어지지 않았다. 그중에서도 특히 개성공업단지는 제한적이나마 남북한 사이의 상호교류를 허용했고, 오히려 한국 주민들이 비참할 정도로 무능한 정권하에서 빈곤에 고통받고 있다는 북한의 선전에 정면으로 도전하는 역할을 하기도 했다. 일련의 경제 교류 계획을 통해 한국 기업들은 값싼 북한 노동력을 고용했으며 북한 근로자들의 급여가 북한 정권에 직접 전달되면서 정권이 절실하게 필요로 하는 외화를 제공할 수 있었다.[5]

2007년, 한국과 미국의 정책이 서로 평행선을 달리고 있었음에도 불구하고 6자회담의 장기적인 교착 상태가 종결되었고 잠정적 군축 협정에 모두 서명한다. 2008년 6월 북한은 영변원자력연구단지의 냉각탑을 철거하고 심지어 외국 언론인과 외교관들이 그 현장을 확인할 수 있도록 허용했다. 이에 대해 미국은 북한을 테러 조직 지원국 명단에서 제외하고 마카오 당국을 설득해 북한이 자금 세탁에 사용하던 계좌를 동결해 압수했던 2,500만 달러를 되돌려주었다. 그렇지만 1994년 핵동결협약과 마찬가지로 이 합의는 관계가 진전되고 있다는 착각을 불러일으켰을 뿐이었다. 그로부터 4개월 후 북한은 검증 절차를 어기고 IAEA 사찰관을 영변에서 추방했다.[6] 6자회담은 그것으로 완전히 끝이 났고 다시는 새롭게 시작되지 못했다.

2008년 이후 한국의 햇볕정책은 북한의 침략이라는 먹구름 속으로 사라졌다. 노무현 대통령을 대신한 이명박 대통령과 보수 정권은 지난 10년 동안 있었던 대규모 원조가 빈곤한 북한 주민들의 삶을 나아지게 하지도 못했고 북한의 무모한 행동에 어떠한 변화도 주지 못했다고 믿었다. 당시 북한은 협력하려는 시늉조차 포기하고 2009년 4월에는 장거리 미사일 실험, 미국의 현충일인 5월 25일에는 2차 지하 핵실험 등 다시 도발을 시작했다.[7] 그런 와중에 북한은 비자 없이 북한 국경을 넘은 미국 국적의 기자 이은아와 로라 링Laura Ling을 인질로 억류했는데, 두 사람은 앨 고어 미국 전 부통령이 운영하는 커런트 TVCurrent TV 소속이었지만 북한 당국은 불법재판을 통해 두 사람에게 12년의 강제노동형을 선고했다. 빌 클린턴 전 대통령이 8월에 평양을 전격 방문한 후 인질들은 석방되었지만 그럼에도 불구하고 도발은 멈추지 않았다. 2010년 3월에는 북한의 소형 잠수함이 한국 해군 소속 천안함을 침몰시켜 46명이 사망했으며, 8개월 후 인민군은 연평도에 170발의 포탄을 발사하여 한국 측에서는 다시 4명이 숨지고 19명이 부상을 당했다.[8] 그해 말 북한은 스탠퍼드대학교의 핵무기 전문가인 지그프리드 헤커Siegfried Hecker를 초빙해 현재 완전 가동중이라고 알려진 영변 우라늄 농축 시설을 보여주었다고 밝혔다. 북한의 지도자들은 지금까지 거의 10년 동안 이 시설의 존재를 맹렬하게 부인해왔었다.[9] 일련의 시의적절한 도발 뒤에는 김정일의 후계자 김정은을 뒷받침해줄 군사적 역량을 키워 권력을 강화하고 유리한 위치에서 협상을 시작하려는 북한의 노력이 숨어 있었다.[10]

그렇지만 미국은 화해 외교가 북한 정책에 근본적인 변화를 가져올 수 있다는 잘못된 가정하에 회담의 가능성을 위해 북한 정권과 계속해서 교류함으로써 강력하게 대응할 수 없었다. 천안함 침몰 후에는 지미 카터 전 대통령이 평양을 방문하여 새로운 대화를 촉구했고 구금되어 있는 미국 인질 한 명을 구해 미국으로 돌아갔지만 북한은 바로 2개월 뒤 연평도에 포격을 가한 것이다. 그럼에도 불구하고 카터는 이 공격이 "협상장에서 존중받을 자격이 있음을 세계에 알리기 위한 행위일 뿐"이라고 주장했다.[11] 그러면서 오바마 행정부에게는 직접적인 대화가 없다면 "북한 측은 스스로를 방어하기 위해 필요한 모든 조치를 취할 것"이라고 경고했다.[12]

오바마 행정부는 현상을 유지하는 쪽이 군사적 갈등으로 확대될 수 있는 행동을 취하는 것보다 낫다고 판단했다. 2011년 10월 워싱턴에서 이명박 대통령을 맞이한 오바마 대통령은"북한이 핵무기를 포기하고 비핵화를 추진한다면 북한 주민들은 더 큰 안보와 기회를 누릴 수 있을 것이다. 북한은 그 길을 선택해야 한다"고 선언했다. 오바마 행정부는 "전략적 인내" 정책이 북한이 세계의 관심을 끌고 양보를 억지로 이끌어내려는 노력에 대응하기보다 미국이 아예 무시하는 것처럼 보여 북한의 도발 효과를 떨어뜨릴 수 있기를 바랐다. 북한 문제 전문가인 빅터 차Victor Cha의 말에 따르면 오바마 행정부는 북한 정권이 그 잔혹함과 부패, 기능 장애로 인해 결국 붕괴될 수밖에 없는 대단히 불안정한 상황에 놓여 있다고 가정하고 있었다.[13] 게다가 늙고 병든 독재자 김정일이 세상에 거의 알려지지 않은 27세의 새로운 독재자에게 자리를 물려줄 날도 머지않은 시점이었다.

정 대사와 내가 그로부터 6년 후 나의 집에서 저녁식사를 하며 이야기를 나눌 무렵에는 노무현의 햇볕정책과 마찬가지로 오바마의 전략적 인내 전략도 실패로 돌아갔다는 사실이 분명해졌다. 오바마 대통령은 처음이자 마지막으로 트럼프 당선자를 만난 자리에서 현재 가장 시급한 문제는 북한이라고 말했다.[14] 위대한 후계자라는 이름으로 불리게 된 김정은은 자신의 권위에 도전하는 잠재적 정적들을 모두 처형하는 잔혹한 방식으로 자신의 권력을 다져나갔다. 김정은이 자신만의 전략적 조급함 정책을 추구하고 있다고 말할 수도 있는 상황이었다. "위대한 후계자" 김정은은 2016년에 집권 5년째를 맞이했으며 무시당하는 것을 좋아하지 않았다. 그는 북한의 핵무기와 미사일 개발 계획을 계속 추진했으며 둘 다 대부분이 예상하는 것보다 빠르게 진행되고 있었다. 북한 정권이 3대에 이른 독재자에 의해 유지될 수 없을 거라는 낙관론은 사라졌고, 미국과 한국은 북한 관련 정책을 재고해야 하는 기로에 서게 되었다.

정 대사와 나는 우리가 새로운 전략을 실행에 옮기려 한다면 미국과 한국이 먼저 의견을 일치시켜야 한다는 데 동의했다. 나는 이전의 대북 정책에서 문제가 되었던 두 가지 잘못된 가정을 거부할 것을 제안했다. 첫째는 북한의 개방이 정권의 본질을 바꿀 것이라는 햇볕정책의 개념이며, 둘째는 전략적 인내 정책의 기본 전제인 북한 정권은 지속 불가능하고 붕괴 직전에 있거나 적어도 핵으로 무장한 북한이 출현하게 되기 전에 붕괴할 것이라는 가정이었다. 물론 북한의 핵무장은 미국과 동맹국들이 결코 받아들일 수 없는 위험이었다.

매트 포틴저와 나는 그가 취임식 이전에 수립하기 시작했던 전략에 대해 정리했다. 미국은 다른 국가들과 협력하여 김정은 정권에 흔들리지 않고 의견이 일치된 다국적 압력을 가할 것이다. 우리는 한국과 미국, 일본의 대북 정책의 연계가 비핵화에 대한 광범위한 국제적 지지를 얻을 수 있는 출발점이라고 생각했다. 우리는 북한의 핵무기와 미사일 개발 계획이 김정은 정권의 자산이 아닌 오히려 위험 요소라는 사실을 북한에 알리기 위한 현실적인 전략이 필요했다.

* * *

정 대사와 나는 양국의 입장 차이를 조정하는 것이 말처럼 쉽지 않을 것이라는 데 서로 동의했다. 문재인 대통령은 격동의 시기에 취임했다. 2016년 한국에서는 심각한 정치 추문들이 터져나왔고 박근혜 대통령의 탄핵과 해임, 기소, 그리고 투옥으로 이어졌다.[15] 10년 만에 다시 진보주의를 표방하는 대통령으로 나서게 된 문재인 대통령에 대해 많은 사람들은 노무현 전 대통령의 비서실장이었던 그가 햇볕정책을 부활시킬 것이라고 생각했고, 한국 언론은 문재인 대통령의 이름에 빗대어 그의 새로운 북한 정책을 "달빛정책"이라고 부를 수밖에 없었다. 나는 문재인의 "달빛"과 우리가 생각하는 "최대한의 압박maximum pressure"이 서로 잘 어울릴 것 같지 않다고 솔직하게 말했다.

나는 정 대사에게 한미 양국의 접근 방식이 서로 어긋난다면 엄청난 후폭풍을 일으킬 수 있다고 말했다. 마치 저기압의 따뜻한 공기가 고기압의 차가운 공기와 서로 충돌하는 것처럼 트럼프를 지지하는 "경제 민족주의자들" 사이에서 번지고 있는 해외 군사개입에 대한 깊은 회의론이 문재인을 지지하는 좌파들 사이의 미국 의존에 대한 경계심과 충돌할 수 있는 것이다. 그 충돌은 북한에 대한 접근을 어렵게 만들 뿐 아니라 한미동맹에도 돌이킬 수 없는 피해를 줄 수 있었다. 일부 트럼프 대통령 지지자들은 고립주의를 주장하고 나섰으며 일부 문 대통령의 지지자들은 또 한반도와 그 밖의 다른 문제들에 대해 미국의 "자본주의 제국주의"를 비난하는 신좌파 성향의 역사 해석에 동조했다. 한반도는 미국 세력권과 아주 멀리 떨어져 있지만 미국이 세계 문제에 대해 어떤 역할을 하는지에 대한 논쟁의 중심지이다.

한국에는 약 3만 명의 미군이 주둔해 있으며 정 대사는 주한 미군의 필요성에 의문을 제기한 미국 대통령이 트럼프가 처음이 아니라는 사실을 잘 알고 있었다. 1976년 대통령 선거전에 나섰던 당시 지미 카터 후보는 비무장지대에서 미군 두 명이 미루나무 가지치기를 하러 나섰다가 북한군에 의해 잔혹하게 살해당한 사건을 언급하며 미군을 철수시키고 싶다는 의사를 자주 밝혔었다.[16] 카터는 1979년 중앙정보부장에 의해 암살당할 때까지 18년을 장기 집권했던 군인 출신 박정희 대통령의 부정부패와 인권 유린에 좌절했다. 아버지 박정희가 사망하고 딸 박근혜가 대통령이 될 때까지 34년 동안 한국은 민주적 제도를 강화하고 놀라운 경제적 성공을 거두었다. 그렇지만 그 성공은 일부 미국의 회의론자들에게 미군 철수에 대한 새로운 근거를 제공했다. 한국은 이제 스스로를 지킬 수 있을 만큼 부유하고 강력해졌다는 것이었다. 주한 미군이 1950년 일어났던 한국전쟁보다 훨씬 더 파괴적일 수 있는 또다른 중요한 분쟁을 예방하는 데 필수적이라는 주장은 사실 실제로 완전히 증명하기란 불가능하기 때문에 이런 회의론자들을 납득시킬 수는 없다. 그렇지만 역사는 잠재적인 결과의 형태로 경고를 줄 수 있다.

정 대사를 알게 되고 그의 지난 과거에 대해 알게 되면서 나는 한국전쟁 당시 북한군이 침공했을 때 그가 네 살이었다는 사실도 알게 되었다. 그는 3년의 전쟁 기간 중 네 번이나 주인이 바뀌었던 한국의 수도 서울에 살고 있었다. 그가 기억하는 가장 오래된 서울의 모습은 그저 폐허 그 자체일 뿐이었다. 그의 어머니는 자식들에게 직접 방석을 꿰매서 만든 임시 안전모를 억지로 씌워주었고, 집안은 의사였던 정 대사의 아버지가 상처를 봐줄 때까지 고통 속에서 비명을 지르는 환자들로 가득했었다. 그는 또 거리로 나가 놀 때 이곳저곳에 시체들이 쌓여 있는 끔찍한 장면을 본 것을 기억했다. 그가 기억하는 가장 힘들었던 시간은 1951년 중공군이 참전해 서울을 향해 몰려오기 시작하자 살을 에는 강추위 속에 200킬로미터 이상을 걸어가야 했던 피난길이었다. 그는 벽도 천장도 없는 "교실"에서 보냈던 학교 등교 첫날도 기억하고 있었다. 그곳이 교실이라고 알려주는 건 임시로 만들어 내건 칠판뿐이었다. 정 대사는 나의 아버지 허버트 맥매스터Hebert McMaster가 한국전쟁 당시 보병으로 복무했다는 사실을 듣고는 아버지뿐 아니라 많은 사람들의 봉사와 희생에 대해 자주 감사의 뜻을 표시했다. 한국전쟁으로 약 3만7,000명의 미군, 20만 명의 한국군과 유엔군, 그리고 40만 명의 북한 인민군과 60만 명의 중공군, 150만 명의 민간인이 목숨을 잃었다. 모두 합치면 한국전쟁의 직접적인 결과로 약 300만 명이 사망했으며 휴전이 된 후에는 어느 쪽도 승리를 주장할 수 없었다. 통계에 대해서는 별 감흥이 없을 수도 있겠지만 정 대사는 우리가 다시는 겪지 않기로 결심한 그 공포라는 오래된 기억을 통해 전쟁을 이해하고 있었다. 정 대사와 나는 전쟁에 나서는 것보다 전쟁을 예방하는 쪽이 더 경제적이라는 사실에 동의했다. 우리는 또한 또다른 한국전쟁을 사전에 예방할 수 있다는 데 서로 의견을 같이했다.

제2차세계대전이 끝나자 한국은 연합군에 의해 일본의 식민지에서 해방되었다. 미국의 해리 트루먼Harry Truman 대통령은 소비에트연방이 한반도 전체를 점령하는 것을 막기 위해 미군을 한국으로 보냈고, 미국과 소비에트연방은 향후 몇 년 동안 한반도에 각각 절반씩 주둔하기로 합의했다. 1948년 남북한에 대한 미소군정기가 끝났을 당시 이 두 초강대국은 통일된 한반도가 어떻게 통치되어야 하는지에 대해 미처 합의를 하지 못한 상황이었다. 38도 군사분계선 이남에서 총선이 치러진 후 프린스턴대학교에서 정치학 박사학위를 받은 이승만이 미군정이 물러난 한국의 정권을 물려받았다. 한편 38선 이북에서는 소비에트연방이 조선민주주의인민공화국 정권을 세우고 극동 지역에서 소비에트연방군 소속으로 복무하면서 소비에트연방 측 후원자들에게 깊은 인상을 남겼던 야심만만한 젊은 공산당 유격대 지휘관 김일성을 지도자로 선택했다.[17] 처음부터 이념적으로 서로 양립할 수 없었던 남과 북은 상대방 정부의 기반을 무너뜨리려 했고, 각자가 자신들이 이끄는 방향으로 한반도를 통일하기를 원했다.[18]

이렇게 한반도에서 전쟁이 발발할 가능성이 거의 확실한데도 불구하고 국방부가 신설된 후 첫번째 장관에 임명된 제임스 포레스털James Forrestal은 한반도에 미군을 주둔시키는 데 회의적이었다. 포레스털은 주한 미군을 불필요한 "미군 자원의 소모"로 보고 한반도 복무를 "불행하고 불만족스러우며 지루해하는 병사들의 부모가 끊임없이 불만을 제기하게 만드는 근원"이라고 설명했다.[19] 당시 소비에트연방을 지배하고 있던 스탈린은 주한 미군의 규모가 줄어드는 것을 보고 결단을 내려 김일성에게 대규모 침공을 준비하라는 긍정적인 신호를 보냈다.[20] 1950년 6월 25일 새벽 4시, 드디어 전차부대의 지원을 받은 북한군 보병 6개 사단이 38선을 넘어 쏟아져 들어오기 시작했다.

그렇지만 딱히 놀라운 일은 아니었다. 1949년 2월 작성된 CIA의 일급 기밀 연구 분석 자료를 보면 미군의 철수로 인해 "아마도 기다렸다는 듯 침공이 있을 것"이며 "적당한 규모의 미군이 한국에 계속 주둔할 경우 침공의 위협을 줄일 수 있을뿐더러 앞으로도 있을지 모를 침략에 저항할 수 있는 한국 측의 의지와 능력이 계속 유지되는데 도움이 될 것"이라는 내용이 있다.[21]

나는 정 대사에게 해외 문제 개입에 대한 경계심을 바탕으로 한 새로운 미국 고립주의에 대한 우려를 설명했다. 이런 고립주의 역사는 미국의 건국 시기까지 거슬러올라간다. 1801년 대통령 취임 연설에서 토마스 제퍼슨Thomas Jefferson은 "모든 국가와 평화를 유지하고 상업 거래를 하며 정직한 우정을 쌓을 수는 있겠지만 그 어떤 국가와도 동맹을 맺지 않는 것"을 "미국 정부의 가장 중요한 원칙"으로 내세웠다. 21세기 미국의 해외 군사개입에 대한 회의론자들, 특히 아프가니스탄과 이라크, 시리아 전쟁에 대한 회의론자들은 존 퀸시 애덤스John Quincy Adams 전 6대 대통령이 했던 "미국은 굳이 파괴해야 할 괴물들을 찾아 나라 밖으로 나가지 않는다"는 말을 언급하는 것을 좋아하면서도 정작 여기에 담긴 신생국가의 서부 개척이라는 불완전한 사명, 아메리카 원주민과의 경계선 갈등에 대한 집착, 그리고 재정 및 군사력 부족이라는 당시의 상황과 맥락은 애써 무시한다.[22] 이런 고립주의적 정서가 심각하게 외부로 표출된 사건이 바로 제1차세계대전 이후 있었던 미국의 국제연맹 가입 거부였다. 그리고 미국은 1941년 12월 일본이 진주만을 공격하기 전까지도 제2차세계대전에 직접적으로 개입하는 것을 꺼렸었다. 진주만 공습은 미국의 해군 함대뿐 아니라 미국의 고립주의에도 심각한 타격을 입혔다. 나는 정 대사에게 미국의 고립주의가 부활하고 있는 것에 대해 경고했다. 트럼프 대통령의 정치적 기반의 모든 중요한 요소들이 국경에 장벽을 세우고 미국의 영토만 방어하며 장기간 이어지는 해외 작전을 끝내는 쪽으로만 집중되고 있었다. 적어도 대통령의 지지자들은 다른 국가들, 특히 동맹국들이라면 자신들의 일은 스스로 책임지기를 바랐다. 많은 사람들은 미국의 동맹국들이 친절한 미국 삼촌이 제공하는 안보에 무임승차를 하면서 거의 아무런 대가를 치르지 않는 것으로 보았다. 각자 공정한 몫을 짊어지자는 건 미국으로서는 새로운 주장이 아니었지만 그렇게 각자의 몫을 짊어지게 된 쪽에서 내는 목소리 역시 점점 더 커지고 있었다.

이야기를 나누면서 나는 정 대사야말로 좌파 성향의 문재인 정부에서 감당 못할 후폭풍을 막아낼 수 있는 적임자라는 사실을 깨달았다. 그의 조용하고 차분한 자신감은 외교관으로서의 오랜 경험에서 비롯된 것이다. 정의용은 국제연합과 이스라엘 주재 한국 대사였으며 워싱턴에 특2급 통상교섭 조정관으로 파견되어 근무한 경력도 있었다. 또 국회의원 시절에는 외교위원회 위원장을 역임했다. 그보다 더 젊은 사람이라도 어느새 지치게 만들 수 있는 혹독했던 인생역정에도 불구하고 그는 71세라는 나이보다 훨씬 젊어 보였다. 정 대사는 아시아 전역과 모스크바, 그리고 베이징에서도 인정받는 인물이었기 때문에 북한 전략에 대한 국제적 지원을 이끌어내는 데 도움을 줄 수 있었다. 트럼프 대통령과 문 대통령 각각의 국내 지지자들의 성향은 서로 완전히 달랐고, 또 중국 지도자들이 우리를 분열시키기 위해 최선을 다할 것이기 때문에 우리는 더 열심히 노력해야만 했다.

* * *

저녁식사를 마치고 뒤쪽 정원으로 나가 나는 2개월 전 마르-아-라고에서 있었던 시진핑 주석과 트럼프 대통령의 정상회담에서 개인적인 소감을 이야기했다. 나는 중국이 동북아시아 지역에서 지배적인 영향력을 얻기 위해 기회만 된다면 북한과의 긴장 상태를 이용할 가능성이 크다고 생각했다. 인구 5,100만 명으로 북한의 2,500만 명보다 두 배나 많고 경제규모 역시 북한의 88배에 달하는 것으로 추산되는 한국은 김정은 정권이 무너지면 바로 통일한국을 장악할 것이다.[23] 김정은 정권이 결국 실패할 운명이라면 미국의 강력한 영향력이 압록강 북쪽까지 확장되는 것을 막는 최선의 방법은 워싱턴과 서울 사이를 갈라놓는 것이었다. 미군을 한반도에서 몰아내면 한국은 중국의 선택과 압박 전략에 취약해질 수밖에 없을 것이며, 중국의 목적은 한국이 미국보다는 중국과 더 긴밀하게 의견을 같이하도록 만들어 이 지역에서 중국의 가장 강력한 경쟁자라고 할 수 있는 일본을 고립시키는 것이다.

중국이 동북아시아 지역에서 미국을 몰아내는 것을 전략적 우선순위로 두는 건 미국이 중국을 북한 문제에 더 많이 끌어들이려는 노력이 북한과 한국, 그리고 미국 사이의 도덕적 동등성과 관련된 중국 관료들의 주장과 왜 그렇게 서로 자주 부딪치는지에 대한 설명이 될 수 있다. 북한이 누가 봐도 분명한 침략 행위를 저지른다 해도 중국은 언제나 한국과 미국에도 자중할 것을 요구할 것이다. 중국의 지도자들은 북한의 침략 행위에 대한 책임을 면하기 위해 그건 단지 미국과 북한 사이의 문제일 뿐이라고 끈질기게 주장할 것이다.

중국은 자신들이 김정은 정권에 가하고 있는 분명한 압박을 주위에 감추려고 한다. 마르-아-라고에서 트럼프 대통령은 중국이 원한다면 북한 문제를 해결할 수도 있다고 말했고 그의 말은 옳았다. 북한 교역량의 90퍼센트 이상이 중국과 이루어지고 있으며 거의 모든 북한의 연료와 석유가 중국 국경을 통해 수입된다.[24] 연료가 없다면 미사일을 발사하는 것도 불가능하다. 정직한 중재자로 보이기 위해 중국은 북한이 핵무기와 미사일 실험과 같은 도발을 한 후에도 변함없이 "동결 대 동결freeze for freeze" 협상을 제안할 것이다. 다시 말해 북한이 관련 실험을 중단한다면 한국과 미국 역시 연합훈련 같은 동맹국으로서의 군사활동을 중단해야 한다는 것이다. 문제는 그런 각각의 "동결"은 결국 북한의 행동은 자기방어 수단일 뿐이라는 설명에 힘을 실어주고 더 진보된 기술이나 역량은 일종의 새로운 기준으로 그대로 받아들이게 만든다는 사실이다. 그렇지만 마르-아-라고에서 포틴저와 나는 북한에 대한 중국 지도자들의 언급에 미묘한 변화가 일어나는 것을 알아차렸는데, 어쩌면 아시아 지역에서의 패권유지라는 자신들의 장기적인 목표를 이루기 위해 지금까지 북한의 행동에 대해 취해온 이기적인 태도를 완화하려는 의지를 전달하려는 것일 수도 있었다.

중국 지도자들은 핵무기로 무장한 북한은 중국과 세계 전체에 좋지 않은 존재라는 사실을 인식해야 한다. 북한의 핵무기는 중국에게도 직접적인 위협이 될 뿐 아니라 주변의 다른 국가들에게 김정은 정권을 저지하기 위한 자체적인 핵무기 보유를 고려하도록 유도할 것이다. 그런 주변 국가들에 일본과 한국은 확실하게 포함되겠지만 타이완이나 베트남이 비슷한 생각을 하지 않으리라고 장담할 수도 없다. 미국이 한일 양국의 핵무기 개발을 막는 역할을 해온 것처럼 중국도 북한에 대해 비슷한 역할을 할 때가 된 것이다.

우리는 중국의 지도자들이 북한의 비핵화 문제에 공감하고 신경을 써주는 것까지는 기대하지 않았지만, 그래도 이들의 처음 반응은 적어도 실망스럽지는 않았다. 당시 김정은과 아직 별다른 접점이 없었던 시진핑은 도덕적 동등성 같은 이야기는 꺼내지 않았고 "동결 대 동결"을 주문하지도 않았다. 시진핑은 완전하고 검증 가능하며 한번 결정이 되면 무를 수 없는 그런 비핵화가 유일하게 받아들일 수 있는 결과라는 사실을 이해하는 것 같았다. 정 대사와 나는 이러한 긍정적인 지표에도 불구하고 중국이 어떻게 한미 동맹관계를 훼손하고 역사적으로 이어져 내려온 한국과 일본 사이의 적대감을 일본을 고립시키는 데 사용할 방법을 계속해서 찾아내려 할지에 대해 이야기를 나누었다. 중국은 동북아시아 지역에서 과거 일본제국이 저질렀던 잔혹한 행동들과 관련해 한국 못지않게 깊은 분노를 품고 있다. 35년 동안 한국을 식민지로 삼았던 일본제국은 만주와 상하이, 난징까지 침공했으며 특히 난징대학살 사건은 그 악명이 높다. 당시 일본제국은 1937년 12월부터 1938년 1월까지 난징에서 살해와 고문, 강간을 자행했고 중국 측 사망자의 숫자만 20만에서 30만 명에 달한다. 중국은 이 같은 지나간 잔혹한 역사의 기억을 공유하며 한국 국민과 집권당이 품고 있는 일본에 대한 적대감을 이용하려는 것이다.

* * *

전략적 공감은 적뿐 아니라 아군에게도 적용된다. 나는 한미동맹과 북한 문제에 대한 정 대사와 문 대통령의 관점을 이해하려고 노력했다. 정 대사는 대부분의 문재인 정부 관료들보다 나이가 많았으며 한국전쟁의 참혹함은 물론 1953년 휴전 이후에도 오래도록 계속된 북한의 침략 시도의 역사를 모두 경험한 인물이다. 정 대사는 1968년 서울대학교 외교학과를 졸업했고 당시 북한은 한국 정부를 흔들고 한미동맹을 약화시키기 위한 자신들의 이른바 통일전선 전략을 강화하고 있었다. 또한 북한은 같은 해 대통령 관저인 청와대를 습격해 대통령을 포함한 청와대 내부의 모든 인원을 암살하기 위해 31명의 특공대를 서울로 침투시켰다. 하지만 특공대는 두 명을 제외하고 서울 시내에서의 교전중에 전원 사망하고 만다. 같은 달에는 또 미 해군의 정보수집함 USS 푸에블로Pueblo가 북한 측 영해로 접근했다가 초계정들의 공격을 받아 1명이 사망하고 83명이 사로잡혀 1년 이상 학대와 고문을 당하는 사건이 발생했다. 그리고 10월에는 120명의 북한 특공대가 공산주의혁명을 일으키기 위해 한국의 동해안에 상륙해 인근 마을을 점령했다. 특공대는 우선 북한의 지상낙원에 대한 이야기로 자신들의 공산주의 대의를 따를 주민들을 모집하려 했고, 김일성 정권 아래에서 얼마나 행복한 생활을 할 수 있는지에 대해 믿지 않을 것 같은 사람들을 살해했다. 한국군이 이 터무니없는 침략자들을 모두 소탕하는 데는 2개월이 넘는 시간이 걸렸다.[25] 북한의 공격은 1969년에도 멈추지 않았다. 4월 15일에는 북한 공군 소속 미그MiG 21 전투기가 무방비 상태의 미 해군 소속 전자정찰기를 북한 동해안에서 95마일 떨어진 상공에서 격추해 31명이 사망하는 사건이 발생했다.

문 대통령은 정 대사와 나이가 일곱 살밖에 차이나지 않지만 1990년대 등장한 이른바 한국의 386세대와 정서적으로 더 가깝다. 386세대란 30대 나이에 접어들었으며 80년대에 대학을 다녔고 60년대에 태어난 세대를 의미하며 이들은 1990년대의 한국에서 새로운 정치 활동 세대로 자리매김했다.[26] 또한 1990년대에 인텔Intel의 개인 컴퓨터용 386 마이크로프로세서가 널리 사용되면서 386세대라는 말이 한층 더 널리 퍼지기도 했다. 386세대 이전 세대들에게 한국전쟁과 한국의 발전은 미국이 지키고 도와준 그들의 삶에 큰 영향을 미친 사건들이었으며 대단히 강력한 반공 및 친미 정서로 이어졌다. 반면에 386세대들의 삶에 가장 큰 영향을 미친 사건은 1980년 광주민주화운동이었으며 이들은 미국이 새롭게 정권을 잡은 전두환 장군과 한국 군부가 반정부 시위를 잔혹하게 진압하도록 허용, 혹은 묵인했다고 믿었다. 이런 생각은 결국 386세대 사이에서 강력한 반미 정서로 이어진다.

1987년 수도 서울에서 수십 년 동안 이어진 권위주의 통치를 종식시킬 민주화운동이 시작되었는데 이를 주도한 것도 바로 이 386세대다. 386세대는 민주주의와 자본주의 역사상 가장 큰 성공을 거둔 민주적 개혁과 괄목할 만한 경제성장의 시대를 열어젖혔다. 한때 민주정치가 뿌리를 내릴 수 없을 것이라는 평가까지 받았던 한국은 아시아에서 가장 생기 넘치는 민주국가 중 하나가 되었다.

나는 정 대사와 함께 문 대통령의 대북 관련 언급에 대해 우려하지 않을 수 없었다. 문 대통령은 근본적으로 결함을 지니고 있는 햇볕정책의 가정을 부활시킬 위험이 있었다. 즉, 정치적 양보와 조건 없는 원조를 통해 북한을 개방시키면 1986년 덩샤오핑 경제 개혁 이후의 중국이나 혹은 베트남처럼 북한에서도 점진적인 변화가 일어날 것이라는 가정이었다. 한국과 다른 국가들이 강력한 경제 조치와 북한의 고립을 위한 일치된 외교적 노력, 그리고 최악의 상황을 염두에 둔 군사적 준비가 필요 없는 그런 해결책이 있다고 믿는다면 북한에 대한 최대한의 압박을 이끌어내는 건 어려운 일일 것이다. 한국이 북한과 화해하려는 노력은 북한에 대한 압박을 해소할 뿐 아니라 김정은으로 하여금 양보를 얻어내기 위한 도발을 견제하지 않고 계속해나가도록 오히려 부추기게 될지도 모른다.

2017년에는 전략적 인내 전략을 뒷받침하는 가정도 틀렸다는 사실이 분명해졌다. 김일성 가문의 3대 독재자이자 "위대한 후계자" 김정은은 북한을 책임감 있는 국가로 만들지 않을 것이며, 북한 주민들에 대한 잔혹한 억압이 계속될 수 있다는 것을 보여주었다. 2011년 12월 김정일이 사망하고 김정은에게 권력이 이양되는 과정에서 우리는 김씨 가문 독재의 본질에 숨어 있는 그 비참하면서도 희극적인 모습을 쉽게 확인할 수 있었다. 김정일의 장례식 행렬이 지나가는 동안 연도에 늘어선 사람들은 미친 사람들처럼 울부짖었다. 행렬을 이끌고 있는 사람도 우스꽝스러워 보였다. 스위스에서 교육을 받은 27세의 김정은은 경애하는 할아버지 김일성 수령을 꼭 닮은 기묘한 머리 모양을 하고 있었다. 좀처럼 우스갯소리 같은 건 하지 않는 것으로 알려진 중국 공산당 지도자들조차 이 위대한 후계자를 보고 "진싼팡즈金三胖子", 즉 김씨 집안의 뚱뚱보 3세라고 불렀다.[27] 새롭게 등장한 북한의 독재자는 할아버지와 아버지처럼 이야기를 꾸며내길 좋아하는 듯, 김씨 집안의 영민함, 용맹, 자비로움, 그리고 완전무결함에 대한 이야기를 훨씬 더 새롭고 우스꽝스러운 수준으로 끌어올렸다. 북한 중학교 교사들의 교육 지도서를 보면 김정은은 세 살 무렵부터 운전을 할 줄 알았고 수많은 음악을 작곡한 신동 중의 신동이다.[28] 또한 김정은은 치명적일 정도로 진중한 성격으로 김씨 일가의 오랜 전통에 걸맞게 비인간적인 잔혹함을 십분 발휘하며 자신의 권력을 굳게 다져갔다.

내가 정 대사를 만나기 불과 2개월 전, 이 위대한 후계자의 이복형인 김정남이 말레이시아에서 끔찍한 죽음을 맞이한다. 김정남은 아시아에서도 가장 활기 넘치는 도시에서 화려하고 풍족한 삶을 누렸던 도박꾼에 호색한, 그리고 술꾼이었다. 김정은으로서는 중국이 뒤를 봐주고 있는 이복형이 언제든 자신을 대체할 수 있는 존재라는 걸 잘 알고 있었기에 그를 절대로 믿을 수 없었다. 그렇다 하더라도 김정남은 김정은을 비난하는 치명적인 실수를 저질렀다. 2017년 2월 13일, 일견 평범해 보이는 45세의 뚱뚱한 중년 남성이 마카오행 여객기 탑승 수속을 하기 위해 사람들로 가득찬 쿠알라룸푸르 국제공항에 나타났다. 남성이 자동발권기 앞에 섰을 때 두 명의 여성이 다가왔다. 첫번째 인도네시아의 여성이 뒤로 다가와 눈을 가리고 손으로 그의 얼굴과 입을 문질렀다. 그런 다음 두번째 베트남 여성도 같은 행동을 반복했다. 나중에 두 여성은 자신들이 텔레비전 촬영에 참여하고 있는 줄 알았다고 진술했다는 이야기가 흘러나왔다. 두 사람이 모습을 감춘 후 김정남은 국제적으로 사용이 금지된 VX 독극물에 노출된 증상을 나타내기 시작했다. 그의 온몸이 마비되었다. 그는 공항 진료소로 옮겨졌고 약 15분가량 극심한 고통을 겪으며 병원으로 이송되는 도중 구급차 안에서 사망하고 말았다.[29]

김정남 암살 사건은 반란 세력의 기세를 먼저 꺾으려는 김정은의 굳은 결의를 보여주었다. 한국의 전략연구소인 국가안보전략연구원은 김정은이 정권을 잡은 후 처음 5년 동안 개인적인 명령을 통해 최소한 340명을 처형했으며 그중 140명은 군부와 정부 또는 당의 고위간부급들이었다고 추정한다.[30] 이런 식의 숙청은 북한에서 새로운 일은 아니었지만 직계가족이 포함되는 건 대단히 이례적이었다. 김정남은 김씨 일가의 유일한 희생자가 아니었다. 그보다 몇 년 전 김정은은 고모부 장성택의 처형을 명령한다. 젊은 독재자의 뒤에 자리잡은 진정한 실세로 여겨지던 장성택은 반역과 직권남용 등 다양한 혐의로 기소되어 처형을 당한다.[31] 장성택은 군부대 연병장에서 대공고사포에 의해 산산조각이 났는데, 김정은은 그 광경을 보고 흡족해하지 않았을까. 그는 2년 후 똑같은 방법으로 조선인민군 육군 대장 현용철을 처형하는데, 죄목은 반역죄에 더해 위대한 후계자 앞에서 졸았다는 것이었다.[32] 대공고사포 처형은 비용은 많이 들어갈지는 몰라도 대낮에 해외 국제공항에서 이복형 김정남을 독살한 것처럼 젊은 독재자의 권위에 도전하려는 사람들에게는 섬뜩한 위협이 아닐 수 없었다.

* * *

김정은이 자신의 권력을 강화하는 것을 보고 놀라는 사람은 없었다. 김정일의 죽음도 인민들의 생활을 일일이 다 통제하는 북한 정권의 모습을 바꾸지 못할 것이라는 사실을 대부분의 사람들은 다 알고 있었다. 외부로부터의 정보 유입은 금지되어 있었고 모든 주민들은 불만을 내비치지 못하도록 다 감시를 받았다. 김씨 일가는 또한 북한 특유의 정치적 계급 체계인 "출신 성분"을 중시하는데, 북한 주민들은 핵심 계층, 동요 계층, 그리고 적대 계층의 세 가지 계층으로 분류된다. 북한 인구의 40퍼센트는 정권이 탐탁지 않게 생각하는 적대 계층에 속하며 이들은 결코 신분상승을 꿈꿀 수 없다. 그렇지만 북한의 상류 계층이라고 할 수 있는 핵심 계층 역시 언제든 밑바닥으로 전락할 수 있다.[33] 북한 공산당은 김정은에 대한 아주 사소한 불만의 분위기조차 찾아서 보고하는 지역 정보원들을 두고 있으며 여기에 걸려든 사람들은 대규모 강제수용소로 끌려가게 되는데, 현재 약 2만 명이 넘는 "반동분자"들이 이 수용소에서 고된 노동과 기아, 구타, 그리고 고문에 시달리며 재교육을 받고 있다. 여성들은 강간을 당하고 낙태를 강요받으며, 때때로 자신들의 갓 태어난 아기들이 바로 눈앞에서 죽어가는 모습을 지켜봐야만 할 때도 있다. 그중 일부는 어쩔 수 없이 자신들의 손으로 아기를 죽이거나 자살한다. 국제연합과 국제인권재판소는 김정은이 이런 반인도적 범죄에 대한 재판을 받아야 한다고 결론을 내렸다.[34] 북한의 핵무기와 미사일 개발 계획은 이런 정권의 잔인성과 더해져 더욱 위험해 보일 뿐이다. 전략적 인내는 더 이상 실행 가능한 전략이 아니었던 것이다.

북한의 핵무기와 미사일 개발 계획이 대부분의 사람들이 생각하는 것보다 더 빠르게 진행되고 있다는 사실도 우리의 인내심을 잃게 한 또다른 이유 중 하나였다. 2016년 1월 6일, 북한은 네번째로 핵무기 실험을 실시했다고 발표하며 또 최초의 수소폭탄 실험이었다고 주장했다. 다만 한국과 미국의 전문가들은 여러 증거들을 통해 수소폭탄은 아닌 것으로 결론을 내렸다. 그로부터 한 달 후, 북한은 국제연합의 금지 경고를 무시하며 장거리 탄도미사일 발사 실험을 강행했고 그러면서 자신들은 관측용 인공위성을 발사했을 뿐이라고 주장했다. 그리고 이후 8개월 동안 여덟 차례의 중거리 미사일 실험이 계속해서 이어졌다. 그중 일곱 차례는 실패로 돌아갔지만 김정은이 무엇을 우선순위로 두고 있는지 분명해졌고, 북한의 과학자들이 실패로부터 배우고 있다는 사실도 확실해졌다. 2016년 미국에서 대통령 선거가 실시되기 2개월 전에 북한은 핵탄두라고 주장하는 다섯번째 핵무기 실험을 실시한다.[35]

오바마 행정부와 박근혜 정부가 THAADTerminal High Altitude Area Defense, 즉 이동 가능한 고고도미사일요격 장비를 한국에 배치하기로 한 것도 2016년 진행된 이런 일련의 무기 실험들 때문이었다. THAAD는 단거리 혹은 중거리 탄도미사일이 비행 마지막 단계에 접어들었을 때 이를 요격할 수 있는 장비다. THAAD의 배치는 한국을 비롯해 한국에 있는 미군 2만3,000명과 미국 국적의 민간인 13만 명에 대한 위협이 증가하면서 자연스럽게 이루어진 논리적인 대응이었다.[36] 그렇지만 2017년 여름, THAAD는 트럼프 지지 기반과 문재인 지지 기반 사이에서 크나큰 후폭풍을 일으킬 수 있는 위협으로 부상했다.

THAAD는 트럼프 대통령과 그의 정치적 지지자들 사이에서 논쟁의 대상이 되었다. 거기에 들어가는 비용도 비용이거니와 미국이 또다시 본토와는 아주 먼 곳에 미국 국민들의 세금으로 방어 설비를 구축하고 있다는 사실 때문이었다. 해외 주둔 미군에 대한 회의론자들은 이런 설비나 장비들이 실제로는 전적으로 미군의 소유물이며 여러 개의 패트리어트 대공미사일보다 더 저렴한 미사일 방어 해결책이라는 점에는 관심을 두지 않았다. 이 회의론자들은 특히 한국과 같은 국가들이 스스로의 방어 비용을 감당할 수 없다는 사실을 의심했다.

문 대통령과 집권당은 THAAD에 대해 이미 자체적으로는 유보적인 입장이었다. 중국은 이미 금융 제재와 중국 내 한국 기업에 대한 사업 제한, 그리고 관광객의 급격한 감소 등을 포함해 THAAD와 관련해 한국을 경제적으로 압박하고 있었다. 게다가 문 대통령은 대통령에 당선되기 전 선거 기간 동안 THAAD 배치를 위해서는 더 많은 검증과 국회의 승인이 필요하다고 말했었다. 그는 또한 대통령 선거가 끝나기도 전에 THAAD 배치 부지로 결정된 골프 연습장 부지에 발사대 2기와 레이더 2기를 새벽에 기습적으로 배치하고 나머지 4개 발사대도 한국에 신속히 도착한 것에 대해 실망감을 피력하기도 했다. 문재인은 새 정부의 동의 없이 THAAD부터 배치하는 것은 성급한 조치라고 생각했던 것이다. 일부 한국의 비판 세력들은 THAAD가 북한 미사일이 아닌 중국을 겨냥해 중국 영토 깊숙한 곳까지 레이더로 감시를 하고 중국 측 레이더를 교란시킬 것이라는 중국 공산당 지도부의 근거 없는 주장을 맹신했다. 어쨌든 THAAD의 배치는 북한의 도발에도 불구하고 미사일 배치를 승인한 한국에 대한 징벌적 경제 조치를 포함하여 모든 상황에 대해 미국을 비난하는 경향이 있으며 동시에 미군 주둔에 회의적인 한국인들 사이에서 특히 큰 논쟁거리가 되었다.[37]

트럼프 대통령과 다른 미국의 지도자들이 북한의 위협이 늘어나고 있는 상황에도 불구하고 한국이 THAAD 배치를 주저하는 것을 중국에 굴복할 수밖에 없는 약점을 드러내는 동시에 미국의 지원에 대한 배은망덕의 모습으로 생각할 가능성이 높아졌다. THAAD와 관련된 문제는 한미자유무역협정United States–Korea Free Trade Agreement, KORUS이 미국 측에 손해가 되는 거래라는 인식과 합쳐졌다. 트럼프 대통령은 한국의 대통령 선거 결과가 나오기 전에 KORUS에서 탈퇴할 것이라고 위협하고 한국에게 사드에 대한 비용을 지불하도록 강요했다.

정 대사는 저녁식사 자리에서 THAAD의 남은 미사일과 부품들의 배치를 늦춰 이 문제에 대한 더 많은 분석과 의회 승인 및 환경 연구 완료를 위해 시간을 버는 게 어떻겠느냐는 제안을 해왔다. 그리고 이미 배치된 2기와 함께 나머지 미사일이 배치될 준비가 되어 있는 골프 연습장의 지형 일부를 종이 위에 그려보았다. 나는 그의 제안이 재앙으로 이어질 수 있다고 대답했다. 부동산 사업가 출신인 트럼프 대통령은 환경 연구 제안에 대해서 본능적인 반감을 보일 가능성이 높았으며, 또한 그런 제안을 지연 전술이나 혹은 중국 측을 달래기 위해 동맹국의 역량을 배신하려는 시도로 아주 나쁘게 볼 수도 있었다. THAAD 배치의 지연은 또한 문재인 정부를 배은망덕하게 여기고 THAAD 배치뿐 아니라 KORUS, 그리고 심지어 주한 미군의 존재 가치에 대해서도 의문을 제기하는 미국 내 우파의 회의론을 더욱 자극할지도 몰랐다. 나는 정 대사에게 내가 과하게 염려를 하는 사람은 아니지만 THAAD 배치 지연이 한반도에서 60년 이상 전쟁을 막아온 동맹을 해체하는 첫걸음이 될 수 있다고 말했다.

나는 내 쪽으로 종이를 끌어당겨 아직 배치되지 않은 4기의 미사일을 다른 2기와 함께 더 작은 공간 안에 그려보았다. 그리고 더이상 작업이 지연되는 것을 막기 위해 모든 미사일이 이 작은 공간 안에 다 같이 들어가면 어떻겠느냐고 물었다. 그러면 일단 미사일을 전부 배치하고 환경 연구를 천천히 진행할 수 있으며 그런 후에 다시 미사일을 더 넓게 공간에 배치할 수 있을 것이다. 정 대사가 그러면 그렇게 해보겠다고 하자 나는 종이를 포틴저에게 건네주고는 문 대통령과 함께 THAAD 배치를 서두른다면 이 종이를 역사적인 기념물로 간직하겠다고 말했다.

포틴저와 나는 정 대사와의 만남이 성공적이라고 생각했다. 우리는 끈끈한 우정이라고 할 만한 관계를 시작했을 뿐 아니라 앞서 언급했던 광기의 정의에 따라 북한 문제에 접근하지는 않기로 결정했다. 같은 일을 계속 반복하면서 다른 결과를 기대하는 그런 짓은 하지 않겠다는 것이었다. 우리는 과거에 김씨 일가 독재자들이 그토록 잘 써먹었던 북한의 도발, 위협, 그리고 협상이라는 오래된 행태를 깨뜨리기 위해서라도 서로 계속 뜻을 함께하기로 다짐했다. 그리고 또한 한국과 미국의 동맹을 당연한 것으로 여기지 않기로 결심했다.

* * *

2017년 여름, 나는 전략적 인내 전략을 최대 압박 전략으로 대체하는 데 있어 좋은 출발을 하고 있다고 생각했다. 트럼프 대통령은 지난 3월 이 새로운 전략을 승인했다. 국가안전보장회의에 참석한 모든 사람들은 북한 정권이 곧 붕괴하거나 개혁이 될 가능성이 없다고 가정해야 한다는 데 동의했다. 우리는 과거의 실패를 되풀이하지 않기로 결심하고 다른 국가들도 미국의 결의를 따르도록 하는 일의 중요성을 강조했다.

한국과의 협력은 잘 진행되었고 양국 관계에 대한 잠재적인 위험도 줄어들고 있었다. 6월 문재인 대통령이 워싱턴을 방문했다. 그와 트럼프 대통령은 북한의 비핵화를 달성하기 위한 최대 압박 전략에 동의했다. 그렇지만 우리는 이런 전략이 쉽게 먹혀들 것이라는 환상 같은 건 품지 않았다. 우리는 미국과 다른 국가들이 김정은이 점점 더 번영하는 북한에서 계속 통치를 해나가는 미래를 구상하도록 이끌 수 있다는 가정을 시험하고 있었으며, 따라서 김정은 정권과 북한이 핵무기 없이 더 안전하다는 결론을 내렸다.

워싱턴을 방문한 후 문 대통령은 환경 관련 평가를 기다리기로 했던 이전 결정을 뒤집고 우리가 집에서 종이에 그려보았던 계획을 승인했다. 나는 미군이 소유하고 운용하는 미사일 장비에 대해 한국이 그 비용을 지불하지 않는 것에 대해 트럼프 대통령이 화를 내는 것을 그대로 받아들였다. 한편, 미국 무역부 대표 로버트 라이트하이저, 국가경제위원회 위원장 게리 콘Gary Cohn, 그리고 나는 한국과 미국의 재협상이 경제 및 국가안보적 관점에서 협의를 철회하는 것보다 미국 국민들에게 더 이득이라고 주장했다.

그렇지만 북한에 대한 압박이 커짐에 따라 과거에 실패했던 행태로 다시 돌아가려는 북한의 노력도 함께 커져갔다. 북한은 미국 독립기념일인 7월 4일 실시했던 대륙간 탄도미사일 발사 실험을 포함해 2017년 내내 17차례 미사일 발사 실험을 실시했다. 이러한 실험은 위험하고 값비싼 군사적 대결이나 북한이 핵무기 개발 계획을 계속 진행하는 동안 지금의 새로운 상황을 유지하기 위해 서둘러 협상을 진행하는 것 같은 방법에 대한 최선의 대안으로서 우리의 전략에 대한 더 많은 지지를 이끌어내는 데 오히려 도움이 되었다. 국제연합 주재 미국 대표부 대사 니키 헤일리Nikki Haley는 북한에 중대한 경제적 압력을 가하는 데 도움이 될 4개의 새로운 국제연합 안전보장이사회 결의안 협상을 훌륭하게 진행했다. 미국 행정부는 추가 제재를 부과하기 위해 의회와 협력했으며 국무부와 재무부, 그리고 법무부는 이러한 제재를 강화하고 북한의 조직적인 범죄와 사이버범죄 활동을 방해하기 위해 더 많은 노력을 기울이게 되었다.

우리의 잘못된 가정과 어긋난 정책들로 인해 북한 정권은 비핵화가 더 이익이 된다고 지도자들을 설득하기에 충분할 만큼의 외교적, 경제적, 재정적 또는 군사적 압박을 느끼지 못했다. 오히려 북한의 도발과, 거짓 화해, 협상, 협박, 양보, 구속력 약한 합의 선포, 그로 인해 당연한 듯 이어지는 합의 위반은 계속해서 반복이 되며 실제로도 북한의 침략 행위를 부추겼다. 2017년에 압박이 더 커지고 중국을 포함한 전 세계 국가들이 제재를 시행하기 시작하자 비로소 북한은 협상장으로 돌아가기 위해 더 많은 노력을 기울였다. 9월 3일, 미국의 노동절 주말에 북한은 다시 수소폭탄이라고 주장하는 핵실험을 실시했다. 당시 폭발은 TNT 140킬로톤에 해당하는 파괴력을 가지고 있는 것으로 추정되었으며, 그 위력은 1945년 히로시마에 투하된 원자폭탄 리틀 보이Little Boy의 10배가 넘었다.[38]

우리에게는 해야 할 일이 있었다. 북한에 대한 제재 실현은 미국 국내는 물론 각 우방국들의 노력을 어떻게 하나로 합쳐 유지하느냐에 달려 있었다. 그렇지만 처음에는 잘될 것이라고 예상하며 서로 힘을 합쳤음에도 불구하고 모두가 끝까지 그런 상태를 유지하는 것은 어려웠다. 최대 압박 전략을 수립하는 데 함께했던 일부 관료들은 그 대신 "평화적 압박"이라는 용어를 사용하기 시작했다. 전략적 자아도취에 빠지기는 쉬웠고, 특히 상황이 요구하는 것보다 자신이 선호하는 것을 하게 되는 것이 쉬웠다. 나는 포틴저를 비롯해 국가안전보장회의 직원들과 미국의 각 부서와 기관들이 북한에 대해 다양하면서도 일관성 없는 접근을 하는 걸 방지하기 위해 열심히 노력했다. 그러다 2017년 10월이 되어 북한으로 하여금 자신들이 저지르는 행동의 결과들을 직접 느끼게 만들라는 대통령의 지시가 있었음에도 불구하고 국무부가 북한과의 여러 소통 방법을 모색하기 시작했을 때, 대통령은 국무부 장관 렉스 틸러슨을 겨냥해 이런 트윗을 올렸다. "작은 로켓맨과 협상을 해보겠다고 시간을 낭비하고 있다."[39]

트럼프 대통령이 북한의 인권 유린을 비판했던 세 번의 감동적인 연설 중 하나인 그의 첫번째 신년 국정 연설을 준비하면서 우리는 북한 문제에 대해 우리가 기울이는 노력의 중요성을 다시 한번 상기했다. 나는 오토 웜비어Otto Warmbier의 가족을 포틴저, 그리고 한국 담당 선임국장인 앨리슨 후커Allison Hooker와 함께 내 사무실로 초대한 후 다시 이들을 데리고 오벌 오피스로 가서 트럼프 대통령과 만났다. 오토 웜비어는 버지니아대학교 학생으로 아시아 지역에서 유학중에 북한 관광에 따라나섰다. 이 깡패 정권은 웜비어를 체포하고 체제 선전용으로 붙여놓은 벽보를 훔치려 했다는 혐의를 뒤집어씌워 그를 국가에 대한 범죄 혐의로 기소했다. 15년의 강제노동형을 선고받은 그는 거의 죽기 직전까지 고문을 당했고 그런 후에야 간신히 미국으로 송환되었다. 신년 국정 연설 전에 웜비어의 부모인 프레드Fred와 신디Cindy, 형제자매인 오스틴Austin과 그레타Greta, 그리고 탈북자들과 만나면서 김정은 정권의 본질인 일그러진 이념과 우리 전략의 핵심이기도 한 심각한 비인간성 등을 세계에 알리는 중요성에 대한 나의 믿음은 더욱 굳어졌다. 그렇지만 2018년 싱가포르 정상회담 이후 트럼프 대통령이 북한 인권문제 비판을 중단했고 또 김정은이 웜비어에 대해 알고 있었는지에 대한 문제는 제쳐두고 김정은을 "명예를 알고" 또 "북한 인민들을 사랑하는 지도자"라고 묘사한 것은 참으로 아쉬운 일이었다.

12장

정권 유지의 길

"김정은 위원장은 트럼프 대통령에 대해 개인으로 좋은 감정을 갖고 있지만, 말 그대로 '개인적'인 감정일 뿐이다…… 평화롭게 살고 있는 사람들의 고통을 조금이라도 줄여주고 싶지만, 그렇다고 일부 유엔의 제재와 나라의 중핵적인 핵시설을 통째로 바꾸자고 제안했던 베트남에서와 같은 협상은 다시는 없을 것이다."

—2020년 1월 11일 북한 외무성 제1부상 김계관[1]

2018년 3월 중순, 나는 정의용 대사와 야치 쇼타로やち しょうたろう, 谷內正太郎 일본 국가안전보장국 국장을 샌프란시스코로 초대했다. 샌프란시스코는 19세기 중반 무렵부터 인도 태평양을 미국과 연결하는 관문과 같은 역할을 해온 도시이다. 1년이 채 되지 않아 이루어진 세번째이자 마지막 3자 회담이었다. 샌프란시스코라는 도시 자체도 그랬지만 회의가 열린 장소인 유니온 스퀘어Union Square 근처의 마린 메모리얼 클럽 호텔Marines' Memorial Club Hotel 역시 우리가 만나는 목적과 매우 잘 어울렸다. 캘리포니아의 황금광 시대가 최고조에 달한 이래 샌프란시스코는 중국, 타이완, 일본, 베트남, 인도, 그리고 한국 출신 이민자들을 포함하여 활기 넘치는 인도 태평양 지역 외국인 공동체의 본거지라고 할 수 있었다. 1990년대 이후 실리콘밸리 경제

가 호황을 누리면서 이 지역에서는 고학력 외국인들이 새로운 물결을 불러일으켰으며, 샌프란시스코는 기술 및 상업 혁신의 세계적인 중심지로 자리매김을 했다. 마린 메모리얼 클럽 호텔에는 20세기 인도 태평양 시대의 역사적 궤적을 결정했던 미국의 역할을 기념하는 수많은 물건들이 전시되어 있기도 하다. 특히 1946년 미군 병사들을 위한 살아 있는 기념물로 세워진 이 호텔은 1941년 12월 7일 하와이 진주만에 대한 일본제국의 공격부터 1945년 8월 6일과 9일에 있었던 히로시마와 나가사키 원자폭탄 투하, 1950년 6월 25일 북한의 한국 침공과 1953년 7월 27일 체결된 휴전협정 등 여러 전쟁들과 관련된 다양한 모습들을 떠올리게 하는데, 그런 모습들은 전쟁의 공포와 희생은 물론 더 나은 미래를 건설하기 위한 전쟁의 결과로 만들어진 떠오르는 초강대국의 업적과 과거의 적, 그리고 그 과거의 적에게 많은 피해를 입었던 국가에 대해 생각이 나게 만들어주는 것이다.

2017년 3월 백악관에서 열린 첫 회의에서 야치 국장은 "미국 우선주의" 외교 정책이 일본과 미국의 관계에 미치는 영향에 대해 우려를 표명했다. 나는 트럼프 대통령이 특히 무역과 시장 개방, 국방비 분담과 관련해 서로 동등한 위치가 될 것을 주장하겠지만 행정부의 모든 인사들이 강력한 미일동맹만이 "자유롭고 개방된 인도 태평양"이라는 꿈을 실현할 수 있다는 사실을 잘 알고 있다고 알려주었다. 그리고 야치 국장과 나는 아주 친밀한 관계가 되었다. 나는 일본에서 가장 경험 많고 존경받는 외교관과 함께 일할 수 있는 기회가 주어진 것에 감사했다. 야치 국장이 가장 중요하게 생각하는 과제는 북한의 핵무기와 미사일 개발 계획으로 인해 커져가는 일본에 대한 위협이었다.

제2차세계대전이 끝나기 1년 전에 태어난 야치는 강력한 미일동맹을 진심으로 지지하는 사람이었다. 600만 명에 달하는 일본제국 병사들과 국민들이 고국으로 돌아왔을 때 그들을 기다리고 있었던 건 미국이 인류 역사상 가장 값비싼 전쟁을 끝내기 위해 인류 역사상 가장 파괴적인 무기를 사용하면서 절정에 달했던 끊임없는 폭격으로 폐허만 남은 조국이었다. 야치는 국토는 미국 몬태나주 정도의 크기에 인구는 1억이 넘지만 천연자원이라고는 거의 없는 일본이 어떻게 그 폐허 속에서 다시 회생할 수 있을지 일본 국민들조차 궁금해하던 그런 시기에 성장기를 보냈다. 1945년 일본이 항복한 바로 다음날 미국은 우정의 손길을 내밀었고 일본 국민들은 새롭게 국가를 재건하기로 결심했다. 연합군의 점령이 끝나고 야치의 여덟번째 생일이 되자 일본 경제는 거의 전쟁 전 수준의 생산력을 회복했고 그것은 놀라운 성공담의 시작에 불과했다.[2] 또한 일본과 미국 사이의 강력하고 지속적인 동맹관계도 시작이 되었다. 이 동맹은 1960년 미일 상호협력및안보조약U.S.-Japanese Treaty of Mutual Cooperation and Security의 갱신에 반대하는 시위와 비슷한 일들이 일어날 때마다 긴장 상태에 들어가곤 했지만, 과거 적으로 싸웠던 양국의 관계는 자국 국민들에게도 이익이었을 뿐 아니라 동아시아 지역의 빈곤에서 수천만 명을 구해낸 놀라운 경제 확장에도 기여했다. 일본의 최장수 총리이자 전 총리의 손자이며 외무 장관의 아들인 아베 신조는 일미동맹을 세계에 희망을 준 동맹으로 묘사했다. 그는 이렇게 물었다. "역사의 기적이 아니라면 이것을 무엇이라고 불러야 하나? 치열하게 싸웠던 적들은 영혼으로 묶인 친구 사이가 되었다."[3]

나는 샌프란시스코에서의 우리의 만남이 동아시아 지역에서 과거 미국 동맹국들의 샌프란시스코체제San Francisco System of U.S. alliances로 알려졌던 조약에 대해 떠올리는 그런 자리가 되었으면 했다. 제2차 세계대전 이후, 이 미국과 일본 동맹을 중심으로 한 이 체제에는 일본과 한국, 필리핀, 태국, 그리고 오스트레일리아와의 다양한 정치적, 경제적, 군사적 약속들이 포함되었다.[4] 미국의 관료들은 이런 동맹관계의 본질이 갖고 있는 상호이익의 개념에 대해 인정을 했으며 동북아시아 지역의 안보와 번영과 관련해 일본을 "주춧돌"로, 그리고 한국을 그 "핵심"으로 생각했다. 그렇지만 이 주춧돌과 핵심 사이의 관계는 여전히 긴장 상태였고, 과거 아베 총리의 외할아버지 기시 노부스케岸信介는 1950년대 말 일본의 총리로 재직할 당시 전후 민족주의적 수정주의를 들고 나와 도조 히데키東條英機를 기리는 등의 행동으로 오히려 이런 긴장을 더 고조시키기도 했다. 도조 히데키는 다른 6명의 군부 핵심 인사들과 함께 도쿄전범재판에서 사형판결을 받고 형장의 이슬로 사라진 인물이다.

야치 국장과 마찬가지로 정 대사 역시 한국이 수십 년 동안 이어진 잔혹한 식민지 시대와 전쟁에서 벗어나면서 이루어낸 엄청난 변화를 목격했다. 파괴된 사회 기반 시설과 황무지가 된 토지, 문맹, 그리고 부정과 부패가 만연했던 정부 등 이런 모든 역경에 맞서 한국 국민들은 민주주의를 이룩하고 아시아에서 다섯번째로 큰 경제 대국으로 성장했다. 1960년과 2020년 사이 한국 경제는 그 규모가 350배나 커졌고 기대수명은 54세에서 82세로 늘어났으며 현대 역사에서 가장 극적인 생활수준의 상승을 기록하기도 했다.[5]

그렇지만 이런 기적과도 같은 발전은 남북을 갈라놓은 휴전선까지 넘어가지는 못했다. 21세기의 첫 20년 동안 서울의 번화가에서 북쪽으로 약 40마일밖에 떨어져 있지 않은 북한에서 전기를 사용할 수 있는 건 인구의 절반에도 채 미치지 못하며 주택용 상하수도 시설도 아직까지 상류층들만의 사치품일 뿐이다.[6] 북한의 5세 미만 아이들 중 30퍼센트 가까이가 영양실조로 인해 제대로 성장을 하지 못하고 있다.[7] 하지만 북한 정권은 충성심을 보이는 소수의 특권층에게만 생필품을 배급하고 있으며 가장 높은 충성심을 보이는 사람들은 수도 평양에서 상대적으로 안락한 생활을 하는 반면, 그렇지 못한 사람들은 빈곤에 시달리며 심지어 굶어죽기까지 한다. 북한 정권은 주민들의 복지보다 군사, 무기 개발 계획, 심지어 독재자 김씨 일가의 기념비 건설 같은 사업들을 더 우선시하고 있다.

한국과 일본 국민들은 다 함께 엄청난 경제적 성공을 거두었을뿐더러 민주적 통치와 법치의 정착 역시 공통적으로 중요하게 생각하고 있지만 양국 관계에서 계속해서 긴장을 불러일으키는 고통스러운 역사적 기억들 때문에 여전히 서로 뜻을 같이하는 데 어려움을 겪고 있다. 그러한 긴장은 때때로 참혹했던 전쟁의 한가운데에서 인생을 시작한 두 사람이 나누는 이야기의 주제 속에도 스며들어 있었다. 나는 우리 동맹국들, 그리고 정 대사와 야치 국장 사이에서 긍정적인 관계를 이끌어내보기로 결심했다. 서울과 도쿄 사이의 긴장은 우리 공동의 적들에게만 이득이 될 뿐이다. 중국은 아시아의 미국 동맹체제를 지금은 아무 필요 없는 냉전시대의 유물일 뿐이라고 말하기도 했다. 중국이 주장하는 바는 결국 한국과 일본은 새롭게 성장하고 있는 중국의 힘 앞에 굴복을 해야 한다는 것이다.[8] 한국과 일본 사이의 균열은 중국으로 하여금 미국과 동맹국 사이에 쐐기를 박을 수 있게 만들고 또 동북아시아 지역에서 우월한 위치를 차지하려 하고 있음에도 불구하고 유익한 중재자 역할을 하도록 허용할 수도 있다. 미국과 한국, 그리고 일본 3국이 서로 단결하지 못한다면 중국이 북한의 비핵화를 지원할 이유를 찾지 못하게 될뿐더러, 북한 역시 핵무기와 미사일 개발 계획을 통해 3국을 하나로 뭉치게 될 것이라는 두려움을 크게 덜어낼 수 있다.

마린 메모리얼 클럽 호텔 안에 있는 여러 물품들과 장식물들은 역사를 왜 기억해야 하는지 그 중요성을 강조해주는 것 같았다. 나는 이런 것들이 우리의 노력의 결과와 그러한 결과물의 근간이 되는 공동의 가치를 아울러 반영해주기를 바랐다. 고통스러운 과거를 뛰어넘어야만 지금의 어려움을 극복하고 더 나은 미래를 만들어갈 수 있다.

* * *

매트 포틴저와 나는 토요일 오후에 정 대사와 야치 국장을 각각 따로 만났다. 국가안전보장회의의 한국 담당 선임국장 앨리슨 후커가 나와 함께했고 일본 담당 국장 에릭 존슨Eric Johnson은 포틴저를 따라갔다. 그리고 두 국장을 포함해 우리 모두는 호텔 제일 꼭대기 층에 있는 레더넥 스테이크하우스Leatherneck Steakhouse에 함께 모여 저녁식사를 같이했다. 맛좋은 스테이크와 캘리포니아산 적포도주가 곁들어진 샌프란시스코 지평선의 장엄한 전망은 지난 만남 이후 쌓였던 정 대사와 야치 국장 사이의 긴장을 해소하는 데 도움이 되었다. 나는 한국의 젊은 여성들을 "정신대"나 "위안부"라는 이름으로 끌고 가 일본 산업 시설에서 강제노동을 시키고 심지어 전시의 성노예로 이용하는 등 1910년부터 1945년까지 일본제국이 저질렀던 범죄에 대한 속죄와 보상을 다시 요구하는 한국의 태도는 일본 지도자들로부터 방어적인 대응을 이끌어내고 있다고 느껴졌다. 그들은 이미 이전 세대의 범죄 행위에 대해 속죄할 만큼 속죄했다고 생각하고 있었던 것이다. 포틴저는 언제나처럼 익살스러운 태도로 어색한 분위기를 깨뜨려주었으며 저녁식사를 통해 우리는 서로의 가족에 대한 이야기를 나누고 우리가 앞두고 있는 일들에 중요한 영향을 미칠 아주 친근한 개인적인 관계를 구축할 수 있었다. 정 대사와 야치 국장은 기본적으로 정치가였으며, 최근에 있었던 한국과 일본 사이의 갈등을 초월하고 서로를 존중하는 모습을 보일 수 있었다. 우리는 다음날 아침 다시 3자 회담을 가졌고, 나는 그후 두 사람이 서로 시간을 가질 수 있도록 자리를 비켜주었다.

* * *

이번 3자 회담에는 중요한 목적이 세 가지 있었다. 먼저, 북한의 핵 위협의 정확한 본질을 다 함께 이해하는 것, 그리고 김정은 정권이 더이상 우리의 안보에 심각한 위험을 초래하지 못하도록 하는 데 꼭 필요한 원칙들을 함께 만드는 것, 그리고 마지막으로 각국의 지도자들과 정부가 공동의 노력을 이끌어내기 위해 취할 수 있는 상호간의 강화된 행동들이 무엇인지 확인하는 것 등이다.

김정은이 핵무기와 최첨단 미사일을 원하는 이유에 대한 각자의 생각이 다르고 또 그에 따른 가장 좋은 접근 방식에 대한 의견의 차이도 있기 때문에 북한 정권의 동기와 의도가 무엇인지 세 사람의 생각을 하나로 통일하는 것이 중요했다. 예를 들어, 가장 덜 위험하고 가장 적은 비용이 드는 방식은 북한을 핵무기 보유국으로 받아들이고 대신 마음대로 사용하지 못하도록 막는 것이라고 주장하는 사람들은 북한이 주로 방어 목적으로 지구상에서 가장 파괴적인 무기를 원한다고 가정을 했다. 데이비드 라이David Lai와 얼리사 블레어Alyssa Blair가 지난 2017년 8월에 이야기한 것처럼, "북한은 미국과 그 동맹국인 일본과 한국의 지속적인 적대감에 직면하여 국가 생존 자체에 대해 극도로 우려하고 있었다. 그 결과 핵무기를 선택이 아닌 필수로 여기게 된 것이다."[9]

미 육군대학원 교수이기도 한 데이비드 라이는 "북한이 미국을 공격할 수 있는 핵무기를 보유하게 된다 해도 그것이 실질적으로 미국의 안보를 위협하지는 않을 것"이라고 주장했다. 왜냐하면 북한은 그저 "미국의 군사행동을 견제할 수 있다면 만족할 것이기 때문이었다". 하지만 나는 동의할 수 없었다. 김정은이 미국의 군사행동을 견제하기 위해 핵무기를 원한다는 가정은 그저 상대방이 우리와는 입장이 다를 것이라고 생각하거나 혹은 냉전시절 소비에트연방에 대한 핵억지력을 떠올리는 단순한 역사적 유추법에 기반을 두고 있을 뿐이었다. 정 대사와 야치 국장, 그리고 나는 김씨 일가의 독재정권이 방어적인 목적 이상으로 이러한 무기를 원할 가능성에 대해서 우리들이 생각하고 있는 접근 방식을 내세워야 한다는 데 동의했다.

김정은 위원장은 "최종 승리"라는 약속을 내세우며 정통성을 주장하는 이 초민족주의 독재자 집안의 3대 후계자다.[10] 우리는 적어도 왜 김정은 정권이 핵무기와 미사일을 개발하기 위해 그토록 많은 투자와 희생을 감수하려는지 그들의 설명에 귀를 기울여야 한다. 김정은과 그의 아버지 김정일은 핵무기가 한미동맹을 무너뜨리고 전쟁

발발시 한국 원조에 대해 미국을 망설이게 만들 수 있는 "보검寶劍"이라고 말했다. 미국은 한국의 안보가 자국 영토에서의 핵공격을 감수할 만한 가치가 없다고 판단할 가능성이 높기 때문에 핵무기는 "적화통일赤化統一"을 향한 첫걸음인 미군 철수를 이뤄내는 데 도움이 될 것이다. 그러면 그후에 한국은 김씨 일가의 발아래에 무릎을 꿇게 되는 것이다.[11] 김정은은 권력을 잡은 후 북한 인민군이 서울은 3일 안에, 그리고 한반도 전체를 일주일 안에 통일할 수 있는 새로운 전쟁 계획을 세우라고 지시한 것으로 알려졌다. 2016년과 2017년에 실시된 북한의 미사일 발사 실험은 지원군이 올 수 있는 한국 측의 주요 비행장과 항구, 그리고 일본의 미군 기지를 핵무기로 공습하는 것을 포함한 일련의 전쟁 예행연습이었다.[12]

하지만 무엇보다 북한이 정말로 한국과 미국의 전쟁 능력을 견제하는 데만 관심이 있다면 핵무기 같은 건 필요가 없다. 북한은 DMZ에서 불과 31마일 떨어져 있는 서울을 공격할 수 있는 2만1,000개 이상의 포대와 로켓 발사대를 포함해 엄청난 재래식 억지 능력을 갖추고 있다.[13] 그런데 북한은 정말로 전쟁이 일어나는 걸 막고 싶은 것일까? 1950년 6월 침공 이후 미국과 한국, 일본에 대한 모든 침략 행위와 폭력 행위는 언제나 북한이 먼저 시작했다. 북한은 1968년 특공대를 동원해 청와대를 공격했으며 1983년에는 당시 버마의 수도 랑군Rangoon에서 국빈 자격으로 방문한 전두환 대통령을 암살하려 하는 등 한국 지도부에 대한 직접적인 공격을 적화통일이라는 궁극적 목표를 위한 조건으로 정했다. 그리고 북한은 무고한 일반 시민들에 대한 공격도 주저하지 않았다. 1988년 서울올림픽이 개최되기까지 1년도 채 남지 않았던 1987년, 북한 측 요원 2명이 대한항공 858편을 폭발시켜 113명의 한국 측 민간인들이 사망했다. 이후 있었던 자살시도에서 살아남은 여성요원은 나중에 김정일이 공격을 명령했다고 자백했다. 북한은 또한 휴전 이후 수천 명의 한국 주민들과 100여 명에 이르는 일본 국민들을 납치해왔다.[14] 탈북자들의 증언에 따르면 간첩 교육을 위한 언어 교사 확보에서 납북자들로 하여금 북한에서 자녀를 출산토록 하고 그 자녀들을 다시 비밀요원으로 훈련시키려는 장기 계획에 이르기까지 그 이유도 다양하다.[15]

김정은이 그토록 바라는 무기를 보유하게 된다면 북한은 갈등이 일어나는 걸 막으려 하기보다는 오히려 더 공격으로 전쟁을 시작하게 될 것이다. 핵무기를 등에 업은 김정은이 한국에 대해서는 물리적 공격을, 그리고 다른 국가들에 대해서는 인터넷을 통한 사이버공격을 더 강화할 수 있는 것이다.[16] 북한이 한국과 일본, 그리고 미국 등으로부터 보상과 양보를 강탈하려 할 것은 거의 확실하다.[17] 그리고 만약 북한이 핵탄두를 미국까지 날려보낼 수 있는 대륙간 탄도미사일까지 개발해낸다면, 북한이 미군의 한반도 철수를 요구하는 최후통첩을 워싱턴에 하는 걸 상상하기란 어렵지 않다. 그렇지만 김정은이 김씨 일가의 통치를 종식시키려는 노력을 막기 위해 정말로 방어적 목적으로 핵무기를 개발하려 한다고 해도 핵무기로 무장한 북한의 전쟁 억지력이 부적절한 해결책이 되는 심각한 위험이 되는 또다른 이유가 있다.

이란이나 중동 지역과 마찬가지로 핵무기로 무장한 북한을 일단 수용하고 견제하려 한다면 이 지역에서 핵무기 보유가 추가로 확산될 수 있는 강력한 동기가 될 수 있다. 만일 북한이 핵무기로 미국을 공격할 수 있어 한국과 일본을 자신들의 "핵우산" 보호 아래에 두겠다는 미국의 의지에 대해 더욱 의문을 제기한다면 한국과 일본이 각자 자신들의 핵무기가 필요하다는 결론을 내리는 건 시간문제일 수도 있다. 그리고 머지않아 아시아의 다른 국가들도 비슷한 결론을 내리게 될 것이다.

또다른 요인은 북한 정권이 핵무기와 미사일 기술을 포함해 자신들이 보유했던 무기들을 해외에 판매한 지금까지의 기록이다. 2006년 말 이스라엘군의 정보국 국장 아모스 야들린Amos Yadlin은 시리아사막에서 발견된 입방체 구조물이 군사적 목적으로 플루토늄을 생산하기 위해 세워진 원자로라는 결론을 내렸다.[18] 몇 달 후, 이스라엘 정보부 모사드Mossad 요원들이 오스트리아 빈에 있는 어느 호텔의 이브라힘 오트만Ibrahim Othman이 묵고 있던 방에 침입했다. 오트만은 시리아 원자력에너지위원회의 총책임자였다. 그의 컴퓨터에서는 시리아 현장에 있는 북한 측 과학자들과 작업자들의 사진이 나왔다. 2007년 9월 5일 밤 10시 30분, 이스라엘 공군 전폭기들이 지상에서 불과 100미터 높이로 시리아사막을 가로지르면서 이른바 "상자 밖 작전Operation Outside the Box"이 시작되었다. 얼마 후 문제의 비밀시설 위로 17톤가량의 폭탄이 떨어졌고 폭발 후에는 아무것도 남아 있지 않았다. 이스라엘은 2018년까지도 자신들의 공격을 인정하지 않았다. 시리아 역시 분명 자국 대공 방어망의 무력함과 핵무기 개발 계획의 진실을 공개하기를 꺼리는 듯 그저 영공 침입에 대해서만 항의했을 뿐이다. 이 공격으로 북한 측 과학자 10명이 사망한 것으로 추정된다.[19]

북한은 예멘의 후티파 반군과 리비아 민병대, 수단의 무장 세력 등에게도 모두 국제연합의 제재를 위반해가며 무기를 밀수출했다. 북한은 시리아에 핵무기 개발 자료를 판매했을 뿐 아니라 시리아 내전 기간 동안 민간인들을 대량학살하는 데 사용된 화학무기의 생산을 도왔다.[20] 또 이란과도 미사일과 핵무기 기술을 공유해왔는데, 그 대가로 이란은 시리아에 있는 알-키바르Al-Kibar 원자로 건설 자금을 대주고 북한이 바샤르 알-아스드에게 무기를 판매할 수 있도록 중간에서 돕기도 했다.[21] 범죄자와 무기 밀수출 연결망을 핵무기와 관련 시설의 광고 및 판매로 전환하는 건 북한에게 간단한 일일 것이다. 비록 밀수입 당사자가 테러 조직이 아니라고 할지라도 북한이 가장 돈을 많이 내놓는 상대에게 그런 기술을 판매하는 모습은 충분히 상상할 수 있다. 이란과 마찬가지로 북한 핵무기와 관련된 결정은 부패한 지도부의 본질과 떼려야 뗄 수 없는 관계라는 사실을 잊어서는 안 된다. 정 대사와 야치 국장, 그리고 나는 우리들의 조국뿐 아니라 전 세계의 안보가 위험에 처해 있다는 사실에 동의했다.

* * *

우리는 우선적으로 생각해야 할 원칙들 세 가지 만들었다. 첫째, 우리는 다른 국가들이 최대 압박 전략을 지지하도록 설득하며 그저 협상을 이끌어내기 위해 처음부터 구속력이 약한 합의를 받아들이려는 유혹에 저항할 것이다. 과거에는 북한의 핵무기 및 미사일 실험 중단에 대한 대가로 한국과 미국이 합동군사훈련을 중단하는 "동결 대 동결" 같은 구속력 약한 합의들이 있었고 그 과정에서 북한은 정권에 대한 압박과 제재를 줄이는 것 같은 원하는 보상을 받아갔다. 앞으로는 이런 식의 합의가 출발 지점이 되어서는 안 되었다.[22]

둘째, 우리는 외교적 노력과 군사적 행동을 위한 계획을 따로 분리해 생각할 수는 없다. 외교적 성공은 필요한 경우 북한에 대해 무력을 사용할 수 있는 의지와 능력에 달려 있다. 경영대학원에서 배우는 협상이나 중재 이론과 비슷하게, 우리는 경제적 이익과 김정은 정권의 온전한 보존에 대한 약속을 바탕으로 비핵화를 선택하도록 유도하면서 동시에 북한이 생각하는 "협상 결렬시 취할 수 있는 최고의 방안best alternative to a negotiated agreement, BATNA"은 실현 가망성이 없도록 만들어야 한다.

셋째, 무엇보다 우리는 제재 조치들을 조기에 해제하거나 혹은 대화가 이루어지는 것만으로도 북한 정부에 보상하려는 노력에 저항할 것이다. 비핵화를 향한 돌이킬 수 없는 움직임이 시작될 때까지는 북한 정권에 대한 제재가 유지될 것이다. 나는 이러한 원칙들을 고수하는 것이 우리가 할아버지와 아버지가 수십 년 동안 써먹었던 각본이 더이상 먹히지 않는다는 사실을 김정은에게 제대로 알릴 수 있는 최고의 기회가 된다고 생각했다. 제대로만 되었다면 김정은은 더이상 양보를 강요하면서 핵무기와 미사일 개발 계획을 계속 유지할 수 없을 것이다. 그렇지만 2017년 8월에 사전만남을 가진 이후 일어난 사건들은 과연 우리가 이런 초기 전략을 그대로 유지할 수 있는지를 시험하는 듯했다.

* * *

북한의 9월 핵실험이 있은 후 2017년 말이 되자 최대한의 압박을 가하려는 노력이 시작되었다. 국제연합 안전보장이사회는 전례가 없는 제재 조치를 승인했다. 미국과 한국, 그리고 일본의 병력들이 비상사태를 대비해 훈련에 돌입했다. 김정은은 고립되었다. 12월에 미국과 캐나다는 이듬해 1월이 되면 밴쿠버에서 국제회의를 개최해 북한의 핵무기 개발 계획과 관련된 국제사회의 연대를 보여줄 것이라고 발표했다. 트럼프 행정부는 18개월 만에 오바마 행정부 8년 임기 시절보다 더 많은 북한 소속 단체들에 대한 제재 조치를 가했다. 김정은은 자세를 낮추고 대화를 청해야 하는 시점이라고 생각했던 것이 분명하다. 그의 첫번째 조치는 문 대통령의 북한 개방 요청에 응하는 것이었다.

2018년 1월 9일 북한 측 인사들은 2015년 이후 처음으로 DMZ에서 남한 측 인사들을 만났고, 2월에 한국에서 열리는 평창동계올림픽에 대한 문 대통령의 참가 초청을 수락하겠다고 밝혔다. 올림픽이 시작되자 북한 선수단과 응원단, 여자 하키 남북 단일 선수단, 그리고 특히 북한 선수단 대표이자 김정은의 여동생인 김여정에 대한 찬양 일색의 기사들이 쏟아졌고 김정은은 자신이 원하는 걸 얻은 것처럼 보였다. 한국은 개막식과 폐막식에서 부통령 펜스 부부와 트럼프의 맏딸 이방카 트럼프Ivanka Trump 등이 포함된 미국 측 초청 인사들을 거의 90세에 가까운 북한의 상징적 국가원수 김영남을 포함한 북한 측 인사들 바로 옆에 앉혔다.[23] 문 대통령은 미국과 북한의 인사들이 냉랭한 분위기를 깨고 서로 교류를 하게 되기를 바랐지만 그 어느 쪽도 상대방에게 말을 걸지 않았다. 그렇지만 올림픽이 만들어낸 좋은 분위기를 따라 북한에 대한 좀더 우호적인 접근이 더 큰 지지를 받게 되었고 특히 한국 측이 적극적이었다. 한동안 잊고 있었던 희망에 다시 불이 붙었다. 어쩌면 평창동계올림픽 참가가 북한이 베트남

처럼 변화할 수 있는 계기가 되었을 수도 있었다.[24]

남북대화를 추진하고 한반도 긴장 상태의 완화를 간절히 바랐던 문 대통령은 올림픽이 끝나자 다시 2018년 4월 27일 비무장지대에서 김정은 위원장과 만남을 가졌다. 두 정상은 비무장지대의 양측 경계선을 극적으로 넘어서며 서로 손을 맞잡았다. 판문점에서 회담이 이루어지면서 한반도의 불안한 기운이 이제는 가라앉는 듯했다.

문재인과 김정은의 회담이 끝난 후 정 대사와 한국 국가정보원장 서훈이 나와 CIA 부국장 지나 해스펠Gina Haspel에게 회담 결과를 알려주기 위해 미국으로 찾아왔다. 나는 오벌 오피스에서 트럼프 대통령을 만나기 전에 우선 각 부처 주요 장관들에게 먼저 내용을 설명할 수 있는 자리를 마련했다. 이번 방문의 주요 목적은 트럼프 대통령을 만나고 싶어하는 김정은의 의지를 전달하는 동시에 미국 측이 그 뜻을 받아주었으면 하는 문재인 대통령의 요청을 아울러 전달하는 것이었다.

나는 미국과 북한의 정상회담에 회의적이었다. 김정은 정권에 대한 외교적, 그리고 경제적 압박이 줄어들 가능성이 있었기 때문이다. 다른 국가들, 특히 중국과 러시아는 아마도 제재 조치 시행에 소홀해질 것이다. 게다가 우리가 시작한 최대 압박 전략은 아직 시작 단계에 불과했다. 일부 제재 조치는 2019년 말이 지나서야 본격적으로 시행이 될 예정이었다. 나는 김정은이 동계올림픽 참가에 동의하고 문 대통령을 만나 트럼프 대통령과의 만남 제안에 긍정적인 반응을 보인 것도 다 그런 이유 때문이라고 생각했다. 김정은에게는 북한 정권에게 가해지는 압박을 줄이고 자신의 체면도 지키면서 고립에서 벗어날 수 있는 방법이 필요했다. 또한 미국과 한국을 끌어들임으로써 세계 다른 지도자들에게 자신의 위상을 한층 더 부각시킬 수도 있었다. 예컨대 시진핑 주석이라면 미국과 한국, 그리고 북한과의 대화에 자신이 끼지 못할 경우 중국의 이익과 맞지 않는 결과가 나오지 않을까 두려워할 수도 있었다.

그렇지만 나는 트럼프 대통령이 정상회담에 응할 것이라는 사실도 잘 알고 있었다. 트럼프 대통령이라면 북한 지도자와 미국 대통령 간의 역사적인 첫 만남이라는 기회를 그냥 넘어갈 리가 없었다. 주어진 문제를 해결하기 위해 관계를 이용하는 것에 대한 확신과 자신의 협상 기술에 대한 넘치는 자신감은 북한이 최대 압박 전략의 영향을 피부로 느낄 때까지 기다리자는 어떠한 주장도 비효율적으로 보게 만들 것이다. 그런 결과가 벌어지리라는 것이 확실한 상황에서 우리는 압박 전략을 그대로 유지하면서 다가오는 정상회담을 최대한 활용하기 위해 국무부를 비롯한 행정부의 다른 인사들과 협력하기로 했다.

일말의 불안감에도 불구하고 한편으로는 김정은과의 정상회담이 또다른 기회가 될 수 있겠다는 생각도 들었다. 트럼프 대통령은 파격적인 인물이었고, 북한 문제는 기존의 접근 방식으로는 해결되기 어렵다는 사실이 입증되었다. 정상회담은 상향식보다 하향식 처리 과정을 지향할 것이며, 긍정적인 결과가 기대되었다. 과거의 사례들을 볼 때 실질적인 의사결정권이 없고 무조건 현상 유지에만 급급해하는 북한 관료들과 상향식의 길게 늘어지는 협상을 벌이는 건 쓸모없는 짓이라는 것이 이미 입증되었다. 우리는 김정은이 잔혹한 성격에 무소불위의 권력을 휘두르고 있다는 건 잘 알고 있었지만, 비핵화가 북한에게 더 이익이 된다는 트럼프 대통령의 주장을 그가 어떻게 받아들일지는 알 수 없었다. 김정은의 성장 배경은 그의 아버지나 할아버지와는 사뭇 달랐다. 최소한 별나고 기발한 인물인 것은 틀림없었고, 게다가 아버지 김정일에게 미국 프로농구, 특히 1990년대 최강을 자랑했던 시카고 불스Chicago Bulls에 대해 소개한 것도 바로 김정은이었다고 한다.

트럼프가 진행했던 텔레비전 방송인 〈어프렌티스The Apprentice〉에도 출연했던 문신투성이의 악동 수비수 데니스 로드먼Dennis Rodman과 김정은의 기이한 친분은 김정은의 유별난 성향을 드러내는 증거였고 또 어쩌면 예상치 못한 결정을 내릴 수 있는 가능성도 아울러 드러내주었다.[25] 게다가 "위대한 후계자"가 된 지 처음 5년 동안 김정은은 부유한 사업가와 군 간부, 그리고 당 간부 등으로 이루어진 이른바 "돈주"라는 북한 사회에서 전례가 없었던 새로운 계층을 만들어냈다. 돈주는 막대한 액수의 현금을 쥐고 있는 사람이라는 뜻으로, 이들은 주로 대규모 밀수품과 외환 거래를 마음대로 주무르며 경제 제재가 강화되는 과정에서 북한 경제를 안정시키는 데 도움을 주었다.[26] 김정은 입장에서는 어쩌면 돈주 계층의 개방에 대한 기대감을 억누르는 것이 꺼려질지도 모른다. 그동안 여러 차례 북한을 방문해 미국 행정부에서도 북한 사정에 가장 정통하다고 하는 앨리슨 후커는 최소한 국면 전환의 기회가 있을 수 있다는 데 동의했다.

우리는 정 대사, 그리고 야치 국장과의 만남을 통해 위험을 최소화하고 우리가 정한 원칙들은 지키면서 남북대화와 트럼프 대통령과 김정은 위원장의 정상회담으로 만들어질 기회를 최대한 활용하는 방법에 초점을 맞추었다. 한국과 일본, 미국이 일치단결하면 북한과 전 세계에 우리의 결의를 전달할 수 있을 것이다. 나는 먼저 정 대사와 야치 국장의 의견을 듣고 세 가지 동의사항에 대한 의견을 요약했다.

첫째, 남북관계의 개선은 긴장을 줄이는 방향으로 진행되어야 하지만, 우리는 비핵화를 향한 분명하면서도 검증 가능한 진전이 있을 때까지는 제재를 유지하기 위해 노력해야 했다.

둘째, 우리는 국제연합 안전보장이사회 결의에 따른 의무는 미국이나 한국 측의 양보가 아니라 북한의 행동과 관련된 것임을 김정은을 비롯한 다른 사람들에게 강조하고 싶었다. 특히 문제 해결에 도움이 되지 않을뿐더러 북한에 대한 압박을 줄여줄 수 있는 동결 대 동결이나 그 밖의 예비 합의에 대한 논의를 거부해야 했다. 마지막으로 중국과 러시아를 포함한 모든 국가들에 김정은이 평화와 번영을 유지할 수 있는 기회를 활용하도록 일깨워주기를 요청해야 했다. 나는 여전히 정상회담에 대해 깊은 의구심을 갖고 있었지만, 김정은은 위험을 감수할 의향이 있는 파격적 성향의 미국 대통령과 근본적으로 다른 남북관계를 추진하려는 한국 대통령이 잠시나마 의견이 일치하는 모습을 기꺼이 이용하려 하고 있었다.

나는 한 달쯤 뒤인 2018년 4월 9일 백악관을 떠났다. 국가안보보좌관직을 그만두면서 많은 후회가 남았고 그런 마음이 샌프란시스코에서의 만남에 모두 반영되어 있는 것이나 마찬가지였다. 나는 정 대사나 야치 국장과 같은 헌신적인 외국의 동료들과 일했던 시간들, 그리고 매트 포틴저와 앨리슨 후커, 그리고 에릭 존슨 등을 비롯한 국가안전보장회의 동료와 직원들이 그리웠다. 그리고 또한 자유와 안전에 대한 중대한 도전 문제를 끝까지 해결하지 못하고 미완성으로 남겨두고 떠나는 것도 후회가 되었다. 그렇지만 또 한편으로는 워싱턴과 행정부, 그리고 백악관이라는 까다로운 환경이 대통령과 조국에 긍정적인 기여를 할 수도 있었던 내 활동을 방해해왔다는 사실도 깨달았다.

샌프란시스코에서 만남을 가질 당시 나는 이미 나의 자리를 물려주기에 가장 좋은 때가 언제인지 대통령과 대화를 나눈 상태였다. 백악관 수석 보좌관실에서 이미 언론에 소문을 흘렸기 때문에 야치 국장도 내가 자리를 떠난다는 사실을 알고 있었다. 이야기를 다 마친 후 나는 호텔 도서관의 대형 벽난로 앞에 친구와 나란히 앉았다. 내가 계속 그 자리에 머물러주었으면 좋겠다는 자신과 아베 총리의 소망을 이야기하자 나는 그러기는 어렵다는 뜻을 간접적으로 전하며 그와 함께할 수 있었던 것에 얼마나 감사하고 있는지를 말했다. 최대 압박 전략이 비핵화를 이뤄줄 것이라는 보장 같은 건 없다는 걸 잘 알고 있었지만, 전략이 계속 유지되면서 과거의 실패로 되돌아가려는 경향에 굴복하지 않기를 바라며 국가안보보좌관으로서의 임무를 마지막까지 성실하게 끝마치고 싶었다.

* * *

정 대사와 야치 국장과의 마지막 만남이 있은 지도 2년이 흘렀고, 돌파구를 찾기 위한 트럼프 대통령의 최선의 노력에도 불구하고 북한의 미사일과 핵무기 개발 계획의 위협은 계속해서 커지고 있다. 싱가포르에서 열린 트럼프와 김정은의 첫번째 정상회담은 한반도 비핵화에 대한 북한의 모호한 약속과 함께 긍정적인 반응을 이끌어내며 끝이 났지만, 이후에 일어난 사건들의 진행 과정을 보면 트럼프와 김정은의 비핵화 정의는 서로 양립할 수 없다는 사실이 분명하게 드러났다. 2018년 여름, 아마도 좋은 뜻이었겠지만 트럼프 대통령은 김 위원장에게 아무런 대가도 받지 않고 자신이 트위터에서 "우스꽝스럽고 돈만 많이 들어간다"고 말했던 한미 합동군사훈련을 연기했다.[27] 그렇지만 김정은은 아무래도 트럼프 대통령의 그런 행동이나 회유책, 그리고 말 속에 숨어 있는 뜻 같은 것들을 해석한 것 같았다. 예를 들어 북한에 대한 재무부의 새로운 제재 조치를 취소하거나 "서로 아무 문제가 없기" 때문에 "최대 압박" 같은 용어를 더이상 사용하고 싶지 않다고 언급한 것, 그리고 김정은과의 관계 때문에 더 많은 제재 조치를 실시하고 싶지 않다고 말하는 것 등은 결국 트럼프 대통령이 동결 대 동결이나 제재 조치의 조기 완화 같은 이전의 비효율적인 전술로 복귀하고 있음을 나타내는 표시였다.[28] 2019년 초가 되자 트럼프 대통령은 김정은이 비핵화를 추진해야만 훨씬 더 나은 미래를 맞이할 수 있다는 사실을 북한 측에 상기시켰다. 대통령은 트위터를 통해 이 은둔의 왕국이 "위대한 경제 강국"이 될 수도 있다고 예측했다. 북한의 개방에 따른 투자와 부동산 호황은 서방측의 관점에서는 좋게 들렸지만, 김정은에게 북한을 세계에 개방한다는 전망은 김씨 가문의 종말을 의미할 수도 있었다. 같은 트윗에서 트럼프는 김정은을 "유능한 지도자"로 치켜세우기도 했다.[29]

트럼프 대통령은 협상에서 자신과 김정은과의 관계를 따로 떼어놓으려고 했다. 싱가포르 정상회담 직후 웨스트버지니아에서 열린 집회에서 트럼프는 김정은과의 첫 만남을 이렇게 요약했다. 그는 환호하는 지지자들에게 "나는 정말 힘이 들었고 김정은도 마찬가지였다. 앞으로도 계속해서 어려움은 이어질 것이다. 그렇지만 우리는 서로를 깊이 이해하게 되었다. 아니, 이건 정말이다. 김정은은 내게 아주 아름다운 내용의 편지를 썼다."[30] 트럼프 대통령은 심지어 김정은은 오토 웜비어의 죽음에 개인적인 책임이 없다고 대신 변명까지 해주면서 웜비어가 북한에 붙잡혀 학대를 당하고 치명적인 상처를 입었던 사실에 대해 아무것도 몰랐다는 "김정은의 말을 있는 그대로 받아들이겠다"고도 말했다.[31] 이러한 변명과 애정 고백을 보면 김정은도 트럼프를 개인적으로는 함부로 비판하기 어렵겠지만 역시 북한의 지도자와 어떤 돌파구를 마련하기에는 여전히 부족한 점이 많았다.

북한은 주변국들에 희망을 주는 데 능숙했다. 2018년 5월, 김정은은 싱가포르 정상회담을 차질 없이 추진하기 위해 마이크 폼페이오 국무부 장관이 북한을 방문하자 그동안 억류되어 있던 3명의 미국 국적자인 토니 김과 김학송, 그리고 김동철을 풀어주었다. 2018년 6월 정상회담 이후부터는 북한의 국영 언론들과 마찬가지로 김정은 역시 자극적인 표현을 삼갔다. 그러는 사이 남과 북의 대화도 계속되었다. 2018년 9월 문재인 대통령과 영부인 김정숙 여사는 3일 동안 평양을 방문하여 민간 교류와 경제 협력, 이산가족 상봉, 미사일 시설 2기 철거를 약속하는 "평양공동선언"에 서명했다.

그 역사적인 방문에서 문 대통령은 자신감 넘치는 연설을 통해 자신과 북한의 위대한 후계자가 "한반도 전쟁에 대한 두려움과 무력 충돌의 위험을 완전히 없애기 위한 구체적인 조치에 합의했으며" 그 대신 "백두산에서 한라산에 이르는 아름다운 우리의 강토를 핵무기와 핵위협이 없는 영원한 평화의 땅으로 바꾸어 우리의 미래 세대에게 물려줄 것"이라고 전했다.[32] 문 대통령은 트럼프 대통령과 마찬가지로 남북은 물론 이웃 국가들을 하나로 연결하는 "3대 경제 벨트"라는 계획을 내세우며 번영을 약속했다. 또 DMZ에서 지뢰를 제거하고 휴전선 근처에서 공군 병력을 일부 철수시킴으로써 계속해서

호의를 보이고 평화를 위한 추진력을 이끌어내려고 했다. 문 대통령은 이번만큼은 북한 정권이 점진적인 변화를 시작하고 적대감을 줄이기를 바라며 진심을 다해 최선을 다했지만, 안타깝게도 과거와 마찬가지로 아무런 돌파구를 만들어낼 수 없었다.

앞에서도 언급했던 것처럼 전략적 자아도취는 두 가지 방식으로 작동한다. 2019년 2월 베트남 하노이에서 열린 미국과 북한의 두번째 정상회담에서는 양측이 품고 있던 오해가 수면 위로 드러났다. 북한 측의 한 인사는 미국 행정부가 어떻게 정책 결정을 내리는지 이해하기 위해 미국 텔레비전 연속극인 〈웨스트 윙The West Wing〉과 〈마담 세크리터리Madam Secretary〉를 시청했다고 하는데,[33] 아마도 중국 측 인사들과 텔레비전만 보던 보좌관들의 엉터리 조언을 받은 김정은은 뭔가 잘못 판단한 것 같다. 그는 트럼프 대통령이 2020년 대통령 선거를 앞두고 외교 정책에서의 "승리"를 갈망하고 있었으며 따라서 2018년 공화당의 중간 선거 패배와 계속되는 로버트 뮬러 특별검사의 수사로 인해 이미 쓸모가 없어진 영변 핵시설의 보여주기식 철거만으로 제재 조치를 철회하려 할 만큼 입지가 약화되어 있다고 믿은 것이다.[34] 반면에 트럼프 대통령은 자신의 협상 능력과 경제적 혜택이 주는 위력에 대해 지나친 확신을 갖고 김정은에게 자신의 할아버지인 김일성이 북한 주민들의 자립과 이익 최우선, 그리고 혁명의 순수성을 내세워 선포했던 주체사상主體思想을 포기할 수 있는 능력이 있다고 과대평가했는지도 모른다. 주체사상은 주민들이 겪는 고난을 우월성과 미덕의 표시로 여긴다. 트럼프 대통령은 북한 주민들의 삶을 개선할 기회를 언제든 포기할 수 있는 독재자의 의지를 과소평가했을 수도 있다.

하노이 정상회담이 별다른 소득 없이 끝난 후 일부에서는 트럼프가 김정은에게 양보를 하려 하지 않았기 때문에 북한과 제대로 협상할 기회를 놓쳤다고 주장했다. 하지만 정말 양보했다면 1994년 핵동결협약을 반복하는 꼴이 되었을 것이다. 당시 북한은 미사일 시험을 중단하는 대가로 제재 조치에서 풀려났고 영변 시설 가동을 멈추고 에너지 자원 지원을 약속받았었다. 선불리 제재 조치를 완화하지 않으며 단지 대화를 중단하지 않는 것만을 조건으로 보상을 하지 않는다는 원칙만 지킨다면 언젠가는 김정은에게 핵무기가 없는 것이 더 안전할 수 있다는 확신을 주게 될지도 모른다.

2019년 한미 양국은 모두 북한과의 접촉을 계속 유지하려고 애를 썼지만 김정은은 완강하게 문을 걸어 닫았다. 트럼프 대통령은 지난 6월 일본 오사카에서 열린 G20 정상회의장을 방문한 후 김 위원장과의 긍정적인 개인적 관계를 계속해서 강조하기 위해 김정은을 만나려고 일정 막바지에 DMZ를 깜짝 방문하기도 했다. 그러는 사이 북한 정권은 존 볼턴John Bolton 국가안보보좌관을 "인간 실패작"이라고 부르는가 하면, 마이크 폼페이오 국무부 장관에게는 "소설가처럼 이야기를 꾸며낸다"고 비난하며 예전처럼 격렬한 표현들을 퍼부었다.[35] 문 대통령은 돼지열병 예방을 위한 공동검역 같은 인도적 지원과 협력을 위한 노력을 계속했다. 2019년 말 김정은은 노동당중앙위원회 7기 5차 전원회의를 개최했다. 그는"국가의 안보와 존엄성, 그리고 미래의 안전을 다른 무엇과도 거래하지 않겠다는 우리의 결의를 더욱 강화했다"며 비핵화 조치로 인해 더 번영하는 북한의 미래를 단호하게 거부하는 듯한 모습을 보였다.[36]

김정은이 트럼프 행정부와 북한과의 교류를 "도발적인 정치적, 군사적, 그리고 경제적인 책략을 통해 북한을 완전히 목 졸라 고사시키려는 깡패 국가의 이중적인 행태"라고 묘사하면서 트럼프 대통령의 짝사랑은 그것으로 막을 내리는 것 같았다. 김정은은 또 "북조선 인민들이 겪어야만 했던 고통을 되갚아주기 위해 깜짝 놀랄 만한 일을 벌이겠다"며 위협하기도 했다. 다시 말해 이전의 모습으로 다시 돌아가겠다는 뜻이었다. 2019년 신년 연설에서 경제 문제를 39번이나 언급하고 2019년이 "희망이 가득찬 한 해가 될 것"이라고 말하며 "우리와 똑같은 의지를 갖고 있는 남조선을 비롯한 해외 동포들과 함께 화해와 단결, 평화, 그리고 번영이라는 새로운 역사를 써내려가고 있다"면서 덕담을 건네던 때와는 사뭇 달라진 모습이었다.[37] 2020년의 김정은은 "북미 교착 상태는 이제 결국 자립 아니면 제재라는 양자택일의 문제로 압축되었다"며 앞으로 더 심한 고난의 시기가 닥쳐올 것을 예견하는 것 같았다. 하지만 그럼에도 불구하고 2020년 1월 도널드 트럼프 대통령은 김정은에게 따뜻한 내용을 담은 생일 축하 편지를 보냈다.[38] 김정은 위원장은 개인적으로 트럼프 대통령을 모욕하는 것을 피했지만 북한의 대변인은 미국이 지난 18개월 동안 북한을 속여왔다고 비난했다.

그러는 와중에도 북한은 핵무기나 미사일 개발 일정을 늦추려는 기미를 보이지 않았다. 하노이 정상회담이 끝나자마자, 북한은 성능이 정확히 파악되지 않은 "전술 유도 무기"를 실험했고 여러 발의 단거리 미사일을 동해를 향해 발사했다.[39] 2019년 북한은 모두 합쳐 26발의 미사일을 발사해 단 1년 만에 국제연합의 제재 결의에 대한 가장 큰 도발을 감행했다. 김정은은 장거리 미사일이나 다른 핵 관련 실험만은 자제를 했지만 관계개선에 대한 전망이 희미해지면서 방어적 태도로 돌변했다. 김정은은 인도주의적 입장을 견지해온 문재인 대통령을 "교만하고" "이중적인" 인물이라고 폄하했고 한국은 "자기들 일이나 신경써야 할 것"이라고 말하며 마치 최선을 다해 남북교류의 희망을 짓밟는 것 같은 모습을 보였다.[40] 짧았던 밀월관계의 신선함이 다 사라진 후 김정은은 자신이 트럼프 대통령과의 관계 안에 발목을 잡혀 있다고 느꼈을지도 모르고, 또 북한 정권에 대한 사랑의 고백과 안보 보장이 과연 사실인지 의문을 품었을 것이다.

문재인 대통령과 트럼프 대통령의 대담했던 외교적 시도는 어쩌면 전 세계를 향한 심각한 위협을 제거하면서 북한 주민들에게는 더 밝고 희망찬 미래의 시작이 되었을지도 몰랐다. 1989년 10월 서독과 동독의 국경을 따라 수많은 사람들이 불가능하다고 생각했던 지정학적 지형의 극적인 변화가 일어나는 모습을 목격하면서, 나는 적어도 희망 정도는 품어도 괜찮겠다는 생각을 했었다. 그렇지만 김정은은 한국의 번영에 분개한 마음은 물론 북한의 문호를 개방하는 것을 꺼리는 마음조차 극복하지 못했다. 개방하는 순간 북한 주민들이 주체사상은 사기이며 김씨 왕조는 아무런 능력도 없는 부패한 독재자라는 진실에 접근할 수 있게 되기 때문이다.

* * *

2020년 김정은의 독재통치가 9년차에 접어들고 트럼프 대통령이 재선 출마를 준비하고 최대 압박 전략은 그대로 남아 있다. 그런데도 여전히 끝을 보지 못했다. 중국과 러시아가 입을 모아 제재 완화를 요구하면서 제재 조치도 불완전하게 시행되었다. 양국은 또한 국경 지역에서 거의 노예와 다름없는 상태로 지내고 있는 약 10만여 명에 달하는 북한 출신의 "이주노동자"들을 돌려보내겠다는 약속도 취소하기 위해 노력했다. 중국이 북한의 미사일 이동 발사대transporter erector launcher, TEL 생산에 중요한 부품을 제공하고 있다는 증거를 포함해 중국이 제재 조치를 우회하고 있다는 보고가 급증했으며 석탄의 불법 수출은 물론 해상에서 선박을 연결해 석유를 공급하는 행위도 늘어나고 있다.[41] 비핵화에 대한 갑작스러운 돌파구가 만들어질 가능성이 전혀 없는 지금, 더 강력한 제재 조치와 인권 유린 문제 고발, 그리고 인터넷과 정보전을 포함해 북한에 대한 압박을 더욱 늘려가야 할 때가 아닐까.

미국과 그 동맹국들은 제재 조치에 동참하지 않는 국가들에 대해 처벌하고 그 시행을 개선하기 위해 다양한 조치들을 취해야 한다. 중국 최대 은행 두 곳의 사례처럼 북한과의 불법 거래를 조장하는 금융기관들에 대한 2차 제재는 특히 효과적일 수 있다. 제재를 회피하거나 우회하기 위해 중국과 러시아, 리비아, 시리아, 그리고 아랍에미리트 등지에는 30명의 북한 금융기관 대표들이 상주하고 있다. 북한은 또한 외교적 특권과 자산을 이용해 무기 개발에 필요한 외화를 더 많이 끌어모으고 있다. 벌금과 제재, 그리고 법 집행 조치를 지속적으로 계속해나간다면 북한의 이런 제재 회피나 우회 노력을 무너뜨릴 수 있을 것이다. 사이버 활동의 차단이 이러한 노력을 보완하기 위해 병행되어야 한다. 북한 정권이 지원하고 있는 사이버범죄자들에 대한 공격적인 대응도 마찬가지이다. 이런 사이버범죄자들은 주로 북한 밖에서 활동하고 있는데, 예를 들어 탈북자들은 중국 선양에서 북한의 해커부대가 인터넷을 통한 사이버공격 훈련을 받고 있다고 증언하기도 했다.[42] 북한의 해외 노동자들에 대해서도 국제연합의 제재가 시행되어야 하며 미국, 그리고 미국과 뜻을 같이하는 우방국들은 김정은 정권이 제재를 우회해서 노예 노동 방식을 통해 핵무기 개발 계획을 계속 진행할 수 있도록 돕고 있는 여러 국가와 기업들에도 제재 조치를 취해야 한다.

외교적 노력은 다른 국가들로 하여금 제재를 시행하도록 할 뿐 아니라 제재 이외에도 북한이 핵무기와 미사일 개발을 계속하는 데 있어 막대한 대가를 치르도록 자신들의 역할을 다하게 만드는 데 초점을 맞추어야 한다. 예를 들어, 미국 국무부와 외교관들은 다른 국가들로 하여금 북한의 광범위한 범죄 조직망에 대해 조치를 취하도록 이끄는 데 효과적인 영향력을 발휘했다.[43] 북한이 제재를 회피할 새로운 방법을 모색하고 인터넷을 통한 사이버범죄와 같은 불법 활동을 새롭게 시작함에 따라 이러한 노력은 상황에 맞게 지속적으로 변형되어 적용되어야 한다.

일부에서는 제재가 효과적이지 않았다고 주장하지만 대북 제재는 단 한 번도 완전하게 시행된 적이 없었다. 핵무기의 주요 부품이 북한에서 제조되지 않기 때문에, 북한은 제재 조치를 우회해서 핵무기와 미사일 개발 계획을 진행하고 있다. 2017년에 승인된 제재 조치가 제대로 시행된다면 북한에 전례없는 압박이 가해질 것이다. 예를 들어, 중국과 러시아에서 북한 출신 이주노동자들을 강제로라도 돌려보내게 된다면 북한 정권의 외화 획득 방법은 더욱 제한되고 핵무기와 미사일 개발 계획에 대한 지출과 북한 주민들의 삶을 개선하기 위한 지출 사이에서 선택할 수밖에 없을 것이다.

김정은은 2019년 신년 연설을 통해 경제 개선을 약속한 뒤 다시 일반적인 생활수준의 향상이 아닌 선군정치先軍政治를 강조했고 2020년에는 "국가의 존엄성을 수호하고 자조를 통해 제국주의를 물리치는 것이 우리의 굳건한 혁명적 신념이다. 그러기 위해서 우리의 허리띠를 더욱 졸라매자"고 말했다.[44] 경제 개방에 대한 기대가 높아진 후였기 때문에 북한 주민의 대다수를 차지하고 있는 농민 계층뿐 아니라 평양의 특권 계층도 위대한 후계자의 지혜와 역량에 의문을 품기 시작할 수 있었다. 2020년 초 코로나바이러스와 관련해 큰 타격을 받은 해외 교역은 경제 분야에도 큰 압박을 주었지만 북한에는 운이 좋지 않은 방향으로 의도치 않은 제재 수단 역할을 하게 된 것으로 보인다.

미국 외교관들은 또한 다른 국가들을 비롯해 여러 국제기구들과 협력하여 해외 파견 노동자들에 대한 학대를 포함한 북한의 인권 유린을 폭로하고 제재를 가해야 한다. 국제연합의 북한인권조사특별위원회는 2014년에 "이러한 인권 유린의 심각성과 규모 및 성격은 현대 국가의 모습과 전혀 어울리지 않는다"는 결론을 내렸다.[45] 하지만 그 이후에도 북한 정권의 잔혹함은 전혀 수그러들지 않았다. 일부에서는 북한을 향한 인권문제 압박이 협상의 가능성을 감소시킬 것이라고 주장하겠지만 김정은이 핵무기 없이도 더 잘해나갈 수 있다고 결론을 내리지 않는 이상 하노이 정상회담에서 나온 모든 협상 내용들은 다 시기상조라고밖에 할 수 없다.

미국과 한국, 일본의 군사력과 다른 국가들의 군사력도 이 압박 전략에서 중요한 역할을 한다. 우리는 북한과 관련이 있다고 의심되는 선박을 저지해 수색하고, 밀수품을 압수하며, 제재 조치를 위반하는 선박이나 해운 회사들에 대응하기 위해 "합리적 기반"에 근거한 법적인 정당성을 확보해야 한다. 북한의 침략 행위에 대해 신속하고 압도적인 대응을 하기 위해 군사훈련과 준비를 하는 일 역시 미국과 그 동맹국들은 충분한 역량을 보유하고 있으며 잠재적인 핵공격에 직면하게 될 경우 북한 측의 협력 없이도 군사적으로 비핵화를 강요할 수 있다는 의지를 김정은에게 보여주는 데 중요한 역할을 할 것이다. 최대한의 압박을 가하는 강압 외교의 성공 여부는 부분적으로는 김정은이 핵무기와 미사일을 포기하고 비핵화를 선택하는 데 있어 미국과 동맹국들이 더 큰 동기부여가 될 수 있다는 사실을 믿는가에 달려 있다.[46]

김정은 정권의 대화 상대자와 조력자들은 계속해서 김정은의 제거가 미국 정책의 목표가 아니라는 점을 강조해야 한다. 그렇지만 만일 김정은이 비핵화를 거부하고 또 세계 지도자들이 정권 붕괴보다 핵무장이 더 위험하다고 결론을 내릴 경우 그 목표가 바뀔 수 있다는 사실도 전달할 수 있다. 물론 북한에 대한 공격적인 행동이 단계적인 확대를 불러일으켜 값비싼 대가를 치르는 상황으로 이어질 수 있다는 사실은 모두 인정해야 한다. "제한적 공격" 같은 용어는 북한이 그런 공격 이후 일어나는 일들에 대해 입장을 표시할 수 있기 때문에 오해의 소지가 있을 수 있다. 따라서 최대 압박, 안보 보장, 번영하는 북한에 대한 전망 등이 하나로 합쳐져 비핵화를 이끌어낼 수 있다는 주장은 한 번쯤 시험해볼 가치가 있다. 하지만 그럼에도 불구하고 미국 지도자들은 동맹국들, 특히 한국, 그리고 일본과 함께 핵무기 협박이나 파괴적 공격 같은 위협을 제거할 수 있는 유일한 방법은 김정은 정권과 북한군에 대한 군사행동뿐이라는 결론으로 이어지는 예측에 대해 논의하는 것이 현명할 것이다.

일부에서는 그런 논의조차 김정은으로 하여금 어떤 대가를 치르고서라도 스스로를 방어하기 위해 핵무기를 계속 보유하도록 만들 것이라고 주장할 것이다. 아마도 분명히 김정은은 리비아의 사례를 생각하고 있을 것이다. 특히 김정은이 아버지 김정일에게 권력을 물려받기 불과 1개월 전 독재자 카다피가 핵무장 포기를 선언한 후 권좌에서 쫓겨나 비참한 최후를 맞이했던 일을 떠올리지 않을 수 없을 것이다. 그렇지만 카다피의 경우 먼저 NATO의 공습이 있었고 이로 인해 국내에서 봉기가 일어나며 최후를 맞은 것이다. 만일 북한 주민들이나 김정은의 측근들이 김정은의 정책은 실패라는 결론을 내린다면 그는 외부의 위협보다 내부의 위협에 대해 훨씬 더 크게 걱정해야 한다.

김정은 정권의 특성과 핵무기 개발 능력 때문에라도 미국과 한국, 일본 또는 북한의 다른 이웃 국가들은 북한의 이동식 발사대가 미사일을 운반하는 것이 단순히 실험을 위해서인지 아니면 실제 공격을 위해서인지 확실하게 확인할 수 있는 방법이 없다. 또한 그 미사일 탄두에 화학물질이 실렸는지 아니면 핵물질이 실렸는지, 혹은 다른 폭발물이 실렸는지도 알 수 없는 것이다. 미국과 한국, 그리고 일본은 북한의 공격을 저지하고 필요하다면 선제공격을 하기 위해 땅과 바다, 그리고 하늘에서 언제든 공격을 할 수 있는 역량을 갖추어야 한다.

외교관들은 북한과 북한의 지원국들 못지않게 미국의 동맹국들에도 관심을 기울여야 한다. 자국 국민들에게 심각한 위험이 있을 수 있기 때문에 한국과 일본의 지도자들은 북한의 공세를 극복할 수 있는 방안을 찾아내는 일에 미국과 전력으로 합심해야 한다. 그러나

2019년에는 한국 대법원이 일제강점기 강제노동 피해자에 대해 일본 기업이 배상을 해야 한다는 판결을 내리면서 양국의 관계가 악화되었다. 이에 일본은 한국의 첨단 기술 산업에 반드시 필요하다고 여겨지는 화학제품이나 정밀 공작 기계 등 일본산 산업 제품의 수출을 제한했다.[47] 그러자 한국도 양국의 군사정보보호협정General Security of Military Information Agreement, GSOMIA, 혹은 지소미아라는 다소 어색한 이름으로 불리는 합의를 거의 취소하겠다고 나섰다. 많은 한국 국민들이 일본 제품에 대한 불매운동을 시작하면서 일본 여행이 취소되고 일본 소유 기업에 대한 후원이나 일본 제품의 판매도 크게 줄어들었다. 중국 정부는 이때를 기다렸다는 듯 중재자 역할을 자처하며 나섰고, 시진핑은 2019년 12월 문재인 대통령과 아베 총리를 베이징에 초대했다. 그리고 다시 문재인 대통령과 아베 총리, 그리고 리커창 총리 간의 3자 회담을 열어 중국을 이 지역에서 가장 영향력 있는 실세 중재자로 내세우게 된다.

미국의 최우선 과제는 한국과 일본의 화해를 이끌어내고 양국 사이의 관계를 점진적으로 강화해나가는 것이다. 양국의 관계는 북한에 대해 서로 힘을 합쳐 접근하는 것은 물론, 중국과 러시아가 더 긍정적인 역할을 하도록 설득하는 데에도 역시 중요하다. 정 대사와 야치 국장, 그리고 나는 북한의 모든 도발은 서울과 도쿄, 워싱턴을 더 가깝게 하나로 묶어주게 될 뿐이라는 데 의견이 일치했다. 이전의 샌프란시스코체제는 베이징과 모스크바가 바라는 방향과는 정반대이기 때문에 시진핑과 푸틴은 북한의 핵무기와 미사일 개발 계획은 더 이상 자신들의 이익에 부합하지 않는다는 결론을 내릴 수도 있었다. 미사일 방어망이나 재래식 중거리 탄도미사일과 같은 더 확장된 한국과 일본의 방어 능력은 북한의 위협에 대응하여 미국과 동맹국들이 더 강해지고 있다는 사실을 확실하게 드러내 보일 수 있다.

언제나 그래왔듯이 정보는 최고의 군사무기나 사이버공격 능력보다 더 강력한 도구가 될 수 있다. 북한의 국가보위성은 국영 언론을 제외한 모든 정보를 완전히 차단하고 사상범 혐의자들을 학대하고 있다. 북한에 대한 정책적 논의는 종종 북한의 개방을 촉구할 것인지 아니면 압박을 극대화할 것인지를 중심으로 이루어진다. 하지만 선택의 여지는 그 밖에도 많다. 특히 한국의 경우 라디오 방송과 전단지, 그리고 CD나 USB 등을 통해 북한 주민들에게 다가가려 했던 이전의 노력들을 더 강화해야 한다. 미국은 또한 새로운 첨단 기술을 활용해 북한의 정보 봉쇄망을 뚫어야 한다. 2015년 실리콘밸리의 기업가와 과학자들은 새로운 혁신적 기술들을 소개했는데 거기에는 한국계 미국 청소년 두 명이 구글 출신의 기술자와 공동으로 개발한 소형 위성방송 수신기며 목표 지역에 USB를 전달할 수 있는 지능형 풍선, 그리고 P2P Wi-Fi와 병렬식으로 연결된 소형 컴퓨터를 통해 디지털화된 내용물들을 몰래 전달하는 통신 연결망 등이 포함되었다.[48]

그리고 만일 우리가 북한의 이런 정보 봉쇄망을 뚫을 수 있다면 우리는 어떤 내용들을 북한 주민들에게 전달해야 할까? 우선 북한 정권의 대의명분과 주체사상을 반박할 수 있다. 고난을 겪고 있는 건 혁명 정신과는 아무런 상관이 없으며 외부에서 그런 고난을 북한 주민들에게 가하고 있는 것도 아니다. 미국과 북한의 이웃 국가들은 북한 주민들에게 적대적이지 않으며 북한 주민들이 겪는 어려움에 대한 직접적인 원인도 아니다. 그들에게는 육체적, 심리적으로 폐쇄된 공간 안에 사는 것 말고 또다른 대안이 있다. 평양의 김정은 주변에 살고 있는 "돈주"들에게는 가족들과 함께 과거의 범죄를 용서받고 다 같이 잘 살수 있는 대안적인 미래를 설명할 수 있다. 그렇지만 북한 주민들에게 전달되는 내용들에는 북한 정권이 허락한 것 외의 의견을 내세울 수 있는 능력을 되찾을 수 있도록 그들을 대안적 시각에 노출시키는 그런 내용들이 반드시 포함되어야 한다.[49] 문 대통령은 DMZ를 따라 세워져 있는 경비 초소나 지뢰 제거를 더 중요하게 내세우고 있는데, 어쩌면 훨씬 더 어려울 수 있는 이런 일들도 그만큼의 가치가 있다. 완전히 다른 두 체제를 가르고 있는 심리적, 그리고 지각적 경계선을 지우는 노력을 시작하겠다는 것이기 때문이다.

한국은 자유롭고 개방된 사회와 북한의 권위주의적이며 폐쇄적인, 그리고 무너져가는 사회 사이의 극명한 차이점을 밖으로 드러낼 수 있는 모든 기회를 다 이용해야 한다. 탈북자들의 사연을 공개하고 이들이 교육을 받고 취업을 할 수 있도록 따뜻하게 환영을 해주는 것도 한 가지 방법이다. 북한을 탈출한 사람들은 또한 붕괴되거나 체제가 전환된 이후의 북한을 돕는 데 꼭 필요한 지식을 가진 전문가들로 구성된 핵심 세력을 구성할 수도 있다.[50]

많은 북한 전문가들은 이제 이 체제가 계속 유지될 것이라고 믿지 않는다. 그렇지만 김정은이 세상이 용납할 수 없는 위험을 제시하기 전에 북한이 붕괴되거나 변화하게 될지는 분명치 않다. 미국과 동맹국, 그리고 우방국들이 할 수 있는 일은 다양한 예측에 대비하는 것이다. 만일 정권이 붕괴된다면 그 이후의 기간 동안 대단히 폭력적이고 어려운 시간이 이어질 수 있다. 남북한의 통일에 들어가는 비용은 3조 달러가 넘을 것으로 추산되며 그동안 남북한은 경제적인 부분뿐 아니라 문화나 정신적인 측면에서도 크게 달라졌다. 따라서 김정은 이후의 북한에서 가장 중요한 것은 아마도 북한 주민들이 몇 세대에 걸쳐 성공적인 사회를 건설해온 남한 사람들에 비해 상대적으로 기술과 사회적 지위가 부족한 상황에 직면하게 되었을 때 그들이 받게 될 심리적, 정신적 충격과 굴욕을 관리하려는 교육이나 노력과 관련된 계획일 것이다. 하지만 북한의 핵무기와 미사일 개발 계획이 진행되면서 체제 붕괴만을 기다리고 있을 시간이 없다. 단기적으로는 최대 압박 전략을 통해 김정은 위원장이 그런 파괴적인 무기 없이도 외부와 내부의 위협으로부터 더 안전할 수 있다는 사실을 확신시키기 위해 노력해야 할 것이다.

7부 경기장

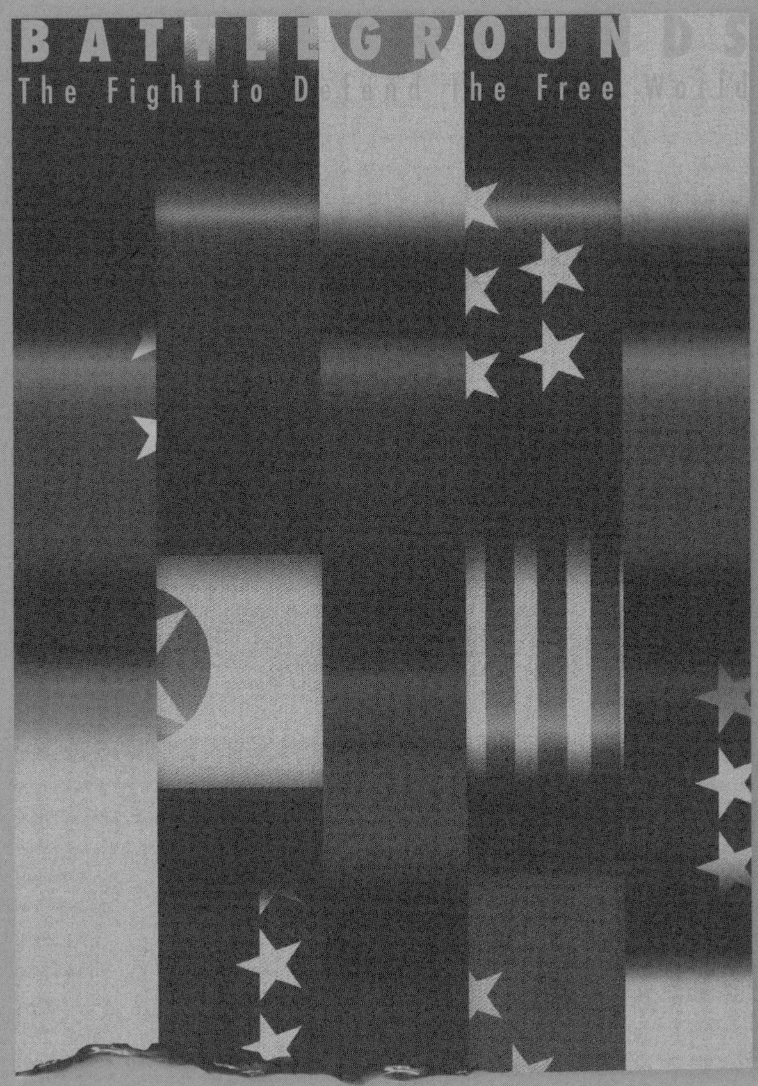

중국은 인터넷을 강력하게 단속하고 있다. 행운을 빈다!……**페이스북에서 선동되고 있는 대량학살**……한번 맛본 자유는 되돌릴 수 없다……**중국은 인공지능 분야에서 미국을 압도하고 있는가?**……*이 엄청나게 긴박한 상황에서 정신을 차려야 한다*……**미 하원, 메이븐 계획은 취소하면서 화웨이와 협력은 계속하는 구글에 분노**……인공지능과 관련된 가장 큰 위험은 사람들이 너무나 빨리 인공지능을 다 이해한다고 생각하게 되는 것이다……**푸틴이 초음속 무기를 내세운다면 미국도 그에 대한 대비를 할 수밖에 없다**……*5G 연결망 사업을 중국이 장악한다면 미국 경제는 장차 위험에 빠질 수밖에 없다*……**중국, 초고성능 슈퍼컴퓨터 분야에서 우리를 끌어내리고 우위에 서기 위해 수십억 달러를 투자**……이란과 중국이 서로 힘을 합치고 있다……**우주군이냐 우주부대냐?**……우리 자신은 물론 우리의 지구와 태양계, 우주에 대한 지식이 변화하고 있다……우리는 이제 거의 태양만큼이나 인공위성들에게 의존하고 있다……**텐센트의 사업 투자 영역이 이제 우주에까지 이르고 있다**……*이번 세기의 분위기를 정의할 수 있는 단 한 가지 문제를 고르라면 단연 기후변화의 위협이다*……**트럼프, 파리기후협약 탈퇴를 알려**……우리는 빈곤을 끝낼 수 있는 첫번째 세대인 동시에 기후 변화가 가져올 최악의 상황을 막아낼 수 있는 마지막 세대이다……**국제연합 기후행동 정상회담에서 대부분의 국가들이 눈치를 보고 있는 가운데 미국 역시 끝까지 침묵을 지켰다**……*인도와 중국은 대기오염 문제에서 서로 세계 최악의 수준을 자랑한다*……*"북극은 그 누구의 영토도 아니다" 노르웨이 대사가 이렇게 발언했다*……남아메리카에서 미국보다 중국의 영향력이 점점 더 커져가고 있다……**"뭔가 문제가 있다": 미국의 교육 수준에 대한 국제학업성취도평가 보고**……

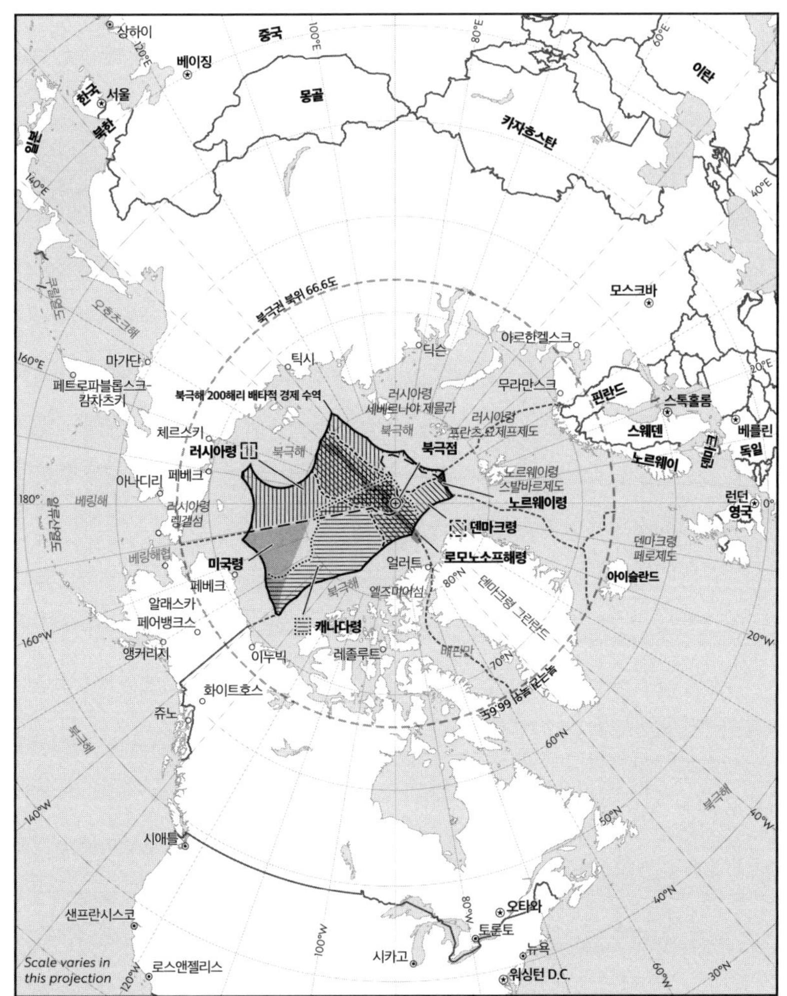

Arctic claims source: IBRU, Durham University

Map copyright © 2020 Springer Cartographics LLC

13장

경기장으로 들어서다

"그들의 환경에서 개방된 부분을 찾아내는 것이 아니라 중요한 상호연결성을 파악하는 거시적 접근 방식이 필요하다."

—앙트완 부스케ANTOINE BOUSQUET,
『과학적 전쟁*THE SCIENTIFIC WAY OF WARFARE*』, 2009

필라델피아의 외교정책연구원을 방문하여 러시아의 차세대전쟁작전에 대해 논의한 지 불과 6개월 만에 국가안전보장회의 국가안보 직원들과 나는 러시아가 지속적으로 벌이고 있는 정치적 전복 시도의 새로운 대상이 되었다. 트럼프 대통령과 새 행정부에 대하여 소셜미디어를 중심으로 악의에 찬 정치적 비방이 벌어지는 가운데 러시아의 정보요원들은 2016년 대통령 선거전 당시 미국 정부의 영향력을 무너뜨리기 위해 사용했던 것과 동일한 봇, 선동가, 그리고 미국 측 동조자들을 다수 고용했다. 국가안전보장회의 직원들, 그중에서도 특히 북유럽계 성씨가 아닌 사람들은 소셜미디어에서 비방과 괴롭힘을 당했다. 또한 숨은 권력 집단을 뜻하는 이른바 "딥 스테이트deep state"가 존재한다는 음모론도 더욱 크게 불거졌는데, 이 딥 스테이트의 조종을 받는 공무원들이 트럼프 대통령의 권력을 약화시키기 위해 적극적으로 개입을 한다는 것이었다. 러시아 측은 나를 포함해 제 몫을 다하고 있는 국가안전보장회의가 시리아에서 우크라이나, 아프가니스탄에 이르는 자신들의 외교 정책과 미국을 비롯한 유럽연합의 제재 완화를 위한 노력에 장애가 되는 존재로 생각했다. 따라서 러시아는 국제 문제를 전문으로 다루는 연구소인 대서양위원회Atlantic Council의 디지털정보 분석연구실이 "극단적 보수주의 역사상 가장 잘 조직된 집단행동"이라고 묘사한 활동들을 총동원하여 나를 백악관에서 몰아내고 국가안전보장회의에 대한 신뢰도를 완전히 떨어뜨리려 한 것이다. 러시아와 마찬가지로 이 극단적 보수주의 세력은 나를 자신들이 내세우는 대의명분에 대한 장애물로 여기고 소셜미디어상에서 #FireMcMaster, 맥매스터 해고운동을 벌여나갔다.

러시아의 "끝없이 이어지는 거짓말"과 유사하게, 맥매스터 해고운동 역시 음모론에 중상모략과 편협한 내용으로 가득차 있어 일관성이라고는 찾아보기 힘들다. 예를 들어, 어느 소셜미디어에서는 내 모습을 반유대주의 음모론의 주인공으로 자주 등장하는 억만장자 조지 소로스George Soros나 로스차일드 가문Rothschild family의 꼭두각시로 그려놓는가 하면, 어느 사이비 매체에서는 나와 국가안전보장회의 직원들에게 반유대주의 성향이 있으며 상대적으로 이란을 옹호하고 있다는 고발 기사를 싣기도 했다. 테러리스트들을 "이슬람"이라고 부르는 건 그들의 종교 왜곡을 감춰줄 뿐 아니라 칼리프의 나라를 세우기 위해 이교도와 싸운다는 그들의 대의명분을 강화해주는 것이라고 말해왔다는 이유로, 나는 수년 동안 최일선에서 테러 조직과 싸워왔음에도 불구하고 이슬람원리주의 테러 조직을 옹호하는 사람으로 묘

사됐던 것이다.[1]

국가안전보장회의 직원들이 어떤 피해를 입지 않을까 염려도 되었지만 우리에게는 해야 할 일이 있었기 때문에 사실 그런 공격에는 거의 관심을 기울이지 않았었다. 그렇지만 그런 경험들을 통해 새로운 경쟁이 펼쳐지는 경기장에 우리도 빨리 들어가야겠다는 생각이 더 커졌다. 인터넷을 기반으로 비난과 갈등을 통해 미국 외교 정책의 효과를 떨어뜨리려는 시도는 딥 페이크deep fake를 비롯한 다른 여러 첨단 기술의 출현으로 더욱 널리 퍼지고 위험해질 것이다. 우리는 이런 새로운 기술들을 더 잘 이해하고 또 적들은 우리를 상대로 어떻게 그런 기술들을 사용하는지 잘 알아야 한다.

2017년 2월 국가안전보장회의는 각 부처 장관들과 협력하며 국가안보와 관련된 중요한 과제들을 파악했다. 그중에는 전략 지정학적 문제들도 있었고, 우주나 사이버공간에서의 기능적 경쟁 같은 문제들도 있었다. 이러한 도전이나 과제들에 대한 통합전략을 개발하면서 보았을 때 수정주의 세력, 이슬람원리주의 테러 조직, 그리고 적대국가들과의 경쟁에서 미국을 불리하게 했던 전략적 자아도취와 동일한 요소가 기술 및 경제 경쟁에서 우리를 뒤처지게 만들었다는 사실이 분명해졌다. 이런 것들은 미래의 안보와 번영에 특히 중요하다.

국가안보보장회의에서는 사이버공간과 우주에서의 경쟁을 우선순위로 두었지만 또한 국가경제위원회의 동료들과 협력하여 에너지와 무역, 그리고 우리가 국가안보 혁신기반National Security Innovation Base, NSIB이라는 부르는 영역에 대해 미국의 안보와 번영을 촉진하는 방법을 결정했다. 요즘은 이렇게 머리글자만 따서 줄여서 부르는 것들이 너무 많은 것 같지만 어쨌든 우리가 생각하는 NSIB는 학계와 국립 및 민간 연구소 등을 모두 포함해 지식과 역량 및 인적 자원의 연결망으로, 떠오르는 생각을 혁신으로 바꾸며 발견을 성공적인 상품이나 사업으로 전환하며 미국적인 삶의 방식을 보호하고 발전시킨다. 우리는 5세대 이동통신이나 인공지능, 그리고 양자컴퓨터를 비롯한 생물 유전학 관련 기술들이 국방 분야와 세계 경제에서 미국의 우위를 유지하는 데 필수적이라는 사실을 깨달았다. 그렇지만 경쟁을 계속한다고 해서 특히 민간 부문이나 다른 자유롭고 개방된 국가들과의 협력이 금지되는 것은 아니다. 우리는 특히 지구상에서 가장 파괴적인 무기의 확산을 방지하고 기후변화와 환경오염, 보건 문제, 혹은 식량 및 수자원 안보와 같은 상호연결된 문제를 해결하기 위해 심지어 적대국이나 경쟁국과도 협력을 할 수 있는 새로운 방법을 찾아야 할 것이다. 이렇게 협력을 이끌어내면서도 효과적으로 경쟁하려면 특히 지나치게 낙관적인 편견이나 희망사항들을 거부함으로써 자아도취적 경향을 극복하기 위한 의식적인 노력이 필요하다.

* * *

인터넷의 출현은 처음에 엄청난 낙관주의를 불러일으켰다. 인터넷은 세계 경제를 바꾸어놓았으며 의사소통과 자료 전달의 속도도 점점 더 빨라졌다. 그렇지만 예상치 못했던 정치적 영향도 있었다. 인터넷이 독재정치를 불가능하게 만든 것이다. 21세기가 시작될 무렵 빌 클린턴 대통령은 중국 공산당의 인터넷 통제 노력을 비웃었고, 존스홉킨스대학교Johns Hopkins University의 고등국제관계학과 학생들에게 "그저 행운을 빌어줄 뿐"이라고 말했다. "허공에 대고 못질을 하는 것과 무엇이 다르겠느냐"는 것이 그의 말이었다. 클린턴 대통령은 새로운 21세기에 "자유는 휴대전화와 인터넷을 통해 전파될 것"이라고 예측했다.[2] 인터넷이 중국을 바꿀 것이라고 예상한 건 클린턴뿐이 아니다. 당시 중국 공산당과 다른 권위주의 정권들도 인터넷이 어느 정도 영향을 미칠지 제대로 상상조차 하기 어려웠을 것이다. 그렇지만 다른 모든 기술들과 마찬가지로 인터넷 역시 양날의 검이었다. 가장 중요한 건 역시 사용하는 사람들과 방법이었다. 중국과 다른 지역에서는 인터넷 사용과 스마트폰의 기하급수적인 보급으로 국민들이 정치적인 자유를 누리게 되기보다는 오히려 독재정권들이 이를 새로운 도구로 활용하여 억압과 통제에 나서게 되는 경우가 더 많았다.[3]

민주사회에서는 누구나 자유롭게 사용할 수 있는 인터넷을 통해 일반 국민들에게 더 많은 자유와 권리를 누릴 수 있으리라 기대했었다. 또한 인터넷은 끝없는 제공되는 정보들에 대한 즉각적인 접근을 통해 극적인 변화를 불러일으키고 사회적 상호작용과 생산성 및 교육에 심오하고 긍정적인 영향을 미치는 방식으로 사람들을 서로 연결해주기도 했다. 그렇지만 그런 인터넷이라고 해서 결코 완벽한 도구가 될 수는 없다. 소셜미디어 기업들은 이용자들을 유혹해 이들의 사생활을 파고든다. 그렇게 해서 개인정보들을 빼내고 행동을 조작해 이익을 만들어내는 것이다. 인터넷은 2016년 시작된 미얀마의 로힝야Rohingya족 대학살의 경우처럼 증오의 표현들을 증폭시키고 분열을 조장하며 심지어 폭력을 선동하는 데 이상적이라는 사실이 증명되었다.[4] 게다가 사람들은 인터넷으로 서로 더 잘 연결되는 만큼이나 사회적, 그리고 감정적으로 고립감을 느끼고 있다. 인터넷을 통해 더 인간적인 교류가 이어지기를 기대했지만 테러 조직들의 선동과 그 밖의 혐오스러운 내용들은 무고한 사람들의 죽음을 미화하고 사람들이 폭력에 둔감해지도록 만들었다. 적지 않은 수의 젊은이들은 운동이나 야외 활동 등을 중단하고 스마트폰이나 컴퓨터게임에만 집중하게 되었다.[5]

2020년이 되자 미국을 비롯한 다른 민주주의 국가들에 대한 사이버전쟁의 위협이 푸틴의 러시아를 넘어 훨씬 더 확대되었다는 사실이 더욱 분명해졌다. 예를 들어, 2017년 이란은 미국에서 사우디아라비아와 이스라엘을 반대하고 팔레스타인을 옹호하기 위해 활동하는 국영 언론 매체들을 마치 독립적인 언론사처럼 위장해 이용하기 시작했다.[6] 북한 역시 남북한 사이의 대화나 미국과의 비핵화 논의 같은 국제협상에 영향을 미치기 위해 거짓정보들을 퍼뜨리기 시작했다.[7] 중국 공산당은 2019년부터 중국 본토에서 홍콩 시위대들에 대한 신뢰도를 떨어뜨리는 활동을 시작했고, 비록 실패로 돌아가기는 했지만 타이완 총통 선거 결과에 영향을 미치기 위한 작전을 시도하기도 했다.[8]

그런데 개인의 정보를 악용하고 사생활을 침해하는 것은 독재자들뿐이 아니다. 인터넷 기업들 역시 이런 정보나 자료들을 판매하거나 혹은 수익성이 높은 광고에 이용하고 있다. 미국을 비롯해 뜻을 같이하는 동맹국들이나 우방국들은 개인정보를 보호하고 사생활의 오용을 방지할 수 있는 기준을 요구하고 관련 기술을 개발해야 한다. 유럽과 캘리포니아주는 개인정보를 보호하기 위한 법안을 통과시켰는데, 이런 법안들은 계속 개선되어 개인정보 보호 및 적법 절차를 중요시하는 다른 정부로도 확대되어야 한다. 암호화를 통한 정보 보호나 개인정보 설정을 기초화하려는 등의 개선 작업은 자유에 대한 외부 및 내부의 사이버 관련 위협으로부터 시민을 보호하는 데 필수적이다. 또한 건강한 개인과 사회를 유지하는 일에도 중요하다.

인터넷과 소셜미디어를 이미 완성된 상품이 아닌 경쟁의 장으로 보는 것은 위험을 막아내면서 자유로운 정보 교환의 이점을 최대한 활용하기 위해 필수적인 사고방식이다. 2장에서 확인했던 여러 가지 방어 조치 이외에도 사이버정보전에 대한 방어책에는 폐쇄된 국가에 정보를 흘려보내고 허위 정보에 대응하며 다른 국가들이 퍼뜨리는 선전에 대응하기 위한 공격적인 요소들이 포함되어 있어야 한다. 자유세계의 민주국가들은 중국의 만리방화벽防火長城이나 이란의 인터넷 제한과 같은 통제 기술을 우회하는 수단을 개발해야 한다. 우주공간에서 연결되는 광대역통신과 같은 기술은 독재정부가 정보에 대한 접근을 차단하는 일을 더 어렵게 만들 수 있다.

그렇지만 아마도 가장 중요한 것은 국민들이 정치지도자나 언론이 인터넷을 기반으로 하는 사이버정보전에 대응할 때까지 기다리지 않고 직접 나서야 한다는 점이다. 각각의 개인은 소셜미디어 생태계의 거짓정보와 유해성을 거부하고 민주주의의 번영에 꼭 필요한 논의에 어울리는 예의를 다시 갖추는 것을 결정할 수 있다. 나와 생각이 다른 사람들과의 교류는 단지 사이버공간에서뿐 아니라 학교나 음식점, 관공서, 혹은 운동장이나 체육관 등에서도 건강한 시민 생활의 일부로서 그 가치를 유지해야 한다. 사람들은 갈등을 일으키는 문제에 대해 논의할 때 서로의 공통분모를 찾아 인정하기 위해 똑같은 시간을 할애할 수 있다. 자유롭고 개방된 국가의 국민들은 민주주의나 자유시장경제가 완벽하지 않으며 아직도 진행중인 과업임을 인정하면서 선조들이 물려준 자유와 기회를 소중히 간직할 수 있다. 그리고 모든 사람들은 거짓정보에 직접 맞서기 위한 수단으로 자신의 안전과 건강, 그리고 행복에 대한 중대한 도전들과 관련된 자기 교육에 관심을 가질 수 있다.

* * *

사이버전쟁의 위협은 인공지능의 발전으로 인해 더욱 커질 것이다. 인공지능 기술이 적용되면 지금까지 인간들만이 가능했던 그런 작업들이 가능해진다. 기계 장치들이 수집된 자료들을 통해 스스로 학습을 하고 연산 작용을 거쳐 인간의 개입 없이 의사결정을 내린다. 5G 통신과 슈퍼컴퓨터, 그리고 "사물인터넷internet of things, IoT", 즉, 주변에서 흔히 볼 수 있는 기기에 내장된 인터넷 장치 같은 고속이동통신망이 인공지능과 결합이 되면 전력 공급망에서 대중교통, 금융 거래, 그리고 전 세계 물류와 무인자동차, 가전제품에 이르기까지 모든 영역에 다 영향을 미칠 수 있다.

더 많은 물리적 영역들이 인터넷 공간과 그 안에서 활동하는 악의적 세력들과 연결됨에 따라 인공지능 기술은 인터넷을 통한 사이버 공격을 더 쉽게 만들 수 있다. 2019년 12월 한 달 동안 피해자가 컴퓨터 자료나 인터넷에 대한 접근성을 복구하기 위해 필요한 비용을 공격자가 부르는 대로 지급할 수밖에 없는 악의적 공격이 조지아주와 뉴저지주에서 자행되면서 미국 최대 규모의 전선 및 배선 제조업체와 보건 전산망 가동이 마비되었다. 또한 플로리다주의 리비에라 비치Riviera Beach를 비롯해 루이지애나주의 뉴올리언스New Orleans 관공서 전산망도 큰 피해를 입었다.[9] 2019년 볼티모어시는 공격자들이 요구한 7만5,000달러를 주지 않기로 결정했고, 그로 인한 예상 피해 금액은 1,800만 달러에 달했다.

이런 인터넷상의 공격을 저지하기 위해 미국과 동맹국들은 사이버 영역을 넘어서서 적대적인 사이버공격자들에게 대항할 준비가 되어 있어야 한다. 그렇지만 일반적인 제재나 처벌 조치로 위협하는 건 소용이 없는 경우가 많다. 이런 공격자나 적을 위기로 몰아넣을 수 있을 만한 가치 있는 무엇인가를 보유하고 있어야 하는데, 자신들의 지도부를 비롯해 주요 자산들을 감추고 있는 조직이나 비밀 테러 조직의 경우 그렇게 하기가 쉽지 않다. 그리고 이란이나 북한 같은 적대적인 정권의 경우 국내·외에서 압박을 늘려가면 지도자들은 차라리 자신들은 아무것도 잃을 것이 없다는 결론을 내릴 수도 있다. 그렇기 때문에 사이버공격으로는 원하는 목표를 달성할 수 없다는 부정에 의한 억지력을 발휘해 적들을 설득하는 것이 필수적이다.

부정에 의한 억지가 통하려면 공격 및 방어 능력이 합쳐지고 피해를 입을 수 있는 부분의 복원력이 개선되어야 하며 또 정부와 기업 및 학계 전반에 걸친 높은 수준의 협력이 아울러 필요하다. 하지만 안타깝게도 그러한 협력은 민주주의라고 하는 권한이 분산된 체제에게는 어려운 과제이다. 국가정보국 국장 제임스 클래퍼James Clapper에 따르면 2014년 북한이 소니 영화사의 전산망에 침입했을 때 "다른 국가들의 기반 시설을 통해야만 대응을 할 수 있었고 따라서 법적으로 큰 문제가 되기 때문에 이 사이버 전선에서 아무것도 제대로 대처할 수 없었다"고 한다. 그 대신 "북한 장성들 일부에 대한 제재 조치만 취하게 되었다"는 것이다.[10]

도널드 트럼프 행정부 출범한 첫해에 국가안전보장회의에서는 이런 관료주의적 장애물들을 제거하기 위해 노력했다. 나는 느린 진전에 실망했지만 일단 적절한 권한이 부여되자 미국은 더 큰 경쟁력을 갖고 신속하게 상황에 대응할 수 있게 되었다. 탁월한 능력을 발휘했던 NSA 국장이자 미국 사이버사령부 사령관 폴 나카손Paul Nakasone 장군이 지휘했던 2018년 미국 중간 선거의 사이버방어전은 효과가 있었다. 2019년 2월 의회 보고에서 나카손 장군은 "우리는 사이버공간에 지속적으로 상주하며 적의 행동을 감시하고 러시아 측의 활동을 좌절시킬 수 있는 그런 도구와 전술을 개발했다"고 말했다.[11]

직관적이지는 못하지만 중요한 방어 조치 중 하나는 인터넷 연결망과 전산망이 끊임없는 공격을 받는다는 가정하에 "우아한 성능 저하graceful degradation"가 가능하도록 설계하는 것이다. 2015년 12월 러시아가 우크라이나의 전력 공급망을 공격했을 때 아날로그 방식으로 6시간 이내에 전력 공급이 복구되었기 때문에 이런 설비들의 구식 특성이 실제로 큰 도움이 되었음이 입증되었다. 최첨단 기술을 기반으로 한 정교한 장치들은 치명적인 오류가 발생하기 쉽다. 신속하게 복구가 되는 능력은 통신과 에너지, 운송 및 금융 기반 시설을 설계할 때 중요한 요소가 되어야만 한다. 이런 능력을 확보하려면 의심스러운 하드웨어나 소프트웨어가 전산망에 접속되는 것을 지속적으로 식별 및 차단하고 적절한 때에 적의 공격을 미리 방어해야 한다. 그 첫번째 단계는 중국의 화웨이나 ZTE와 같은 기업들은 미국 통신망 설비에 참여시키는 일이 말 그대로 트로이 성문을 열고 목마를 들여오는 일과 같다는 사실을 깨닫는 것이다. 항상 경계를 늦추지 말아야 하며 기업이나 정부 운영 문화의 일부분이 되어야 한다. 가장 좋은 방법은 결함을 찾아내는 해커에게 보상하는 것이다. 예를 들어, 마이크로소프트는 해커에게 소송을 거는 것이 아니라 오히려 보안 관련 회의에 초청해 취약점을 발견하기 위한 "현상금"을 지불하는 쪽으로 정책을 변경했다.

또한 공공 및 민간 부문에 걸쳐 높은 수준의 협력이 있어야 한다. 컬럼비아대학교의 사이버보안 전문가인 제이슨 힐리Jason Healey는 이렇게 말한다. "사이버공간에서의 미국의 저력은 NSA와 사이버사령부가 있는 포트 미드Fort Meade가 아닌 실리콘밸리에, 보스턴 외곽 128번 도로 주변에, 그리고 워싱턴주 레드몬드를 비롯해 미국 국민들이 사이버공간을 만들고 유지하는 미국 내 모든 지역에 집중되어 있다."[12] 그렇지만 기술 부문과 미국 정부와의 관계는 종종 논쟁의 여지가 있다.

사이버영역에서 효과적으로 경쟁하려면 일종의 공통된 이해가 필요하다. 기술 전문 기업의 기술자들은 적들이 사이버공간과 최신 기술을 어떻게 이용하는지 알고, 또 기업이 다른 기업뿐 아니라 적대적인 국가들과도 경쟁을 하고 있음을 인식하는 것이 중요하다. 미국을 비롯한 다른 민주정부 국가들과 협력할 수 있는 기회를 거부하고 독재정권이 자국민을 억압하는 일을 돕는 기업은 자신들이 불러일으키는 위험을 인식하지 못할 수도 있다. 구글이 미국 정보부와 계약을 맺으려 하자 직원들이 반대를 하고 그러면서 동시에 중국 공산당이 본격적인 감시국가가 되도록 돕고 있는 건 중국 공산당과 미국의 경쟁이 어떤 상황으로 이어지고 있는지 전혀 모르고 있기 때문이다.[13]

사이버보안을 전문으로 하고 사이버공간에서의 첩보 행위에 대응하는 민간 부문의 기업들이라면 기술 부문과 정부 사이의 갈등을 해소해줄 수 있는 역량을 갖추고 있을 것이다. 정부와 관련 업계 모두에서 일해본 경험이 있는 그렉 레베스크Greg Levesque가 설립한 사이버보안 회사 스트라이더Strider가 그 좋은 사례다. 스트라이더는 축적된 자료와 기계 학습, 그리고 인적 자원을 이용해 회사 내부에서 일어날 수 있는 지적 재산의 도난을 방지한다. 앞으로 점점 더 많은 민간 기업들이 자신들의 지적 재산이나 설비에 대한 공격을 탐지하고 선제공격하기 위해 적들의 사이버공간에 먼저 침투할 필요가 있다는 결론을 내리게 될 것인데, 여기에서 정부와 겹치는 부분이 있다면 더 나은 군민 협조 및 사이버방어의 분담으로 이어질 수 있다. 사이버공간에서 공격적인 활동을 펼치는 기업은 외국 정부에 의해 처벌을 받을 위험이 있고, 또 무고한 제3자에게 가해진 피해에 대한 책임을 지게 될 수 있으며 무력 분쟁에 단계적 확대를 촉발할 수 있기 때문에 사이버공간에서의 공격과 방어 활동을 하나로 합쳐 조정하려면 공공 및 민간 부문의 협력이 필수적이다.

* * *

지난 세기 우주는 새로운 경쟁의 장이었다. 1957년 소련이 인공위성 스푸트니크를 최초로 지구 밖 궤도에 진입시켰을 때 미국의 지도자들은 이 경쟁에서 자신들이 지고 있다고 두려워했다. 그 공포는 과학 교육의 활력, 미사일 개발에 대한 집중 강화, 미 항공우주국National Aeronautics and Space Administration, NASA 창설 등 다양한 개혁에 영감을 주었다.[14] 그렇지만 냉전이 끝나자 일부에서 우주는 이제 강대국들이 상호이익을 위해 협력하는 화합의 장이 될 것이라고 가정함에 따라 우주공간을 지배하려던 미국의 의욕이 떨어지기 시작했다.[15] 자유롭고 개방된 인터넷 기술에 대해 이와 유사한 편향적인 낙관주의를 보였던 미국이 우주공간을 경쟁의 장으로 생각하지 않기로 결정했다면 그와 같은 결정은 큰 영향을 미칠 수밖에 없었다. 예상대로 우주공간에까지 전략적 낙관주의가 적용되면서 미국은 이 분야에서 크게 뒤처지게 된다. 2011년 우주왕복선이 완전히 퇴역을 한 후 미국의 유인 우주 비행은 러시아에 의존하게 되었다. 우주에서의 국제적 협력은 확대되었지만 우주 개발 능력이 미국에 상당한 경제적, 군사적 이점을 제공했음을 인식한 러시아와 중국은 자체적으로 우주 개발 계획을 시작했을 뿐 아니라 미국과 동맹국들의 우주 개발을 무력화시키거나 파괴할 수 있는 무기를 만들기로 결정했다.[16]

2007년 중국은 미사일을 발사해 자신들이 쏘아올린 인공위성 하나를 격추시키는 데 성공을 거둔다. 그리고 그후 러시아와 중국은 위성을 공격할 수 있는 레이저무기와 미사일, 궤도무기, 전자전 교란장치에 이르기까지 다양한 위력을 지닌 우주전쟁용 무기들을 개발했다.[17] 미국에 우호적인 국가들도 우주에서 적대국들을 막아낼 수 있는 능력을 자체적으로 개발하고 있다. 예를 들어 인도는 2019년 3월 위성 전용 미사일을 발사해 자국 인공위성 하나를 폭파시키고 자신들에게 우주에서 사용할 수 있는 공격용 무기가 있음을 다른 국가들에게 과시했다.

2017년, 공공 부문은 물론 상업 관련 분야에서도 우주에서 보다 효과적으로 경쟁을 해야 할 필요성을 인식한 트럼프 행정부는 펜스 부통령을 위원장으로 내세워 예전에 폐지되었던 우주위원회National Space Council를 다시 열었다. 나는 국가안전보장회의 직원들에게 펜스 부통령 쪽 사람들과 협력하여 우주 개발 계획을 활성화하기 위한 전략을 개발해달라고 요청했다. 곧 지식과 경험 모두 타의 추종을 불허하는 빌 리궈리Bill Liguori 공군 소장이 우리 쪽으로 합류했다. 리궈리 소장은 현재 상황이 대단히 다급할뿐더러 우주가 다시 새로운 경쟁의 장이 되면서 잠재적 위험에 대처하고 동시에 상업화와 관련된 기회를 최대한 이용하려면 동맹국을 비롯한 민간 부문과의 협력이 필요하다는 사실을 잘 알고 있었다. 우주위원회는 우주공간에서의 적대국의 위협을 막아내고 필요할 경우 선제공격을 할 수 있으며, 또한 미국 기업들이 계속해서 혁신적인 우주 관련 기술을 선도하도록 보장하고, 또 우주탐사를 통해 "우리 자신은 물론 우리 행성과 우리 태양계, 더 나아가서 은하계 전체와 관련된 지식을 크게 늘려나갈 수 있도록" 돕는 여러 가지 목표들을 세웠다.[18]

사이버공간에서와 우주에서 적의 공격을 막아내는 일의 관건은 미국의 우주 자산에 대한 공격으로 원하는 것을 얻을 수 없다고 적을 설득할 수 있는가에 대부분 달려 있다. 미국 정부와 기업들은 중국이나 러시아가 미국을 공격하는 데 사용할 수 있는 첨단 기술을 개발하지 못하도록 미국 측의 기술을 보호하는 데 힘을 써야 한다. 미국 기업들은 문 익스프레스Moon Express나 플레네터리 리소시스Planetary Resources, 나노렉스NanoRacks, 그리고 월드 뷰 엔터프라이즈World View Enterprises와 같은 미국의 신생 기업들에 막대한 투자를 하고 있는 중국의 텐센트騰訊 같은 외국 기업이나 투자자들을 한 번쯤 의심해봐야 한다.[19] 세계 최대 규모의 소셜미디어 애플리케이션인 위챗WeChat과 QQ를 소유하고 있는 텐센트는 개인통신 내역과 개인정보 등을 감시하고 보고하며 사실상 중국 공산당의 일부와 같은 역할을 하고 있으며, 분명 우주공간에서도 그와 같은 역할을 계속하게 될 것이다.

여러 가지 위험 요소에도 불구하고 우주공간에서의 경쟁은 더 큰 안보와 번영을 불러오고 지구가 가장 필요로 하는 것들을 해결할 수 있는 실질적인 기회를 제공한다. 예컨대 지구 표면을 따라서 낮게 이동하는 저궤도 위성Non Geostationary Satellite Orbit, NGSO을 이용해 자료를 처리하고 통신을 중계하면 지구에서는 언제 어디서든 끊어지지 않고 필요한 자료에 접속이 가능하다. 이런 위성들은 또 실시간으로 쉬지 않고 지표면을 원격 감지하는 것이 가능해 환경보호와 자연재해 및 인공재해에 대한 신속한 대응에 도움을 줄 수 있다. NASA 출신 과학자들이 2010년 설립한 회사인 플래닛Planet은 매일 지구 전체 풍경을 실시간으로 전송해 변화하는 상황을 직접 확인할 수 있도록 만들어 즉각적인 조치가 가능해지도록 하는 것을 목표로 하고 있다. 150개가 넘는 지구 관측용 위성들이 제공하는 실시간 자료들을 통해 북한의 미사일 활동이나 브라질의 열대우림 파괴, 오스트레일리아의 산불, 인도와 중국의 생태계 오염과 그 피해, 그리고 이란의 시위 등 안보와 관련된 중요하고 다양한 변화나 활동 등을 식별할 수 있는 것이다. 이제 지구의 문제를 해결하기 위해 우주공간을 활용할 수 있는 더 많은 기회들이 기술이나 경제성 측면에서 가시권 안에 들어오고 있다. 그 한 가지 사례가 바로 우주공간에 설치하는 태양광 발전 설비다.

주어진 기회를 최대한 활용하고 우주와 사이버공간에서 일어나는 위험을 막아내려면 기술이 기술 자체, 그리고 인간과 상호작용하는 방식에 대한 이해가 필요하다. 새로운 기술의 적용이 늦어지는 경우가 잦은 건 합쳐지면 엄청난 잠재력을 발휘할 수 있는 기술들이 따로 떨어져 있는 경우가 많기 때문이다. 그렇기 때문에 과학자들 사이의 협력은 물론, 과학자들과 정책입안자들 사이의 협력은 혁신에 필수적이다. 기술 기반 혁신이 정부에서 민간 부문으로 이동하고 있기 때문에 국가안보와 관련된 중요한 과제에 대해서는 서로 협력할 필요성이 크게 증가하고 있다.

* * *

냉전이 끝나갈 무렵의 미국의 기술 개발 분야는 상대적으로 폐쇄적인 성향이 강했다. 다시 말해 핵무기와 첨단 전투기, 정밀유도무기 등과 관련된 주요 기술 개발에 대한 자금을 정부가 지원하고 기술에 대한 접근을 통제했다는 말이다. 이러한 개발 계획들은 보안 분류와 특허, 그리고 저작권으로 보호가 되었다. 그러다가 정부가 마이크로칩이나 터치스크린, 음성인식 장치 같은 기술들을 공개하기로 결정을 하면서 민간 부문의 기업가와 기술자들은 이러한 기술들을 결합하고 개선해 스마트폰과 같은 새로운 사업들을 시작할 수 있었다.

21세기가 되자 진정한 기술 혁신의 길이 열렸다. 공적 자금의 지원을 받는 연구들이 늘어나면서 혁신도 크게 늘어난 것이다. 중국은 전략적 신흥산업strategic emerging industry, SEI과 군사적 역량에서 미국을 압도하려는 의도를 갖고 기술을 훔치거나 직접 투자를 하기 위해 하향식의 군민융합 전략을 실시했다. 따라서 미국과 다른 동맹국들은 더이상 심각한 불이익을 당하기 전에 새로운 기술을 국가안보 문제와 관련시키는 새로운 방식을 따라야만 한다.

미국 정부를 비롯해 대부분의 학계와 민간 부문에서는 적들이 어떤 식으로 미국에서 개발된 기술을 훔쳐가 새롭게 적용해 안보와 인권을 위협하고 있는지를 제대로 알아차리지 못했다. 나는 이 문제와 관련해 이 책의 중국 부분에서 많은 내용들을 이야기했다. 그렇지만 여기에서는 미국의 자본이 인공지능 기술 같은 군사적 우위 달성에 중요한 최신 기술 분야에서 미국을 능가하려는 중국 공산당의 노력에 오히려 큰 도움을 주고 있다는 사실을 강조하고 싶다. 대부분이 국영 기업이거나 혹은 정부의 영향력 아래에 있는 700여 개의 중국 기업들의 채권과 주식이 미국 시장에서 거래되고 있다. 미국 국민들은 중국 인민해방군의 차세대 군용기와 함선, 잠수함, 무인설비와 공중전용 무기를 제작하는 기업들에게 필요한 자금을 지원하고 있는 셈이다. 2018년에 미국의 투자 전문 기업들은 중국 인공지능 기업에 더 많은 자본을 투자했다. 레닌은 "자본주의자들은 자신들 목이 매달릴 줄도 모르고 우리에게 밧줄까지 팔고 있다"고 말했었지만, 현재 미국과 동맹국들의 금융가와 기업가들의 행태는 그 이상을 보여준다. 그들은 정말로 자신들의 목을 조일 수 있는 무기의 개발 자금을 중국 공산당에게 제공하고 있는 것이다.

2017년이 되자 매트 포틴저와 나디아 섀들로, 그리고 로버트 스폴딩Robert Spalding 준장을 비롯한 국가안전보장회의 소속 직원들은 미국이 기술을 겨루는 경기장에 다시 들어가야 할 때가 왔다는 사실을 분명히 알 수 있었다. 기술과 기반 시설 개발과 관련된 모든 결정은 그 기술과 기반 시설이 지정학적 경쟁과 어떻게 상호작용하는지를 고려해야 한다. 가장 중요한 경쟁 분야 중 하나는 정보의 통제이다. 5G 통신망을 통제할 수 있다면 누구나 정보의 흐름에 접속할 수 있고 개인정보 보호에 영향을 줄 뿐 아니라 불공정한 경제적 이점을 제공할 수 있는 정보 교환 규약을 설정하는 데 영향을 미칠 것이다. 인공지능 기술과 결합된 정보 통제를 통해 우리는 전 세계 경제의 주요 부문들을 지배할 수 있다.

그렇지만 중국의 인공지능과 군사 기술개발에 대한 광범위한 계획조차도 어쩌면 일부에 지나지 않을 수 있다. 중국 공산당의 야심 가득한 미래 전략에는 전 세계 물류와 공급망을 지배하기 위해 물리적 기반 시설과 디지털 기반 시설을 통제하는 것까지 포함되어 있기 때문이다. 그리고 이 21세기의 새로운 정복전쟁의 선봉에는 통신과 항만 관리, 그리고 해운 회사들이 포함된 중국의 국영 기업들이 앞장서고 있다. 중국이 통신 관련 기반 시설의 통제를 돕기 위해 전 세계 해양 기반 시설을 확보하기로 결정함에 따라 민주사회의 자유시장경제는 중국 공산당에게 "밧줄"을 계속해서 제공하고 있다. 중국은 각국의 항구를 손에 넣기 위해 유럽연합 소속 국가나 이스라엘 같은 미국의 동맹국들을 표적으로 삼았으며 네덜란드와 이탈리아, 프랑스, 그리고 이스라엘에서 중국이 관리하고 있는 주요 항만 시설들 중 상당수는 과학 및 산업 연구 시설 단지 근처에 위치해 있다. 중국 교통부에 따르면 2020년을 기준으로 전 세계 34개국에 있는 52개 항구가 중국 기업에 의해 건설되거나 관리되고 있으며 매년 그 숫자가 증가하고 있다.[20]

미국과 다른 국가들은 중국의 야망을 전체적인 관점에서 잘 이해하지 못하고 있을뿐더러 국가안보 관련 부처와 실리콘밸리와 같은 혁신적 생태계 사이의 문화적, 철학적, 그리고 업무 방식에 대한 격차가 커지고 있어 대단히 불리한 상황에 처해 있다. 이런 식으로 계속 있을 수만은 없다. 미국에서는 기술 전문 기업의 경영진과 고위 공무원들이 서로 협력이 부족해 자유사회와 자유시장경제가 폐쇄적이고 권위주의적인 체제로 넘어가는 데 도움을 주고 말았다는 사실을 인식하기 시작했다.

이들은 협력을 가로막는 세 가지 장애물들을 확인했다. 바로 정부와 기업의 업무 방식의 불일치, 기술 경쟁의 보안 문제에 대한 과학자와 기술자 사이의 이해 부족, 그리고 관련 직원들을 공공 부문과 민간 부문 사이에서 이동시킬 때 발생하는 어려움 등이다. 이러한 장애물들을 극복하려면 특단의 조치가 필요하다. 미국 국방부에 실리콘밸리와 같은 분위기를 불어넣는 국방혁신단Defense Innovation Unit과 같은 조직은 쉽게 적용해볼 수 있는 대단히 모범적인 사례이다.

미국과 중국, 그리고 유럽연합은 모두 다 국가와 기업 또는 개인이 정보를 통제하는 정도에 대해 서로 다른 접근 방식을 취하고 있다. 미국은 개인정보를 보호하고 소비자의 신뢰를 유지하면서 필요한 정보나 자료에 대한 접근을 보장하는 정책에 대해 뜻을 같이하는 국가들과 협력을 해야 한다. 자유롭고 개방된 국가들은 정보를 수집하고 처리하며 저장 및 공유, 또 관리를 하는 방법과 관련해서 정부가 민간 부문과 상호작용하는 방식에 대한 공통된 표준을 만들어야 한다.[21] 정보나 자료를 다루는 데 있어 자유로운 방식과 독재적인 방식 사이에는 간극이 점점 커지고 있다. 미국과 다른 자유국가들은 민주주의 원칙과 일치하는 공통된 기준에 서로 동의해야 한다.

* * *

때로는 동맹국이나 우방국들뿐 아니라 경쟁국이나 적들과의 협력이 필요할 때도 있다. 지구상에서 가장 파괴적인 무기가 확산되거나 사용되는 것을 방지하려면 협력이 필요한 것이다. 이란과 북한과 같은 적대적인 정권이 핵무기를 보유하는 것을 막는 건 모든 국가에게 이익이 되어야 하며, 따라서 핵무기의 사용으로 이어질 수도 있는 오해나 잘못된 판단 등을 방지하는 데 중요한 신뢰를 구축하는 일종의 핵무기통제협정 같은 것들이 있어야 한다. 이런 무기통제협정과 국제협약은 핵무기 비축을 제한하고 화학무기나 생물무기 같은 불안정한 무기의 개발을 저지하거나 취소시킬 수 있다. 1997년 맺어진 화학무기금지협약은Chemical Weapons Convention은 화학무기와 그 전구물질의 생산, 그리고 비축과 사용을 금지한다. 미국과 러시아는 2010년 새로운 전략무기감축협정인 New START를 맺으면서 전략 미사일 숫자를 절반으로 줄이고 또 새로운 점검 및 검증 체제를 구축했다. 1988년에 맺은 중거리핵전략조약에 따라 지상에서 발사되는 중거리 핵무기들은 폐기되어야 했지만 러시아는 2014년부터 이 협정을 위반해왔고 협정과 상관없는 중국은 개발이 금지된 미사일을 자체적으로 개발해왔다.

당연한 이야기지만 군비통제협정은 한쪽만 지켜서는 아무런 소용이 없다. 2017년 미국 국무부는 러시아 측도 협정을 준수하도록 유도하기 위해 미국이 중거리핵전략조약을 탈퇴할 수도 있다는 의사를 러시아 측에 알렸다. 하지만 이런 작전은 먹혀들지 않았고 결국 2019년 2월 트럼프 행정부는 미국의 조약 탈퇴를 발표하게 되는데, 개인적으로는 그것은 옳은 판단이었고 또 이미 오래전에 그렇게 했어야 한다고 생각한다. 2021년에 만료가 되는 전략무기감축협정 역시 비슷한 운명을 겪게 될 것이라는 우려가 제기되고 있는 가운데, 2020

년 초가 되자 전략무기감축협정의 갱신, 그리고 중거리핵전략조약에 새롭게 러시아와 중국을 모두 참여시키려는 노력이 결실을 거둘 가능성이 커 보이기도 했다. 핵무기를 비롯한 다른 대량살상무기들을 제한하는 군비통제협정은 제대로 감시되고 집행만 된다면 상상할 수 없을 정도로 위험을 줄이는 데 도움이 될 뿐 아니라, 인류를 위협하는 것이 아니라 인류에게 이익이 되는 계획 쪽으로 자금을 돌릴 수 있다.

그러나 핵무기와 장거리 미사일이 확산됨에 따라 이에 대한 방어체제는 미국 본토뿐 아니라 해외 동맹국과 해외 거주 미국 국민들을 보호하는 데 있어 더욱 중요해졌다. 2019년 트럼프 행정부는 본토와 각 지역의 미사일 방어 개선에 상당한 투자가 필요하다는 결론을 내린 미사일 방어체제 검토를 완료했다. 미사일 위협 확대에 대응하기 위한 효율적인 해결책을 제공하기 위해 과학 및 기술 연구 계획을 지원하는 것에는 논란의 여지가 있을 수 없다. 2019년 검토에서 지시한 대로 이러한 해결책은 "억지를 위한 공격 및 방어 기능"을 통합하고 "미사일 발사 후 모든 비행 단계에서 요격 가능한" 능력을 보장해야 한다.[22]

민간인들과 사회 기반 시설을 위기에 빠뜨릴 수 있는 또다른 위험들도 확산이 되고 있는데, 무인항공기와 잠수함은 그 방어가 제대로 되지 않을 경우 심각한 위험을 초래한다. 2019년 사우디아라비아 아람코 시설에 대한 무인공격기 공습으로 전 세계 석유 생산량의 약 5퍼센트에 해당하는 석유가 잠시 생산이 중단되었으며 2018년 12월에는 런던 개트윅공항 근처로 무인항공기가 접근해 공항 운행이 차단되기도 했다. 새로운 무인공격기의 출현으로 인해 제2차세계대전 당시 런던 시민들이 나치 독일이 발사했던 1세대 무인기 V1과 V2 로켓의 공격으로 겪었던 공포를 이제 미국 국민들도 겪을 수 있는 그런 세상이 되었다.

* * *

이 책의 주제이기도 한 전략적 자아도취나 상호연결된 문제들을 억지로 분리해 생각하려는 경향 등은 복잡한 문제에 대해 단기적이고 단순한 해결책을 제시하려고만 한다. 미국의 정책에 영향을 미치는 다른 고질적 문제들과 마찬가지로 장기적인 접근 방식에 대한 편견은 공감의 부족에서 비롯된다. 스탠퍼드대학교의 심리학 교수이자 스탠퍼드 사회신경과학연구소Stanford Social Neuroscience Lab 소장인 자밀 자키Jamil Zaki는 자신의 저서 『새로운 전쟁: 분열된 세상에서의 공감 능력 배양*The War for Kindness: Building Empathy in a Fractured World*』에서 인간의 "보살피려는 본능은 근시안적"이기 때문에 시간이 흐르고 거리가 멀어지면 공감 능력도 떨어진다고 말한 바 있다. 또한 "우리는 우리의 미래에 대해 스스로는 잘 알아차리지 못하며 따라서 아직 직면하지 않아도 되는 문제를 해결하려는 건 인간의 본능에 반하는 행동이다. 또한 우리가 어떤 행동을 했거나 혹은 하지 않았을 때의 결과가 아직은 드러나지 않았고 아직 태어나지도 않은 사람들에게만 영향을 미치게 될 경우, 우리는 오늘 당장 어떤 희생을 치르거나 투자를 할 가능성이 적기" 때문에 미래의 발전에 대해 공감할 수 있는 능력도 제한되어 있다. 이러한 경향은 기후변화와 오염, 에너지 안보, 그리고 식량이나 수자원 안보와 같은 상호관련된 문제에서 전 세계적으로 분명하게 드러나고 있다.

트럼프 대통령과는 이란핵협정에 관련 논의와 마찬가지로 파리기후협정에 관한 논의도 뜨겁게 진행되었다. 나는 이 주제에 대한 전문가는 아니었지만 기후변화 문제가 사람들을 서로 극단적인 방향으로 몰아가는 경향이 있다는 사실만은 분명했다. 환경운동가들이 비실용적인 조치들을 지지하는 반면, 여기에 반대하는 세력이나 회의론자들은 지구온난화가 일어나고 있으며, 인간이 주된 원인이고, 이 문제를 제대로 해결하지 않을 경우 재앙에 가까운 결과를 초래할 것이라는 강력한 증거들을 무시했다. 어쩌면 너무 순진했는지도 모르지만 당시 나는 단순히 미국 국민들의 여론에 초점을 맞추기만 하면 기후전략에 대해 우리가 선택할 수 있는 내용들을 개발하고 문제와 관련된 사람들 사이의 불일치를 극복하며 실질적인 진전을 이룰 수 있다고 생각했다.

나는 2015년에 거의 모든 국가들이 온실가스의 배출을 줄이고 21세기에 지구의 기온 상승폭을 산업화 이전 수준과 비교해 섭씨 2도 정도로 제한하기 위해 채택한 환경협정인 파리협정에 남아 있을 것을 대통령에게 권고했다. 나는 기후변화가 인위적으로 일어나고 있으며 여러 국가들이 참여하는 실질적인 해결책을 개발해야 한다고 생각했다. 이 협약은 구속력이 없었기 때문에 나는 그대로 남아 있을 때의 단점들을 미처 알아차리지 못했다. 게다가 탈퇴를 할 경우 기후 관련 문제뿐 아니라 여러 국가들의 협력이 필요한 다른 문제들에 대해서도 미국의 영향력을 잃게 될 것이라고 느꼈던 것이다.

그렇지만 파리기후협정 탈퇴를 주장하는 사람들은 미국이 합의된 탄소가스 감축 목표를 달성하지 못할 경우 환경운동가들이 정부와 기업들에 대한 소송을 시작할 것이라고 생각했다. 이들은 또한 목표를 달성하려다 경제성장이 막히고 미국 국민들에게 많은 비용이 부과 될 것이라고도 생각했다. 심지어 세계 최대 환경오염 주범들도 어느 정도 적당한 목표에 동의했을 뿐 아니라 재생에너지 사용으로 전환하는 대가로 미국과 다른 국가들로부터 지원을 받았음에도 말이다. 이란핵협정과 마찬가지로 이 협정 역시 의회에서 비준되지 않았고 많은 사람들이 그것을 주권 침해로 여겼다. 2017년 6월 트럼프 대통령은 로즈가든 연설에서 탈퇴 절차를 시작하기로 결정했다고 발표하면서 "이 협정으로 미국은 다른 국가들과 비교해 제대로 된 혜택을 누리지 못하게 될뿐더러 내가 사랑하는 미국 노동자와 납세자들이 그 대가를 치르게 만들 것이다. 일자리는 사라지고 임금 수준은 떨어지며 공장은 문을 닫고 생산은 크게 감소하게 될 것이다."[23] 요컨대 대통령은 이 협정으로 미국은 큰 경제적 부담을 지게 될 것이며 거기에 더해 대규모의 실직 사태라는 결과를 초래할 것이라고 믿었던 것이다. 장기적으로 보면 실제로 기후변화를 막기 위해 이루어지는 일은 아무것도 없으면서 미국만 큰 불이익을 보게 된다는 것이 그의 생각이었다.

나는 대통령의 결정에 동의하지는 않았지만 지구 환경을 보호하고, 탄소와 메탄가스 배출을 줄이며 에너지에 대한 접근을 보장하고, 사람들의 건강을 지키며 또한 식량 및 수자원 관련 안보를 개선하기 위해 필요한 조치들에 대해 더 많이 알게 되면서 협정 탈퇴 이후 퇴색해버린 미국의 명성이 다시 회복될 가능성이 있다는 결론을 내렸다. 협정 탈퇴는 협정의 부적절한 측면을 부각하고 미국뿐 아니라 다른 국가들을 기후변화에 대해 근본적으로 다른 접근 방식을 취하도록 설득하는 데 도움이 될 수 있다. 파리기후협정은 안일한 분위기를 조성했기 때문에 오히려 위험하다고 나는 생각했다. 협정에 참여한 당사자들은 지지자들의 기분을 뿌듯하게 만들어주었겠지만 협정 내용에는 강제적인 구속력이 없을뿐더러, 이런 이유 때문에 앞으로도 수십 년 동안 인간이 유발하는 가장 큰 지구온난화의 원인, 즉 중국과 인도, 그리고 아프리카 개발도상국들의 급증하는 탄소가스 배출량에 대해서는 할 수 있는 일이 아무것도 없다. 실제로 파리기후협정이 체결된 후 4년 동안 탄소가스 배출량은 매년 1.5퍼센트씩 증가했다.[24] 우리에게 필요한 것은 중국과 인도를 비롯해 모든 개발도상국들이 온실가스 배출을 줄일 수 있는 저렴하고 수익성 있는 해결책이었다.

2019년 12월, 파리기후협정과 관련된 규정들을 최종적으로 마무리하게 위해 스페인 마드리드에서 열렸던 회의는 실망으로 끝났다. 지구온난화를 해결하기 위한 이전의 노력들과 마찬가지로 회의는 기후 변화와 관련된 복잡한 문제를 해결하기에는 비실용적이거나 부적절한 방법에 주로 초점을 맞추어 진행이 되었다. 회의 참석자들은 무공해 에너지 자원을 통해 미국의 모든 전력 수요를 충족시켜야 한다는 비현실적인 제안인 이른바 그린 뉴딜Green New Deal 정책, 미국의 운송이나 제조, 농업 분야에서 발생하는 모든 온실가스 배출 제거, 에너지 효율성을 개선하기 위해 모든 기존 건물을 보수하거나 새 건물을 건축, 적절한 주택과 양질의 의료제도 제공 및 가족 유지 임금 보장, 그리고 모든 미국 국민들에게 가족 및 의료 휴가, 유급 휴가 및 은퇴 보장 의무화 같은 내용들을 지지했다. 일부에서는 유럽도 이와 비슷한 비현실적인 접근 방식을 채택해야 한다고 제안하기도 했다.

근본적으로 다른 해결책이 제시되어야 했지만 오히려 기존의 해결책을 더 강경하게 밀어붙이는 분위기였다. 환경 문제와 관련된 정의를 부르짖는 사람들은 과거에 벌어졌던 경쟁적 불이익을 보상하기 위해 개발도상국들에 대한 막대한 규모의 자본 이전을 권장했지만, 깨끗하고 수익성 있는 에너지 해결책이야말로 과거의 잘못을 바로잡고 경제성장의 기회를 창출하며 환경적 정의 문제를 해결할 수 있는 가장 좋은 방법이다. GNP 대비 이산화탄소가스 배출 비율을 줄이자는 목표는 선진국 납세자로부터 지구와 자국 국민들에게 부정적인 영향을 미치는 국가로 자본을 이전하자는 제안보다 개발도상국에 실제로 적용할 수 있는 해결책의 필요성을 더욱 강조할 것이다.

전략적 자아도취는 여기에서도 또다시 실질적인 해결책을 제시하는 데 방해가 될 뿐인데, 일부 환경운동가들은 자신들이 만들어나가고자 하는 꿈과 일치하는 그런 세상을 상상하지만 문제를 해결할 기회를 찾아나가는 실질적인 단계를 전혀 밟으려 하지 않기 때문이다. 이들의 이런 자만심은 자신들의 꿈을 깨뜨리는 정치적, 그리고 경제적 현실을 간과하게 만든다. 기후변화 문제를 부정하는 사람들 역시 또다른 형태의 전략적 자아도취를 보여주고 있을 따름이다. 이들의 자아도취는 고의적인 무지에 근거하고 있다. 지금 세계가 필요로 하는 건 각국이 국제협정에 가입하기 위해 자국의 안보와 경제적 이익을 억압하지 않을 것이라는 인식을 바탕으로 한 포괄적인 전략이다. 이를 위한 제안들은 선진국에서뿐 아니라 개발도상국에서도 광범위한 상업적, 그리고 정치적인 호소력을 가져야 한다.[25] 그리고 이러한 해결책들은 이 복잡한 문제의 한쪽 측면에만 집중하다가 다른 측면에서 또다른 문제들을 일으키는 것을 반드시 피해야 한다.

기후 문제와 관련된 많은 제안들의 공통된 결함은 이 전 세계적인 문제에 대해 한 국가에 해당되는 해결책을 제시한다는 것이다. 환경오염에는 국경이 없기 때문에 그 해결책은 전 세계적으로 적용되어야 한다. 기후 과학자들은 일반적으로 전 세계 석탄발전소 가동을 2030년까지 70퍼센트, 그리고 2050년까지 완전히 줄여야 한다는 데 동의한다. 그런데 인도는 전력 생산의 72퍼센트를 석탄에 의존하고 있으며 이산화탄소가스를 가장 많이 배출하는 중국의 경우 미국을 앞질렀던 2006년에서 2020년 사이 매년 50에서 70곳 가까이 대규모 석탄화력발전소를 건설했다. 중국은 현재 세계 최대 석탄 소비국이며 2019년 기준으로 121기가와트의 발전이 가능한 화력발전소들을 건설중인데 전 세계 다른 국가들을 모두 합친 것보다 더 큰 규모다. 각각의 발전소들은 매 10초마다 약 1톤의 석탄을 태우고 있다.[26] 시진핑은 환경 문제에 대해 그럴듯한 이야기를 하고 있지만 2019년 중국은 미국과 유럽연합을 합친 것보다 더 많은 탄소가스를 배출했다. 설상가상으로 중국은 아시아와 아프리카에 260곳 이상의 석탄 화력발전소를 건설하고 있다. 케냐의 화력발전소는 UNESCO에서 지정한 세계문화유산인 국립공원에서 15마일 정도 떨어져 있을뿐더러 케냐에서 제일 심각한 오염원이 될 것이다.[27] 아프리카의 자연환경이 오염되는 건 탄소가스 배출 증가가 지구 환경에 미치는 것만큼이나 치명적이다. 게다가 인도의 상황도 그에 못지않다.

또다른 제안들 역시 체계적이고 전체적인 이해를 피하고 그 대신 문제의 한 가지 측면에만 초점을 맞추기 때문에 결함이 있다. 그렇지만 환경과 기후, 에너지, 보건 문제, 그리고 식량과 수자원 안보, 심지어 빈곤이나 이주와 관련된 문제들은 서로 연결되어 있다. 예를 들어 농업은 기후에 영향을 미치고 기후는 농업에 영향을 미친다. 가축으로 사육되는 소들을 모두 합치면 그 온실가스 배출 수준이 세계에서 세번째로 많은 온실가스를 배출하는 국가와 규모가 맞먹을 정도다. 게다가 보통 가축을 키우거나 바이오 연료로 사용될 수 있는 작물을 재배하기 위해 삼림을 벌채하는데, 그로 인해 이산화탄소를 흡수할 수 있는 나무들이 사라지고 또 혹시 이 나무들을 태우기라도 할 경우 다시 탄소와 온실가스가 그대로 대기중으로 방출되는 것이다.

기후변화는 식량과 물의 부족을 유발하며 인간과 농작물을 괴롭히는 질병을 확산시킨다. 전쟁이나 범죄와 같이 인간이 유발하는 문제들은 그 원인이 식량이나 물의 부족일 수 있으며 또 그런 부족 현상은 더 악화될 수 있는데, 그로 인한 영향은 즉각적일 수 있으며 동시에 장기적일 수도 있다.[28] 예멘에서 지금 현재 진행되고 있는 비극이 그 적절한 사례일 것이다. 이처럼 서로 얽히고설킨 문제들은 사람들의 이주나 이동에 영향을 미치는데, 단지 아프리카뿐 아니라 중동이나 유럽, 중남미 지역도 영향을 받는다. 최근 후버연구소의 연구 결과에 따르면 "최근 수십 년 사이 전 세계 사람들의 이주 현황을 관찰해온 결과 상품이나 자본의 급격한 움직임과 일치한다"고 한다.[29]

한 가지 문제만 해결하려는 노력은 안보나 미래에 대한 위협을 개선하기보다는 오히려 다른 문제들을 지속적으로 악화시킬 수 있다. 중국에서는 전기자동차 이용이 폭발적으로 늘어날 것이 예상되지만 석탄화력발전소를 통해 충전을 해야 하기 때문에 결국 실제로는 기존의 석유 자동차 보다 더 많은 이산화탄소가스를 배출하고 이미 심각한 수준인 중국의 대기오염 문제를 더욱 악화시킬 것이다.[30] 인도의 모디 총리는 전국의 모든 가정에 식수 공급을 약속했지만 인도에서 사용되는 물에서 식수가 차지하는 비중은 4퍼센트에 불과하고 80퍼센트가 농작물 재배에 사용된다. 인도에서는 매년 약 20만 명이 물 부족으로 사망하며 약 6억 명이 심각한 물 부족 문제를 견디며 살아가고 있다. 2030년이 되면 전 세계적인 물의 수요는 가용 공급량의 두 배가 될 것으로 예상된다.[31] 따라서 농업 기술에 대한 개혁이 시행되지 않고 단지 수자원 확보에만 집중하면 근본적인 문제가 점점 확대되는 동안 겉으로 보이는 증상만 치료될 뿐이다.

이렇게 서로 연결되어 있는 문제들을 제대로 해결할 해결책을 개발하려면 어느 정도의 전략적 공감이 필요하다. 그리고 이런 해결책이 광범위하게 채택될 수 있도록 관련된 계획들이 만들어져야만 한다. 우리는 다음 네 가지 목표에 초점을 맞춘 현실적 접근 방식을 통해 기후변화를 인정하지 않는 사람들에게 힘을 실어주고 논점을 흐리며 관련 계획의 추진을 지연시켜 경제성장과 지구 생존 사이의 선택을 잘못된 방향으로 이끄는 양극화된 정치적 논의를 최소화시켜야 할 것이다.

- 첫째, 미국은 경제를 확장하는 동시에 오염 문제를 해결하기 위해 지금처럼 세계를 이끌어야 하고 또 그러기 위해서 에너지와 농업, 제조업 운송 및 건설업 등을 모두 아우르는 해결책을 세워야 한다. 재생가능 에너지는 여전히 중요하지만 전 세계가 석탄에서 천연가스로의 에너지 전환을 시도하거나 원자력 에너지 사용을 늘리도록 하는 것 같은 보다 과감하고 단기적인 조치도 필수적이다.
- 둘째, 미국은 특히 개선된 재생에너지 자원, 차세대 원자로, 더 나은 배터리와 탄소 포집 기술을 포함한 새로운 기술의 사용을 통한 통일된 해

결책 개발에서 세계를 선도해야 한다. 현재 이런 많은 기술들은 그 개발과 이용 비용이 크게 줄어들고 있다.

- 셋째, 미국은 청정에너지 개발과 새로운 농업 기술 및 공급망 확보, 수자원 안보, 그리고 운송 및 환경 관리 및 보건 문제 등에 대해 다른 국가들과 협력해야 한다. 우리는 그 결과에 초점을 맞추고 상호연결된 여러 가지 문제들에 대해 특히 인도와 대규모의 장기적인 협력 관계를 시작할 수도 있을 것이다.
- 넷째, 자동차의 연비를 보다 우수하게 만드는 것 등을 포함해 무엇보다 에너지와 식량 및 기타 자원의 절약을 우선시해야 한다.[32] 탄소배출권 제도를 시행하면 탄소가스 배출량을 줄이고 에너지 자원을 절약할 수 있도록 장려할 수 있다. 또한 폐기물 처리 제한을 통한 식료품 절약 역시 중요하다. 우리가 낭비하는 음식을 만들어내는 데 사용되는 물은 한 국가가 사용하는 물보다 더 많으며, 낭비되는 음식으로 인한 탄소가스 배출량은 미국의 모든 일반 승용차와 화물차가 배출하는 양의 두 배가 넘는다.[33]

이 네 가지 목표를 겨냥해 발전하고 있는 많은 혁신적인 해결책들이 있다. 그중에서 개인적으로 알고 있는 곳이 바로 샌프란시스코에 본사를 둔 줌Zume이다. 내가 자문역으로 일하고 있는 줌은 수요와 공급의 균형을 더 잘 맞추고, 운송을 할 때 많은 폐기물이 나오지 않도록 신경을 쓰며, 새로운 농업 기술을 통합하여 탄소가스를 훨씬 더 적게 배출함으로써 기존의 완성된 기술을 새로운 체계와 통합해 식료품 공급망 전체를 개혁하기 위해 노력하고 있는 그런 기업이다. 줌이 추구하는 것과 비슷한 통일된 해결책은 환경과 에너지, 기후변화,

보건 문제, 식량과 수자원 안보를 결합하는 데 있어 극적일 정도로 긍정적인 영향력을 전 세계에 미칠 수 있다.

국제기구와 각종 회의 등은 국제적인 해결 방안들을 조정하고 영감을 주는 데 도움이 될 수 있지만 진정한 진전은 각 국가 내에서 이루어져야 한다. 2019년 9월 전 세계에서 기후 문제 관련 시위가 벌어지는 동안 뉴욕, 서울, 카불, 이스탄불을 비롯한 세계 각국에서 400만 명이 넘는 사람들이 모여 즉각적인 행동에 나설 것을 촉구했다.[34] 그렇지만 중국에서는 아무 일도 일어나지 않았다.[35] 국제기구를 비롯해 무책임한 행동으로 인해 국민들이 피해를 입는 국가들은 지구를 올바르게 지켜나가지 못하는 국가들에 압력을 가해야 한다. 사람들에게 잠재적인 해결책과 무대책의 결과를 알린다면 독재정권의 내부에서 필요한 사회적 압력을 이끌어내는 데 도움이 될 수 있다.

이러한 주제들에 대한 논의는 합의점을 찾는 것에서부터 시작되어야 한다. 대다수의 미국 국민들은 기후변화가 문제라는 사실에는 동의할 수 있다. 기후변화는 인간에 의해 발생하며 탄소가스 배출과도 연관이 있으며 확실한 해결책은 하나도 없고 해결책을 찾아내더라도 광범위하게 채택이 될 수 있도록 경제적인 장점이 있어야 한다는 점에도 동의한다. 또한 화력발전소 연료를 석탄이 아니라 천연가스나 다른 연료로 전환하는 것이 단기적으로 시급한 우선순위가 되어야 한다는 사실에도, 또 그리고 필요한 행동을 촉구하기 위해 공감대를 형성하려면 이것이 먼 미래의 문제가 아니라는 점을 깨닫고 당장 내 자녀와 손자, 손녀들에 대해 생각해야 한다는 점에도 동의한다. 이것은 기후와 에너지, 환경, 보건 문제, 그리고 식량 및 수자원 안보를 포함해서 지금 당장 해결해야 하는 서로 얽히고설켜 있는 문제들이다.

* * *

에너지는 기후변화와 관련된 가장 중요한 요소이며 따라서 가장 중요한 기회를 제공해줄 수 있다. 예를 들어, 온실가스 배출량은 정부의 대규모 계획이나 규정 때문이 아니라 미국의 셰일혁명으로 가장 크게 감소했다. 셰일 암석층에 구멍을 뚫은 다음 액체를 고압으로 주입해 균열을 만들어 석유와 천연가스를 추출하는 이 예상치 못했던 셰일혁명으로 사람들은 값싼 천연가스를 갑자기 대량으로 사용할 수 있게 되었다. 천연가스가 저렴하게 공급이 되면서 화력발전소 연료를 석탄에서 천연가스로 전환하는 사업이 충분한 사업성을 가질 수 있게 된 것이다. 미국 전력 생산에서 석탄이 차지하는 비중은 2008년 48퍼센트에서 2020년에는 22퍼센트로 떨어졌다. 이제 미국에서는 천연가스와 재생가능 연료를 사용하는 발전소가 더 저렴하게 전력을 생산할 수 있기 때문에 석탄발전소를 건설하지 않는다.[36] 전 세계적으로 석탄을 천연가스로 전환하게 된다면 전력 생산 및 산업 부문에서 탄소가스 배출 감소를 위한 가장 빠르고 중요한 기회가 제공되는 셈이다.

신기술로 만들어진 원자로는 경제성장을 늦추지 않고 온실가스를 획기적으로 줄일 수 있는 또다른 기회를 제공한다. 이러한 새로운 소형 원자로Energy Multiplier Module reactor 발전 설비는 완성하는 데 시간이 3년 정도만 소요되며 사용이 끝난 핵폐기물을 따로 저장해야 하는 기존의 원자로보다 더 효율적이고 안전하다. 새로운 기술의 소형 원자로는 일부 불순물만 제거한 후에 연료를 다시 재활용할 수 있기 때문에 중금속 별도 분리나 액체 재처리 과정이 필요 없다. 무엇보다 제거된 불순물 또한 지금의 설계 방식대로라면 완전 분해되기까지 1만 년 이상의 시간이 걸리지만 새로운 방식으로 처리하면 500년이면 충분한 것이다. 이렇듯 소형 원자로는 연료 재활용이 가능하기 때문에 저장해야 하는 핵폐기물의 양을 크게 줄일 수 있다.[37]

신기술 원자로는 또한 미국이 세계 원자력 시장에서 중국과 러시아를 포함한 다른 국가들과 경쟁할 수 있는 능력을 회복할 수 있는 기회를 제공할 것이다. 현재 미국에서는 원자로 2기가 건설중이지만 중국은 그보다 훨씬 빠르게 원자력 발전 설비를 구축하고 있다. 원자로 수출 선진국은 러시아지만 중국이 그 뒤를 바짝 뒤쫓고 있는 것이다.[38] 미국이 마지막으로 원자로 설계 기술을 수출한 곳은 중국이었는데 이제는 중국이 그 기술을 수정해 다른 국가들에게 수출하고 있다. 더 안전하고 저렴하며 새롭고 성능이 뛰어난 원자로를 건설하면 업계 선두를 되찾고 온실가스를 줄이는 데 기여할 수 있다.[39]

자유세계를 수호하는 데 중요한 경쟁의 장은 또다른 곳에서도 쉽게 찾아볼 수 있다. 북극과 남극, 그리고 지중해 동부에서는 자원의 영향력이나 통제와 관련된 지리 기반 경쟁이 있고 또 서반구에서는 자유시장자본주의와 사회주의 사이의 이념 경쟁이 있다. 쿠바와 니카라과의 독재정권을 생각해보자. 베네수엘라의 실패한 독재나 에콰도르와 볼리비아에서 국가통제 경제를 끝내려는 불만에 가득찬 국민들은 또 어떤가. 반면에 멕시코와 아르헨티나, 그리고 칠레에는 그런 통제 경제를 다시 불러들이고 싶어하는 사람들이 있다. 멕시코와 중앙아메리카에서 벌어지고 있는 범죄와의 전쟁으로 국가는 제 기능을 하지 못하고 주민들은 고통을 견디다못해 대규모의 이주를 시도한다. 많은 아프리카 국가들은 이제 정치에 직접적으로 참여하기를 바라는 야심에 찬 젊은 계층과 권력 보존을 위해 독재통치를 확대하려는 소수 특권 계층들 사이의 전쟁터가 되어버렸다. 2020년 시작된 신종 코로나바이러스 전염병은 보건 문제에 대한 국제 협력의 필요성을 강조한다. 평화를 유지하면서 동시에 이러한 경쟁이나 전쟁에서 승리하려면 전략적 자아도취에 대한 거부와 해결책을 만들어내려는 첫번째 단계로 복잡한 문제들에 대한 이해를 촉진하려는 노력이 필요하다.

* * *

나는 미래의 안보와 번영에 있어 가장 중요한 경쟁 분야는 교육이라는 결론에 도달했다. 지금은 소련의 스푸트니크 위성 발사에 대응하여 1958년에 통과되었던 국가방위교육법National Defense Education Act, NDEA과 유사한 새로운 계획이 필요한 시기다. 이 법은 과학뿐 아니라 역사, 정치, 언어 교육을 우선시하는 초당적인 노력에 동기를 부여했다. 당시 미국 의원들은 교육이 국가안보에서 가장 중요한 문제라는 점을 깨달았는데, 이제 인공지능을 비롯한 다른 신기술들에 대해 중국이 앞서나가고 있다는 사실을 깨닫고 새로운 교육 개혁을 하루라도 빨리 이루어야 한다.

우리는 교육이 단지 젊은 세대만을 위한 것이 아니라는 사실을 기억해야 한다. 기술의 발전을 연구해온 역사가 엘팅 모리슨Elting Morrison이 1966년 말했던 것처럼 "산업 조직의 도구들의 개발과 이에 대한 우리의 정서적, 그리고 지적인 대응 방식은 고등학교와 대학, 대학원, 그리고 박사과정이나 혹은 10주짜리 고위 경영진 연수기간 정도로는 다 배울 수 없다. 우리 사회에서 안전하게 살아가기 위해서 인간은 죽을 때까지 지속적인 교육을 받아야 할 필요가 있는 것"이다.[40] 교육을 받은 국민은 새로운 사업을 시작하는 기업가가 될 수도 있고, 의료 분야의 혁신을 이끌어내는 과학자나 혹은 기후변화나 코로나 바이러스 같은 복잡한 문제에 대한 해결책을 만들어내는 해결사가 될 수 있기 때문에 교육 분야에 있어 경쟁적 우위를 유지하는 일은 대단히 중요하다. 교육을 받은 국민은 또다른 사회와 인연을 맺고 전략적 공감을 키우며 평화로운 세상을 만들기 위해 언어를 배운다. 교육을 받은 국민은 자유롭고 개방된 사회라는 고마운 선물과 이를 개선하기 위해 함께 해야 할 일들에 감사한다. 교육을 받은 국민은 지역사회를 분열시키고 서로 대립하게 만들려는 노력을 막을 수 있는 최상의 장비를 갖추고 있는 것이나 마찬가지다. 이들은 또한 원칙적이고 사려 깊은 지도자를 선출해 우리가 살고 있는 공화국을 강화할 책임을 지움으로써 민주주의체제 안에서 주어진 주권을 행사할 만반의 준비가 되어 있다.

결론

"같은 시대를 살아가는 사람들 대부분은 과거와 이전에 일어났던 사건들의 현실을 인정하기를 매우 꺼릴뿐더러 역사적 지식의 가능성이나 유용성에 대한 모든 주장에 완고하게 저항한다."

—데이비드 헤켓 피셔DAVID HACKETT FISCHER,
『역사가의 오류: 역사적 사고의 논리 문제*HISTORIANS' FALLACIES: TOWARD A LOGIC OF HISTORICAL THOUGHT*』, 1970

해병대 소속 MV-22 오스프리 수송기의 문이 열렸다. 나는 프로펠러 소리에 지지 않도록 큰 소리로 승무원들에게 감사의 인사를 전하고는 가방 두 개를 움켜쥐고 그 자리를 떠나 앞으로 13개월 동안 가족처럼 지낼 비밀정보국 경호원들을 만났다. 경호원들이 국가안보보좌관으로 첫날을 시작해야 하는 나를 백악관으로 데려갔다. 새로 맡은 일을 준비할 시간이 그리 많지 않았다.

트럼프 대통령이 대통령의 날을 맞이해 마르-아-라고의 기자회견장에서 내 임명을 발표한 후 24시간이 그야말로 정신없이 지나갔다. 나는 대통령과 영부인, 그리고 측근들과 함께 에어 포스 원을 타고 앤드류스 공군기지로 돌아왔다. 그리고 다시 활주로에 대기하고 있던 오스프리로 갈아타고 버지니아주 포트 유스티스Fort Eustis로 날아갔다. 전속부관이라고 할 수 있는 케빈 킬브라이드Kevin Kibride 소령이 기다리고 있다가 나를 집까지 태워주었다. 킬브라이드 소령과 다른 참모인 닐 코슨Neal Corson 대령, 그리고 당번병인 후안 산체스 중사가 미 육군훈련및교육사령부U.S Army Training and Doctrine Command의 부사령관 자리에서 갑작스럽게 물러나게 되는 나를 지금부터 시작해 앞으로 계속 도와줄 예정이었다. 나는 2개월 후 아내와 함께 워싱턴으로 이사하기 전까지 그후 포트 유스티스에 있는 우리집에는 겨우 한 번밖에 들르지 못했다.

집에 새로운 일을 맡은 것에 대한 축하 전화가 쏟아지는 사이 나는 아내, 그리고 딸의 약혼자인 리 로빈슨Lee Robinson 중위와 앞으로 있을 흥미롭고 도전적인 여정에 대해 이야기를 나누었다. 미 육군 75연대에서 복무중인 로빈슨 중위는 조지아주 포트 베닝으로 돌아가는 길에 버지니아를 지나가다가 잠시 우리집을 찾아온 참이었다. 다음날 아침이 되어 운동을 마치고 돌아온 후 그는 왜 옷가지보다 책을 더 많이 꾸리느냐고 물었다.

나는 그에게 국가안보에 대한 지금의 어려움들을 역사를 통해서 이해하려 한다고 설명했다. 나는 정책과 전략을 개발하는 데 있어 중요한 첫번째 단계는 과거가 어떻게 현재를 만들어냈는지 이해하는 것이라고 믿었다. 나는 또한 이전의 다른 대통령과 장관들, 그리고 국가안전보장회의에서 결정을 내리고 정책을 개발하며 또 전략을 수립했던 기록이 대통령에게 최상의 조언과 건전한 선택지를 제공하는 방법에 대한 교훈이 될 수 있다고 생각했다. 나에게 역사는 또다른 생활이었다. 나는 여가 시간에 논문을 쓰고, 책을 검토하고, 〈생존: 세계의 정치와 전략Survival: Global Politics and Strategy〉이라는 월간지의 외부 편집자로도 활동했다. 군인으로서 나는 새로운 임무를 맡을 때마다 그 기록과 역사를 조사하는 것이 올바른 질문을 던지고 지금 주어진 과제와 관련된 가능성과 어려움을 더 잘 이해하는 데 도움이 된다는 사실을 알게 되었다. 예를 들어, 포트 베닝의 사령관으로서 나는 제1차세계대전 이후 당시 중령이었던 조지 C. 마셜이 실시했던 내용들을 바탕으로 교육 개혁을 위한 노력을 기울였다. 그리고 2015년 러시아의 크림반도 합병과 우크라이나 침공에 대해 내가 의뢰를 했던 군사 관련 연구는 1973년 일어났던 아랍과 이스라엘 사이의 제4차 중동전쟁에 대한 돈 스태리Donn Starry 장군의 연구를 모범사례로 삼았다. 나에게 있어 역사는 지금 마주하고 있는 도전과 상황에 적용될 때 다시 생생하게 되살아나는 존재였다. 2004년 이라크에서 연대 지휘관으로 부대를 준비시키면서 나는 반군에 관한 다양한 기록들을 참고하여 최선의 대책들을 확인했다. 1991년 걸프전쟁 당시에는 우리 기갑부대는 제2차세계대전 당시 북아프리카 기갑부대 전투에 대한 미국의 어니스트 하몬Ernest Harmon 소장과 나치 독일의 에르빈 롬멜Erwin Rommel 사령관의 기록을 바탕으로 예측 가능한 전투 상황에 대한 모의훈련을 실시하기도 했다. 군 지휘관에게 역사를 읽고 깊이 생각하는 건 조국과 동료 장병들에 대한 신성하면서도 꼭 필요한 의무이기도 하다. 전쟁의 위험은 삶과 죽음을 동반하기 때문에 그저 개인적인 경험을 통해서만 무엇인가를 배우려 하는 지휘관은 무책임한 지휘관이다. 또한 그렇기 때문에 오직 군대와 외교의 역사만을 미국의 전략적 능력 향상의 근간으로 여기는 것 역시 나로서는 충분하지 않다. 다시 말해 정말로 중요한 건 국력의 모든 요소들을 통합하고 우리와 뜻을 같이하는 우방국들의 발전과 미국의 중요한 이익을 보호하려는 노력인 것이다.

내 예비 사위인 로빈슨 중위는 자신이 생각했던 것보다 더 긴 대답을 들었다. 그것은 역사가에게 역사의 가치에 대해 물어본 대가였으리라. 그리고 지금까지 나와 함께해준 독자들은 지금 우리들이 직면하고 있는 어려움을 이해하고 대비하는 데 있어 역사가 얼마나 중요한 역할을 하는지가 이 책의 중요한 요점임을 잘 알고 있을 것이다.

백악관의 웨스트 윙으로 가다보면 아무리 그곳에서 봉사할 수 있을 만큼 운이 좋은 사람이라 할지라도 저절로 겸손해지지 않을 수 없다. 그렇다고는 해도 역시 52년 전 그곳을 차지하고 있었던 사람을 떠올리자니 내게는 더욱 특별한 감정이 들 수밖에 없었다. 맥조지 번디는 내가 20년 썼던 책의 주요 등장인물 중 한 사람이었다. 나는 『직무 유기: 존슨, 맥나마라, 합동참모본부, 그리고 베트남전을 발발시킨 거짓말들*Dereliction of Duty: Johnson, McNamara, the Joint Chiefs of Staff, and the Lies That Led to Vietnam*』이라는 책에서 나는 베트남이 미국의 전쟁터가 된 과정과 이유를 설명하고자 했다. 당시 국가안보 관련 의사결정 과정에 대해 글을 쓸 때만 해도 언젠가 내가 그 과정에 대한 책임을 지게 될 줄은 꿈에도 몰랐었다. 사무실에 들어가 국가안전보장회의 소속 직원들을 만나기 전에 나는 미국의 전략적 능력을 향상시키기 위한 네 가지 중요한 결정을 내려두었다. 네 가지 모두 존슨 행정부 시기 현명하지 못했던 결정과 근본적으로 결함이 있었던 전략, 그리고 궁극적으로 5만8,000명의 미국 국민과 100만 명이 넘는 베트남 국민들의 생명, 수십억 달러의 전쟁 비용을 사라지게 만든 패전과 남북전쟁 이후 미국이 겪었던 가장 큰 정치적 충격이자 상처와 관계

된 실수들을 바탕으로 하고 있었다.[1]

첫째, 국가안전보장회의의 업무는 미국 국민의 이익을 발전시키고 보호하며 국가안보 관련 과제들을 극복할 수 있는 선택지를 제공할 것이다. 『직무 유기』의 주제는 결국 책임의 포기였다. 린든 존슨 대통령은 주로 국내 문제들과 관련된 정치적 의제를 바탕으로 전쟁에 대한 결정을 내렸다. 부통령으로 대통령직을 승계하고 1964년 대통령 선거에서 정식으로 당선이 된 존슨은 1965년 자신이 추구하는 "위대한 사회Great Society" 정책과 관련된 법안들을 통과시켰다. 그는 베트남을 자신이 정한 국내 정치 목표에 대한 중요한 위협으로 간주했기 때문에 중도정치를 표방하며 어려운 결정들을 피할 수 있기를 바랐다. 그렇지만 저항을 최대한 피해보겠다는 존슨 대통령의 정치적 행보는 애초에 미국 국민과 의회를 겨냥한 거짓말들을 바탕으로 하고 있었기 때문에 지속 불가능한 것이었다. 미국 국민들은 동남아시아 지역에 대한 미국 군사개입의 규모와 비용에 대해 잘못 알고 있었다는 사실을 깨닫게 되자 대부분 대통령의 노력에 대한 믿음을 잃었다. 이제 가장 시급한 국가안보 과제 관련 통합전략을 개발하기 위한 과정에서 우리는 대통령에게 미국의 이익과 국민에 대한 위험 수준, 필요한 자원, 그리고 국가안보와 외교 정책 목표를 향한 진행 전망에 따라 차별화된 선택지를 제공할 예정이었다. 그러면 대통령은 자신들이 선호하는 행동방침에 따른 권고와 그런 권고를 하는 이유를 각 부처 장관들에게서 듣게 된다. 국가안전보장회의 업무 과정은 당파적 이해관계에 따른 정치적 결정의 영향 같은 건 고려하지 않을 것이며, 성공적인 정책은 모든 미국 국민에게 이득이 되어야 한다는 가정을 내세울 것이다. 거기에 더해 여러 가지 선택지의 제시는 정치

참모들에게도 자신의 평가와 권고를 제공할 수 있는 많은 기회를 제공하게 될 것이었다.

둘째, 우리는 우리가 직면한 문제와 과제들의 본질을 확인하고 이해하고 구성하는 데 더 많은 시간을 할애하여 중요한 미국의 이익이라는 시각을 통해 바라보며 보다 구체적이면서 중요한 목표를 세울 것이다. 베트남전쟁이 미국의 전쟁이 되어가던 시기, 맥조지 번디는 전쟁에서 패한다 해도 그로 인해 대통령의 입지가 위축되어서는 안 된다는 이유로 동남아시아 지역에 대한 목표를 모호하게 유지해야 한다고 주장했다.[2] 이렇게 목표 자체가 모호해지고 국내의 정치적 상황이 우선적으로 고려되면서 베트남전쟁의 전략은 베트남 현지 상황이 요구하는 내용이 아니라 미국 국내 군수업체들이 선호하는 요구사항들을 기반으로 하게 되었다. 그리고 계속해서 1964년 초 북베트남 비밀작전 시작과 1965년 2월의 롤링 선더Rolling Thunder 폭격 작전, 그리고 남베트남에 대한 대규모 미군 전투부대 파병 등과 같은 점진적인 압박의 "단계들"이 이어졌지만 이러한 모든 결정들은 분명하게 합의된 정책적 목표를 달성하기 위해 어떤 전체적인 전략이 만들어졌는지, 그리고 그런 전략에 어떻게 부합하는지 의미 있는 논의 같은 것은 전혀 없이 시행되었다. 그저 전쟁을 수행하는 것과 실질적인 진전을 혼동했던 베트남전쟁의 실수를 반복하지 않기 위해 우리들은 대통령을 위한 선택지를 만들어내기 전에 먼저 상황에 대한 이해력을 끌어올리기 위해 필요하다고 생각되는 "정리 기간framing sessions"을 정했다. 이 기간을 통해 우리는 국가안보와 관련된 특정한 문제들에 대한 간단명료한 분석 결과와 미국의 안보와 번영, 그리고 영향력에 대한 도전이 가져올 결과에 대한 "이유" 혹은 설명, 그리고 권장 목표 등을 이끌어낼 계획이었다. 고대 그리스의 철학자 아리스토텔레스가 권력과 관계된 것들만 논할 가치가 있다고 한 것처럼, 이렇게 정리하는 내용들 안에 미국과 다른 국가들이 그러한 도전이나 어려움에 직면해 발휘했던 영향력의 수준에 대한 예상이 포함될 예정이었다. 또한 대통령 휘하 장관들 중에서도 핵심 인사들이 이런 내용들을 논의하고 수정하며 승인을 한 후에야 합의된 목표에 대해 뜻을 같이하는 우방국들의 노력과 미국 국력의 모든 요소들을 통합하는 방법에 대한 제안을 함께 나누고 방향을 제시하려고 했다.

셋째, 우리는 행정부의 모든 부서와 기관에서 취합한 최상의 조언들을 제공하는 수단으로 대통령에게 여러 가지 선택지를 제시할 것을 주장했다. 존슨 대통령이 베트남에 대한 어려운 결정을 피할 수 있는 그런 전략을 원한다는 것이 분명해졌을 때 맥조지 번디와 로버트 맥나마라는 단호한 군사개입을 옹호하는 사람들과 존슨 대통령이 "평화만 부르짖는 감상주의자들"이라고 부르기도 했던 개입에 반대하는 사람들 모두를 달랠 수 있는 "점진적인 압박graduated pressure"이라는 전략을 제시했었다.[3] 그렇지만 이런 전략을 뒷받침하는 문제가 많은 가정들에 대한 비판은 없었다. 국가안전보장회의 직원들이나 행정부 관료들과는 달리 미국의 대통령은 국민에 의해 선출이 되며 미국의 외교 정책 및 국가안보 전략의 진로를 설정하는 사람이어야 하기 때문에 그런 대통령에게 여러 가지 선택지를 제공하는 일은 중요했다. 대통령이 듣고 싶어하는 말만 알리거나 혹은 각료들의 합의된 입장을 제시하기 위해 한 가지 의견만 정리해 전달하는 것은 결국 대통령 자신에게 해를 끼치는 행위나 마찬가지였다.

넷째, 우리는 우리의 목표를 향한 순차적인 전진만을 가정하지 않고 그 대신 러시아나 중국 같은 권위주의 국가, 이슬람원리주의 테러 조직 같은 초국가적 위협, 이란이나 북한과 같은 적대국, 혹은 사이버공간이나 우주 공간에서의 새로운 경쟁 등이 미래에 미칠 수 있는 역량이나 영향력의 수준을 먼저 인정하려 했다. 1964년에 실시했던 두 차례의 모의전쟁 실험은 점진적인 압박을 뒷받침해온 중요한 가정이 거짓임을 드러냈다. "반란을 지원하는 국가에 대한 정치적, 경제적 압박으로 강화된 제한적이고 점진적인 군사행동을 적용함으로써 우리는 해당 국가가 그런 지원을 크게 줄이거나 아니면 완전히 중단하도록 만들 수 있다. 이런 공격과 압박의 목적은 국가의 지원 제공 능력을 파괴하는 것이 아니라 이해관계 계산에 영향을 주는 것"이라는 게 그 가정이었다.[4] 전략적 자아도취의 이 오래된 유명한 사례는 북베트남과 베트남 공산주의 지도자들을 이끈 이념과 열망에 대한 완전한 몰이해, 그리고 남베트남 불안의 주요 원인이 북측의 외부 지원 때문이라는 암묵적인 가정으로 인해 더욱 충격적으로 다가온다. 마지막 모의전쟁 실험에서는 3년 후인 1968년의 상황을 상상했었는데, 미국은 베트남에 50만 명 이상의 병력을 파병했지만 승리할 수 있는 희망 같은 건 전혀 없었고, 전쟁에 대한 일반 국민들의 반대는 점점 더 커져만 갔다. 그렇지만 전쟁 실험과 그 무시무시한 예측은 제대로 받아들여지지 않았다. 번디는 그 결과가 너무 지나치다고 생각했다. 따라서 대통령에게 최상의 평가서를 제출하기 위해서는 승인된 모든 전략의 유효성에 대한 측정이 포함되어야 했다. 평가서는 주기적으로 혹은 새로운 위험이나 기회를 제공하는 사건이 발생했을 때 대통령에게 제출이 되며 우리는 전략의 기반이 된 가정들을 면밀히 조사하고 그 가정들이 무효화되면 문제점들을 또다시 확인할 준비를 할 것이다.

실질적인 경험과 역사에 대한 연구는 내가 앞으로 새롭게 맡은 책임에 대해 어떻게 접근을 해야 할지 그 방식을 결정해주었다. 아프가니스탄과 이라크에서의 경험을 통해 우리는 일관성 없고 결함 많은 전략들이 미군의 교육제도 안에서 배웠던 전략에 대한 단순한 정의와는 맞지 않는다는 사실을 확인할 수 있었다. 지금까지 미군은 주어진 정보를 확인하고 자원 혹은 여러 방법과 수단들을 동원해 특정 목표를 성공적으로 달성하면 된다고 생각해왔으나 전쟁의 전략은 윤리적인 요소를 포함하고 있기 때문에 논리와 이성을 넘어 더 크게 확장이 된다. 나는 현재진행중인 전쟁의 전략들을 윤리적으로 더이상 옹호할 수 없게 된 건 미국 국민들에게 그들의 아들딸들의 노력이 그만큼의 가치가 있는 결과물로 바뀌게 되는 과정을 설명하지 않았기 때문이라고 생각했다.[5]

베트남에서도 그랬지만 9/11과 관련된 전쟁들 역시 군사력만 있으면 적의 본질이나 전쟁의 정치적, 혹은 인간적인 복잡성에 대해 깊이 생각할 필요가 없다는 자만심에 근거한 전략적 자아도취로 인해 처음부터 제대로 풀려나가지 않았다. 그런 자만심은 역사, 그리고 특히 전쟁의 본질과 관련된 연속성에 대한 무시를 바탕으로 하고 있다. 이런 변하지 않는 연속성을 무시하고 미래의 전쟁이나 혹은 전쟁이 없는 또다른 경쟁이 과거와 근본적으로 다를 것이라고 가정하는 것은 쉬운 일이다. 그러므로 나는 전쟁의 본질에서 네 가지 근본적인 연속성과 일치하는 남아시아와 중동 지역의 전쟁 관련 선택지를 만들어내기 위해 최선을 다하려 했다.

첫째, 전쟁은 곧 정치다. 아프가니스탄과 이라크, 그리고 나중에 시리아에서 우리가 사용했던 전쟁의 전략들은 18세기 독일의 전략가 카를 폰 클라우제비츠Carl von Clausewitz가 말했던 "전쟁은 결코 정치와 별도의 것으로 생각해서는 안 된다. 전쟁은 언제나 정책의 도구다"라는 금언을 어겼다.[6] 베트남에서 단순하거나 순전히 군사적으로만 해결될 수 있는 그런 문제들이 없었던 것처럼 아프가니스탄과 중동 지역 전쟁도 군사력만으로는 아무것도 해결할 수 없었다. 남베트남 정부의 정통성과 군사력만 믿고 있다가 맛봤던 실패로부터 배우는 대신, 미국 지도자들은 훗날 베트남을 그저 미국이 피했어야 할 실수로만 생각하게 된다.[7] 미국의 지도자들은 아프가니스탄과 이라크에서 군사적 승리를 정치 문제와 연결시키는 건 전쟁의 필수적인 부분이 아니라고 생각했다. 그렇지만 시리아와 이라크에서 거둔 ISIS에 대한 성공적인 군사작전은 그 자체로만 끝나지 않았다. 승전은 국력이 만들어낸 한 가지 결과일 뿐, 정치적 목표를 달성하고 유지하기 위해서는 그 승전이라는 결과를 가지고 반드시 다른 국가들과 협력을 해야만 한다. 베트남과 아프가니스탄, 그리고 이라크에서의 경험을 통해 미국이 배울 수 있는 교훈은 전쟁이나 혹은 전쟁이 없는 또 다른 경쟁을 그 정치적 본질과 분리할 수 있다는 개념, 그리고 특히 기술력을 동원해 빠르고 값싸게 승리를 거둘 수 있다는 개념에 대한 회의적 시각이었다.

둘째, 전쟁은 곧 인간이다. 오늘날 사람들은 고대 그리스의 역사가 투키디데스가 거의 2500년 전에 확인한 것과 같은 근본적인 이유, 즉 두려움과 명예, 그리고 이익 때문에 싸우고 있다. 예상했던 그대로 베트남에서는 은밀하게 가해진 공격이나 보복 공습으로도 호치민Hồ Chí Minh을 비롯한 북베트남 지도자들이 남베트남 공산주의 반란을 지원하는 것을 막지 못했다. 베트남의 공산주의 지도자들은 엄청난 희생을 치르더라도 승리를 거두기 위한 노력을 중단하지 않았으며 존슨 행정부의 모의전쟁 실험에서뿐 아니라 프랑스와 치른 제1차 인도차이나전쟁에서도 그러한 의지를 입증해보였다. 아프가니스탄과 이라크, 그리고 이슬람원리주의 테러 조직들에 대한 광범위한 전쟁에서 단순히 적의 지도자나 군대만을 표적으로 삼는 전략은 폭력의 정치적 원인뿐 아니라 인간의 문제를 무시하는 것이다. 바로 그런 이유 때문에 무고한 사람들에 대한 폭력을 정당화하기 위해 증오를 조장하는 그런 세력들을 물리치려면 폭력의 악순환을 끊고, 희망을 회복하며, 교육을 개혁하고, 또 유혹에 빠지기 쉬운 사람들을 이슬람원리주의 이념으로부터 격리해야 하는 것이다. 또한 전략적 공감, 특히 정서와 이념이 사람들을 이끌거나 가로막는 방법을 이해하려는 노력이 전략적 능력을 끌어올리는 데 밑바탕이 되어야 한다.

셋째, 전쟁은 불확실하다. 전쟁이 불확실한 이유는 전쟁이 곧 정치이며 인간인 동시에 상호작용을 하기 때문이다. 앞으로 나타날 사건이나 적들은 몇 년 후에 진행될 군대 철수 일정을 미리 발표하는 것 같은 우리의 순차적인 계획을 따르지는 않을 것이다. 휴 스트라찬Hew Strachan 교수는 "하나의 전쟁이 또다른 전쟁으로 바뀔 수 있다"고 말한 바 있다.[8] 아프가니스탄과 이라크의 전쟁이 거의 20년에 걸쳐 진화하는 동안 미국은 제대로 적응을 하지 못했는데, 그건 부분적으로는 전쟁에 대한 근본적인 오해 때문이었다. 앞으로 나타날 일들이 단지 다음에 무엇을 할지에 대한 결정뿐 아니라 예측이 대단히 어려운 적들의 반응과 계획에도 영향을 받는다는 사실을 이해하지 못한 것이다. 북베트남은 점진적인 압박 전략에 굴복해 순응하기는커녕 오히려 전쟁을 계속해나가겠다는 의지를 다지고 미국의 전략을 역이용했다.[9] 점진적 압박이라는 개념하에 미국은 군사력 적용이 달성할 수 있는 효과보다는 즉시 사용할 수 있는 군사력을 바탕으로 하는 직접적인 군사행동을 선택했다. 아프가니스탄과 이라크에서도 적들은 이러한 "소규모 병력 동원" 접근 방식 때문에 오히려 힘을 되찾고 더 교묘한 방식으로 정부에 대항했다. 결국 전쟁이나 혹은 전쟁이 없는 또다른 경쟁에서 미국은 앞으로 일어날 사건들을 통제할 수 없으며 전략은 시간이 지남에 따라 일관적으로 유지되어야 할 뿐 아니라 주도권을 유지하기 위해 지속적으로 적응해야 한다는 교훈만 남았다.

넷째, 전쟁이란 의지의 경쟁이다. 조지 마셜 장군은 1939년 미국역사학회 연례 총회에서 이렇게 말한다. "정부가 진정으로 국민들의 의지를 대변한다고 하는 우리 민주주의에서 외교와 군사 정책은 국민들의 의견을 따라야 하며 그런 정책과 전략들은 국민들이 관련 내용들을 얼마나 잘 알고 있는가 혹은 그렇지 못한가에 따라 좋아질 수도 있고 나빠질 수도 있다."[10] 미국 국민들은 최초로 텔레비전을 통해 전해지는 베트남전쟁의 소식들을 보고 자신들이 뭔가를 잘못 알고 있었을뿐더러 정부가 적정한 비용으로 원하는 목표를 달성할 수 있는 그런 전략을 제대로 개발하지 않았다는 사실을 깨달았다. 아프가니스탄과 이라크에서 베트남을 두 번 다시 되풀이하지 않겠다는 결의는 결국 소규모의 병력 동원으로 이어졌을 뿐 아니라 두 전쟁 모두에서 조급한 마음으로 서둘러 "임무 완료" 선언이 나오도록 정부를 압박했다. 하지만 두 전쟁이 예상치 못하게 어려움을 겪으면서 장기화되자 미국의 의지가 약해지기 시작했고 정치이자 인간으로서의 전쟁, 그러면서 또 상호작용을 하는 전쟁의 본질을 이해하지 못한 잘못된 가정을 바탕으로 하는 일관성 없는 전략도 무너지기 시작했다. 더욱이 미국의 지도자들은 그 전쟁에서 어떤 점이 위험한지, 혹은 미국 국민들이 어떤 가치 있는 결과를 위해 희생하고 있는지에 대해 충분히 노력을 기울여 설명하려 하지 않았다. 전쟁과 관련된 지도력의 부족은 국민들 사이에서 자아도취를 불러일으켰고, 이들은 적이나 적과 맞서고 있는 아들과 딸들이 무슨 일을 겪고 있는지 이해하지 못했다. 전쟁 보도는 사상자나 병력 수준에 초점을 맞추면서 병사들을 그저 명령에만 이끌려가는 희생자로 묘사했다. 9/11 이후 이어진 "끝없는 전쟁"이 베트남전쟁의 정신적 충격과 합쳐지면서 미국의 의지를 고갈시키기 시작한 건 어쩌면 당연한 일이었다.

앞으로 미국은 해외 군사개입은 될 수 있으면 피해야 한다는 뜻으로 일부에서 만든 "베트남전쟁증후군"이라는 표현은 정당하지 못한 전쟁은 결코 승리할 수 없다는 유명한 주장을 가장 직설적이고 자극적으로 표현한 것이다. "더이상의 베트남전쟁은 없다"라는 격언 역시 종종 당시의 경험에서 배울 수 있었던 내용들에 대한 논의 자체를 가로막았다. 베트남전쟁과 관련된 비유는 단순히 비유를 벗어나 광범위하고 무차별적으로 적용되었다. 1973년 파리평화협정으로 미국의 베트남 철수가 결정된 이후 지난 30년 동안, 남아메리카와 아프리카 북동부 지역, 발칸반도, 그리고 서남아시아와 중앙아시아 등 미국 밖에서 군사력만 동원하면 "또다른 베트남전쟁"으로 이어질 것이라는 주장이 계속해서 나오곤 했다. 조지 H. W. 부시 대통령은 제1차

걸프전쟁을 승리로 이끈 후 미국은 "베트남전쟁의 악몽을 단번에 지워버렸다"고 선언했다.[11] 그렇지만 끝없이 이어질 전쟁을 마치 끝난 것처럼 말하는 바람에 베트남전쟁의 교훈은 곧 아프가니스탄이나 이라크 전쟁과 합쳐지면서 오히려 더 큰 베트남전쟁증후군으로 이어지고 말았다.

아프가니스탄과 이라크에서의 미국의 경험을 지나치게 단순화해서 해석하면 각각의 전쟁의 차이가 모호해질 수밖에 없다. 어떤 해석에서는 미국의 "무력 지배" 정책이나 혹은 추구 또는 미국 방식의 세계 재구성 노력을 지적하기도 하지만, 이러한 해석은 미국과 그 동맹국들이 역사상 가장 파괴적인 테러 공격이 있은 후에야 아프가니스탄을 침공했다는 사실을 간과하고 있다.

그리고 대다수의 미국 국민들이 이제 와서 이라크 침공이 현명하지 못했다거나 적어도 정권 교체가 쉬울 것으로 생각했던 것이 현명하지 않았다고 주장할 수는 있겠지만, 감축을 주장하는 측에서는 2011년 미국이 이라크에서 갑작스런 철수를 결정하면서 ISIS가 힘을 키웠다든가 혹은 2019년에는 시리아에서 철수를 잠시 중단하면서 다자간 갈등이 심화되고 ISIS를 계속해서 몰아내기 위한 노력의 과정이 복잡해졌다는 등의 다양한 결과들을 인정하지 않으려 한다. 우리는 아프가니스탄과 이라크에서 겪은 경험들에 대한 단순한 해석은 우리의 이해를 가리며 결함이 있는 정책과 잘못된 결정을 정당화하는 데 이용될 수 있음을 깨달아야 한다. 미국의 일관적이지 못했던 베트남 군사개입에 대한 기억과 전쟁에 대한 여러 초창기 해석들을 모호하게 만든 국민정서 등이 전쟁에 대한 이해를 가로막고 역사적 기록에 대한 조작의 여지를 많이 남긴 것처럼, 아프가니스탄과 이라크에서 있었던 최근의 경험에 대한 미국의 이해는 사실의 기록보다는 상징적인 측면을 더 따르고 있다. 베트남전쟁증후군과 마찬가지로 9/11 관련 전쟁들은 제대로 된 이해를 불러일으키기보다는 그저 감정적인 측면을 자극하고 일깨우는 데 이용되고 있다.

미국 밖 군사개입에 대해 대단히 회의적인 반응을 보이는 많은 사람들은 국제관계에 있어 자신들을 현실주의자라고 자처하지만 애초에 이들은 제대로 된 현실주의자라고 볼 수 없다. 그런 사람들은 미국이 세계에 관여하는 이유를 이념적 접근 방식에서부터 바라보기 때문에 세상을 제대로 이해하지 못한다. 이들은 이라크와 시리아, 그리고 아프가니스탄전쟁뿐 아니라 공세를 펼치고 있다는 다른 모든 해외 군사작전에 대해서 더이상 어떤 형태의 개입이든 반대하고 미군의 철수를 주장한다. 베트남전쟁증후군과 1990년대 미국 군사 기술에 대한 과신을 미국이 아프가니스탄과 이라크에서 어려움을 겪은 이유로 보는 대신 현실주의자를 자처하는 많은 사람들이 가능한 많은 국가들을 자유민주주의 국가로 바꾸려는 노력, 즉, "자유주의 패권"을 추구하는 미국의 자만심을 문제의 원인으로 보는 것이다. 이런 주장을 하는 대표적인 인사인 존 미어셰이머John Mearsheimer 교수는 미국의 "십자군 정신"이 "미국이 원하는 모습대로 이 세상을 재창조"하기 위해 만들어진 자멸적이고 잘못된 생각일뿐더러 거기다가 엄청난 비용까지 잡아먹는 그런 외교 정책들을 부추기고 있다고 주장한다.[12] 이른바 현실주의 학파는 베트남전쟁 당시와 이후 학계에 더 많은 영향을 미치게 되는 신좌파주의 역사 해석을 고수하는 사람들과 일종의 공동전선을 형성하고 있는데 이런 현실주의자들과 신좌파는 미군 철수를 옹호하는 것 외에 정치적으로 공통점이 거의 없는 억만장자 조지 소로스와 찰스 코크Charles Koch가 지원해준 막대한 현금으로 그 세력을 강화할 수 있었다. 두 사람은 퀸시국정책임연구소Quincy Institute for Responsible Statecraft 같은 새로운 정책연구소들에 수백만 달러를 아낌없이 퍼부었고 대서양위원회Atlantic Council 및 RAND와 같은 기존의 정책연구소 연구에도 자금을 지원했다.[13] 폴 밀러Paul Miller 교수는 "역사적으로는 근시안적이며 도덕적으로는 경악할 만한 수준이고 또 전략적으로는 일관성이 없는" 그런 주장을 내세워 자유주의 패권을 마음대로 해석하고 공격한다고 비판했지만, 막대한 자금을 등에 업고 감정에 호소를 하는 이런 작전은 점점 추진력을 얻어갔다.[14]

현실주의와 신좌파 이념의 지지자들은 미국이 세계 문제의 주요 원인이라고 믿고 있기 때문에 미국이 해외 경쟁 지역에서 철수하면 우리가 더 안전해질 것이라고 주장한다. 이들이 내세우는 상투적인 대의명분은 "자제restraint"와 "역외 균형 전략offshore balancing"이며, 이는 다시 말해 미국의 동맹국들에 대한 관심을 줄이고 해외에서의 응전 태세를 낮추는 것을 의미한다. 그렇지만 이런 견해는 앞으로 일어날 사건들에 대해 "다른 세력"들이 갖고 있는 영향력을 무시하는 경향이 있기 때문에 오히려 전략적 자아도취의 대표적인 사례가 될 수 있다. 이들의 관점에서 보면 미국은 다른 국가나 세력들이 행동에 나서도록 자극하고 있으며 해외에서의 우리의 존재 자체가 곧 적을 만들어낸다. 따라서 미국의 존재가 사라지면 곧 세계는 조화롭게 바로 설 것이다. 그렇지만 이런 주장에 따르면 다른 국가들은 미국에 대해서만 반응을 하며 자신들만의 열망이나 목표가 없는 것이다. 그렇다면 각각 NATO의 확장과 인도 태평양 지역에서 미군의 주둔 문제에 대해 적대적인 모습을 보이는 러시아와 중국에 대해서도 미국이 책임을 져야 한다는 논리가 된다. 게다가 이슬람원리주의 테러 공격에 대한 책임도 자연스럽게 미국에게 전가되는데, 이슬람교의 성지에 미군이 들어감으로써 미국 국내에서의 공격을 불러일으켰기 때문이다. 이들은 또한 이란이나 북한 같은 국가들은 지나치게 공격적인 미국에 대항하기 위해서는 어쩔 수 없이 핵무기가 필요하기 때문에 핵확산의 원인도 미국에게 있다고 믿는다. 미국이 추진하는 양국과의 화해 정책 역시 이들을 책임감 있게 행동하는 국가로 바꾸고 심지어 더이상 자국민을 잔혹하게 억압할 필요가 없다고 설득하려 하기 때문에 문제가 된다.[15]

이 21세기 현실주의자들과 신좌파 동조 세력들은 미군의 감축과 철수가 세계를 더 안전하게 만들 뿐 아니라 필요한 예산을 국내로 돌릴 수 있을 것이라고 믿고 있다. 그렇지만 지금까지 이 책에서 소개해온 도전과 문제 해결의 역사에서 알 수 있듯이 러시아와 중국의 침략 행위, 이슬람원리주의 테러 활동, 그리고 이란과 북한의 적대감을 이끌어낸 건 미국이 아니다. 따라서 지금 미국의 개입을 중단한다고 해서 그러한 도전을 극복하기가 더 쉬워지지는 않는 것이다. 미국이 1950년 이전에 한반도에 군대를 계속 주둔시켰더라면 한국전쟁보다 훨씬 더 적은 비용만 필요했을 것이다. 2011년 이후에도 이라크에 지속적으로 개입을 했더라면 2014년 이후 ISIS에게 점령당한 이라크와 시리아의 영토를 수복하려는 작전보다 훨씬 더 적은 비용이 들었을 것이다. 또한 내일 일어날지 모를 침략 후에 안보 상태를 회복하려는 것보다는 지금 당장 미국의 존재를 과시하며 유럽에서 러시아를 저지하는 편이 훨씬 더 쉽고 저렴하다. 그리고 남중국해와 다른 곳에서 항해, 그리고 비행의 자유를 보장하는 것이 나중에 그 두 가지를 되찾기 위해 싸우는 것보다 더 쉽다.

미군 철수에 대한 "현실주의적" 주장은 과도한 희망으로 인해 오히려 민주주의를 퍼뜨리려는 노력에 대해 대단히 회의적이 되어버린 사람들에게서 많은 공감을 불러일으킨다. 1990년대가 시작되자 미국은 전 세계가 자유민주주의 정부의 수립과 조화로운 국제질서를 향해 변함없이 발전하게 될 것이라고 약속했다. 또한 민주화의 진행에 따라 세계화는 곧 각 국가들의 연합으로 이어진다고도 했다. 하지만 그런 낙관적인 세계관은 계속 유지될 수가 없었다. 예측이 실패로 돌아가면서 미국은 세계 문제에 대한 개입을 중단하라는 목소리가 높아졌다. 역사의 흥망성쇠에 대한 비현실적인 낙관주의는 대부분 1989년 공산주의 정권의 붕괴 이후 일어났던 동유럽의 변화가 중동과 아프리카, 그리고 아시아 지역에서 똑같이 일어날 수 있다는 가정을 바탕으로 하고 있었다. 그렇지만 이러한 생각은 지역적 맥락, 특히 다수결 원칙과 소수자의 권리 보호, 그리고 법치를 어렵게 만드는 정치적, 사회적, 문화적, 그리고 종교적 역학관계를 제대로 고려하지 않은 것이다. 미국이 자유롭고 개방된 국가들을 대표해 세계 질서의 진화에 영향을 미칠 수 있는 결정을 내릴 수 없다는 사실은 분명하다. 19세기 영국의 철학자 존 스튜어트 밀John Stuart Mill이 말했듯이, "자유를 유지하는 데 필요한 덕성은 사람들이 스스로 쌓아가야 한다."[16] 그렇지만 2019년과 2020년 홍콩과 모스크바, 테헤란, 바그다드, 하르툼, 카라카스, 그리고 베이루트에서 열린 시위에서 확인한 것처럼 사람들은 국가의 통치 방식에 대해 자신들도 발언을 할 수 있는 권리를 원한다는 것 역시 엄연한 사실이다.

미국을 제외한 또다른 자유롭고 개방된 국가들의 존재는 안보에 도움이 된다. 그런 국가와 사회들은 적대적이고 공격적이며 또 권위주의적인 세력에 대해 자연스럽게 방어벽이 되어주기 때문이다. 이 책에서 주장했듯이 민주주의와 법치에 대한 지지는 평화를 증진하는 동시에 권위주의적이고 폐쇄적인 제도를 지지하는 세력과 경쟁할 수 있는 가장 좋은 수단이다. 미국과 다른 국가들은 또한 1948년 12월 10일 파리에서 열린 국제연합 총회에서 승인한 세계인권선언에 명시된 것처럼 절대로 빼앗길 수 없는 인간의 기본적인 권리들을 계속해서 지키고 알려나가야 하며, 그러면서 동시에 미국과 그 동맹국들이라 하더라도 그런 권리들의 보증인이 될 수는 없다는 사실을 인정해야 한다. 또한 현실주의자라고 자처하는 사람들도 전 세계적으로 평화와 정의, 그리고 번영을 증진하려는 국제기구의 능력을 믿지 못할 권리가 있다. 권위주의적이고 적대적인 정권은 국제연합과 같은 기구들의 인정을 받기 위해 적지 않은 노력을 기울이기 때문에 국민 주권의 원칙에 따라 통치되는 강대국이라면 그런 국가들의 억압받는 사람들을 위한 최고의 옹호자가 될 수 있다. 2017년 미국의 국가안보 전략에 명시된 바와 같이, "미국의 이익을 지원하고 미국이 중요시하는 가치를 반영하는 세계가 미국을 더욱 안전하고 번영하게 만든다"는 사실을 인식하고 "자유와 민주주의, 그리고 법치에 대한 미국의 헌신"을 확인하며 동시에 "미국의 삶의 방식은 다른 국가들에게 강요할 수는 없으며, 미국이라고 해서 누구나 인정할 수 있는 진보의 정점도 아니다"라고 인정하는 것이 가능하다.[17]

국가안보에 대한 중대한 도전은 어떻게 진화했는지, 또 이념과 정서, 열망은 사람들을 어떻게 이끌어왔는지에 대한 역사를 전부 다 잘 이해하게 됨으로써 이 책이 미국의 전략적 능력 향상에 기여하게 된다면 나는 더 바랄 것이 없다. 그렇지만 경쟁우위를 유지하기 위해 미국 국민들은 국외 문제뿐 아니라 국내 문제에도 신경을 써야 한다. 예컨대 푸틴의 각본에 대응하는 가장 좋은 방법은 우리의 민주적 제도와 과정을 더 강화하고 민주적 원칙과 자유시장경제에 대한 믿음을 회복하는 것이다. 전략적 능력을 끌어올리기 위해서는 제때에 맞춰 생각할 수 있고 또 새로운 발상과 전략을 현장에서 구현하는 데 필요한 것이 무엇인지 이해할 수 있는 그런 지도자를 배출해야 한다. 각 지역의 현실을 이해하고 실제 주민들에 대해 아는 것이 매우 중요하다. 경쟁은 궁극적으로 인간의 행동에 관한 것이다. 그리고 중국 공산당의 회유와 압박, 은폐 공작에 대항하는 것도 중요하지만, 지나치게 배타적인 방어 태세는 미국을 중요한 국제경쟁에서 2위로 밀어낼 뿐 아니라 미국이 중국을 억압하려 시도하고 있다는 중국 공산당의 선전에도 영향을 미칠 것이다. 중국을 저지하기 위해서는 연구 개발과 군사력, 그리고 기반 시설에 대한 투자도 중요하지만 교육 개선이야말로 미래 세대가 자녀들과 또 그다음 세대를 위한 기회를 혁신하고 창출할 수 있도록 보장해주는 가장 중요한 계획이라고 볼 수 있다.

오늘날의 전쟁터에서 승리를 거두려면 정부와 학계, 그리고 민간 부문 사이에서 전례가 없는 협력이 필요하다. 그런데 그런 협력을 인위적으로 만들어내려는 건 민주적이고 분권화된 미국의 본질에 반하는 것이다. 그렇다 하더라도 오늘날의 경쟁, 그중에서도 특히 위험한 부분들을 이해하는 일은 사이버정보전과 같은 적대적인 행위에 대응하며 기술과 새로운 디지털 경제체제에서 경쟁우위를 유지하기 위해 협력을 하는 공동행동의 기반이 될 수 있다. 또한 국민들이 국가가 지원하는 기반 시설 관련 편익을 언제든 필요할 때 제공받도록 하는 것이 최우선 과제가 되어야 한다.

새로운 경쟁이 펼쳐지는 경기장들은 지리적 영역을 넘어서서 사회와 산업 분야까지 확장되기 때문에 미국 국민들로서는 이러한 경쟁의 본질을 이해하는 것이 중요하다. 자유를 수호하고 기후와 환경, 에너지, 식량 및 수자원 안보와 관련된 상호연결된 전체적인 문제들을 해결하기 위해서는 협력적 관계가 필수적이다. 러시아의 사이버 정보전, 중국의 산업 첩보전과 영향력 확산, 이슬람원리주의 테러 조직의 전방위적인 공격 시도, 이란의 공격적 사이버 능력, 국경선을 넘나드는 북한의 미사일 기술이며 사회의 모든 부분에 걸쳐 취약점을 이용하려는 다양한 시도와 같은 위협에 대항해야 하기 때문에 자유세계를 지키기 위해서 정부의 노력만 필요하다는 건 이제 옛말이 되었다.

전쟁이나 혹은 전쟁이 없는 또다른 경쟁에서 보다 효과적으로 승리하기 위해서 미국과 다른 자유국가들은 전략적인 역량에 투자해야 한다. 일반 대중들에게 현재와 미래의 전쟁터에 대해 교육하는 일은 특히 중요한 작업이다. 외교 및 군사행동의 역사와 관련된 많은 과목들이 국제관계와 관련된 이론 과목들로 대체되었다. 이런 과목들은 여러 사건들 사이의 복잡한 인과관계를 숨기고 각각의 사례들을 구분해주는 문화적, 심리적, 사회적, 그리고 경제적 요소들을 모호하게 만드는 경향이 있기 때문에 고등교육 과정에서 역사 과목들을 되살리는 일이 특히 중요한 것이다. 일부 이론들은 학생들의 전략적 공감 능력을 약화시킬뿐더러 복잡한 문제들을 단순하게 만들어 단지 정말로 상황을 이해하는 듯한 착각만을 만들어낼 뿐이다. 일부 대학에서 응용역사에 대한 관심이 높아지는 것은 고무적인 현상이라고 할 수 있다.

그렇지만 또 많은 대학들이 군사작전의 역사나 외교사를 제대로 가르치지 않고 단지 사회 관련 역사의 일부로만 가르치고 있다. 베트남전쟁 이후 많은 사람들은 전쟁 관련 연구를 군국주의와 구분하지 못하는 반전운동의 압력에 굴복했다. 하지만 외교와 국가안보, 국방 문제에 대해 명확하게 생각하는 것은 전쟁을 예방하기 위해 반드시 필요한 최선의 방법이다. 지금은 고인이 된 역사학자 데니스 쇼월터 Dennis Showalter의 비유는 그런 점에서 적절하다. 그는 "누군가가 질병을 연구한다고 해서 그 질병을 옹호한다는 비난을 받지는 않을 것"이라고 말했었다.

필라델피아의 외교정책연구원은 지정학을 "역사와 지리, 문화 연구에 기반을 두고 현대 국제 문제에 접근하는 방식"으로 정의한다. 이 책의 제13장에서 논의된 새로운 경쟁의 경기장에는 기술 부문도 추가될 수 있을 테니, 지정학은 지정학적 경쟁이라는 맥락에서 새로운 기술의 잠재력을 극대화하고 그 위험을 최소화하는 방법에 대해 미래의 지도자들을 교육하는 학문이라고 말할 수도 있을 것이다.[18]

안보 문제에 대한 현대의 과제들은 갈등을 풀어나가기 위한 공동의 노력을 요구한다. 갈등을 막기 위해서는 두 가지 근본적인 방법이 있다. 첫째, 공격자가 공격을 통해 기대하는 이익을 훨씬 넘어서는 반격을 가하는 징벌적 조치의 위협이다. 이러한 형태의 억지력은 지도자가 잠재적인 적대 세력에게 그들이 노리고 있는 공격의 대상이 보복할 수 있는 의지와 능력을 모두 보유하고 있음을 설득할 수 있을 때 실행이 가능하다. 또한 잠재적인 공격자에게 가치 있는 무엇인가를 위기에 몰아넣을 수 있는 능력도 필요하다. 이란은 중동 지역에 있는 미국 국민과 시설에 대리공격을 가해도 미국이 이란에게 직접적인 보복은 하지 않을 것이라고 예상했기 때문에 지난 40년 동안 미국에 대한 대리전쟁을 확대해나갈 수 있었다. 따라서 가셈 솔레이마니와 아부 마흐디 알-무한디스를 죽인 공격과 이란의 지속적인 침략에 대한 경제 제재는 부분적으로는 이란에 대한 억지력을 회복하는 것을 목표로 삼았지만 이런 뒤늦은 징벌 조치를 통한 위협은 실패하는 경우가 많다.

미국이 중요한 자산 등에 대한 위협을 사용하기 어려운 정권이나 적대 세력이라면 두번째 방법이 더 적합할 것이다. 이 "거부에 의한 억지"는 적들에게 무력 사용이나 또다른 형태의 공격을 통해서는 목표를 달성할 수 없다는 사실을 설득하는 능력을 기반으로 한다. 푸틴의 공격 각본에 이를 적용해보면, 우리는 사회의 균열을 끝내고 민주주의 원칙과 제도 및 과정에 대한 신뢰를 회복하는 것으로 공격을 막아낼 수 있다. 사이버공간에서 거부에 의한 억지력을 발휘하려면 언제든 설비의 재가동이 가능해야 하며 또 중요 연결망과 기반 시설에 대한 효과적이며 단계적이고 또 적극적인 방어가 필요하다. 또 러시아의 발트해 연안 국가들에 대한 침공이나 중국의 타이완 침공과 같은 잠재적인 군사공격을 막아내려면 이들에게 공격이 성공하지 못하게 만들 수 있을 정도로 방어력이 강하다는 사실을 분명하게 알릴 수 있어야 한다.[19]

유라시아대륙과 인도 태평양 지역의 섬들에 걸쳐 있는 미국의 동맹국들은 침략을 막아낼 뿐 아니라 선의의 경쟁을 이끌어내는 데 대단히 중요하다.[20] 동맹국들의 방어력을 키우고 이들과 함께 미국의 방어력을 늘려나가면 동맹국들의 안보는 강화되고 동시에 미국의 부담은 줄어들게 된다. 그렇지만 동맹국들은 또 잠재적인 공격을 막아내는 것 이상의 경쟁우위를 미국에게 제공할 수 있는데, 지정학적 관점에서 유라시아대륙의 "주요 주변 지역"에 있는 동맹국들은 러시아와 중국을 궁지에 몰아넣을 수 있고 또 파괴적인 전쟁을 막을 수 있는 가장 큰 잠재력을 지니고 있다. 동맹국들은 또한 미국이 현재 보유하고 있는 것보다 더 큰 도덕적, 그리고 군사적 역량의 축적을 위한 도구가 될 수 있다. 동맹국들은 미국의 입장을 대변해주며 적대국들이 주변 국가나 자국 국민들의 주권을 침해하는 것을 더욱 어렵게 만든다. 그리고 러시아의 에너지 자원을 이용한 압박이나 중국의 기업 국영화 전략 같은 경제적 침략 행위에 직면하게 될 때는 동맹국들은 뜻을 같이하는 우방국들과 힘을 합쳐 원칙이나 안보 문제에 있어서 단기적인 이익이나 5G 통신 설비 제공 같은 유혹에 굴복하지 않도록 서로를 설득할 수 있다. 트럼프 행정부가 21세기 위협에 대처하기 위해 동맹국들에게 더 높은 수준의 비용 분담과 NATO 내부의 개혁을 요구하는 것은 옳은 조치였지만, 러시아와 중국이 동맹관계를 끊기 위해 최선을 다할 때 동맹국들의 가치에 대한 의구심을 표명했다는 건 분명 역효과를 불러올 만했다. 동맹국들은 역사와 기술에 대한 지식, 그리고 군대와 정부, 산업 및 학계의 협력과 함께 우리의 전략적 능력을 강화해주는 존재들이다.

그렇지만 역시 효과적으로 경쟁을 하기 위해서는 자신감과 함께 그만큼의 역량이 필요한 법이다. RNGW 방어나 중국 공산당의 교묘한 회유와 압박, 그리고 은폐 전략 등에 대한 대응과 같은 전쟁이나 혹은 전쟁이 없는 또다른 경쟁은 근본적으로 의지의 경쟁이기 때문에 세계에서 미국이 하는 역할에 대한 전반적인 이해가 대단히 중요하다. 과도한 낙관주의와 미군 철수는 둘 다 전략적 자아도취에서 비롯되며, 특히 "다른 세력이나 국가들"이 갖고 있는 통제력과 역량의 수준을 제대로 이해하지 못했기 때문에 벌어지는 현상이다. 나로서는 우리가 가장 시급한 문제들에 대한 국가안보 전략과 통합된 전략을 개발하면서 지나치게 낙관적이지도 않고 또 쉽게 포기하지 않는 실용적인 접근 방식을 대통령에게 제시할 수 있기를 바랐다. 그리고 미국의 영향력은 대체로 효과적이고 장기적인 외교 정책을 실행할 수 있는 미국의 능력에 대해 사람들이 얼마나 믿고 따르는가에 달려 있기 때문에 우리는 미국 국민들의 지지를 받을 수 있는 적절하면서도 건전하고 지속 가능한 선택지를 개발하기 위해 노력했다.

미국 정치지도자들의 당파 간 갈등은 미국이 초당적 외교 정책을 기반으로 효과적인 경쟁을 할 수 없다는 인상을 우방과 적 모두에게 심어주게 된다. 철학자 리처드 로티Richard Rorty는 "국가의 자부심은 개인의 자긍심과 같은 개념이다. 즉, 자기계발을 위한 필수조건이다"라고 말했다. 국가에게 자부심이 없다면 전쟁에서 효과적으로 싸우거나 경쟁력 있는 외교 정책을 추진하는 데 필요한 확신을 가질 수 없다. 미국에서 정치 교육은 정치학자 프랜시스 후쿠야마가 "더 광범위하고 통합된 정체성"이라고 표현한 내용을 가르치기 위해 개인보다 집단에, 그리고 희생자들에게 더 초점을 맞추는 방향으로 전환되어야 할 것이다.[21] 우리는 미국인들이 갈등을 불러일으키는 문제에 대해 직접적으로 혹은 인터넷상에서 이야기를 나눌 때 적어도 갈등을 봉합하는 방법에 대해서도 이야기를 나눌 수 있을 것이다. 특히 미국독립선언서나 헌법, 그리고 권리장전 등에 포함된 개인의 기본적 자유에 대한 우리의 약속 같은 것에 대해서 말이다. 미국 국민으로서의 자신감과 국가적 자부심을 회복하기 위한 학계의 역할에는 역사와 문학, 그리고 철학 교육 과정에 대한 검토가 포함될 수 있는데, 여기에는 자기성찰이나 광범위한 문화적 관점뿐 아니라 아직 완성되지는 않았지만 자유주의와 민주주의에 대해 미국의 실험이 이룬 업적과 고귀함에 대한 인정도 포함될 수 있다. 또한 초등이나 중등 교육에서 미국의 모순이나 불완전함뿐 아니라 미덕과 위대한 약속과 관련된 우리의 역사에 대한 이해를 청소년들에게 다시 널리 알리기 위해 해야 할 중요한 작업도 있다. 교사들은 미국이 그동안 겪어왔던 어두운 역사들을 간과해서는 안 된다. 우리에게는 아메리카 원주민들을 강제로 굴복시키고 노예제도를 시행했으며 제2차세계대전 당시 일본계 미국인들을 억류하고 인종차별을 제도화하거나 또 여성이나 다른 소수자들을 차별하고 학대했던 수많은 잘못들이 있다. 그렇지만 교사들은 이러한 역사를 전체적인 맥락 안에 놓고 설명할 수 있는데, 국민들에게 주권을 부여하고 건국의 원칙에 따라 이전까지는 소외되었던 지역사회에 동등한 권리를 확대 적용한 미국 헌법의 장점과 탄력성을 조명하는 진보적인 이야기를 제공할 수 있는 것이다.[22] 이런 교육 이외에도 국가가 국민들에게 제공하는 편의나 편익도 전략적인 자신감이나 국가적 자부심을 강화한다. 민주주의와 자유시장경제에 대한 신뢰는 경쟁을 위한 의지를 유지하는 데 필수적이기 때문에 교육 및 경제 개혁을 통해 기회의 불평등을 제거하려는 노력은 자유세계를 수호하기 위한 투쟁에 꼭 필요하다.[23]

이민자들의 유입은 지금까지 미국의 갖고 있던 가장 큰 경쟁우위 중 하나였다. 압제를 피해 스스로의 선택을 통해 미국으로 온 사람들은 용기를 가지고 새로운 삶을 시작했으며 미국이 준 자유와 기회에 감사하고 있다. 우리 사회의 갈등을 극복하기 위해서는 이렇게 미국이 필요로 하는 사람들에 대해서는 더 많이 공론화하고 미국을 원하지 않는 사람들에 대한 관심을 줄여나갈 필요가 있다. 미국의 헌법과 법치, 그리고 더 나은 삶을 만들기 위해 열심히 일할 수 있는 기회를 믿는 사람들은 자유민주주의 문화에서 크게 환영을 받아야 한다.

자신감을 회복하려는 노력은 다른 자유롭고 개방된 국가들로 확장되어야 한다. 서반구를 대표하는 정부와 경제 개혁을 통해 얻은 유익을 우리는 당연하게 여겨서는 안 된다. 그리고 유럽은 미국의 안보 전략에 특히 중요하기 때문에 정체성 정치와 유럽 국가들 사이에 갈등을 조장하려는 러시아의 노력을 이겨내려는 유럽의 노력을 지원하는 것이 미국 외교 정책의 최우선 과제가 되어야 한다.

나는 이 책을 스탠퍼드대학교 교내 한가운데 있는 후버 타워Hoover Tower 11층에서 썼다. 허버트 후버Herbert Hoover는 지금으로부터 1세기 전, 제1차세계대전의 공포를 목격한 후 자신의 이름을 딴 연구소를 설립했다. 고아 출신으로 스탠퍼드대학교 1회 졸업생이면서 훗날 미국의 31대 대통령에 취임하게 되는 후버는 세계대전이 끝나갈 무렵 벨기에에서 대규모의 구호 활동을 이끌었으며, 당시 1,000만 명 이상의 사람들을 굶주림에서 구해냈다고 한다.[24] 전쟁의 공포를 목격한 후버는 또다른 전쟁을 막기 위해 최선을 다하기로 결심했다. 1,600만 명이 넘는 사람들의 목숨을 앗아갔던 제1차세계대전의 경험은 평화를 유지하고 전쟁을 종식시키는 데 꼭 필요한 폭력적 갈등의 정치적, 역사적 근거를 이해해야 하는 필요성을 강조했다. 후버는 학자들이 미래의 갈등을 방지하기 위해 과거의 전쟁을 연구할 수 있는 장소로 후버전쟁연구소를 설립했으며, 이것이 지금의 전쟁, 혁명, 평화 전문 후버연구소다. 그렇지만 우리가 잘 알고 있는 것처럼 "모든 전쟁을 끝낼 전쟁"이라고 생각되었던 제1차세계대전이 끝난 지 불과 30여 년 만에 현대 세계사에서 가장 끔찍했던 세기를 대표하는 세계대전은 한 차례 더 일어나고 말았다. 이런 전쟁들의 기원을 설명하고 평화에 대한 전망을 밝히는 데 도움이 될 자료를 학자들에게 제공하기 위한 거대한 규모의 후버도서관과 기록보관소가 있는 후버 타워는 미국이 제2차세계대전에 참전했던 1941년에 완공이 되었다. 미래에 영향을 미치기 위한 최선의 방법으로 과거에 대한 연구를 통해 현재를 밝히기 위해 이 책을 쓴 것은 그런 정신을 받들고자 하는 뜻도 있는 것이다.

역사가 재커리 쇼어가 말한 것처럼 "국력의 가장 큰 원천은 교육을 받은 국민이다".[25] 이 책이 미국을 비롯한 자유세계의 다른 국가들의 국력 신장에 조금이나마 기여를 할 수 있게 되기를 바랄 뿐이다. 이 책을 쓰는 과정 역시 나 자신에게는 또다른 교육의 연장이기도 했다. 우리가 어떻게 자유세계를 가장 잘 수호하고 다음 세대를 위한 평화와 기회의 미래를 보존할 수 있는지에 대해 적극적이면서도 사려 깊고 서로를 존중하는 그런 토론을 이끌어낼 수 있다면 나로서는 이 책이 제 몫을 했다고 생각할 수 있을 것 같다.

감사의 글

스탠퍼드대학교의 후버연구소에 들어갔을 때 나는 17세에 육군사관학교에 들어간 이후 처음으로 직업이 바뀌었다. 34년 만에 군에서 퇴역하면서 나는 헌신적이고 재능 있는 젊은이들과 함께 조국을 위해 봉사하던 삶이 그리워지리라 생각했다. 나는 이제 미국은 물론 모든 인류에 기여하고 싶은 강한 열망을 갖고 스탠퍼드의 대학원생 및 학부생들과 함께 공부하고 연구할 수 있게 된 것을 감사하고 있다. 수많은 증거 자료를 찾고, 참고문헌을 정리하며, 또 검토와 비판의 시간을 갖고, 내 손글씨를 해독해준 학생들과 연구 조교들의 엄청난 도움이 없었다면 이 정도로 광범위하고 야심만만한 계획이 완성될 수는 없었을 것이다. 특히 컴퓨터와 함께 자라난 세대에게 손으로 쓴 글씨를 정리하는 건 고대의 상형문자를 필사하는 것과 비슷한 일이었으리라. 국가 및 국제안보에 대한 도전과 그 연결관계에 대한 학술회의를 방불케 하는 토론은 흥미로웠으며 복잡한 문제들의 체계를 잡는 데 도움이 되었다. 특히 첼시 버리스 버키Chelsea Burris Berkey, 케이트 예거Kate Yeager, 제프리 첸Jeffery Chen, 스리 무피디Sri Muppidi, 실비 애쉬퍼드Sylvie Ashford, 에두와르 아스마르Edouard Asmar, 리 베이건Lee Bagan, 매건 창 헤인즈Megan Chang Haines, 란드 두아르테Rand

Duarte, 에디 로잘레스 차베스Eddy Rosales Chavez, 아론 라미레즈Aron Ramirez, 놀란 마토비치Nolan Matcovich, 그리핀 보비Griffin Bovee, 이택 Taek Lee, 카일 두친스키Kyle Duchynski, 소피아 보이어Sophia Boyer, 조너선 데머Jonathan Deemer, 데이브드 자페David Jaffe, 사만다 톰슨Samantha Thompson, 엠마 베이츠Emma Bates, 리사 아인슈타인Lisa Einstein, 윌리엄 하울렛William Howlett, 아이잭 키푸스트Isaac Kipust, 사이러스 레자Cyrus Reza, 카터 클리랜드Carter Clelland, 캐서린 두Katherine Du, 사이토 히로토Hiroto Saito, 테오 벨라이즈Theo Velaise와 제임스 카노프James Kanoff 등에게 큰 빚을 졌다. 이러한 재능 넘치는 젊은이들을 알게 됨으로써 이 책의 주제라고 할 수 있는 어려운 난관을 극복할 수 있는 능력에 대한 나의 자신감을 키울 수 있었다.

스탠퍼드대학교의 후버연구소보다 이번 연구에 더 적합한 곳은 없었다. 후버연구소와 프리먼스포길리연구소의 연구원들, 그리고 스탠퍼드대학교 경영대학원의 동료들은 자신들의 연구를 통해 내게 현명한 조언과 도움을 제공해주었다. 나디아 섀들로Nadia Schadlow, 자쿱 그리기엘Jakub Grygiel, 마이클 오슬린Michael Auslin, 빅터 데이비스 핸슨Victor Davis Hanson, 투마스 핸드릭 일베스Toomas Hendrik Ilves, 러셀 베르만Russell Berman, 마이클 맥폴Michael McFaul, 아바스 밀라니Abbas Milani, 케이틀린 스토너Kathryn Stoner, 대니얼 스네이더Daniel Sneider, 케빈 워시Kevin Warsh, 나일 퍼거슨Niall Ferguson, 에이미 제가트Amy Zegart, 제임스 팀비James Timbie, 콘돌리자 라이스, 데이비드 멀퍼드David Mulford, 스콧 세이건Scott Sagan, 조지 슐츠George Shultz, 래리 다이아몬드Larry Diamond, 스티븐 코트킨Stephen Kotkin, 티모시 가튼 애쉬 Timothy Garton Ash, 마이클 번스탬Michael Bernstam, 아리에 즈비 카먼Arye Zvi Carmon,

글렌 티퍼트Glenn Tiffert, 팀 케인Tim Kane, 피터 로빈슨Peter Robinson, 카를 에킨베리Karl Eikenberry, 허브 린Herb Lin, 알렉스 스타모스Alex Stamos, 라지 샤Raj Shah, 데이비드 버키David Berkey, 사우미트라 자Saumitra Jha, 그리고 찰스 오렐리Charles O'Reilly 등에게 많은 도움을 받았고 스탠퍼드대학교 경영대학원의 에릭 젠슨Erik Jensen 역시 많은 중요한 조언들을 해주었다. 후버연구소 소장 톰 길리건Tom Gilligan 이하 연구소 모든 직원들에게 이 책을 쓸 수 있는 이상적인 환경과 용기를 제공해준 것에 감사한다. 특히 에린 위처 틸먼Eryn Witcher Tillman, 데니스 엘슨Denise Elson, 제프 존스Jeff Jones, 맨디 맥칼라Mandy MacCalla, 후아니타 로드리게즈Juanita Rodriguez, 에리카 몬로Erika Monroe, 실비아 산도발Silvia Sandoval, 이제는 고인이 된 셀레스티 지토Celeste Szeto, 로리 가르시아Laurie Garcia, 댄 윌헬미Dan Wilhelmi, 사나 팔리Shana Farley, 매건 킹Megan King, 제임스 신바시James Shinbashi, 그리고 릭 자라Rick Jara의 도움에 감사의 말을 전하고 싶다. 이 책을 쓰면서 선임연구원이라는 내가 누리고 있는 과분한 특권에 더욱 고마운 마음을 갖게 되었다. 더욱이 이 자리는 내가 개인적으로 존경하는 미셸 아자미Michelle Ajami와 패트릭 번Patrick Byrne의 관대함 덕분에 만들어진 자리인지라 더욱 특별했다.

많은 친구들과 예전 동료들, 그리고 관련 분야의 전문가들이 작업 전부터 조언을 해주었고 원고를 읽어주며 수정과 제안을 아끼지 않았다. 재커리 쇼어, 피오나 힐, 마린 스트매키Marin Strmecki, 클레어 록하트Clare Lockhart, 마이클 브라운Michael Brown, 자난 모사자이Janan Mosazai, 후세인 하카니Hussain Haqqani, 세스 센터Seth Center, 존 "믹" 니콜슨John "Mick" Nicholson, 노린 맥도널드Norine MacDonald, 멜리사 스코라카Melissa Skorka, 그레첸 페터스Gretchen Peters, 롭 키Rob Kee, 래리 굿선Larry Goodson, 페르난도 루안Fernando Lujan, 리사 커티스Lisa Curtis, 마이클 벨Michael Bell, 매튜 포틴저Matthew Pottinger, 토비 닷지Toby Dodge, 트리스탄 애비Tristan Abbey, 토마스 라플레어Thomas Lafleur, 조 왕Joe Wang, 오마르 호시노Omar Hossino, 케난 라마니Kenan Rahmani, 레기스 마틀랙Regis Matlak, 엠마 스카이Emma Sky, 데이나 에어Dana Eyre, 케네스 폴락Kenneth Pollack, 데이비드 피어스David Pearce, 라이언 크로커Ryan Crocker, 앨턴 불랜드Alton Buland, 다이애나 스턴Diana Sterne, 커스틴 폰테로스Kirsten Fontenrose, 알리 안사리Ali Ansari, 일 바즈라크타리Yll Bajraktari, 일버 바즈라크타리Ylber Bajraktari, 매트 터핀Matt Turpin, 제레미 워터먼Jeremie Waterman, 차스 프리먼Chas Freeman, 찰스 이브슬레지Charles Eveslage, 지미 굿리치Jimmy Goodrich, 오빌 셸Orville Schell, 알렉산더 버나드Alexander Bernard, 도널드 스팍스 Donald Sparks, 조지프 바이얼리Joseph Byerly, 크리스토퍼 스탈링Christopher Starling, 스콧 무어Scott Moore, 그리고 조던 그림쇼Jordan Grimshaw 등에게 감사한다.

마크 두보위츠Mark Dubowitz, 후안 자라테Juan Zarate, 사만다 라비츠Samantha Ravich, 브래들리 보우먼Bradley Bowman, 빌 로지오Bill Roggio, 토마스 조슬린Thomas Joscelyn, 클리프 로저스Cliff Rogers, 그리고 민주주의수호재단의 직원들이 애써준 덕분에 우리의 전략적 능력이 크게 개선될 수 있었다. 또한 허드슨연구소의 일본연구회 소속 켄 와인스틴Ken Weinstein, 패트릭 크로닌Patrick Cronin, 벤 길먼Ben Gillman, 하야시 타로Taro Hayashi 그리고 무라노 마사시Masashi Murano등과 함께할 수 있는 기회를 통해 엄청나게 큰 도움을 받았다.

다른 학술기관이나 연구소 등에서는 이 책의 특정한 부분들을 개선해나가는 데 도움이 되는 토론회를 주최해주었다. 하버드대학교의 응용역사연구회Applied History Working Group의 그레이엄 앨리슨Graham Allison과 프레드 로그볼Fred Logevall, 그리고 거기에 모였던 탁월한 학자들인 조쉬 골드스틴Josh Goldstein, 저스틴 위노커Justin Winokur, 칼더 월턴Calder Walton, 칼 포스버그Carl Forsberg, 필립 볼슨Philip Balson, 폴 베링거Paul Behringer, 앤 카라레카스Anne Karalekas, 유진 코건Eugene Kogan, 찰스 마이어Charles Maier, 크리스 밀러Chris Miller, 너새니얼 모이어Nathaniel Moir, 로리 슬랩Laurie Slap, 피터 슬레즈키네Peter Slezkine, 그리고 에밀리 웰렌Emily Whalen 등에게 감사한다.

나는 마이클 호로비츠Michael Horowitz가 펜실베이니아대학교의 페리 월드 하우스Perry World House에서 열었던 한 토론회를 통해 엄청난 도움을 받았다. 크리스천 라울Christian Ruhl, 라숀 르네 제퍼슨LaShawn Renee Jefferson, 에이버리 골드스틴Avery Goldstein, 알렉산더 R. 와이저Alexander R. Weisger, 에이미 E. 개즈덴Amy E. Gadsden, 스콧 마이클 무어Scott Michael Moore, 미첼 오렌스틴Mitchell Orenstein, 시라 이니 핀다이크Shira Eini Pindyck, 크리스토퍼 윌리엄 블레어Christopher William Blair, 케이시 윌리엄 마호니Casey William Mahoney, 조슈아 A. 슈워츠Joshua A. Schwartz, 마이클 누난Michael Noonan, 그리고 던컨 홀리스Duncan Hollis 등이 원고 초안에 대한 건설적인 조언과 평가를 제공해주었다. 혹시 있을지 모를 오류나 문제점들은 전적으로 나의 책임이다.

이 책을 완성하는 데 있어 이보다 더 나은 전문가들의 도움을 바랄 수는 없을 것이다. ICM 파트너스ICM Partners의 레이프 새갈린Rafe Sagalyn과 아만다 어번Amanda Urban의 도움에 감사한다. 내 담당 편집자인 조너선 자오Jonathan Jao, 새라 호건Sarah Haugen, 제나 돌런

Jenna Dolan, 티나 안드레아디스Tina Andreadis를 비롯해 하퍼콜린스HarperCollins의 뛰어난 직원들과 함께 일할 수 있어서 정말 기뻤다. 20년 전 처음 함께 일할 수 있는 특권을 누렸던, 이제는 고인이 된 메리언 버즈 와이어스Marion Buz Wyeth 역시 분명 자랑스러워했을 것이다. 백악관의 앤 위더스Anne Withers와 마이크 스미스Mike Smith, 키건 바버Keegan Barber에게도 감사한다.

가족의 사랑과 지원이 없었다면 이 책을 완성할 수 없었을 것이다. 많은 격려, 그리고 이해와 함께 오늘날까지 우리 가족을 지탱해준 아내에게 감사의 마음을 전한다. 그리고 세 딸 캐서린과 칼린, 그리고 카라와 사위인 알렉스와 리, 또 여동생 레티샤Letitia는 내 원고를 읽고 유용한 제안들을 해주었다. 끝으로 우리 가족 모두에게 기쁨을 가져다주고 평화와 자유라는 유산을 미래 세대에게 남겨주어야 하는 우리 세대의 의무를 상기시켜준 손자들 헨리 로빈슨Henry Robinson과 잭 로빈슨Jack Robinson에게도 고맙다는 말을 전하고 싶다.

주

들어가는 글

1. Alan R. Millet and Williamson Murray,*Military Innovation in the Interwar Period* (Cambridge, UK: Cambridge University Press, 2007); Eugenia C. Kiesling, *Arming Against Hitler: France and the Limits of the Military Planning* (Lawrence: University Press of Kansas, 1996); Robert A. Doughty, *The Breaking Point: Sedan and the Fall of France, 1940* (Mechanicsburg, PA: Stackpole Books, 2014).
2. Trudy Rubin, *Willful Blindness: The Bush Administration and Iraq* (Philadelphia, PA: Philadelphia Inquirer, 2004).
3. 철의 장막에 대해서는 다음을 참조할 것. Phil McKenna, "Life in the Death Zone," *Nova*, PBS, February 18, 2015, https://www.pbs.org/wgbh/nova/article/european-green-belt/; John Pike, "2nd Stryker Cavalry Regiment," Global security.org, January 13, 2012, https://www.globalsecurity.org/military/agency/army/2acr.htm.
4. 73이스팅 전투에 대해서는 다음을 참조할 것. H. R. McMaster, "Eagle Troop at the Battle of 73 Easting," The Strategy Bridge, February 26, 2016, https://thestrategybridge.org/the-bridge/2016/2/26/eagle-troop-at-the-battle-of-73-easting.
5. Hans Morgenthau and Ethel Person, "The Roots of Narcissism," *Partisan Review* 45, no. 3 (Summer 1978): 337–47, Howard Gotlieb Archival Research Center, http://archives.bu.edu/.
6. Francis Fukuyama, *The End of History and the Last Man* (New York: Free Press, 2006).
7. Statement of Richard N. Haass, President, Council on Foreign Relations Before the Committee on Foreign Relations, United States Senate, On U.S.-China Relations in the Era of Globalization, May 15, 2008, U.S. Senate: Committee on Foreign Relations, March 15, 2008, https://www.foreign.senate.gov/imo/media/doc/HaassTestimony080515p.pdf.
8. Frederick W. Kagan, *Finding the Target: The Transformation of American Military Policy* (New York: Encounter Books, 2007); Herbert R. McMaster, "Crack in the Foundation Defense Transformation and the Underlying Assumption of Dominant Knowledge in Future War," July 2003, https://doi.org/10.21236/ada416172.
9. Linda D. Kozaryn, "U.S. Aircrew Detained in China Heads Home," U.S. Department of Defense,

April 12, 2001, https://archive.defense.gov/news/newsarticle.aspx?id=44964.

10. Lawrence Wright, *The Looming Tower: Al-Qaeda and the Road to 9/11* (New York: Vintage Books, 2007).
11. 이 문제에 대해서는 다음을 참조할 것. David Kilcullen, *The Dragons and the Snakes: How the Rest Learned to Fight the West* (New York: Oxford University Press, 2020); Douglas Jehl, "C.I.A. Nominee Wary of Budget Cuts," *New York Times*, Feb. 3, 1993.
12. David Kilcullen, *The Dragons and the Snakes: How the Rest Learned to Fight the West* (New York: Oxford University Press, 2020).
13. The White House, "A National Security Strategy for a Global Age," December 2000, https://history.defense.gov/Historical-Sources/National-Security-Strategy/.
14. Institute for the Analysis of Global Security, "How Much Did the September 11. Terrorist Attack Cost America?," Institute for the Analysis of Global Security, http://www.iags.org/costof911.html.
15. Emergency Economic Stabilization Act of 2008.
16. "Obama on Afghan War Drawdown: 'The Tide of War Is Receding,'" *PBS NewsHour*, PBS, June 23, 2011, https://www.pbs.org/newshour/show/obama-on-afghan-troop-drawdown-the-tide-of-war-is-receding#transcript.
17. Jeffrey Goldberg, "The Obama Doctrine," *The Atlantic*, June 25, 2018, https://www.theatlantic.com/magazine/archive/2016/04/the-obama-doctrine/471525/.
18. Zachary Shore, *A Sense of the Enemy: The High-Stakes History of Reading Your Rival's Mind* (New York: Oxford University Press, 2014), 258.
19. Nadia Schadlow, "Competitive Engagement: Upgrading America's Influence," *Orbis*, September 13, 2013, https://www.sciencedirect.com/science/article/pii/S0030438713000446.
20. Niall Ferguson, *Kissinger: 1923–1968: The Idealist* (New York: Penguin Press, 2015).
21. Sun Tzu and Thomas F. Cleary, *The Art of War* (Boston, MA: Shambhala, 2005).
22. Winston S. Churchill, "Painting as a Pastime," in *Amid These Storms* (New York: Charles Scribner's Sons, 1932).

제1장 두려움과 명예, 그리고 야심: 서방측의 목줄을 움켜쥐려는 푸틴의 작전

1. 러시아 개입 주장에 대해서는 다음을 참조할 것. "Assessing Russian Activities and Intentions in Recent US Elections," Intelligence Community Assessment, Office of the Director of National Intelligence, January 6, 2017, https://www.dni.gov/files/documents/ICA_2017_01.pdf; Becky Branford, "Information Warfare: Is Russia Really Interfering in European States?" BBC, March 31, 2017, https://www.bbc.co.uk/news/world-europe-39401637.
2. Sarah Marsh, "US joins UK in blaming Russia for NotPetya cyber-attack," *The Guardian*, February 15, 2018, https://www.theguardian.com/technology/2018/feb/15/uk-blames-russia-notpetya-cyber-attack-ukraine.
3. Andy Greenberg, "The Untold Story of NotPetya, the Most Devastating Cyberattack in History," *Wired*, December 7, 2018, https://www.wired.com/story/notpetya-cyberattack-ukraine-russia-

code-crashed-the-world/.

4. Andrew Kramer, "Russian General Pitches 'Information' Operations as a Form of War," *New York Times*, March 2, 2019, https://www.nytimes.com/2019/03/02/world/europe/russia-hybrid-war-gerasimov.html.
5. "Statement from Pentagon Spokesman Capt. Jeff Davis on U.S. Strike in Syria," Department of Defense, April 6, 2017, https://www.defense.gov/Newsroom/Releases/Release/Article/1144598/statement-from-pentagon-spokesman-capt-jeff-davis-on-us-strike-in-syria/.
6. 게라시모프와 시리아 내전에 대해서는 다음을 참조할 것. Kramer, "Russian General Pitches 'Information' Operations as a Form of War." 시리아의 화학무기 사용에 대해서는 다음을 참조할 것. Daryll Kimball and Kelsey Davenport, "Timeline of Syrian Chemical Weapons Activity, 2012–2019," Fact Sheets & Briefs, Arms Control Association, March 2019, https://www.armscontrol.org/factsheets/Timeline-of-Syrian-Chemical-Weapons-Activity. 푸틴의 시리아 개입에 대해서는 다음을 참조할 것. Maksymilian Czuperski et al., "Distract Deceive Destroy: Putin at War in Syria," *The Atlantic*, April 2016, https://publications.atlanticcouncil.org/distract-deceive-destroy/assets/download/ddd-report.pdf; and Thomas Gibbons-Neff, "How a 4-Hour Battle Between Russian Mercenaries and U.S. Commandos Unfolded in Syria," *New York Times*, May 24, 2018,
https://www.nytimes.com/2018/05/24/world/middleeast/american-commandos-russian-mercenaries-syria.html.
7. Neil MacFarquhar, "Yevgeny Prigozhin, Russian Oligarch Indicted by U.S., Is Known as 'Putin's Cook,'" *New York Times*, February 16, 2018, https://www.nytimes.com/2018/02/16/world/europe/prigozhin-russia-indictment-mueller.html.
8. Mariam Tsvetkova, "Russian Toll in Syria Battle Was 300 Killed and Wounded: Sources," Reuters, February 15, 2018, https://www.reuters.com/article/us-mideast-crisis-syria-russia-casualties/russian-toll-in-syria-battle-was-300-killed-and-wounded-sources-idUSKCN1FZ2DZ.
9. 라브로프는 영어를 능숙하게 구사하며 해외에서 외교적 역량을 발휘해 크렘린의 음모를 감춰온 전설적인 외교관이자 러시아 정권의 대변자이다. 그렇지만 라브로프의 러시아 외무부가 2016년 정보부의 선거 개입으로 인해 깨진 국제 관계를 다시 회복하기 위해 주로 정보 부처들이 지배하고 있는 러시아 정계에 영향력을 미치게 되었는지는 확실하지 않다. Patrick Jackson, "Europe | Profile: Putin's Foreign Minister Lavrov," BBC News, June 29, 2007, http://news.bbc.co.uk/2/hi/europe/6242774.stm. 파트루셰프의 부상에 대해서는 다음을 참조할 것. Andrew Monaghan, "Power in Modern Russia" (Manchester, UK: Manchester University Press, 2017), 21.
10. Fiona Hill and Clifford G. Gaddy, *Mr. Putin: Operative in the Kremlin* (Washington, DC: Brookings Institution Press, 2015), 185–89, 388. 푸틴과 파트루셰프의 권력 장악에 대해서는 다음을 참조할 것. Hill and Gaddy, 41, 185–89.
11. 이것은 1997년 맺어진 나토와 러시아의 기본법(Founding Act)을 위반한 행위다. 이 기본법에는 각국의 주권 존중과 평화적인 분쟁 해결에 대한 약속, 그리고 안보 보장을 위한 최선의 수단을 선택하겠다는 내용이 명시되어 있다. 이 세 가지 내용과 러시아 정책의 분석에 대해서는 다음을 참조할 것. Monaghan, "Power in Modern Russia," 26–27; North Atlantic Treaty Organization,

"Summary: Founding Act on Mutual Relations, Cooperation and Security Between NATO and the Russian Federation," May 27, 1997, https://www.nato.int/cps/en/natohq/official_texts_25470.htm?selectedLocale=en. & NATO; "Founding Act on Mutual Relations, Cooperation and Security Between NATO and the Russian Federation Signed in Paris, France," https://www.nato.int/cps/en/natohq/official_texts_25468.htm.

12. Jakub J. Grygiel and A. Wess Mitchell, *The Unquiet Frontier: Rising Rivals, Vulnerable Allies, and the Crisis of American Power* (Princeton, NJ: Princeton University Press, 2017), 49.

13. 존 케리에 대해서는 다음을 참조할 것. John Kerry, "Face the Nation Transcripts March 2, 2014: Kerry, Hagel," *Face the Nation*, March 2, 2014, https://www.cbsnews.com/news/face-the-nation-transcripts-march-2-2014-kerry-hagel/. 마스키로프카에 대해서는 다음을 참조할 것. "Maskirovka: From Russia, with Deception," October 30, 2016, https://www.realcleardefense.com/articles/2016/10/31/maskirovka_from_russia_with_deception_110282.html. 제1차세계대전에 대한 더 자세한 내용은 다음을 참조할 것. Niall Ferguson, *The Pity of War* (New York: Basic Books, 1999).

14. "President Donald J. Trump Is Standing Up to Russia's Malign Activities," Fact Sheets, The White House, April 6, 2018, https://www.whitehouse.gov/briefings-statements/presidentdonald-j-trump-standing-russias-malign-activities/; Office of the Spokesperson, "Sanctions Announcement on Russia," U.S. Department of State, December 19, 2018, https://www.state.gov/sanctions-announcement-on-russia/.

15. Andrew E. Kramer and Joseph Orovic, "Two Suspected Russian Agents Among 14 Convicted in Montenegro Coup Plot," *New York Times*, May 9, 2019, https://www.nytimes.com/2019/05/09/world/europe/montenegro-coup-plot-gru.html; Adam Casey and Lucan Ahmad, "Russian Electoral Interventions, 1991–2017," Scholars Portal Dataverse, December 15, 2017, https://dataverse.scholarsportal.info/dataset.xhtml?persistentId=doi:10.5683/SP/BYRQQS. 다음을 참조할 것. Jeremy Herb, "Senate Sends Russia Sanctions to Trump's Desk," CNN, July 27, 2017, https://www.cnn.com/2017/07/27/politics/russian-sanctions-passes-senate/index.html.

16. Tak Kumakura, "North Koreans May Have Died in Israel Attack on Syria, NHK Says," Bloomberg, April 27, 2008, https://web.archive.org/web/20121103011551/http://www.bloomberg.com/apps/news?pid=newsarchive&sid=aErPTWRFZpJI&refer=japan; IDF, "The Secret Operation Revealed a Decade Later," IDF Press Center, March 21, 2018, https://www.idf.il/en/articles/operations/the-secret-operation-revealed-a-decade-later/.

17. Vladimir Putin, "Russia at the Turn of the Millennium." https://pages.uoregon.edu/kimball/Putin.htm.

18. Donald Kagan, *Thucydides: The Reinvention of History* (New York: Penguin Books, 2010), 1, 9, 14–16.

19. Vladimir Putin, "Annual Address to the Federal Assembly of the Russian Federation," President of Russia, April 25, 2005, http://en.kremlin.ru/events/president/transcripts/22931.

20. 1990년대 후반 러시아의 상황에 대해서는 다음을 참조할 것. Michael McFaul, "Russia's Unfinished Revolution: Political Change from Gorbachev to Putin" (Ithaca, NY: Cornell University Press, 2001). Chrystia Freeland, *Sale of the Century: The Inside Story of the Second Russian Revolution*

(London: Little, Brown and Company, 2000).

21. U.S. General Accounting Office, "Foreign Assistance: International Efforts to Aid Russia's Transitions Have Had Mixed Reviews." GAO, November 2000, 33, https://www.gao.gov/products/GAO-01-8. 오바마 행정부와 러시아와의 관계에 대해서는 다음을 참조할 것. Carter Ash, *Inside the Five-Sided Box: Lessons from a Lifetime of Leadership in the Pentagon* (New York: Dutton, 2019), 272–77. *Washington Post* Editorial Board, "After the Fall of the Soviet Union, the U.S Tried to Help Russians," *Washington Post*, May 4, 2015, https://www.washingtonpost.com/opinions/after-the-fall-of-the-soviet-union-the-us-tried-to-help-russians/2015/05/04/cc4f7c20-f043-11e4-8666-a1d756d0218e_story.html.

22. PNA HOBOCTN, "Путин: 'цветные революции' в ряде стран—это урок для России," PNA HOBOCTN, November 20, 2014, https://ria.ru/20141120/1034329699.html. 민간인들의 고문 및 사망에 대해서는 다음을 참조할 것. Simon Shuster. "Putin's Secret Agents," *Time*, https://time.com/putin-secret-agents/; Eli Lake, "Georgia's Democracy Recedes into Russia's Shadow," Bloomberg Opinion. September 14, 2018. https://www.bloomberg.com/opinion/articles/2018-09-14/georgia-s-rose-revolution-recedes-into-russia-s-shadow. 색깔혁명에 대해서는 다음을 참조할 것. Lake, "Georgia's Democracy Recedes Into Russia's Shadow"; also, William Schneider, "Ukraine's 'Orange Revolution,'" *The Atlantic*, December 2004, https://www.theatlantic.com/magazine/archive/2004/12/ukraines-orange-revolution/305157/; Anthony H. Cordesman, "Russia and 'The Color Revolution': A Russian Military View of a World Destabilized by the U.S. and the West," Center for Strategic and International Studies, May 28, 2014, https://www.csis.org/analysis/russia-and-%E2%80%9Ccolor-revolution%E2%80%9D. 색깔혁명에 대한 푸틴의 반응은 다음을 참조할 것. Leonid Bershidsky, "Why 'Color Revolutions' Can't Be Exported," Bloomberg Opinion, February 14, 2018, https://www.bloomberg.com/opinion/articles/2018-02-15/saakashvili-and-why-color-revolutions-can-t-be-exported. 푸틴과 러시아 선거 관련 내용은 다음을 참조할 것. "Putin Declared President-elect," RT, March 5, 2012, https://www.rt.com/news/putin-win-presidential-election-813/.

23. 푸틴의 색깔혁명과 그들의 동기 관련 내용은 다음을 참조할 것. Dmitri Simes, "Senior Kremlin Official Accuses NATO of Plotting 'Color Revolutions' in Russia's Neighborhood," CNSNews.com, July 5, 2019, https://www.cnsnews.com/news/article/dimitri-simes/senior-kremlin-official-accuses-nato-plotting-color-revolutions-russias; Julia Gurganus and Eugene Rumer, "Russia's Global Ambitions in Perspective," Carnegie Endowment for International Peace, February 20, 2019, https://carnegieendowment.org/2019/02/20/russia-s-global-ambitions-in-perspective-pub-78067.

24. 세계은행 통계 자료. "GDP per Capita—United States" and "GDP per Capita—Russian Federation," World Bank, https://data.worldbank.org/indicator/NY.GDP.PCAP.CD. U.S. GDP per capita in 2017 was $59,927.93. "Corruption Perceptions Index 2017," Transparency International, February 21, 2018, https://www.transparency.org/news/feature/corruption_perceptions_index_2017. 러시아의 부패 상황에 대해서는 다음을 참조할 것. Transparency International, "Corruption Perceptions Index 2017."

25. 러시아의 인구감소 문제. David Holloway, "Russia and the Solecism of Power," Governance in

an Emerging World, Fall Series, Issue 118, October 3, 2018. https://www.hoover.org/research/russia-and-solecism-power. 러시아의 국민 보건 현황. Rachel Nuwer, "Why Russian Men Don't Live as Long," *New York Times,* February 17, 2014, https://www.nytimes.com/2014/02/18/science/why-russian-men-dont-live-as-long.html. 세계은행의 평균 수명 통계 자료. "Life Expectancy at Birth, Total (Years): Russian Federation," World Bank, https://data.worldbank.org/indicator/SP.DYN.LE00.IN?locations=RU&name_desc=false.

26. 이 문제에 대해서는 스탠퍼드대학교의 케이틀린 스토너 박사에게 많은 도움을 받았다. 기존 사회의 질서를 파괴하기를 즐기는 푸틴의 성향에 대해서는 다음을 참조할 것. Jakub Grygiel, "The Geopolitical Nihilist," *American Interest*, December 10, 2014, https://www.the-american-interest.com/2014/12/10/the-geopolitical-nihilist/.

27. Valery Gerasimov, "The Value of Science Is in the Foresight: New Challenges Demand Rethinking the Forms and Methods of Carrying Out Combat Operations," trans. Robert Coalson, *Military Review*, January–February 2016 (originally published in *Military-Industrial Kurier*, February 27, 2013), https://www.armyupress.army.mil/Portals/7/military-review/Archives/English/MilitaryReview_20160228_art008.pdf.

28. Christopher Paul and Miriam Matthews, "The Russian 'Firehose of Falsehood' Propaganda Model: Why It Might Work and Options to Counter It," RAND Corporation, 2016, https://www.rand.org/pubs/perspectives/PE198.html; Margaret L. Taylor, "Combating Disinformation and Foreign Interference in Democracies: Lessons from Europe," Brookings Institution, July 31, 2019, https://www.brookings.edu/blog/techtank/2019/07/31/combating-disinformation-and-foreign-interference-in-democracies-lessons-from-europe/.

29. Amy Zegart, "The Dark Arts of Deception: What's Old? What's New? What's Next?" Global Populisms Conference, March 1–2, 2019, Stanford University, https://fsi-live.s3.us-west-1.amazonaws.com/s3fs-public/zegart_populisms_memo_2.21.2019_1.pdf.

30. 스탠퍼드대학교 인터넷 학술지 참조. "Evidence of Russia-Linked Influence Operations in Africa," https://cyber.fsi.stanford.edu/io/news/prigozhin-africa.

31. 우크라이나 대통령 선거 현황. Office for Democratic Institutions and Human Rights, "Ukraine Presidential Election 31 October, 21 November and 26 December 2004: OSCE/ODIHR Election Observation Mission Final Report," May 11, 2005, https://www.osce.org/odihr/elections/ukraine/14674?download=true; and Steven Pifer, The *Eagle and the Trident: U.S.-Ukraine Relations in Turbulent Times* (Washington, DC: Brookings Institution Press, 2017), 274.

32. 몰도바에 대한 러시아의 개입. Andrey Makarychev, "Russia's Moldova Policy: Soft Power at the Service of Realpolitik," ponarseurasia.org, March 2010, http://www.ponarseurasia.org/sites/default/files/policy-memos-pdf/pepm_094.pdf.

33. Gabe Joselow, "Election Cyberattacks: Pro-Russia Hackers Have Been Accused in Past," NBC, November 3, 2016, https://www.nbcnews.com/mach/technology/election-cyberattacks-pro-russia-hackers-have-been-accused-past-n673246.

34. 세계 각국에 대한 러시아의 개입과 파괴 공작의 전망. Jamie Doward, "Malta Accuses Russia of Cyber-attacks in Run-up to Election," *The Guardian*, May 27, 2017, https://

www.theguardian.com/world/2017/may/27/russia-behind-cyber-attacks-says-malta-jseph-muscat; Oren Dorell, "Alleged Russian Political Meddling Documented in 27 Countries Since 2004," *USA Today*, September 7, 2017, https://www.usatoday.com/story/news/world/2017/09/07/alleged-russian-political-meddling-documented-27-countries-since-2004/619056001/; Ann M. Simmons, "Russia's Meddling in Other Nations' Elections Is Nothing New. Just Ask the Europeans," *Los Angeles Times*, March 30, 2017, https://www.latimes.com/world/europe/la-fg-russia-election-meddling-20170330-story.html; and Larry Diamond, "Russia and the Threat to Liberal Democracy," *The Atlantic*, December 9, 2016, https://www.theatlantic.com/international/archive/2016/12/russia-liberal-democracy/510011/.

35. 몬테네그로 선거에 대해서는 다음을 참조할 것. David Shimer, "Smaller Democracies Grapple with the Threat of Russian Interference," *The New Yorker*, December 8, 2018, https://www.newyorker.com/news/news-desk/smaller-democracies-grapple-with-the-threat-of-russian-interference.

36. Milivoje Pantovic, "Vucic: Serbia Arrests People Involved in 'Illegal Acts' in Montenegro," *Balkan Insight*, October 25, 2016, https://balkaninsight.com/2016/10/25/serbian-pm-failed-to-explain-coup-in-montenegro-10-24-2016/.

37. Kramer and Orovic, "Two Suspected Russian Agents."

38. 미국의 경제 상황 전망에 대해서는 다음을 참조할 것. Eduardo Porter, "Where Were Trump's Votes? Where the Jobs Weren't." *New York Times*, December 13, 2016, https://www.nytimes.com/2016/12/13/business/economy/jobs-economy-voters.html. Michelle Ver Ploeg, "Access to Affordable, Nutritious Food Is Limited in 'Food Deserts,'" U.S. Department of Agriculture Economic Research Service, March 1, 2010, https://www.ers.usda.gov/amber-waves/2010/march/access-to-affordable-nutritious-food-is-limited-in-food-deserts/.

39. Aaron Blake, "More Young People Voted for Bernie Sanders than Trump and Clinton Combined—By a Lot," *Washington Post*, June 20, 2016, https://www.washingtonpost.com/news/the-fix/wp/2016/06/20/more-young-people-voted-for-bernie-sanders-than-trump-and-clinton-combined-by-a-lot/.

40. 트럼프가 대선 과정에서 보여준 역사관과 관련된 언급들. Victor Davis Hanson, *The Case for Trump* (New York: Basic Books, 2020); Colleen Kelley, *A Rhetoric of Divisive Partisanship: The 2016 American Presidential Campaign Discourse of Bernie Sanders and Donald Trump* (Lanham, MD: Lexington Books, 2018), 15.

41. IRA 관련 자료들의 출처. Renee DiResta, et al., "The Tactics and Tropes of the Internet Research Agency," New Knowledge, 2018, https://disinformationreport.blob.core.windows.net/disinformation-report/NewKnowledge-Disinformation-Report-Whitepaper.pdf.

42. The New Knowledge report on "The Tactics and Tropes of the Internet Research Agency" 참조. 이 보고서에 따르면 "국민들의 정부에 대한 신뢰도를 떨어트리고 사회적 균열을 불러일으키며 정보 환경에 대한 불신을 조장하고 또 현실과 조작의 경계를 모호하게 만들어 공동체들 사이의 믿음을 붕괴시키고 민주적 절차에 대한 확신을 반감시키는 것"이 목적이라고 한다. Renee DiResta et al., "The Tactics and Tropes of the Internet Research Agency."

43. Niall Ferguson, "Silicon Valley and the Threat to Democracy," The Daily Beast, January 21,

2018, https://www.thedailybeast.com/social-media-shreds-the-social-fabric-one-click-at-a-time; Report of the Select Committee of Intelligence, "U.S. Senate: Russian Active Measures Campaigns and Interferences in the 2016 U.S. Election, Volume 2: Russia's Use of Social Media with Additional Views," U.S. Senate, n.d., https://www.intelligence.senate.gov/sites/default/files/documents/Report_Volume2.pdf.

44. "Russian Active Measures Campaigns and Interferences in the 2016 U.S. Election, Volume 2: Russia's Use of Social Media with Additional Views."

45. Harvey Klehr and William Tompson, "Self-determination in the Black Belt: Origins of a Communist Party," *Labor History* 30, no. 3 (1989): 355, https://doi.org/10.1080/00236568900890231.

46. IRA의 다양한 기만전술에 대해서는 다음을 참조할 것. Robert S. Mueller, United States of America v. Viktor Borisovich Netyksho, Defendants: Case 1:18-cr-00215-ABJ, U.S. Justice Department, https://www.justice.gov/file/1080281/download. 구시퍼 2.0에 대해서는 다음을 참조할 것. Robert S. Mueller, "Report on the Investigation into Russian Interference in the 2016 Presidential Election," U.S. Department of Justice, Washington, DC, March 2019, https://www.justice.gov/storage/report.pdf (hereafter cited as "Mueller Report"); 그 밖의 인터넷 상의 조작에 대해서는 다음을 참조할 것. New Knowledge report, "The Tactics and Tropes of the Internet Research Agency"; and U.S. Justice Department, "United States of America v. Internet Research Agency," July, 2018, .pdf at https://www.justice.gov/file/1035477/download.

47. David Folkenflik, "Behind Fox News' Baseless Seth Rich Story: The Untold Tale," NPR, August 1, 2017, https://www.npr.org/2017/08/01/540783715/lawsuit-alleges-fox-news-and-trump-supporter-created-fake-news-story; and U.S. Senate Select Committee on Intelligence, "New Reports Shed Light on Internet Research Agency's Social Media Tactics," Washington, DC, December 2018, https://cryptome.org/2018/12/ssci-ru-sm-aid-trump.pdf; Janine Zacharia, "Facebook, Others Must Do More to Protect National Security," San *Francisco Chronicle*, October 17, 2017, http://janinezacharia.net/reporting/facebook-and-others-must-protect-national-security/.

48. Mueller, United States of America v. Viktor Borisovich Netyksho.

49. Tom LoBianco, "Trump Falsely Claims 'Millions of People Who Voted Illegally' Cost Him Popular Vote," CNN, November 28, 2016, https://www.cnn.com/2016/11/27/politics/donald-trump-voter-fraud-popular-vote/index.html.

50. Adam Goldman, Jo Becker, and Matt Apuzzo, "Russian Dirt on Clinton? 'I Love It,' Donald Trump Jr. Said," *New York Times*, July 11, 2017, https://www.nytimes.com/2017/07/11/us/politics/trump-russia-email-clinton.html. 뮬러 보고서도 아울러 참조할 것.

51. Nicholas Confessore, Matthew Rosenberg, and Sheera Frenkel, "Facebook Data Collected by Quiz App Included Private Messages," *New York Times*, April 10, 2018, https://www.nytimes.com/2018/04/10/technology/facebook-cambridge-analytica-private-messages.html.

52. Shimer, "Smaller Democracies"; Amy Zegart and Michael Morrell, "Why U.S. Intelligence Agencies Must Adapt or Fail," *Foreign Affairs*, May/June 2019, https://www.foreignaffairs.com/

articles/2019-04-16/spies-lies-and-algorithms.

53. Philip Rucker, Anton Troianovski, and Seung Min Kim, "Trump Hands Putin a Diplomatic Triumph by Casting Doubt on U.S. Intelligence Agencies," *Washington Post*, July 16, 2018, https://www.washingtonpost.com/politics/ahead-of-putin-summit-trump-faults-us-stupidity-for-poor-relations-with-russia/2018/07/16/297f671c-88c0-11e8-a345-a1bf7847b375_story.html.
54. DNC의 상황에 대해서는 다음을 참조할 것. Donna Brazile, *Hacks: The Inside Story of the Break-ins and Breakdowns that Put Donald Trump in the White House* (New York: Hachette Books, 2017), 95–103. 오바마 관련 내용은 다음을 참조할 것. Philip Bump, "What Obama Did, Didn't Do, and Couldn't Do in Response to Russian Interference," *Washington Post*, February 21, 2018, https://www.washingtonpost.com/news/politics/wp/2018/02/21/what-obama-did-didnt-do-and-couldnt-do-in-response-to-russian-interference/. 트럼프의 언급에 대해서는 다음을 참조할 것. Paul Waldman, "Trump Sucks Up to Putin, Embarrassing Us Yet Again," *Washington Post*, June 28, 2019, https://www.washingtonpost.com/opinions/2019/06/28/trump-sucks-up-putin-embarrassing-us-yet-again/.
55. Anton Troianovski and Joby Warrick, "Agents of Doubt: How a Powerful Russian Propaganda Machine Chips Away at Western Notions of Truth," *Washington Post*, December 10, 2018, https://www.washingtonpost.com/graphics/2018/world/national-security/russian-propaganda-skripal-salisbury/.
56. 스키리팔 부녀 공격에 대한 진상은 다음을 참조할 것. Andrew Roth and Vikram Dodd, "Salisbury Novichok Suspects Say They Were Only Visiting Cathedral," *The Guardian*, September 13, 2018, https://www.theguardian.com/uk-news/2018/sep/13/russian-television-channel-rt-says-it-is-to-air-interview-with-skripal-salisbury-attack-suspects; Troianovski and Warrick, "Agents of Doubt."
57. "Statement from the Press Secretary on the Expulsion of Russian Intelligence Officers," Statements and Releases, The White House, March 26, 2018, https://www.whitehouse.gov/briefings-statements/statement-press-secretary-expulsion-russian-intelligence-officers/.
58. Carl Gershman, "Remembering a Journalist Who Was Killed for Standing Up to Putin," *Washington Post*, October 6, 2016, https://www.washingtonpost.com/opinions/remembering-a-journalist-who-was-killed-for-standing-up-to-putin/2016/10/06/d3a9e176-8bf7-11e6-bff0-d53f592f176e_story.html; David Filipov, "Here Are 10 Critics of Vladimir Putin Who Died Violently or in Suspicious Ways," *Washington Post*, March 23, 2017, https://www.washingtonpost.com/news/worldviews/wp/2017/03/23/here-are-ten-critics-of-vladimir-putin-who-died-violently-or-in-suspicious-ways/.
59. BBC News, "Syria War: What We Know About Douma 'Chemical Attack,'" BBC, July 10, 2018, https://www.bbc.com/news/world-middle-east-43697084; Sheena McKenzie, "Suspected Syria Chemical Attack Might Have Affected 500 People, WHO Says," CNN, April 11, 2018, https://www.cnn.com/2018/04/11/middleeast/syria-chemical-attack-500-affected-who-intl/index.html.

60. Mike Giglio, "How a Group of Russian Guns for Hire Are Operating in the Shadows," BuzzFeed News, April 19, 2019, https://www.buzzfeednews.com/article/mikegiglio/inside-wagner-mercenaries-russia-ukraine-syria-prighozhin. 말레이시아 항공 격추 사건 관련, "Russia's Role in Shooting Down an Airliner Becomes Official," *The Economist*, May 30, 2018, https://www.economist.com/europe/2018/05/30/russias-role-in-shooting-down-an-airliner-becomes-official.
61. Peter Ford, "Russia's Retreat Ends Chechnya War but Leaves a Long-Term Impact," *The Christian Science Monitor*, January 6, 1997, https://www.csmonitor.com/1997/0106/010697.intl.intl.2.html.
62. "Alert (TA18-074A) Russian Government Cyber Activity Targeting Energy and Other Critical Infrastructure Sectors," CISA, March 16, 2018, https://www.us-cert.gov/ncas/alerts/TA18-074A.
63. Nicole Perlroth and David E. Sanger, "Cyberattacks Put Russian Fingers on the Switch at Power Plants, U.S. Says," *New York Times*, March 15, 2018, https://www.nytimes.com/2018/03/15/us/politics/russia-cyberattacks.html.
64. Alexander Cooley, "Whose Rules, Whose Sphere? Russian Governance and Influence in Post-Soviet States," Carnegie Endowment for International Peace, June 30, 2017, https://carnegieendowment.org/2017/06/30/whose-rules-whose-sphere-russian-governance-and-influence-in-post-soviet-states-pub-71403.
65. "Nord Stream: The Gas Pipeline Directly Connecting Russia and Europe," Gazprom, http://www.gazprom.com/projects/nord-stream/; Editorial Board, "The Right (and Wrong) Way to Deal with Nord Stream 2," Bloomberg Opinion, November 27, 2018, https://www.bloomberg.com/opinion/articles/2018-11-27/nord-stream-2-the-right-and-wrong-response-for-america.
66. George Frost Kennan, *Russia and the West Under Lenin and Stalin* (Boston, MA: Little, Brown and Company, 1961), 13.
67. Philipp Ther, *Europe Since 1989: A History*, trans. Charlotte Hughes-Kreutzmuller (Princeton, NJ: Princeton University Press, 2016), 302 – 3.
68. 크렘린궁의 개입 여부에 대해서는 다음을 참조할 것. Michael Stott, "Russia Blames U.S. for Global Financial Crisis," Reuters, June 7, 2008, https://www.reuters.com/article/us-russia-forum-medvedev/russia-blames-u-s-for-global-financial-crisis-idUSL0749277620080607; Timothy Heritage, "Russia Waits in Wings as Greek Debt Crisis Deepens," Reuters, July 3, 2015, https://www.reuters.com/article/us-eurozone-greece-russia/russia-waits-in-wings-as-greek-debt-crisis-deepens-idUSKCN0PD0YH20150703; Peter Walker, "Russia 'Spreading Fake News about Refugees to Sow Discord in Europe' Says Ex-Spy," *The Independent*, March 22, 2017, https://www.independent.co.uk/news/world/europe/russia-europe-threat-refugee-crisis-europe-aggravate-propaganda-kremlin-farenc-katrei-hungarian-spy-a7642711.html; David D. Kirkpatrick, "Signs of Russian Meddling in Brexit Referendum," *New York Times*, November 15, 2017, https://www.nytimes.com/2017/11/15/world/europe/russia-brexit-twitter-facebook.html; Andrew Roth and Angelique Chrisafis, "Gilets Jaunes: Grassroots Heroes or Tools of the Kremlin?" *The Guardian*, December 17, 2018, https://www.theguardian.com/world/2018/dec/17/gilets-jaunes-grassroots-heroes-or-kremlin-tools; Matt Bradley, "Europe's Far-Right

Enjoys Backing from Russia's Putin," NBC News, February 12, 2017, https://www.nbcnews.com/news/world/europe-s-far-right-enjoys-backing-russia-s-putin-n718926.

69. Tony Judt, *Postwar: A History of Europe Since 1945* (New York: Penguin Books, 2005), 737.

70. 미국의 태도 변화에 대한 유럽 측의 입장에 대해서는 다음을 참조할 것. Bjonar Sverdrup-Thygeson, Marc Lanteigne, and Ulf Sverdrup, "'For Every Action . . .': The American Pivot to Asia and Fragmented European Responses," Project on International Order and Strategy, Brookings and the Norwegian Institute of International Affairs, January 27, 2016, https://www.brookings.edu/wp-content/uploads/2016/07/The-American-pivot-to-Asia-and-fragmented-European-responses-2.pdf. 마크롱 대통령의 언급에 대해서는 다음을 참조할 것. Alexandra Ma, "French President Macron Dunked on Trump for Pulling out of Syria Without Telling His NATO Allies," Business Insider, n.d., https://www.businessinsider.sg/macron-trump-withdraw-syria-without-telling-nato-economist-2019-11/; Maegan Vazquez and Allie Malloy, "Macron Refuses to Back Down After Trump Attack," CNN, December 4, 2019. https://www.cnn.com/2019/12/03/politics/donald-trump-nato/index.html.

71. Andrew Rawnsley, "Interview: Madeleine Albright: 'The Things That Are Happening Are Genuinely, Seriously Bad,'" *The Guardian*, July 8, 2018, https://www.theguardian.com/books/2018/jul/08/madeleine-albright-fascism-is-not-an-ideology-its-a-method-interview-fascism-a-warning.

제2장 푸틴의 각본에 대한 대응

1. House Permanent Select Committee on Intelligence, House Committee on Oversight and Reform, House Committee on Foreign Affairs, "Excerpts from Joint Deposition: Dr. Fiona Hill Former Deputy Assistant to the President and Senior Director for Europe and Russia, National Security Council," Washington, DC, October 14, 2019, https://intelligence.house.gov/uploadedfiles/20191108_-_hill_transcript_excerpts_-_137591.pdf.

2. Bill Keller, "Major Soviet Paper Says 20 Million Died as Victims of Stalin," *New York Times*, February 4, 1989, https://www.nytimes.com/1989/02/04/world/major-soviet-paper-says-20-million-died-as-victims-of-stalin.html.

3. Keir Giles, *Moscow Rules: What Drives Russia to Confront the West* (Washington, DC: Brookings Institution Press), 38.

4. 미국 상무부 경제분석국(U.S. Department of Commerce's Bureau of Economic Analysis)에 따르면 텍사스의 GDP는 2018년 현재 1.8조 달러이며, 2019년 초 현재 러시아의 GDP는 1.65조 달러, 그리고 이탈리아의 GDP는 2조 달러 정도다. World Bank, "Gross Domestic Product by State, First Quarter 2019," July 25, 2019.

5. Nan Tian et al., "Trends in World Military Expenditure, 2018," April 2019, https://www.sipri.org/sites/default/files/2019-04/fs_1904_milex_2018.pdf.

6. Timothy Garton Ash, "Europe's Crises Conceal Opportunities to Forge Another Path," *Financial Times*, November 21, 2018, https://www.ft.com/content/160d11b6-ec25-11e8-89c8-

d36339d835c0.

7. Jill Dougherty, "U.S. Seeks to 'Reset' Relations with Russia" CNN, March 7, 2009, http://edition.cnn.com/2009/WORLD/europe/03/07/us.russia/index.html; Sue Pleming, "U.S. and Russia Pledge Fresh Start to Relations," Reuters, March 6, 2009, https://www.reuters.com/article/us-russia-usa/u-s-and-russia-pledge-fresh-start-in-relations-idUSTRE52522420090307.
8. 클린턴에 대해서는 다음을 참조할 것. Glenn Kessler, "Clinton 'Resets' Russian Ties—and Language," *Washington Post*, March 7, 2009, http://www.washingtonpost.com/wp-dyn/content/article/2009/03/06/AR2009030600428.html. 오바마에 대해서는 다음을 참조할 것 J. David Goodman, "Microphone Catches a Candid Obama," *New York Times*, March 27, 2012, https://www.nytimes.com/2012/03/27/us/politics/obama-caught-on-microphone-telling-medvedev-of-flexibility.html.
9. Jillian Rayfield, "Obama: The '80s Called, They Want Their Foreign Policy Back," *Salon*, October 23, 2012, https://www.salon.com/2012/10/23/obama_the_80s_called_they_want_their_foreign_policy_back/.
10. "Press Conference by President Bush and Russian Federation President Putin," The White House, President George W. Bush, National Archives and Records Administration, June 16, 2001, https://georgewbush-whitehouse.archives.gov/news/releases/2001/06/20010618.html.
11. Peter Baker, "The Seduction of George W. Bush," *Foreign Policy*, November 6, 2013, https://foreignpolicy.com/2013/11/06/the-seduction-of-george-w-bush/.
12. Tyler Pager, "Putin Repeats Praise of Trump: He's a 'Bright' Person," Politico, June 17, 2016, https://www.politico.com/story/2016/06/putin-praises-trump-224485.
13. Sophie Tatum, "Trump Defends Putin: 'You Think Our Country's So Innocent?'" CNN, February 6, 2017, https://www.cnn.com/2017/02/04/politics/donald-trump-vladimir-putin/index.html.
14. "Remarks by President Trump in Press Gaggle Aboard Air Force One en Route Hanoi, Vietnam," The White House (U.S. Government), https://www.whitehouse.gov/briefings-statements/remarks-president-trump-press-gaggle-aboard-air-force-one-en-route-hanoi-vietnam/; and Jeremy Diamond, "Trump Sides with Putin over U.S. Intelligence," CNN, July 16, 2018, https://www.cnn.com/2018/07/16/politics/donald-trump-putin-helsinki-summit/index.html.
15. 부시 행정부와 푸틴의 관계에 대해서는 다음을 참조할 것. Condoleezza Rice, *Democracy: Stories from the Long Road to Freedom* (New York: Twelve, 2018).
16. FP Staff, "Here's What Trump and Putin Actually Said in Helsinki," *Foreign Policy*, July 18, 2018, https://foreignpolicy.com/2018/07/18/heres-what-trump-and-putin-actually-said-in-helsinki/.
17. Scott Shane, "Stephen Bannon in 2014: We Are at War with Radical Islam," *New York Times*, February 2, 2017, https://www.nytimes.com/interactive/2017/02/01/us/stephen-bannon-war-with-radical-islam.html.
18. Donald J. Trump, "Trump: I'm Not Pro-Russia, I Just Want Our Country Safe," interview by Tucker Carlson, *Tucker Carlson Tonight*, Fox News, July 17, 2018, https://www.youtube.com/watch?v=MB8etvUSag0; Anne Applebaum, "The False Romance of Russia," The Atlantic, December 12, 2019, https://www.theatlantic.com/ideas/archive/2019/12/false-romance-

russia/603433/.

19. George Kennan, *Russia and the West Under Lenin and Stalin* (Boston, MA: Little, Brown and ompany, 1961), 349–69.

20. Jason Schwartz, "Senate Approves Supplemental Lend-Lease Act, Oct. 23, 1941," Politico, October 23, 2017, https://www.politico.com/story/2017/10/23/senate-approves-supplemental-lend-lease-act-oct-23-1941-243990.

21. Vegas Tenold, "My Six Years Covering Neo-Nazis: 'They're All Vying for the Affections of Russia,'" interview by Lois Beckett, *The Guardian U.S.*, February 17, 2018, https://www.theguardian.com/books/2018/feb/17/vegas-tenold-everything-you-love-will-burn-q-and-a-nazis; 헝가리에 대해서는 다음을 참조할 것. Rick Lyman and Alison Smale, "Defying Soviets, Then Pulling Hungary to Putin," *New York Times*, November 7, 2014, https://www.nytimes.com/2014/11/08/world/europe/viktor-orban-steers-hungary-toward-russia-25-years-after-fall-of-the-berlin-wall.html; 러시아정교회에 대해서는 다음을 참조할 것. Ishaan Tharoor, "The Christian Zeal Behind Russia's War in Syria," *Washington Post*, October 1, 2015, https://www.washingtonpost.com/news/worldviews/wp/2015/10/01/the-christian-zeal-behind-russias-war-in-syria/; 러시아정교회와 러시아 정보부 사이의 관계에 대해서는 다음을 참조할 것. Paul A. Goble, "FSB, SVR Divide Control of Moscow Patriarchate Church at Home and Abroad, Ukrainian Intelligence Official Says," Euromaidan Press, January 29, 2019, http://euromaidanpress.com/2019/01/29/fsb-svr-divide-control-of-moscow-patriarchate-church-at-home-and-abroad-ukrainian-intelligence-official-says/.

22. Mueller Report.

23. "Specially Designated Nationals List Update," news release, March 15, 2018, Resource Center, Office of Foreign Assets Control, U.S. Department of the Treasury, https://www.treasury.gov/resource-center/sanctions/OFAC-Enforcement/Pages/20180315.aspx.

24. Mueller Report.

25. Adam Goldman, Julian E. Barnes, Maggie Haberman, and Nicolas Fandos, "Lawmakers Are Warned That Russia Is Meddling to Re-elect Trump," *New York Times*, February 20, 2020.

26. U.S. Cyber Command, "Achieve and Maintain Cyberspace Superiority, Command Vision for U.S. Cyber Command," April, 2018, https://www.cybercom.mil/Portals/56/Documents/USCYBERCOM%20Vision%20April%202018.pdf?ver=2018-06-14-152556-010.

27. U.S. Cyber Command, "Achieve and Maintain Cyberspace Superiority."

28. Ellen Nakashima, "U.S. Cyber Command Operation Disrupted Internet Access of Russian Troll Factory on Day of 2018 Midterms," *Washington Post*, February 27, 2019, https://www.washingtonpost.com/world/national-security/us-cyber-command-operation-disrupted-internet-access-of-russian-troll-factory-on-day-of-2018-midterms/2019/02/26/1827fc9e-36d6-11e9-af5b-b51b7ff322e9_story.html.

29. Damien McGuinness, "How a Cyber Attack Transformed Estonia," BBC, April 27, 2017, https://www.bbc.com/news/39655415. 러시아의 사이버공격에 대한 에스토니아의 대응에 대해서는 다음을 참조할 것. Emily Tamkin, "10 Years After the Landmark Attack on Estonia Is the World Better Prepared for Cyber Threats?" *Foreign Policy*, April 27, 2017, https://

foreignpolicy.com/2017/04/27/10-years-after-the-landmark-attack-on-estonia-is-the-world-better-prepared-for-cyber-threats/.

30. 투마스 헨드릭 일베스 대통령과의 대담.
31. The Security Committee, "Finland's Cyber Security Strategy," October 4, 2018, https://turvallisuuskomitea.fi/en/finlands-cyber-security-strategy/, https://www.kyberturvallisuuskeskus.fi/en/.
32. "Empowering Users to Discover What Matters," Soap Public Media, https://www.getsoap.org/the-impact/.html.
33. "How Soap Works to Deliver Clarity," Soap Public Media, https://www.getsoap.org/how-does-soap-work/.
34. "Our Mission, Clean and Simple," Soap Public Media, https://www.getsoap.org/mission/.
35. Lionel Barber, Henry Foy, and Alex Barker, "Vladimir Putin Says Liberalism Has 'Become Obsolete,'" Financial Times, June 27, 2019, https://www.ft.com/content/670039ec-98f3-11e9-9573-ee5cbb98ed36.
36. Andrew Radin et al., "The Outlook for Russia's Growing Military Power," RAND Corporation, June 18, 2019, https://www.rand.org/pubs/research_briefs/RB10038.html.
37. Senate Judiciary Committee, "Testimony of William Browder to the Senate Judiciary Committee on FARA Violations Connected to the anti-Magnitsky Campaign by Russian Government Interests," July 26, 2017, https://www.judiciary.senate.gov/imo/media/doc/07-26-17%20Browder%20Testimony.pdf.
38. Robert Coalson, "Analysis: After 'Significant' Regional Elections, Russia's Opposition Looks to the Future," RadioFreeEurope/Radio Liberty, September 17, 2019, https://www.rferl.org/a/russia-analysis-opposition-future-regional-election-putin-navalny-protests/30169846.html.
39. Matthew Luxmoore, "'With Smart Voting Strategy,' Russian Opposition Takes Aim at Putin's 'Party of Crooks and Thieves,'" RadioFreeEurope/Radio Liberty, September 8, 2019, https://www.rferl.org/a/russia-smart-voting/30153235.html.
40. Ellen Barry, "Putin Contends Clinton Incited Unrest Over Vote," *New York Times*, December 8, 2011, https://www.nytimes.com/2011/12/09/world/europe/putin-accuses-clinton-of-instigating-russian-protests.html.
41. Rice, *Democracy*, 74.
42. 푸틴 이후의 미국의 역할에 대해서는 다음을 참조할 것. Herman Pirchner, *Post Putin: Succession, Stability, and Russia's Future*, American Foreign Policy Council (London, UK: Rowman & Littlefield, 2019). James M. Goldgeier and Michael McFaul, *Power and Purpose: U.S. Policy Toward Russia After the Cold War* (Washington, DC: Brookings Institution Press, 2003), 346, 351.
43. Rice, *Democracy*, 73–74.
44. Holly Ellyatt, "China's Xi Calls Putin His 'Best Friend' Against a Backdrop of Souring U.S. Relations," CNBC, June 5, 2019, https://www.cnbc.com/2019/06/05/putin-and-xi-meet-to-strengthen-ties-as-us-relations-sour.html.
45. Grygiel and Mitchell, *The Unquiet Frontier*, 61–74.
46. 이런 공격적 행위에 대해서는 다음을 참조할 것. the Heritage Foundation, "Russia: Assessing

Threats to U.S. Vital Interests," October 30, 2019, https://www.heritage.org/military-strength/assessing-threats-us-vital-interests/russia; Emma Chanlett Avery, Caitlin Campbell, and Joshua A. Williams, "The U.S.-Japan Alliance," Congressional Research Service, June 13, 2019, https://fas.org/sgp/crs/row/RL33740.pdf. 2019년 7월 사건에 대해서는 다음을 참조할 것. Mike Yeo, "Russian-Chinese Air Patrol Was an Attempt to Divide Allies, Says Top U.S. Air Force Official in Pacific," *DefenseNews*, August 23, 2019, https://www.defensenews.com/global/asia-pacific/2019/08/23/russian-chinese-air-patrol-was-an-attempt-to-divide-allies-says-top-us-air-force-official-in-pacific/.

47. James Dobbins, Howard Shatz, and Ali Wyne, "A Warming Trend in China-Russia Relations." RAND Corporation, April 18, 2019, https://www.rand.org/blog/2019/04/a-warming-trend-in-china-russia-relations.html.

제3장 통제에 대한 집착: 자유와 안보에 대한 중국 공산당의 위협

1. Gerald F. Seib, Jay Solomon, and Carol E. Lee, "Barack Obama Warns Donald Trump on North Korea Threat," *Wall Street Journal*, Dow Jones and Company, November 22, 2016, https://www.wsj.com/articles/trump-faces-north-korean-challenge-1479855286.
2. 오바마 행정부의 중국 정책은 여기에 정리되어 있다. Cheng Li, "Assessing U.S.-China Relations Under the Obama Administration," Brookings Institution, September 5, 2016. https://www.brookings.edu/opinions/assessing-u-s-china-relations-under-the-obama-administration/.
3. John Fairbank, *The United States and China* (Cambridge: Harvard University Press, 1948), 9.
4. "Xi Jinping: 'Time for China to Take Centre Stage," BBC, October 18, 2017, https://www.bbc.com/news/world-asia-china-41647872.
5. 중국의 세력 확장에 대해서는 다음을 참조할 것. Gideon Rachman, *Easternisation: War and Peace in the Asian Century* (London: The Bodley Head, 2016).
6. 매카트니의 건륭제 방문에 대해서는 다음을 참조할 것. Howard French, *Everything Under the Heavens: How the Past Helps Shape China's Push for Global Power* (New York: Alfred A. Knopf, 2017), 5-8. 베이징대학교 국제학부의 학장 왕지시(王缉思)는 2015년 이렇게 말했다. "1949년 '새로운 중국'이 세워진 후……무역이나 경제 정책뿐 아니라 외교 관계 역시 과거 중국의 위대한 면모와 연관되는 부분이 있어야 했다. 그렇게 해야만 18세기의 황제가 그랬듯 지금의 독재자도 자신의 정당성을 내세울 수 있기 때문이다." *Everything Under the Heavens*, 7-8.
7. 시진핑 체제하의 불안감에 대해서는 다음을 참조할 것. Michael D. Swaine and Ashley J. Tellis, *Interpreting China's Grand Strategy: Past, Present, and Future* (Santa Monica, CA: RAND Corporation, 2000), 12-13; Sulmaan Khan, *Haunted by Chaos: China's Grand Strategy from Mao Zedong to Xi Jinping* (Cambridge, MA: Harvard University Press, 2018), 7-8 and 209-35.
8. 예컨대 1970년대 헨리 키신저와 세련되고 수준 높은 외교전을 펼친 것으로 유명한 주은래 역시 1930년대에는 정치적 경쟁자의 가족들까지 모두 학살하는 일에 관여했었다. Benjamin Elman, *Civil Examinations and Meritocracy in Late Imperial China* (Cambridge, MA: Harvard University

Press, 2013), 30.

9. 중국이 특히 기억하고 있는 "굴욕의 세기"의 사건들은 다음과 같다. 영국과 벌인 제1차, 2차 아편전쟁 패배(1839-42, 1856-60), 19세기 유럽 열강들과 맺어야 했던 여러 불평등 조약들, 태평천국의 난(1850-64), 프랑스와의 전쟁에서의 패배(1884-85), 제1차, 2차 청일전쟁 패배(1894-95, 1937-45), 8개국 연합군에 의한 의화단 운동 진압(1899-1901), 영국의 티베트 침공(1903-4), 일본의 21개조 요구(1915), 그리고 일본의 만주 침공(1931-32) 등등. 이런 대부분의 역사적 사건들에서 중국은 막대한 배상금을 물거나 혹은 무역항을 개방하고 일부 지역을 열강들에게 강제로 내어주어야 했다. 그리고 그 밖에도 열강들의 세력 다툼 속에 수많은 억압과 굴욕을 당했다.

10. 문화대혁명에 대해서는 다음을 참조할 것. Khan, *Haunted by Chaos*, 111-26. 덩샤오핑의 개혁 정책에 대해서는 다음을 참조할 것. Ezra F. Vogel, *Deng Xiaoping and the Transformation of China* (Cambridge, MA: Belknap Press/Harvard University Press, 2013). 1981년 선언에 대해서는 다음을 참조할 것. "Resolution on Certain Questions in the History of Our Party Since the Founding of the People's Republic of China," The Sixth Plenary Session of the Eleventh Central Committee of the Communist Party of China, June 27, 1981.

11. 시진핑의 과거에 대해서는 다음을 참조할 것. Chris Buckley and Didi Kirsten Tatlow, "Cultural Revolution Shaped Xi Jinping, From Schoolboy to Survivor," *New York Times*, September 24, 2015, https://www.nytimes.com/2015/09/25/world/asia/xi-jinping-china-cultural-revolution.html and Evan Osnos, "Born Red," *The New Yorker*, March 30, 2015, https://www.newyorker.com/magazine/2015/04/06/born-red. 시진핑의 과거와 현재 그가 펼치고 있는 정책들과의 연관성에 대해서는 다음을 참조할 것. Patricia Thornton, *Disciplining the State: Virtue, Violence, and State-making in Modern China*. (Cambridge, MA: Harvard University Asia Center, 2007), 168-69.

12. Orville Schell and John Delury, *Wealth and Power: China's Long March to the Twenty-first Century* (New York: Random House, 2013), 386.

13. "시진핑은 마오쩌둥과는 달리 중국 공산당 안에서 성장하지 않았지만 언제나 당의 일부나 마찬가지였다. 그는 결코 공산당 문화로부터 벗어나 자유롭게 행동할 수 없을 것이다." Kerry Brown, *CEO, China: The Rise of Xi Jinping* (NewYork: I. B. Tauris, 2017), 230.

14. Timothy Beardson, *Stumbling Giant: The Threats to China's Future* (New Haven, CT: Yale University Press, 2013), 435.

15. Wei Chen, Xilu Chen, Chang-Tai Hsieh, and Zheng Song, "A Forensic Examination of China's National Accounts," Brookings Papers on Economic Activity, March 7, 2019, https://www.brookings.edu/wp-content/uploads/2019/03/bpea_2019_conference-1.pdf. 중국의 국영 기업들에 대해서는 다음을 참조할 것. Greg Levesque, "China's Evolving Economic Statecraft," *The Diplomat*, April 12, 2017, https://www.nytimes.com/2016/10/14/world/asia/china-soe-state-owned-enterprises.html.

16. Lily Kuo and Kate Lyons, "China's Most Popular App Brings Xi Jinping to Your Pocket," *The Guardian*, February 15, 2019, https://www.theguardian.com/world/2019/feb/15/chinas-most-popular-app-brings-xi-jinping-to-your-pocket.

17. Austin Ramzy and Chris Buckley, "'Absolutely No Mercy': Leaked Files Expose How China Organized Mass Detentions of Muslims," *New York Times*, November 16, 2019, https://www.nytimes.com/interactive/2019/11/16/world/asia/china-xinjiang-documents.html.
18. "Mass Rally Thanks U.S. for 'Supporting Hong Kong,'" Radio Television Hong Kong, November 28, 2019, https://news.rthk.hk/rthk/en/component/k2/1494997-20191128.htm.
19. Benjamin Lim and Ben Blanchard, "Xi Jinping Hopes Traditional Faiths Can Fill Moral Void in China: Sources," Reuters, September 29, 2013, https://www.reuters.com/article/us-china-politics-vacuum/xi-jinping-hopes-traditional-faiths-can-fill-moral-void-in-china-sources-idUSBRE98S0GS20130929.
20. Christian Shepherd, "Disappearing Textbook Highlights Debate in China over Academic Freedom," Reuters, February 1, 2019, https://www.reuters.com/article/us-china-law/disappearing-textbook-highlights-debate-in-china-over-academic-freedom-idUSKCN1PQ45T.
21. 중국 왕조의 조공제도에 대해서는 다음을 참조할 것. Christopher Ford, *The Mind of Empire: China's History and Modern Foreign Relations* (Lexington: University Press of Kentucky, 2010), 92–96; and French, *Everything Under the Heavens*, 10–12, 244. David Kang, *East Asia Before the West: Five Centuries of Trade and Tribute* (New York: Columbia University Press, 2010), 107.
22. U.S. Energy Information Administration, "World Oil Transit Chokepoints," July 25, 2017, https://www.eia.gov/beta/international/analysis_includes/special_topics/World_Oil_Transit_Chokepoints/wotc.pdf.
23. Jun Ding and Hongjin Cheng, "China's Proposition to Build a Community of Shared Future for Mankind and the Middle East Governance," *Asian Journal of Middle Eastern and Islamic Studies* 11, no. 4 (2017): 3.
24. 일대일로 계획에 대해서는 다음을 참조할 것. Audrye Wong, "China's Economic Statecraft under Xi Jinping," Brookings Institution, January 22, 2019, https://www.brookings.edu/articles/chinas-economic-statecraft-under-xi-jinping/#footref-1; and Dylan Gerstel, "It's a (Debt) Trap! Managing China-IMF Cooperation Across the Belt and Road," Center for Strategic and International Studies, October 17, 2018, https://www.csis.org/npfp/its-debt-trap-managing-china-imf-cooperation-across-belt-and-road.
25. 몰디브 선거에 대한 중국 측의 개입에 대해서는 다음을 참조할 것. Brahma Chellaney, "Beijing Loses a Battle in the Maldives—but the Fight for Influence Goes On," *Nikkei Asian Review*, September 25, 2018, https://asia.nikkei.com/Opinion/Beijing-loses-a-battle-in-the-Maldives-but-the-fight-for-influence-goes-on; Oki Nagai and Yuji Kuronuma, "Maldives Election Marks Setback for China's Belt and Road," *Nikkei Asian Review*, September 25, 2018, https://asia.nikkei.com/Spotlight/Belt-and-Road/Maldives-election-marks-setback-for-China-s-Belt-and-Road2.
26. Tom Wright and Bradley Hope, "WSJ Investigation: China Offered to Bail Out Troubled Malaysian Fund in Return for Deals," *Wall Street Journal*, January 7, 2019.
27. David Ndii, "China's Debt Imperialism: The Art of War by Other Means?" Elephant, August 18, 2018, https://www.theelephant.info/op-eds/2018/08/18/chinas-debt-imperialism-the-art-of-

war-by-other-means/.

28. Nicholas Casey and Clifford Krauss, "It Doesn't Matter if Ecuador Can Afford This Dam. China Still Gets Paid," *New York Times*, December 24, 2018, https://www.nytimes.com/2018/12/24/world/americas/ecuador-china-dam.html.

29. 몰디브에 대해서는 다음을 참조할 것. Simon Mundy and Kathrin Hille, "The Maldives Counts the Cost of Its Debts to China," *Financial Times*, February 10, 2019, https://www.ft.com/content/c8da1c8a-2a19-11e9-88a4-c32129756dd8. 말레이시아에 대해서는 다음을 참조할 것. Tom Wright and Bradley Hope, "WSJ Investigation: China Offered to Bail Out Troubled Malaysian Fund in Return for Deals," *Wall Street Journal*, January 7, 2019, https://www.wsj.com/articles/how-china-flexes-its-political-muscle-to-expand-power-overseas-11546890449. 에콰도르에 대해서는 다음을 참조할 것. Nicholas Casey and Clifford Krauss, "It Doesn't Matter If Ecuador Can Afford This Dam. China Still Gets Paid," *New York Times*, December 24, 2018. 베네수엘라에 대해서는 다음을 참조할 것. "China to Lend Venezuela $5 Billion as Maduro Visits Beijing," Bloomberg, September 13, 2018, https://www.bloomberg.com/news/articles/2018-09-13/china-to-give-venezuela-5-billion-loan-as-maduro-visits-beijing.

30. Erik Sherman, "One in Five U.S. Companies Say China Has Stolen Their Intellectual Property," *Fortune*, March 1, 2019, https://fortune.com/2019/03/01/china-ip-theft/.

31. William Hannas, James Mulvenon, and Anna Puglisi, *Chinese Industrial Espionage: Technology Acquisition and Military Modernisation* (Abingdon: Routledge, 2013), 165–71, 216–25, 230.

32. 중국 기업들의 첩보 활동에 대해서는 다음을 참조할 것. Hearing on China's Non-Traditional Espionage Against the United States: The Threat and Potential Policy Responses, Before the Senate Comm. on the Judiciary, 115th Congress (2018) (statement of John Demers, Assistant Attorney General, National Security Division, U.S. Department of Justice), https://www.judiciary.senate.gov/meetings/chinas-non-traditional-espionage-against-the-united-states-the-threat-and-potential-policy-responses. CRI에 대한 내용은 다음을 참조할 것. Greg Levesque, "Testimony Before the U.S.-China Economic and Security Review Commission Hearing on What Keeps Xi Up at Night: Beijing's Internal and External Challenges," U.S.-China Economic and Security Review Commission, February 2019, https://www.uscc.gov/sites/default/files/Levesque_USCC%20Testimony_Final_0.pdf.

33. "PRC Acquisition of U.S. Technology," U.S. National Security and the People's Republic of China, GovInfo, https://www.govinfo.gov/content/pkg/GPO-CRPT-105hrpt851/html/ch1bod.html; Office of the Under Secretary of Defense, "Defense Budget Overview: United States Department of Defense Fiscal Year 2019 Budget Request," February 2018, https://dod.defense.gov/Portals/1/Documents/pubs/FY2019-Budget-Request-Overview-Book.pdf.

34. 에너지부에 대해서는 다음을 참조할 것. Department of Justice, "Former Sandia Corporation Scientist Sentenced for Taking Government Property to China," United States Attorney's Office, District of New Mexico, November 24, 2014, https://www.justice.gov/usao-nm/pr/former-sandia-corporation-scientist-sentenced-taking-government-property-china. 강제 기술 이전에 대해서는 다음을 참조할 것. Michael Brown and Pavneet Singh, "China's Technology Transfer

Strategy," Defense Innovation Unit Experimental, January 2018, 19, https://admin.govexec.com/media/diux_chinatechnologytransferstudy_jan_2018_(1).pdf. 광치그룹에 대해서는 다음을 참조할 것. Greg Levesque, "Testimony."

35. 아프리카연합에 대해서는 다음을 참조할 것. John Aglionby, Emily Feng, and Yuan Yang, "African Union Accuses China of Hacking Headquarters," *Financial Times*, January 29, 2018, https://www.ft.com/content/c26a9214-04f2-11e8-9650-9c0ad2d7c5b5. 키스 알렉산더 장군의 언급에 대해서는 다음을 참조할 것. Claudette Roulo, "Cybercom Chief: Culture, Commerce Changing Through Technology," U.S. Department of Defense, October 12, 2012, https://archive.defense.gov/news/newsarticle.aspx?id=118201. The study was conducted by the Council of Economic Advisors, "The Cost of Malicious Cyber Activity to the U.S. Economy," February 2018, 36, https://www.whitehouse.gov/wp-content/uploads/2018/03/The-Cost-of-Malicious-Cyber-Activity-to-the-U.S.-Economy.pdf.

36. United States of America v. Zhu Hua and Zhang Shilong, 2018 S.D.N.Y. (2018), https://www.justice.gov/opa/press-release/file/1121706/download.

37. 기술 절도에 대해 일부 확인된 내용들: 방사선 내성 마이크로칩과 반도체 장비들, 정밀 타격 및 방향 확인을 위한 군 기술 자료, B-2 스텔스 폭격기와 순항 미사일에 사용되는 기술 지침, 군용 레이더에 사용되는 전자 장비, 암호 해독 기술 등. 더 자세한 사항은 다음을 참조할 것. "Summary of Major U.S. Export Enforcement, Economic Espionage, Trade Secret and Embargo-Related Criminal Cases," Department of Justice, February, 2015, https://www.justice.gov/file/347376/download.

38. China Power Team, "Is China at the Forefront of Drone Technology?" China Power, May 29, 2018, https://chinapower.csis.org/china-drones-unmanned-technology/.

39. Mike Giglio, "China's Spies Are on the Offensive," The Atlantic, August 26, 2019, https://www.theatlantic.com/politics/archive/2019/08/inside-us-china-espionage-war/595747. 홍콩 시위에 대해서는 다음을 참조할 것. Steven Myers and Paul Mozur, "China Is Waging a Disinformation War Against Hong Kong Protesters," *New York Times*, August 13, 2019, https://www.nytimes.com/2019/08/13/world/asia/hong-kong-protests-china.html; Tom Mitchell, Nicolle Liu, and Alice Woodhouse, "Cathay Pacific Crisis Ushers in Nervous New Era for Hong Kong Inc.," *Financial Times*, August 28, 2019, https://www.ft.com/content/cb6f5038-c7ac-11e9-a1f4-3669401ba76f.

40. 중국의 영향력에 대해서는 다음을 참조할 것. Tara Francis Chan, "A Secret Government Report Uncovered China's Attempts to Influence All Levels of Politics in Australia," Business Insider, May 28, 2018, https://www.businessinsider.com/secret-australian-government-report-uncovered-china-influence-campaign-2018-5; David Shullman, "Protect the Party: Chinas Growing Influence in the Developing World," Brookings, October 4, 2019, https://www.brookings.edu/articles/protect-the-party-chinas-growing-influence-in-the-developing-world/.

41. 이 부분에 대한 더 많은 정보와 내용은 다음에서 확인할 수 있다. Larry Diamond and Orville Schell, eds., *China's Influence and American Interests: Promoting Constructive Vigilance* (Stanford, CA: Hoover Institution Press, 2018), 20, 60 63-68, 146-51, and 169-73. 중국의 영향력에 대한 더 많은 정보는 다음에서 확인할 수 있다. John Garnaut, "How China Interferes in Australia,"

Foreign Affairs, March 9, 2018, https://www.foreignaffairs.com/articles/china/2018-03-09/how-china-interferes-australia.

42. Hardina Ohlendorf, "The Taiwan Dilemma in Chinese Nationalism," *Asian Survey* 54 no. 3 (2014): 471–91.

43. 타이완의 수출에 대해서는 다음을 참조할 것. Da-Nien Liu, "The Trading Relationship Between Taiwan and the United States: Current Trends and the Outlook for the Future," Brookings Institution, November 2016, https://www.brookings.edu/opinions/the-trading-relationship-between-taiwan-and-the-united-states-current-trends-and-the-outlook-for-the-future/; and "TW's Top 10 Export Destinations," Bureau of Foreign Trade, Taiwan Ministry of Economic Affairs, https://www.trade.gov.tw/english/Pages/Detail.aspx?nodeID=94&pid=651991&dl_DateRange=all&txt_SD=&txt_ED=&txt_Keyword=&Pageid=0.

44. Jason Li, "China's Surreptitious Economic Influence on Taiwan's Elections," *The Diplomat*, April 12, 2019, https://thediplomat.com/2019/04/chinas-surreptitious-economic-influence-on-taiwans-elections/.

45. Chris Horton, "China, an Eye on Elections, Suspends Some Travel Permits to Taiwan," *New York Times*, July 31, 2019, https://www.nytimes.com/2019/07/31/world/asia/taiwan-china-tourist-visas.html.

46. 왕이의 언급에 대해서는 다음을 참조할 것. Thomas Wright, "Taiwan Stands Up to Xi," *The Atlantic*, January 15, 2020, https://www.theatlantic.com/ideas/archive/2020/01/taiwans-new-president-is-no-friend-of-beijing/605020/.

47. "Xi Jinping Says Taiwan 'Must and Will Be' Reunited with China," BBC, January 2, 2019, https://www.bbc.com/news/worldasia-china-46733174. 중국의 군사력 증강에 대해서는 다음을 참조할 것. the Office of the Secretary of Defense, "Annual Report to Congress: Military and Security Developments Involving the People's Republic of China 2019," Office of the Secretary of Defense, 15, https://media.defense.gov/2019/May/02/2002127082/-1/-1/1/2019_CHINA_MILITARY_POWER_REPORT.pdf.

48. Andreo Calonzo, "Duterte Will Ignore South China Sea Ruling for China Oil Deal," Bloomberg, September 11, 2019, https://www.bloomberg.com/news/articles/2019-09-11/duterte-will-ignore-south-china-sea-ruling-for-china-oil-deal; Cliff Venzon, "Duterte Struggles to Sell His China Pivot at Home," *Nikkei Asian Review*, October 9, 2019, https://asia.nikkei.com/Spotlight/Cover-Story/Duterte-struggles-to-sell-his-China-pivot-at-home.

49. Patrick M. Cronin and Ryan Neuhard, "Total Competition: China's Challenge in the South China Sea," Center for a New American Security, January 8, 2020, https://www.cnas.org/publications/reports/total-competition.

제4장 약점을 강점으로

1. Donovan Chau and Thomas Kane, *China and International Security: History, Strategy, and 21st-Century Policy* (Westport, CO: Praeger, 2014), 64.

2. Hillary Rodham Clinton, *Hard Choices* (New York: Simon and Schuster, 2014).
3. 이 문제에 대해서는 다음을 참조할 것. Michael H. Hunt, *The Making of a Special Relationship: The United States and China to 1914* (New York: Columbia University Press, 1983), and John Pomfret, *The Beautiful Country and the Middle Kingdom: America and China, 1776 to the Present* (New York: Henry Holt, 2016), 570–71.
4. Department of State, Office of the Historian, "Document 12: Memorandum of Conversation," *Foreign Relations of the United States, 1969–1976*, Volume XVIII, *China, 1973–1976*, https://history.state.gov/historicaldocuments/frus1969-76v18/d12.
5. 조지프 라일리(Joseph Riley)는 냉전 이후 미국과 중국의 관계에 대해 다음과 같이 언급했다. "조지 H.W. 부시 행정부에서 오바마 행정부까지, 미국의 정책입안자들 중 상당수는 중국과의 광범위한 경제, 정치, 문화적 교류를 통해 기존의 경제 정책과 권위주의적 정치 구조를 벗어난 자유로운 분위기가 조성될 것이라고 믿었다." Joseph Riley, *The Great Gamble: Washington's Ill-Fated Attempt to Reform Beijing* (manuscript).
6. "CRACKDOWN IN BEIJING: Excerpts from Bush's News Session," *New York Times*, June 6, 1989, https://www.nytimes.com/1989/06/06/world/crackdown-in-beijing-excerpts-from-bush-s-news-session.html.
7. "Clinton's Words on China: Trade Is the Smart Thing," *New York Times*, March 9, 2000, https://www.nytimes.com/2000/03/09/world/clinton-s-words-on-china-trade-is-the-smart-thing.html.
8. Yuka Koshino, "How Did Obama Embolden China? Comparative Analysis of 'Engagement' and 'Containment' in Post–Cold War Sino-American Relations," U.S. Japan Research Institute, 2015, 14, http://www.us-jpri.org/wp/wp-content/uploads/2016/07/CSPC_Koshino_2015.pdf.
9. Susan Rice, "Remarks as Prepared for Delivery by National Security Advisor Susan E. Rice," Office of the Press Secretary, The White House, November 21, 2013, https://obamawhitehouse.archives.gov/the-press-office/2013/11/21/remarks-prepared-delivery-national-security-advisor-susan-e-rice.
10. "China Already Violating U.S. Cyber Agreement, Group Says," CBS News, October 19, 2015, https://www.cbsnews.com/news/crowdstrike-china-violating-cyberagreement-us-cyberespionage-intellectual-property/.
11. Del Quentin Wilber, "China 'Has Taken the Gloves Off' in Its Thefts of U.S. Technology Secrets," *Los Angeles Times*, November 16, 2018.
12. Jeffrey Goldberg, "The Obama Doctrine," *The Atlantic*, April 2016, https://www.theatlantic.com/magazine/archive/2016/04/the-obama-doctrine/471525/.
13. 위성사진에 대해서는 다음을 참조할 것. CSIS's Asia Maritime Transparency Initiative, Asia Maritime Transparency Initiative, "A Look at China's SAM Shelters in the Spratlys," Center for Strategic and International Studies, February 23, 2017, https://amti.csis.org/chinas-sam-shelters-spratlys/. 남중국해의 군사적 갈등에 대해서는 다음을 참조할 것. "How Much Trade Transits the South China Sea?" Center for Strategic and International Studies, https://chinapower.csis.org/much-trade-transits-south-china-sea/#easy-footnote-bottom-1-3073; Jeremy Page, Carol E. Lee, and Gordon Lubold, "China's President Pledges No Militarization in Disputed Islands," *Wall*

Street Journal, September 25, 2015, https://www.wsj.com/articles/china-completes-runway-on-artificial-island-in-south-china-sea-1443184818.

14. Joseph Riley, *The Great Gamble* (manuscript).
15. Michael Pence, "Remarks by Vice President Michael Pence on the Administration's Policy Toward China," Remarks, The White House, October 4, 2018, https://www.whitehouse.gov/briefings-statements/remarks-vice-president-pence-administrations-policy-toward-china/.
16. United States Senate Committee on Homeland Security and Governmental Affairs, "Threats to the U.S. Research Enterprise: China's Talent Recruitment Plans," November 18, 2019, 31-32, https://www.hsgac.senate.gov/imo/media/doc/2019-11-18%20PSI%20Staff%20Report%20-%20China's%20Talent%20Recruitment%20Plans.pdf.
17. Edward Wong, "Competing Against Chinese Loans, U.S. Companies Face Long Odds in Africa," *New York Times*, January 13, 2019.
18. Pomfret, *The Beautiful Country*.
19. 예를 들어 미국의 외국인투자위원회(the Committee on Foreign Investment in the United States, CFIUS)는 주요 기술에 대한 보호를 강화했다. 2018년에는 외국인투자위험심사현대화법(Foreign Investment Risk Review Modernization Act, FIRRMA)이 발효되면서 CFIUS의 권한이 확대되었고 중국 공산당이 노릴 수 있는 제도상의 허점을 막게 된다.
20. Sui-Lee Wee, "China Uses DNA to Track Its People, with the Help of American Expertise," *New York Times*, February 21, 2019, https://www.nytimes.com/2019/02/21/business/china-xinjiang-uighur-dna-thermo-fisher.html.
21. Roger Robinson Jr., "Why and How the U.S. Should Stop Financing China's Bad Actors." *Imprimis* 48, no. 10 (2019), https://imprimis.hillsdale.edu/roger-w-robinson-stop-financing-china/.
22. Michael Brown and Pavneet Singh, "China's Technology Transfer Strategy: How Chinese Investments in Emerging Technology Enable a Strategic Competitor to Access the Crown Jewels of U.S. Innovation," Defense Innovation Unit-Experimental, January 15, 2018, https://admin.govexec.com/media/diux_chinatechnologytransferstudy_jan_2018_(1).pdf
23. 2018년 중국 공산당은 제18차 전국인민대표회의에서 이른바 법치주의에 대해 논의를 벌였는데, 그 개념은 공개적으로 공표되어 공평하게 적용되고 독립적으로 판결이 되는 법률에 국가가 책임을 진다는 보편적인 이해가 아닌 공산당의 절대적인 지도력을 기반으로 하고 있다. Ronald Alcala, Eugene Gregory, and Shane Reeves, "China and the Rule of Law: A Cautionary Tale for the International Community," *Just Security*, June 28, 2018, https://www.justsecurity.org/58544/china-rule-law-cautionary-tale-international-community/.
24. 미국 법무부는 중국과 관련해 2018년부터 연구소와 대학교, 그리고 방위 산업체의 새로운 정보 수집 과정은 물론 통신과 기타 부문의 공급망에 대한 위험과 같은 영업비밀 절도의 위협에 대한 인식을 높이기 시작했다. Katharina Buchholz, "Which Countries Have Banned Huawei?" *Statista*, August 19, 2019, https://www.statista.com/chart/17528/countries-which-have-banned-huawei-products/.
25. Department of Justice, "Chinese Telecommunications Conglomerate Huawei and Subsidiaries Charged in Racketeering Conspiracy and Conspiracy to Steal Trade Secrets," February 13, 2020.

26. Larry Diamond and Orville Schell, eds., *China's Influence and American Interests: Promoting Constructive Vigilance* (Stanford, CA: Hoover Institution Press, 2018), 163 – 209.
27. U.S. Department of Justice, "Two Chinese Hackers Associated with the Ministry of State Security Charged with Global Computer Intrusion Campaigns," U.S. Department of Justice Press Office, December 20, 2018, https://www.justice.gov/opa/pr/two-chinese-hackers-associated-ministry-state-security-charged-global-computer-intrusion.
28. 심지어 캄보디아의 독재자인 훈 센(Hun Sen)조차도 텅 빈 호텔 밖에 없는 도시 규모의 카지노 휴양지 건설 등으로 수천 명의 주민들을 이주시키고 심각한 환경 피해를 불러일으킨 여러 실패한 계획들에 대한 조사를 피할 수 없었다. 또한 2018년부터 2019년까지 오스트레일리아의 의원들은 자국 경제의 민감한 영역에 대한 외국인 투자를 제한함으로써 중국 공산당의 영향력에 대응하기 위해 새로운 법률을 통과시켰다. Yinka Adegoke, "Chinese Debt Doesn't Have to Be a Problem for African Countries," *Quartz*, May 13, 2018, https://qz.com/africa/1276710/china-in-africa-chinese-debt-news-better-management-by-african-leaders/.
29. 이 문제에 대해서는 다음을 참조할 것. Ellen Nakashima, "U.S. Pushes Hard for a Ban on Huawei in Europe, but the Firm's 5G Prices Are Nearly Irresistible," *Washington Post*, May 29, 2019, https://www.washingtonpost.com/world/national-security/for-huawei-the-5g-play-is-in-europe--and-the-us-is-pushing-hard-for-a-ban-there/2019/05/28/582a8ff6-78d4-11e9-b7ae-390de4259661_story.html. Huawei, "Huawei Investment & Holding Co., Ltd. 2018 Annual Report," Huawei.com, https://www.huawei.com/en/press-events/annual-report/2018. 화웨이의 사업 확장과 중국 공산당의 역할에 대해서는 다음을 참조할 것. Chuin-Wei Yap, "State Support Helped Fuel Huawei's Global Rise," *Wall Street Journal*, December 25, 2019, https://www.wsj.com/articles/state-support-helped-fuel-huaweis-global-rise-11577280736. 화웨이는 이 문제에 대해 계속해서 부인을 하고 있는데, 여기에 대해서는 다음을 참조할 것. Karl Song, "No, Huawei Isn't Built on Chinese State Funding," Huawei.com, February 25, 2020, https://www.huawei.com/ke/facts/voices-of-huawei/no-huawei-isnt-built-on-chinese-state-funding. 사이버첩보전에 대해서는 다음을 참조할 것. the U.S. Department of Justice's indictment, Department of Justice, "Chinese Telecommunications Conglomerate Huawei and Subsidiaries Charged in Racketeering Conspiracy and Conspiracy to Steal Trade Secrets," February 13, 2020, https://www.justice.gov/opa/pr/chinese-telecommunications-conglomerate-huawei-and-subsidiaries-charged-racketeering. Andrew Grotto, "The Huawei Problem: A Risk Assessment," *Global Asia* 14, no. 3 (2019): 13 – 15, http://www.globalasia.org/v14no3/cover/the-huawei-problem-a-risk-assessment_andrew-grotto; Klint Finley, "The U.S. Hits Huawei with New Charges of Trade Secret Theft," *Wired*, February 13, 2020, https://www.wired.com/story/us-hits-huawei-new-charges-trade-secret-theft/.
30. 화웨이를 통해 중국 공산당이 얻는 전략적 이득에 대해서는 다음을 참조할 것. David E. Sanger, Julian E. Barnes, Raymond Zhong, and Marc Santora, "In 5G Race with China, U.S. Pushes Allies to Fight Huawei," *New York Times*, January 26, 2019, https://www.nytimes.com/2019/01/26/us/politics/huawei-china-us-5g-technology.html.
    화웨이와 중국 공산당의 밀접한 관계에 대해서는 다음을 참조할 것. Christopher Balding and Donald C. Clarke, "Who Owns Huawei?" Social Science Research Network, April 17, 2019,

https://papers.ssrn.com/sol3/papers.cfm?abstract_id=3372669; Raymond Zhong, "Who Owns Huawei? The Company Tried to Explain. It Got Complicated," *New York Times*, April 25, 2019, https://www.nytimes.com/2019/04/25/technology/who-owns-huawei.html.
화웨이는 이 관계에 대해 부인을 하고 있는데, 이 점에 대해서는 다음을 참조할 것 Associated Press, "Huawei Denies U.S. Violations, 'Disappointed' by Criminal Charges," Associated Press, January 28, 2019, https://www.marketwatch.com/story/huawei-denies-us-violations-disappointed-by-criminal-charges-2019-01-28.

31. 이란과 북한에 대한 제재 조치 우회 협의에 대해서는 다음을 참조할 것. Department of Justice, "Chinese Telecommunications Conglomerate Huawei and Subsidiaries Charged in Racketeering Conspiracy and Conspiracy to Steal Trade Secrets," U.S. Department of Justice, February 13, 2020, https://www.justice.gov/opa/pr/chinese-telecommunications-conglomerate-huawei-and-subsidiaries-charged-racketeering.
32. Chris Demchak and Yuval Shavitt, "China's Maxim—Leave No Access Point Unexploited: The Hidden Story of China Telecom's BGP Hijacking," *Military Cyber Affairs* 3, no. 1 (2018): 5–7.
33. 화웨이와 중국 인민해방군 및 군 정보부 사이의 인적 교류 문제에 대해서는 다음을 참조할 것. Robert Mendick, "Huawei Staff CVs Reveal Alleged Links to Chinese Intelligence Agencies," *Telegraph*, July 5, 2019, https://www.telegraph.co.uk/news/2019/07/05/huawei-staff-cvs-reveal-alleged-links-chinese-intelligence-agencies/. 화웨이의 반복적인 부인에 대해서는 다음을 참조할 것. Isobel Asher Hamilton, "Huawei's Security Boss Says the Company Would Sooner "Shut Down" than Spy for China," *Business Insider*, March 6, 2019, https://www.businessinsider.com/huawei-would-sooner-shut-down-than-spy-for-china-2019-3?rs=US&IR=T. 아프리카 독재자들의 정적 감시용 기술과 화웨이의 관계에 대해서는 다음을 참조할 것. Joe Parkinson, Nicholas Bariyo, and Josh Chin, "Huawei Technicians Helped African Governments Spy on Political Opponents," *Wall Street Journal*, August 15, 2019, https://www.wsj.com/articles/huawei-technicians-helped-african-governments-spy-on-political-opponents-11565793017?mod=breakingnews. 화웨이의 부인에 대해서는 다음을 참조할 것. Huawei, "A Legal Demand Letter to The Wall Street Journal," Huawei.com, August 16, 2019, https://www.huawei.com/ke/facts/voices-of-huawei/a_legal_demand_letter_to_the_wall_street_journal.
34. Kate O'Keeffe and Dustin Volz, "Huawei Telecom Gear Much More Vulnerable to Hackers Than Rivals' Equipment, Report Says," *Wall Street Journal*, June 25, 2019, https://www.wsj.com/articles/huawei-telecom-gear-much-more-vulnerable-to-hackers-than-rivals-equipment-report-says-11561501573; Arjun Kharpal, "Huawei Staff Share Deep Links with Chinese Military, New Study Finds," CNBC, July 8, 2019, https://www.cnbc.com/2019/07/08/huawei-staff-and-chinese-military-have-deep-links-study-claims.html. Joe Parkinson and Nicholas Bariyo, "Huawei Technicians Helped African Governments Spy on Political Opponents," *Wall Street Journal*, August 15, 2019, https://www.wsj.com/articles/huawei-technicians-helped-african-governments-spy-on-political-opponents-11565793017; Akito Tanaka, "China in Pole Position for 5G Era with a Third of Key Patents," *Nikkei Asian Review*, May 3, 2019, https://asia.nikkei.com/Spotlight/5G-networks/China-in-pole-position-for-5G-era-with-a-

third-of-key-patents; Jeffrey Johnson, "Testimony Before the U.S.-China Economic and Security Review Commission Hearing on 'Chinese Investment in the United States: Impacts and Issues for Policy Makers,'" U.S.-China Economic and Security Review Commission, January 26, 2017, https://www.uscc.gov/sites/default/files/Johnson_USCC%20Hearing%20Testimony012617.pdf.

35. Graham Allison, *Destined for War: Can America and China Escape Thucydides's Trap?* (Melbourne, Australia:: Scribe Publications, 2019).
36. John Lee, "China's Economic Slowdown: Root Causes, Beijing's Response and Strategic Implications for the US and Allies," Hoover Institute, December 16, 2019.
37. James Legge, *Confucian Analects: The Great Learning and the Doctrine of the Mean* (Mineola, NY: Dover Publications, 1971), 263–64; Keegan Elmer, "U.S. Tells China: We Want Competition…but Also Cooperation." *South China Morning Post*, October 1, 2018, https://www.scmp.com/news/china/diplomacy/article/2166476/us-tells-china-we-want-competition-not-cooperation.

제5장 20년째 반복되고 있는 전쟁: 남아시아 지역에 대한 미국의 환상

1. Abdullah Azzam, "Al-Qa'idah al-Sulbah," *Al-Jihad* 41 (April 1988): 46. English source: Rohan Gunaratna, "Al Qaeda's Ideology," Hudson Institute, May 19, 2005, https://www.hudson.org/research/9777-al-qaeda-s-ideology. "The original text in Arabic was translated into English by Reuven Paz, Academic Director, International Policy Institute for Counter Terrorism, Israel."
2. 니콜슨 장군에 따르면 2017년에 20여 개 단체들이 아프가니스탄과 파키스탄 국경 근처에 모여들었다고 한다. Brian Dodwell and Don Rassler, "A View from the CT Foxhole: General John W. Nicholson, Commander, Resolute Support and U.S. Forces—Afghanistan," *CTC Sentinel* 10, no. 2 (February 2017): 12–15, https://ctc.usmaedu/a-view-from-the-ct-foxhole-general-john-w-nicholson-commander-resolute-support-and-u-s-forces-afghanistan/.
3. St. Thomas Aquinas, *Summa Theologica* (AD 1265–1274), n.p.
4. Sun Tzu, *The Art of War* (Leicester, UK: Allandale Online Publishing, 2000), https://sites.ualberta.ca/~enoch/Readings/The_Art_Of_War.pdf.
5. Kevin Sullivan, "Embassy in Kabul Reopened by U.S." *Washington Post*, December 18, 2001, https://www.washingtonpost.com/archive/politics/2001/12/18/embassy-in-kabul-reopened-by-us/f89df7ec-a332-4156-98bc-81df3c951cfd/.
6. Sean Naylor, *Not a Good Day to Die: The Untold Story of Operation Anaconda* (New York: Berkley Caliber Books, 2006), 8.
7. Steve Coll, *Ghost Wars: The Secret History of the C.I.A., Afghanistan, and Bin Laden, from the Soviet Invasion to September 10, 2001* (New York: Penguin Press, 2004), 582; Steve Coll, *Directorate S: The C.I.A. and America's Secret Wars in Afghanistan and Pakistan* (New York: Penguin Press, 2018), 20–21.
8. 카불에서의 진행 과정을 살펴보자. 9월 26일 CIA가 아프가니스탄에 도착했고 11월 12일 탈레반이 카불에서 철수한다. 그리고 11월 14일 북부동맹 지휘부와 CIA가 함께 카불에 입성한다. Coll, *Directorate S*, 80, 93. 손자의 원래 가르침은 다음과 같다. "故善戰者, 能爲不可勝,

不能使敵之必可勝(그러므로 아무리 전쟁을 잘하는 사람이라 해도 적군의 승리를 불가능하게 할 수는 있지만 아군이 반드시 승리할 수 있도록 적을 부릴 수는 없다.)" Sun Tzu, *The Art of War*.

9. ISI 요원들과의 관계에 대해서는 다음을 참조할 것. Seymour M. Hersh, *Chain of Command: The Road from 9/11 to Abu Ghraib* (New York: HarperCollins, 2005), 132; Naylor, *Not a Good Day to Die*.
10. Nadia Schadlow, *War and the Art of Governance: Consolidating Combat Success into Political Victory* (Washington, DC: Georgetown University Press, 2017), 220–26.
11. CNN, "Rumsfeld: Major Combat Over in Afghanistan," CNN, May 1, 2003, http://www.cnn.com/2003/WORLD/asiapcf/central/05/01/afghan.combat/.
12. Thomas J. Barfield, *Afghanistan: A Cultural and Political History* (Princeton, NJ: Princeton University Press, 2012).
13. Patrick Porter, *Military Orientalism: Eastern War Through Western Eyes* (New York: Oxford University Press, 2013).
14. Schadlow, *War and the Art of Governance*, 223.
15. Barfield, *Afghanistan: A Cultural and Political History*, 25, 50–51, 284–93.
16. Wright, *The Looming Tower*, 133.
17. Thomas Joscelyn, "Al Qaeda Leader Argues Taliban's 'Blessed Emirate' a Core Part of New Caliphate," FDD's *Long War Journal*, August, 24, 2018, https://www.longwarjournal.org/archives/2018/08/al-qaeda-leader-argues-talibans-blessed-emirate-a-core-part-of-new-caliphate.php; Thomas Joscelyn, "Ayman al Zawahiri Pledges Allegiance to the Taliban's New Emir," FDD's *Long War Journal*, August 13, 2015, https://www.longwarjournal.org/archives/2015/08/ayman-al-zawahiri-pledges-allegiance-to-the-talibans-new-emir.php.
18. Coll, *Directorate S*, 311.
19. 당시 진행되었던 NATO의 작전에 대해서는 다음을 참조할 것. NATO OTAN, "Resolute Support Mission (RSM): Key Facts and Figures," NATO, February, 2017, https://www.nato.int/nato_static_fl2014/assets/pdf/pdf_2017_02/20170209_2017-02-RSM-Placemat.pdf. Winston Churchill, April 1, 1945.
20. ISIS의 등장에 대해서는 다음을 참조할 것 Joby Warrick, *Black Flags: The Rise of ISIS* (New York: Doubleday, 2015), 303.
21. Shaun Gregory, "The ISI and the War on Terrorism," *Studies in Conflict and Terrorism Journal* 30, no. 12 (March 2007): 1013–31, DOI: 10.1080/10576100701670862.
22. 페사와르공립학교 공격에 대해서는 다음을 참조할 것. Declan Walsh, "Taliban Besiege Pakistan School, Leaving 145 Dead," *New York Times*, December 16, 2014, https://www.nytimes.com/2014/12/17/world/asia/taliban-attack-pakistani-school.html. 파키스탄 탈레반에 대한 추가 내용은 다음을 참조할 것. Philip J. Crowley, "Designations of Tehrik-e Taliban Pakistan and Two Senior Leaders," U.S. State Department press release, September 1, 2010, http://www.state.gov/r/pa/prs/ps/2010/09/146545.htm. 아프가니스탄과 파키스탄 국경 지역에서의 알카에다 작전에 대해서는 다음을 참조할 것. UN Security Council, "Tenth Report of the Analytical Support and Sanctions Monitoring Team Submitted Pursuant to Resolution 2255 (2015) Concerning the Taliban and Other Associated Individuals and Entities

Constituting a Threat to the Peace, Stability and Security of Afghanistan," June 13, 2019, 22, https://www.undocs.org/S/2019/481.

23. Anahad O'Connor, "Weak Times Sq. Car Bomb Is Called Intentional," *New York Times*, July 21, 2010, https://www.nytimes.com/2010/07/21/nyregion/21bomb.html. On Shahzad: Coll, *Directorate S*, 450 – 52; and on drones in northern Waziristan, Coll, *Directorate S*, 438.
24. Jibran Ahmed and Yeganeh Torbati, "U.S. Drone Kills Islamic State Leader for Afghanistan, Pakistan: Officials," Reuters, August 12, 2016, https://www.reuters.com/article/us-afghanistan-islamicstate-idUSKCN10N21L.
25. Mujib Mashal and Fahim Abed, "After Deadly Attack on Kabul Hospital, 'Everywhere Was Full of Blood,'" *New York Times*, March 8, 2017, https://www.nytimes.com/2017/03/08/world/asia/kabul-military-hospital-in-afghanistan-comes-under-attack.html.
26. Ian S. Livingston and Michael O'Hanlon, "Afghanistan Index," Brookings Institution, September 29, 2017, 4, https://www.brookings.edu/afghanistan-index/.
27. "Clinton Extends Hand to the Taliban," ABC News, July 15, 2009, https://www.abc.net.au/news/2009-07-16/clinton-extends-hand-to-taliban/1355022.
28. 탈레반에 대한 오바마 대통령의 관점에 대해서는 다음을 참조할 것. President Obama, "Statement by the President on Afghanistan," The White House, October 15, 2015, https://obamawhitehouse.archives.gov/the-press-office/2015/10/15/statement-president-afghanistan. 미군 활동의 제한 문제에 대해서는 다음을 참조할 것. Rowan Scarborough, "Rules of Engagement Limit the Actions of U.S. Troops and Drones in Afghanistan," *Washington Times*, November 16, 2013, https://www.washingtontimes.com/news/2013/nov/26/rules-of-engagement-bind-us-troops-actions-in-afgh/. 탈레반과 ISIS의 관계에 대한 더 자세한 설명은 다음을 참조할 것. Coll, *Directorate S*.
29. 아프간 군 사상자 규모에 대해서는 다음을 참조할 것. Special Inspector General for Afghanistan Reconstruction, "January 30, 2017, Quarterly Report to the United States Congress," January 30, 2017, 98, https://www.sigar.mil/pdf/quarterlyreports/2017-01-30qr.pdf; Special Inspector General for Afghanistan Reconstruction, "April 30, 2016 Quarterly Report to the United States Congress," April 30, 2016, 94, https://www.sigar.mil/pdf/quarterlyreports/2016-04-30qr.pdf. 국제연합 아프가니스탄 지원 임무부(United Nations Assistance Mission in Afghanistan, UNAMA)의 보고에 따르면 반정부 테러 활동으로 인한 민간인 사망자의 숫자는 2015년 2,315명, 2016년 2,131명으로 총 4,446명이다. "Protection of Civilians in Armed Conflict Annual Report 2015," United Nations Human Rights Office of the High Commissioner, February 2016, 33, https://unama.unmissions.org/protection-of-civilians-reports; UNAMA, "Protection of Civilians in Armed Conflict Annual Report 2016," United Nations Human Rights Office of the High Commissioner, February 2017, 50, https://unama.unmissions.org/protection-of-civilians-reports.
30. Coll, *Directorate S*, 371; "ARG (Presidential Palace)," Islamic Republic of Afghanistan, Office of the President, https://president.gov.af/en/history-of-arg-presidential-palace/nggallery/image/bg1o8456-1/.
31. Mark Mazzetti and Jane Perlez, "C.I.A. and Pakistan Work Together, Warily," *New York Times*, February 24, 2010, https://www.nytimes.com/2010/02/25/world/asia/25intel.html.

32. George W. Bush, Decision Points (New York: Crown Publishers, 2010), 206.

33. 주요 전투 작전의 종료 발표에 대해서는 다음을 참조할 것. CNN World, "Rumsfeld: Major Combat Over in Afghanistan," CNN, May 1, 2003, http://www.cnn.com/2003/WORLD/asiapcf/central/05/01/afghan.combat/.

34. 부시 대통령의 병력 증강 결정에 대해서는 다음을 참조할 것. Bush, *Decision Points*, 207; Amy Belasco, "The Cost of Iraq, Afghanistan, and Other Global War on Terror Operations Since 9/11," Congressional Research Service, December 8, 2014, https://fas.org/sgp/crs/natsec/RL33110.pdf.

35. Coll, Directorate S, 458–59. 예를 들어 비무장 상태로 모인 부족 평의회 로야 지르가(Loya Jirga)에 대한 탈레반의 공격 이후 카르자이 대통령은 국가안보국장 암룰라 살레와 내무부 장관 하니프 아트마르를 집무실로 불러들였다. 카르자이는 이번 공격이 탈레반과의 평화협상을 방해하기 위한 미국 측의 음모라고 선언했다. 카르자이 휘하의 가장 뛰어난 인사였던 살레와 아트마르는 모두 여기에 동의하지 않고 결국 각각 사의를 표명한다.

36. 카르자이와 홀브룩 대사 사이의 관계에 대해서는 다음을 참조할 것. George Packer, *Our Man: Richard Holbrooke and the End of the American Century* (New York: Alfred A. Knopf, 2019), 4–6.

37. Alissa J. Rubin, "Karzai's Antagonism Corners the West; Afghan President Is Seen as Only Viable Option, Even as He Alienates Allies," *New York Times International Edition*, April 6, 2010, Nexis Uni.

38. Frud Bezhan, "Karzai to Move Up After Stepping Down," RadioFree Europe/RadioLiberty, October 13, 2013, https://www.rferl.org/a/karzai-finances/25135480.html.

39. Coll, *Directorate S*, 409–10.

40. Peter Baker and Eric Schmitt, "Afghan War Debate Now Leans to Focus on Al Qaeda," *New York Times*, October 7, 2009, https://www.nytimes.com/2009/10/08/world/asia/08prexy.html. 행정부 관료들이 전한 2010년 5월의 보고에 따르면 아프가니스탄에는 남아 있는 알카에다 조직원들의 숫자는 100명도 채 되지 않는다고 되어 있다. Joshua Partlow, "In Afghanistan, Taliban Leaving al-Qaeda Behind," *Washington Post*, November 11, 2009, http://www.washingtonpost.com/wp-dyn/content/article/2009/11/10/AR2009111019644.html.

41. 탈레반과의 평화협상 시작에 대해서는 다음을 참조할 것. Rathnam Indurthy, "The Obama Administration's Strategy in Afghanistan," *International Journal on World Peace* 28, no. 3 (September 2011): 7–52, https://www.jstor.org/stable/23266718?seq=1#metadata_info_tab_contents. BBC, "How Qatar Came to Host the Taliban," BBC News, June 22, 2013, https://www.bbc.com/news/world-asia-23007401; Karen DeYoung, "U.S. to Launch Peace Talks with Taliban," *Washington Post*, June 18, 2013, https://www.washingtonpost.com/world/national-security/us-to-relaunch-peace-talks-with-taliban/2013/06/18/bd8c7f38-d81e-11e2-a016-92547bf094cc_story.html.

42. Rob Nordland, "For Swapped Taliban Prisoners from Guantanamo Bay, Few Doors to Exit Qatar," *New York Times*, May 31, 2015, https://www.nytimes.com/2015/06/01/world/middleeast/us-presses-qatar-on-travel-ban-for-swapped-taliban-prisoners.html.

43. Peter Tomsen, *The Wars of Afghanistan: Messianic Terrorism, Tribal Conflicts, and the Failures of Great Powers* (New York: PublicAffairs, 2013), 105–14.

44. John F. Burns, "Afghan President, Pressured, Reshuffles Cabinet," *New York Times*, October 11,

2008, https://www.nytimes.com/2008/10/12/world/asia/12afghan.html.

제6장 평화를 위한 싸움

1. George Packer, "Afghanistan's Theorist-in-Chief," *The New Yorker*, July 9, 2019, www.newyorker.com/magazine/2016/07/04/ashraf-ghani-afghanistans-theorist-in-chief.
2. 타라키는 아프가니스탄 공산주의 인민민주당 칼키(Khalqi)파의 지도자였다. 그는 사우르혁명(Saur Revolution) 이후 공산주의 정변을 일으킨 주역으로 아프가니스탄에서는 무함마드 다우드 칸이 살해되고 공산당 파벌에 의한 통치가 시작되었다. 하지만 타라키 역시 권력을 잡은 직후 곧 암살당했고 소비에트연방이 이런 일련의 사건들을 배경으로 아프가니스탄 개입에 나서게 된다.
3. Ashraf Ghani and Clare Lockhart, *Fixing Failed States: A Framework for Rebuilding a Fractured World* (New York: Oxford University Press, 2008).
4. Politico Staff, "Full Text: Trump's Speech on Afghanistan," Politico, August 22, 2017, https://www.politico.com/story/2017/08/21/trump-afghanistan-speech-text-241882; Central Intelligence Agency, "Field: Listing: Terrorist Groups," CIA, February 1, 2018, https://www.cia.gov/library/publications/the-world-factbook/fields/397.html).
5. Thomas Joscelyn, forthcoming chapter, "Chapter 9, Al Qaeda Survived the War in Afghanistan." 오늘날의 아프가니스탄은 알카에다와 다른 이슬람원리주의 테러 조직들에게는 엄청난 상징적 의미가 있다. 이른바 칼리프가 다스리는 국가라는 개념의 근간이 되어주었기 때문이다. 지리적으로 볼 때 아프가니스탄은 "가까이 있는 적"인 이스라엘과 중동 지역의 이슬람교를 믿는 국가들, 그리고 "멀리 있는 적"인 미국과 유럽 및 서방측에 대해 알카에다가 테러 공격을 조직하고 준비하기에 대단히 이상적인 지역이기도 하다.
6. Human Rights Watch, "Pakistan Coercion, UN Complicity," February 13, 2017, https://www.hrw.org/report/2017/02/13/pakistan-coercion-un-complicity/mass-forced-return-afghan-refugees; World Population Review, "Kabul Population 2020," http://worldpopulationreview.com/world-cities/kabul-population/.
7. 총선에 대해서는 다음을 참조할 것. Radio Free Afghanistan, "Voting Ends in Afghanistan's Parliamentary Elections Marred by Violence, Delays," Radio Free Europe/Radio Liberty, October 21, 2018, https://www.rferl.org/a/afghans-cast-ballots-for-second-day-in-chaotic-general-elections/29555274.html. 대통령 선거에 대해서는 다음을 참조할 것. Mujib Mashal, Mohamed Fahim Abed, and Fatima Faizi, "Afghanistan Election Draws Low Turnout Amid Taliban Threats," *New York Times*, September 28, 2019, https://www.nytimes.com/2019/09/28/world/asia/afghanistan-president-election-taliban.html.
8. Ian S. Livingston and Michael O'Hanlon, "Afghanistan Index," Brookings Institution, September 29, 2017, https://www.brookings.edu/afghanistan-index/; Afghan Ministry of Education, "About Us: 7 Million in 2010 with Goal of 10 Million by 2015 USAID," Education—Afghanistan, USAID Afghanistan, July 22, 2019, https://www.usaid.gov/afghanistan/education.
9. 아프가니스탄 국민들을 대상으로 한 아시아재단(Asia Foundation)의 설문 조사에 따르면

인터넷을 사용하는 비율은 2013년부터 2018년까지 400퍼센트 증가했으며 응답자의 40퍼센트는 자신이 살고 있는 지역에서 인터넷에 접속할 수 있다고 대답했다. Dinh Thi Kieu Nhung, "Afghanistan in 2018: A Survey of the Afghan People," The Asia Foundation, https://asiafoundation.org/publication/afghanistan-in-2018-a-survey-of-the-afghan-people/, 156. 언론 매체 관련 통계에 대해서는 다음을 참조할 것. TOLOnews, "Explosion Targets Media Workers in Kabul, Kills Two," August 4, 2019, https://tolonews.com/afghanistan/explosion-targets-media-workers-kabul-kills-two.

10. United Nations Assistance Mission in Afghanistan, "Protection of Civilians in Armed Conflict Annual Report 2018," United Nations Human Rights Office of the High Commissioner, February 24, 2019, 10, https://reliefweb.int/sites/reliefweb.int/files/resources/afghanistan_protection_of_civilians_annual_report_2018_final_24_feb_2019.pdf.
11. Ashraf Ghani, interview by Nikhil Kumar, *Time*, May 18, 2017, https://time.com/4781885/ashraf-ghani-afghanistan-president-interview/.
12. 공무원 조직의 개혁은 탁월한 능력의 대통령 고문 나데르 나데리(Nader Nadery)의 노력이 컸다.
13. 아프가니스탄의 인구 관련 통계는 다음을 참조할 것. "Afghanistan," CIA World Factbook, CIA.gov, https://www.cia.gov/library/publications/resources/the-world-factbook/geos/af.html. 카불에는 터키 계열의 키질바시(Qizilbash)와 이슬람교에 의해 배척을 당해 "이교도(kafirs)"라고도 불렸던 누리스탄(Nuristanis) 같은 수많은 다른 소수 부족들이 있다. Thomas J. Barfield, *Afghanistan: A Cultural and Political History* (Princeton, NJ: Princeton University Press, 2012), 53.
14. Steve Coll, *Directorate S*, 452–57.
15. Ray Rivera and Sangar Rahimi, "Afghan President Says His Country Would Back Pakistan in a Clash with the U.S." *New York Times*, October 23, 2011, https://www.nytimes.com/2011/10/24/world/asia/karzai-says-afghanistan-would-back-pakistan-in-a-conflict-with-us.html; Frud Behzan, "The Eminently Quotable Karzai," Radio Free Europe/Radio Liberty, September 29, 2014, https://www.rferl.org/a/afghanistan-karzai-quotes/26610215.html.
16. United Nations Assistance Mission in Afghanistan, "Protection of Civilians in Armed Conflict Annual Report 2010," United Nations Human Rights Office of the High Commissioner, March, 2011, 3–4, https://unama.unmissions.org/protection-of-civilians-reports.
17. Euan McKirdy and Ehsan Popalzai, "American University of Afghanistan Reopens After 2016 Attack," CNN, March 28, 2017, https://www.cnn.com/2017/03/28/asia/kabul-american-university-reopens/index.html; Mujib Mashal, Mohamed Fahim Abed, and Zahra Nader, "Attack at University in Kabul Shatters a Sense of Freedom," *New York Times*, August 25, 2016, https://www.nytimes.com/2016/08/26/world/asia/afghanistan-kabul-american-university.html.
18. United States Department of State, "Deputy Secretary Armitage's Meeting with Pakistan Intel Chief Mahmud: You're Either with Us or You're Not," unclassified, September 12, 2001, https://nsarchive2.gwu.edu/NSAEBB/NSAEBB358a/doc03-1.pdf.
19. World Bank Data, "Pakistan—Population, total," World Bank, n.d., https://data.worldbank.org/indicator/SP.POP.TOTL?end=2018&locations=PK&name_desc=true&start=2003.
20. Peter L. Bergen, "September 11 Attacks," *Encyclopedia Britannica*, June 21, 2019, https://

www.britannica.com/event/September-11-attacks.

21. Associated Press, "Pakistani Court Indicts Finance Minister on Graft Charges," Associated Press, September 26, 2017, https://apnews.com/c96efe1cc2b24a1391860c3ebd31e223. 샤리프에 대해서는 다음을 참조할 것. interview of Nadeem Akhtar, Shamil Shams, "Why Ousted Pakistani PM Nawaz Sharif Turned Against the Powerful Military," DW, March 13, 2018, https://p.dw.com/p/2uECV; REFL, "Pakistani Finance Minister Indicted on Corruption Charges," RadioFreeEurope/RadioLiberty, September 27, 2017, https://www.rferl.org/a/pakistan-finance-minister-corruption-idictment/28759837.html.

22. 내가 방문한 지 2년이 지난 후, 자동차에 설치된 폭탄으로 40명의 인도 측 보안요원들이 사망했다. 파키스탄의 무장 단체인 자이쉬-에-무함마드(Jaish-e-Mohammed)는 자기들이 주도한 일이라고 주장했지만 인도 정부는 파키스탄군에 그 책임이 있다고 믿었다. 결국 양국은 제한적인 형태의 전투를 벌였다. 인도는 산악지대에 있는 테러 조직 훈련 기지를 공습 표적으로 삼았지만 파키스탄은 그런 기지의 존재 자체를 부인했고 이 과정에서 인도 측 공격기가 격추되어 조종사를 포로로 붙잡은 후 며칠이 지난 후에야 "화해의 조치"로 석방했다. M. Illyas Khan, "Abhinandan: Villagers Recount Dramatic Capture of Pilot," BBC, March 1, 2019, https://www.bbc.com/news/world-asia-47397418; "Article 370: India Strips Disputed Kashmir of Special Status," BBC, August 5, 2019, https://www.bbc.com/news/world-asia-india-49231619. 이 사건 이후 인도 측 의원들이 강하게 반발했고 뉴델리에서 불안한 분위기가 조성되면서 많은 힌두교도들이 이슬람교도들의 세력을 억누르기 위해 해당 지역으로 옮겨가기도 했다.

23. 파키스탄 군부의 문화와 사회적 역할에 대한 내용은 다음을 참조할 것. Christine Fair, *Fighting to the End: The Pakistan Army's Way of War* (New York: Oxford University Press, 2014); Aqil Shah, *The Army and Democracy: Military Politics in Pakistan* (Cambridge, MA: Harvard University Press, 2014).

24. Salman Masood, "More Bodies Pulled from Hotel Rubble in Pakistan," *New York Times*, September 21, 2008, https://www.nytimes.com/2008/09/22/world/asia/22marriott.html; "Suicide Attack on Pakistani Hotel," BBC News, June 10, 2009, http://news.bbc.co.uk/2/hi/south_asia/8092147.stm.

25. Rachel Roberts, "Pakistan: Three Years after 140 Died in the Peshawar School Massacre, What Has Changed?" *The Independent*, December 16, 2017, https://www.independent.co.uk/news/world/asia/pakistan-peshawar-school-shooting-massacre-what-has-changed-happened-three-years-a8113661.html; BBC News, "Pakistan Taliban: Peshawar School Attack Leaves 141 Dead," BBC, December 16, 2014, https://www.bbc.com/news/world-asia-30491435.

26. Omar Waraich, "Pakistan Takes Fight to the Taliban," *The Independent*, December 20, 2014.

27. Naveed Mukhtar, "Afghanistan: Alternative Futures and Their Implications" (master's thesis, U.S. Army War College, 2011), 73, https://apps.dtic.mil/dtic/tr/fulltext/u2/a547182.pdf.

28. Neta C. Crawford, "Update on the Human Costs of War for Afghanistan and Pakistan, 2001 to mid-2016," Costs of War Project, Watson Institute International and Public Affairs, Brown University, August 2016, 14, https://watson.brown.edu/costsofwar/files/cow/imce/papers/2016/War%20in%20Afghanistan%20and%20Pakistan%20UPDATE_FINAL_corrected%20date.pdf.

29. Richard P. Cronin, K. Alan Kronstadt, and Sharon Squassoni, "Pakistan's Nuclear Proliferation Activities and the Recommendations of the 9/11 Commission: U.S. Policy Constraints and Options," Congressional Research Service Report for Congress, May 24, 2005, 8, https://fas.org/

sgp/crs/nuke/RL32745.pdf.

30. 2011년 오사마 빈 라덴을 사살한 미국의 비밀 작전으로 결국 미국의 명목상의 동맹국인 파키스탄에 대한 불신이 드러나고 말았다. 빈 라덴이 발견된 곳은 파키스탄 육군사관학교 근처였던 것이다. 이에 대해 파키스탄 군부는 아무것도 몰랐다고 주장하며 오히려 미국이 파키스탄의 주권을 침해했다고 강력하게 항의했다.

31. Vahid Brown and Don Rassler, *Fountainhead of Jihad: The Haqqani Nexus, 1973–2012* (Oxford: Oxford University Press, 2013).

32. Brown and Rassler, *Fountainhead of Jihad*.

33. Omar Noman, *The Political Enemy of Pakistan, 1988* (New York: Routledge, 1988).

34. Ahmed Rashid, *Descent into Chaos: The U.S. and the Disaster in Pakistan, Afghanistan, and Central Asia* (New York: Penguin Books, 2009), 22.

35. 인도의 인구증가에 대해서는 다음을 참조할 것. Hannah Ritchie, "India Will Soon Overtake China to Become the Most Populous Country in the World," Our World in Data, University of Oxford,
https://ourworldindata.org/india-will-soon-overtake-china-to-become-the-most-popu lous-country-in-the-world. 인도의 빈곤 상황에 대해서는 다음을 참조할 것. World Bank, "Supporting India's Transformation," Results Briefs, October 15, 2019, https://
www.worldbank.org/en/results/2019/10/15/supporting-indias-transformation; "Global Multidimensional Poverty Index 2019: Illuminating Inequalities," United Nations Development Programme, http://hdr.undp.org/sites/default/files/mpi_2019_publication.pdf. 인도의 인구 상황에 대한 더 자세한 내용은 다음을 참조할 것. CIA World Factbook, "India," CIA, https://www.cia.gov/library/publications/the-world-factbook/geos/in.html.

36. Shreeya Sinha and Mark Suppes, "Timeline of the Riots in Modi's Gujarat," *New York Times*, April 6, 2014, https://www.nytimes.com/interactive/2014/04/06/world/asia/modi-gujarat-riots-timeline.html#/. 인도의 모디 총리는 2014년 총리에 오른 후 2016년까지 미국을 네 차례 방문했다. Rishi Iyengar, "As India's Prime Minister Modi Visits President Obama, Both Leaders Look to Cement a Legacy," *Time*, June 7, 2016, https://time.com/4359522/india-modi-obama-visit-us/.

37. House of Representatives: Committee on Foreign Affairs, "Bad Company: Lashkar e-Tayyiba and the Growing Ambition of Islamist Militancy in Pakistan," March 11, 2010, https://www.govinfo.gov/content/pkg/CHRG-111hhrg55399/html/CHRG-111hhrg55399.htm. Mehreen Zahra-Malik, "Militant Leader Hafiz Saeed Is Released by Pakistani Court," *New York Times*, https://www.nytimes.com/2017/11/23/world/asia/hafiz-saeed-pakistan-militant.html.

38. The White House, "Remarks by the President on the Way Forward in Afghanistan," Office of the Press Secretary, June 22, 2011, https://obamawhitehouse.archives.gov/the-press-office/2011/06/22/remarks-president-way-forward-afghanistan.

39. The White House, *National Security Strategy of the United States of America*, December 2017, 46, https://www.whitehouse.gov/wp-content/uploads/2017/12/NSS-Final-12-18-2017-0905.pdf.

40. U.S. Senate: Committee on Foreign Relations, "Al Qaeda, the Taliban, and Other Extremists [sic] Groups in Afghanistan and Pakistan," https://www.govinfo.gov/content/pkg/CHRG-

112shrg67892/html/CHRG-112shrg67892.htm.

41. Clinton Thomas, "Afghanistan: Background and U.S. Policy Brief," Congressional Research Service, January 31, 2020, https://fas.org/sgp/crs/row/R45122.pdf.

42. Thomas Joscelyn, "Disconnecting the Dots," *Washington Examiner*, July 13, 2010, https://www.washingtonexaminer.com/weekly-standard/disconnecting-the-dots; Thomas Joscelyn, "Al Qaeda Is Very Much Alive," *Washington Examiner*, September 11, 2018, https://www.washingtonexaminer.com/weekly-standard/sept-11-anniversary-17-years-later-al-qaeda-is-alive.

43. Vanda Felbab-Brown, "Why Pakistan Supports Terrorist Groups, and Why the US Finds It So Hard to Induce Change," Brookings Institution, January 5, 2018, https://www.brookings.edu/blog/order-from-chaos/2018/01/05/why-pakistan-supports-terrorist-groups-and-why-the-us-finds-it-so-hard-to-induce-change/.

44. Amy Held, "Death Toll in Kabul Blast Surpasses 150, Afghan President Says," NPR, June 6, 2017, www.npr.org/sections/thetwo-way/2017/06/06/531729176/death-toll-in-kabul-blast-surpasses-150-afghan-presidentsays; Laura Smith-Spark and Faith Karimi. "Afghanistan Explosion: Blast Kills 90 near Diplomatic Area," CNN, June 1, 2017, www.cnn.com/2017/05/31/asia/kabul-explosion-hits-diplomatic-area/.

45. White House, "Remarks by President Trump on the Strategy in Afghanistan and South Asia," August 21, 2017, https://www.whitehouse.gov/briefings-statements/remarks-president-trump-strategy-afghanistan-south-asia/.

46. Michael D. Shear and Salman Masood, "Trump Tries Cooling Tensions with Pakistan to Speed Afghan Peace Talks," *New York Times*, July 22, 2019, https://www.nytimes.com/2019/07/22/world/asia/trump-pakistan-afghanistan.html.

47. 여기에는 2020년 2월까지 있었던 항구적 자유 작전(Operation Enduring Freedom)과 자유의 첨병 작전(Operation Freedom's Sentinel)중 아프가니스탄에서 사망한 병사들의 숫자가 모두 다 포함되어 있다. U.S. Department of Defense, "Casualty Status," Department of Defense, February 3, 2020, https://www.defense.gov/casualty.pdf.

48. 정보기관들의 보고서 내용은 다음을 참조할 것. Senate Select Committee on Intelligence, Worldwide Threat Assessment, Statement for the Record (Daniel R. Coates, Director of National Intelligence), January 29, 2019, 12, https://www.dni.gov/files/ODNI/documents/2019-ATA-SFR---SSCI.pdf. 국제연합 정책에 대한 분석 내용은 다음을 참조할 것. Thomas Joscelyn, "The Trump Administration's Afghanistan Policy," Congressional Testimony, Foundation for Defense of Democracies, September 19, 2019, https://www.fdd.org/analysis/2019/09/19/the-trump-administrations-afghanistan-policy/.

49. 가즈니 공격에 대해서는 다음을 참조할 것. Mujib Mashal, "Afghan Talks with Taliban Reflect a Changed Nation," *New York Times*, July 7, 2019, https://www.nytimes.com/2019/07/07/world/asia/afghanistan-peace-talks-taliban.html. Michael Crowley, Lara Jakes, and Mujib Mashal, "Trump Says He's Called Off Negotiations with Taliban After Afghanistan Bombing," *New York Times*, September 10, 2019, https://www.nytimes.com/2019/09/07/us/politics/trump-taliban-afghanistan.html. 트럼프 대통령의 언급에 대해서는 다음을 참조할 것. "Remarks

by President Trump Before Marine One Departure," The White House, September 9, 2019, https://www.whitehouse.gov/briefings-statements/remarks-president-trump-marine-one-departure-63/.

50. Bill Roggio, "U.S. Military Buries Press Release that Would Announce Killing of Al Qaeda in the Indian Subcontinent's Emir," FDD's *Long War Journal*, January 15, 2020, https://www.longwarjournal.org/archives/2020/01/u-s-military-buries-press-release-that-would-announce-killing-of-al-qaeda-in-the-indian-subcontinents-emir.php.
51. Statista Research Department, "Soldiers Killed in Action in Afghanistan 2001–2019," Statista, August 22, 2019, https://www.statista.com/statistics/262894/western-coalition-soldiers-killed-in-afghanistan/; Matthew Pennington, "Pentagon: Afghan War Costing U.S. $45 Billion per Year," *Military Times*, February 6, 2018, https://www.militarytimes.com/news/pentagon-congress/2018/02/07/pentagon-afghan-war-costing-us-45-billion-per-year/.
52. Neta C. Crawford, "United States Budgetary Costs of Post-9/11 Wars Through FY 2018," Costs of War Project, Watson Institute International and Public Affairs, Brown University, November 2017, 9, https://watson.brown.edu/costsofwar/papers/economic.
53. 2019년 9월 대통령 선거에 관하여, Pamela Constable, "Afghanistan's Ghani Wins Slim Majority in Presidential Vote, Preliminary Results Show," *Washington Post*, December 22, 2019, https://www.washingtonpost.com/world/afghanistans-ghani-wins-slim-majority-in-presidential-vote/2019/12/22/73355178-2441-11ea-b034-de7dc2b5199b_story.html. 탈레반에 대한 아프가니스탄 국민들의 정서에 대해서는 다음을 참조할 것. Nhung, "Afghanistan in 2018: A Survey of the Afghan People," 43.

제7장 쉽게 끝날 거라고 말한 사람은 누구인가? 중동 지역에 대한 낙관과 체념

1. U.S. Department of State, "Casualty Status as of 10 a.m. EST Jan. 20, 2020," https://www.defense.gov/casualty.pdf; Leith Aboufadel, "Over 26,000 Iraqi Soldiers Killed in 4 Year War with ISIS," AMNNews, December 13, 2017, https://www.almasdarnews.com/article/26000-iraqi-soldiers-killed-4-year-war-isis/.
2. Garrett Nada and Mattisan Rowan, "Pro-Iran Militias in Iraq," Wilson Center, April 27, 2018, https://www.wilsoncenter.org/article/part-2-pro-iran-militias-iraq.
3. George Packer, "The Lesson of Tal Afar," *The New Yorker*, July 10, 2017, https://www.newyorker.com/magazine/2006/04/10/the-lesson-of-tal-afar. Confession of Abdul Ghafur Abdul Rahman Mustafa from August 28, 2008, in possession of author; Joseph L. Galloway, McClatchy Newspapers, "Regiment's Rotation out of Tal Afar Raises Questions about U.S. Strategy," McClatchy Washington Bureau, January 18, 2006, https://www.mcclatchydc.com/opinion/article24452989.html.
4. Joel Rayburn, *Iraq After America: Strongmen, Sectarians, Resistance* (Stanford, CA: Hoover Institution Press, 2014), 74–75.
5. 자파리의 내무부 개편에 대해서는 다음을 참조할 것. John F. Burns, "Torture Alleged

at Ministry Site Outside Baghdad," *New York Times*, November 16, 2005, https://www.nytimes.com/2005/11/16/world/middleeast/torture-alleged-at-ministry-site-outside-baghdad.html; Joel Rayburn, *Iraq After America: Strongmen, Sectarians, Resistance* (Stanford, CA: Hoover Institution Press, 2014), 79.

6. 수니파 죄수들에 대한 학대 행위에 대해서는 다음을 참조할 것. Ned Parker, "Torture by Iraqi Militias: The Report Washington Did Not Want You to See," Reuters, December 14, 2015, https://www.reuters.com/investigates/special-report/mideast-crisis-iraq-militias/.
7. 이라크 정부에 대한 이란의 영향력에 대해서는 다음을 참조할 것. International Institute for Strategic Studies, "Iranian Influence in Iraq: Assessing Tehran's Strategy," *Strategic Comments* 13, no. 10 (December 2007):1 – 2, https://doi.org/10.1080/13567880701870027. Rayburn, Iraq After America, 80 – 81.
8. Rayburn, *Iraq After America*, 80.
9. Richard Spencer, "Isil Carried Out Massacres and Mass Sexual Enslavement of Yazidis, UN Confirms," *Telegraph*, October 14, 2014, https://www.telegraph.co.uk/news/worldnews/islamic-state/11160906/Isil-carried-out-massacres-and-mass-sexual-enslavement-of-Yazidis-UN-confirms.html.
10. Department of Defense, "Department of Defense Press Briefing by Secretary Mattis, General Dunford and Special Envoy McGurk on the Campaign to Defeat ISIS in the Pentagon Press Briefing Room," U.S. Department of Defense Archives, May 19, 2017, https://www.defense.gov/Newsroom/Transcripts/Transcript/Article/1188225/department-of-defense-press-briefing-by-secretary-mattis-general-dunford-and-sp/.
11. Albert Hourani, *A History of the Arab Peoples* (Cambridge, MA: Harvard University Press, 2002), 397 – 98.
12. Reuters, "Syria's Alawites, a Secretive and Persecuted Sect," Reuters, February 2, 2012, https://www.reuters.com/article/us-syria-alawites-sect-idUSTRE8110Q720120202.
13. Williamson Murray and Kevin M. Woods, *The Iran-Iraq War: A Military and Strategic History* (Cambridge, UK: Cambridge University Press, 2014), 242, doi:10.1017/CBO9781107449794.
14. Patrick Cockburn, *Muqtada Al-Sadr and the Battle for the Future of Iraq* (New York: Scribner, 2008), 28.
15. 이런 노력은 과거에도 있었다. 7세기의 사파비왕조는 수니파 교도들의 오스만제국에 대항해 페르시아 부족사회를 통합하기 위해 시아파 이슬람교도들을 이용했다.
16. Central Intelligence Agency, "The Demographic Consequences of the Iran-Iraq War," May 22, 1984, released April 4, 2011, CIA-RDP85T00287R001301610001, https://www.cia.gov/library/readingroom/docs/CIA-RDP85T00287R001301610001-1.pdf.
17. Luke Harding, "Haider al-Abadi: From Exile in Britain to Iraq's Next Prime Minister," *Guardian*, August 11, 2014, https://www.theguardian.com/world/2014/aug/11/haider-al-abadi-profile-iraqs-next-prime-minister.
18. Sam Dagher, *Assad or We Burn the Country: How One Family's Lust for Power Destroyed Syria* (New York: Little, Brown and Company, 2019), 55 – 56.
19. Michael Knights, "Helping Iraq Take Charge of Its Command-and-Control Structure," *The*

Washington Institute, September 30, 2019, https://www.washingtoninstitute.org/policy-analysis/view/helping-iraq-take-charge-of-its-command-and-control-structure.

20. 이라크 북부 국경 지역인 신자르에서 2007년 9월 입수한 알카에다 문서, 즉 악명 높은 "신자르 문서(Sinjar documents)"에 따르면 당시 한 달에 100명 이상씩 이라크로 들어온 무자헤딘의 대다수는 우선 다마스쿠스공항에 도착해 잘 조직된 안가로 흩어진 후 다시 이들에게 우호적인 시리아 관리들의 안내에 따라 국경을 넘어 이라크의 안바르(Anbar)와 니네와(Ninewa) 지역으로 들어왔다. 아사드가 지배하는 시리아 같은 경찰국가에서 신자르 문서에 기록된 것과 같은 이런 활동들은 정권의 완전한 승인 없이는 절대로 이루어질 수 없었을 것이다. Brian Fishman and Joseph Felter, "Al-Qa'ida's Foreign Fighters in Iraq: A First Look at the Sinjar Records," Combatting Terrorism Center at West Point, January 2, 2007, https://ctc.usma.edu/al-qaidas-foreign-fighters-in-iraq-a-first-look-at-the-sinjar-records/.
21. Fouad Ajami, "America and the Solitude of the Syrians," *Wall Street Journal*, January 6, 2012, https://www.hoover.org/research/america-and-solitude-syrians; David Remnick, "Going the Distance: On and Off the Road with Barack Obama," *The New Yorker*, January 20, 2014, https://www.newyorker.com/magazine/2014/01/27/going-the-distance-david-remnick.
22. 홈스 폭동에 대해서는 다음을 참조할 것. Michael Weiss and Hassan Hassan, *ISIS: Inside the Army of Terror* (New York: Regan Arts, 2016), 132; Warrick, *Black Flags*, 228. 억압 사례에 대해서는 다음을 참조할 것. Warrick, *Black Flags*, 266; Weiss and Hassan, ISIS, 132.
23. Murray and Woods, *The Iran-Iraq War*, 242.
24. H. R. McMaster, "Why the U.S. Was Right in Not Trying to Take Over All of Iraq," *Philadelphia Inquirer*, June 23, 1991.
25. Conrad C. Crane and W. Andrew Terrill, "Reconstructing Iraq: Insights, Challenges, and Missions for Military Forces in a Post-Conflict Scenario," Strategic Studies Institute, U.S. Army War College, February 1, 2003, 17, https://ssi.armywarcollege.edu/pubs/display.cfm?pubID=182.
26. Stephen D. Biddle and Peter Feaver, "Assessing Strategic Choices in the War on Terror," in Beth Bailey and Richard Immerman, eds., *Understanding the U.S. Wars in Iraq and Afghanistan* (New York: NYU Press, 2015).
27. Michael R. Gordon and General Bernard E. Trainor, *The Endgame: The Inside Story of the Struggle for Iraq, from George W. Bush to Barack Obama* (London: Atlantic Books, 2013).
28. Ayman al-Zawahiri, "Knights Under the Prophet's Banner," FBIS translation of the newspaper *Asharq-Al-awsat*, 2001.
29. Gordon and Trainor, *The Endgame*, 302.
30. Kimberly Kagan, *Surge: A Military History* (New York: Encounter Books, 2009).
31. 이라크 폭력 사태 통계에 대해서는 다음을 참조할 것. Anthony H. Cordesman, "Iraq: Patterns of Violence, Casualty Trends, and Emerging Threats," Center for Strategic and International Studies, February 9, 2011, https://csisprod.s3.amazonaws.com/s3fs-public/legacy_files/f iles/publication/110209_Iraq-PattofViolence.pdf.
32. Peter Baker, "Relief over U.S. Exit from Iraq Fades as Reality Overtakes Hope," *New York Times*, June 22, 2014, https://www.nytimes.com/2014/06/23/world/middleeast/relief-over-us-exit-from-iraq-fades-as-reality-overtakes-hope.html.

33. Baker, "Relief over U.S. Exit from Iraq Fades as Reality Overtakes Hope."

34. 이 재판 내용에 대해서는 다음을 참조할 것. Jack Healy, "Arrest Order for Sunni Leader in Iraq Opens New Rift," *New York Times*, December 19, 2011. 이라크 수니파에 대한 차별과 박해에 대해서는 다음을 참조할 것. Rayburn, *Iraq After America; Emma Sky, The Unraveling: High Hopes and Missed Opportunities in Iraq* (New York: PublicAffairs, 2015), xii.

35. Beatrice Dupuy, "President Obama Did Not Free Islamic State Leader Al-Baghdadi from Prison," *Associated Press*, October 30, 2019, https://apnews.com/afs:Content:8037620747.

36. Martin Chulov, "Gaddafi's Last Moments: 'I Saw the Hand Holding the Gun and I Saw It Fire,'" *The Guardian*, October 20, 2012.

37. Barrack Obama, "Remarks by the President on Ending the War in Iraq," The White House, October 21, 2011, transcript, https://obamawhitehouse.archives.gov/the-press-office/2011/10/21/remarks-president-ending-war-iraq.

제8장 악순환을 끊다

1. Kenneth Michael Pollack, *A Path out of the Desert: A Grand Strategy for America in the Middle East* (New York: Random House, 2008), xxxix.

2. 폴락의 언급에 대해서는 다음을 참조할 것. Kenneth M. Pollack, "Drowning in Riches," *New York Times*, July 13, 2008, https://www.nytimes.com/2008/07/13/opinion/13pollack.html.

3. 2011년 내전이 시작되었을 당시 시리아의 인구는 2,100만 명이었고 2018년 현재는 1,600만 명이다. The World Bank, "Syrian Arab Republic," https://data.worldbank.org/country/syrian-arab-republic.

4. The Syrian Network for Human Rights, "Statistics of 2019," SNHR, http://sn4hr.org/.

5. United Nations, "Libya Country Profile," UN, http://data.un.org/CountryProfile.aspx/_Images/CountryProfile.aspx?crName=Libya.

6. 안식제공작전(Operation Provide Comfort)이 제대로 성공했었더라면 시리아는 안정이 되었을지도 모른다. Thomas E. Ricks, "Operation Provide Comfort: A Forgotten Mission with Possible Lessons for Syria," *Foreign Policy*, February 6, 2017, https://foreignpolicy.com/2017/02/06/operation-provide-comfort-a-forgotten-mission-with-possible-lessons-for-syria/.

7. Efraim Benmelech and Esteban F. Klor, "What Explains the Flow of Foreign Fighters to ISIS?" National Bureau of Economic Research, Working Paper 22190, April 2016, 16, http://www.nber.org/papers/w22190.

8. 유럽연합 통계청 제공 통계. Phillip Connor, "Most Displaced Syrians Are in the Middle East, and About a Million Are in Europe," FactTank, Pew Research Center, January 29, 2018, https://www.pewresearch.org/fact-tank/2018/01/29/where-displaced-syrians-have-resettled/. 2019년 10월 31일 UNHCR 기준으로 368만603명이었다. UNHCR, "Syria Regional Refugee Response," UNHCR, October 31, 2019, https://data2.unhcr.org/en/situations/syria/location/113.

9. 옴란 다크니쉬에 대한 사연은 다음을 참조할 것. Anne Bernard, "How Omran Daqneesh, 5, Became a Symbol of Aleppo's Suffering," *New York Times*, August 18, 2016, https://

www.nytimes.com/2016/08/19/world/middleeast/omran-daqneesh-syria-aleppo.html. 2012년에서 2016년 사이에만 시리아에서는 3만 명 이상이 비극적인 죽음을 당했다. 러시아의 시리아 폭격은 2015년 말에 시작되었고 알레포에서는 7,800명 이상이 사망했다. Violations Documentation Center in Syria, "Aleppo Death Statistics: 2015/09/01 – 2016/12/30," VDC, http://www.vdc-sy.info/index.php/en/martyrs/1/c29ydGJ5PWEua2lsbGVkX2RhdGV8c29ydGRpcj1ERVNDfGFwcHJvdmVkPXZpc2libGV8ZXh0cmFkaXNwbGF5PTB8cHJvdmluY2U9NnxzdGFydERhdGU9MjAxNS0wOS0wMXxlbmREYXRlPTIwMTYtMTItMzB8.

10. Steve Simon and Jonathan Stevenson, "Don't Intervene in Syria," *New York Times*, October 6, 2016, https://www.nytimes.com/2016/10/06/opinion/dont-intervene-in-syria.html. 그럼에도 불구하고 미국의 이익에 대한 위협이 시리아에만 한정되지 않을 것이라는 우려가 있었다. 오바마 대통령이 ISIS 문제에 개입하기 몇 달 전인 2014년 1월, 국가정보국장을 역임했던 제임스 클래퍼는 오랫동안 알카에다의 은신처 역할을 했던 파키스탄의 연합 부족 자치 구역(Federally Administered Tribal Areas, FATA)을 언급하며 시리아 역시 새로운 FATA가 되어가고 있다고 말했다. 언젠가 시리아를 떠나 서방측을 공격하게 될지도 모를 테러 조직의 근간인 수천 명의 이슬람원리주의 전사들이 모여들고 있다는 것이었다.

11. @realDonaldTrump: "……거의 3년이 지났다. 이제는 끝없이 이어지는 터무니없는 전쟁에서 빠져나올 때가 되었다. 우리는 우리에게 이익이 되는 곳에서 싸워야 하며 이길 수 있는 곳에서만 싸워야 한다. 터키, 유럽, 시리아, 이란, 이라크, 러시아, 그리고 쿠르드도 이제는……" Twitter, October 7, 2019, https://twitter.com/realDonaldTrump/status/1181172465772482563. 트럼프 대통령의 시리아에 대한 언급은 다음을 참조할 것. President Trump, "Remarks by President Trump in Cabinet Meeting," The White House, January 3, 2019, https://www.whitehouse.gov/brief ings-statements/remarks-president-trump-cabinet-meeting-12/.

12. 철수 지지 의견에 대해서는 다음을 참조할 것. Steve Simon, "After the Surge: The Case for U.S. Military Disengagement from Iraq," Council Special Report No. 23, Council on Foreign Relations Press, February 2007, https://www.cfr.org/report/after-surge.

13. Candace Dunn and Tim Hess, "The United States Is Now the Largest Global Crude Oil Producer," U.S. Energy Information Administration (EIA), Independent Statistics and Analysis, EIA, September 12, 2018, https://www.eia.gov/todayinenergy/detail.php?id=37053.

14. Michael Schwirtz, "U.N. Links North Korea to Syria's Chemical Weapons Program," *New York Times*, February 27, 2018, https://www.nytimes.com/2018/02/27/world/asia/north-korea-syria-chemical-weapons-sanctions.html. IDF에 대해서는 다음을 참조할 것. IDF, "The Secret Operation Revealed a Decade Later," IDF Press Center, March 21, 2018, https://www.idf.il/en/articles/operations/the-secret-operation-revealed-a-decade-later/.

15. 이슬람원리주의 테러 조직의 전략과 사명에 대해서는 다음을 참조할 것. Brian Fishman, *The Master Plan: ISIS, al-Qaeda, and the Jihadi Strategy for Final Victory* (New Haven, CT: Yale University Press, 2016), 36; Jonathan Randal, *Osama: The Making of a Terrorist* (New York: Vintage Books, 2005), 86–87, 95. 세계 경제성장에 대해서는 다음을 참조할 것. Office of the Historian, "Oil Embargo, 1973–1974," U.S. Department of State, https://history.state.gov/milestones/1969-1976/oil-embargo.

16. Colin Clarke, "Expanding the ISIS Brand," RAND Corporation, February 19, 2018, https://www.rand.org/blog/2018/02/expanding-the-isis-brand.html.
17. Audrey Kurth Cronin, *Power to the People: How Open Technological Innovation Is Arming Tomorrow's Terrorists* (New York: Oxford University Press, 2020), 161 – 239.
18. Anna Borshchevskaya, "Will Russian-Saudi Relations Continue to Improve? What Their Recent Summit Means for the Relationship," *Foreign Affairs*, October 10, 2017, https://www.foreignaffairs.com/articles/saudi-arabia/2017-10-10/will-russian-saudi-relations-continue-improve.
19. Judah Ari Gross, "IDF Says It Has Bombed over 200 Iranian Targets in Syria Since 2017," *Times of Israel*, September 4, 2018, https://www.timesofisrael.com/idf-says-it-has-carried-out-over-200-strikes-in-syria-since-2017/.
20. Secretary of State Rex W. Tillerson, "The Way Forward in Syria," speech, Hoover Institution, Stanford, CA, January 17, 2018, https://www.hoover.org/events/tillerson_11718.
21. "안전지대"에 대해서는 다음을 참조할 것. Julian E. Barnes and Eric Schmitt, "Trump Orders Withdrawal of U.S. Troops from Northern Syria" *New York Times*, October 13, 2019, https://www.nytimes.com/2019/10/13/us/politics/mark-esper-syria-kurds-turkey.html.
22. Kareem Khadder, Jennifer Deaton, and Sharif Paget, "Kurdish Politician and 10 Others Killed by 'Turkish-Backed Militia' in Syria, SDF Claims," CNN, October 13, 2019, https://www.cnn.com/2019/10/13/middleeast/syria-turkey-kurdish-politician-intl/index.html.
23. Alissa J. Rubin, "Iraqis Rise Against a Reviled Occupier: Iran," *New York Times*, November 4, 2019, https://www.nytimes.com/2019/11/04/world/middleeast/iraq-protests-iran.html.
24. Tim Arango and Neil MacFarquhar, "Grief and Fear in Sacramento over a Death That Set the World on Edge," *New York Times*, January 15, 2020, https://www.nytimes.com/2020/01/15/us/contractor-killed-in-iraq-sacramento.html.
25. DeirezZor 24, "Al-Sha'itat Massacre in Deir Ezzor…the 5th Anniversary," DeirezZor 24 News, September 8, 2019, https://en.deirezzor24.net/al-shaitat-massacre-in-deir-ezzor-the-5th-anniversary/.
26. Michael Shear, "Obama Administration Ends Effort to Train Syrians to Combat ISIS," *New York Times*, October 9, 2015, https://www.nytimes.com/2015/10/10/world/middleeast/pentagon-program-islamic-state-syria.html; World Bulletin News Desk, "Syrian Opp Withdraw from U.S. 'Train and Equip' Program," World Bulletin, June 23, 2015, https://www.worldbulletin.net/middle-east/syrian-opp-withdraw-from-us-train-and-equip-program-h161073.html; Ibrahim Hamidi, "Syrian Opposition Fighters Withdraw from U.S. 'Train and Equip' Program," *Syrian Observer*, June 22, 2015, https://syrianobserver.com/EN/news/29743/syrian_opposition_fighters_withdraw_from_us_train_equip_program.html.
27. Marc Lynch, "Welcome to the Syrian Jihad," *Foreign Policy*, June 6, 2013, https://foreignpolicy.com/2013/06/06/welcome-to-the-syrian-jihad/.
28. "Readout of the President's Call with Prime Minister Haider Al-Abadi of Iraq," The White House (The United States Government), March 29, 2017, https://www.whitehouse.gov/briefings-statements/readout-presidents-call-prime-minister-haider-al-abadi-iraq-2/.

29. Gonul Tol and Omer Taspinar, "Erdogan's Turn to the Kemalists," *Foreign Affairs*, November 10, 2016, https://www.foreignaffairs.com/articles/turkey/2016-10-27/erdogans-turn-kemalists.
30. 에르도안과 정의개발당에 대해서는 다음을 참조할 것. Adam Withnall @adamwithnall, "Erdogan Just Made His Most Worrying Claim Yet over the Attempted Coup in Turkey," *Independent*, August 2, 2016, https://www.independent.co.uk/news/world/europe/erdogan-turkey-coup-latest-news-blames-us-west-terrorism-gulen-a7168271.html; Ihsan Yilmaz and Galib Bashirov, "The AKP After 15 Years: Emergence of Erdoganism in Turkey," *Third World Quarterly* 39, no. 9 (2018), https://www.tandfonline.com/doi/full/10.1080/01436597.2018.1447371#_i9. 인질 문제에 대해서는 다음을 참조할 것. Karen DeYoung and Kareem Fahim, "U.S.-Turkey Tensions Boil over After Arrest of Consulate Employee," *Washington Post*, October 9, 2017, https://www.washingtonpost.com/world/turkey-summons-another-us-consulate-employee-as-crisis-deepens/2017/10/09/5f baecf6-ac7b-11e7-9b93-b97043e57a22_story.html.
31. 터키와 러시아의 관계에 대해서는 다음을 참조할 것. Kirişci Kemal, *Turkey and the West: Fault Lines in a Troubled Alliance* (Washington, DC: Brookings Institution Press, 2018), 175–78. 2020년 난민 문제에 대해서는 다음을 참조할 것. France 24, "Fighting Continues in Idlib as Turkey Talks End Inconclusively," France 24, February 11, 2020, https://www.france24.com/en/20200211-fighting-continues-in-idlib-as-turkey-russia-talks-end-inconclusively. Kareem Fahim and Robyn Dixon, "Turkey Vows to Escalate Military Action After 33 Soldiers Die in Syria," *Washington Post*, February 28, 2020.
32. Eric Schmitt, "Killing of Terrorist Leader in Yemen Is Latest Blow to Qaeda Affiliate," *New York Times*, February 10, 2020, https://www.nytimes.com/2020/02/10/us/politics/al-qaeda-yemen-qassim-al-rimi.html.
33. 알-바그다디와 알-무하지르의 사망 사건에 대해서는 다음을 참조할 것. Ben Hubbard and Karam Shoumali, "Likely Successor to Dead ISIS Leader Also Reported Killed," *New York Times*, October 27, 2019, https://www.nytimes.com/2019/10/27/world/middleeast/al-baghdadi-successor-reported-killed.html. 아사드의 이슬람원리주의 테러 조직원들 석방에 대해서는 다음을 참조할 것. Daniel Byman, "The Resurgence of Al Qaeda in Iraq," Brookings, December 12, 2013, https://www.brookings.edu/testimonies/the-resurgence-of-al-qaeda-in-iraq/.
34. 와하비즘은 18세기 나즈디(Najdi) 부족의 성직자였던 무함마드 이븐 압둘 와하브(Muhammad Ibn Abdul Wahhab)의 이름에서 유래한 것으로, 와하브는 21세기 과격파 이슬람교도와 테러 조직 구성의 근간이 되는 이념을 만들어낸 인물이다. 19세기 급진주의 신학으로 연결되는 와하비즘과 살라피즘은 무함마드 이전 예언자들의 가르침을 바탕으로 같은 유일신을 섬기는 이른바 "책의 사람들(people of the book)", 즉 유대인과 기독교인들에 대한 이슬람교의 관용적인 성향을 거부한다. 와히비즘은 전통적으로 "타클리드(taqlid)" 즉, 율법을 가르치는 학파들만을 맹목적으로 따르는 전통 자체를 반대하며 추종자들에게 이슬람교의 경전인 《쿠란》과 행동 규범 순나(Sunnah)에 대해 추종자들에게 아무런 부가적인 해석 없이 문자 그대로 직접 읽고 따르도록 가르친다. 메카에 있는 대(大)모스크에는 각각 네 개의 학파를 대표하는 네 곳의 마카마트(maqamat), 기도실이 있었는데 1926년에 압둘 아지즈 국왕과 와하비파에서 이 네 개 서로 다른 수니파 학파를 따르는 기도실을 없애고 하나로 통합해버린다. 따라서 MBS가 여기에 대한 반성을 언급했다는 사실은 사우디아라비아의 지도자로서는 대단히 중요한 의미를 지니고

있는 것이다. 이 문제에 대한 아랍어 자료는 다음을 참조할 것. Al Masjid al Haram, Makkawi, https://www.makkawi.com/Article/872/%D8%A7%D9%84%D9%85%D9%82%D8%A7%D9%85%D8%A7%D8%AA-%D8%A7%D9%84%D8%A3%D8%B1%D8%A8%D8%B9-%D8%A8%D8%A7%D9%84%D9%85%D8%B3%D8%AC%D8%AF-%D8%A7%D9%84%D8%AD%D8%B1%D8%A7%D9%85.

35. 사우디아라비아의 종교 교과서 보급에 대해서는 다음을 참조할 것. David Andrew Weinberg, "Textbook Diplomacy," Foundation for Defense and Democracies, October 24, 2018, https://www.fdd.org/analysis/2014/03/21/textbook-diplomacy/; David D. Kirkpatrick, "ISIS' Harsh Brand of Islam Is Rooted in Austere Saudi Creed," *New York Times*, September 24, 2014, https://www.nytimes.com/2014/09/25/world/middleeast/isis-abu-bakr-baghdadi-caliph-wahhabi.html.

36. 시아파 극단주의의 성장에 대한 더 자세한 자료는 이 책의 9장과 10장을 참조할 것.

37. Donald J. Trump, "President Trump's Speech to the Arab Islamic American Summit," Riyadh, Saudi Arabia, Statements and Releases, The White House, May 21, 2017, https://www.whitehouse.gov/briefings-statements/president-trumps-speech-arab-islamic-american-summit/.

38. Julian E. Barnes, "C.I.A. Concludes that Saudi Crown Prince Ordered Khashoggi Killed," *New York Times*, November 16, 2018, https://www.nytimes.com/2018/11/16/us/politics/cia-saudi-crown-prince-khashoggi.html.

제9장 잘못된 거래: 이란의 40년 대리전쟁, 그리고 합의 실패

1. "Nuclear," Joint Comprehensive Plan of Action, U.S. Department of State, July 14, 2015, 6-9, https://2009-2017.state.gov/documents/organization/245317.pdf.

2. Barack Obama, "Statement by the President on Iran," Speech, The White House, Office of the Press Secretary, July 14, 2015, https://obamawhitehouse.archives.gov/the-press-office/2015/07/14/statement-president-iran.

3. 확인과 감사에 대해서는 다음을 참조할 것. William Tobey and Judith Miller, "Are Iranian Military Bases Off-Limits to Inspection?" RealClearPolitics, September 8, 2015, https://www.realclearpolitics.com/articles/2015/09/08/are_iranian_military_bases_off-limits_to_inspection_128007.html; Olli Heinonen, "The IAEA's Right and Obligation to Inspect Military Facilities in Iran," Foundation for Defense of Democracies, April 4, 2018, https://www.fdd.org/analysis/2018/04/04/the-iaeas-right-and-obligation-to-inspect-military-facilities-in-iran/.

4. Glenn Kesler, "President Trump's Claim that Democrats Gave Iran $150 Billion," *Washington Post*, December 13, 2018, https://www.washingtonpost.com/politics/2018/12/13/president-trumps-claim-that-democrats-gave-iran-billion/.

5. Matthew Levitt, "Iran's Support for Terrorism Under the JCPOA," Washington Institute for Near East Policy, July 8, 2016, https://www.washingtoninstitute.org/policy-analysis/view/irans-

support-for-terrorism-under-the-jcpoa.

6. Spencer Ackerman, "U.S. Central Command Nominee Has 'Concerns' About Progress Against Isis," *Guardian*, March 9, 2016, https://www.theguardian.com/world/2016/mar/09/us-isis-syria-strategy-central-command-nomination-joseph-votel.
7. Lou Barletta, "H.R.1191—Iran Nuclear Agreement Review Act of 2015: 114th Congress (2015-2016)," https://www.congress.gov/bill/114th-congress/house-bill/1191/text.
8. Rex W. Tillerson, "Secretary of State Rex Tillerson. Press Availability," U.S. Embassy & Consulates in Russia, April 19, 2017, https://ru.usembassy.gov/secretary-state-rex-tillerson-press-availability/.
9. President Donald J. Trump, "President Donald J. Trump Is Ending United States Participation in an Unacceptable Iran Deal," Fact Sheets, The White House, May 8, 2018, https://www.whitehouse.gov/briefings-statements/president-donald-j-trump-ending-united-states-participation-unacceptable-iran-deal/.
10. "Treasury Targets Persons Supporting Iranian Military and Iran's Islamic Revolutionary Guard Corps," Press Center, U.S. Department of the Treasury, July 18, 2017, https://www.treasury.gov/press-center/press-releases/Pages/sm0125.aspx; Jesse Chase-Lubitz, "Trump Slaps Sanctions on Iran While Keeping Nuclear Deal in Place—for Now," July 18, 2017, *Foreign Policy* (blog), https://foreignpolicy.com/2017/07/18/trump-slaps-sanctions-on-iran-while-keeping-nuclear-deal-in-place-for-now/.
11. "Excerpts: Donald Trump's Interview with the Wall Street Journal," *Wall Street Journal*, July 25, 2017, https://blogs.wsj.com/washwire/2017/07/25/donald-trumps-interview-with-the-wall-street-journal-edited-transcript/.
12. Donald J. Trump, "Statement by the President on the Iran Nuclear Deal," speech, Washington, DC, Statements and Releases, The White House, January 12, 2018, https://www.whitehouse.gov/briefings-statements/statement-president-iran-nuclear-deal/.
13. Trump, "Statement by the President on the Iran Nuclear Deal."
14. Donald J. Trump, "Statement from the President on the Designation of the Islamic Revolutionary Guard Corps as a Foreign Terrorist Organization," Statements and Releases, The White House, April 8, 2019, https://www.whitehouse.gov/briefings-statements/statement-president-designation-islamic-revolutionary-guard-corps-foreign-terrorist-organization/.
15. 물라(Mullah)는 원래 이슬람교의 율법학자를 뜻하지만 신정체제인 이란에서는 이 물라들이 대부분의 정치적, 그리고 사회적 권력을 손아귀에 넣고 좌지우지하고 있다.
16. 제재 조치의 효과에 대해서는 다음을 참조할 것. "How Renewed U.S. Sanctions Have Hit Iran Hard," BBC News, May 2, 2019, https://www.bbc.com/news/world-middle-east-48119109. Kenneth Katzman, "Summary," *Iran Sanctions*, Congressional Research Service, April 22, 2019, 1, https://crsreports.congress.gov/product/pdf/RS/RS20871/291.
17. 로우하니의 언급에 대해서는 다음을 참조할 것. Alastair Gale, "Iran Presses Japan to Break with U.S. Sanctions on Tehran," *Wall Street Journal*, June 12, 2019, https://www.wsj.com/articles/japans-abe-looks-to-mediate-between-u-s-iran-11560340410. 아베 총리와 로우하니의 만남에 대해서는 다음을 참조할 것. "I Don't Consider Trump Worth Sending a Message to, We

Won't Negotiate with U.S.," Khame nei.ir, June 13, 2019, http://english.khamenei.ir/news/6844/I-don-t-consider-Trump-worth-sending-a-message-to-we-won-t-negotiate.

18. 유조선 코쿠카 커리지어스 공격에 대해서는 다음을 참조할 것 "Gulf of Oman Tanker Attacks: What We Know," BBC News, June 18, 2019, https://www.bbc.co.uk/news/world-middle-east-48627014; Amanda Macias, "U.S. Military Releases New Images of Japanese Oil Tanker Attack," CNBC, June 17, 2019, https://www.cnbc.com/2019/06/17/us-military-releases-new-images-of-japanese-oil-tanker-attack.html.
19. 트럼프 대통령의 공습 중단 결정에 대해서는 다음을 참조할 것. Patrick Wintour and Julian Borger, "Trump Says He Stopped Airstrike on Iran Because 150 Would Have Died," *Guardian*, June 21, 2019, https://www.theguardian.com/world/2019/jun/21/donald-trump-retaliatory-iran-airstrike-cancelled-10-minutes-before; Luis Martinez, Elizabeth McLaughlin, and Meredith McGraw, "Trump Says Iranian Shootdown of U.S. Military Drone May Have Been a 'Mistake,'" ABC News, June 20, 2019, https://abcnews.go.com/Politics/iran-shoots-american-drone-international-airspace-us-official/story?id=63825990.
20. 오바마 대통령의 언급에 대해서는 다음을 참조할 것. Thomas L. Friedman, "Iran and the Obama Doctrine," *New York Times*, April 5, 2015, https://www.nytimes.com/2015/04/06/opinion/thomas-friedman-the-obama-doctrine-and-iran-interview.html. 로즈의 언급에 대해서는 다음을 참조할 것. Gardiner Harris, "Deeper Mideast Aspirations seen in Nuclear Deal with Iran," *New York Times*, July 31, 2015, https://www.nytimes.com/2015/08/01/world/middleeast/deeper-mideast-aspirations-seen-in-nuclear-deal-with-iran.html.
21. The Learning Network, "Jan. 20 1981: Iran Releases American Hostages as Reagan Takes Office," *New York Times*, January 20, 2012, https://learning.blogs.nytimes.com/2012/01/20/jan-20-1981-iran-releases-american-hostages-as-reagan-takes-office/.
22. 해병대 기지 공격에 대해서는 다음을 참조할 것. Lynn Maalouf, Luc Cote, and Theo Boudruche, "Lebanon's Legacy of Political Violence," International Center for Transitional Justice, September 2013, 53. 이란-콘트라(Iran-Contra) 사건으로 알려진 추문은 처음에는 인질 석방을 위해 이란에 무기를 불법적으로 판매하는 일에서부터 시작이 되었지만 판매 대금이 또다른 목적으로 사용되면서 더 크게 확대되었다. 남아메리카 니카라과에서 공산주의 정부와 싸우고 있던 콘트라라고 부르는 반군에 대한 지원에 사용되었던 것. 이란-콘트라 사건의 전말에 대해서는 다음을 참조할 것. David Crist, *Twilight War: The Secret History of America's Thirty-Year Conflict With Iran* (New York: Penguin House, 2012), 197-98.
23. Richard N. Haass, "The George H. W. Bush Administration," The Iran Primer, United States Institute of Peace, https://iranprimer.usip.org/resource/george-hw-bush-administration.
24. Crist, *Twilight War*, 382-85.
25. 잘 알려진 쿠르드계 이란 지도자들의 암살 사건에 대해서는 다음을 참조할 것. Claude Moniquet, "The Recent Iranian Terrorist Plots in Europe," European Strategic Intelligence and Security Center, February 2019, http://www.esisc.org/upload/publications/analyses/the-recent-iranian-terrorist-plots-in-europe/IRAN%20-%20RECENT%20TERRORIST%20PLOTS%20IN%20EUROPE.pdf. 파트와에 따른 루슈디 암살 명령에 대해서는 다음을 참조할 것. Patricia Bauer, Carola Campbell, and Gabrielle Mander, "The Satanic Verses: Novel by Rushdie,"

Encyclopedia Britannica, https://www.britannica.com/topic/The-Satanic-Verses.

26. "Iran," Heritage Foundation, October 30, 2019, https://www.heritage.org/military-strength/assessing-threats-us-vital-interests/iran.

27. "Transcript of interview with Iranian president Mohammad Khatami," CNN Archive, January 7, 1998, http://www.cnn.com/WORLD/9801/07/iran/interview.html. 호바르 타워 공격 직후의 미국의 입장은 그 책임을 알카에다에게로 돌리는 사우디아라비아의 태도 때문에 복잡한 상황에 처해 있었다. 사우디아라비아는 그런 판단이 잘못되었다는 사실을 알고 있었지만 사우디아라비아 안에서 사우디아라비아계 헤즈볼라가 활동하고 있다는 걸 미국 측이 알게 되는 걸 원하지 않았던 것이다.

28. Mir Sadat and James Hughes, "U.S.-Iran Engagement Through Afghanistan," *Middle East Policy* 17, no. 1 (2010): 35, https://mepc.org/us-iran-engagement-through-afghanistan.

29. Michael Rubin, "Khatami and the Myth of Reform in Iran," *The Politic* (Spring 2002), Washington Institute for Near East Policy, https://www.washingtoninstitute.org/policy-analysis/view/khatami-and-the-myth-of-reform-in-iran. 나탄즈 시설에 대해서는 다음을 참조할 것. Kelsey Davenport, "Timeline of Nuclear Diplomacy with Iran," Fact Sheets and Briefs, Arms Control Association, updated November 2018, https://www.armscontrol.org/factsheet/Timeline-of-Nuclear-Diplomacy-With-Iran.

30. Adrian Levy and Cathy Scott-Cook, "Al-Qaeda Has Rebuilt Itself—with Iran's Help," *The Atlantic*, November 11, 2017, https://www.theatlantic.com/international/archive/2017/11/al-qaeda-iran-cia/545576/.

31. Crist, *The Twilight War*, 521, 529.

32. 부시 행정부의 입장에 대해서는 다음을 참조할 것. Michael Rubin, "Iran's Revolutionary Guard: A Rogue Outfit," *Middle East Quarterly* 15, no. 4 (Fall 2008), https://www.meforum.org/1990/irans-revolutionary-guards-a-rogue-outfit; George W. Bush, "Press Conference by the President," The White House, February 14, 2007, https://georgewbush-whitehouse.archives.gov/news/releases/2007/02/20070214-2.html.

33. Kyle Rempfer, "Iran Killed More U.S. Troops in Iraq Than Previously Known, Pentagon Says," *MilitaryTimes*, April 4, 2019, https://www.militarytimes.com/news/your-military/2019/04/04/iran-killed-more-us-troops-in-iraq-than-previously-known-pentagon-says/.

34. 카르발라 공격에 대해서는 다음을 참조할 것. Crist, *Twilight War*, 529. 사우디아라비아 대사 암살 음모에 대해서는 다음을 참조할 것. Charlie Savage and Scott Shane, "Iranians Accused of a Plot to Kill Saudis' U.S. Envoy," *New York Times*, October 11, 2011 https://www.nytimes.com/2011/10/12/us/us-accuses-iranians-of-plotting-to-kill-saudi-envoy.html?_r=1. 당시의 상황에 대해서는 다음을 참조할 것. "Iranian Plot to kill Saudi Ambassador Thwarted, U.S. Officials Say," CNN, October 12, 2011, https://www.cnn.com/2011/10/11/justice/iran-saudi-plot/index.html. 음모에 연루된 용의자들에 대해서는 다음을 참조할 것. "Two Men Charged in Alleged Plot to Assassinate Saudi Arabian Ambassador to the United States," Department of Justice Office of Public Affairs, October 11, 2011, https://www.justice.gov/opa/pr/two-men-charged-alleged-plot-assassinate-saudi-arabian-ambassador-united-states. 영국대사관 공격에 대해서는 다음을 참조할 것. Robert

F. Worth and Rick Gladstone, "Iranian Protesters Attack British Embassy," *New York Times*, November 29, 2011, https://www.nytimes.com/2011/11/30/world/middleeast/tehran-protesters-storm-british-embassy.html.

35. Crist, *Twilight War*, 530.

36. Seymour M. Hersh, "The Iran Plans," *The New Yorker*, April 10, 2006, https://www.newyorker.com/magazine/2006/04/17/the-iran-plans.

37. 2012년부터 2014년까지 이란 경제는 매년 9퍼센트씩 그 규모가 줄어들었다. 원유 수출은 급감했고 1,200억 달러 이상으로 알려진 해외 자산은 모두 동결되었다. 이후 이란 정권은 자산을 남아시아 지역과 아랍에미리트의 누르 이슬람 은행으로 옮겼지만 누르 은행이 이란과의 거래를 중단하면서 이란의 리알화 가치는 30퍼센트 이상 하락했다. 이란은 더 이상 달러화로 거래를 할 수 없었다. 관련 자료에 대해서는 다음을 참조할 것. Jay Solomon, *The Iran Wars* (New York: Random House, 2016), 167.

38. Navid Hassibi, "Why Can't Iran and Israel Be Friends?" *Guardian*, February 20, 2014, https://www.theguardian.com/world/iran-blog/2014/feb/20/why-cant-iran-and-israel-be-friends.

39. Jonathan Saul and Parisa Hafezi, "Iran Boosts Military Support in Syria to Bolster Assad," Reuters, February 21, 2014, https://www.reuters.com/article/us-syria-crisis-iran-insight/iran-boosts-military-support-in-syria-to-bolster-assad-idUSBREA1K0TV20140221; Hashmatallah Moslih, "Iran 'Foreign Legion' Leans on Afghan Shia in Syria War," Aljazeera, January 22, 2016, https://www.aljazeera.com/news/2016/01/iran-foreign-legion-leans-afghan-shia-syria-war-160122130355206.html; Margherita Stancati, "Iran Backs Taliban with Cash and Arms," Wall Street Journal, June 11, 2015, https://www.wsj.com/articles/iran-backs-taliban-with-cash-and-arms-1434065528.

40. Michael Doran, "Obama's Secret Iran Strategy," *Mosaic*, February 2, 2015, https://mosaicmagazine.com/essay/politics-current-affairs/2015/02/obamas-secret-iran-strategy/.

41. Katherine Bauer, "Iran on Notice," Washington Institute for Near East Policy, February 16, 2017, https://www.washingtoninstitute.org/policy-analysis/view/iran-on-notice.

42. 헤즈볼라의 자금 조성 과정에 대해서는 다음을 참조할 것. Nathan Sales, "Countering Iran's Global Terrorism," U.S. State Department, November 13, 2018, https://www.state.gov/countering-irans-global-terrorism/. 시리아로 들어간 이란 군대에 대해서는 다음을 참조할 것. Laila Bassam, "Assad Allies, Including Iranians, Prepare Ground Attack in Syria: Sources," Reuters, October 1, 2015, https://www.reuters.com/article/us-mideast-crisis-syria-iranians-exclusi/assad-allies-including-iranians-prepare-ground-attack-in-syria-sources-idUSKCN0RV4DN20151001. 탄도미사일 실험에 대해서는 다음을 참조할 것. Behnam Ben Taleblu, "Iranian Ballistic Missile Tests Since the Nuclear Deal," Foundation for the Defense of Democracies, February 9, 2017, https://s3.us-east-2.amazonaws.com/defenddemocracy/uploads/documents/20917_Behnam_Ballistic_Missile.pdf; "Why Iran Targets ISIS Positions in Syria's Deir Ezzor?" Iran's View, June 9, 2017, http://www.iransview.com/why-iran-targets-isis-positions-in-syrias-deir-ezzur/1729.

43. "کشف ۳ شبکه بزرگ فساد اقتصادی/ انهدام ۱۵۷ کانال مستهجن 44 ," *Mehr News*, February

23, 2017, https://www.mehrnews.com/news/3915666/%da%a9%d8%b4%d9%81-%db%b3-%d8%b4%d8%a8%da%a9%d9%87-%d8%a8%d8%b2%d8%b1%da%af-%d9%81%d8%b3%d8%a7%d8%af-%d8%a7%d9%82%d8%aa%d8%b5%d8%a7%d8%af%db%8c-%d8%a7%d9%86%d9%87%d8%af%d8%a7%d9%85-%db%b1%db%b5%db%b7-%da%a9%d8%a7%d9%86%d8%a7%d9%84-%d9%85%d8%b3%d8%aa%d9%87%d8%ac%d9%86.

44. "Victory for a Religious Hardliner in Iran," *The Economist*, June 27, 2005, https://www.economist.com/news/2005/06/27/victory-for-a-religious-hardliner-in-iran.

45. Bill Chappell, "Iranians Vote in Parliamentary Election, After 1 Week of Campaigning," NPR, February 21, 2020, https://www.npr.org/2020/02/21/807857001/iranians-vote-in-parliamentary-election-after-1-week-of-campaigning.

46. Hamid Dabashi, "What Happened to the Green Movement in Iran?" Al Jazeera, June 12, 2013, https://www.aljazeera.com/indepth/opinion/2013/05/201351661225981675.html.

47. IRGC의 재정 문제에 대해서는 다음을 참조할 것. Bradley Bowman and Andrew Gabel, "Hold IRGC Accountable for Targeting U.S. Troops," Foundation for Defense of Democracies, April 12, 2019, https://www.fdd.org/analysis/2019/04/12/hold-irgc-accountable-for-targeting-u-s-troops/. 국영 기업들과 이란 경제에 대해서는 다음을 참조할 것. Yeganeh Torbati, Bozorgmehr Sharafedin, and Babak Dehghanpisheh, "After Iran's Nuclear Pact, State Firms Win Most Foreign Deals," Reuters, January 19, 2017, https://www.reuters.com/article/us-iran-contracts-insight/after-irans-nuclear-pact-state-firms-win-most-foreign-deals-idUSKBN15328S.

48. Wendy R. Sherman, *Not for the Faint of Heart: Lessons in Courage, Power, and Persistence* (New York: PublicAffairs, 2018), 13.

49. 모사데크 관련 문서들에 대해서는 다음을 참조할 것. James C. Van Hook, ed., *Foreign Relations of the United States, 1952–1954: Iran, 1951–1954*, Office of the Historian, U.S. State Department, June 15, 2017, https://history.state.gov/historicaldocuments/frus1951-54Iran; Ali M. Ansari, *Modern Iran: The Pahlavis and After*, 2nd ed. (Harlow, UK: Pearson Longman, 2008), 164–67. 1953년 일어난 이란 정변에 대한 미국 대학들의 관점에 대해서는 다음을 참조할 것. Gregory Brew, "The Collapse Narrative: The United States, Mohammed Mossadegh, and the Coup Decision of 1953," *Texas National Security Review*, August 2019, https://2llqix3cnhb21kcxpr2u9o1k-wpengine.netdna-ssl.com/wp-content/uploads/2019/11/Brew_TNSR-Vol-2-Issue-4.pdf. 1953년 정변에 대한 언론들의 관점은 다음을 참조할 것. Lawrence Wu and Michelle Lanz, "How the CIA Overthrew Iran's Democracy in 4 Days," NPR, February 7, 2019, https://www.npr.org/2019/01/31/690363402/how-the-cia-overthrew-irans-democracy-in-four-days.

50. "CIA's Role in 1953 Iran Coup Detailed," Politico, August 20, 2013, https://www.politico.com/story/2013/08/cias-role-in-1953-iran-coup-detailed-095731.

51. Ray Takeyh, "What Really Happened in Iran: The CIA, the Ouster of Mosaddeq, and the Restoration of the Shah," *Foreign Affairs*, July/August 2014, https://www.foreignaffairs.com/articles/middle-east/2014-06-16/what-really-happened-iran.

52. 로즈의 언급에 대해서는 다음을 참조할 것. Rhodes, *The World as It Is: A Memoir of the Obama*

White House (New York: Random House, 2018), 329-30. JCPOA냐 전쟁이냐에 대한 문제는 다음을 참조할 것. "Ben Rhodes on Iran: 'You Either Have a Diplomatic Agreement with These Guys or There's Something That Can Escalate into a War," MSNBC, June 22, 2019, https://www.msnbc.com/saturday-night-politics/watch/ben-rhodes-on-iran-you-either-have-a-diplomatic-agreement-with-these-guys-or-there-s-something-that-can-escalate-this-into-a-war-62498885877.

53. Ali Ansari, *Modern Iran Since 1797: Reform and Revolution* (New York: Routledge, 2019).
54. Rhodes, *The World as It Is*, 325.

제10장 선택에의 강요

1. 오바마의 언급에 대해서는 다음을 참조할 것. Firouz Sedarat and Lin Noueihed, "Obama Says Ready to Talk to Iran," Reuters, January 27, 2009, https://www.reuters.com/article/us-obama-arabiya/obama-says-ready-to-talk-to-iran-idUSTRE50Q23220090127.
2. 유조선 공격에 대해서는 다음을 참조할 것. "Gulf of Oman Tanker Attacks: What We Know," BBC, June 18, 2019, https://www.bbc.com/news/world-middle-east-48627014. 무인기를 이용한 공격에 대해서는 다음을 참조할 것. Ben Hubbard, Palko Karasz, and Stanley Reed, "Two Major Saudi Oil Installations Hit by Drone Strike, and U.S. Blames Iran," *New York Times*, September 14, 2019, https://www.nytimes.com/2019/09/14/world/middleeast/saudi-arabia-refineries-drone-attack.html. Helene Cooper, "What We Know About Iran Shooting Down a U.S. Drone," *New York Times*, June 20, 2019, https://www.nytimes.com/2019/06/20/us/politics/drone-shot-down-iran-us.html.
3. "Iran During World War II," United States Holocaust Museum, https://www.ushmm.org/m/pdfs/Iran-During-World-War-II.pdf.
4. Elaine Ganley, "Khomeini Launched a Revolution from a Sleepy French Village," AP News, February 1, 2019, https://apnews.com/d154664bcfed47e49b0ae0ff3648779c. Crist, *Twilight War*, 14. 호메이니의 이란 국왕에 대한 공격은 다음을 참조할 것. Suzanne Maloney, "1979: Iran and America," Brookings, January 24, 2019, https://www.brookings.edu/opinions/1979-iran-and-america/. 호메이니의 귀환에 대해서는 다음을 참조할 것. "1979: Exiled Ayatollah Khomeini Returns to Iran," On This Day, BBC, http://news.bbc.co.uk/onthisday/hi/dates/stories/february/1/newsid_2521000/2521003.stm. 이스라엘 반대 구호에 대해서는 다음을 참조할 것. Associated Press, "AP WAS THERE: Ayatollah Ruhollah Khomeini Returns to Iran," *U.S. News & World Report*, February 1, 2019. https://www.usnews.com/news/world/articles/2019-02-01/ap-was-there-ayatollah-ruhollah-khomeini-returns-to-iran. "The Iranian Hostage Crisis," Office of the Historian, U.S. State Department, https://history.state.gov/departmenthistory/short-history/iraniancrises.
5. 이란 시위에 대해서는 다음을 참조할 것. "Iran Petrol Price Hike: Protesters Warned that Security Forces May Intervene," BBC, November 17, 2019, https://www.bbccom/news/world-middle-east-50444429. 가격 인상에 대해서는 다음을 참조할 것. Peter Kenyon,

"Higher Gasoline Prices in Iran Fuel Demonstrations," NPR, November 19, 2019, https://www.npr.org/2019/11/19/780713507/higher-gasoline-prices-in-iran-fuel-demonstrations.

6. "IRGC Head Calls Iran Protests 'World War,'" Al-Monitor, November 25, 2019, https://www.al-monitor.com/pulse/originals/2019/11/iran-protests-number-deaths-mp-irgc.html.
7. Ali Ansari, *Confronting Iran: The Failure of American Foreign Policy and the Next Great Crisis in the Middle East* (Basic Books: New York, 2006), 153–54
8. Farnaz Calafi, Ali Dadpay, and Pouyan Mashayekh, "Iran's Yankee Hero," *New York Times*, April 18, 2009, https://www.nytimes.com/2009/04/18/opinion/18calafi.html.
9. 이란 사회의 성향에 대해서는 다음을 참조할 것. Bijan Dabell, "Iran Minorities 2: Ethnic Diversity," United States Institute of Peace, September 3, 2013, https://iranprimer.usip.org/blog/2013/sep/03/iran-minorities-2-ethnic-diversity.
10. "Iran: Targeting of Dual Citizens, Foreigners," Human Rights Watch, September 26, 2018, https://www.hrw.org/news/2018/09/26/iran-targeting-dual-citizens-foreigners.
11. Ansari, *Modern Iran Since 1797*, 407–9.
12. Ansari, *Modern Iran Since 1797*, 274.
13. 하메네이의 언급에 대해서는 다음을 참조할 것. Ayatollah Ruhollah Khamenei, "The Election of Donald Trump Is a Clear Sign of the Political and Moral Decline of the U.S.," Khamenei.ir, June 4, 2019, http://english.khamenei.ir/news/6834/The-election-of-Donald-Trump-is-a-clear-sign-of-the-political.
14. 유럽과 JCPOA에 대해서는 다음을 참조할 것. Davenport, "Timeline of Nuclear Diplomacy with Iran."
15. 살라미의 언급에 대해서는 다음을 참조할 것. "Tehran," Flashpoint, International Crisis Group, November 28, 2019, https://www.crisisgroup.org/trigger-list/iran-us-trigger-list/flashpoints/tehran.
16. Editorial Board, "Justice Arrives for Soleimani," *Wall Street Journal*, January 3, 2020, https://www.wsj.com/articles/justice-arrives-for-soleimani-11578085286?emailToken=e11bad7a48ad072ad8c3a7b409690538UNGHGeR+Gsa+R3fS5fT6VKBXwaoQHV/gUgQIC3GVRFNRnoUquqzK1B+0GtEll5XH8b2y5QxMjRIcJX3kI8UzLA%3D%3D&ref link=article_email_share.
17. 다음을 참조할 것. John E. Pike, "Iran—Military Spending," Globalsecurity.org, updated July 20, 2019, https://www.globalsecurity.org/military/world/iran/budget.htm; "SIPRI Military Expenditure Database," Stockholm International Peace Institute, 2018, https://www.sipri.org/databases/milex.
18. David Adesnik and Behnam Ben Taleblu, "Burning Bridge: The Iranian Land Corridor to the Mediterranean," Foundation for Defense of Democracies, June 18, 2019, https://www.fdd.org/analysis/2019/06/18/burning-bridge/.
19. 매년 헤즈볼라에게는 최고 8억 달러 이상이, 그리고 하마스와 이슬람원리주의 운동에는 1억 달러 이상이 지원되었다. 더 자세한 내용은 다음을 참조할 것. Yaya J. Fanusie and Alex Entz, "Hezbollah Financial Assessment," *Terror Finance Briefing Book*, Center on Sanctions and Illicit Finance, Foundation for Defense of Democracies, September 2017; David Adesnik, "Iran Spends $16 Billion Annually to Support Terrorists and Rogue Regimes," Foundation for Defense of

Democracies, January 10, 2018, https://www.fdd.org/analysis/2018/01/10/iran-spends-16-billion-annually-to-support-terrorists-and-rogue-regimes/; Daniel Levin, "Iran, Hamas and Palestinian Islamic Jihad," The Iran Primer, United States Institute of Peace, July 9, 2018, https://iranprimer.usip.org/blog/2018/jul/09/iran-hamas-and-palestinian-islamic-jihad. 미사일 공격에 대해서는 다음을 참조할 것. Shawn Snow, "Drone and Missile Attacks Against Saudi Arabia Underscore Need for More Robust Air Defenses," *Military Times*, October 25, 2019, https://www.militarytimes.com/flashpoints/2019/10/25/drone-and-missile-attacks-against-saudi-arabia-underscore-need-for-more-robust-air-defenses/. 선박 공격에 대해서는 다음을 참조할 것. Michael Knights and Farzin Nadimi, "Curbing Houthi Attacks on Civilian Ships in the Bab Al-Mandab," Washington Institute, July 27, 2018, https://www.washingtoninstitute.org/policy-analysis/view/curbing-houthi-attacks-on-civilian-ships-in-the-bab-al-mandab.

20. "Saudi Crown Prince Calls Iran Leader 'New Hitler': NYT," Reuters, November 23, 2017, https://www.reuters.com/article/us-saudi-security-iran/saudi-crown-prince-calls-iran-leader-new-hitler-nyt-idUSKBN1DO0G3.

21. Tony Badran, "The Secret History of Hezbollah," Foundation for Defense of Democracies, November 18, 2013, https://www.fdd.org/analysis/2013/11/18/the-secret-history-of-hezbollah/. 헤즈볼라의 영향력에 대해서는 다음을 참조할 것. Daniel Byman, "Understanding Proto-Insurgencies: RAND Counterinsurgency Study—Paper 3", RAND Corporation, 2007, https://www.rand.org/pubs/occasional_papers/OP178.html.

22. 이스라엘, 그리고 ISIS와 싸우는 헤즈볼라에 대한 더 자세한 내용은 다음을 참조할 것. Nicholas Blanford, "Lebanon: The Shiite Dimension," Wilson Center, August 27, 2015, https://www.wilsoncenter.org/article/lebanon-the-shiite-dimension. 시아파에 대한 수니파의 공격에 대해서는 다음을 참조할 것. "Lebanon: Extremism and Counter-Extremism," Counter Extremism Project, November 1, 2019, https://www.counterextremism.com/countries/lebanon. 시아파 공동체를 보호하는 헤즈볼라에 대해서는 다음을 참조할 것. Joseph Daher, "Hezbollah, the Lebanese Sectarian State, and Sectarianism," Middle East Institute, April 13, 2017, https://www.mei.edu/publications/hezbollah-lebanese-sectarian-state-and-sectarianism. 헤즈볼라의 작전 반경에 대해서는 다음을 참조할 것. "Hezbollah: A Recognized Terrorist Organization," Israel Defense Forces, https://www.idf.il/en/minisites/hezbollah/hezbollah/hezbollah-a-recognized-terrorist-organization/.

23. Yaya J. Fanusie and Alex Entz, "Hezbollah Financial Assessment," *Terror Finance Briefing Book*, Center on Sanctions and Illicit Finance, Foundation for Defense of Democracies, September 2017.

24. 헤즈볼라 측 피해에 대해서는 다음을 참조할 것. Aryeh Savir, "Study: 1,139 Hezbollah Terrorists Killed While Fighting in Syria," *Jewish Press*, March 28, 2019, https://www.jewishpress.com/news/us-news/study-1139-hezbollah-terrorists-killed-while-fighting-in-syria/2019/03/28/.

25. Rebecca Collard, "Untouchable No More: Hezbollah's Fading Reputation," Foreign Policy, November 27, 2019, https://foreignpolicy.com/2019/11/27/lebanon-protests-hezbollah-fading-reputation/.

26. 헤즈볼라와 IDF에 대해서는 다음을 참조할 것. William M. Arkin, "Divine Victory for Whom? Airpower in the 2006 Israel-Hezbollah War," *Strategic Studies Quarterly* 1, no. 2 (Winter 2007): 104–5. IRGC와 이스라엘에 대해서는 다음을 참조할 것. Daniel Levin, "Iran, Hamas and Palestinian Islamic Jihad," The Iran Primer, United States Institute of Peace, July 9, 2018, https://iranprimer.usip.org/blog/2018/jul/09/iran-hamas-and-palestinian-islamic-jihad; Michael Bachner and Toi Staff, "Iran Said Increasing Hamas Funding to $30m per Month, Wants Intel on Israel," *Times of Israel*, August 5, 2019,
https://www.timesofisrael.com/iran-agrees-to-increase-hamas-funding-to-30-million-per-month-report/. IRGC의 위협에 대해서는 다음을 참조할 것. Ahmad Majidyar. "IRGC General: Any Future War Will Result in Israel's Annihilation." Middle East Institute, April 20, 2018,
https://www.mei.edu/publications/irgc-general-any-future-war-will-result-israels-annihilation.
27. IRGC의 이념에 대한 더 자세한 내용은 다음을 참조할 것. Ali Ansari and Kasra Aarabi, "Ideology and Iran's Revolution: How 1979 Changed the World," Tony Blair Institute, February 11, 2019, https://institute.global/insight/co-existence/ideology-and-irans-revolution-how-1979-changed-world. 이란과 이라크 전쟁의 피해에 대해서는 다음을 참조할 것. "Iran's Networks of Influence in the Middle East," International Institute for Strategic Studies, November 2019, chap. 1: "Tehran's Strategic Intent," https://www.iiss.org/publications/strategic-dossiers/iran-dossier/iran-19-03-ch-1-tehrans-strategic-intent.
28. IDF 공격에 대해서는 다음을 참조할 것. Joseph Hincks, "Israel Is Escalating Its Shadow War with Iran. Here's What to Know," *Time*, August 29, 2019, https://time.com/5664654/israel-iran-shadow-war/. 이 문제에 대한 이스라엘 측의 입장에 대해서는 다음을 참조할 것. TOI Staff, "Gantz Positive on Gaza Disengagement in First Interview, Drawing Right's Ire," *Times of Israel*, February 6, 2019, https://www.timesofisrael.com/gantz-positive-on-gaza-disengagement-in-first-interview-drawing-rights-ire/.
29. John Kifner, "400 Die as Iranian Marchers Battle Saudi Police in Mecca; Embassies Smashed in Tehran," *New York Times*, August 2, 1987, https://www.nytimes.com/1987/08/02/world/400-die-iranian-marchers-battle-saudi-police-mecca-embassies-smashed-teheran.html?pagewanted=all.
30. 이 처형과 관련해서는 다음을 참조할 것. Florence Gaub, "War of Words: Saudi Arabia v Iran," European Union Institute for Security Studies, February 2016, https://www.iss.europa.eu/sites/default/files/EUISSFiles/Brief_2_Saudi_Arabia___Iran_01.pdf. "Saudi Arabia Executes 47 on Terrorism Charges," Al Jazeera, January 2, 2016, https://www.aljazeera.com/news/2016/01/saudi-announces-execution-47-terrorists-160102072458873.html.
31. 미국의 중재 노력에 대해서는 다음을 참조할 것. Jackie Northam, "Saudi Arabia Sought Dialogue with Iran. Then the U.S.-Iranian Conflict Escalated," NPR, January 9, 2020,
https://www.npr.org/2020/01/09/794519810/saudi-arabia-sought-dialogue-with-iran-then-the-u-s-iranian-conflict-escalated.
32. 1987년 공격에 대해서는 다음을 참조할 것. John E. Pike, "Iran Ajr Class Landing Ship," Globalsecurity.org, updated July 12, 2019, https://www.globalsecurity.org/military/world/iran/ajr.htm; Bradley Peniston, "Capturing the Iran Ajr," Navybook.com, http://www.navybook.com/no-higher-honor/timeline/capturing-the-iran-ajr. 사우디 아람코에 대한 사이버공격에

대해서는 다음을 참조할 것. David E. Sanger, *The Perfect Weapon: War, Sabotage, and Fear in the Cyber Age* (New York: Crown, 2018), 51 – 52.

33. 오사마 빈 라덴에 대해서는 다음을 참조할 것. Thomas Joscelyn and Bill Roggio, "Analysis: CIA Releases Massive Trove of Osama bin-Laden Files," FDD's *Long War Journal*, Foundation for Defense of Democracies, November 2017, https://www.longwarjournal.org/archives/2017/11/analysis-cia-releases-massive-trove-of-osama-bin-ladens-files.php; Osama bin Laden, "Letter to Karim," Files, Office of the Director of National Intelligence, October 18, 2007, https://www.dni.gov/files/documents/ubl2016/english/Letter%20to%20Karim.pdf. 차바하르 공격에 대해서는 다음을 참조할 것. "Deadly Bomb Attack in Iran City of Chabahar," BBC News, December 15, 2010, https://www.bbc.com/news/world-middle-east-11997679. 2017년 공격에 대해서는 다음을 참조할 것. "Islamic State Claims Stunning Attacks in Heart of Iran," AssociatedPress, June 7, 2017, https://apnews.com/510f0af4615443c08ff7f52c2657bb76/Islamic-State-claims-attacks-on-Iran-parliament,-shrine. 열병식 공격에 대해서는 다음을 참조할 것. Erin Cunningham and Bijan Sabbagh, "Gunmen Kill at Least 2 Dozen in Attack on Military Parade in Iran," *Washington Post*, September 22, 2018, https://www.washingtonpost.com/world/several-killed-at-least-20-injured-in-attack-on-military-parade-in-iran/2018/09/22/ec016b97-a889-4a7d-b402-479bd6858e0a_story.html.
34. 간판의 구호에 대해서는 다음을 참조할 것. Murray, *The Iran-Iraq War*, 263.
35. Kenneth D. Ward, "Statement by Ambassador Kenneth D. Ward," Organization for the Prohibition of Chemical Weapons, November 2018, https://www.opcw.org/sites/default/files/documents/2018/11/USA_0.pdf.
36. 핵무기 협상 과정의 더 자세한 내용에 대해서는 다음을 참조할 것. Davenport, "Timeline of Nuclear Diplomacy with Iran"; Kelsey Davenport, "Official Proposals on the Iranian Nuclear Issue, 2003 – 2013," Fact Sheets & Briefs, Arms Control Association, August 2017, https://www.armscontrol.org/factsheets/Iran_Nuclear_Proposals.
37. 부시의 언급에 대해서는 다음을 참조할 것. Crist, *Twilight War*, 538.
38. Ellen Nakashima and Joby Warrick, "Stuxnet Was Work of U.S. and Israeli Experts, Officials Say," *Washington Post*, June 2, 2012, https://www.washingtonpost.com/world/national-security/stuxnet-was-work-of-us-and-israeli-experts-officials-say/2012/06/01/gJQAlnEy6U_story.html.
39. 미사일 실험 폭발 사고에 대해서는 다음을 참조할 것. Crist, *Twilight War*, 552 – 53. 핵과학자 암살에 대해서는 다음을 참조할 것. Sanger, *The Perfect Weapon*, 26.
40. 하메네이의 복수에 대한 맹세는 다음을 참조할 것. "Qasem Soleimani: U.S. Kills Top Iranian General in Baghdad Air Strike," BBC News, January 3, 2020, https://www.bbc.co.uk/news/world-middle-east-50979463. 이후 추가 공격에 대해서는 다음을 참조할 것. "Iraq," International Crisis Group, January 12, 2020, https://www.crisisgroup.org/trigger-list/iran-us-trigger-list/flashpoints/iraq; Associated Press, "Military Contractor Slain in Iraq Buried in California," *New York Times*, January 7, 2020. https://www.nytimes.com/aponline/2020/01/07/us/ap-us-iraq-attack-contractor.html.

41. 다만 규모에 대해서는 정확히 밝혀진 바 없다. Farnaz Fassihi and Rick Gladston, "With Brutal Crackdown, Iran Convulsed by Worst Unrest in 40 Years," *New York Times*, December 3, 2019, https://www.nytimes.com/2019/12/01/world/middleeast/iran-protests-deaths.html; "Iran: Thousands Arbitrarily Detained and at Risk of Torture in Chilling Post-Protest Crackdown," Amnesty International, December 16, 2019, https://www.amnesty.org/en/latest/news/2019/12/iran-thousands-arbitrarily-detained-and-at-risk-of-torture-in-chilling-post-protest-crackdown/. 시위 구호에 대해서는 다음을 참조할 것. Farnaz Fassihi, "Iran Blocks Nearly All Internet Access," *New York Times*, December 5, 2019, https://www.nytimes.com/2019/11/17/world/middleeast/iran-protest-rouhani.html; Lenah Hassaballah and Leen Alfaisal, "'Death to the Dictator': Iran Protests Intensify After Petrol Price Hike," Al Arabiya English, November 16, 2019, http://english.alarabiya.net/en/News/middle-east/2019/11/16/-Severe-protests-erupt-in-Iran-after-petrol-price-hike-State-media.html.
42. Michael Safi, "Iran: Protests and Teargas as Public Anger Grows Over Aircraft Downing," *Guardian*, January 13, 2020, https://www.theguardian.com/world/2020/jan/12/iran-riot-police-anti-government-backlash-ukraine.
43. Office of Public Affairs, U.S. Department of Justice, "Seven Iranians Working for Islamic Revolutionary Guard Corps–Affiliated Entities Charged for Conducting Coordinated Campaign of Cyber Attacks Against U.S. Financial Sector," Justice News, United States Department of Justice, March 24, 2016, https://www.justice.gov/opa/pr/seven-iranians-working-islamic-revolutionary-guard-corps-affiliated-entities-charged.
44. USS 빈센즈에 대해서는 다음을 참조할 것. Crist, *Twilight War*, 369.
45. 이란의 두뇌 유출 상황에 대해서는 다음을 참조할 것. Ali Ansari *Modern Iran Since 1797*, 407–9; Cincotta and Karim Sadjadpour, "Iran in Transition: The Implications of the Islamic Republic's Changing Demographics," Carnegie Endowment for International Peace, December 18, 2017, https://carnegieendowment.org/2017/12/18/iran-in-transition-implications-of-islamic-republic-s-changing-demographics-pub-75042. 이란의 군비 규모에 대해서는 다음을 참조할 것. John E. Pike, "Iran—Military Spending," Globalsecurity.org, updated July 20, 2019, https://www.globalsecurity.org/military/world/iran/budget.htm.

제11장 광기란 무엇인가

1. James Kelly, "Dealing with North Korea's Nuclear Programs," U.S. Department of State Archive, July 15, 2004, https://2001-2009.state.gov/p/eap/rls/rm/2004/34395.htm. 북한 경수로에 대해서는 다음을 참조할 것. International Atomic Energy Agency, "Agreed Framework of 21 October 1994 Between the United States of America and the Democratic People's Republic of Korea," Information Circular, November 2, 1994, https://www.iaea.org/sites/default/files/publications/documents/infcircs/1994/infcirc457.pdf.
2. Victor Cha, *The Impossible State: North Korea, Past and Future* (New York: Ecco, 2013), 292.
3. "Hyundai Chief Admits to N. Korean Summit Payoff—2003-02-16," Voice of America, October

29, 2009, https://www.voanews.com/archive/hyundai-chief-admits-n-korean-summit-payoff-2003-02-16.

4. Adam Taylor, "Analysis: Why the Olympics Matter When It Comes to North Korea," *Washington Post*, January 3, 2018, https://www.washingtonpost.com/news/worldviews/wp/2018/01/03/why-the-olympics-matter-when-it-comes-to-north-korea/.
5. Andrei Lankov, *The Real North Korea: Life and Politics in the Failed Stalinist Utopia* (New York: Oxford University Press, 2013), 202–3. 노동자들에게 실제로 지급된 급료는 전체의 35퍼센트에도 채 미치지 못했으며 연간 매출액이 최대 4,000만 달러에 달하는 KIZ는 북한 정부의 주요 현금 소득원이라고 한다.
6. International Atomic Energy Agency, "IAEA and DPRK: Chronology of Key Events," July 25, 2014, www.iaea.org/newscenter/focus/dprk/chronology-of-key-events.
7. Choe Sang-Hun, "North Korea Claims to Conduct 2nd Nuclear Test," *New York Times*, May 25, 2009, www.nytimes.com/2009/05/25/world/asia/25nuke.html.
8. 천안함 침몰에 대해서는 다음을 참조할 것. Victor Cha, "The Sinking of Cheonan," Center for Strategic and International Studies, April 22, 2010, https://www.csis.org/analysis/sinking-cheonan. 연평도 공격에 대해서는 다음을 참조할 것. "North Korea Shells Southern Island, Two Fatalities Reported," *Korea JoongAngDaily*, November 23, 2010, https://www.bbc.com/news/world-asia-pacific-11818005.
9. Siegfried Hecker, "A Return Trip to North Korea's Yongbyon Nuclear Complex," NAPSNet Special Report, Nautilus Institute, November 22, 2010, https://nautilus.org/napsnet/napsnet-special-reports/a-return-trip-to-north-koreas-yongbyon-nuclear-complex/.
10. Michael Rubin, *Dancing with the Devil: The Perils of Engaging Rogue Regimes* (New York: Encounter Books, 2014), 129–30.
11. Jimmy Carter, "Listen to North Korea," Carter Center, November 23, 2010, https://www.cartercenter.org/news/editorials_speeches/jc-listen-to-north-korea.html.
12. Carter, "Listen to North Korea." 오바마 행정부와 관련된 내용은 다음을 참조할 것. "Obama, Barack H., Public Papers," *Presidents of the United States: Barack Obama, 2011* (Washington, DC: Office of the Federal Register, National Archives and Records Administration, 2015), 2:1265.
13. Jong Kun Choi, "The Perils of Strategic Patience with North Korea," *Washington Quarterly* 38, no. 4 (2016): 57–72.
14. Gerald F. Seib, Jay Solomon, and Carol E. Lee, "Barack Obama Warns Donald Trump on North Korea Threat," *Wall Street Journal*, November 22, 2016, https://www.wsj.com/articles/trump-faces-north-korean-challenge-1479855286.
15. Benjamin Haas, "South Korea: Former President Park Geun-Hye Sentenced to 24 Years in Jail," *Guardian*, April 6, 2018, www.theguardian.com/world/2018/apr/06/former-south-korea-president-park-geun-hye-guilty-of-corruption.
16. Uri Friedman, "The 'God Damn' Tree that Nearly Brought America and North Korea to War," *The Atlantic*, June 12, 2018, www.theatlantic.com/international/archive/2018/06/axe-murder-north-korea-1976/562028/.
17. Anna Fifield, *The Great Successor: The Divinely Perfect Destiny of Brilliant Comrade Kim Jong Un*

(New York: PublicAffairs, 2019), 16 – 19.

18. Central Intelligence Agency, "Consequences of U.S. Troop Withdrawal from Korea in Spring, 1949," CIA, February 28, 1949, https://www.cia.gov/library/readingroom/docs/DOC_0000258388.pdf.

19. 1947년 4월 25일 제임스 포레스털의 일기에서. Nadia Schadlow, *War and the Art of Governance: Consolidating Combat Success into Political Victory* (Washington, DC: Georgetown University Press, 2017). 178-179. 1947년 미 합동참모본부는 이미 한국을 미국이 군이 보호해줄 가치가 없는 국가로 평가하고 있었다. William Stueck and Boram Yi, "'An Alliance Forged in Blood': The American Occupation of Korea, the Korean War, and the U.S. – South Korean Alliance," *Journal of Strategic Studies* 33, no. 2 (2010), 177 – 209.

20. 김일성이 스탈린에게 북한의 남한 침략을 도와달라며 내세웠던 근거 중 하나는 미국이 개입하기도 전에 전쟁을 빨리 끝낼 수 있다는 것이었다. Kathryn Weathersby, "Soviet Aims in Korea and the Origins of the Korean War, 1945 – 1950: New Evidence from Russian Archives," Cold War International History Project Working Paper Series (1993): 28 – 31.

21. CIA, "Consequences."

22. John Quincy Adams, "An Address Delivered at the Request of a Commission of Citizens of Washington; on the Occasion of Reading the Declaration of Independence" (Washington, DC: Davis and Force, 1821), 29. It reads: "Wherever the standard of freedom and Independence has been or shall be unfurled, there will her heart, her benedictions and her prayers be. But she goes not abroad, in search of monsters to destroy. She is the well-wisher to the freedom and independence of all. She is the champion and vindicator only of her own."

23. United Nations Department of Economic and Social Affairs, Statistics Division, "Country Profile: Democratic People's Republic of Korea" and "Country Profile: Republic of Korea," https://unstats.un.org/UNSD/snaama/CountryProfile?ccode=408 and https://unstats.un.org/UNSD/snaama/CountryProfile?ccode=408. 2017년 기준으로 한국의 GDP는 1조5,000억 달러이며 북한은 130억 달러이다.

24. Observatory of Economic Complexity, "Country Profile: North Korea," OEC, https://oec.world/en/profile/country/prk/.

25. Lankov, *The Real North Korea*, 32-33 요약.

26. Andrei Lankov, "Fiasco of 386 Generation," *Korea Times*, February 5, 2008, https://www.koreatimes.co.kr/www/news/special/2008/04/180_18529.html.

27. Fifield, *The Great Successor*, 88.

28. Julian Ryall, "Kim Jong Un Was Child Prodigy Who Could Drive at Age of Three, Claims North Korean School Curriculum." Telegraph, April 10, 2015, https://www.telegraph.co.uk/news/worldnews/asia/northkorea/11526831/Kim-Jong-un-was-child-prodigy-who-could-drive-at-age-of-three-claims-North-Korean-school-curriculum.html.

29. Fifield, *The Great Successor*, 203 – 5.

30. 국가안보전략연구소, 「김정은 집권 5년 失政 백서」, 2016년 12월, http://www.inss.re.kr/publication/bbs/yc_view.do?nttId=405444.

31. Choe Sang-Hun, "In Hail of Bullets and Fire, North Korea Killed Official Who Wanted Reform,"

New York Times, March 12, 2016,
https://www.nytimes.com/2016/03/13/world/asia/north-korea-executions-jang-song-thaek.html.

32. Justin McCurry, "North Korea Defence Chief Reportedly Executed with Anti-aircraft Gun," *Guardian*, May 13, 2015, https://www.theguardian.com/world/2015/may/13/north-korean-defence-minister-executed-by-anti-aircaft-gun-report.
33. Lankov, *The Real North Korea*, 43–44.
34. Fifield, *The Great Successor*, 124–27.
35. "Chronology of U.S.–North Korean Nuclear and Missile Diplomacy," Fact Sheets & Briefs, Arms Control Association, November 2019, https://www.armscontrol.org/factsheets/dprkchron#2016.
36. 대한민국 법무부, 「출입국 · 외국인정책 통계월보」, 2018년 12월, http://www.korea.kr/archive/expDocView.do?docId=38330&call_from=rsslink.
37. 중국은 THAAD로 인해 야기된 경제 부문의 징벌적 제재 조치를 끝내는 대가로 훗날 한국 측에게 다른 부문에 대한 양보를 강요하게 된다. David Voldzko, "China Wins Its War Against South Korea's U.S. THAAD Missile Shield—Without Firing a Shot," *South China Morning Post*, November 18, 2017, https://www.scmp.com/week-asia/geopolitics/article/2120452/china-wins-its-war-against-south-koreas-us-thaad-missile.
38. Ankit Panda, "U.S. Intelligence: North Korea's Sixth Test Was a 140 Kiloton 'Advanced Nuclear' Device,'" *The Diplomat*, September 6, 2017, https://thediplomat.com/2017/09/us-intelligence-north-koreas-sixth-test-was-a-140-kiloton-advanced-nuclear-device/.
39. Donald Trump, @realDonaldTrump, "나는 우리의 탁월한 국무부 장관 틸러슨에게 그 작은 로켓맨과 협상하느라 시간을 낭비하고 있는 것이 아니냐고 말했다……더이상 괜히 애쓰지 말아요. 우리는 해야 할 일을 곧 하게 될 테니!" Twitter, October 1, 2017, 6:31 a.m. https://twitter.com/realDonaldTrump/status/914497947517227008.

제12장 **정권 유지의 길**

1. Choe Sang-Hun, "Happy Birthday, Trump Tells Kim. Not Enough, North Korea Says," *New York Times*, January 11, 2020, https://www.nytimes.com/2020/01/11/world/asia/trump-kim-jong-un-birthday.html.
2. 일본의 급격한 경제성장에 대해서는 다음을 참조할 것. Ezra Vogel, *Japan as Number 1: Lessons for America* (Cambridge, MA: Harvard University Press, 1979), 9–10.
3. "Full Text of Abe's Speech before U.S. Congress," *Japan Times*. April 30, 2015, https://www.japantimes.co.jp/news/2015/04/30/national/politics-diplomacy/full-text-abes-speech-u-s-congress/#.XhQ_P0dKiMo.
4. 샌프란시스코 체제와 제2차세계대전 이후 아시아 지역에서의 안보 확립에 대해서는 다음을 참조할 것. Victor Cha, *Powerplay: The Origins of the American Alliance System in Asia* (Princeton, NJ: Princeton University Press, 2016).
5. Macrotrends, "South Korea GDP 1960–2020,"

https://www.macrotrends.net/countries/KOR/south-korea/gdp-gross-domestic-product. Macrotrends, "South Korea Life Expectancy 1950–2020," https://www.macrotrends.net/countries/KOR/south-korea/life-expectancy.

6. World Bank, "Access to Electricity (% of Population)—Korea, Dem. People's Rep," https://data.worldbank.org/indicator/EG.ELC.ACCS.ZS?locations=KP. Rick Newman, "Here's How Lousy Life Is in North Korea," *U.S. News*, April 12, 2013, https://www.usnews.com/news/blogs/rick-newman/2013/04/12/heres-how-lousy-life-is-in-north-korea.
7. Elizabeth Shim, "Stunted Growth, Acute Anemia Persists in North Korean Children, Says Report," United Press International, September 18, 2015, https://www.upi.com/Top_News/World-News/2015/09/18/Stunted-growth-acute-anemia-persists-in-North-Korean-children-says-report/4351442628108/.
8. 시진핑의 사상적 대변인이라고 할 수 있는 류밍푸(刘明福) 교수와 일본 기자 미네무라 켄지(峰村健二)와의 대담. "지금은 일본이 미국에 대한 과도한 의존에서 벗어나 '아시아로 돌아와야 할 때'라고 생각한다. 아시아를 억누르려는 미국의 노력을 깨뜨리고 있는 중국과 함께 일본 역시 미국의 통제에서 벗어나 동아시아에서 새로운 질서를 만들기 위해 협력해야 한다." Kenji Minemura, "Interview: Liu Mingfu: China Dreams of Overtaking U.S. in Thirty Years," *Asahi Shimbun*, May 28, 2019, http://www.asahi.com/ajw/articles/AJ201905280016.html.
9. David Lai and Alyssa Blair, "How to Learn to Live with a Nuclear North Korea," *Foreign Policy*, August 7, 2017, https://foreignpolicy.com/2017/08/07/how-to-learn-to-live-with-a-nuclear-north-korea/.
10. Kim Jong-un, "Let Us March Forward Dynamically Towards Final Victory, Holding Higher the Banner of Songun," April 15, 2012, 9, http://www.korean-books.com.kp/KBMbooks/ko/work/leader3/1202.pdf.
11. Chong Bong-uk, *Uneasy, Shaky Kim Jong-il Regime* (Seoul, South Korea: Naewoe Press, 1997), 17. 김태원 외, "김정일 시대 주요 통치담론의 실천상 특징에 관한 고찰", 『통일 정책 연구』(2006), 27-31, http://repo.kinu.or.kr/bitstream/2015.oak/1610/1/0001423170.pdf.
12. Jeffrey Lewis, "North Korea Is Practicing for Nuclear War," *Foreign Policy*, March 9, 2017, https://foreignpolicy.com/2017/03/09/north-korea-is-practicing-for-nuclear-war/.
13. Cha, *The Impossible State*, 216.
14. United States Congress, "U.S. Congress Resolution Condemning North Korea for the Abductions and Continued Captivity of Citizens of the ROK and Japan as Acts of Terrorism and Gross Violations of Human Rights," 109th Congress, 2005, https://www.congress.gov/bill/109th-congress/house-concurrent-resolution/168.
15. Robert S. Boynton, "North Korea's Abduction Project," *The New Yorker*, December 21, 2015, https://www.newyorker.com/news/news-desk/north-koreas-abduction-project.
16. Cha, *The Impossible State*, 238–39.
17. Tristan Volpe, "The Unraveling of North Korea's Proliferation Blackmail Strategy," Kim Sung Chull et al., eds. *North Korea and Nuclear Weapons: Entering the New Era of Deterrence* (Washington, DC: Georgetown University Press, 2017), 73–88. Patrick McEachern, "More than Regime Survival," *North Korean Review* 14, no. 1 (2018): 115–18.

18. Amos Harel and Aluf Benn, "No Longer a Secret: How Israel Destroyed Syria's Nuclear Reactor," *Haaretz*, March 23, 2018, https://www.haaretz.com/world-news/MAGAZINE-no-longer-a-secret-how-israel-destroyed-syria-s-nuclear-reactor-1.5914407.
19. Toi Staff, "North Korea Offered Israel a Halt to Its Missile Sales to Iran for $1b—Report." *Times of Israel*, July 9, 2018, https://www.timesofisrael.com/north-korea-offered-israel-a-halt-to-its-missile-sales-to-iran-for-1b-report/.
20. Michael Schwirtz, "U.N. Links North Korea to Syria's Chemical Weapons Program, *New York Times*, February 27, 2018, https://www.nytimes.com/2018/02/27/world/asia/north-korea-syria-chemical-weapons-sanctions.html; Bruce E. Bechtol Jr., "North Korea's Illegal Weapons Trade: The Proliferation Threat from Pyongyang," *Foreign Affairs*, June 6, 2018, https://www.foreignaffairs.com/articles/north-korea/2018-06-06/north-koreas-illegal-weapons-trade.
21. 무기 밀매에 대해서는 다음을 참조할 것. United Nations Security Council, "Report of the Panel of Experts Established Pursuant to Resolution 1874 (2009)," United Nations Security Council, 2019, 4, https://www.undocs.org/S/2019/171. 북한과 이란, 그리고 시리아 사이의 관계에 대해서는 다음을 참조할 것. Bruce Bechtol Jr., "North Korea's Illegal Weapons Trade."
22. 2017년 트럼프 행정부의 북한 관련 전략에 대해서는 다음을 참조할 것. Donald J. Trump, "Remarks by President Trump to the National Assembly of the Republic of Korea—Seoul, Republic of Korea," Remarks, The White House, November 7, 2017, whitehouse.gov/briefings-statements/remarks-president-trump-national-assembly-republic-korea-seoul-republic-korea/; James Jeffrey, "What If H.R. McMaster Is Right About North Korea?" *The Atlantic*, January 18, 2018, https://www.theatlantic.com/international/archive/2018/01/hr-mcmaster-might-be-right-about-north-korea/550799/; Duane Patterson, "National Security Advisor General H. R. McMaster on MSNBC with Hugh," HughHewitt.com, August 5, 2017, https://www.hughhewitt.com/national-security-advisor-general-h-r-mcmaster-msnbc-hugh/#.
23. "Kim Yong-chol: North Korea's Controversial Olympics Delegate." BBC News, February 23, 2018, https://www.bbc.com/news/world-asia-43169604.
24. 한 한국 신문에서는 2018년 김정은이 문재인 대통령과의 정상회담에서 베트남 방식의 경제 개방 정책을 추진하는 데 관심이 있다는 언급을 했다고 보도했다. 박의명, 최미라 "김정은, 도보다리서 '베트남 모델' 말했다" 〈매일경제〉 2018년 5월 3일.
https://www.mk.co.kr/news/politics/view/2018/05/283483/. John Reed and Bryan Harris, "North Korea Turns to Vietnam for Economic Ideas." *Financial Times*, November 28, 2018, https://www.ft.com/content/c8a4fc68-f2cd-11e8-ae55-df4bf40f9d0d.
25. 로드먼과 관련된 일화는 다음을 참조할 것. Fifield, *The Great Successor*, 142–43 and 174–80.
26. Jeong Yong-soo et al., "Donju Are Princes of North Korean Economy," *Korea JoongAng Daily*, October 18, 2019, http://koreajoongangdaily.joins.com/news/article/article.aspx?aid=3054069.
27. Trump's tweet: https://twitter.com/realDonaldTrump/status/1160158591518674945?s=20.
28. White House, "Remarks by President Trump after Meeting with Vice Chairman Kim Yong Chol of the Democratic People's Republic of Korea," Remarks, The White House, June 1, 2018, https://www.whitehouse.gov/briefings-statements/remarks-president-trump-meeting-vice-chairman-kim-yong-chol-democratic-peoples-republic-korea/.

29. https://twitter.com/realDonaldTrump/status/1094035813820784640?s=20.

30. Roberta Rampton, "'We Fell in Love': Trump Swoons over Letters from North Korea's Kim," Reuters, September 29, 2018, https://www.reuters.com/article/us-northkorea-usa-trump/we-fell-in-love-trump-swoons-over-letters-from-north-koreas-kim-idUSKCN1MA03Q.

31. Jordan Fabian, "Trump Says Kim Not Responsible for Otto Warmbier's Death: 'I Will Take Him at His Word,'" *The Hill*, February 28, 2019, https://thehill.com/homenews/administration/431962-trump-says-kim-not-responsible-for-otto-warmbiers-death-i-will-take.

32. 연설문 전문은 다음을 참조할 것. "우리 민족은 함께, 살아야 합니다!" https://www.korea.kr/archive/speechView.do?newsId=132030729.

33. Fifield, *The Great Successor*, 277.

34. Eric Beech, "N. Korea Wanted Most Sanctions Lifted in Exchange for Partial Yongbyon Closure—U.S. Official," Reuters, February 28, 2019, https://www.reuters.com/article/northkorea-usa-briefing/nkorea-wanted-most-sanctions-lifted-in-exchange-for-partial-yongbyon-closure-us-official-idUSL3N20O1I7.

35. Timothy Martin, "North Korea Fires Insults at U.S., Spares Trump," *Wall Street Journal*, June 15, 2019, https://www.wsj.com/articles/north-korea-fires-insults-at-u-s-spares-trump-11560596401?mod=searchresults&page=1&pos=1.

36. KCNA Watch, "Report on 5th Plenary Meeting of the 7th Central Committee of the Workers' Party of Korea," *KNCA Watch*, January 1, 2020, https://kcnawatch.org/newstream/1577829999-473709661/report-on-5th-plenary-meeting-of-7th-c-c-wpk/.

37. The National Committee on North Korea, "Kim Jong Un's 2019 New Year Address," NCNK, January 1, 2019, https://www.ncnk.org/resource/publications/kimjongun_2019_newyearaddress.pdf/file_view.

38. Choe, "Happy Birthday, Trump Tells Kim," *New York Times* [date] https://www.nytimes.com/2020/01/11/world/asia/trump-kim-jong-un-birthday.html.

39. David Sanger and Choe Sang-Hun, "North Korea Tests New Weapon," *New York Times*, April 17, 2019, https://www.nytimes.com/2019/04/17/world/asia/north-korea-missile-weapons-test.html; BBC News, "North Korea: Kim Jong-un Oversees 'Strike Drill' Missile Component Test," BBC, May 5, 2019, https://www.bbc.com/news/world-asia-48165793.

40. Choe Sang-Hun, "New North Korean Missile Comes with Angry Message to South Korea's President," *New York Times*, July 26, 2019, https://www.nytimes.com/2019/07/26/world/asia/north-korea-missile-moon-jae-in.html.

41. Neil Connor and Nicola Smith, "Beijing Forced to Defend Trade with North Korea after Chinese-made Truck Used to Showcase Missiles," *Telegraph*, April 18, 2017, https://www.telegraph.co.uk/news/2017/04/18/china-made-truck-used-showcase-missiles-north-korea-parade/. North Korean Economy Watch, "Report of the Panel of Experts Established Pursuant to Resolution 1874 (2009)," NKEW, 4, http://www.nkeconwatch.com/nk-uploads/UN-Panel-of-Experts-NORK-Report-May-2011.pdf

42. 중국에서 훈련받는 북한 사이버부대에 대해서는 다음을 참조할 것. Kong Ji Young et al., "The

All-Purpose Sword: North Korea's Cyber Operations and Strategies," Eleventh International Conference on Cyber Conflict, 2019, 14 – 15, https://ccdcoe.org/uploads/2019/06/Art_08_The-All-Purpose-Sword.pdf. 제재 조치의 효과에 대해서는 다음을 참조할 것. Mathew Ha, "U.S. Sanctions North Korean Companies for Profiting from Overseas Slave Labor," Foundation for Defense of Democracies, January 15, 2020, https://www.fdd.org/analysis/2020/01/15/us-sanctions-north-korean-companies-for-profiting-from-overseas-slave-labor/.

43. Bruce E. Bechtol Jr., "North Korean Illicit Activities and Sanctions: A National Security Dilemma," *Cornell International Law Journal* 57 (2018): 51, https://www.lawschool.cornell.edu/research/ILJ/upload/Bechtol-final.pdf.
44. "Report on 5th Plenary Meeting of the 7th C.C. WPK," KNCA Watch, January 1, 2020, https://kcnawatch.org/newstream/1577829999-473709661/report-on-5th-plenary-meeting-of-7th-c-c-wpk/.
45. UN Human Rights Council, "Report of the Commission of Inquiry on Human Rights in the Democratic People's Republic of Korea," United Nations Human Rights Council, 15, https://www.ohchr.org/EN/HRBodies/HRC/CoIDPRK/Pages/ReportoftheCommissionofInquiryDPRK.aspx
46. Alexander George, *Forceful Persuasion: Coercive Diplomacy as an Alternative to War* (Washington, DC: United States Institute of Peace, 1991), 76 – 81.
47. 더 자세한 내용에 대해서는 다음을 참조할 것. Ben Dooley and Choe Sang-Hun, "Japan Imposes Broad New Trade Restrictions on South Korea," *New York Times*, August 1, 2019, https://www.nytimes.com/2019/08/01/business/japan-south-korea-trade.html.
48. Andy Greenberg, "Silicon Valley Has a Few Ideas for Undermining Kim Jong-un," *Wired*, March 10, 2015, https://www.wired.com/2015/03/silicon-valley-ideas-undermining-kim-jong-un/.
49. Lankov, *The Real North Korea*, 252 – 54.
50. Lankov, *The Real North Korea*, 254 – 58.

제13장 경기장으로 들어서다

1. Damon Wilson and Maks Czuperski, *Digital Resilience, Hybrid Threats*, Digital Forensic Research Lab, Atlantic Council, December 20, 2017, in possession of author. 이 보고서는 트위터의 #FireMcMaster 운동에 대한 자세한 내용을 소개하고 있으며 이 운동에 참여한 사람들의 대다수는 실제로는 사람이 아니라 가짜 봇이라고 결론을 내리고 있다.
2. William Clinton, "Speech on China Trade Bill," Speech, Washington, DC, March 8, 2000, https://www.iatp.org/sites/default/files/Full_Text_of_Clintons_Speech_on_China_Trade_Bi.htm.
3. Adrian Shahbaz, "Freedom on the Net 2018: The Rise of Digital Authoritarianism," Freedomhouse.org, November 16, 2018, https://freedom house.org/report/freedom-net/freedom-net-2018/rise-digital-authoritarianism.
4. Paul Mozur, "A Genocide Incited on Facebook, with Posts from Myanmar's Military," *New York Times*, October 15, 2018,

https://www.nytimes.com/2018/10/15/technology/myanmar-facebook-genocide.html.

5. 첨단 기술과 교육의 관계에 대해서는 다음을 참조할 것 Nicholas Kardaras, *Glow Kids: How Screen Addiction Is Hijacking Our Kids—and How to Break the Trance* (New York: St. Martin's Griffin, 2017). 첨단 기술 중독에 대해서는 다음을 참조할 것. Adam L. Alter, *Irresistible: The Rise of Addictive Technology and the Business of Keeping Us Hooked* (New York: Penguin Books, 2018).
6. Emerson T. Brooking and Suzanne Kianpour, "Iranian Digital Influence Efforts: Guerrilla Broadcasting for the Twenty-First Century," Atlantic Council, 2020, https://www.atlanticcouncil.org/wp-content/uploads/2020/02/IRAN-DIGITAL.pdf.
7. Tae-jun Kang, "North Korea's Influence Operations, Revealed," *The Diplomat*, July 25, 2018, https://thediplomat.com/2018/07/north-koreas-influence-operations-revealed/.
8. 홍콩 문제에 대해서는 다음을 참조할 것. Louise Matsakis, "China Attacks Hong Kong Protesters with Fake Social Posts," *Wired*, October 19, 2019, https://www.wired.com/story/china-twitter-facebook-hong-kong-protests-disinformation/. 타이완 문제에 대해서는 다음을 참조할 것 Raymond Zhong, "Awash in Disinformation Before Vote, Taiwan Points Finger at China," *New York Times*, January 6, 2020, https://www.nytimes.com/2020/01/06/technology/taiwan-election-china-disinformation.html.
9. Madeleine Carlisle, "New Orleans Declared a State of Emergency and Took Down Servers After Cyber Attack," Time, December 14, 2019, https://time.com/5750242/new-orleans-cyber-attack/.
10. James Clapper, "The Battle for Cybersecurity," Keynote Presentation, ICF CyberSci Symposium 2017, Fairfax, VA, September 28, 2017.
11. Todd C. Lopez, "Cyber Command Expects Lessons from 2018 Midterms to Apply in 2020," U.S. Department of Defense. February 14, 2019, https://www.defense.gov/Explore/News/Article/Article/1758488/cyber-command-expects-lessons-from-2018-midterms-to-apply-in-2020/.
12. United States Congress, House of Representatives, Hearing Before the Armed Services Committee, "Cyber Warfare in the 21st Century: Threats, Challenges, and Opportunities," 115th Congress, 75 (statement of Jason Healey, Columbia University's School of International and Public Affairs, 2017), https://govinfo.gov/content/pkg/CHRG-115hhrg24680/pdf/CHRG-115hhrg24680.pdf.
13. Mia Shuang Li, "Google's Dragonfly Will Intensify Surveillance on Journalists in China," *Columbia Journalism Review*, December 11, 2018, https://www.cjr.org/tow_center/dragonfly-censorship-google-china.php.
14. John Noble Wilford, "With Fear and Wonder in Its Wake, Sputnik Lifted Us into the Future," *New York Times*, September 25, 2007, https://www.nytimes.com/2007/09/25/science/space/25sput.html; Larry Abramson, "Sputnik Left Legacy for U.S. Science Education," NPR, September 30, 2007, https://www.npr.org/templates/story/story.php?storyId=14829195.
15. Smithsonian National Air and Space Museum, "Reflections on Post–Cold War Issues for International Space Cooperation," Smithsonian, May 23, 2010, https://airandspace.si.edu/stories/editorial/reflections-post-cold-war-issues-international-space-cooperation.
16. "Challenges to Security in Space," Defense Intelligence Agency, January 2019, https://www.dia.mil/Portals/27/Documents/News/Military%20Power%20Publications/

Space_Threat_V14_020119_sm.pdf.

17. 위성공격무기에 대해서는 다음을 참조할 것. "Counterspace Capabilities," United Nations Institute for Disarmament Research, August 6, 2018, https://www.unidir.org/files/medias/pdfs/counterspace-capabilities-backgrounder-eng-0-771.pdf.
18. 저자 본인의 언급에서 발췌. 2017년 10월 5일.
19. Sean Kelly, "China Is Infiltrating U.S. Space Industry with Investments," The Hill, Peter Greenberger, December 26, 2018, https://thehill.com/opinion/international/422870-chinese-is-infiltrating-us-space-industry-with-investments-and.
20. Yaakov Lappin, "Chinese Company Set to Manage Haifa's Port, Testing U.S.-Israeli Alliance," *South Florida Sun Sentinel*, January 29, 2019, https://www.sun-sentinel.com/florida-jewish-journal/fl-jj-chinese-company-set-manage-haifa-port-20190206-story.html.
21. Samm Sacks and Justin Sherman, "Global Data Governance: Concepts, Obstacles, and Prospects," New America, https://www.newamerica.org/cybersecurity-initiative/reports/global-data-governance/.
22. Department of Defense, "Missile Defense Review," 2019, https://www.defense.gov/Portals/1/Interactive/2018/11-2019-Missile-Defense-Review/The%202019%20MDR_Executive%20Summary.pdf.
23. "Statement by President Trump on the Paris Climate Accord" Remarks, The White House, June 1, 2017, https://www.whitehouse.gov/briefings-statements/statement-president-trump-paris-climate-accord/.
24. Patrick Herhold and Emily Farnworth, "The Net-Zero Challenge: Global Climate Action at a Crossroads (Part 1)," World Economic Forum in collaboration with Boston Consulting Group, December 2019, https://www.weforum.org/reports/the-net-zero-challenge-global-climate-action-at-a-crossroads-part-1.
25. Richard Muller, *Energy for Future Presidents: The Science Behind the Headlines*(W. W. Norton and Company, 2012).
26. Steve Inskeep and Ashley Westerman Inskeep. "Why Is China Placing a Global Bet on Coal?" NPR, April 19, 2019,
https://www.npr.org/2019/04/29/716347646/why-is-china-placing-a-global-bet-on-coal; 1,000메가와트 규모의 화력발전소를 기준으로 계산한 것. 다음을 참조할 것. Jordan Hanania et al., "Energy Education—Coal Fired Power Plant," EnergyEducation.CA, February 14, 2019, https://energyeducation.ca/encyclopedia/Coal_fired_power_plant.
27. David Obura, "Kenya's Most Polluting Coal Plant Could Poison Coastline," Climate Change News, September 20, 2017, https://www.climatechangenews.com/2017/09/20/kenyas-polluting-coal-plant-poison-coastline/.
28. John Mandyck and Eric Schultz, *Food Foolish: The Hidden Connection Between Food Waste, Hunger, and Climate Change* (Carrier Corp., 2015).
29. 이주나 이민은 심리적으로도 문제를 일으키기 때문에 이민자들을 받아야 하는 국가들에서는 극우적 색채의 선동주의 정치가 유행하고 있다.
30. Muller, *Energy for Future Presidents*, 260.

31. 인도 정부 산하의 정책연구소인 NITI Aayog의 주장은 다음과 같다. "인도 인구 중 6억 명 이상이 '심각한 물 부족 현상을 겪고 있다.'" 인도 수자원의 70퍼센트가 이미 오염이 되어 있으며 이로 인해 매년 20만 명 이상이 사망하고 대략 20개 이상의 도시들이 내년이면 완전한 지하수 고갈에 직면하게 될 것이다. 그리고 2030년이면 인도 전 지역의 40퍼센트는 "식수 조달 자체가 불가능하게 된다." James Temple. "India's Water Crisis Is Already Here. Climate Change Will Compound It," *MIT Technology Review*, April 24, 2019, https://www.technologyreview.com/s/613344/indias-water-crisis-is-already-here-climate-change-will-compound-it/.
32. Muller, *Energy for Future Presidents*.
33. Mandyck and Schultz, *Food Foolish*.
34. Eliza Barclay and Brian Resnick, "How Big Was the Global Climate Strike? 4 Million People, Activists Estimate," Vox, September 22, 2019, https://www.vox.com/energy-and-environment/2019/9/20/20876143/climate-strike-2019-september-20-crowd-estimate.
35. "'No Planet B': Millions Take to Streets in Global Climate Strike," Al Jazeera, September 20, 2019, https://www.aljazeera.com/news/2019/09/planet-thousands-join-global-climate-strike-asia-190920040636503.html.
36. Elizabeth Weise, "On World Environment Day, Everything You Know About Energy in the U.S. Might Be Wrong," *USA Today*, June 4, 2019, https://www.usatoday.com/story/news/2019/06/04/climate-change-coal-now-more-expensive-than-wind-solar-energy/1277637001/.
37. Alison St. John, "A Better Nuclear Power Plant?," KPBS, May 21, 2012, https://www.kpbs.org/news/2012/may/21/better-nuclear-power-plant/.
38. World Nuclear Association, "Plans for New Reactors Worldwide," updated January 2020, https://www.world-nuclear.org/information-library/current-and-future-generation/plans-for-new-reactors-worldwide.aspx.
39. Bloomberg, "Made-in-China Reactor Gains Favor at Home as U.S. Nuclear Technology Falters," *Japan Times*, April 2, 2019, https://www.japantimes.co.jp/news/2019/04/02/business/corporate-business/made-china-reactor-gains-favor-home-u-s-nuclear-technology-falters/#.Xi6NWBNKiCW.
40. Elting E. Morison, *Men, Machines, and Modern Times* (Cambridge, MA: MIT Press, 2016), 85.

결론

1. H. R. McMaster, *Dereliction of Duty* (New York: Harper Perennial, 1997), ix.
2. McMaster, *Dereliction of Duty*, 180–96.
3. McMaster, *Dereliction of Duty*, 260.
4. McMaster, *Dereliction of Duty*, 156.
5. 나는 리처드 베츠(Richard Betts) 교수가 정의한 전략의 개념에 동의한다. "전략은 정치적으로 효과적이거나 혹은 도덕적으로 지속 가능한 전쟁을 일으키는 데 꼭 필요한 요소다. 전략은 군사적 수단과 정치적 목표 사이를 연결해주며 서로의 부족한 부분을 채워주는 수단이기도 하다. 제대로 된 전략이 없다면 군사력이 있어도 인적, 물적 자원을 소모하며 목적을 달성할

수 있는 방법이 없는 것이다." 다음을 참조할 것. Betts, "Is Strategy an Illusion?" *International Security* (Fall 2000), http://www.columbia.edu/itc/sipa/U6800/readings-sm/strategy_betts.pdf.

6. Carl von Clausewitz, On War (London: Kegan Paul, Trench, Trubner & C., 1918).
7. Conrad Crane, *Avoiding Vietnam: The U.S. Army's Response to Defeat in Southeast Asia* (Carlisle, PA: Strategic Studies Institute, U.S. Army War College, 2002).
8. Hew Strachan, "Strategy and the Limitation of War," *Survival* 50, no. 1 (February/March 2008): 31–54, DOI: 10.1080/00396330801899470. Hew Strachan, *The Direction of War* (Cambridge, UK: Cambridge University Press, 2014), 54–55.
9. 북베트남 측의 대응에 대해서는 다음을 참조할 것. Mark Moyar, *Triumph Forsaken: The Vietnam War* (Cambridge, UK: Cambridge University Press, 2006), 413.
10. 1939년 12월 28일 연설, https://www.marshallfoundation.org/library/speech-to-the-american-historical-association/.
11. E. J. Dionne Jr., "Kicking the Vietnam Syndrome," *Washington Post*, March 4, 1991.
12. John J. Mearsheimer, *The Great Delusion: Liberal Dreams and International Realities* (New Haven, CT: Yale University Press, 2018), 121 and 41.
13. Kelsey Piper, "George Soros and Charles Koch Team Up for a Common Cause: An End to 'Endless War,'" Vox, July 1, 2019, https://www.vox.com/2019/7/1/20677441/soros-koch-end-interventionist-wars-military; Nahal Toosi, "Koch Showers Millions on Think Tanks to Push a Restrained Foreign Policy," Politico, February 13, 2020, https://www.politico.com/news/2020/02/13/charles-koch-grants-foreign-policy-thinktanks-114898; Beverly Gage, "The Koch Foundation Is Trying to Reshape Foreign Policy. With Liberal Allies," *New York Times Magazine*, September 10, 2019, https://www.nytimes.com/interactive/2019/09/10/magazine/charles-koch-foundation-education.html.
14. Paul D. Miller, "H-Diplo/ISSF State of the Field Essay: On the Unreality of Realism in International Relations," H-Diplo, October 2, 2019, https://networks.h-net.org/node/28443/discussions/4846080/h-diploissf-state-field-essay-unreality-realism-international. 또다른 비판에 대해서는 다음을 참조할 것. Hal Brands, "Retrenchment Chic: The Dangers of Offshore Balancing," SSRN August 2015, https://papers.ssrn.com/sol3/papers.cfm?abstract_id=2737594.
15. 퀸시국정책임연구소의 소장이 주장하는 이런 내용들에 대해서는 다음을 참조할 것. Stephen Wertheim, "The Price of Primacy: Why America Shouldn't Dominate the World, *Foreign Affairs*, March/April 2020, 19–29.
16. John Stuart Mill, "On Liberty" (London: John W. Parker and Son, West Strand, 1859).
17. The White House, National Security Strategy of the United States of America, December 2017, 4, https://www.whitehouse.gov/wp-content/uploads/2017/12/NSS-Final-12-18-2017-0905.pdf.
18. Ronald Granieri, "What Is Geopolitics and Why Does It Matter?" Foreign Policy Research Institute (Fall 2015), 492, https://www.fpri.org/article/2015/10/what-is-geopolitics-and-why-does-it-matter/. Audrey Kurth Cronin, *Power to the People: How Open Technological Innovation Is Arming Tomorrow's Terrorists* (New York: Oxford University Press, 2020).
19. 두 가지 형태의 억지력에 대한 논의는 다음을 참조할 것. A. Wess Mitchell, "The Case for Deterrence by Denial," *The American Interest*, August 12, 2015, https://www.the-american-

interest.com/2015/08/12/the-case-for-deterrence-by-denial/.

20. Grygiel and Mitchell, *The Unquiet Frontier*, 117–54.

21. Fukuyama, *Identity: The Demand for Dignity and the Politics of Resentment* (New York: Farrar, Straus and Giroux, 2018), 165–66.

22. Fukuyama, Identity, 170–71.

23. 소득 불평등과 기회의 불평등 사이의 관계, 그리고 교육의 중요성에 대해서는 다음을 참조할 것. Robert D. Putnam, *Our Kids: The American Dream in Crisis* (New York: Simon and Schuster, 2015), esp.227–61.

24. Paul Reynolds, "History's Other Great Relief Effort," BBC, January 11, 2005, http://news.bbc.co.uk/1/hi/world/europe/4164321.stm.

25. Zachary Shore, "The Spirit of Sputnik: Will America Ever Fund Education Again?" Medium, September 3, 2018, https://medium.com/@zshore/the-spirit-of-sputnik-881b8f720736.

참고문헌

Primary Sources

Belasco, Amy. "The Cost of Iraq, Afghanistan, and Other Global War on TerrorOperations Since 9/11." Congressional Research Service, December 8, 2014. https://fas.org/sgp/crs/natsec/RL33110.pdf.

Bush, George W. *Decision Points*. New York: Crown Publishers, 2010.

Carter, Jimmy. "Listen to North Korea." The Carter Center, November 23, 2010. https://www.cartercenter.org/news/editorials_speeches/jc-listen-to-north-korea.html.

Department of Defence, "Defending Australia in the Asia Pacific Century: Force 2030," Australian Government, Defence White Paper, 2009.

Department of State, Office of the Historian, "Document 12: Memorandum of Conversation, Beijing, February 17 – 18, 1973." *Foreign Relations of the United States*, 1969 – 1976. Volume XVIII, *China*, 1973 – 1976. Washington, DC: GovernmentPrinting Office, 2007, https://history.state.gov/historicaldocuments/frus1969-76v18/d12.

Dinh Thi Kieu Nhung, "Afghanistan in 2018: A Survey of the Afghan People," Asia Foundation. https://asiafoundation.org/publication/afghanistan-in-2018-a-survey-of-the-afghan-people/.

Gerasimov, Valery. "The Value of Science Is in the Foresight: New ChallengesDemand Rethinking the Forms and Methods of Carrying Out CombatOperations." *Military Review*, January – February 2016. https://www.armyupress.army.mil/Portals/7/military-review/Archives/English/MilitaryReview_20160228_art008.pdf.

Hecker, Siegfried. "A Return Trip to North Korea's Yongbyon Nuclear Complex."NAPSNet Special Reports, Nautilus Institute, November 22, 2010. https://nautilus.org/napsnet/napsnet-special-reports/a-return-trip-to-north-koreas-yongbyon-nuclear-complex/.

Mueller, Robert S. "Report on the Investigation into Russian Interference in the 2016 Presidential Election." Volume 1 of 2. U.S. Department of Justice. Washington, DC, March 2019. https://www.justice.gov/storage/report.pdf.

Obama, Barack. "Remarks by the President on Ending the War in Iraq." Office of the Press Secretary. The White House, October 21, 2011. https://obamawhitehouse.archives.gov/the-press-office/2011/10/21/remarks-president-ending-war-iraq.

———. "Statement by the President on Afghanistan." Office of the Press Secretary. The White House, October 15, 2015. https://obamawhitehouse.archives.gov/the-press-office/2015/10/15/statement-president-afghanistan.

Pence, Michael. Remarks by Vice President Pence on the Administration's Policy Toward China. Hudson Institute. Washington, DC, October 4, 2018.

Putin, Vladimir. "Russia at the Turn of the Millennium," 1999. https://pages .uoregon.edu/kimball/Putin.htm.

Rhodes, Ben. *The World as It Is: A Memoir of the Obama White House*. New York: Random House, 2018.

Rice, Condoleezza. *Democracy: Stories from the Long Road to Freedom*. New York: Hachette Book Group, 2017.

Rudd, Kevin. "China's Political Economy into 2020: Pressures on Growth, Pressures on Reform." Speech delivered at the Conference on China's Eco- nomic Future: Emerging Challenges at Home and Abroad, Chatham House, London, July 11, 2019, https://asiasociety.org/sites/default/files/2020-01/4.%20China%27s%20Political%20Economy%20into%202020_0.pdf.

Select Committee on Intelligence. "Russian Active Measures Campaigns and Interferences in the 2016 U.S. Election," Volume 2: "Russia's Use of Social Media with Additional Views." United States Senate, October 2019. https://www.intelligence.senate.gov/sites/default/files/documents/Report_Volume2.pdf.

Special Inspector General for Afghanistan Reconstruction, "January 30, 2017, Quarterly Report to the United States Congress," January 30, 2017, https:// www.sigar.mil/pdf/quarterlyreports/2017-01-30qr.pdf.

Tzu, Sun, and Thomas F. Cleary. *The Art of War*. Boston, MA: Shambhala, 2005.

United Nations Assistance Mission in Afghanistan. "Protection of Civilians in Armed Conflict Annual Report 2015." United Nations Human Rights Office of the High Commissioner, February 2016. https://unama.unmissions .org/protection-of-civilians-reports.

United Nations Security Council. "Tenth Report of the Analytical Support and Sanctions Monitoring Team Submitted Pursuant to Resolution 2255 (2015) Concerning the Taliban and Other Associated Individuals and Entities Constituting a Threat to the Peace, Stability and Security of Afghanistan." June 13, 2019. https://www.undocs.org/S/2019/481.

United States Department of State. "Deputy Secretary Armitage's Meeting with Pakistan Intel Chief Mahmud: You're Either with Us or You're Not." Unclassified September 12, 2001. https://nsarchive2.gwu.edu/NSAEBB/NSA EBB358a/doc03 – 1.pdf.

United States Senate Committee on Homeland Security and Governmental Affairs. "Threats to the U.S. Research Enterprise: China's Talent Recruitment Plans." November 18, 2019. https://www.hsgac.senate.gov/imo/media/doc/2019 – 11 – 18%20PSI%20Staff%20Report%20%20China's%20Talent %20Recruitment%20Plans.pdf.

Secondary Sources: Books

Ansari, Ali. *Confronting Iran: The Failure of American Foreign Policy and the Next Great Crisis in the*

Middle East. New York: Basic Books, 2006.

———. *Modern Iran Since 1797: Reform and Revolution*. New York: Routledge, 2019.

Barfield, Thomas J. *Afghanistan: A Cultural and Political History*. Princeton, NJ: Princeton University Press, 2012.

Barrett, Roby C. *The Gulf and the Struggle for Hegemony: Arabs, Iranians, and the West in Conflict*. Washington, DC: Middle East Institute, 2016.

Beardson, Timothy. *Stumbling Giant: The Threats to China's Future*. New Haven, CT: Yale University Press, 2013.

Bousquet, Antoine J. *The Scientific Way of Warfare: Order and Chaos on the Battlefields of Modernity*. New York: Oxford University Press, 2010.

Brown, Vahid, and Don Rassler, *Fountainhead of Jihad: The Haqqani Nexus*, 1973–2012. Oxford: Oxford University Press, 2013.

Cha, Victor. *The Impossible State: North Korea, Past and Future*. New York: HarperCollins, 2012.

———. *Powerplay: The Origins of the American Alliance System in Asia*. Princeton, NJ: Princeton University Press, 2016.

Challenges to Security in Space. Washington, DC: Defense Intelligence Agency, 2019.

Chau, Donovan, and Thomas Kane. *China and International Security: History, Strategy, and 21st-Century Policy*. Westport, CO: Praeger, 2014.

Coll, Steve. *Directorate S: The C.I.A. and America's Secret Wars in Afghanistan and Pakistan*. New York: Penguin Press, 2018.

———. *Ghost Wars: The Secret History of the C.I.A., Afghanistan, and Bin Laden, from the Soviet Invasion to September 10, 2001*. New York: Penguin Press, 2004.

Conley, Heather, James Mina, Ruslan Stefanov, and Martin Vladimirov. *The Kremlin Playbook: Understanding Russian Influence in Central and Eastern Europe. Volumes I and II. Lanham*, MA: Rowman and Littlefield, 2016; Washington, DC: Center for Strategic and International Studies.

Crist, David. *The Twilight War: The Secret History of America's Thirty-Year Conflict with Iran*. New York: Penguin Books, 2013.

Dagher, Sam. *Assad or We Burn the Country: How One Family's Lust for Power Destroyed Syria*. New York: Little, Brown and Company, 2019.

Demchak, Chris C., and Yuval Shavitt. "China's Maxim—Leave No Access Point Unexploited: The Hidden Story of China Telecom's BGP Hijacking." *Military Cyber Affairs* 3, no. 1 (2018): 5–7.

Diamond, Larry, and Orville Schell, eds. *China's Influence and American Interests: Promoting Constructive Vigilance*. Stanford, CA: Hoover Institution Press, 2018.

Fifield, Anna. *The Great Successor: The Divinely Perfect Destiny of Brilliant Comrade Kim Jong Un*. New York: Hachette Book Group, 2019.

Freeland, Chrystia. *Sale of the Century: The Inside Story of the Second Russian Revolution*. London: Little, Brown and Company, 2000.

Fukuyama, Francis. *The End of History and the Last Man*. New York: Free Press, 2006.

George, Alexander. *Forceful Persuasion: Coercive Diplomacy as an Alternative to War*. Washington, DC: United States Institute of Peace, 1991.

Hersh, Seymour M. *Chain of Command: The Road from 9/11 to Abu Ghraib*. New York: HarperCollins, 2005.

Hill, Fiona, and Clifford G. Gaddy. *Mr. Putin: Operative in the Kremlin*. Washington, DC: Brookings Institution Press, 2015.

Kagan, Frederick W. *Finding the Target: The Transformation of American Military Policy*. New York: Encounter Books, 2017.

Kang, David. *East Asia Before the West: Five Centuries of Trade and Tribute*. New York: Columbia University Press, 2010.

Kennan, George. *Russia and the West Under Lenin and Stalin*. Boston: Little, Brown and Company, 1961.

Khan, Sulmaan. *Haunted by Chaos: China's Grand Strategy from Mao Zedong to Xi Jinping*. Cambridge, MA: Harvard University Press, 2018.

Kilcullen, David. *The Dragon and the Snakes: How the Rest Learned to Fight the West* (New York: Oxford University Press, 2020).

Klein, Naomi. *This Changes Everything: Capitalism vs. the Climate*. Toronto: Vintage Canada, 2015.

Kolbert, Elizabeth. *Sixth Extinction: An Unnatural History*. New York: Picador USA, 2015.

Lankov, Andrei. *The Real North Korea: Life and Politics in the Failed Stalinist Utopia*. New York: Oxford University Press, 2015.

Morison, Elting Elmore. *Men, Machines, and Modern Times*. Cambridge, MA: MIT Press, 2016.

Muller, Richard A. *Energy for Future Presidents: The Science Behind the Headlines*. New York: W. W. Norton, 2013.

Murray, Williamson, and Kevin M. Woods. *The Iran-Iraq War: A Military Strategic History*. Cambridge, UK: Cambridge University Press, 2014.

Naylor, Sean. *Not a Good Day to Die: The Untold Story of Operation Anaconda*. New York: Berkley Caliber Books, 2006.

Noman, Omar. *The Political Enemy of Pakistan*, 1988. New York: Routledge, 1988.

Ostovar, Afshon. *Vanguard of the Imam: Religion, Politics, and Iran's Revolutionary Guards*. New York: Oxford University Press, 2016.

Packer, George. *Our Man: Richard Holbrooke and the End of the American Century*. New York: Alfred A. Knopf, 2019.

Porter, Patrick. *Military Orientalism: Eastern War Through Western Eyes*. New York: Oxford University Press, 2013.

Rayburn, Joel D., and Frank K. Sobchak, eds. *The U.S. Army in the Iraq War Volume 2: Surge and Withdrawal 2007–2011*. Carlisle Barracks, PA: United States Army War College Press, 2019.

Rubin, Michael. *Dancing with the Devil: The Perils of Engaging Rogue Regimes*. New York: Encounter Books, 2014.

Schadlow, Nadia. *War and the Art of Governance: Consolidating Combat Success into Political Victory*. Washington, DC: Georgetown University Press, 2017.

Schell, Orville, and John Delury. *Wealth and Power: China's Long March to the Twenty-first Century*. New York: Random House, 2013.

Singer, P. W., and Emerson T. Brooking. *LikeWar: The Weaponization of Social Media*. Boston, MA: Mariner Books/Houghton Mifflin Harcourt, 2019.

Solomon, Jay. *Iran Wars: Spy Games, Bank Battles, and the Secret Deals that Reshaped the Middle East*. New York: Random House, 2016.

Swaine, Michael D., and Ashley J. Tellis. *Interpreting China's Grand Strategy: Past, Present, and Future*. Santa Monica, CA: RAND Corporation, 2000.

Thornton, Patricia. *Disciplining the State: Virtue, Violence, and State-making in Modern China*. Cambridge, MA: Harvard University Asia Center, 2007.

Tomsen, Peter. *The Wars of Afghanistan: Messianic Terrorism, Tribal Conflicts, and the Failures of Great Powers*. New York: PublicAffairs, 2013.

Vogel, Ezra F. *Deng Xiaoping and the Transformation of China*. Cambridge, MA: Belknap Press/Harvard University Press, 2013.

Wallace-Wells, David. *The Uninhabitable Earth: Life After Warming*. New York: Random House, 2020.

Warrick, Joby. *Black Flags: The Rise of ISIS*. New York: Doubleday, 2015.

Secondary Sources: Articles, Studies, Speeches, and Testimony

Adesnik, David, and Behnam Ben Taleblu. "Burning Bridge: The Iranian Land Corridor to the Mediterranean." Foundation for Defense of Democracies, 2019. https://www.fdd.org/analysis/2019/06/18/burning-bridge/.

Ansari, Ali, and Kasra Aarabi. "Ideology and Iran's Revolution: How 1979 Changed the World," Tony Blair Institute for Global Change, February 11, 2019. https://institute.global/policy/ideology-and-irans-revolution-how-1979 -changed-world.

Bechtol, Bruce E., Jr. "North Korea's Illegal Weapons Trade: The Proliferation Threat from Pyongyang." *Foreign Affairs*, June 6, 2018. https://www.foreignaffairs.com/articles/north-korea/2018-06-06/north-koreas-illegal-weapons -trade.

Bowman, Bradley, and David Maxwell, eds. *Maximum Pressure 2 .0: A Plan for North Korea*, Washington, DC: Foundation for Defense of Democracies, December 2019.

DiResta, Renee, Jonathan Albright, and Ben Johnson. "The Tactics and Tropes of the Internet Research Agency." New Knowledge, 2018. https://disinfor mationreport.blob.core.windows.net/disinformation-report/NewKnowledge -Disinformation-Report-Whitepaper.pdf.

Gartenstein-Ross, Daveed, and Nathaniel Barr. "How Al-Qaeda Works: The Jihadist Group's Evolving Organizational Design." Hudson Institute, June 1, 2018. https://www.hudson.org/research/14365-how-al-qaeda-works-the-jihadist-group-s-evolving-organizational-design.

Geist, Edward. "Deterrence Stability in the Cyber Age." *Strategic Studies Quarterly* 9, no. 4 (2015): 44-61.

Gronvall, Gigi. "The Security Implications of Synthetic Biology." *Survival* 60, no. 4 (2018): 165-80. DOI: 10.1080/00396338.2018.1495443.

Healey, Jason, and Robert K. Knake. "Zero Botnets: Building a Global Effort to Clean up the Internet." Council on Foreign Relations, New York, 2018.

Johnson, Jeff. "Testimony Before the U.S.-China Economic and Security Re- view Commission Hearing on 'Chinese Investment in the United States: Impacts and Issues for Policy Makers.'" U.S.-China Economic and Security Review Commission, January 26, 2017.

Jong Kun Choi, "The Perils of Strategic Patience with North Korea," *Washington Quarterly* 38, no. 4 (2016): 57–72.

Kong Ji Young et al., "The All-Purpose Sword: North Korea's Cyber Operations and Strategies." Eleventh International Conference on Cyber Conflict, Tallinn, Estonia, May 28–31, 2019. https://ccdcoe.org/uploads/2019/06/Art _08_The-All-Purpose-Sword.pdf.

Lai, David, and Alyssa Blair. "How to Learn to Live with a Nuclear North Korea." *Foreign Policy*, August 7, 2017. https://foreignpolicy.com/2017/08/07 /how-to-learn-to-live-with-a-nuclear-north-korea/.

Livingston, Ian S., and Michael O'Hanlon. "Afghanistan Index." Brookings Institution, September 29, 2017. https://www.brookings.edu/afghanistan –index/.

Milani, Abbas. "Islamic Republic of Iran in an Age of Global Transitions: Challenges for a Theocratic Iran." Hoover Institution, Stanford, CA, April 22, 2019. https://www.hoover.org/research/islamic-republic-iran-age-global-transitions-challenges-theocratic-iran.

Nouwens, Meia, and Helena Legarda. "China's Pursuit of Advanced Dual- Use Technologies." IISS, December 18, 2018. https://www.iiss.org/blogs /research-paper/2018/12/emerging-technology-dominance.

Paul, Christopher, and Miriam Matthews. "The Russian 'Firehose of False- hood' Propaganda Model: Why It Might Work and Options to Counter It." RAND Corporation, 2016. https://www.rand.org/pubs/perspectives/PE198 .html.

Speier, Richard, George Nacouzi, Carrie A. Lee, and Richard M. Moore. "Hypersonic Missile Nonproliferation: Hindering the Spread of a New Class of Weapons." RAND Corporation, 2017. https://www.rand.org/pubs/research _reports/RR2137.html.

United States Institute of Peace. "Syria Study Group Final Report." United States Institute of Peace. Washington, DC, 2019.

Zegart, Amy. "Cheap Fights, Credible Threats: The Future of Armed Drones and Coercion." *Journal of Strategic Studies* 43, no. 1 (2020): 6–46.

Newspapers and Periodicals

Long War Journal (Foundation for Defense of Democracy)

The New Yorker

New York Times

Philadelphia Inquirer

Time

Wall Street Journal

Washington Post

추천도서

러시아

러시아의 차세대전쟁작전에 대한 대응에 대하여: *The Lands in Between: Russia vs. the West and the New Politics of Hybrid War*, by Mitchell Alexander Orenstein.

서방측에 대한 대응 작전을 진두지휘하는 푸틴 대통령에 대하여: *Mr. Putin: Operative in the Kremlin*, by Clifford Gaddy and Fiona Hill.

러시아의 실로비크들에 대하여: *All the Kremlin's Men: Inside the Court of Vladimir Putin*, by Mikhail Zygar.

1990년대 러시아가 겪었던 대혼란에 대하여: *Sale of the Century: Russia's Wild Ride from Communism to Capitalism*, by Chrystia Freeland.

1990년대 러시아에 대한 개인적인 경험담과 기록들: *From Cold War to Hot Peace: An American Ambassador in Putin's Russia*, by Michael McFaul.

현재 러시아를 지배하고 있는 푸틴의 위상과 그 미래: *Russia and the Second Coming of Vladimir Putin*, by Robert Service.

중국

미국과 중국의 관계에 대하여: *The Beautiful Country and the Middle Kingdom: America and China, 1776 to Present*, by John Pomfret.

중국 공산당의 과거와 미래: *Everything Under the Heavens: How the Past Helps Shape China's Push for Global Power*, by Howard French.

중국 공산당의 권력에 대한 집착에 대하여: *Haunted by Chaos: China's Grand Strategy from Mao Zedong to Xi Jinping*, by Sulmaan Wasif Khan.

시진핑의 반개혁적 성향과 점점 더 강력한 통제국가가 되어가는 중국의 상황: *The Third Revolution: Xi Jinping and the New Chinese State*, by Elizabeth Economy.

인도 태평양 지역의 미래에 대하여: *The End of the Asian Century: War, Stagnation, and the Risks to the World's Most Dynamic Region*, by Michael R. Auslin.

중국 현대화의 역사: Wealth and Power: *China's Long March to the Twenty-First Century*, Orville Schell and John Delury.

남아시아

아프가니스탄전쟁에 대하여: *The Wars of Afghanistan: Messianic Terrorism, Tribal Conflicts, and the Failures of Great Powers*, by Peter Tomsen.

이슬람원리주의 테러 조직들의 목표와 전략: *The Master Plan: ISIS, Al-Qaeda, and the Jihadi Strategy for Final Victory*, by Brian Fishman.

남아시아 이슬람원리주의 테러 조직들의 핵심인 하카니 반군에 대하여: *The Fountainhead of Jihad: The Haqqani Nexus, 1973–2012*, by Vahid Brown and Don Rassler.

미국과 파키스탄의 관계에 대하여: *Magnificent Delusions: Pakistan, the United States, and an Epic History of Misunderstanding*, by Husain Haqqani.

효과적인 테러 방지 전략의 핵심 요소들: *How Terrorism Ends: Understanding the Decline and Demise of Terrorist Campaigns*, by Audrey Kurth Cronin.

중동

2003년부터 2011년까지 이어진 미국의 이라크 개입에 대하여: *The Endgame: The Inside Story of the Struggle for Iraq, from George W. Bush to Barack Obama*, by Michael R. Gordon and General Bernard E. Trainor.

사담 후세인 이후 이라크의 정치적 상황에 대하여: *Iraq After America: Strongmen, Sectarians, Resistance*, by Joel Rayburn.

중동 지역에서 끝없이 이어지고 있는 미국의 테러와의 전쟁: *Blood Year: The Unraveling of Western Counterterrorism*, by David Kilcullen.

ISIS에 대하여: *ISIS: Inside the Army of Terror, by Michael Weiss and Hassan Hassan; and Shatter the Nations: ISIS and the War for the Caliphate*, by Mike Giglio.

아랍의 봄과 그 영향력에 대하여: *A Rage for Order: The Middle East in Turmoil, from Tahrir Square to ISIS*, by Robert F. Worth.

시리아 내전: *Assad or We Burn the Country: How One Family's Lust for Power Destroyed Syria*, by Sam Dagher.

이란

이란혁명에 대하여: *The Persian Sphinx: Amir Abbas Hoveyda and the Riddle of the Iranian Revolution*, by Abbas Milani.

중동 지역에서 40여 년 동안 계속되어 온 이란의 대리전쟁: *The Twilight War: The Secret History of America's Thirty-Year Conflict with Iran*, by David Crist; and Confronting Iran, by Ali M. Ansari.

이란혁명의 전파와 이란혁명수비대의 역할에 대하여: *Vanguard of the Imam: Religion, Politics, and Iran's Revolutionary Guards*, by Afshon Ostovar.

사우디아라비아와 이란의 경쟁, 그리고 중동 지역의 종파 간 갈등에 대하여: *Black Wave: Saudi Arabia, Iran, and the Forty-Year Rivalry that Unraveled Culture, Religion, and Collective Memory in the Middle East*, by Kim Ghattas.

북한

미국과 북한의 관계에 대하여: *The Impossible State: North Korea, Past and Future*, by Victor Cha.

북한 정권의 본질: *The Real North Korea: Life and Politics in the Failed Stalinist Utopia*, by Andrei Lankov.

한국 경제성장의 기적: *Nation Building in South Korea*, by Gregg A. Brazinsky.

제2차세계대전 이후의 미국과 일본의 관계에 대하여: *Japan in the American Century*, by Kenneth B. Pyle.

북한의 지도자 김정은의 실체: *The Great Successor: The Divinely Perfect Destiny of Brilliant Comrade Kim Jong Un*, by Anna Fifield.

경기장

사이버정보전쟁을 포함한 민주주의에 대한 위협들에 대한 대책: *Ill Winds: Saving Democracy from Russian Rage, Chinese Ambition, and American Complacency*, by Larry Diamond.

기후와 에너지, 그리고 식량 안보와 관련된 문제들에 대하여: *Food Foolish: The Hidden Connection Between Food Waste, Hunger, and Climate*, by John M. Mandyck and Eric B. Schultz.

기술 발전이 환경과 안보에 미치는 영향에 대하여: *Energy for Future Presidents: The Science Behind the Headlines*, by Richard A. Muller.

사회에 미치는 소셜미디어의 부정적인 영향력: *The Square and the Tower, by Niall Ferguson; and LikeWar: The Weaponization of Social Media*, by P. W. Singer and Emerson T. Brooking.

사이버공격에 대한 대응: *Bytes, Bombs, and Spies: The Strategic Dimensions of Offensive Cyber Operations*, edited by Herbert Lin and Amy Zegart.

기술과 안보에 대하여: *Power to the People: How Open Technological Innovation Is Arming Tomorrow's Terrorists*, by Audrey Kurth Cronin.

결론 / 일반

강대국들 사이의 경쟁과 협력의 중요성에 대하여: *The Unquiet Frontier: Rising Rivals, Vulnerable Allies, and the Crisis of American Power*, by Jakub J. Grygiel and A. Wess Mitchell.

국가를 위협하는 세력들과의 전쟁에 대한 역사와 그 전망: *Return of the Barbarians: Confronting Non-State Actors from Ancient Rome to the Present*, by Jakub Grygiel.

전쟁에서의 전략에 대하여: *The Direction of War: Contemporary Strategy in Historical Perspective*, by Hew Strachan.

군사적 유익과 지속 가능한 정치적 결과를 하나로 보아야 하는 이유: *War and the Art of Governance: Consolidating Combat Success into Political Victory*, by Nadia Schadlow.

상대방에 대한 평가와 판단, 그리고 전략적 공감의 중요성에 대하여: *A Sense of the Enemy: The High Stakes History of Reading Your Rival's Mind*, by Zachary Shore.

찾아보기

| ㄱ |

가까이 있는 적 36, 246, 353, 648
가말 압델 나세르 333~334
가셈 솔레이마니 386, 387, 390, 410, 470~471
걸프전쟁 20, 24, 31~32, 34~36, 320, 344~345, 350, 373, 588, 599
게라시모프 독트린 76
국가방위교육법 584
국가효율성연구소 270
국공내전 155, 157, 185
국영 기업 80, 164, 171, 174, 176, 178~179, 215, 442, 567~568
국제민간항공기구 216
국제안보지원군 233
국제연합 인권이사회 216
국제원자력기구 414
국제자금세탁방지기구 401
군민융합 170, 176~179, 202, 204, 212, 566
군사적 혁명 34
군사정보보호협정 543
굴욕의 세기 155, 157, 210
그랜드 아야톨라 루홀라 호메이니 335~337, 410, 426, 428~429, 448, 451, 463, 465
그레이트 게임 450
그린 뉴딜 575
기사단의 돌격 435
기시 노부스케 516
김대중 486
김일성 35, 494, 500, 502, 534
김정남 503~504
김정은 5, 11, 480, 488~490, 497~499, 502~505, 509~510, 512~513, 519~522, 525~537, 539~542, 544~546
김정일 35, 480, 486, 488~489, 502, 504, 520, 522, 529, 537, 542

| ㄴ |

나디아 섀들로 43, 567, 615
나렌드라 모디 301~303, 306, 311,

578
나비드 무크타르 291~293, 296, 298
나와즈 샤리프 286~287
나짐 아베드 압둘라 알-지부리 327~328, 339, 341, 343, 355, 371
나집 라작 175, 276
나탄즈 431, 467
낫페트야 54
노란조끼 시위 105
노무현 484~485, 487, 489, 491
노엄 촘스키 329
녹색 운동 437, 441
누르 무함마드 타라키 269
누리 알 말리키 340, 363~365, 386, 435
누스라 프론트 374, 392
니콜라이 파트루셰프 54~55, 57~72, 75, 81, 110~112

|ㄷ|

다와당 327, 329, 335~336
단계적 확대를 통한 통제 101~102, 131~132
단극화의 순간 33
단호한 지원 243
달라이 라마 167~168, 181
달빛정책 491
대니얼 맥닐 240, 257
대서양 동맹 106, 129
대서양위원회 552, 601
더러운 폭탄 381, 471
덩샤오핑 34, 144, 157~159, 163~164, 176, 192, 501
데니스 로드먼 529
데오반디철학 245
데이르 알-조르 68, 385, 438
데이비드 퍼트레이어스 233, 256, 259, 360
도널드 럼스펠드 239~240, 257
도널드 트럼프 16, 21~22, 24, 43, 50, 54, 56~58, 66, 68, 83~84, 87, 89, 91~93, 95~97, 106~107, 115~118, 121~122, 140, 143, 145, 147~148, 150, 155, 168, 191, 200, 214~215, 227, 253, 261, 271~272, 296, 302, 305~306, 308~313, 315~317, 320, 324, 331, 372, 377, 383~384, 386, 388, 394, 399~400, 402~404, 413, 415~416, 419~425, 433, 448, 456, 470, 480, 484, 489, 491~492, 496~497, 506~510, 512~514, 526~529, 531~537, 548, 551~552, 560, 563, 570~571, 573~574, 586, 609
도조 히데키 516
독소불가침조약 118
돈주 529, 545
동결 대 동결 498~499, 524, 532
동남아시아국가연합 192
듀랜드 선 253
드루즈파 392~393
드미트리 메드베데프 113, 133~134

| ㄹ |

라이언 크로커 256, 360, 617
라즈 나라얀 127
라픽 하리리 402
람지 유세프 37
랜드-리스 정책 118
러시아의 차세대전쟁작전 19, 55, 551
런정페이 211
레이먼드 오디에르노 361
레자 샤 450
레젭 타입 에르도안 393~396
렉스 틸러슨 57~58, 144, 148, 325, 383~384, 418, 512
로널드 레이건 427~428, 438, 474
로드리고 두테르테 188
로버트 라이트하이저 148, 215, 510
로버트 뮬러 50, 56, 92, 120~121, 534
로스차일드 가문 552
로야 지르가 240
로힝야족 555
롤링 선더 591
류허 215
리처드 홀브룩 259, 264
리커창 191~192, 218, 543
리틀 보이 511
린든 존슨 298, 580

| ㅁ |

마르-아-라고 43, 143~144, 146, 155, 227, 496~498, 586
마르틴 루터 24, 32
마스키로프카 50, 64, 100
마이크 폼페이오 312, 324, 535
마힌다 라자팍사 174
매들린 올브라이트 108
맥매스터 해고운동 552
맥조지 번디 308, 589, 591~593
멀리 있는 적 26, 236, 343
메이드 인 차이나 2025 170~171, 177, 202, 204, 212, 218
무스타파 케말 아타튀르크 394
무자헤딘 237, 242~243, 245, 266, 275, 297, 380
무함마드 나지불라 237, 258
무함마드 모사데크 443~445, 450
무함마드 바키르 알-사드르 335~336
무함마드 빈 살만 399, 457
무함마드 자바드 자리프 416, 436
무함마드 자히르 샤 243, 265
무함마드 타우피크 알라위 386~387
무함마드 하타미 430~431
문재인 484, 491, 499, 507~509, 527, 533, 537, 543
물라 오마르 237, 246~247, 258
뮌헨안보회의 55
미 국가안보국 122, 358
미 국가정보국 122, 230, 324, 559
『미국과 중국』 147
미국 대통령 경제자문위원회 180
미국 사이버사령부 124~125, 358, 560
미국 우선주의 106

『미스터 푸틴』 59
미 중부사령부 239, 247, 282, 340, 347
미북 핵동결협약 485, 487, 535
미일 상호협력및안보조약 515
미하일 고르바초프 12, 161
밀로 두카노비치 80~81

|ㅂ|

바드르 조직 329, 339
바르샤바조약 101~102
바브-엘-맨데브해협 456~457, 469, 472
바샤르 알-아사드 55, 67, 373, 436
바시즈 민병대 441
바이얀 자브르 329
바트당 328, 333~336, 338, 345~346, 349~352, 432
바하이파 392~393
박근혜 484, 491~492, 506
박정희 12, 492
발레리 게라시모프 55, 76
배타적경제수역 188
버니 샌더스 83~84, 90, 122
번영으로 이어지는 평화 405
베냐민 네타냐후 405, 462
벤 로즈 426, 445~446
보냐드 440~442, 454, 459, 474
보리스 옐친 71
보스턴혁신기술연구소 178
북대서양조약기구(NATO) 20, 63~64, 66, 70, 75, 79~81, 97, 99~104, 106~107, 111, 130~131, 136, 241, 258, 261, 368, 370, 375, 393~394, 542, 601, 609
북아메리카중국과학기술협회 178
블라디미르 푸틴 5, 12, 21, 35, 50, 53~54, 56~61, 64~65, 68~77, 92~95, 97~102, 104, 107~121, 125, 128~130, 132~138, 161, 189, 235, 305, 382~383, 403, 543, 548, 556, 605, 608
블랙건즈매터 88
블랙라이브스매터 87
비동맹운동 300, 304
빅터 차 489
빅토르 유셴코 78~79
빌 오라일리 115
빌 클린턴 38, 194, 430, 488, 555

|ㅅ|

사담 후세인 20, 24, 26~27, 31, 320, 326, 328~330, 336~337, 339~340, 344~347, 349~350, 360, 431
사드 하리리 385, 402
사우디 아람코 464, 472
사파비왕조 475
사회신용관리제도 166
살라피즘 399, 401, 404
살만 루슈디 429
삼각 외교 137, 193

상자 밖 작전 523
상하이협력기구 305
『새로운 전쟁: 분열된 세상에서의 공감 능력 배양』 572
색깔혁명 50, 58, 69, 73, 168
세계무역센터 37, 224
세뇌 165~167, 297
센카쿠열도 188, 195, 220, 303
소비에트사회주의공화국연방 24, 26, 32~33, 35, 58, 69~72, 101~104, 110, 112, 118~119, 125, 135, 137, 161, 189, 193~194, 224, 230, 236~237, 244~245, 260, 265~266, 269, 276~277, 289, 293, 300, 312, 380, 398, 450, 493~494, 520
소프 AI 127~128
소형 원자로 582~583
수니파 26, 37, 67, 246, 277, 323, 325~329, 335, 337, 339, 340, 342, 349, 350~351, 353, 355~356, 358, 361, 364~365, 371, 382, 385~386, 388~390, 399, 401, 458~459, 464~465
수직적 권력체계 135
수피파 246, 277, 289
스톡홀름증후군 159, 261
스틸 문건 93, 117
시라주딘 하카니 297, 314
시리아 내전 22, 55~56, 68, 105~106, 114, 342, 364, 373, 375, 388, 407, 524
시리아민주군 57, 377
시아파 26, 67, 246, 289, 323, 325~329, 334~337, 339, 342, 346, 350~353, 355~356, 361~362, 364~365, 376, 385~386, 390~391, 401, 431, 435~436, 454, 458~460, 463~465, 469, 475~476
시진핑 신시대 중국 특색 사회주의 사상 165
시진핑 5, 7~9, 11~12, 45, 115, 136~138, 140, 147~151, 153~161, 164~167, 169, 175~176, 184~187, 195~196, 200, 221, 227, 497, 499, 528, 543
신전략무기감축협정(New START) 113, 131, 570
신해혁명 155
실로비키 71~72, 110~111, 133, 161
실리콘밸리 중국기술자협회 178
『실패한 국가 고치기: 무너진 세상을 바로 세우기 위한 계획』 270

|ㅇ|

아델 알 주베이르 390, 434, 468
아델 압둘 마흐디 385~386
아돌프 히틀러 118, 457
아라비아반도 알카에다 398
아랍의 봄 343, 366~368, 406
아베 신조 143, 174, 327, 423~424, 515~516, 531, 543
아부 마흐디 알-무한디스 330, 386,

455, 608
아부 무사브 알-자르카위 352, 356, 465
아부 바크르 알-바그다디 366, 374, 399
아부 바크르 337, 399
아사입 알 알-하크 325, 434
아쉬파크 파르베즈 카야니 278, 293
아슈라프 가니 263~272, 275~279, 309, 316
아시아태평양경제협력체 192
그랜드 아야톨라 알리 알-시스타니 477
아이만 알-자와히리 246, 313
「아프가니스탄—미래의 대안과 그 의미」 291
아프가니스탄전쟁 36, 229~230, 240, 249~250, 253, 268, 282, 312, 380, 600
아프리카연합 179, 398
악의 축 430
알카에다 37, 39, 67, 224, 227~229, 231~233, 238~241, 245~246, 248, 250~254, 257, 262~263, 269, 278, 294, 297, 299, 307, 309, 312~314, 326~328, 342~343, 352~354, 356, 360, 364~365, 370, 374, 380, 388, 398~399, 430~433, 465
알-키바르 원자로 524
『야만스러운 전쟁』 291
야치 쇼타로 513~520, 524, 529~531
야쿱 그리기엘 190, 615
양제츠 147~148, 192
에릭 존슨 518, 530
에마뉘엘 마크롱 65~66, 107
오토 웜비어 480, 512, 533
올리가르히 61, 70~71, 98~99
옴란 다크니시 376
와하비즘 399, 401
왕이 148, 187
외교정책연구원 19, 551, 607
우주위원회 563~564
움마 246, 380
웨일즈 정상회담 130
위대한 사회 590
위키리크스 90
이라크 해방작전 348
이란 헌법수호위원회 440~441, 449, 476
이란원자력기구 414
이란 정보보안부 325
이란핵협정검토법 417
이란혁명수비대 325, 383, 423, 433, 440, 458, 473~474
이슬람원리주의 무장국가 22
이슬람 토후국 232, 246, 254, 314, 352
이오시프 스탈린 26, 110, 118, 494
이은아 488
인도 아대륙 알카에다 313
일대일로 계획 170, 172~173, 175, 202, 204, 210, 304
임란 칸 287, 310~311

| ㅈ |

자말 카슈끄지 403
자본주의 제국주의 329, 444, 491
「자아도취의 기원」 41
자유지원법 72
잘랄라바드 전투 266
잘메이 칼릴자드 312~314, 316
장성택 504
장쩌민 158
재커리 쇼어 43, 613, 616
저궤도 위성 565
저우언라이 165
적대국 관련 제재 법안 66
글로벌 마그니츠키 인권책임 법안 66
전두환 501, 521
전략적 신흥산업 566
전략적 자아도취 41~43, 46, 112, 146, 193, 231, 261, 287, 349, 353, 356~357, 359, 363, 366, 415, 534, 553, 572, 576, 584, 593~594, 601, 610
전면 이중방어 124
점진적인 압박 591~593, 597
정의용 484, 496, 513
제1차아편전쟁 155
제임스 A. 켈리 485
조지 H. W. 부시 27, 33, 194, 204, 346, 428~429, 598
조지 W. 부시 42, 114~115, 240~241, 257~258, 262, 302, 359, 363, 367, 372, 430~431, 433, 435, 467, 484~485
조지 소로스 552, 601
조지아 21, 50, 58, 70, 73, 113, 115
존 볼턴 535
존 스튜어트 밀 603
존 아비자이드 282, 340, 347, 352
존 케리 65, 263
존 퀸시 애덤스 495
주체사상 534, 537, 544
중거리 핵전략조약 101
중국 인민해방군 36, 45, 146~147, 161, 177~180, 187~189, 195~196, 205~207, 211, 214, 567
중국첨단혁신 100 178
중국의 꿈 154, 159, 162, 171, 185, 220~221
중화인민공화국 147, 185, 193
지미 카터 426~427, 488, 492

| ㅊ |

차바하르 모스크 465
차이나텔레콤 213
차이잉원 187
찰리 리버 179
찰스 코크 601
찰스 크라우트해머 33
철의 장막 25~27, 130
추이텐카이 148

| ㅋ |

카렌 에드워즈 127
카를 폰 클라우제비츠 595
카마르 자베드 바즈와 291~293, 296, 298
카-와자 무함마드 아시프 290
카이스 알-카잘리 434~435
카짐 라자비 429
카타이브 헤즈볼라 341
캐서린 바우어 437
케말주의 394
케이틀린 스토너 108, 615
케임브리지 애널리티카 93, 122
코민테른 88
코부르크 24~25, 32
코쿠카 커리지어스 424
콘돌리자 라이스 135~136, 615
콤프로마트 93
쿠드스부대 330, 386, 433~436, 441, 461, 470
쿠르디스탄 노동자당 342
퀸시국정책임연구소 601
크리스토퍼 스티븐스 370
크리스토퍼 스틸 93
클레어 록하트 269, 616
클리퍼드 개디 59

| ㅌ |

타리크 알-하셰미 364
타예브 아그하 264
타이완 관계법 186
타이완해협위기 35~36
탈 아파르 326~327, 341, 353~356, 359~362
탈레반 5인 264
탈레반 67, 224, 228~229, 231~241, 244, 246~247, 249~250, 252~255, 257~265, 267, 270~271, 273~274, 276~286, 289~290, 293~294, 297, 299, 305, 307~309, 311~318, 352, 436
터커 칼슨 117
테드 알레그라 61
테레사 메이 96
테리 브랜스테드 148
테흐리크-이-탈레반 파키스탄 250, 289, 290
텐센트 548, 564
토마스 아퀴나스 229
토머스 제퍼슨 495
토머스 도닐런 195
토미 프랭크스 239
통합 전쟁수행 능력 100
투키디데스 69, 219, 595
트루디 루빈 21~23
특수공화국수비대 346
티모시 가튼 애쉬 112, 615

| ㅍ |

파나마 페이퍼 134, 287
파슈툰 민족주의 276, 284

파슈툰왈리 270
파키스탄 정보부 239
파트와 37, 429
파테미욘 사단 436
팔레스타인 이슬람 지하드 342, 461
페르난도 루한 230
페르베즈 무샤라프 283, 286, 299
페르시아제헌혁명 452
폭발성형관통자 432
푸틴의 요리사 47
풀-에-차르키 265
퓨전 GPS 93
프랜시스 후쿠야마 33, 610
프런트 알테어 424
프레더릭 케이건 359
프로젝트 카산드라 437
피오나 힐 59, 61, 109, 121, 616
피자게이트 89
피터 페이스 357, 433
피터 포메란츠세프 96

| ㅎ |

하니프 아트마르 265~267, 279
하미드 맘눈 236
하미드 카르자이 240, 243, 256~266, 268~270, 275, 278~279
하산 로우하니 423
하산 모가담 468
하심왕조 333
하야트 타히리르 알-샴 374, 392
하워드 바스커빌 452
하이데르 알-아바디 323, 339, 391, 460
하이크비전 206
한미자유무역협정 484, 507
한스 모겐소 32, 41
합동 전략 평가부 360
해리 트루먼 493
해양법에 관한 국제연합협약 196
해외고급인재영입계획 179
해외부패방지법 92
핵무기비확산조약 303
햇볕정책 480, 485~487, 489
허버트 후버 612
헤이그 국제 상설 중재재판소 188
헤즈볼라 37, 341~342, 390, 402, 410, 429, 434~438, 457~461, 465
협상 결렬시 취할 수 있는 최고의 방안 525
호르무즈해협 380, 474
호세인 나자트 439
호세인 살라미 455
호스니 무바라크 320, 367~368
화웨이 140, 209, 211~214, 548, 560
화학무기금지협약 570
환태평양경제동반자협정 214
후진타오 158
훈련과 장비 지원 389
휴 스트라찬 596
휴고 로런스 234~235, 271
휴브리스 34
힌두트바 302

H. R. 맥매스터 지성과 경험을 갖춘 미국의 군인이자 〈타임〉지가 꼽은 21세기 최고의 군사 역사학자로, 2017년부터 2018년 초까지 도널드 트럼프 행정부에서 국가안보보좌관을 지냈다.
1962년 한국전쟁에 참전한 군인이었던 아버지와 교사였던 어머니 사이에서 태어나 미 육군사관학교를 졸업하고, 노스캐롤라이나대학교(채플힐)에서 군사역사학 박사학위를 받았다. 이때 쓴 베트남전을 주도했던 당시의 군 수뇌부를 맹렬히 비판하는 내용의 논문 「직무유기: 존슨, 맥나마라, 합동참모본부, 그리고 베트남전을 발발시킨 거짓말들」이 단행본으로 출간돼 군 내외적으로 큰 반향을 일으켰다.
1989년 서독에서 임무를 수행하던 중 베를린장벽이 무너지는 현장을 목격하며 시대의 전환을 체감했고, 이듬해엔 걸프전에 투입되어 유명한 '73이스팅전투'를 성공적으로 이끌어 은성무공훈장을 받았다. 이어 이라크전쟁, 아프가니스탄전쟁 등 90년대 이후 중동 지역에서 미국이 주도한 다수의 전쟁에 고위급 지휘관과 참모로 참전해 국제안보의 위험 요소를 해결하기 위한 현실감각을 익혔다.
이후 군내 요직을 두루 거쳐 2017년 현역 장성으로서는 콜린 파월 이래 30년 만에 국가안보보좌관에 임명됐다. 재임 기간 중 오랜 군복무 경력과 역사학자로서의 연구를 바탕으로 침체된 미군의 사기와 역량을 진작하기 위해 고군분투했고, 점점 더 패권경쟁으로 치닫는 국제사회의 지정학적 풍경을 논리적으로 분석하는 한편, 전략적 자아도취에 빠진 미국의 낙관주의를 경계해야 한다고 주장했다. 2018년 트럼프 대통령의 '트위터 해임'으로 13개월 만에 물러나 육군 중장으로 예편했다.
〈월스트리트 저널〉 〈뉴욕 타임스〉 등 다양한 매체에 리더십과 역사, 미래의 전쟁에 대한 에세이를 다수 기고했으며, 현재 스탠퍼드대학교 후버연구소 석좌연구원으로 활동하고 있다.

우진하 성균관대학교 번역테솔대학원에서 번역학과 석사학위를 취득하였다. 한성디지털대학교 실용외국어학과 외래교수로 활동하였고 현재는 출판 번역 에이전시 베네트랜스에서 전속 번역가로 활동중이다. 옮긴 책으로는 『폐허 속의 신』『축의 전환』『뉴맵』『초월』『붕괴』『존 아이스비트 미래의 단서』『노동, 성, 권력』『와일드』 등이 있다.

배틀그라운드—끝나지 않는 전쟁, 자유세계를 위한 싸움

초판 1쇄 2022년 1월 27일
초판 2쇄 2022년 2월 21일

지은이 H. R. 맥매스터 | 옮긴이 우진하

편집 강건모 신정민 이희연 | 디자인 신선아 | 마케팅 김선진 배희주
브랜딩 함유지 함근아 김희숙 정승민 | 저작권 박지영 이영은 김하림
제작 강신은 김동욱 임현식 | 제작처 상지사

펴낸곳 (주)교유당 | 펴낸이 신정민
출판등록 2019년 5월 24일 제406-2019-000052호

주소 10881 경기도 파주시 회동길 210
문의전화 031-955-8891(마케팅) 031-955-2680(편집) 031-955-8855(팩스)
전자우편 gyoyudang@munhak.com

인스타그램 @gyoyu_books | 트위터 @gyoyu_books | 페이스북 @gyoyubooks

ISBN 979-11-91278-98-9 03340

* 교유서가는 ㈜교유당의 인문 브랜드입니다.